国家社科基金资助项目

青年学术丛书·历史

YOUTH ACADEMIC SERIES-HISTORY

晚清电报建设与社会变迁

——以有线电报为考察中心

夏维奇 著

人民出版社

目录

电报是人类文明发展史上的伟大发现，甫经诞生，便深刻影响着人类社会生活的诸面。人不能遗世而孤立，电报便是近世人们最便捷最有效的交往工具之一，古人天涯咫尺瞬间通达的幻想通过此"近代工具"而首次得以实现。电报这一神妙事物是如何在中国发生发展起来的？夏维奇所著《晚清电报建设与社会变迁》正是回应此问题的填补学术空白之作。该著是在其博士论文基础上，又申请国家社会科学基金青年项目资助，再深入研究的成果；作者多年如一日，心无旁骛，孜孜汲汲，殚心竭力，专注课题，此乃精雕细刻反复打磨的作品！通过此著，学术界得以第一次深入系统地考察了晚清电报创建与发展的历史。本书首次将这一考察置于近代中国社会变迁的宏阔视域下进行，探讨二者间的互动，有发覆之见，开阔蹊径之功。

作为始终关注该成果研究进展的人员之一，窃以为，该著特别值得读者们关注的是，它细致展呈了中国电报网从无到有的基本景状，将晚清电报建设作整体考察，使人们对之的认识从碎片化走向综合化。当说，相关论题资料特别零散，如青花断片，作者拣拾拼接，劳心费力，渐成完璧，到目前为止，论涉近代中国电报的文著中，本书是搜胪资料最全的一部，且相当多的材料是首次披露。该著还提出了若干饶有意趣、启人思索的问题。

既为电报研究，作者首先关心的是"线"与"报"的问题，研究时段主要在有线电报时代。诸如，中国自设第一条电报线为何？此前学界误解甚多，是著对此有精确考订，并确认津沪线开启晚清大规模自建电报活动，以此为母线，由其南端沿海向南而成沪粤线，沿江向西而成长江线，从而确立主体架构，在此基础上，逐步形成四大区域电报网，这些电报网又相互贯通，共同构成规模初备的中国电报网。而对"线"、"报"是如何营造管理的，晚清电报经管模式有何演变？作者亦有循序渐进的描述，晚清电报的经办，大抵经历由官独办、到官商分办、再到官商合办，最后又回归官办四种模式的更替。但又不是一种

1

简单回复，其间有着从地方到中央、由商到官的演进趋势，而此势并非电报技术发展的自然结果，乃是中央集资与集权之产物。

是著的研究目光不仅仅局限于"线"与"报"，而拓展于与电报有直接关联的各方面。譬如，电报在近代中国的应用范围是如何日益放大于社会生活的？电报有一个由官到民渐次下移逐步普及的使用过程。电报对政府统治起着双刃剑的作用：电旨电奏的出现及其操作规制的形成，极大方便了政府管理部门间的联系，行政理事效率由此获得提高。清政府出于维护自身统治的需要而推展电报，但另一方面，革命人士也常利用电报开展活动，通递消息，转移舆论，掀起风潮，这又反转过来削弱了政府的社会控制力。20世纪初叶，"通电"渐行其道，说明电报的使用正不断向民间拓延，且在大规模的民众运动中成为"运动"民众的有效手段。兵贵神速，速递信息于军事意义重大，清政府一开始即用电报于内外战争，至清末，部分兵队更建专门的军用电信；从电报中窃取情报也成为军事间谍的专技。电报也使得经济社会信息的传播大为灵捷，时间就是生命，速率即为金钱，通过细细的电报线而愈发凸显，"时效"渐成时人的新观念。不消说，电讯的使用在新闻传播史上尤具里程碑的意义，各埠信息海外来电时政要闻占据了报刊的重要版面，近代报业由此发轫鼎盛，报刊的社会影响力以此剧增，"时间"成为"新闻"的最大要素。电报的引入也改变了人们的"空间"观念，全球一体的"地球村"的无限之大且无限之小的视域，"铜山东崩，洛钟西应"的"蝴蝶"效应，自那个时期起，在国人中益发强化。

既为沟通工具，又是外域舶来，中国与世界电报的联串，中国与国际电报业间的关系，也为作者所关心。电报技术东传中国适足艰难，其间既有"器物"的东渐，也有"文化"的东渐，而国人自始即具"权自我操"的理念，其间既有国家"重器"不能操诸他人的意识自觉，也有事涉军事政治旁人侵入后患无穷的现实考量，并基本抵制住了列强在中国内陆的设线企图，为日后自建电报预留下较为有利的空间。时人有赞："通商以来，能自保主权者，电事为最"。这在近代外敌侵凌、国权普遍丧失的时代成了一道独特的难得景观。电报建设进程中，中国与境外接线，使中国电报网成为世界电报网之一部。晚清电报业界有意识地尽量按照国际电讯准则行事；而那时中国采取的既不加入国际电报组织又尽量按国际规则运作的处置方式，又是那时的经营者不宜做到的巧妙的国际"策略"设计，使得自身发展有较大余地。

当下世界已进入信息化网络化时代，而最早的信息网络便是电报网，此乃技术网络的源头鼻祖；电报于今有日渐衰减之势，却是中国通信现代化的起始。电报甚而对我们的语言也发生影响，那种简洁明晓的所谓"电报语体"自此生发。凡此种种，不都是一些很有意思的事吗？是著的研究正在这追本溯源的工作，正在由此生发出的方方面面，特向读者推荐。

本书将要出版，回想起来，从选题的敲定，到资料的多方搜罗，到一个个疑点的反复讲求，一个个设问的不断解决，终于有了现在的成品。维奇君的博士学位是在北京大学获取的，是著又是在博士论文基础上增益改订的，几度寒暑，几多甘苦，感慨良多！上列是一些读后的感想和几年来与维奇君共同读书、思索、切磋、共勉的感受，记下来，姑以为序。序者材轻任重，祗益冰兢，不能介绍维奇君的大作精彩于万一，只能有待读者自行阅读，细细体味了。

郭卫东

2011 年冬于北京大学历史系

序二

改革开放三十余年，中国史学发展突飞猛进，取得了显著成就。在百花盛开的史学园地之中，中国社会近代化（或称现代化）的探索可谓奇葩一支，令人瞩目。尤其是北京大学罗荣渠教授的《现代化新论——世界与中国的现代化进程》、《现代化新论续编——东亚与中国的现代化进程》，堪称我国现代化理论和实践研究的奠基之作，也是正在走向世界的现代化研究中国学派的代表性著作，引起中外学人的广泛关注。"鉴前世之兴衰，考当今之得失"[1]，是历史学显著的社会功能。史学新领域的研究从理论与实践层面上总结以往中国和世界近代化发展的艰难历程，为当今中国如火如荼开展的现代化建设提供弥足珍贵的经验，其现实意义之大是不言而喻的。

何谓中国社会的近代化？其始于何时，表现如何？学界看法不一。按照经典作家的理论和方法，人类社会要经历五个发展阶段，即原始社会、奴隶社会、封建社会、资本主义社会、社会主义社会。从世界范围看，17世纪中期，英国率先进行资产阶级革命，进入资本主义社会。之后，该国又完成产业革命，并引起欧洲各国的连锁反应。资产阶级革命同时又促进了科学技术的迅速发展，一批自然科学家如伽利略、哥白尼、牛顿等在科技研究上大放光彩。而此时在广袤的中国大地上，明朝、大顺农民军、清王朝三股政治势力正在逐鹿中原，中国科学技术的传统优势也随之消失了。尽管中外各国近代化的时间、程度各异，但其实质是资本主义化。这是人类社会必然要经历的一个漫长历史发展阶段。

毛泽东在《中国革命与中国共产党》一文中指出："中国封建社会内的商品经济的发展，已经孕育着资本主义的萌芽，如果没有外国资本主义的影响，中国也将缓慢地发展到资本主义社会。外国资本主义的侵入，促进了这种发展。"[2]新中国成立后，循着毛泽东的前一句话，学界掀起了"资本主义萌芽"的大讨论。

---

[1]（宋）司马光：《〈资治通鉴〉进书表》，《资治通鉴》附录，中华书局1987年版，第9608页。

[2] 毛泽东：《毛泽东选集》第二卷，人民出版社1991年版，第626页。

多数学者认为，中国有资本主义萌芽，时间在16世纪中叶，即明嘉靖、万历时期，地点在长江三角洲的南京、苏州、杭州一带，出现在纺织行业之中，表现方式则为"机户出资，机工出力"。"罔籍田业"的农民依靠"趁织为活"，"日取分金，为饔飧计"。其"萌芽"的程度是微弱的，也就是说，资本主义的雇佣生产方式还无法撼动根深蒂固的封建租佃关系。本次大讨论持续了十几年，先后出版了三本论文集。[1]此研究当时被誉为中国史学"五朵金花"之一，足见学界对此重视的程度。

我国改革开放伊始，西方史学理论和方法也随之传入。学人以"社会转型"，或以近代化、现代化的探究，取代了"萌芽"的讨论，成为中国学界关注的热点课题。从近代化的视角讨论明清时期社会的变迁，突破了以前单纯围绕"萌芽"论证明清社会变化的简单模式，使人们从一个更宽阔的视野，去认识传统社会的结构，解释影响社会发展的诸因素，阐述对社会形态的认识。这种研究方式的转变，起到了解放思想、促进学术发展的作用。[2]19世纪中期，西方列强蜂拥而入，中国出现了"数千年来未有之变局"。外国列强在中国设立船舶修造厂、原料加工厂，经营交通运输，修筑铁路，开设银行，开办煤气、电力和自来水公司等公用事业。在"师夷之长技以制夷"、富国强兵的思想指导下，清朝兴办洋务，创办民族企业，训练新军，建立新式学堂等，引进西方先进的科技与管理方式，培养人才，有力地推动了中国近代化的进程。正如毛泽东的后半句话所言，外国资本主义的入侵，促进了这种发展。前些年，西方兴起的后殖民主义理论，强调西方文明对于殖民地和半殖民地的知识体系的重建以及这种知识体系对于历史研究的影响，值得我们参考。

十余年来，史学界关于中国近代化问题从理论到实践开展了较为全面的研究，成果颇丰。维奇博士的大作《晚清电报建设与社会变迁》即将付梓，为晚清近代化研究增光添彩，这是一件值得祝贺的事。

电报的发明是西方近代科学技术的重要成果之一，它同铁路、航运等先进技术一样，极大地促进了人类社会文明的跨越式进步。《晚清电报建设与社会

---

[1] 1957年，中国人民大学中国历史教研室编辑《中国资本主义萌芽问题讨论集》，收入33篇论文；1960年，南京大学历史学系中国古代史又编《中国资本主义萌芽问题讨论集续编》，辑入20篇论文；1980年，南京大学历史学系明清史教研室再编《明清资本主义萌芽研究论文集》，编入25篇论文。

[2] 参阅高翔：《论清前期中国社会的近代化趋势》，《中国社会科学》2000年第4期。

变迁》一书将电报业的兴建置于第二次鸦片战争后"自强求富"洋务运动的兴起及封建社会向近代化社会转型等宏大的历史背景之下，加以深入细致的考察，比较全面地论述了电报的东延过程中中外、新旧势力的较量；厘清了中国架设首条电报线的时间及电报业的发展；分述了电报的运作方式以及相关制度和技术；对中外接线交涉、电报收费、中国同国际电报会议与相关组织做了介绍，尤其就电报对晚清社会的政治、中外战争、社会经济及文化教育等的深刻影响，做了深入研究，从而揭示了晚清近代化的艰难历程。可知该书选题既具有较高的理论和学术价值，又有很大的现实意义。

晚清电报业开设对社会各个领域，乃至人们的思想观念，皆引发了深刻的变化，而影响更大的则是当朝政治变革。西方的邮政电讯传入中国，逐步取代了官方的驿递制度。光绪三十一年（1905年），清廷开办无线电报。次年十二月，设立电报总局，隶属邮传部。以往国家上下行文书均由驿站传递，多改为电报发出，形成了"谕旨"电寄和地方电奏制度，这不仅提高了朝野办事效率，也加速了朝政革新。台北故宫博物院藏《电寄档》，收录宣统元年至三年（1909—1911年）期间军机处以电报发出的"寄信上谕"，记载了晚清重大事变。其中三百余件较详细地记录了武昌起义事件，例如，清廷电谕湖广总督吴潋如何镇压革命党人，辛亥义举告成，吴潋出逃，亦电告朝廷，长江流域形势危急。清廷多次电谕各省，顾全大局，严加防范等。[1] 在中外战争中，电报的应用也促使清朝作战方式从传统战争向近代战争转变。电报对社会的诸多影响，书中也加以论述，新见迭出，给人以启迪。

史学研究创新当是新资料与新问题意识较为完美的结合。陈寅恪先生强调："一时代之学术，必有其新材料与新问题。取用此材料，以研求问题，则为此时代学术之新潮流。治学之士，得预此潮流者，谓之预流（借用佛教初果之名）；其未得预者，谓之未入流。此古今学术之通义，非彼闭门造车之徒，所能同喻者。"[2] 维奇博士可谓是"预流"者，《晚清电报建设与社会变迁》一书突出特点之一，就是征引新资料丰富，为梳理史事、考镜源流、创新立论提供了丰厚的史料基础。他查阅了文字浩繁的清代原始档案（包括英国、美国、日本等外文档案）、

---

[1] 参阅冯明珠：《〈涓滴成洪流——清宫国民革命史料汇编〉编辑经纬与档案介绍》，《明清论丛》第十一辑，台北故宫出版社2011年版。

[2] 陈寅恪：《敦煌劫余录序》，台北"中央"研究院历史语言研究所专刊，1991年。

官修典籍、方志、文集、笔记、日记、近代资料丛刊、报刊等二百余种第一手材料，参考学人论著近百种，尤其是分藏北京的清代朱批奏折（交通运输类等）、军机处录副（洋务运动邮电项等）、邮电部全宗等档案，以及《清代军机处电报档汇编》（影印全40册），披沙拣金，苦心孤诣，研求电报新题，用功甚勤。在学风浮躁的当下，其"宏约深美"的治学精神实为可嘉。

我和维奇博士交往多年，关系较为密切。他在北京大学历史学系攻读博士学位期间，参加了我主持的《杰出历史人物与澳门》项目，负责编纂《盛世危言——郑观应》。此间课题组成员一起飞赴澳门，考察圣保禄学院（三巴牌坊）、东望洋山灯塔、西望洋山小圣母堂、西洋坟场等历史遗迹，徜徉在中西文化交流的时空走廊；又在澳门档案馆、图书馆，查阅中外资料，拜访当地贤达，切磋学术，获益匪浅。他敏而好学，积学储宝，思路清晰，文笔典雅，给我留下深刻的印象。博士毕业之后，他回到淮南师范学院执教，又进入复旦大学博士后流动站。我们仍经常邮件往来，交流学术心得。维奇将大作抛寄给我，嘱咐为序。忽忆明末清初学者顾炎武"人之患在好为人序"之言，但我仍欣然应允，原因有二，一是我们多年的学术情谊，对他治学多有了解；二为我多年参与北京大学、中国第一历史档案馆合作整理清代外务部11万件档案，陆续出版了《清代外务部中外关系档案史料丛编》（中澳卷、中西卷、中葡卷、中英卷），对晚清近代化的问题略知一二，借机谈了上述对中国近代化研究的一些浅显的认识，以求教于学人。

王国维先生在《人间词话》中指出："古今成大事业、大学问者，必经过三种之境界。'昨夜西风凋碧树，独上高楼，望断天涯路。'此第一境也。'衣带渐宽终不悔，为伊消得人憔悴。'此第二境也。'众里寻他千百度，蓦然回首，那人却在灯火阑珊处。'此第三境也。此等语皆非大词人不能道。"简而言之，在治学的漫漫路上，须高瞻远瞩，困知勉行，方能顿悟有成。特录国学大师之语，当置座右，彼此共勉。是为序。

徐 凯

壬辰年季春于北大清华蓝旗营小区寓所澹泊书屋

绪 论

1848 年，马克思和恩格斯在《共产党宣言》中指出："资产阶级在它不到一百年的阶级统治中所创造的生产力，比过去一切时代所创造的全部生产力还要多，还要大。自然力的征服，机器的采用，化学在工业和农业中的应用，轮船的行驶，铁路的通行，电报的使用，整个整个大陆的开垦，河川的通航，仿佛用法术从地下呼唤出来的大量人口——过去哪一个世纪料想到在社会劳动里蕴藏有这样的生产力呢？"[1]

此段多被援引的经典言及电报。是时，电报投用的时间并不长。若自 1844 年塞缪尔·莫尔斯（Samuel F. B. Morse）拍发人类历史上第一份长途电报，正式宣告电报诞生计，仅四年；即便从 1836 年威廉·库克（William F. Cooke）制成电磁电报机，经查理·惠斯通（Charles Wheatstone）改进而获专利，翌年莫尔斯编订"莫尔斯电码"（Morse Code），使电报走向实用起算，亦刚逾十年。价值甫现，马、恩已将之视为那个时代生产力发展的重要标志，足见这一通信工具的发明与应用所具有的划时代之意义。

约 30 年后，清朝疆臣亦开始试办电报。1880 年，李鸿章奏设天津至上海线，晚清大规模自建电报活动发轫，至 1911 年，共建报线 100,002.03 里，局房 503 所，遍及除青海外所有省区，基本建立起全国范围的电报网，并与国际电报网实现多方位链接，中国通信近代化迈出重要一步。不仅如此，此间电报的经营亦相当成功。郑观应在 20 世纪初曾称："现与外人商战者，只有轮船、电报、开平矿务三公司。"[2] 可见，晚清电报建设，成就显著。

---

[1] [德] 马克思和恩格斯：《共产党宣言》，中共中央编译局编译：《马克思恩格斯选集》第 1 卷，人民出版社 1995 年版，第 277 页。

[2] 郑观应：《致邮传部右侍郎盛杏荪宫保书》，夏东元编：《郑观应集》下册，上海人民出版社 1988 年版，第 1028 页。

电报的应用使得信息传播的速度空前提高，天涯咫尺遂成现实。此恰类中国古人所索求的"缩地术"，[1] 故康有为称："同当大地开辟之后，杂处文明国土之间，飞楼四十层以侵天，铁道电线百数十万里以缩地，礼乐文章，缛若霞绣。"[2] 又曾指出："故不善为政者，堂上远于万里；善为政者，万里缩若咫尺。若今之铁路、电线、汽船，缩地如掌，呼吸可通，交输进益，所谓远者近之也。"[3] 尽管康氏所揭不及马、恩深刻，但将现代通信工具的功用与中国传统思想有机结合，亦较好地渲染出电报的巨大价值。

正因电报有如此功能与价值，甚早便有学人呼吁对之在中国的发展情状作深入研究。1921 年，梁启超即提出："交通在现在以铁路、河海、航线、电线最重要，汽车道也有人注意。这些事业几时才输入中国？近来发达的情形如何？都是应该入史的……我们可以从上古初辟草莱起，渐有舟车，渐有驿道、运河、海运、铁道、航线、电线、汽车道乃至飞机、无线电、电话，都一一做成历史，分之各为专篇，合之联成交通专史。"[4]

梁之言极具洞察力与前瞻性。嗣后，铁路、航运等领域的研究全面展开，论著迭出，成果丰硕。相对而言，晚清电报史研究薄弱得多。不过，自那时起，或多或少关涉此课题的文章著作还是间有推出，迄今已历 90 年。这 90 年，大抵可分为三个阶段。其中，前 30 年即 20 世纪 20 年代至中华人民共和国成立为起步阶段。在此阶段，海内外学人对该课题皆有关注，但从总体上看，研究者的分布重心在国内。

从严格意义上讲，晚清电报史的研究肇始于学人对区域电报建设的考察。自 1920 年起，连横《台湾通史》陆续出版。该书卷十九《邮传志·邮电》将台湾地区电报业的创建历程作了初步交代，并略及该地电报学堂的创废。[5] 至 20 年代后期，论涉晚清电报史的著作渐增。1928 年谢彬著《中国邮电航空史》一书，述及晚清至 1922 年前后中国的电政组织、海陆电线等发展情状。[6] 同年，《清

---

[1] 清季曾长期旅居中国的日人小栗栖香顶称："支那古有缩地术，电信机或是。"见 [日] 小栗栖香顶著，陈继东、陈力卫整理：《北京纪事·北京纪游》，中华书局 2008 年版，第 139 页。

[2] 康有为：《大同书》，中州古籍出版社 1998 年版，第 47 页。

[3] 康有为：《论语注》，中华书局 1984 年版，第 197 页。

[4] 梁启超：《中国历史研究法补编》，《中国历史研究法》，上海古籍出版社 1998 年版，第 278 页。

[5] 连横：《台湾通史》下册，商务印书馆 1996 年版，第 376—377 页。

[6] 谢彬：《中国邮电航空史》，中华书局 1928 年版，上海书店影印本，第 205—255 页。该书第十四章"无线电报"前半部分基本依刘锦藻《清朝续文献通考》（上海商务印书馆 1935 年印，浙江古籍出版社 2000 年重印本）第 11185 页"臣谨案"语写成，仅少许文字变动。

史稿》问世。书中《志一百二十六·交通三·电报》对晚清电报业的产生、经营、国有过程，以及发展阻力与作用等问题作了粗线条的梳理，尤其是对电报官办与商办交互情形的描述，虽简但不无参考价值。[1] 翌年，侯厚培推出《中国近代经济发展史》一书，其中第七章第二节亦略及清末民初之电政情况。[2]

20 世纪三四十年代，张心澄《中国现代交通史》、金家凤《中国交通之发展及其趋向》、赵曾珏《中国之电信事业》等著相继出版，皆涉及晚清电报业。[3] 其中，张著叙述晚清至 1931 年的中国电政概况，是 1949 年前关涉晚清电报史最详者。该书成于 1930 年前后"中国将往何处去"大讨论的背景之下，故对列强侵略以及晚清与北洋政府丧权之举，多有揭露与批判。[4] 赵著的体例与之相近，但内容稍减。值得注意的是，1936 年中华民国交通部出版《交通史》，其中有路政、电政、邮政、航政各编。其中《电政编》分"总务"、"有线电"、"电话"、"无线电"、"涉外事项"等章，录有部分晚清疆臣奏疏、中外交涉章程和一些统计资料。[5] 这是第一次大规模集中揭出晚清电报史的一些重要资料，学术意义重大。

此间，该课题亦为海外学者所关注。马士（Hosea Ballou Morse）《中华帝国对外关系史》第 2 卷第 16 章辟有"事变（1879 年中俄伊犁事件）导致了电报的创办"一节，据"伦敦与中国间的电讯"和"美国外交文件"等资料，简约叙述了电报在清季的创建与发展，尤其是津沪线建设的背景及经过，不过存在多处史实之误。[6] 与之相近的是，1941 年丹涅特（Tyler Dennett）出版《美国

[1] 赵尔巽等撰：《清史稿》第 16 册，中华书局 1977 年版，第 4461—4473 页。书中舛误，可参见"国史馆"：《清史稿校注》第 5 册，台湾"国史馆"1986 年版，第 4252—4261 页脚注。

[2] 侯厚培：《中国近代经济发展史》，上海大东书局 1929 年版，第 305—312 页。

[3] 张心澄：《中国现代交通史》，良友图书印刷公司 1931 年版，上海书店影印本；金家凤：《中国交通之发展及其趋向》，正中书局 1937 年版，上海书店影印本；赵曾珏：《中国之电信事业》，商务印书馆 1943 年版；张星烺：《欧化东渐史》，商务印书馆 1948 年版，2000 年重印。

[4] 从同一角度论述的还有赵乐丞的《我国与大东大北两水线公司交涉之过去及其现在》（1933 年），主要考察自 1883—1933 年中国政府与大东大北公司所订之重要合同（《国闻周报》第 10 卷第 20 期，转载于"交通部"电信总局编印《中国电信百周年纪念专辑》，易题为《我国与大东大北两水线公司交涉之经过》，1981 年，第 110—115 页）。

[5] 交通史编纂委员会（后面注文简称为编委会）编：《交通史·电政编》（3 册），上海民智书局 1936 年版。该书共 5 章，按章分页。

[6] [美] 马士著：《中华帝国对外关系史》第 2 卷，张汇文等译，上海书店 2000 年版，第 370—371 页。如该书认为，津沪线投用是在 1881 年 12 月 1 日，实为这年 12 月 28 日。另，李鸿章奏设的是津沪线，而非京沪线，且架设之款由淮军军饷垫付 178,700 两，亦非清廷直接拨款 140,000 两。

人在东亚》，[1] 亦利用"美国外交文件"探讨中国电报创设背景及美国对丹麦大北电报公司（The Great Northern Telegraph Co.）在华取得海线专设权的反应。

另，1920年威罗贝（Westel W. Willoughby）推出《外人在华特权和利益》一书。1927年作者对该书进行了修订，补充一些新内容与新资料。[2] 书中第38章为"无线电、海底电线和有线电报"，基本属史料性质，节录一些《中国年鉴》（1925年）、《和中国订立的及关于中国的条约和协定》、《美国对华关系会议（1925年9月）备忘录》的有关内容，但甚有限。

可见1949年前的研究，基本为通史类著作，且主要在考察近代电信业（包括有线电报、无线电报、电话等）时附及。从研究方法看，多为描述性内容，揭出一些资料，但未能在此基础上作深入探讨。

中华人民共和国成立至1979年的30年，有关晚清电报史的研究在中国大陆一度停滞，但在台湾及海外仍在延续，且取得可喜的成果，当谓展开阶段。

1956年12月28日，台湾纪念中国电信创建75周年，出版《铁路·电信七十五周年纪念刊》。[3] 其中，钱其琛《电信》一文介绍了1912—1949年中国电信事业以及1949—1955年台湾地区电信事业的一般状况，略及晚清。不过，其所述体例、主要内容及基本观点除个别地方外大抵如前揭谢彬、张心澂、金家凤等人的著作，当是对这些著作有关内容的拓展。[4]

一年后，台湾"中央研究院"近代史研究所将清总理衙门（后为外务部）有关购制轮船、枪炮、弹药、机器、电线、铁路及各省矿务等档案编辑出版，是为《海防档》。其中，丁编《电线》分"中外电线交涉"、"议设电线"、"电报国有"、"发递官电"、"电线档附录"五个部分，辑录自同治元年（1862年）至宣统二年（1910年）近50年间的重要诏谕、奏疏、函札、照会、咨文、合同等2300余件（包括存目共2408件）。[5] 这是第二次大规模集中揭出晚清

---

[1] [美] 丹涅特著，姚曾廙译：《美国人在东亚》，商务印书馆1959年版。

[2] [美] 威罗贝著，王绍坊译：《外人在华特权和利益》，三联书店1957年版。

[3] 王开节、修域、钱其琛编：《铁路·电信七十五周年纪念刊》，台湾文海出版社1982年版。

[4] 该文提出，1884年修建通州至北京线，因"李鸿章深虑都衢九达之地，遍立电杆，既易损伤，且骇观听，乃将线端暗入水关，并改设地线，迤逦至署，以省立杆疑众之弊，是为我国采用地下线路之始"。又如，该文节录有津沪电报总局禀呈商办大略章程（均见钱其琛：《电信》第2页，载王开节、修域、钱其琛编：《铁路·电信七十五周年纪念刊》），皆为谢彬、张心澂著所无。

[5] "中央研究院"近代史研究所（后面注文简称为"中研院"近史所）编：《海防档·丁·电线》（7册），台湾艺文印书馆1957年版。

电报史的有关资料，为系统深入研究该课题提供了必要前提，因而具有重大学术意义。

1958 年，美国学者费维恺（Albert Feuerwerker）出版《中国早期工业化——盛宣怀和官督商办企业》一书[1]。该书有专章论析晚清中国电报局这一官督商办企业的建立及经营状况，对李鸿章、盛宣怀在中国电报建设中的作用、清政府对电报局的勒索等问题作出有价值的考察。作者认为，中国电报在开办不久便表现出渐趋停滞的特征。囿于侧重点及文章旨趣，更限于资料，[2] 该书涉及晚清电报业的内容有限，一些论断值得商榷，[3] 甚至存在较严重的史实错误。[4]

1968 年，台湾学者黄嘉谟发表《中国电线的创建》一文[5]。这是值得注意的研究成果。文章对 1874—1877 年闽台线的建造背景及过程作了细致考察，并提出一些独到见解。[6] 该文在资料的利用上较以往研究亦有较大突破。五年后，古伟瀛撰出《中国早期的电报经营》一文，[7] 考察了 1880—1902 年中国电报业的经营状况，并对前揭费维恺著中的一些观点作出回应，不无启发意义。[8]

此间，中国大陆对于该课题的研究基本处于停滞状态。但需指出，1961 年，中国史学会编辑出版《中国近代史资料丛刊·洋务运动》，其第六册第九部分为"电报编"，辑有一些重要谕旨折片及左宗棠、薛福成等人的函牍文论。笔者在中国第一历史档案馆查得，军机处录副奏折洋务运动类邮电项相关电报档

---

[1] [美]费维恺著，虞和平译：《中国早期工业化——盛宣怀和官督商办企业》，中国社会科学出版社1990 年版。

[2] 该书所征引的资料基本是《北华捷报》、《愚斋存稿》、《交通史·电政编》等，而大量盛宣怀档案此时尚未出版。此外，作者亦未见《海防档·丁·电线》等重要资料。

[3] 如作者认为，官督商办这种模式倾向于被改变成一种在官僚庇护下建立的企业投资和收益的体制，从而忽略了"挽回利权"的理论目标（见费氏前揭书，第 284 页）。

[4] 如该书以为沪粤线"准备铺设"是在天津至通州线完工后（见费氏前揭书，第 284 页）。实际上，该线拟设于 1883 年初，兴工于是年 3 月，4 个月后，即是年 7 月天津至通州线始拟架设。

[5] 黄嘉谟：《中国电线的创建》，《大陆杂志》第三十六卷，第六、七期合刊。

[6] 如以往一般欧美人士认为，当时中日间的台案纠纷因告解决，中国当局对于电线的需要不再迫切，遂恢复原来的禁设政策。该文指出情况并非如此。再如文章认为，"总署拒绝各国设立电线的原因，初时并不基于领土主权的观念，而只认为中国地势与外国情形不同"。又如该文注意到，1865 年李鸿章对外国请设电线的态度不同于总署及其他督抚。

[7] 古伟瀛：《中国早期的电报经营》，选载于台湾"交通部"电信总局编印：《中国电信百周年纪念专辑》，1981 年。

[8] 如文章对费氏所提出的"电报报效"是政府的勒索行为提出质疑（见古伟瀛前揭书：《中国电信百周年纪念专辑》，第 100 页）。

案共有 161 件。[1] 该书揭出其中 79 件,几占 50%。这是第三次大规模集中发表有关晚清电报史的重要资料,当是此间之大贡献。

综观这一时期的研究,数量虽不丰,质量却较高,就晚清电报发展过程中的一些具体问题,如福厦线纠纷、清廷的勒索、晚清电报建设的内外因由等作出了深入细致地探讨,推进了该课题的研究。尤值称道的是,此间大规模出版的晚清电报史资料,为该课题的进一步系统深入研究奠定重要基础。

1979 年以后的 30 年,有关该课题的研究在中国大陆、台湾以及海外皆取得较大进展,可谓进一步发展阶段。而此中,大陆尤其是近年来成果更显突出,一度偏移的研究重心实现回归。

1979 年,张国辉推出《洋务运动与中国近代企业》一书,揭开新时期中国大陆对该课题研究的序幕。[2] 该书第四章述及晚清电报业的产生与发展,并整理出《国内电线设立简表(1879—1894 年)》,让我们受益匪浅。嗣后,一系列通史性著作及专题性文章论涉此课题。[3] 其中,孙志平主持编写的《中国近代邮

[1] 中国第一历史档案馆(后面注文简称一史馆)藏,军机处录副,洋务运动类·邮电项,胶片 674 卷,03−168−9436/9437。

[2] 张国辉:《洋务运动与中国近代企业》,中国社会科学出版社 1979 年版。

[3] 20 世纪 80 年代,报刊陆续发表的专题论文主要有夏冬:《论洋务运动时期的电报局》(《史学月刊》1982 年第 2 期);李茂高、廖志豪:《略论洋务运动时期的电报事业》(《学术月刊》1982 年第 12 期);徐元基:《外商侵占中国电报利权与洋务派的政策》(《中国社会经济史研究》1984 年第 2 期);徐元基:《论晚清通讯业的近代化》(《上海社会科学院学术季刊》1987 年第 4 期);乔还田:《洋务派与中国早期的电信事业》(《求索》1984 年第 5 期);步平:《关于中俄电报线路的联接问题》(《黑河学刊》1985 年第 2 期)等,大致回顾了晚清电报的建设历程,并基本认为,洋务派创办电报,在一定程度上维护了中国利权。这其中,徐元基两文堪是代表。徐元基指出,从整体看旧中国未实现近代化,但各经济部门不同程度地向着近代化迈进。晚清电报的建设,实现了通讯业的近代化。此论在研讨中国近代化问题上,视野较以往拓展。然通讯业不仅指有线电报,还包括无线电、电话等。事实上,后二者在晚清刚起步,即便是有线电报,晚清虽大致建立全国范围的电报网,但十分稀疏,且严重不平衡,而电报器材基本不能自给,故言晚清实现了通讯近代化,大可商榷。90 年代,又有一批专题论文发表,如高升斗:《东北电报与李鸿章》(《北方文物》1991 年第 1 期);蒋宝林:《我国第一条向公众开放的电报电路——津沪电报线》(《上海档案工作》1993 年第 1 期);吴福环:《清末新疆电报的创设》(《西域研究》1993 年第 3 期);徐长春、叶如针:《试论中国近代电信外债》(《厦门大学学报(哲社版)》1993 年第 4 期);陈步峰:《近代中国的电气事业》(《科学中国人》1997 年第 1—2 期);贾熟村:《李鸿章与中国电讯事业》(《安徽史学》1997 年第 2 期);丛曙光:《从近代中国电报局的创办看洋务派与外国资本主义的关系》(《济南大学学报》1998 年第 3 期)。其中《清末新疆电报的创设》对新疆地区的电报创建过程及特点作出考察,是一篇研究区域电报发展较好的作品。《试论中国近代电信外债》在细致考察清政府、北洋政府以及南京国民政府的电信外债后指出,电信外债对中国近代电信事业的建立与发展,既有利又有弊,总的来看,是利大于弊。评价较为公允。

电史》一书，较详细地考察了近代中国电报业的发展历程，尤重列强对我国电信利权的侵渔以及邮电职工反帝反封建的斗争，并利用了一些大北公司的档案，学术价值较高；[1]夏东元《洋务运动史》一书有专章剖析晚清电报业。其特点是，利用上海图书馆一些未刊档案，对盛宣怀的电报经营思想作出有益探索。[2]

进入新世纪后，该课题的研究呈加速发展之势。[3]有分量的论著，如《清末邮传部研究》一书在深入考察邮传部的官制机构、职掌业绩的同时，略及光绪末年及宣统年间中国电报业的发展状况，以及此间中外电政交涉。该书利用了中国第一历史档案馆藏《邮传部档案》；《洋务运动时期的电报技术——国际技术转移视角的研究》从技术哲学、技术社会学视角，概括出中国引入电报技术的三大特点：强权示范性、产业技术根植性以及"借壳"的根植模式；《晚清电报及其传播观念（1860—1911年）》从传播、传播技术作为"关系"和"文化"的视角，探讨晚清电报的进入、应用以及体制变化等问题；《晚清中国电报局研究》则利用了一些《盛宣怀档案》、《大北电报公司档案》等资料，对1880—1908年间中国电报局的具体作为作出考论。

在台湾，该课题的研究亦有丰硕成果，奚根林《从清宫海防档中看百年前李鸿章创建我国第一条天津到上海电报线史实》一文介绍了《海防档》的有关电线部分，并据之探讨津沪线建设的相关问题。[4]王尔敏有两文论及晚清电报业：《盛宣怀与中国电报事业之经营》一文认为，盛宣怀创办电报局，鞠尽心血，实为自强运动中工业建设之重要执行者。作者整理出"中国各地电报创置表"，

---

[1] 邮电史编辑室编：《中国近代邮电史》，人民邮电出版社1984年版。

[2] 夏东元：《洋务运动史》，华东师范大学出版社1992年版，第216—241页。1998年夏东元出版《盛宣怀传》（修订本），论及晚清电报内容与此仅有少量文字出入。

[3] 陈九如：《刘铭传与近代台湾邮电》，《史学月刊》2001年第4期；牛贯杰：《电报在近代中国的命运》，《寻根》2003年第5期；张政：《郑观应与中国近代电报事业》，《襄樊职业技术学院学报》2005年第1期；马静：《电报在近代中国的创办历程》（硕士学位论文），2005年，藏河北师范大学图书馆；赵玉梅：《光绪十一年展设珲春电报电线工程浅述》，《历史档案》2006年第1期；苏全有：《清末邮传部研究》，中华书局2005年版；包羽：《洋务运动时期的电报技术——国际技术转移视角的研究》（博士学位论文），2006年，藏东北大学图书馆；孙藜：《晚清电报及其传播观念（1860—1911年）》，上海书店2007年版；郭海燕：《从朝鲜电信线问题看甲午战争前的中日关系》，《近代史研究》2008年第1期；韩晶：《晚清中国电报局研究》（博士学位论文），2010年，藏上海师范大学图书馆。

[4] 奚根林：《从清宫海防档中看百年前李鸿章创建我国第一条天津到上海电报线史实》，台湾"交通部"电信总局编印：《中国电信百周年纪念专辑》，1981年。

尽管所据资料单一（因之列出的报线仍甚稀疏），但较前揭张国辉著作有推进。[1]《刚毅南巡与轮电两局报效案》一文对1899年清廷勒索轮船、电报两局一案作出考察，以此揭示近代中国工商业发展的艰难环境。[2]

此间，海外关于晚清电报史研究最力之作当推埃瑞克·巴克（Erik Baark）的《电闪之线：电报与中国的技术现代化（1860—1890年）》一书。[3] 该书将1860—1890年这三十年的中国电报创建与发展概括为排斥（19世纪60年代）、对抗（70年代）、消化（80年代）三个阶段，尤详于1874—1877年的福州厦门线架设过程中的中外纠纷。[4] 作者认为，电报技术在中国的转让是一多层次的过程，充满了政治与文化的冲突。中国既欲享西方技术设备之益，又不能危及传统价值理念，从而陷入两难境地。该书揭出大量丹麦外交部相关领事的未刊档案（Danish Ministry of Foreign Affairs's consular archives）。[5]

可见，此阶段研究从内容看，前期侧重中国在电报建设过程中与帝国主义的关系上，批判列强对中国电报利权的侵渔占很大比重，后期逐步放大视野，开始尝试在晚清近代化的大背景下考察该课题；视角多是从洋务运动史或是对洋务大员的研究旁及。可喜的是，已出现一批专文论及此课题，表明其已为学界日益重视之势；从成果看，在一些重要问题上取得某些共识。如在中外电线交涉过程中，研究者普遍认为，清政府既有颟顸愚昧、妥协退让的一面，又有维护主权、努力斗争的一面。再如研究者已基本注意到，晚清电报的建立，对中国社会经济的发展有推动作用，不能简单地斥之为帝国主义侵略工具。

总之，20世纪20年代以降，在海内外学人努力下，晚清电报史研究取得一些重要成果，此为该课题的进一步深入研究奠定了必要基础。然此相对于电报这一西方近代文明在引入中国过程中，所展现与透视出的极其丰富的蕴涵而

---

[1] 王尔敏：《盛宣怀与中国电报事业之经营》，《清季自强运动研讨会论文集》下册，台湾"中央研究院"近史所，1988年。

[2] 王尔敏：《刚毅南巡与轮电两局报效案》，《近代史研究》1997年第4期。

[3] Erik Baark, *Lightning Wires: the telegraph and China's technological Modernization, 1860–1890,* Westport, Connecticut, London: Greenwood Press, 1997.

[4] 对此问题作了较深入研究的还有 Saundra Sturdevant, *A Question of Sovereignty: Railways and Telegraphs in China, 1861–1878*, Ph. D. dissertation, University of Chicago, 1975。

[5] 此外，[美] 庞百腾的《沈葆桢评传——中国近代化的尝试》一书在论述沈葆桢"国防近代化中的几个步骤"时也稍及晚清电报事业，主要是沈葆桢在架设闽台线前的思想及其在架设此线过程中的作用（见 [美] 庞百腾著，陈俱译：《沈葆桢评传——中国近代化的尝试》，上海古籍出版社2000年版，第353页）。

言，则显示出严重不足与不称。若将这种情状与近代交通史其他领域如航运、铁路、邮政等论著迭出的局面相较，更显薄弱与滞后。这一方面说明加强该课题的研究甚为必要；另一方面又提示出关于该课题的研究仍存在广阔的空间。

迄今，学界对晚清电报史上的一些重要问题，诸如电报知识是如何传入中国的？面对电报的东来，朝野的态度有着怎样的分化？嗣后如何演变？此对晚清电报建设产生何种影响？中国自设的首条电报线究竟是哪路？晚清电报网是怎样形成的？有何特征？与国际电报网有何关联？如何关联？其技术与管理水平怎样？晚清电报建设与斯时的社会变迁和社会转型，究竟呈现出怎样的互动关系？等等，都缺乏深入研究，甚至无人问津，而全面系统考察上述诸问题的专著更付阙如。笔者以为，上述问题不仅独立存在，且相互联系，故需对之作系统完整地综合考察，否则不仅无法展现晚清电报发展的历史全貌，而且无法揭示其各要素间的内在关联性，从而影响历史史实的重建与历史本质的挖掘。

既往研究对资料的利用亦明显不足。较完整地反映晚清电报建设的《海防档·丁·电线》，学界只有部分的抽取，未能全面爬梳，这也是造成迄今未有一部完整考察晚清电报建设专著的要因之一。中国第一历史档案馆藏此类未刊档案亟待挖掘。如军机处录副奏折中，洋务运动类邮电项（9436\1-69、9437\1-92），光绪朝、宣统朝交通运输类邮电项（7568\1-29）；朱批奏折中，交通运输类邮电项（361\ 4-77），邮传部案卷电政项（492\ 22\1），会议政务处案卷邮传部项附电报总局（35\5\2）等。《英国外交文书·机密文件》[1]、《美国外交档案》[2] 中存有一批原始档案。大量文集，如盛宣怀资料、新近出版的《李鸿章全集》，以及近代报刊、方志等，涉及晚清电报建设史亦多。这些资料皆未能得到很好地利用，同样提示推进该课题研究存在必要性与可能性。

近年来，晚清电报史的研究视野虽有拓展，但仍有限，而将之置于近代中国社会变迁与社会转型视阈下考察者，更是鲜见。晚清的中国在强大西潮的冲击下发生巨大而深刻的变化。这种变化，有学者指谓，经历"在传统中变"（change within the tradition）向"在传统之外变"（change beyond the

---

[1] *British Documents on Foreign Affairs: reports and papers from the Foreign Office Confidential Print*，*Part I, From the mid-nineteenth century to the First World War. Series E, Asia*（*Vol. 20-25*），*1860-1914*，Paul Preston and Michael Partridge，Bethesda, MD：University Publication of America，1989-1994.

[2] *Diplomatic correspondence（1862-1865），Foreign relations of the United States（1866-1911）*，Washington：Government Printing Office.

tradition）的过渡。[1] 若作进一步考论，会发现这种"在传统之外变"非但未中断中国既有的"在传统中变"，反过来还催促并加速着中国既有的"在传统中变"，且与其一道，共同构成晚清中国社会的演进轨迹与模式。正因此故，这种变化的波及领域之广泛、发生幅度之壮阔、产生影响之深远，"实为数千年来所未有"。

作为西方近代重要科技文明成果的电报，引入中国之初，时人即指出，"自可渐观成效，又创成四千年未有之奇局也"，[2] 可见那时的国人已将之视为晚清社会变局中的重要一项，足知其影响。电报一经引入中国，便日益向各领域潜进，成为晚清社会进一步演变及向近代转型的重要促动力。例如，清廷将电报用于内外战争，至清末更是建立起专门的军事电信，使晚清时期的军事行为进一步向近代过渡。新闻电讯的出现从根本上改变了报刊的资讯传播方式，使此后的报刊更具近代意义，并显著增强其社会影响力。更有甚者，电报的引入让时人对世界的认知亦悄然发生变化，全球一体化观念自那个时期起，便在部分国人心目中萌生，使得传统的夷夏之防思想受到进一步冲击。

可见，在近代中国社会变迁与社会转型的弘阔视阈下考察晚清电报产生与发展的历史，不仅可细致呈现晚清电报的建设历程及发展水准，还可以此个案领域透视那时的中国在向近代转型过程中所表现出的众多面相：经济的变动变革、政治的特质特征、国人的心灵心态，以及中与外、守旧与趋新、国家与社会、科技与政治经济文化，乃至"变"与"不变"等要素的错综关系。一句话，可透视晚清中国社会演进的复杂情势与历史命运。故从社会变迁视角研究晚清电报史，不仅是晚清经济史、社会史研究不可或缺之内容，而且关涉晚清政治史、思想史、外交史、科学技术史等多学科领域，对实现跨学科研究具有重要示范意义与学术参考价值。

当下世界已进入信息化、网络化时代，中国亦正加速着这一进程，并因此而对其经济与社会的发展产生重要影响，使得中国正经历新一轮的社会转型。以历史的长时段视之，此是自 1840 年以来中国社会转型的延续。那么，这一切从源头上看，究竟与通信工具的革新有着怎样的关联？时代正以此之巨大课题考问国人。知今须鉴往。在此背景下，从社会变迁角度全面系统考察晚清电报

---

[1] 罗志田：《权势转移——近代中国的思想、社会与学术》，湖北人民出版社 1999 年版，第 1—2 页。

[2]《盛宣怀办理津沪电线节略》，王尔敏、吴伦霓霞合编：《盛宣怀实业函电稿》上册，香港中文大学出版社 1993 年版，第 211 页。

业的创建发展，追溯中国通信现代化的起始历程，有助于认知当前中国社会转型的基本特征及演进轨迹，尤其是对认知当下中国通信事业在社会发展与转型中的地位与作用，制订出正确的建设方略，发挥积极的指导意义。

上述既是笔者拟从社会变迁角度系统考察晚清电报建设的因由，又是本书期望实现的目标。

最后作两点说明：其一，本书的考察对象。中国国民党中央党部国民经济计划委员会曾指出："我国电政创自前清光绪五年，迄今已有五十余年之历史，惟自创办以至民国初元，完全致力于有线电报之建设及扩充，故此一时期之电政，可以有线电报代表之。"[1] 就晚清电报建设的类项言，此语大抵妥恰实情。鉴此，本书以有线电报为考察中心。其二，本书的叙事时间。主要使用的是公历，必要时直接援用或夹注农历。

---

[1] 国民党中央党部国民经济计划委员会：《十年来之交通建设》，秦孝仪主编：《抗战前国家建设史料——交通建设》，《革命文献》第 78 辑，台北"中央文物供应社"1979 年版，第 129 页。1844 年 5 月 24 日，美国人莫尔斯拍发人类历史上第一份长途电报，嗣后电报走进现实生活。此为有线电报（Wired telegram）传入中国之初，时人多呼为铜线、电线、信线、飞线等，后渐通称电报。1897 年 5 月 18 日，意大利人马可尼（Gugliemo Marconi）进行无线电（Wireless）通信试验成功，1898 年投入实际运用。晚清中国引入无线电时间甚短，只开端绪，且主要用于军事，本书不予关注，故后文所言电报专指有线电报。

第一章

中与外、新与旧的较量：电报的东延

电报尚在研发期间，有关知识便东传中国，此不仅源自来华西人的竭力推介，尤获益于出洋国人的努力探求。19世纪60年代后，西人开始向清政府请设电报，由此引发中外间的广泛较量。与此同时，晚清朝野在中国要不要自建电报的问题上，思想发生分化，主张引入电报的趋新认知由初始的形单力弱而渐具声势，遂与守旧观念展开较量，终占上风，成为日后中国掀起大规模建设电报活动的舆论及思想源基。

第一节 电报知识的东传

人类的近代文明是从欧洲率先掀起的，具有划时代意义的通信工具——电报便是近代文明的显著标志之一。然它的研发历程近百年，在经过数代人的接力式努力后，才最终得以完成。这一情状无疑增加了后人的认知难度，晚清出洋国人产生传介歧异，其源当于此。

一、天涯咫尺：电报的研发与东延 [1]

技术的演进与革新总是有一个不断加速的发展趋势。其作始也"缓"，其将毕也"速"。电报的研发亦如此，在其初的50年里推展缓慢。早在1753年

---

[1] 本目资料除特别注出外，主要援引国际电信联盟：《从信号台到卫星》（英文节译本，易名为《电信发展100年》），人民邮电出版社1983年版，第12页；Ken Beauchamp, *History of Telegraph*, *The Institution of Electrical Engineers*, London, United Kingdom, 2001,p.29; Erik Barnouw, *International Encyclopedia of Communications*, Volume 4, Published jointed with The Annenberg School of Communications, New York and Oxford: University of Pennylvania and Oxford University Press, 1989, pp.208-209.

（清乾隆十八年）2月，英国《苏格兰人》杂志发表一封署名 C. M. 的书信，初步设计出利用静电传递信息的主要流程，因已具备电报最基本特征及较强可操作性，故可言，此为严格意义上的创设电报之滥觞。不过，该设计在彼时未能引起社会的足够关注。嗣后西班牙人贝坦考特（Betancourt）与萨尔瓦（Don Francisco Salva）、英国人罗纳德（Francis Ronalds）等相继做过重要试验，但皆是在静电基础上进行的，故未取得实质性进展。

进入 19 世纪后，电源及电磁学的突破使得电报研制呈快速发展态势。1800 年（嘉庆五年）"伏打电池"（Volta pile）诞生，为电报创设开辟出广阔前景。九年后德国人瑟姆林格（S.T. Von Sammerring）制成电化式电报机（Electrification telegraph）。1820 年丹麦人奥斯特（H. C. Oersted）发现罗盘通电后指针发生偏转现象。受瑟姆林格实践的鼓舞与奥斯特实验的启发，1832 年俄国人希林（Baron Shilling）研制出针式电报机（Needle Telegraph），随后在欧亚等地巡演。[1] 尽管这些研发仍未解决一些关键性的技术问题而使电报走向实际应用，但较前已大为推进。

最终使电报走向现实应用的是英国人库克（William Fothergill Cooke）、惠斯通（Charles Wheatstone）和美国人莫尔斯（Samuel Finley Breege Morse）。1836 年（道光十六年），库克研制成电磁式电报机（Electromagnetic Telegraph），并经惠斯通改进而获专利。1837 年莫尔斯发明一套由点、横两种符号组成的实用电码——"莫尔斯电码"（Morse Code），为电报走向社会广泛应用奠定极其重要的基础。1844 年 5 月 24 日，莫氏用此电码由华盛顿向巴尔的摩（Baltimore）拍出人类历史上第一份长途电报。自此，电报作为通信工具正式宣告诞生，人类的通信由声物传播进入光电时代，天涯咫尺遂成现实。

电报一经应用便备受青睐，迅速在欧美各国推展开来。至 1860 年（咸丰十年），英国建成电报线路 8,000 英里，欧洲大陆则达 45,000 英里。而斯时美国几乎所有城市皆通电报，线路总长达 32,000 英里。与此同时，电报在攻克电线的绝缘、坚固及性能稳定等技术难题后，由大陆走向海洋。1851 年第一条横跨英吉利海峡的电报线在英国多佛（Dover）与法国加来（Calais）间敷设。创意

---

[1] 又译作"谢林"（[法]德·巴尔卡尼、伊·马丹著，刘福光等译：《世界发明百科全书》，海洋出版社 1991 年版，第 364 页），"雪林"（编委会编：《交通史·电政编》第 1 章，第 1 页）。

于 1847 年、并最终在 1866 年建成的大西洋海底电报又把欧美两洲连通。

1870 年（同治九年）前后，电报已由欧洲展至中国北、南、东的邻国或地区。北面：1864 年，俄国横跨西伯利亚的电报陆线修至清恰克图附近；[1] 南面：一条由英国伦敦经库塞尔（Kosseir）、苏阿金（Souakim）、亚丁（Aden）、哈兰尼亚（Hallania）、马斯喀特（Mascate）的电报线，于 1865 年抵达印度孟买（Bombay），且有向中国香港进一步展延之势；东面：丹麦大北电报公司将俄西伯利亚陆线于 1870 年从海参崴过海敷至日本横滨、长崎等地，并向上海拓伸。源自欧美的这股电报洪流已从三面向中国涌来，使得电报知识东传以及西人向清政府请设电报，成为势所必然。

二、来华西人与出洋国人：电报知识东传的两大主体

电报知识由西人率先传入中国。早在 19 世纪 30 年代，前揭俄人希林便携电报机来华演示[2]。1844 年，美国议员顾盛（C. Cushing）率团来华，所携礼品中亦有电报机[3]。需要指出，此间电报技术甫臻成熟，西人便向中国推介，其中不乏炫耀西方文明的成分，但对在华推广这一新技术的意旨与兴致亦表现得相当明显与浓厚。1851 年，美国人玛高温（D. J. Macgowan）在宁波出版《哲学年鉴》，更用大量篇幅解说电报功用及利用电流传寄汉字书信的可能性，[4] 为西人在华架建电报提供舆论准备及智力支持，得到在华西人的群起附和。[5]

进入 19 世纪 60 年代后，随着英、法、美、俄、德等国公使进驻北京，再加上电报在欧美等国大规模建设，并越洋过海，向东方展延，来华西人尤其是各国驻华使馆官员向中国推介电报知识的活动大为频繁，其方式与手段也更加

---

[1] "中研院"近史所编：《海防档·丁·电线》，第 27 号文，第 29 页。

[2] 编委会编：《交通史·电政编》第 1 章，第 1 页。该书称希林来华是在"清道光十年"，不无问题。希氏于 1832 年（道光十二年）发明针式电报机，故他携机来华不会早于该年。又，希氏 1837 年去逝（国际电信联盟：《电信发展 100 年》，第 12 页）。由此可推知，希氏来华当在 1832—1837 年之间。

[3] [美] 丹涅特：《美国人在东亚》，第 121 页。丹氏所言电话机，应是电报机之误。是时电报机刚出现，电话机尚未发明。11 年后，当日本国门开启时，美同样赠予日本电报机（罗森：《日本日记》，王晓秋点，史鹏校：《早期日本游记五种》，湖南人民出版社 1983 年版，第 35 页）。

[4] 黄嘉谟：《中国电线的创建》，《大陆杂志》第 36 卷，第 6、7 期合刊，第 171 页。

[5] 当时较有影响的西文报纸如《北华捷报》（The North China Herald，上海）及《中国丛报》（The Chinese Repository，广州）分别刊文介绍。《中国丛报》进而指出："玛高温博士的《哲学年鉴》主要是为了向中国人介绍电报原理"，"我们认为，中国的通信只能以玛高温博士所提出的这种描述字符的方式才能清楚地传递"（The Chinese Repository，Vol. XX，No. 5，May 1851. pp. 284–285）。

多样，故而力度及影响皆大得多。

法国行动最早。1860 年第二次鸦片战争结束后不久，专使噶罗（Baron Gross）即拟送中国一套电报书，但奕䜣"以为无用相却"。其后因南昌等地教案与清政府交涉，更逢是时中国正全力应对太平天国战事，法人遂将此意暂为搁置。1865 年中国形势基本稳定，法使伯洛内（Henri de Bellonet）拟从该国再携《电报新法》一书，送呈清政府。总理衙门又以路途遥远、需费不菲为由，指出不必专程送至。[1] 总署的冷淡态度使得法使的赠书行为又一次受阻。

美、俄的推介更是积极。美国驻华公使蒲安臣（Anson Burlingame）上任之初即"向中国政府鼓吹电报及铁路的重要，并竭尽一切能力，试图获得在中国建筑电线及铁路的权利"。[2] 京师同文馆总教习美国人丁韪良（William Alexander Parsons Martin）"由于想把这个奇妙的发明介绍到中国来"，特在费城学习电报的使用与管理等课程，并自费购置两台电报机，于 19 世纪 70 年代初先后在其北京居所及总署演示，甚至一度将电报机放在总署达一年之久，"直到我（丁韪良）确信不会有任何直接结果的希望之后，才将它们搬走"。[3]

1864 年，俄国技师哈博兰（Brin St. Hypolite）受政府委派专程来华，向清朝官员演示电报机。[4] 翌年 9 月 6 日，俄使馆翻译柏林（A. Popoff）向总署面递《设立通线条约》。该约为俄国通线处与美国西方联合电报公司签订，内容涉及设线路径、

---

[1] "中研院"近史所编：《海防档·丁·电线》，第 29 号文，第 31 页；第 30 号文，第 32 页。翌年 5 月 14 日，法使馆翻译李梅（Victor Gabriel Lemaire）向总署递单，对该书作初步介绍："惟因近来有一法国人名喀色利者，想出一新奇之法，超过旧创之法远远，而此传递之机，不拘何国方言，无论书写何字，皆能如式传送，是以现时各处用此新法者甚多，而旧法已弃置不用。且此新法之便益良多，不必细叙。即如旧法通线之法，遇有疾雷暴电烈风骤雨之遭，而发通线之气，常为所阻，致有呼应不灵之误。而此新法，不但无此天变之阻，其速更能异常，一点钟之候，可送到中国字一千六百，此为最多至速矣。"（"中研院"近史所编：《海防档·丁·电线》，第 38 号文，第 41—42 页。）

[2] "Mr. Burlingame to Mr. Seward（1867.5.22）", *Papers relating to foreign affairs, 1867*, part 1, Washington：Government Printing office, 1868, pp. 483–484.

[3] [美] 丁韪良著，沈弘等译：《花甲忆记》，广西师范大学出版社 2004 年版，第 202—203 页。

[4] 编委会编：《交通史·电政编》第 1 章，第 1 页。对于俄国此次行动，美驻华参赞卫廉士曾致函国务卿西华德（William H. Seward）：俄国公使倭良嘎哩最近向恭亲王及其他高官展示电报的操作方式，"他们运用简短的汉语进行传播。恭亲王对此向倭良嘎哩表示感谢，并礼貌地表达了他观看展览的困惑。汉语口头语与书面语不易用电报传送信息，但经验与科学无疑能克服大量方言及汉字拼写方面的障碍，以至于准确通过帝国传达信息。而在迷信与无知的民众当中，电线自身的安全可能是它成功的更大障碍"。见 "Mr. Williams to Mr. Seward（1865.10.6）", *Papers relating to foreign affairs, 1866*, part 1, Washington：Government Printing office, 1867, p.475。

使用权限、递信管理、奖惩方式、保护措施等，是一典型的某国允准他国公司在其境内设立电报的契约文本。[1] 八大后，俄使倭良嘎哩（General A. Vlangaly）亲向总署递送《通线揭要》，竭力渲染电报之神奇及在经济、政治与军事等方面的价值，并以法、英、美、俄、印度等国为例，大谈电报在这些国度的架建情状。[2]

丹德的行动稍迟，但态度并非不积极。1874 年 1 月，丹麦特使拉斯洛夫（Rasloff）让丁韪良安排"太平华北洋行（Great Northern Company）的丹麦人在总理衙门的大臣们面前演示他们的发报机"。丁韪良"就邀请他们在同文馆的大厅里进行表演，并请各位大臣莅临参观"。[3] 翌年 6 月 3 日，德国公使巴兰德（Max August Scipio von Brandt）递函总署，对电报在西方创建与发展历程的描述较俄使《揭要》更为详尽，同时亦指出电报所带来的巨大社会影响与价值："自能创用蒸气电气各法，泰西各国风土情形大觉改观。"在平时，工商业经营者皆获利益。而"民既富，君孰与不足"？在战时，电报则更为"救时急务"。[4]

西人还利用新闻媒体尤其是中文报纸推介电报知识，影响亦大。例如由傅兰雅（John Fryer）与林乐知（Young John Allen）创办的《上海新报》，即曾刊文称："电线报字之法，虽数十万里片刻可通来往信息。现今各外国所用电线，除海底联络不算，各陆路计长五十四万里，通达八方，颇为捷速。""兹大英国由大西洋水底至大美国，此岸至彼岸，计一万五千里，有电报两条，来往信息两点钟可以达知。"[5] 并简要介绍电报的基本原理及简单易行的操作特征。

西人向中国推介电报知识，其实物演示、赠书等形式并不新颖。[6] 但综而观

---

[1] "中研院"近史所编：《海防档·丁·电线》，第 26 号文，第 26—28 页；"Mr. Seward to Mr. Burlingame（1864.12.13）"，*Papers relating to foreign affairs，1865*，part 2，Washington：Government Printing office，1866，pp. 424—425.

[2] "中研院"近史所编：《海防档·丁·电线》，第 27 号文，第 29—30 页。

[3] [美] 丁韪良著，沈弘等译：《花甲忆记》，第 203 页。

[4] "中研院"近史所编：《海防档·丁·电线》，第 159 号文，第 167—171 页。

[5]《中外新闻》，《上海新报》1868 年 10 月 6 日，第 2 版。

[6] 1793 年，英使马戛尔尼（George MaCartney）访华时即演示众多科技实物 [英] 斯当东著，叶笃义译：《英使谒见乾隆纪实》，上海书店 2005 年版，第 227—230、304—305、385—386 页；[法] 佩雷菲特著，王国卿等译：《停滞的帝国——两个世界的撞击》，三联书店 1995 年版，第 85—86、316 页）。至于赠书，更是常事。前揭美顾盛来华时，所带礼品中即有大量西方科技书籍。《中美望厦条约》签订不久，顾盛又拟赠中国一批军事书籍（[美] 丹涅特：《美国人在东亚》，第 121、138 页）。1845 年，俄赠清廷图书达 810 余册（幅），涉及政治、经济、军事、文化、科学、技术、工艺、地理等 21 类（羽离子：《俄罗斯首次对清政府赠书始末》，《近代史研究》1991 年第 4 期，第 266—267 页）。

之，对于一种知识的推介，不同国度如此集中地使用各种手段与方法，应不多见，足知其热衷及卖力程度。之所以如此，当缘于他们在华架建电报之强烈愿望。资本主义与殖民主义的结合，必对在世界范围内推广电报这种快速传递信息的工具情有独钟。[1] 盖电报建成，可大大方便信息传递，从而满足其在华政治、经济乃至军事、外交等方面活动的需求；即便仅从经济着眼，倘能开辟出中国的电报经营市场，收益亦当丰厚。这一切应是电报出现后在短短20年内即由西方越洋过海展至东方的根本动力。

但是，西人若要实现其愿望，唯有先让中国人认识电报，了解电报，感知电报的功用与价值，方有可能让清政府接受他们的请求或建言。正是循此思路，尚在电报研制期间，西人便向中国推介这一新兴技术，其后手段渐多，力度愈大，反映出他们的愿望日益强烈之势。另从推介的内容看，侧重于电报的功用及其在西方的发展情状，透视出其主旨是欲让中国人尽快认知电报的价值、运作规则和发展态势，以便使清政府顺利接受他们在华架建电报的请求。此当是西人在华大力传播电报知识的要因所在。

不过，电报知识传入中国不仅有着西人推介的渠道，在1880年李鸿章奏设津沪线前，更有部分国人亲临西土实地考察，并予广泛推介之路径。此大抵经历两阶段。19世纪四五十年代，先后有福建人林鍼、广东人罗森分别在美、日亲见电报，并作介绍，是为前一阶段。其中第一人林鍼，1847年7月，受花旗洋行之聘赴美任教，1849年2月回国。不久著成《西海纪游草》，其中有两处提及电报，[2] 虽不足百言，考虑到该书所述各事皆甚简略的行文特征，以及彼时美国电报亦刚兴起的实际情状，[3] 故大抵可以看出，林氏对于电报这种新技术的兴致是浓厚的，考察亦是细致的。

1854年2月，罗森应美国人卫三畏（S. W. Williams，又译作卫廉士）之邀，随佩里（M. C. Perry）舰队抵达日本。该舰队携带大量科技器械，其中即

---

[1] 美国著名技术史家 Daniel R. Headrick 曾著 *The Tools of Empire: Technology and European Imperialism in the Nineteenth Century*（New York: Oxford University Press, 1981），将电报称为西方在亚非地区加强经济与政治势力扩张的重要工具。参见 Erik Baark, *Lightning Wires: the telegraph and China's technological Modernization, 1860–1890*, Greenwood Press, Westport, Connecticut, London：1997, pp. 48–49。

[2] 钟叔河主编：《西海纪游草·乘槎笔记·诗二种·初使泰西记·航海述奇·欧美环游记》，岳麓书社1985年版，第36—37、43页。

[3] 1848年，美国建成芝加哥至圣路易斯第一条电报大干线。

有电报机。是年 4 月 24 日，佩氏在横滨之郊演示这些器械。卫三畏曾称："我们在举行会谈的地方搭建了铁轨和电报线路……电报在他们看来可能太神秘了，没有引起多少注意，还不如玉米粉碎机和脱谷机受人欢迎。"[1] 然罗森却对电报有所注意，在日记中记下其操作特征，虽十分简短，但甚形象，且洋溢赞美之意。[2] 需要指出，罗氏所见为美国赠予日本的礼品演示，不如林鍼在美阅见的是电报的现实应用。故罗氏对电报的介绍较林更简，当可理解。但透过罗氏的笔触，仍能体会出探访者对于此类先进科技的推崇心态。

如果说，19 世纪四五十年代出洋国人对西土电报的探访属民间活动性质的话，那么 19 世纪六七十年代政府开始介入，官方行为日益成为主导。斌椿考察团开官方行为之先河。1866 年海关总税务司赫德（R. Hart）拟回英国。清廷派总署章京斌椿、笔帖式广英及同文馆学生张德彝等随之出洋考察。[3] 该考察团于是年 5 月初抵法，后又游历英、荷、丹、瑞典、芬兰、俄、普鲁士、比利时等欧洲主要国家，再回法国，8 月 19 日离法回国。此间，该考察团分两批次先后参观巴黎电报局。[4] 这是中国官方第一次有组织、有目的之行动，且又发生于电报已在西方广泛展设之际，故他们所记较林鍼、罗森远为详尽与深入，当在情理之中。

两年后又有蒲安臣使团的探访。蒲氏离任前，被清廷派为"办理中外交涉事务大臣"，率团出访欧美各有约国，成员包括总署章京志刚、礼部郎中孙家毂以及翻译张德彝等。[5] 1868 年 2 月使团离沪，1870 年 10 月回国。此次出访中，志刚著有《初使泰西记》一书，虽未直接记载探访电报情形，但在"（同治八年）七月初一日，在法都巴里司客寓"一则日记中，先言"通线信"之法，接着细致描述巴黎电报局传真电报的使用情形，并指出该局与其他报局的不同之处。[6]

---

[1] 卫三畏：《致夫人（1854 年 3 月 11 日）》，[美] 卫斐列著，顾钧、江莉译：《卫三畏生平及书信——一位美国来华传教士的心路历程》，广西师范大学出版社 2004 年版，第 129—130 页。

[2] 罗森：《日本日记》，王晓秋点，史鹏校：《早期日本游记五种》，第 35 页。

[3] 钟叔河主编：《西海纪游草·乘槎笔记·诗二种·初使泰西记·航海述奇·欧美环游记》，第 91 页。列强于他们此行对电报的关注亦予很高期望。如俄使倭良嘎哩预料他们去后，必能亲见电报奥妙、各国建设状况及用途等，回国当详说（"中研院"近史所编：《海防档·丁·电线》，第 43 号文，第 51—53 页）。

[4] 钟叔河主编：《西海纪游草·乘槎笔记·诗二种·初使泰西记·航海述奇·欧美环游记》，第 110、111 页。

[5] 同上书，第 384—386 页。

[6] 同上书，第 320—321 页。

由此可推知，前此志刚是参观了巴黎电报局的，并还可能走访过他处报局。[1]

至 19 世纪 70 年代，清政府出访活动日益频繁，探访电报次数亦大为增加。先是，1870 年清廷因天津教案派崇厚赴法"致歉"，张德彝又一次随行。翌年 8 月 12 日，张德彝再度参观巴黎电报局，发现该局较五年前已有很大改观，尤其是出现彩色传真电报，故更为关注。[2]

再是，1876—1878 年郭嵩焘、何如璋、李凤苞、曾纪泽等相继被清廷派做驻外使臣，从而有机会考察西方的电报。郭嵩焘使团中多人在英期间不仅参观电报局，而且考察电报相关企业。[3] 故他们一行所留下的关于电报的记录最多，也最详尽。[4] 何如璋抵日后著有《使东述略》，记述所见所闻。其中提及日本的电报经营，并对电报运行作了简介。[5] 李凤苞抵德后不久即参观西门子哈而士电机厂，盛赞电报伏线等器物，并在柏林电报局总办的陪同下，游览该局。[6] 曾纪泽接郭嵩焘之任出使英法。翌年 5 月 10 日，曾纪泽偕马格里（Samuel Halliday Macartney）"赴师波狄司务德家茶会"，在那里"观传声机器及作书电报"。[7]

---

[1] 第二次出洋的张德彝著《再述奇》（又名《欧美环游记》），在"己巳（1869 年）四月二十一日记"中对电报仅有如下议论："至于火轮车船、电气线等名，皆思其义以命其名也。"（钟叔河主编：《西海纪游草·乘槎笔记·诗二种·初使泰西记·航海述奇·欧美环游记》，第 777 页）

[2] 张德彝：《随使法国记（三述奇）》，湖南人民出版社 1982 年版，第 208—209 页。

[3] 尚在赴英途中，初出国门的郭嵩焘即敏锐察见苏伊士运河沿岸电报置设的一些景况（郭嵩焘：《使西纪程》，辽宁人民出版社 1994 年版，第 29 页）。1877 年 1 月 21 日，郭使团抵伦敦。2 月 17 日，刘锡鸿参观伦敦电报总局，因有驻英副使身份，电报局长亲演示电报，使其能"悉得其详以归"（钟叔河主编：《英轺私记·随使英俄记》，岳麓书社 1986 年版，第 92 页）。3 月 15 日，郭嵩焘亦赴该局考察（郭称"波斯阿非司一得利喀纳福"，当是 Post Office-Telegraph 音译，意为邮电局。据李圭、张德彝描述，伦敦邮政局与电报局虽共一楼，但实分开，左为邮政局，右为电报局。见钟叔河主编：《漫游随录·环游地球新录·西洋杂志·欧游杂录》，岳麓书社 1985 年版，第 282 页；钟叔河主编：《英轺私记·随使英俄记》，第 332 页），不仅了解了有关电报的工作原理，还了解到英国电报业的大致状况（本社校点：《郭嵩焘日记》第 3 卷，湖南人民出版社 1982 年版，第 157 页）。10 月 16 日，郭嵩焘又赴刊伦电气厂参观（本社校点：《郭嵩焘日记》第 3 卷，第 307—308 页。当然，此次郭嵩焘所称之电报不全为笔者所限定的通信电报，如郭嵩焘所描述的"一、电气盒长约二尺，中安强水六十瓶，上有三小机器，旁安电线二，上缀海泡花。引按太阳穴，可以去头风"，应为医疗器材）。18 日，郭嵩焘再偕张德彝等游览银城电线制造厂（钟叔河主编：《英轺私记·随使英俄记》，第 487—488 页）。

[4] 另，郭嵩焘使团抵英后不久，翻译马建忠受李鸿章之派赴法国巴黎政治学院学习。1877 年 7 月初，马到巴黎博览会游览，看到电报等展品，并对之作似异样的描述（马建忠：《上李伯相言出洋工课书》，《适可斋记言》，中华书局 1960 年版，第 30 页）。

[5] 何如璋：《使东杂咏》，王晓秋点，史鹏校：《早期日本游记五种》，第 64—65、83 页。

[6] 李凤苞等撰：《使德日记及其它二种：英轺私记·澳大利亚洲新志》，中华书局 1985 年版，第 17、23 页。

[7] 刘志惠辑：《曾纪泽日记》中册，岳麓书社 1998 年版，第 874 页。

可见，这些使臣在出洋期间曾广泛考察西土电报的建设情形，从而成为这个时期官方考察西洋电报的主体。

最后是，技术专家徐建寅于1879年以驻德二等参赞名义出使德、英、法等国，考察各国兵工、机械、化学等厂。1880年3月25日，他偕罗稷臣等参观德国信部博物院，了解各式电报的操作与运用。[1]

此间，民间的造访活动亦间有之。1868年，王韬随著名汉学家理雅各（James Legge）抵英国伦敦。在那里，王韬不仅察见车道旁电线纵横贯接之盛状，而且还参观了伦敦电报总局。尽管王韬至西方不可谓"先路之导、捷足之登"[2]，但他对伦敦电报的描述确较他人为先。

1876年，宁波海关文案李圭因津海关税务司德璀琳（G. Detring）之荐，以工商代表身份参观美国费城世界博览会，游历美、英、日等国，得见各国电报情形。费城大街上纵横交错的电报线给李圭留下极为深刻的印象。在华盛顿，他察见美国务院署内即设有电报房。后，他又至英国伦敦，不仅看到街头的电线盛景，且特意造访伦敦电报局。值得注意的是，李圭在路过日本时，发现该国学习西方，遍设邮政局、电报局、矿务局、轮船公司等。"而于电报、邮政两端，尤为加意，几堪与泰西比美"。[3] 这是国人对日本所建电报的最早记载，从一个侧面较为客观地反映出日本明治维新所带来的新气象。[4]

综上可知，在晚清早期至少有12起出洋国人亲身探访西洋电报。不过，作为民间行为的仅有林鍼、罗森、王韬、李圭等4起，而作为官方行为的有斌椿考察团、志刚使团、崇厚使团、郭嵩焘使团、何如璋使团、李凤苞使团、曾纪泽使团、徐建寅考察团等8起之多，且皆发生于19世纪60年代后。此恰与清政府始行洋务新政相一致，故在一定程度上反映出洋务运动开展后，清政府在探求新知方面的渴望与努力。另从出洋国人探访的国家看，主要集中于英、法、美、德等国，但日本的电报发展亦多受关注。这种情况与欧美老牌资本主义国度电报事业十分发达，然日本作为新兴资本主义国家后来居上的发展态势亦基本吻合。

出洋国人在深入考察西方电报的基础上，对其作出广泛介绍。其内容大抵

[1] 钟叔河主编：《漫游随录·环游地球新录·西洋杂志·欧游杂录》，第687页。

[2] 同上书，第108—110、43页。

[3] 同上书，第241、257—258、279、282—283、320页。

[4] 此前虽有罗森在日本看到电报机，但那是美国赠予日本之礼品，由美国人演示，故不能算作日本科技，而只能视为美国文明。据此，笔者将其归属于探访美国电报之类。

可离析为两类：一是描述电报的外观特征，诸如电报线的类型与构造等；一是揭示电报的内部特质，诸如电报的功能与原理、经营与发展，以及电报的国际组织等。从而较完整地将这一文明介绍至国内。

电报线的置设方式是电报重要外观形态。就此而言，电报线可分为三类：一是架于电杆，是为"旱线"，又称"陆线"、"飞线"，此类电报线最早出现，也最为普遍；再是置于水中，是为"水线"、"海线"；还有埋于地下者，多谓"伏线"。后两类尤其是"伏线"，出现要晚，且较隐蔽。对于这些电报线，出洋国人均有描述，可见其介绍相当全面。

若细究之，还可见出洋国人对电报线类型的介绍有一由简进繁、从直观到隐蔽，逐步深入细化的过程。19世纪四五十年代，出洋国人描述的主要是旱线置设情状。例如最早察见电报的林鍼写道："每百步竖两木，木上横架铁线。"[1] 继之，罗森指出："电理机是铜线通于远处。"[2] 显然，这些描述仅为旱线，不及后两类。此与电报在西方初兴不无关系，而罗森所见更是礼品演示，电报线类型本身单一，故访者介绍亦便无法全面。

至19世纪六七十年代，随着电报在西方的不断展延，并越界将欧、美、亚等洲联结起来，出洋国人介绍的内容大为拓展，既有旱线，亦有水线，即便是介绍旱线也较前细致得多。如斌椿说：电报机"用铁线连缀不绝，陆路则架木杪，遇海则沉水中。通都大邑以及乡村镇市，线到处，皆可通信"。[3] 张德彝为便于国人明晰电报线置设的具体情形，用一假定的事例说明："譬如由某国往某国有此电报，则两处各设一局，当中通一铜线……隔大海则置此线于海底，在陆地离数武立一杆，长有丈五者。杆首有瓷碗，将此线自碗内穿过，有时一杆上横数十条者。"[4]

当然，斌椿等人的介绍之所以精详，还与他们的出行任务有关。斌椿、张德彝等所组成的是清廷首次派出的出洋考察团，行前总署要求："往泰西游历，饬将所过之山川形势、风土人情，详细记载，绘图贴说，带回中国，以资印证。"[5] 既是有组织、有目的之行动，且又发生于电报在西方广泛展延之际，故他们所

---

[1] 钟叔河主编：《西海纪游草·乘槎笔记·诗二种·初使泰西记·航海述奇·欧美环游记》，第37页。

[2] 罗森：《日本日记》，王晓秋点，史鹏校：《早期日本游记五种》，第35页。

[3] 钟叔河主编：《西海纪游草·乘槎笔记·诗二种·初使泰西记·航海述奇·欧美环游记》，第111页。

[4] 同上书，第488页。

[5] 同上书，第91页。

记较林鍼、罗森详尽、深入，当在情理之中。

普法战争后，德国鉴于电报陆线易于毁损，研制出电报伏线，在各大城市推广。出使德国不久的李凤苞对此描述道："布法战时，陆路电线易于割断，其后布国遂用埋土之伏线……今柏林及诸大城，已全用伏线，不似伦敦之飞线纵横，如蛛丝也。"接着具体介绍电报伏线在德国的发展情形，并初步指出此类电报线的优越性："既免暴风坏檊，又免敌兵割线，洵良法也。"[1]可见，李凤苞对电报伏线的考察不仅细致，且较深入，因而能够将此类电报的关键功用予以揭示。

电报线的构造分内外两层：内为导线，其时多由铁铜等材料制成，且按导线数量可分为单芯线、双芯线、多芯线等；外为绝缘体，常用胶漆等材料制成。何如璋称电报"以铜为线，约径分许"，[2]粗略指出电报线的内部用材及线径，但已涉及电线型号、规格等问题。张德彝的介绍要全面一些：两电局"当中通一铜线，周于笔管，以印度树汁裹之，永不生锈"。[3]不仅言及电报线的内部用材、线径等参数，且揭出电报线的外部构料及其功用，从而将电报线的整体构造大致介绍。李凤苞对电报伏线的构造描述更是精细："埋土之伏线，与过河之电缆相同，合七线为一，而夹以麻绳六绺，加麻丝钢线各一层，再加麻线左旋绕之，髹黑漆一层，又右旋绕之，髹黑漆一层。"[4]国人由此不仅知伏线，亦可知水线等多芯电缆构造的详细情形。

电报的基本功能是实现信息的快速传递，这也是其核心价值所在，同时又是其得以广泛应用的基础。中国传统的信息快捷传递方式不外乎驿站烽燧等。驿站主要靠马递，故最快者加急亦仅日行八百里，速度仍有限。烽燧传递信息要快一些，但内容简单，且受天气、地貌等因素制约，不甚灵便，故基本用于边防军事。二者与电报皆不可同日而语。正因如此，旅法华商王承荣指出："中国之驿站烽燧，速则速矣，究不如外国电报之制。"[5]这使得出洋国人对电报快速传递信息的功能介绍格外热心。他们或直接指陈，其中以志刚的描述最具代

[1] 李凤苞等撰：《使德日记及其他二种：英轺私记·澳大利亚洲新志》，第17、22页。

[2] 何如璋：《使东杂咏》，王晓秋点，史鹏校：《早期日本游记五种》，第83页。

[3] 钟叔河主编：《西海纪游草·乘槎笔记·诗二种·初使泰西记·航海述奇·欧美环游记》，第488页。

[4] 李凤苞等撰：《使德日记及其他二种：英轺私记·澳大利亚洲新志》，第17页。

[5] "中研院"近史所编：《海防档·丁·电线》，第89号文，第106页。

表性："虽大地一周九万里，而往返通信，可立而待。"[1]

为更形象地说明电报的快速传递信息功能，出洋国人多作类比。如罗森指出，电报机"能以此之音信立刻传达于彼，其应如响"。[2]张德彝也说：电报"此处随按，彼处虽千万里亦随得之，其速捷于影响"。[3]需要指出，用声音作比尽管甚不贴切，反映出他们对这类科学认知之局限，但在其时的语境下，并不影响他人对电报神速的想象与理解。更准确的类比当是王韬、崇厚所作。王韬写道："有所欲言，则电气运线，如雷电之迅，顷刻千里。"[4]崇厚说：电报"若电光之速，瞬息千里"。[5]透过出洋国人对电报功能的大量描述，似可见他们对电报的普遍关注之关键因由，亦可见这些人等对电报介绍之旨趣。

电报是如何形成电流以实现信息快速传播的？对此较为深入的问题，出洋国人多有细致观察乃至理论思考。林鍼即注意到：电报"以胆矾、磁石、水银等物，兼用活轨，将廿六字母为暗号，首尾各有人以任其职。如首一动，尾即知之"。[6]崇厚的介绍与之相近。[7]二人皆不及刘锡鸿细致："电气以紫铜、白铅、硫黄为之（凡两金相合，皆可为电气），谓之曰药水。计里远近，用药水多寡，亦一刻数百里，此可遍行诸海内外者也。"[8]

志刚、曾纪泽为求合理解释，更作出理论探讨。当然，囿于知识之局限，他们只能在中国传统思想文化内寻找依据。如志刚援引当时中国流行的"体用观"对电报通信现象解释说："通线信以电气为体，以吸铁气为用。"又进而用中国传统"阴阳五行说"分析指出：

> 电气者，空中所运无形之火，属于天为阳。砒、硫所含有形之火，属于地为阴。铜铁能含火性，故火入金乡，则凝而不散，触而必发。磁石者，自

---

[1] 钟叔河主编：《西海纪游草·乘槎笔记·诗二种·初使泰西记·航海述奇·欧美环游记》，第320页。林鍼亦说，电报"暗用廿六文字，隔省俱通"，"不论政务，顷刻可通万里。"（钟叔河主编：《西海纪游草·乘槎笔记·诗二种·初使泰西记·航海述奇·欧美环游记》，第36—37页）

[2] 罗森：《日本日记》，王晓秋点，史鹏校：《早期日本游记五种》，第35页。

[3] 钟叔河主编：《西海纪游草·乘槎笔记·诗二种·初使泰西记·航海述奇·欧美环游记》，第488页。

[4] 钟叔河主编：《漫游随录·环游地球新录·西洋杂志·欧游杂录》，第108页。

[5] 张德彝：《随使法国记（三述奇）》，第262页。

[6] 钟叔河主编：《西海纪游草·乘槎笔记·诗二种·初使泰西记·航海述奇·欧美环游记》，第37页。

[7] 崇厚指出：电报是"用金属浸于药水中，作出电气；再用铜铁丝引之，引动彼应"（张德彝：《随使法国记（三述奇）》，第262页）。

[8] 钟叔河主编：《英轺私记·随使英俄记》，第91页。

有吸力，皆天地间自有之物，自具之性，而绝非矫揉造作之所能致。[1]

而作为群经之首的"《周易》系伏羲、文王、周公、孔子四大圣人精神所注"，篇幅虽短，但在国人看来，是书"赅备宇宙万物之理、古今万世之事"，故历来备受推崇，成为国人诠释世相的经典之一。曾纪泽即曾指出，《易》中"云雷经纶"之语，实即"圣人预言电线之理"。据此，他认为，"西洋人近日孜孜汲汲以考求者，中国圣人于数千年已曾道破"。[2] 当然，志刚、曾纪泽等的解释实属牵强附会，故无法科学揭示电报基本原理，但他们在中国传统文化理论与西方科学技术知识间寻找结合点的努力，有助于国人对电报文明的接受。

电报的操作方式与传送流程亦多为出洋国人所关注。李圭指出："由局寄往他处之信，以码代字，按字拨机，随写随动，随动随达。动毕，而彼处已得信矣。其接他处之信，视电机一动，随即照字录出，送至别室。"接着对电局内各室间利用风筒递报的电报传送方式作了精细描述，[3] 并盛赞此方式既可节省人力物力，又可加快电报递送，从而较为准确地揭示其价值。

李圭所言"以码代字"，是电报操作的重要特征。对此，其他出洋国人亦多有记录，且更具体。如刘锡鸿对伦敦电报局的打报种类分别予以介绍后，接着又说：

> 发处针一点，则接处亦一点；发处一画，则接处亦一画。接英国二十六字母推之，即得其所报之意（亦有聆音以得者，如丁声为一点，得声为一画。丁丁得为两点一画，得得丁为两画一点之类）。[4]

郭嵩焘也记："电报各异式，而总分三等。一设二十六字母，用指按之，此旧式也。一盘纸转而运之，以着点长短成文，而视其断续成句，此新式也。二者皆及见之。一辨声知字，运用尤灵，其机尤速，此又新式之尤奇者。"[5]

[1] 钟叔河主编：《西海纪游草·乘槎笔记·诗二种·初使泰西记·航海述奇·欧美环游记》，第 320 页。

[2] 刘志惠辑：《曾纪泽日记》中册，第 893 页。

[3] 钟叔河主编：《漫游随录·环游地球新录·西洋杂志·欧游杂录》，第 282—283 页。

[4] 钟叔河主编：《英轺私记·随使英俄记》，第 91 页。

[5] 本社校点：《郭嵩焘日记》第 3 卷，第 157 页。

这种由点、横两种符号或音之长短构成的代字电码，即前揭著名的"莫尔斯电码"。它的发明为电报广泛应用奠定了极其重要的基础，具有里程碑之意义。对此记录最为详实的当是张德彝。1880 年 5 月 23 日，第四次出洋的张德彝记道，打报所用点横代字法是由美国人莫尔斯于"西历一千八百七十年（即同治九年）"创设[1]，横排使用，具体代码为：

一点为 E，二点为 I，三点为 S，四点为 H；一点一横为 A，一点二横为 W，一点三横为 J；两点一横为 U，三点一横为 V；先一点一横又一点为 R，一点一横又二点为 L；一点二横又一点为 P；二点一横又一点为 F；一横为 T，二横为 M，三横为 O，四横为 CH；一横一点为 N，一横二点为 D，一横三点为 B；两横一点为 G，两横两点为 Z；二横中一点为 K；一横一点又一横一点为 C，一横一点又两横为 Y；二横中二点为 X，二横一点又一横为 Q。又其数系一点四横为一，两点三横为二，三点二横为三，四点一横为四，五点为五，一横四点为六，二横三点为七，三横二点为八，四横一点为九，五横为十。[2]

据笔者所见，这是国人完整介绍"莫尔斯电码"的最早案例。张德彝能如此，与其对电码甚有研究密切关联。1871 年，张氏"由《康熙字典》中择其字之常用者七千余，按字编数，由零零零一至八零零零"，编成《电信新法》，[3] 是为国人所编的第一部汉字电码本。由此观之，张德彝关注"莫尔斯电码"，并作详细记录，当在情理之中。

在以码代字的普通电报基础上又出现传真电报，此由意大利物理学家乔凡尼（Giovanni Caselli）于 1862 年试验成功，并自 1865 年起为法国邮电局从巴黎向马赛进行文字及图像传输。[4] 斌椿、张德彝一行正好赶上这种电报的投用，随即加以介绍。如斌椿描述道：司事者"以铁线之一端画字，其一端在千万里外，即照此字写出"。[5] 张德彝的介绍要细致得多：打报员"按稿上语言，一一在字

[1] 张此处所记有误。莫尔斯电码创立的时间不是 1870 年（同治九年），而是 1837 年（道光十七年）。

[2] 钟叔河主编：《英轺私记·随使英俄记》，第 814—815 页。

[3] 张德彝：《随使法国记（三述奇）》，第 262 页。

[4] [法]德·巴尔卡尼、伊·马丹著，刘福光等译：《世界发明百科全书》，第 347 页。

[5] 钟叔河主编：《西海纪游草·乘槎笔记·诗二种·初使泰西记·航海述奇·欧美环游记》，第 111 页。

母盘上以指按之"。"各局案上皆有一小铜轮，大约五寸许，其上绕一白纸条，有信到时，纸条自放，其上自有红字印出。局人急以笔录，转为饬呈，毫无耽搁。"[1]又记到：

> 惟一种机法……系两处各用电气机，无字母盘，中接以铜线。此气机与他处迥异，支于架上，中悬一铜针。将信稿以水贴于一纸如银箔者之上，铺于针下。针自往来横行，针过之处，字皆印出，在对面亦然。针下只铺银箔，彼处针动出一字，此处亦显一字，虽隔千万里亦然。其最捷者，莫过于此也。当初印之时，不甚了了。将此纸以热铁烙之，再以凉水洗之，则行行真切如初脱稿者。若上悬以铜针，印出字皆红色；用以铁针印出，字皆黑色：皆电气所使也。此线不惟能传信文，且能传送小照，其法有非拟议所可得者。[2]

可见，电报在西方的最新研制成果为出洋国人即时捕捉。1869 年 7 月 1 日志刚参观巴黎电报局时，亦注意到："惟巴里机器，则又于通机之旁，另设传真之器。铺药纸于机上，电气传至，则条往来于药纸，灼成痕迹，能与原书笔迹相符。甚至画像传真，皆可毕肖。则并不虑笔画多少，难于计算也。"[3]志刚所用的"传真"二字，准确而形象地揭示出这种电报的运行特征，且似是国人第一次用来指谓此类电报，"传真电报"的得名当源于此。1879 年 5 月 10 日曾纪泽在"师波狄司务德家"，看见的"作书电报"亦即传真电报。[4]

电报一经应用即受社会青睐，电报业作为一种新兴行业遂在西国应运而生。张德彝介绍了英国电报局的相关管理制度。如收费制度，张氏指出，该国国内电报收费与路程之远近无关，其标准是按字核计：20 字以内皆为一先令，超过 20 字者，每增五字以内另加三便士，发报人与接报人的姓名和地址皆不计费。再如作息制度，张德彝指出，"英国平日由辰正至戌正，惟礼拜日由辰正至巳正而已"。他还发现，如果电报逾期不到，发报人"可接收执赴局追问，不日即有答复"。[5]

---

[1] 钟叔河主编：《西海纪游草·乘槎笔记·诗二种·初使泰西记·航海述奇·欧美环游记》，第 488 页。

[2] 同上书，第 497 页。

[3] 同上书，第 321 页。

[4] 刘志惠辑：《曾纪泽日记》中册，第 874 页。

[5] 钟叔河主编：《英轺私记·随使英俄记》，第 818—819 页。

此所涉及的是电报查询制度。

进而，王韬等较详细地介绍了英、德等国电报业的收益情状。因电报的广泛应用，其收益不断加增，且日渐成为国家财政税收的重要源泉。对此，王韬称，1868年英国"通国设局五所，以京都为总汇；内外分局五千五百四十所，岁税金钱百数十万"。[1] 张德彝记载更为具体："今通国有五大行，京都一总局，内外共五千五百四十分局，用人一万二千五百。闻上年共发电信一千五百五十三万七百八十封，收税金一百三十万一千二百镑，合库平银四百五十五万四千二百两。"[2] 这对于一个人口仅2,200余万的国度来说，收入"可云盛矣"。[3] 德国电报业收入同样不菲。李凤苞称，1877年德国"所收电报费，一千二百余万马克"。[4]

相对于英德而言，俄国人打报数量少得多，因而收益亦薄。张德彝称：1878年俄国"所发电信计三百五十一万二千一百零三封，得卢布四百六十三万零二十九，内除公费三百六十一万三千八百二十卢布，下余一百零一万六千二百零九卢布"。[5] 出洋国人对电报收益的关注，部分地反映出他们对电报的考察已触及其重要原动力之一——电报的重大经济、商业价值。

这其中有不少人更进一步，在介绍西洋电报现状的同时，追溯起电报的发展沿革。王韬指出，西方电学创于明季，但当时未能走向实际应用，至道光末年，民间开始试制电报，此后逐渐在英、美、德、法等国推展开来。1868年英国议会"以电线获赏甚巨，遂禁私设，悉归于官而征税焉"。[6] 王韬不仅介绍了电报研制的大概情形，还揭出其在英国由商办走向官办的简单历程。

刘锡鸿、张德彝的初次介绍与王韬相近。[7] 1880年张德彝又补充记到，1632年，意大利戛里留提到电报传信之法，但当时未能制造机器，直至200余年后的1837年起，电报才在西方各国架设起来。[8] 这些介绍尽管稍有差异，但因电报本非一人一时所为，若从电学源流追溯起，更是如此，故与事实出入不大。

---

[1] 钟叔河主编：《漫游随录·环游地球新录·西洋杂志·欧游杂录》，第110页。

[2] 钟叔河主编：《英轺私记·随使英俄记》，第332页。

[3] 钟叔河主编：《漫游随录·环游地球新录·西洋杂志·欧游杂录》，第110页。

[4] 李凤苞等撰：《使德日记及其他二种：英轺私记·澳大利亚洲新志》，第22页。

[5] 钟叔河主编：《英轺私记·随使英俄记》，第487—488页。

[6] 钟叔河主编：《漫游随录·环游地球新录·西洋杂志·欧游杂录》，第109—110页。

[7] 钟叔河主编：《英轺私记·随使英俄记》，第92、332页。

[8] 同上书，第814—815页。

记录最详尽者当属郭嵩焘。他指出，西人研求电学是在 1796 年以后，至 1838 年英国开始在伦敦创设电报，而后逐渐推广，1865 年达于印度。[1] 又进而说：

> 电报起于一千八百二十年，有安恩柏者初用指南针作之，是为嘉庆二十五年。一千八百三十六年，惠子登又创作吸铁电报，是为道光十六年。一千八百三十七年，摩西氏始创作点、画为号以记字母之电报机器，是为道光十七年。一千八百三十八年始设电报于伦敦西铁路旁，是为道光十八年。一千八百四十年设电报白赖克华尔，是为道光二十年。一千八百四十一年设电报苏格兰之葛赖斯哥，是为道光二十一年。一千八百五十一年始由海通电报于法国，是为咸丰元年。一千八百六十五年始通至印度孟买，是为同治四年。[2]

比对史实，上引郭嵩焘所记虽不尽全确，但已相当精准。此处"安恩柏"当指前揭丹麦人奥斯特，[3] 不过，奥氏并没有制造电报。"惠子登"、"摩西氏"分别是前揭英国人惠斯通、美国人莫尔斯。文中所称"一千八百三十八年始设电报于伦敦西铁路旁"是指 1838 年，英大西铁路局（The Great Western Railway）请库克与惠斯通在伦敦帕丁顿车站（Paddington Station）与德雷顿（West-Drayton）之间架设的 21 公里的铁路电线。该线于 1839 年 7 月 9 日投用。

另，文中所提的"一千八百五十一年始由海通电报于法国"是指前揭第一条横跨英吉利海峡的电报线在英国东南部的港口多佛（Dover）与法国北部的港口加来（Calais）接通之事。文中所提的"一千八百六十五年始通至印度孟买，是为同治四年"是指前揭伦敦与印度大陆间所敷设的海底电报线。郭嵩焘于此之留心程度与认知水准，可见一斑。而他的详尽介绍当是欲使国人知晓世界电报日益发展之大势。

1878 年 2 月 23 日，驻英公使郭嵩焘受命兼任驻法公使。是年 4 月 26 日，日本驻英公使上野景范得知郭氏将去巴黎，"过谈，并约同赴万国公法会及电

---

[1] 杨坚校：《郭嵩焘诗文集》，岳麓书社 1984 年版，第 188 页。

[2] 本社校点：《郭嵩焘日记》第 3 卷，第 183 页。

[3] 国际电信联盟：《从信号台到卫星》，第 12 页；Ken Beauchamp，*History of Telegraph*，*The Institution of Electrical Engineers*，London，United Kingdom，2001，p. 29.

报会"。郭氏遂向上野"询知电报会在伦敦都城，以西历六月"，并在当日日记中写道：

> 电报会由国家主持（旁注：日本长崎之那噶萨奇，由极南以至极北皆有电报；而那噶萨奇电报，西洋主之，非公例也），商定各国互相交涉之电报，故先须画诺入会。万国公法由各国读书有学识者为之，不待画约也。然电报会派员往视亦无不可行。[1]

郭氏在此所记关涉电报最为重要的国际组织——万国电报公会的一些情形，应是国人对该组织基本情况的最早介绍。万国电报公会成立于 1865 年，至清末共召开 10 次年会。郭氏所记的"电报会在伦敦都城，以西历六月"是万国电报公会的第五次年会——伦敦大会。因万国电报公会为政府间国际组织，其规则要求入会国须先批准该组织所订《国际电报公约》，而后才能派正式代表参加。故郭氏称"电报会由国家主持……商定各国互相交涉之电报，故先须画诺入会"。但郭氏又指出，"电报会派员往视亦无不可行"，也就是说，非入会国虽不能派出正式代表参会，但可派员列席。言语虽简，却大抵言明万国电报公会的组织性质、基本功能、入会规则以及相关会议制度等主要问题。

可见，在电报知识东传过程中，存在着来华西人与出洋国人两大主体。相对而言，后者对电报知识的介绍较前者更全面、深入，表明其在电报知识东传过程中扮演着更加重要的角色。就出洋国人整体言，他们踏入西土之初，关注的多是电报线的类型与构造等表象特征。随着考察的深入，他们渐渐注意到电报的功能与价值等内在潜质，进而探究其发展沿革、国际组织等深层问题，从而实现由感性观察到理性思考的转变与飞跃。此亦使得他们成为斯时国人中对电报这种近代重要通信工具认知最为先进的群体。[2]

另从个体来看，这些国人探究电报的动机各异。大抵可分为三类：一是出于个人的兴致。初出国门的华夏人士在异域他邦看到的是全新的世界，这种全新不仅表现在风土人情之异，也表现在文明程度之殊，从而引起他们的极大兴趣，

---

[1] 本社校点：《郭嵩焘日记》第 3 卷，第 490 页。

[2] 需提醒的是，认知电报，并不等于认可电报，刘锡鸿即是如此（详本章第二节）。当然，像刘锡鸿这样的情况，当属少数。

驱使着他们记下这些新现象与新事物。林鍼、罗森等即是如此。

再是受总署之派。西方近代文明成果东传可溯至明末清初传教士来华时代，然其时除某些领域外并未让国人感到有着学习的紧迫感，甚至是必要性。[1] 但经历两次鸦片战争后，天朝中人对西方文明的威力已有体认，从而激发起了解之愿望。正基于此，总署派出斌椿、张德彝等人"往泰西游历，饬将所过之山川形势、风土人情，详细记载，绘图贴说，带回中国，以资印证"。[2] 志刚、刘锡鸿等亦大抵有此类任务。

三是变革中国之愿望。面对西方近代文明，更有部分人士深刻认识到中西发展之差距，从而产生高度危机感。于是，他们内心深处激发出强烈的变革中国现状的愿望，故而对电报这类新兴发明大加赞赏，并予竭力推介。王韬、李圭、郭嵩焘等即如此。

无论出于何种动机，这些亲临西土的国人对电报的推介，开辟了电报知识在近代中国早期传播的另一重要渠道，有助于增进晚清朝野对这种西方近代文明的科学认知，从而为日后中国大规模的电报建设作出必要的思想及理论准备。

第二节 清政府与列强关于西人在华架建电报的早期较量

19 世纪六七十年代中西关系的基本的态势是：列强不断提出新的政治、经济等方面的侵略要求，力图扩大不平等条约所攫取的权益。对此，清政府大多采取妥协退让的方针，致使列强对华的渗透日益加深。清政府的妥协退让成为此间中西关系的"主流"与"常态"。正因此故，早在 20 世纪初，即有西方学者将此时期乃至延后更长的一段时期指谓中华帝国对外"屈从的时期"。[3] 近百年后，中国学者还在申论这种情状，[4] 提示学界对此的持久关注。

---

[1] 此状况在马戛尔尼来华演示其科技器物时，乾隆说"这些东西只配给儿童玩"而表现得十分明显（[法] 佩雷菲特著，王国卿等译：《停滞的帝国——两个世界的撞击》，第 316 页）。郭卫东的《转折——以早期中英关系和〈南京条约〉为考察中心》（河北人民出版社 2003 年版）对此有精彩论述（详该书第 3 章，第 168—170 页）。

[2] 钟叔河主编：《西海纪游草·乘槎笔记·诗二种·初使泰西记·航海述奇·欧美环游记》，第 91 页。

[3] [美] 马士："第二卷及第三卷弁言"，《中华帝国对外关系史》第 2 卷，第 1 页。

[4] 于建胜、刘春蕊：《落日的挽歌——19 世纪晚清对外关系简论》，商务印书馆 2004 年版；陈开科：《耆英与第二次鸦片战争中的中俄交涉》，《近代史研究》2009 年第 4 期。

然而，上述时期中西关系还有其另面，即清政府在若干场域对西方列强所作的抗拒，学界的关注似显不够。其实，第二次鸦片战争结束后不久，奕䜣等即提出"按照条约，不使稍有侵越，外敦信睦，而隐示羁縻"的外交原则。[1] 一些"半自治的省份可能想试用，并且确曾试用过那解释条约的方法去收回由于战争与和谈而已经丧失的征税权和行政权"，[2] 即是此间清廷抗拒的重要表征。对此，已有学者指出，"第二次鸦片战争结束后，奕䜣在英国侵略者的影响下，尽管对外态度发生了变化，有向侵略者妥协的一面，但同时也仍然存在着抵制和反抗外国侵略的一面"。[3]

应该说，清廷内外在电报业领域的具体作为，无论是就其过程而言抑或是就其结果来说，都更具代表性。面对列强坚请在华架建电报的问题，清政府"力为设法阻止"，与之展开一场广泛而深入的较量，最终基本成功地阻止住列强的企图，为日后中国自建电报预留下较有利的空间，从而影响深远，并透视出那个时期中西关系中复杂的历史面相。

一、"持议甚坚"：西人在华架建电报的提请

19 世纪 60 年代以降，俄、英、法、美、丹等国屡向清政府请设电报。其中俄国最早[4]，请设线路有恰克图至天津线、海兰泡至东海滨线、江苏沿海水线 3 条。英国最多，主要有吴淞口至上海线、上海至川沙线、香港至上海线、上海至苏州线、恰克图至中国东南各海口电线等 5 条。美国 4 条：广东沿海海线、上海至香港线、上海至天津线、旧金山经日本至上海线。法、丹各 2 条：法国是福州口南台河边至罗星塔线、广州至香港线；丹麦是海参崴经日本至上海线、上海至香港线。就请设的电线地域分布看，基本是在中国的东、南沿海与北部沿边，又以上海最为集中，提示那一时期这些区域在西人利益中的重要地位。

---

[1]《奕䜣等奏（咸丰十年十一月初三日）》，贾桢等纂：《筹办夷务始末（咸丰朝）》卷七十一，第 8 册，中华书局 1979 年版，第 2765 页。

[2] [美] 马士："第二卷及第三卷弁言"，《中华帝国对外关系史》第 2 卷，第 1 页。

[3] 宝成关：《奕䜣与慈禧政争记》，吉林文史出版社 1990 年版，第 138 页。

[4] 总署曾指出，设电报之请，"其意倡于俄，而英法继之，一国扬其波，众国遂随其流"（"中研院"近史所编：《海防档·丁·电线》，第 51 号文，第 66 页），情况如此。1861 年俄使把留捷克与总署商谈，"欲由都城至天津造用铜线"（"中研院"近史所编：《海防档·丁·电线》，第 117 号文，第 133 页），此为列强最早向中国请设电报之举。

西人请设的电线不仅众多，且有不达目的不罢休之势，为此除反复提请一些线路外[1]，还使出各种伎俩。先是，引诱与恫吓相结合。为打动清朝官员，列强请设时，往往大谈设线之利，如倭良嘎哩请设津恰线时称："中国不费一财，享受无穷之利。"[2] 卜鲁士（Frederick Bruce）请设恰克图至东南各海口线时，更是明确指出：此线不用中国出资，而建成后，"所有来往文报，均可飞行投递京外"，实于中国国政军务大有裨益。[3] 蒲安臣为实现美国公司敷设中国沿海电线计划，致函奕訢："因电报自身已证明大有益于所有人，故在此仅需将上述电报线的有关事宜于第一时间告知贵政府。"[4] 所言最详者当是英使请设港沪线。1870 年 4 月 30 日，威妥玛（Thomas E. Wade）着重从商、官两方面向总署广言电报之利：

> 夫商情之所重者为何？首在通信迅速。试想数十年前，沪粤商民遇有贸易相商之件，冬时发信，须俟夏令方得回音。自有轮船以来，往返信函，不过二十余日，可谓较胜从前。今若添设通线，则数刻之内，来往俱达。试问一城设有东西之分，若无通线，何似苏广两省有通线之便捷乎？此均商民之利。若问官宪如何便宜，除其曾提之国课大事，无须再论，以

---

[1] 典型者如俄请设津恰线。1864 年俄西伯利亚电报大干线修至清恰克图附近（"中研院"近史所编：《海防档·丁·电线》，第 27 号文，第 29 页），遂向清政府第一次提出架设恰克图经北京至天津线（编委会编：《交通史·电政编》第 1 章，第 1 页；"中研院"近史所编：《海防档·丁·电线》，第 31 号文，第 32—33 页；第 26 号文，第 26—28 页），嗣后一遇时机便请设该线。如 1866 年总署派斌椿等前往欧洲考察，俄使倭良嘎哩"料彼既亲见其奥妙，回京时必将彼处如何广建"等情"自必详说"，遂于翌年 1 月 15 日再向总署请设津恰线（"中研院"近史所编：《海防档·丁·电线》，第 43 号文，第 51—53 页）。1868 年日本幕府统治被推翻，明治天皇积极推行维新运动。俄感到"所有各国与彼交涉通商情形将变，尤须就近东洋海口急建通信之法"，遂于是年 3 月 25 日，又催促中国尽快允其架设津恰线（"中研院"近史所编：《海防档·丁·电线》，第 55 号文，第 71 页）。1874 年日本出兵侵台，沈葆桢奏设福建台湾线（《文煜、李鹤年、沈葆桢等奏（同治十三年五月初一日）》，宝鋆等修：《筹办夷务始末（同治朝）》卷九十四，台湾文海出版社 1971 年版，第 5—6 页），拟请丹麦大北电报公司承办（"中研院"近史所编：《海防档·丁·电线》，第 850 号文，第 1325 页）。俄使布策（Eugene de Butzow）与闻，又于该年 8 月 20 日致函总署，再次督请架设津恰线（"中研院"近史所编：《海防档·丁·电线》，第 102 号文，第 123 页）。总计自咸丰末年至同治末年的 14 年间，俄请设此线达 7 次之多，足见其勤及对该线的青睐。之所以如此，是由于该路深关其对华利益。

[2] "中研院"近史所编：《海防档·丁·电线》，第 43 号文，第 52 页。

[3] 同上书，第 3 号文，第 3 页。

[4] "Mr. Burlingame to Prince Kung（1865.1.14）", *Papers relating to foreign affairs，1867*，part 1，Washington：Government Printing office，1868，pp. 484–485.

及上令下详等件，不难立即来往。[1]

1872年7月，英领事啊查哩（Herbert James Allen）请设上海至苏州线时，在大谈电线于商之利外，突出强调对地方政情之意义，似更能说服官员。他说，就目下情形言，地方官员虽常奉准中央政府指令，但因文报迟延，往往不能即时办理，而误大事。"若电报设立之后，凡他处信息往返，顷刻可达，似此地方官可免意外干系，且无延搁公事之虞"。[2]

以利相诱的同时又常以害相怵，甚至以武相胁。如俄使倭良嘎哩请设津恰线时指出，当今世界皆通过电报往来沟通，中国若一意孤行而坚持不设，必为各国所忌恨。[3]1867年2月23日，玛高温请设上海至香港、上海至天津线遭拒后，非但没有作罢，反而带兵轮驶至江宁，直向两江总督强请。[4]总署明确指称，玛氏此举是为"胁制"！[5]

再是，单独行动与联合行动相结合。列强请设电线，因具共同利益，故往往不仅一国单独行动，且常有互为奥援之举。1869年英税务司狄妥玛（Dick Thomas）回国，因狄氏多年来请设吴淞口至上海线未成，临行前授意各国驻沪领事一并提请。是年7月7日，美、英、法、布、瑞、西、意、丹、日、俄、荷11国领事会衔照会江南海关道，请由上海设电报线达川沙。[6]

最为典型的当是丹麦大北电报公司所设的港沪水线在上海上岸一事。1873年7月，大北将港沪线线端在吴淞口牵引上岸，设立电报馆，并展至美国租界。[7]江南海关道沈秉成与闻，虑及大北此举违背1870年总署与威妥玛关于外国电线"不准上岸"之议（详后），遂照请英驻沪领事麦华陀（Medhurst, Walter Henry）阻止。美署驻华公使卫廉士遂提出："我们大家都主张，最好不理会

[1] "中研院"近史所编：《海防档·丁·电线》，第60号文，第80页。艾忭敏曾致函上飞余指出，"你十分清楚，我们这个代表团以及其他代表团所坚持的，是努力让中国当局铭记，铁路与电报作为工具，具有开发帝国资源、扩大商贸以营赢利、给政府以更大的权威与便利、加强对远离国都的偏远地区的统治等好处"。"Mr. Avery to Mr. Fish（1874.11.12）"，*Papers relating to foreign relations of the United States, 1875*, Volume 1, Washington：Government Printing office, 1875, p.223.

[2] "中研院"近史所编：《海防档·丁·电线》，第83号文，第97页。

[3] 同上书，第43号文，第52页。

[4] 同上书，第53号文，第68页。

[5] 同上书，第54号文，第69页。

[6] 同上书，第57号文，第73—76页。

[7] 同上书，第90号文，第108页；第101号文，第121页。

该通牒。"[1] 美驻沪总领事西华（George Frederick Seward）事后向其政府报告称："目前在这里还没有美国的电报公司，因此我们为丹麦公司说话，也许比为我们自己的公司说话更有力量。"[2] 嗣后意大利又出面劝阻中国。[3] 足见联合行动之态势，并提示此一时期列强在华所推行的"合作政策"。

复有，欺诈与强设相结合。如美国署领事孟金请设上海至香港、上海至天津线，向上海道应宝时称，此线已经美使照会总署复准造办。[4] 其实，蒲安臣确于两年前请设电线，但当即为总署"详为开导，仍将照会发还"。[5] 故孟氏所言，显是诈称。正因此故，应宝时将该事禀知两江总督曾国藩，询问有无总署准造明文。曾国藩因未接总署允准函文，且知总署对这类情事一贯坚拒，故疑为孟氏捏造，遂致函总署查实。总署的答复是，中国从无允准各国造办明文。并说，"美领事以设立电线一事捏词渎请各情，此等伎俩，业经阁下烛照隐微，数言揭破"。[6]

还有不请而设者。1871 年，大北敷设香港至上海线。翌年秋，有美国人在鼓浪屿西南田尾盖楼，并在楼内挖沟通至海边，将电报线藏于沟中，另由美国领事旧公署起，竖杆接通楼内暗沟，安机打报。[7]1873 年，大北又将该线在吴淞口牵引上岸，并设电报馆，展线至上海。对此，列强亦不得不承认为恃强行径。美署使卫廉士称："如果展开讨论，那么吴淞的此次行动，按照中英间曾达成的协议条款，是无法辩护的。"[8] 英使威妥玛更是直接指出："而丹国商人因电线现成，径由香港至上海租界设立，并不请示中国总理衙门，亦遂无说。凡英国要办一事，必要多方推阻，及至他国恃强举行，亦不过问。"[9] 称中国不问不

[1] "Mr. Williams to Mr. Fish（1874.2.9）", *Papers Relating to Foreign Relations of The US, 1874*, Washington：Government Printing office，1874，p.246.

[2] "Mr. Seward to Mr. Cadwalader（1874.8.27）", *Papers Relating to Foreign Relations of The US, 1874*, Washington：Government Printing office，1874，p.335.

[3] "中研院"近史所编：《海防档·丁·电线》，第 95 号文，第 117 页。

[4] 同上书，第 50 号文，第 63 页。

[5] 同上书，第 5 号文，第 5 页。

[6] 同上书，第 51 号文，第 66 页。

[7] 同上书，第 84 号文，第 99 页。

[8] "Mr. Williams to Mr. Fish（1874.2.9）", *Papers Relating to Foreign Relations of The US, 1874*, Washington：Government Printing office，1874，p.246.

[9] 李鸿章：《与威使问答节略（光绪二年七月十三日）》，戴逸、顾廷龙主编：《李鸿章全集》第 31 册，安徽教育出版社 2008 年版，第 465 页。

是真情，然言列强恃强却是事实。

更有强行硬设者。1864 年，英领事巴夏礼向江南海关道丁日昌请设川沙厅海口至浦东电线，曾先威胁性地亦且试探性地提出，假使洋商硬行设线，中国地方官又将如何？[1] 当丁日昌予以坚拒时，巴夏礼遂拟硬设。1865 年 6 月 21 日，英利富洋行不知会清朝地方官员，擅在川沙厅之头二图及十二图、上海之二十四图及四十八图等处竖柱架线，暴露出的是列强的强权与霸道。

需补充指出，西人常欲绕开清朝中央政府直接请于地方官员，然不成时便提出"即向总署请设"，又想以此要挟，胁迫允从。如法领事李添嘉（G. de Trenqualye）向两广总督瑞麟请设广州至香港线，为瑞麟拒绝，李添嘉遂威胁称将让驻京公使直接向总署请办。[2] 英税务司狄妥玛欲设由上海至川沙线，鼓动美、法等 11 国领事会衔照会江南海关道，遭拒后遂提出让各国驻京公使直接向总署请设。[3] 英领事啊查哩向江南海关道请设上海至苏州线遭拒后，提出将禀驻京公使，以督总署成之。[4] 美商慕利那向江海关道提出由旧金山经檀香山、日本设线至上海，遭拒后遂称，将请本国驻京公使，直接与中国总署商办。[5]

如此情形屡屡出现，多因西人在与清朝地方官员交往中，逐步感知他们在处理地方事务之时，常怀如下理念：除非万不得已而上报，否则尽可能就地了结，以息事宁人，避免招致在他们看来是不必要的麻烦甚至问责，从而影响官位。西人想利用的恰是清朝地方官员的这一软肋。

观上可知，列强为实现在华架建电报的愿望，先是竭力推介电报知识，以便清廷对此有所认知，待有一定基础后，即广泛请设。手段繁多，软硬兼施："甚至好言尝试，则以便益唁我，危词耸听，则以利害怵我"；[6] 态度执拗，"持议甚坚"[7]："电线之设，洋人蓄志已久"，"盖以此事为彼族所同心合力，希冀必行，将来必不肯遽然罢议。"[8] 而美使艾忭敏（Benjamin Parke Avery）在致上海海

---

[1] "中研院"近史所编：《海防档·丁·电线》，第 9 号文，第 8 页；第 17 号文，第 14 页。

[2] 同上书，第 40 号文，第 48—49 页；第 47 号文，第 57 页。

[3] 同上书，第 57 号文，第 73—76 页。

[4] 同上书，第 83 号文，第 97 页。

[5] 同上书，第 208 号文，第 249—250 页。

[6] 同上书，第 51 号文，第 66 页。

[7] 同上书，第 81 号文，第 95 页。

[8] 同上书，第 51 号文，第 66 页。

关飞余（M. W. Fish）函中即透露，"不要因为反复失败而灰心丧气。要继续努力改变中国人的心理，将这个古老的帝国从它的惰性中唤醒。"[1] 这一切反映出西人的志在必得。第二次鸦片战争以降，列强甚欲扩大在华权益之态势于此可见一斑。

二、"力为设法阻止"：清政府的态度与行动

面对西人的坚请，清朝中央与地方政府渐形合力，最终形成"力为设法阻止"的应对方略。

总署一开始即"力为拒绝"，[2] 后"无不相机辩论，极力防维，数年来几致舌敝唇焦，未尝稍假以词色……致留空隙"。[3] 然电线等"为各国处心积虑、所必欲力争之事"，总署担心列强"将来以保护洋商为词，即由通商口岸而起"，[4] 甚至"各国洋人不向地方官禀明，私行设立铜线"。[5] 为防止列强绕过清中央政府，转而施压地方当局，甚至不请私设，1865 年 2 月 12 日，总署密饬盛京将军，"查照本处办法，力为设法阻止"，并让吉林将军、福州将军、黑龙江将军、江西巡抚、湖广总督、江苏巡抚、福建巡抚、两广总督、安徽巡抚、浙江巡抚、库伦办事大臣、三口通商大臣一并遵守。[6] 显然，这些大员所驻之地或近沿海，或是沿边，或防务繁重，或经贸繁盛，要么已出现列强的请设，要么极可能出现，故有针对性。

至这年 4 月 26 日的两个半月时间里，先后有盛京将军玉明、吉林将军早保、江苏巡抚李鸿章、署理黑龙江将军宝善、江西巡抚沈葆桢、浙江巡抚马新贻、两广总督毛鸿宾、福州将军英桂、福建巡抚徐宗干等 9 位主要沿海沿边疆吏回

---

[1] "Mr. Avery to Mr. Fish（1874.11.12）", *Papers relating to foreign relations of the United States，1875*，Volume 1，Washington：Government Printing office，1875，p.223.

[2] "中研院"近史所编：《海防档·丁·电线》，第 5 号文，第 5 页。

[3] 同上书，第 51 号文，第 66 页。

[4] 《谕军机大臣等（同治五年二月十六日）》，宝鋆等修：《筹办夷务始末（同治朝）》卷四十，第 13 页。1869 年 7 月 7 日，美、英等 11 国领事会衔照会江南海关道杜文澜，请由上海设电报达川沙金团。两江总督马新贻接杜禀后，一面令其相机阻止，一面禀知总署。时中国正与英谈判有关修约事宜，总署接函后，认为保护商船，其措词似甚合宜，其居心正未可测，安知非迎合各公使请设电线之意，乘机而入？一处得手，必到处照式要求，所云"将来断不以此证彼，援为成案"等语，显系诓诱之词（"中研院"近史所编：《海防档·丁·电线》，第 59 号文，第 77 页）。总署在此的分析正是上引思路在实践中的具体展开。

[5] "中研院"近史所编：《海防档·丁·电线》，第 5 号文，第 5 页。

[6] 同上。

文总署，表陈布防情况。[1] 由此清廷内外大致形成应对列强请设电线问题的统一口径——"力为设法阻止"。

不过，总署此时所定口径，就内容言，仅是应对列强请设电线的基本方针，缺乏理论上更具说服力的解释内涵及实践中更具可操作性的执行方案，从而运作起来有难度。正因此故，总署并未止步，接下来又以总税务司赫德、英使馆参赞威妥玛呈递条陈及准备修约为契机，组织了两次较大规模的讨论，对此作出进一步的研商与安排。

1866 年的讨论大抵围绕"为何不可行"问题展开。上年 11 月 6 日，赫德向总署呈递《局外旁观论》，就列强所关心的诸多问题提出看法，其中即有在中国架设电报问题。赫氏认为，西方轮船、火车、电报均极精妙，官民皆受其益。故中国应行仿效，"铸银钱以便民用，做轮车以利人行，造船以便涉险，电机以速通信"，并提出华洋合设办法。赫氏进而指出，上述各事皆"系在外国日后必请之事"。此言具有一定的威胁性质，提示它必将是日后中外交涉的重要内容之一，故中国政府不应回避。但总署认为赫氏所言"究系局外议论，且亦非急切能办之事"，其时并未立即置议。[2]

1866 年 3 月 5 日，威妥玛呈递《新议略论》，再度涉及电报问题。威氏指出，中国若建电报铁路，开采五金煤矿，操练水陆各军，倘资金不足，可向外国贷款，结果是"外国虽受其益，中国受益尤多"。[3] 总署一方面仍认为，威氏所论各节如设电报铁路等，皆是中国抵制之事，况且"该使亦未将如何有益中国之处，切实指出"，似暂可不论。但又感到这一切已无法回避，遂就"其如何设法豫防，俾各国目前不致生疑"等问题，于 4 月 1 日奏请清廷要求"督抚大臣各就各地，亟早筹维，仍合通盘大局，悉心妥议"。[4] 同日上谕著官文、曾国藩、左宗棠、瑞麟、李鸿章、刘坤一、马新贻、郑敦谨、郭嵩焘、崇厚等人，"专折速行密奏"。[5]

上十人中有三口通商大臣兵部左侍郎崇厚、大学士湖广总督官文、江西巡抚刘坤一、闽浙总督左宗棠、两广总督瑞麟、广东巡抚蒋益澧（广东巡抚郭嵩

[1] "中研院"近史所编：《海防档·丁·电线》，第 6—16 号文，第 6—13 页。

[2] 赫德：《局外旁观论》，宝鋆等修：《筹办夷务始末（同治朝）》卷四十，第 20 页。

[3] 威妥玛：《新议略论》，宝鋆等修：《筹办夷务始末（同治朝）》卷四十，第 30 页。

[4] 《总理各国事务恭亲王等奏（同治五年二月十六日）》，宝鋆等修：《筹办夷务始末（同治朝）》卷四十，第 10—11 页。

[5] 《谕军机大臣等（同治五年二月十六日）》，宝鋆等修：《筹办夷务始末（同治朝）》卷四十，第 13 页。

焘入京，蒋氏接任）、浙江巡抚马新贻等 7 人回奏，不过，多谈阻止列强请设电报之缘由，而对总署所要求的"如何设法豫防"问题几无论涉。此固然强化了执行"力为设法阻止"这一方针的必要性，但总署仍感在列强请设电线之时难以作有效批驳与抵制，故又有 1867 年的讨论。

据中英《天津条约》（1858 年 6 月 26 日）有关规定[1]，1868 年应为修约之期。为备此次修约，总署于上年 10 月 17 日，就列强可能提出的"请觐遣使、铜线铁路"等问题，奏请盛京、直隶、两江、闽粤、湖广、江苏、江西、浙江、山东各将军督抚，及南北洋通商大臣，前、现任总理船政大臣，各抒所见。清廷遂让曾国藩、李鸿章、都兴阿、英桂、刘长佑、吴棠、瑞麟、李瀚章、崇厚、郭柏荫、刘坤一、李福泰、马新贻、丁宝桢、曾国荃、蒋益澧、左宗棠、沈葆桢、官文等地方大员妥议。[2] 两日后，总署再向上述疆臣密寄《条说》，就修约时列强可能争执之事要求逐条详酌，提出切实方案。《条说》共有六项，其中第三项为"议铜线铁路"。[3]

上谕 19 人中，除直隶总督刘长佑去职，由官文代奏外皆有回奏，并详附帖说。此外，睿亲王德长、醇郡王奕譞、大学士倭仁等也表陈意见。另有五位福建船政员绅在沈葆桢的访谈下，亦呈己见。[4]

此次讨论，总署鉴于赫德、威妥玛条陈讨论的实际效果，一开始即指出，对于列强在来年修约时可能提出之事项，"不难据理直指其事之不可行，难在筹策使其事之可不行"。正是基于这一思虑，总署要求各督抚对于电线问题，"先事规划，临事折冲，俾其不便请行"。[5] 此基调的确定，使得疆臣结合其

---

[1] 中英《天津条约》第 27 款规定："日后彼此两国再欲重修，以十年为限，期满须于六个月之前先行知照，酌量更改。"王铁崖编：《中外旧约章汇编》第 1 册，三联书店 1982 年版，第 99 页。

[2]《总理各国事务恭亲王等奏（同治六年九月初九日）》，宝鋆等修：《筹办夷务始末（同治朝）》卷五十，第 24—33 页。

[3] 需指出，英国在后来的修约中，尽管仍认为此类要求十分重要，但虑及中国的一贯态度及其他利益，从而并未坚持。"Sir R. Alcock to Mr. Hart（1868.7.12）"，*British Documents on Foreign Affairs: reports and papers from the Foreign Office Confidential Print*，*Part I*，*From the mid-nineteenth century to the First World War*，*Series E*，*Asia*，*1860–1914*，Vol. 20：China's Rehabilitation and Treaty Revision，1866–1869，Paul Preston and Michael Partridge，Bethesda, MD：University Publication of America，1994. p. 282.

[4] 分别为员外郎衔吏部额外主事梁鸣谦、布政使衔广东补用道叶文澜、福建兴化府莆田县学训导吴仲翔、五品衔福建闽县举人王葆辰、侯官生员林初初。

[5]《总理各国事务恭亲王等奏（同治六年九月初九日）》，宝鋆等修：《筹办夷务始末（同治朝）》卷五十，第 30、33 页。

在各地的具体作为，大抵围绕"如何不可行"问题，展开广泛讨论，提出种种方案。

至此，对待列强的请设电线问题，清政府不仅制定出"力为设法阻止"的基本方针，且使得该方针有较丰富的解释内涵与较具体的执行方案，从而具有较强的可操作性。

清政府缘何严厉抵制列强请设电报呢？盖"此事关碍甚大，流弊甚多，是以不能轻许也"。[1] 具言之，倘允准，首当其冲的是信控系统遭损，从而直接威胁到统治。从行政学角度言，信息控制是政治控制不可或缺之组成部分，故掌控信息系统历来是政府实施有效统治的重要手段。这使得该系统的完整性，最为统治者所关怀。然西人架设电线，恰要破坏的即是信控系统。中国自古主要以驿传担任政府公文传递的重责。但"驿站烽燧，速则速矣，究不如外国电报之制"。[2] 在此情形下，总署感到倘任西人设置电报，一旦遇事，地隔千里，中国公文尚未递到，他国已获消息，结果必然是"办事倍形掣肘"。[3] 这种思虑早在总署1865年2月12日密饬中首被提及与强调，并得到中外臣工的广泛认同。[4]

再是易酿中外纠纷。总署1865年密饬又指出："且该线偶值损坏，必归咎于官民不为保护，又必丛生枝节。"并谕地方官员，倘遇各口领事请设或不禀擅设，

[1] "中研院"近史所编：《海防档·丁·电线》，第63号文，第83页。

[2] 同上书，第89号文，第106页。

[3] 同上书，第5号文，第5页。

[4] 沈葆桢称："查外洋之轮船，捷于中国之邮递，一切公事，已形掣肘，若再任其设立铜线，则千里而遥，瞬息可通，更难保不于新闻纸中造作谣言，以骇观听。"（"中研院"近史所编：《海防档·丁·电线》，第11号文，第10页。）后又称："若听其自作，则遇有机密事务，彼一二日而达者，我十余日尚复茫然，将一切机宜为之束手矣。"（"中研院"近史所编：《海防档·丁·电线》，第81号文，第95页。）毛鸿宾称："查外国人所设铜线，速通信息，既虑泄露事机，并恐播散谣言，必致办公倍形掣肘。"（"中研院"近史所编：《海防档·丁·电线》，第13号文，第11页。）刘坤一认为："轮车电机，益令彼之声息易通，我之隘阻尽失。"（《江西巡抚刘坤一奏（同治五年四月十六日）》，宝鋆等修：《筹办夷务始末（同治朝）》卷四十一，第44页。）李瀚章指出："又议铜线。揆其意欲使数千里信息达于俄顷。夫中外和好，岂与争信息之迟速哉？独事机紧要时，彼速我迟，利害分霄。"（《署湖广总督江苏巡抚李瀚章奏（同治六年十一月二十一日）》，宝鋆等修：《筹办夷务始末（同治朝）》卷五十二，第33页。）通政使于凌辰称："近闻密寄各省廷寄及中外密陈之件，有为我中国臣民所不得知者，夷人反先得消息，或并抄入新闻纸，到处传观。推原其故，或缘洋人沿海设有电线，传信颇速，通商海口往往要紧事件借电线传发，故彼得与闻。抑由讲求机器以来，依信洋人太过，防维不周，不免泄漏所致。"（《光绪元年二月二十七日通政使于凌辰奏折附片》，中国史学会主编：《中国近代史资料丛刊·洋务运动》第1册，上海人民出版社1961年版，第123页。）

坚决阻拒，"以弭衅端，而杜后患"。[1]两广总督毛鸿宾复函说，电线"偶有损坏，又以官民保护不周，纠缠生事，尤为滋累"，[2]对总署的顾虑表示认同。吉林将军早保、江西巡抚沈葆桢、浙江巡抚马新贻等亦有相近回复。应该说，在经历两次鸦片战争后，清政府对列强的蛮横特性已有相当程度的体认，故格外担心因此而生纠纷，当可理解。

　　最后是影响民生。在国人看来，架设电线难免不经山过田，从而有扰"风水庐墓"，然"风水农田中国视为极重"。[3]电报传信又势必攘夺脚夫生计。而民生一旦受扰，有激起民变之可能，[4]如此则统治稳定将大成问题。这在甫经太平天国战事，捻军尚未平息之际，清政府不能不倍加慎重。[5]从本质上讲，此类思虑反映出的是中国传统政治理念——儒家民本思想。《尚书》言："民惟邦本，本固邦宁。"[6]朱熹更是强调："国以民为本，社稷亦为民而立。"[7]在这种思想指导下，执政者多不能不考虑民众利益，而顺民意，以安民生。恰因此故，福建闽县举人王葆辰指出，"中国因民之所利而利之"。[8]

　　个别疆臣还认为，列强设线有损中国利权。李鸿章在准备修约的回奏中说道：倘任列强架设电线，不仅"下夺商民生计"，而且"上侵国家利权"。[9]李氏在此明确将架设电线与国家利权联系起来，显示出他对此问题的认识高度。这种认知影响至远。后总署及中国电报局在抵制列强请设电线时，多有提及。

---

[1] "中研院"近史所编：《海防档·丁·电线》，第5号文，第5页。

[2] 同上书，第13号文，第11页。

[3] 同上书，第59号文，第77页。

[4] 曾国藩指出："听其（西人）创办电线铁路，则车驴任辇旅店脚夫之生路穷矣……中国亿万小民，穷极思变。"（《大学士两江总督曾国藩奏（同治六年十一月二十三日）》，宝鋆等修：《筹办夷务始末（同治朝）》卷五十四，第2页。）

[5] 盛京将军都兴阿说："至欲安设铜线铁路，势必各处挑挖濠堑，安设机器，彼则专为神于贸易，往来迅疾，不顾民间生计田庐，妨碍风水重地，我则险阻有失，元气愈弱。当此贼氛未靖，民心未安之时，关系甚重，似难允行。"（《盛京将军都兴阿奏（同治六年十一月十七日）》，宝鋆等修：《筹办夷务始末（同治朝）》卷五十二，第22页。）

[6] 《尚书·五子之歌》。

[7] 《孟子集注·尽心下》。

[8] 《附呈举人王葆辰条说》，宝鋆等修：《筹办夷务始末（同治朝）》卷五十三，第20页。

[9] 《湖广总督李鸿章奏（同治六年十二月初六日）》，宝鋆等修：《筹办夷务始末（同治朝）》卷五十五，第9页。

可见在清朝官员看来，倘允西人架建电报，或危及行政手段，或影响社会安宁，"流弊"甚多，皆不利于，甚至直接威胁到政权的巩固与稳定，故维护统治当是清廷制定出"力为设法阻止"方针的根本出发点与归宿。

如何抵制列强的设线之请呢？对此，清朝官员在讨论及实践中，提出并采取了多种方法。其中，较具代表性的是"以民拒之"、"以约拒之"、"以主权拒之"、"以自建拒之"等四类。

西人设电线，最令清廷担忧的是"信控系统遭损"，但此不能明言、不可外道，可外道、甚至可大力渲染的是妨碍民生，具体可指"妨碍风水庐墓"，"占我民间生计"等。[1] 盖"风水"之类属中国传统风俗文化，西人在华行事，理应随乡入俗；而维护民众"生计"更是任一政府的基本职责。故提出以"民情不愿"为由而拒列强之请，不仅顺理成章，且名正言顺。正因为如此，在抵制之法中，倡"以民拒之"者最众。[2] 两江总督曾国藩说：

> 总就小民生计，与之理论，自有颠扑不破之道。如果洋人争辩不休，尽可告以即使京师勉强应允，臣等在外，亦必以全力争回；即使臣工勉强应允，而中国亿万小民，穷极思变，与彼为仇，亦断非中国官员所能禁止。中国之王大臣，为中国百姓请命，不患无辞置辩，其至因此而致决裂，而我以救民生而动兵，并非争虚议而开衅，上可以对天地列圣，下可以对薄海苍生，中无所怯，后无可悔也。[3]

---

[1]《总理各国事务恭亲王等奏（同治六年九月十五日）》，宝鋆等修：《同治朝筹办夷务始末》卷五十，第32—33页。

[2]"为民请愿"、"以民拒之"既是儒家思想，又暗合嗣后甚是流行的"国民外交"之初义。1906年《广益丛报》刊文指出："外交者，一国国民之外交也。国民不能人人立于直接国际之地位，故委托此数人者，以代表之，而外交之职以立。是故外部者，将一国人民共出之公意，以与他国相交涉者也。"（《南昌教案议结感言》，《广益丛报》第115号，1906年8月29日）1918年梁启超更是明确指出："现世界之新潮流，曰国民外交。所谓国民外交者，非多数国民自办外交之谓也，乃一国外交方针，必以国民利害为前提也。""当此国民外交时代，凡事之行，固在政府，而所以督促政府者，则在国民审察内外形势，造成健全之舆论，以为政府后盾。"（《梁任公在国际税法平等会之演说词》，《东方杂志》第16卷第2号，1919年2月，第163、166页。）可见，此方式既具传统色彩，亦合近代理念。

[3]《大学士两江总督曾国藩奏（同治六年十一月二十三日）》，宝鋆等修：《筹办夷务始末（同治朝）》卷五十四，第2页。

所陈可为慷慨激昂，又因该文为外国报纸揭载而传诵一时，最具代表性。[1] 总理船政前江西巡抚沈葆桢、福州将军英桂、闽浙总督吴棠、湖广总督李鸿章、浙江巡抚马新贻、署江苏巡抚郭柏荫、署直隶总督官文等皆有相类提法。[2] 而总署在修约中最终亦拟以"不便于民复之，以绝其念"。[3]

此方法在抵制列强请设的实践中运用亦广。1865 年，法税务司美里登请设福州口南台河边至罗星塔电线，闽省通商局回复指出，架线非民情所愿，应行停止。[4]

---

[1] 后来，工科给事中陈彝评称："臣闻同治六年间，曾国藩疏论铜线、铁路万不可行，谓：'洋人如果争辩不休，尽可告以即使京师勉强应允，封疆之臣必以全力争回；即使外臣勉强应允，而中国亿万小民穷极思变，与彼为仇，亦断非中国官员所能禁止。以中国王大臣为中国百姓请命，即使决裂，为救民生而动兵，并非争虚议而开衅，上可对列祖，下可对薄海苍生，中无所惧，后无所悔。'当时中外传诵，咸佩其谋国之忠，见事之决。盖以民请命而致决裂，则积万民之怨愤助我声威，兵可以不调而自齐，饷可以不筹而自足，彼虽强悍，岂无惧心？"（《光绪元年九月初二日工科给事中陈彝片》，中国史学会主编：《洋务运动》第 6 册，第 331 页。）

[2] 沈葆桢："万事皆可从权，民心必不可失。应谕以：中外一体，彼此宜各顺民情。"（《总理船政前江西巡抚沈葆桢奏（同治六年十一月二十一日）》，宝鋆等修：《筹办夷务始末（同治朝）》卷五十三，第 5 页）王葆辰："请谕以：此数事问我百姓可耳，百姓安之，当听所为；设动众激酿事端，当作罢论，仍遵旧约。"（《举人王葆辰条说》，宝鋆等修：《筹办夷务始末（同治朝）》卷五十三，第 21 页）吴仲翔："请谕以：尔国以利为利，中国以人民为利。若以图利之故，凿地脉，伤庐墓，民心不服，必致争端，是欲修和而已先启衅。"（《训导吴仲翔条说》，宝鋆等修：《筹办夷务始末（同治朝）》卷五十三，第 18 页）英桂："喻（谕）以：中国之事，必顺民情，民所不欲者，朝廷未尝强也，此事易滋事端。彼国既通和好，而必与中国人民群构怨嫌，恐亦非彼之利，使知众怨难犯，或可稍缓其谋。"（《福州将军英桂奏（同治六年十一月二十五日）》，宝鋆等修：《筹办夷务始末（同治朝）》卷五十四，第 9 页）吴棠："以百姓不愿为词，婉切开导。"（《闽浙总督吴棠奏（同治六年十二月初三日）》，宝鋆等修：《筹办夷务始末（同治朝）》卷五十五，第 3 页）李鸿章："换约时若再议及，只有仍执前说，凿我山川，害我田庐，碍我风水，占我商民生计。百姓必群起抗争拆毁，官不能治其罪，亦不能责令赔偿，致激民变，彼若以自能劝导防守为词，欲增约内，我则必以百姓抗争拆毁，官不能治罪赔偿等语，载入约内。"（《湖广总督李鸿章奏（同治六年十二月初六日）》，宝鋆等修：《筹办夷务始末（同治朝）》卷五十五，第 13 页）马新贻："据理直争之中，并剀切晓以：彼即勉强行之，而怨毒有归，在中国亿万失业之贫民，必不能甘心忍死，坐任洋人尽夺生计。"（《浙江巡抚马新贻奏（同治六年十二月初六日）》，宝鋆等修：《筹办夷务始末（同治朝）》卷五十五，第 28 页）郭柏荫：铜线铁路等"皆不可行也……假使中国之人往外国，破其险阻，坏其田庐，夺其经营，妨其生计，外国亦必不应允，已所不欲，弗施于人，此理所当共晓……众怒难犯"。（《署江苏巡抚湖北巡抚郭柏荫奏（同治六年十二月初六日）》，宝鋆等修：《筹办夷务始末（同治朝）》卷五十五，第 39—40 页）官文："且因铜线铁路之故，坏人室庐，毁人坟墓，侵占人田亩，使民痛心疾首，欲得而甘心，彼又奚利焉？"（《署直隶总督官文奏（同治六年十二月二十二日）》，宝鋆等修：《筹办夷务始末（同治朝）》卷五十六，第 12 页。）

[3] 《总理各国事务衙门恭亲王等奏（同治七年十二月二十一日）》，宝鋆等修：《筹办夷务始末（同治朝）》卷六十三，第 7 页。

[4] "中研院"近史所编：《海防档·丁·电线》，第 15 号文，第 13 页；第 21 号文，第 21—22 页。

闽浙总督左宗棠更面告美氏："安设电线，或近田畴，或近坟墓，必非民情所愿，倘为民人拆毁，或为牲畜撞损，则纠纷不可避免。"[1]翌年11月法领事李添嘉请办广州至香港线，两广总督瑞麟"以民心不服，必然群起拆毁，众怒难犯，力劝阻止"，进而指出：中国官员有保地安民之责，"铜线铁路，此造彼拆，两相争闹，纷纷生事，地方何以相安，中国官岂能坐视不顾？"[2]

这一切让西人有着深刻体认。蒲安臣说，他"试图获得在中国建筑电线及铁路的权利"时，得到"中国政府一贯的答复是，由于民众认为电报将破坏'风水'或'运脉'，偏见很大，从而无法保护它们的安全"。[3]对此，西人甚至不得不承认，中国"老百姓对坟墓极端尊敬，这不是不合乎人情"。[4]而艾忭敏曾致函飞余称，他们清楚，中国当局担心引进铁路、电报这些新事物，将使民众失业而失去民众的支持。[5]

"条约"（Treaty）是指国际法主体间（主要是国家间）缔结的、据以确定各自权利与义务的国际协议，"约定必须信守"（pacta sunt servanda）是其基本原则。[6]在抵制列强请设电线的讨论与实践中，一些官吏以其对条约的基本理解而屡及之。两广总督毛鸿宾奏称，俄英屡次请设电报，"臣等每与各国领事接晤，开诚布公，讲信明义，遇有交涉事件，按照条约，可行者，则推诚而直诺；不行者，必据理以婉辞"。[7]福建巡抚徐宗干亦称：

> 惟此后各国领事，诚如来谕，难免不向地方官晓渎，兼恐有洋人私设铜线等事，谨遵照条约所属（嘱），随时查阻，以弭衅端，而杜后患。[8]

[1]《闽浙总督左宗棠奏（同治五年六月初三日）》，宝鋆等修：《筹办夷务始末（同治朝）》卷四十二，第47页；《陕甘总督左宗棠奏（同治六年十月二十五日）》，宝鋆等修：《筹办夷务始末（同治朝）》卷五十一，第21页。

[2]《两广总督瑞麟奏（同治六年十一月十五日）》，宝鋆等修：《筹办夷务始末（同治朝）》卷五十二，第20页。

[3] "Mr. Burlingame to Mr. Seward（1867.5.22）", *Papers relating to foreign affairs，1867*, part 1, Washington：Government Printing office，1868, pp. 483–484.

[4]《田凫号航行记》，中国史学会主编：《洋务运动》第8册，第393页。

[5] "Mr. Avery to Mr. Fish（1874.11.12）", *Papers relating to foreign relations of the United States，1875*, Volume 1, Washington：Government Printing office，1875, p.223.

[6] 邵津主编：《国际法》，北京大学出版社2000年版，第327、338页。

[7]"中研院"近史所编：《海防档·丁·电线》，第14号文，第12页。

[8] 同上书，第16号文，第13页。

在实践中，最早适用此法的为江海关道丁日昌。1864 年 8 月，狄妥玛向丁日昌请设吴淞口至上海线，丁氏即以此事为"条约所不载"而拒之。此间，巴夏礼亦向丁氏提及川沙厅海口至浦东间架设电线，丁氏予以同样的辩驳，并进而指出，电线为条约所不载，洋人擅设电线，显是不遵条约，将来中国官民视条约为无足轻重，亦可不遵。[1]

1865 年 6 月 21 日，英利富洋行擅在上海川沙厅之竖立电杆，丁日昌密饬地方官督同乡民于夜间悉数拔去，英代理领事马安（John Markhan）要求严查追办。丁日昌以条约所无，且于民生有碍为由驳之。马氏辩称，电线虽为条约所无，而条约亦无禁止之规定，且中国所禁是禁己，非禁外人。要求责成该处官民赔偿造价 2 千余两，并询可否准其复造？丁日昌答复说，条约所不载，即为不准之事。利富洋行不禀而擅设，有悖条约，且有藐视该国官宪之嫌。李鸿章就此亦提出，嗣后凡有求设者，一概严阻，不得通融，致违条约。[2]

嗣后此法更为清朝其他官员所普遍取用。1866 年 10 月 23 日，俄国人强行设立由海兰泡至东海滨电线，黑龙江将军特普钦遂派副都统佐领那逊达等前往瑷珲劝阻，并称在中国境内设线有违条约。[3]1872 年秋，大北所造港沪海线在厦门鼓浪屿登岸，闽浙总督李鹤年与闻，初即以架线本为条约不载，告知兴泉道永定保依约阻止。[4]1873 年 7 月，大北又将该线端在吴淞口牵引上岸，直达上海。江南海关道沈秉成闻后指出，此举与总署同威使所定约章不符。如不遵守，恐将来洋商为所欲为，中外交涉将无法办理。南洋通商大臣李宗羲称，该洋人背弃条约，领事官早应严禁。[5]1879 年 9 月 22 日，美商慕利那向江海关道刘瑞芬提出设线请求，刘氏告以"中国通商各口设立电线，条约本无明文"。慕氏遂出示书面禀函，要求转送南洋大臣沈葆桢咨商总署。沈亦称，"查各国条约，均无在中国准设电线之文"，而不予理睬。[6]

观上可知，面对列强"深险狡黠，遇事矫执，或条约中本系明晰，而彼必曲申其说；或条约中未臻妥善，而彼必据以为词，极其坚韧性成，得步进步。

---

[1] "中研院"近史所编：《海防档·丁·电线》，第 9 号文，第 8 页；第 17 号文，第 14 页。

[2] 同上书，第 20 号文，第 17—18 页。

[3] 同上书，第 45 号文，第 54 页。

[4] 同上书，第 84 号文，第 99 页。

[5] 同上书，第 90 号文，第 108 页；第 101 号文，第 121 页。

[6] 同上书，第 208 号文，第 249 页。

不独于约内所已载者难稍更动，且思于约外未载者更为增添"之态势，[1] 维护约定已成为清朝官员拒绝列强请设电线的重要方式，以此而要求列强信守条约则是清朝官员所特别关注与强调的。需要指出，就这个时期而言，"条约"毕竟是传入中国并不甚久的近代西方概念，故它也在一定程度上反映出清朝官员对此观念的接受与适用。

从国际法角度看，架设电线为一主权国分内之事，他国未得主权国的允准而在该国设线，是对该国主权的侵犯。早在 1867 年 2 月美国署领事孟金请设上海至香港、上海至天津线时，总署即指出："缘地方系中国地方，一切兴废，均当由中国自主。"[2] 总署的这一提法已涉及国家主权，两年后更是将之明确提出，从而开始有意识地维护国家主权。1869 年 7 月 7 日，美、英等 11 国领事会衔照会江南海关道杜文澜，请由上海设线至川沙。[3] 总署得禀后指出，中国地方，其主权在中国，外国不得干涉，并告两江总督"以中华有自主之权，既系中国之地，一切事宜，愿办与否，外人不能干预"而再拒。[4]

封疆大吏中，李鸿章、沈葆桢等亦常以国家主权为由拒绝列强的设线之请。1867 年，李鸿章在准备修约的回奏中说道：列强请设电线等事，"无非上侵国家利权，下夺商民生计，皆可引万国公法直言斥之"。[5] 1879 年 9 月 22 日，美商慕利那欲设电线由旧金山至上海，两江总督沈葆桢称，上海乃中国地方，不可听凭洋商设线谋利。[6]

如同"条约"一样，"国家主权"亦是诞生于西方的政治观念。尽管这时清廷内外对其认识还颇模糊，甚至存在严重局限，但已初步将之适用于抵拒西人的请设电线活动，多少也提示近代国人主权意识的萌生趋势。

此间，李鸿章提出的"自置铜线以敌彼飞线"之一法颇值注意。1865 年 2 月 12 日总署密饬发下后，各疆臣在回文中或重申总署意见，或对总署要求作执

---

[1] 《总理各国事务恭亲王等奏（同治六年五月十五日）》，宝鋆等修：《筹办夷务始末（同治朝）》卷四十九，第 6 页。

[2] "中研院"近史所编：《海防档·丁·电线》，第 51 号文，第 66 页。

[3] 同上书，第 57 号文，第 73—76 页。

[4] 同上书，第 59 号文，第 77—78 页。

[5] 《湖广总督李鸿章奏（同治六年十二月初六日）》，宝鋆等修：《筹办夷务始末（同治朝）》卷五十五，第 9 页。

[6] "中研院"近史所编：《海防档·丁·电线》，第 208 号文，第 249—250 页。

行上的部署——安排各口严防[1]，唯李鸿章回文与众有异。尽管李氏亦转饬所属一律拒阻，但又提出"若至万不能禁时，惟有自置铜线以敌彼飞线之一法"的大胆设想。李鸿章指出：电报"传播自远，应较驿递尤速"，"费钱不多，递信极速"，"于商人最有利益"。既然电报有着如此的功能与价值，而"洋人处心积虑要办，将来不知能否永远禁阻"，[2]那么"自置铜线"当可收一石二鸟之功：既可便利商人贸易，又可抵制列强请设。但他又提出将此设想"存而勿论"，[3]甚至不久即自我否定说电线等物中国绝不可建，并辩解说："前曾设为自置铜线以敌彼飞线之议，原以备万不获已之时，存此一说，并未稍涉假借。"[4]足见彼时中国守旧氛围之厚，李鸿章对此深为了解与畏惧。

1867年，李鸿章在准备修约讨论中，一面持民以拒之，一面再度提出：

> 将来通商各口洋商私设电线，在所不免，但由此口至彼口，官不允行，总做不到……或待承平数十年以后，然与其任洋人在内地开设铁路电线，又不若中国自行仿办，权自我操，彼亦无可置喙耳。[5]

李氏在此虽仍未提出即办，但可见其对电报的态度在内心深处的一贯性。李氏后来积极公开倡导架设电线，并成为中国第一条电报线之创建者，观上可知其思想渊源与脉络。

福州船政大臣沈葆桢亦有如是观。他指出，敷设电报铁路，事同秦筑长城，世人当下不认可，日后必大受其利。可知，沈氏是时已注意到电报之潜在的巨大价值。正因此故，沈氏一方面坚决抵制列强在华架设电线，但另一方面并不反对国人自办。沈氏进而还对时论电线"夺人生计"作出批驳。认为不仅不会如此，"且为工甚巨，目前亦颇便于穷民"。[6]此进一步提示，在沈氏看来，中国架建电报不仅利在将来，即便是当下，亦具意义。沈葆桢不久即正式吁请自

---

[1] "中研院"近史所编：《海防档·丁·电线》，第6—16号文，第6—13页。

[2] 同上书，第9号文，第8—9页。

[3] 同上书，第9号文，第9页。

[4] 同上书，第23号文，第23页。

[5] 《湖广总督李鸿章奏（同治六年十二月初六日）》，宝鋆等修：《筹办夷务始末（同治朝）》卷五十五，第13—14页。

[6] 《总理船政前江西巡抚沈葆桢奏（同治六年十一月二十一日）》，宝鋆等修：《筹办夷务始末（同治朝）》卷五十三，第5页。

办电线，稍后又因台湾防务事宜而奏设闽台电线，成为晚清吁请，并向清廷奏设电线第一人，[1] 由上可见其端倪。

需指出，李鸿章所提出的"自置铜线以敌彼飞线"之方法，非但未遭到总署的驳斥，反被其认为"持论最为深透"，[2] 并成为其日后应对列强请设的主要理由之一。五个月后（1865 年 9 月 16 日），总署便在回复俄使倭良嘎哩所递《通线揭要》函中提出："中国如欲仿照此法，于中国地方安设，总应由中国自出己力办理。"[3] 同年 12 月 22 日，总署再函倭良嘎哩："如果审时度势，约计办成之后，绝无损坏可虞，中国亦自乐于从事，容俟时有可乘，必当独力图维，一劳永逸。"[4]1867 年 2 月 23 日，美国署领事孟金拟设上海至香港、上海至天津线时，总署又说，待将来可兴办之时，"中国必当独力经营"，即便多费款资，亦所不惜。[5] 这一切虽为应对列强请设电报之语，但并非全是托辞，其中亦透视出总署在根本上至少是不反对中国架设电报的（详后）。

综上可知，为拒阻列强请设电线，清朝官员提出并施用了多种办法。[6] 这些方法，或据依中国传统理论，或援引近代西方观念，更有务实的"自建"设想与意向，透视出在西潮冲击下国人思想认知的复杂面相，同时也反映出过渡与转型时期，国人思想中新旧杂处的多元特征。另需指出，这些方法多不是被单一提出或适用，常是交相论及实行。广东巡抚蒋益澧称：铜线铁路等，"皆各省所应斟酌之事，其中事理各有不同，而于辨别是非之中，或为达权通变之举，似宜各自筹备，竭力与争"。[7] 亦大抵道出应对复杂局势所需的灵活态度与方式。

---

[1] 参见夏维奇：《清季台湾电报发展述论》，《台湾研究》2005 年第 3 期。

[2] "中研院"近史所编：《海防档·丁·电线》，第 22 号文，第 23 页。

[3] 同上书，第 28 号文，第 31 页。

[4] 同上书，第 34 号文，第 36 页。

[5] 同上书，第 51 号文，第 66 页。

[6] 除上四种方法外，清朝官员还提出"晓之以理"（《陕甘总督左宗棠奏（同治六年十月二十五日）》，宝鋆等修：《筹办夷务始末（同治朝）》卷五十一，第 22 页；《广东补用道叶文澜条说》，宝鋆等修：《筹办夷务始末（同治朝）》卷五十三，第 12—13 页）、"置设难题"（《吏部主事梁鸣谦条说》，宝鋆等修：《筹办夷务始末（同治朝）》卷五十三，第 11 页）、"各个击破"（《江西巡抚刘坤一奏（同治六年十一月二十五日）》，宝鋆等修：《筹办夷务始末（同治朝）》卷五十四，第 13 页）、"耻贱西器"（《醇郡王等奏（同治八年正月初三日）》，宝鋆等修：《筹办夷务始末（同治朝）》卷六十四，第 6、11 页）等法。

[7]《广东巡抚蒋益澧奏（同治六年十一月二十二日）》，宝鋆等修：《筹办夷务始末（同治朝）》卷五十三，第 35 页。

如果说上述各法属以理服理的说理方式的话，那么，清朝官员在实践中还针对列强不请硬设、欲造成既定事实的强暴行径采取了以暴抗暴的武卫方式。典型者如 1865 年 6 月 19 日，江南海关道丁日昌访知英人欲在浦东架线，遂传令川沙厅丞何光纶、上海县令王宗濂，谕示如英人知会中国官员，则让百姓"环求拦阻"；倘不知会而擅自设立，则让百姓于夜间将其拔去。两日后，英商利富洋行果然在不知会清朝官员的情形下，擅在川沙厅之头二图及十二图、上海之二十四图及四十八图等处竖立木柱，计程 42 里。该厅县遂按丁日昌所示，密饬差保协同乡民于夜间将之悉数拔去，计 227 根。[1] 所有这一切皆表露出清政府在列强咄咄逼人的请设电线之态势面前，并未妥协退让，而是针锋相对，与之抗衡。19 世纪六七十年代，清政府与列强斗争的一面于此又可见一斑。

三、"界限分明"：中西较量的结局

据上可知，自 19 世纪 60 年代起，列强便不断向清政府请设电线，但清政府并未轻易允准，双方因此展开较量。列强一方，大有请设不成誓不罢休之势，清政府一方，则并不示弱，针锋相对，从而形成严重对峙的局面。为打破僵持，列强先行让步。蒲安臣曾说："我看到在陆地安置电线，一时无望，乃向他们提出：美国一公司计划从广州开始，沿海岸设置海底电线。"[2]1870 年 2 月，俄国外务部总办亦在多次请设津恰线不成后提出，由黑龙江经日本至中国东海岸敷设海底电线，"求中国在海上一带指与无用闲地一段"，以成其事，并指出："水路与陆路情形不同"，"于中国并无碍难，亦可有用"。[3] 可见，面对中国政府的坚决抵制，列强率先改变策略，退而求其次，将目标转向中国沿海海线。

对列强这种请求，清政府起初仍不相让。总署曾密示：西人"倘因陆地之不准行，而降格以求，再申海底安线之请，即以本处前言答复，庶于拒绝之中"。[4] 两江总督曾国藩遂以此回绝 1867 年美署领事孟金请设港沪、沪津水线。对于俄国外务部总办的请求，总理衙门章京志刚答称："此事早有定议，中国可行通

---

[1] "中研院"近史所编：《海防档·丁·电线》，第 20 号文，第 17—20 页。

[2] "Mr. Burlingame to Mr. Seward（1867.5.22）"，*Papers relating to foreign affairs，1867*，part 1，Washington：Government Printing office，1868，p.484.

[3] 钟叔河主编：《西海纪游草·乘查笔记·诗二种·初使泰西记·航海述奇·欧美环游记》，第 339 页。

[4] "中研院"近史所编：《海防档·丁·电线》，第 51 号文，第 67 页。

线时，由贵国始。今此事未定，若遽允贵国，别国藉口催办，中国一时未能通办，岂不大费口舌？"[1] 同样予以回绝。

但不久，清政府终破禁例而作出让步。1870年4月28日，英使威妥玛约请总署大臣宝鋆等晤谈，申求敷设自香港由海经广州、汕头、厦门、福州、宁波至上海线之时，总署认为"似觉无甚关碍，尚可会商"，可见态度已发生变化，出现转机。更有甚者，同年5月7日，总署致函英使答应："倘英商必欲于海底设立，贵大臣实有难以喻止之处，则中国沿海内洋，亦可听其在水底安放。"[2] 清政府终于放弃对于列强请设海线同样"庶于拒绝之中"的做法。

在对待列强请设海线的问题上，清政府缘何有如此转变呢？此可从中英两个角度去寻得解释。就总署言，抵制列强请设海线本不是最终目的。换言之，此前清政府对于列强请设海线的回绝，并非表明中国即要真正禁其海线，而是有着如下判断："惟洋人得步进步，诡谲万端，经此次允办之后，难保该国领事官不藉端扩充，由海而江，由江而河，由河而陆，骎骎乎渐入内地，以遂其变计尝试之巧谋。"[3] 正是基于这样的判断，当美署领事孟金请设港沪、沪津水线时，总署指出："今该领事所陈，与各国公使所言，大同小异，至变陆而为海，安知不巧为尝试，他日复变海而为陆。"[4] 可见，在总署看来，西人请设海线，只是手段，而非最终目标，一旦允准，接下来便是"变海为陆"，所以仍不能答应。反过来说，倘西人确保只设海线，并无"变海为陆"之企图，那么中国是可以允准的。

总署认为，中国国力有限，难以对大海作出有效防范，故从理论上讲，列强在中国领海设线仍可驳抵，但现实中无法禁阻："至于重洋大海之中，外国自行其法，则固中国力所不能禁止者也。""况内洋外洋绵亘数万里，毗连十余省，轮船往来，络绎不绝，伊即不使中国闻知，自运通线，沉于海底，亦属无从设法饬禁。"[5] 可见，不禁西人敷设海线，不是不愿禁，而是无法禁，关键是因为中国实际防范能力的不足；况且如前所述，中国不允西人架设电线，主要是有着"信控系统遭损"、"易酿中外纠纷"、"妨碍风水民生"等担忧，而这些担忧多由陆线所致。正因为如此，总署曾指出："而铜线一事，尤为该

[1] 钟叔河主编：《西海纪游草·乘槎笔记·诗二种·初使泰西记·航海述奇·欧美环游记》，第339—340页。
[2] "中研院"近史所编：《海防档·丁·电线》，第61号文，第82页；第63号文，第83—84页。
[3] 同上书，第70号文，第89页。
[4] 同上书，第51号文，第66页。
[5] 同上书，第70号文，第88页。

国所最注意，求办甚切，臣等无论该使如何措词，总以内地不准安设一语，始终峻拒之。"[1] 而列强敷设海线，原则上讲并不会造成上述情况，这在国力有限、且遭遇西人坚请的前提下，总署感到只要限定好区域（详后），也就没有"峻拒"的必要了。

再就英使言，其外交策略较允当。1870 年 4 月 28 日，英使威妥玛约请总署大臣宝鋆等晤谈，申设港沪海线。两日后正式致函总署，提出其此次申设的具体要求。主要有三层：第一，准予英商敷设港沪海线；第二，准其线端在通商口岸上岸；第三，该线如遭民人损坏，中国地方官为之"查拏惩办"。[2] 按其内在逻辑，此三层有递进关系，第一层是首要目标，二、三两层是在第一层目标实现后才具现实意义，故为次要目标。威妥玛深知，即便是第一层目标，亦会遭遇中国的坚决抵制，更何况后两层？既如此，英使又为何将后两层目标与第一层一并提出呢？其实，这既是实需，又是策略。所谓策略，即是转移注意力，将矛盾的焦点引向后者，以便增强首要目标实现的可能性。

英使将其申求提出后，大施外交伎俩。先是，竭力淡化领海观念，以免引起清政府的强烈反对。威氏函称，以前所请皆为陆线，理当在中国准办后，方可兴造。然此次不同，是由沿海水底暗设，只因拟将线端引至通商口岸洋行屋内，所以必须上岸，否则可不必商于中国。为进一步淡化中国官员的领海意识，威氏还在函中作出数种假设，其中之一是：如他国欲问英商何以专占？遂又自答称，英国此举毫无专占之意。原因在于：大海原系共由之道，假使别国日后亦备电线，前来与英并设，英不会辩驳。

接着，突出强调第二层目标，以转移清政府的注意力。威氏大谈，既欲上岸，即便是系英人在中国通商口岸永租之地，也应与中国商谈，缘由是该地乃中国之地[3]。威氏的这一提法，明里是该国十分尊重中国主权，无有欺瞒；暗里是一旦牵扯上岸，亦便同与前此各国向中国所请陆路电线问题，总署必与之理论，这样也就难顾其他了。此外还留有余地，给清政府以转圜。威氏在反复申论线端上岸之必要之后，又透出：假使线端上岸确有为难之处，就离口另寻办法。[4]

[1] "中研院"近史所编：《海防档·丁·电线》，第 70 号文，第 88 页。

[2] 同上书，第 60 号文，第 79—80 页；第 61 号文，第 82 页；第 63 号文，第 83 号；第 64 号文，第 84 页。

[3] 英使此言显是欺诈，因为两年前（1868 年）英国人从上海"虹口竖柱直至大英界内"架设电线（《中外新闻》，《上海新报》1868 年 10 月 6 日，第 2 版），就未商于中国。

[4] "中研院"近史所编：《海防档·丁·电线》，第 60 号文，第 79 页。

从而不把总署逼上绝路，以致影响其关键目标之实现。

英使淡化领海观念的做法似难奏效。盖此时中国官员已具备基本的领海意识。早在1864年初，总署即依据"内洋专辖权"，成功抗议普鲁士驻华公使李福斯（M. von Rehfues）在大沽口拦江沙外扣押三艘丹麦货轮之举。[1] 不久更是将丁韪良所译《万国公法》印行300部，颁发各省督抚。而该法第2卷第4章第6节为《管沿海近处之权》，明确指出：

> 各国所管海面及海口、澳湾、长矶所抱之海，此外更有沿海各处，离岸十里之遥，依常例亦归其管辖也。盖炮弹所及之处，国权亦及焉，凡此全属其管辖，而他国不与也。[2]

然当总署接知威氏函中"若不牵引上岸，原可无庸知照中国"之语，并未加以严词驳斥，甚至对"是该使于海底设立通线，已示有自主之权"亦予默认。个中原因仍如前述，在总署看来，中国实际的防范能力有限，无法禁阻列强的海上设线行为。恰职是故，总署对威氏所言"濒海洋面，各洋商安设通线，本非中国所能禁止"也未置一词。

但英使转移注意力的做法则收效明显。如前所述，这时的总署已对列强请设海线陷于一种定向思维：其请设海线主旨当在将来再延为陆线。故对英使所请，总署又说：此次威氏改变提法，电线不设于陆地，而设于海底，论其事与以前似不相同，推其理则是从前故智，仍欲上岸建线，故应力拒，方不坠其术中。[3] 正是基于上述思虑，总署未能识破英使策略，而恰恰坠其术中，将注意力全部集中到该线的登岸问题上。总署一见威氏要求线端上岸，并提出如有损坏，

---

[1] 时总署在给普鲁士公使照会中称："查外国在中国洋面，扣留别国之船，乃系显夺中国之权，于中国大有关系。"又称："查此次扣留丹国货船处所，乃系中国专辖之内洋。贵国兵船前来中国，自当入境问禁，不得任意妄为。"（《给布国照复（同治三年六月十五日）》，宝鋆等修：《筹办夷务始末（同治朝）》卷二十六，第32—33页。）

[2] [美] 惠顿著，丁韪良译：《万国公法》，上海书店2002年版，第73页。对于领海主权的直接声明，至1883年五六月间，邵友濂、盛宣怀在驳斥俄使韦贝所言大北海线若不上岸而只上趸船则不必问于中国时说："趸船所泊之海口，即是中国沿海炮力所及之处，归中国管辖者也。欲在中国管辖之地设立趸船安设电线，岂有不问中国之理，中国如设海线趸船在丹国海口，能不问丹国国家乎？"（"中研院"近史所编：《海防档·丁·电线》，第511号文，第747页。）

[3] "中研院"近史所编：《海防档·丁·电线》，第63号文，第83页。

宜行知地方官"查拏惩办"，认为英使所请，正如自己所分析的："其实该使所注意仍在牵引上岸，此节不允，海底之说，皆其变计也。"遂有前引 1870 年 5 月 7 日答应英使"中国沿海内洋，亦可听其在水底安放"之函。由此英使成功攫取中国领海设线权。[1]

观上可知，总署之所以作出让步，是有中外两方面的因素。如果说，英方的策略是偶然性因素的话，那么中方的实力当属必然性因素。在列强"深险狡黠"，中国国力有限的前提下，清政府让出领海设线权，仅是时间问题。

但总署在答应英使的同时又提出："惟线端仍不得上岸，俾与通商口岸陆路不相干涉，庶界限分明，或可免生摎輵。"[2] 表明中国的让步是有底线的，那就是列强所设海线，其线端不准上岸。英使一见其首要目标已经达到，遂在其复函中故意再言电线上岸无损中国，但又表示谅解总署做法，并转饬英商遵照办理。[3] 这样，在总署看来，仍与先前一样，又一次成功地抵制列强在中国的设线请求，这才有当接到英使遵照办理的复函时，大表"实深欣佩，足见贵大臣洞悉利弊，一切碍难之处，具能曲谅，不以相强"，[4] 似乎英使已受莫大委曲。可见，总署同样认为是胜利。但实际上，中国已作出重大让步，毕竟"线端仍不得上岸"的底线仍超出中国的主权范围。

需补充的是，英使不仅成功实现第一层目标，且意外实现第三层目标。而此又恰是总署自己的失误所致。在 5 月 7 日复威氏函中，总署对英方所提"如有损伤，宜行知地方官查拏惩办"一层，大谈其难。接着却称"倘有不虞，碍难查拏追赔"。[5] 英使原本只言"查拏惩办"，并未提及"追赔"事宜，[6] 却不料为中方提出。更有甚者，5 月 19 日总署见该使只转饬英商，遵照中方要求办理，而未及中国不为保护这一层时，立即再函英使，将中方本应坚持的"不为查拏惩办"的原则彻底放弃，

---

[1] "中研院"近史所编：《海防档·丁·电线》，第 63 号文，第 84 页；第 61 号文，第 82 页。1883 年 4 月 16 日，总署在致英国署公使格维讷节略中说："洋商准在中国海底安设电线，已沾中国之利。"这表明，至迟此时，总署已意识到在中国沿海安设电线亦是中国主权分内之事（"中研院"近史所编：《海防档·丁·电线》，第 418 号文，第 578 页）。1884 年 8 月 9 日盛宣怀称，沿海电线为已失之权利（"中研院"近史所编：《海防档·丁·电线》，第 654 号文，第 996 页）。

[2] 同上书，第 61 号文，第 82 页。

[3] 同上书，第 62 号文，第 83 页。

[4] 同上书，第 64 号文，第 84 页。

[5] 同上书，第 61 号文，第 82 页。

[6] 同上书，第 60 号文，第 80 页。

又称"倘有毁坏，与中国地方官无涉，不能追赔修费"，[1] 从而让英方有转旋余地。5月25日英使乘隙再函总署，表示可不"追赔修费"，但须"查拏惩办"，因英方不能作此行为，否则不但违约，且有损中国体统。据此，威氏提出，改中国不为"查拏惩办"为不"追赔修费"。[2] 总署见这一层为自己提出，只能答应照改。[3] 对中方的答复，英使立即表示感谢。[4] 可见，英方对此次请设结果相当满意。

此口一开，英商还未来得及敷设港沪海线，丹麦大北电报公司将已成的海参崴至日本长崎、横滨的海线展至中国上海，并立即敷设上海至香港海线，线端设在上海扬子江口大戢山[5]岛，1871年6月3日通报。至此，在清政府自设电报前，中国海域便有了上海至长崎、上海至香港两条海线。[6]

但接下来发生的两事便超出总署的允准范围，体现出的是列强的蛮横。1872年秋，大北不商于中国便在厦门鼓浪屿西南田尾将其海线牵引上岸。[7] 翌年7月大北又将大戢山岛线端展至吴淞，并顺黄浦江接至上海美国租界。[8] 对于鼓浪屿上岸问题，因考虑是在岛上，闽浙总督李鹤年及福建巡抚王凯泰皆以该线"既在人烟远隔之处，似可暂缓置议，免得转予口实"，未予进一步追究。[9] 而对在吴淞口上岸并达上海租界问题，如前所述，清朝地方官员与总署多次令其拆除，但丹国一直拖延，直至1883年5月19日，《中国电报总局丹国大北电报公司会议大北售与中国上海至吴淞旱线章程》签字画押，[10] 中国才成功将

---

[1] "中研院"近史所编：《海防档·丁·电线》，第64号文，第84页。

[2] 同上书，第67号文，第86页。

[3] 同上书，第68号文，第87页；第65号文，第85页。

[4] 同上书，第66号文，第85页。

[5] 又名大七山、大切山、大赤山。

[6] 上海向北经日本长崎，电报可通俄海参崴，并与该国西伯利亚旱线相接，达欧洲，时称北线；向南经厦门、香港，接通新加坡、槟榔屿，仍达欧洲，是为南线（"中研院"近史所编：《海防档·丁·电线》，第229号文，第272—276页；编委会编：《交通史·电政编》第3章，第305—306页；李鸿章：《与俄连接电线定约折（光绪十八年七月十八日）》，戴逸、顾廷龙主编：《李鸿章全集》第14册，第488页）。

[7] "中研院"近史所编：《海防档·丁·电线》，第84号文，第99页。大北此线设在美国人在该地所盖洋楼内（详后）。另，王之春《清朝柔远记》"沈奏设台电线折"条中有："及复以理斥，倭将请遣人附我轮船，一至上海致书柳原前光，一请厦门电报寄音回国，暂止添兵"，表明此线已运营（王之春：《清朝柔远记》，中华书局1989年版，第337页）。

[8] 同上书，第101号文，第121页；第251号文，第296页；第435号文，第596—597页；第459号文，第641页；第466号文，第682页。

[9] 同上书，第87号文，第105页。

[10] 同上书，第453号文，第626—629页；第462号文，第674—679页。

其赎收。[1]

据上可知，中西经过严重对峙之后，双方皆作让步，最终形成西人可在中国领海敷设海线，但线端不得上岸，"庶界限分明"的格局[2]。至于大北架设的吴淞旱线，本是恃强行为，一直未获清廷的承认，李鸿章后来称，"查丹国大北公司在沪设立海线，通行外洋已十余年，向无中国官宪允准之案"，[3]故为非法行为，并最终为中国赎收。

19世纪六七十年代，面对列强不断提出新的侵略要求，清政府多无力抗拒，从而使其对华扩张渐趋深入。亦于此间，列强为实现其在华架建电报的企图，可谓用尽心智。从中既可察见此时期列强侵华推行"合作政策"的重要特征，亦可透视他们恃强欺凌的庐山面目。这一切进一步反映出第二次鸦片战争后，列强甚欲扩大在华侵略权益的动机与实质。

与对待列强向一些领域渗透与扩张的态度大异其趣的是，面对列强咄咄逼人的请设电线之态势，清政府并未示弱，而是针锋相对，与之展开了一场广泛而深入的较量。此间，清政府在一定范围内可说是实行了从中央到地方、从官方到民间的政治总动员，并援据传统治国理念及新近传入的西方近代思想，制定出"力

---

[1] 大北之所以敢强设，主要是因该公司有俄、英、法等多国背景，其中俄投资最重，且俄、丹关系非同一般（俄国太子妃、后为俄国皇后的即丹公主，故此使英法大臣曾纪泽注意到："北司之权在俄。"（"中研院"近史所编：《海防档·丁·电线》，第435号文，第594页）北洋大臣王文韶亦曾指出，俄丹两国至戚，且俄大臣多有股份在内，故俄廷对大北公司乐于相助（"中研院"近史所编：《海防档·丁·电线》，第1088号文，第1591页）。该公司在英、法上市募集资金情况可参见：Lange Ole, Finansmcend, stramcendog mandariner, *C.F. Tiegten, Privatbanken og Store Nordiske. Etablering 1868–1876.*（*C.F. Tiegten, Privatbanken and the Great Northern Telegraph Company Establishment 1868–1876*）Copenhagen: Gyldendal,1978. pp. 172–173；Jorma Ahvenainen, *Far Eastern Telegraphs: The History of Telegraphic Communications between the Far East, Europe,and Amerian before the First World War*, Suomalaisen Tiedeakatemian Toimituksia: Anales Academia Scientiarum Fennica, ser. B, tom. 216. Helsinki: Suomalainen Tiedeakatemia, 1981. pp. 38–39. 转引自 Erik Baark, *Lightning Wires: the telegraph and China's technological Modernization, 1860–1890*, Greenwood Press, Westport, Connecticut, London：1997, p. 96。）

[2] 上海租界例外，此间列强已设多条电报线。如前述1868年，英人从上海"虹口竖柱直至大英界内"架设电线（"中外新闻"，《上海新报》1868年10月6日，第2版）。又如1870年，英工部局由汉口路设线经二摆渡而达虹口。《上海新报》报称："上海洋泾浜英国工部局向有三处：一在汉口路左首，一在二摆渡，一在虹口。往时通问，必须信札往来。今大工部新制电线，由汉口路达至二摆渡，再达虹口，以电气口通信息，非特省却笔墨之烦，且有要事相商，一转瞬间，彼此皆知，可谓速于置邮传命矣。"（《英工部新造电线》，《上海新报》1870年6月11日，第2版）

[3] "中研院"近史所编：《海防档·丁·电线》，第225号文，第267页。

为设法阻止"的应对方略，取得清政府内外、朝野上下口径及行动的一致，为最终抵制住列强的企图奠定坚实的思想及组织基础。此构成清政府与列强在19世纪六七十年代"不合作"的一面，从而展示出这一时期中西关系中非同"常态"的历史景状，并提示对维护信息控制领域的完整性，清政府的态度是何等坚决。

较量的最终结果是列强可在中国领海敷设海线，但线端不得上岸，"庶界限分明"的格局。这是双方在严重对峙的情状下皆行让步的结果。但列强毕竟是进攻的一方，故他们的让步，只是将猎取的目标稍减，真正让步的是守方清政府，中国领海设线权由此让出，并被戴上倘有毁损，须"查拏惩办"的枷锁。这一切固然有着列强之阴谋及总署之愚昧等因素，但从根本上讲，是其时中国的国力有限所致。对清政府来说，因中国内陆信控系统未遭破坏，故总署并未认为有多大的让步。从中可看出那个时代国人的领海意识：虽已初备，但并不十分强烈。此当是晚清社会在向近代转型初期所表现出的普遍现象。

且严格说来，清政府的"不合作"并不彻底。总署尽管在与英使交涉中方代为保护海线问题时，有策略上的失误而被迫答应之处，但从其骨子里来看，还是心存妥协这一根本所致。总署后称："本衙门前咨沿海各省酌办者，系念和好之谊，非于保护铜线之事，实有把握也。"[1] 福州将军英桂就这一时期清政府抵制西人架建电报的基本策略指出："庶于笼络之中，不致有妨大局。"[2] 吉林将军早保的一番话最具代表性：对于外国请设电线，"固不可听其肆行，亦不得激而生变"。[3] 此大抵体现了这一时期清政府的外交原则。可见"不合作"之中又有"合作"的一面。[4] 但就电报领域的整体而言，"不合作"是主流，"合作"当是其中之浪花而已。

尽管清政府在列强强大的攻势面前有一定退让，奉出海线敷设权，并在一段时期内保留了大北吴淞旱线，但从全国形势来看，还是抵制住列强所请设的陆地主要电线。此不仅避免了国人所担心的"外受掣肘"、"内滋惊骇"以及

---

[1] "中研院"近史所编：《海防档·丁·电线》，第128号文，第141页。

[2] 《福州将军英桂奏（同治六年十一月二十五日）》，宝鋆等修：《筹办夷务始末（同治朝）》卷五十四，第9页。

[3] "中研院"近史所编：《海防档·丁·电线》，第8号文，第8页。

[4] 因大东大北港沪海线在大戢山至吴淞口一带常为渔户断损，1883年英丹领事照请中国保护，对此盛宣怀提出"饬各地方官，令渔船分段认管，酌量给赏"之法。1884年2月15日，盛宣怀与大东大北签订《渔团保护海线章程》，规定由两公司每年出2000元，给川沙、南汇、宝山三厅县渔团，作为保护水线之酬金（"中研院"近史所编：《海防档·丁·电线》，第613号文，第953页；第614号文，第962—963页）。

由此可能引发的"中外纠纷"，且从更深层次看，部分地维护了主权，为日后中国发展自己的电报业预留出相对有利的空间，从而影响深远。这在晚清国力有限，主权遭严重侵损的情势下，较为可贵。中国自建电报后，长期担任中国电报局督办的盛宣怀对此曾不无自豪地称："说者谓通商以来，能自保主权者，电事为最。"[1] 虽存溢美之处，但实属有因。

需补充的是，近有学者提出，如果以"抗争"和"妥协"这对语词来描述晚清外交，大抵有"妥协"、"寓抗争于妥协"、"寓妥协于抗争"、"抗争"等递进模式，"但由于晚清社会特殊的发展状况等因素，决定了终清之世，中国的外交操作模式也没能达到'寓妥协于抗争'的水平。"[2] 观前可知，上述判断固然是有一定的理据，但是，场域的多样性与差异性，决定实践的内涵较理论模式要丰富而复杂得多。若以"妥协"与"抗争"模式概括，则清朝外交至少在电报业领域，达到"寓妥协于抗争"的水平。

第三节 晚清朝野对自建电报的认知及嬗变

面对滚滚东来的电报洪流，国人在中国要不要自建电报的问题上，思想认知出现分化。其中，主张引入西方这一科技文明的趋新力量由初期的势单力薄渐渐壮大起来，且不断与守旧的力量展开论争，并最终在这场论争中占据上风，从而奠定中国引入电报的舆论及思想基础。

一、分化：晚清早期国人对自建电报的认知

19世纪60年代至70年代初，清朝官员不仅坚拒西人在华架建电报，多数对中国自建亦毫无兴致。如瑞麟、蒋益澧等认为，政贵从民所欲，治贵因地制宜，电报等西洋器物，不过技艺之末，无关治道。[3] 马新贻强调，富民强国，只能依

---

[1]《盛宣怀致外务部》，王尔敏、吴伦霓霞合编：《盛宣怀实业函电稿》上册，香港中文大学出版社1993年版，第426页。

[2] 陈开科：《耆英与第二次鸦片战争中的中俄交涉》，《近代史研究》2009年第4期，第61页。

[3]《两广总督瑞麟、广东巡抚蒋益澧奏（同治五年六月十九日）》，宝鋆等修：《筹办夷务始末（同治朝）》卷四十二，第63页。

靠发展农桑，"一切求之在己之本务"，电报之类末务，于中国之大计难有裨益。[1]
官文更是指出，电报铁路，不过是为往来迅速起见，只便于贸易，仍是奇技淫巧，
因而不为中国所尚。[2] 显然，这些消极认知其实就是对中国引入电报持反对意见。

一些人甚至明确而坚决地反对中国引入电报。在他们看来，中国既有的通
信体系足够使用，无需这一西洋新事物，否则不仅将造成重款虚靡，从而影响
国计民生，且会误导世风，乃至败坏人心。刘坤一认为，火车电报，"以中国
之贸迁驿传，固无须此"。[3] 丁宝桢更是忧心忡忡地指出：铜线铁路等"为害过
大，使我之国计民生，日耗日削于冥冥之中，不堪设想"。[4] 奕譞进而指出，电
线等器物"尽可一概不用，无损于国计民生，有裨于人心世道"。[5]

此外，不少人还担忧"电报兴而驿站废"，必将造成大批役夫失业。而"江
淮河汉，遇水不通，经过地方，民居有碍"。可见架建电报实为扰民之举，而
民不安生，则统治难保稳定。况且，电报创始，不仅"巨款难筹"，尤为关键
的是需"任用洋人"，故"机事不密"，"物材难得，购觅须至于外洋"。这
又与时下倡行的"权自我操"理念严重悖离。退一步言，即便勉强建成，亦难
有作为，因为"文字不通，机器不甚于利用"。且后续"支给之资难为继"。[6]
所以，"其信线一种，则运思巧而不适于用"。[7]

观上可知，此间时人对引入电报这一西方文明成果，基本持反对态度。他们或
基于传统的政治理念，或出于经济、社会乃至技术层面的思虑，提出种种反对的理由。

亦于此间，朝野部分人士却有不同的认知。如前所述，早在 19 世纪 60 年
代，李鸿章即曾设想"自置铜线"，至 70 年代初西人将电报展至上海，李鸿章
更是声称："电线由海至沪，似将盛行，中土若竟改驿递为电信、土车为铁路，

---

[1]《浙江巡抚马新贻奏（同治五年十月二十一日）》，宝鋆等修：《筹办夷务始末（同治朝）》卷
四十五，第 47 页。

[2]《署直隶总督官文奏（同治六年十二月二十二日）》，宝鋆等修：《筹办夷务始末（同治朝）》卷
五十六，第 11 页。

[3]《江西巡抚刘坤一奏（同治五年四月十六日）》，宝鋆等修：《筹办夷务始末（同治朝）》卷四十一，
第 44 页。

[4]《山东巡抚丁宝桢奏（同治六年十一月十九日）》，宝鋆等修：《筹办夷务始末（同治朝）》卷
五十二，第 27 页。

[5]《醇郡王等奏（同治八年正月初三日）》，宝鋆等修：《筹办夷务始末（同治朝）》卷六十四，第 5—6 页。

[6]"中研院"近史所编：《海防档·丁·电线》，第 89 号文，第 106 页。

[7]《闽浙总督左宗棠奏（同治五年六月初三日）》，宝鋆等修：《筹办夷务始末（同治朝）》卷四十二，
第 47 页。

庶足相持。"反映出形势的发展已让李鸿章产生中国当下引入电报的紧迫感。李氏进而强调指出："吾谓百数十年后舍是莫由。"[1]

另如前述，沈葆桢在1867年清政府准备修条的讨论中亦主张中国自办电报，至1870年与闻总署允准英人敷设中国沿海海线，遂建言："闻电线之设，洋人持议甚坚，如能禁使弗为，则多一事不如省一事。倘其势难中止，不如我自为之，予以辛工，责以教造，彼分其利，而我握其权，庶于海疆公事无所窒碍。"[2]沈葆桢在此已正式吁请中国自建电报，并提出简略方案：在主权这一原则问题上，强调由我发起，为我所有；至于操办等具体运作问题，虑及是时中国缺乏必要的技术与设备，可让西人教造。

在沈葆桢看来，该方案虽有一定让步，"彼分其利"，然就大局言，"我握其权"，中方受益更多："庶于海疆公事无所窒碍"。反过来看，如中国不为而任西人架设，"则遇有机密事务，彼一二日而达者，我十余日尚复茫然，将一切机宜为之束手矣"，可见于我更加不利。

需注意的是，通事王承荣一度制成电报机，并力促总署奏设电报，当是此间在野人士持赞成态度之代表者。王氏寓居海外，与闻国内推行洋务新政，制船造炮，颇具成效，"惟电报一节，因文字不通，又恐繁重不胜，所以无人议及"，遂于1873年回国后请荆宜施道孙家毅，转商恭亲王奏设电报，并就经费、技术等问题提出对策。王承荣指出，中国驿站、烽燧传信，不可与电报瞬息千里同日而语，时下西人已将电报由上海通至香港，由香港而至安南，四通八达于西方各国，这使得一旦遇警，外人即便远隔万里，其信尚能朝发夕至，相比之下，中国文报反而迟延，故不能再无动于衷了。[3]

针对反对者的种种责难，王承荣还一一辩驳。如失业问题，他指出："如以陡革站役为虑，但电线安置，虽系取径官道，而二三里许，必须派人看守，以备时修，以防拆毁，除塘弁汛兵理宜巡视外，即充以裁汰夫役，谅无不可。"可见电报架建后，对电线的维护，需员亦众，不会造成大量失业。再如妨碍民生问题，王承荣解称："若夫水道民居，自有变通，过水则铅线裹胶，不浮不锈，近市则

---

[1] 李鸿章：《复丁雨生中丞（同治十一年九月十一日）》，顾廷龙、戴逸主编：《李鸿章全集》第30册，第474页。

[2] 本段及下段，"中研院"近史所编：《海防档·丁·电线》，第81号文，第95页。

[3] 本段及以下两段，同上书，第86号文，第100—101页；第88号文，第105—106页；第89号文，第106—108页。

木桩量移，可此可彼，是水陆殊途，而为用则一，田庐如故，而民业相安也。"由此当知，在王承荣看来，时人对架建电线存在认识上的误区，其实并不妨碍民生。

此外，有关技术及经费问题，王承荣亦有备。旅法期间，王承荣与来法的福建船政委员王斌、李镛等制成汉字电报机，从而使得技术及相关问题亦予解决。对此，王承荣指出，该机较外国电报机"价廉工省"，而"配制之各药水，中国均有其物，不必购自外洋"。进而，王承荣认为可将"制造运用诸法，指授匠吏"，故技术已无问题，于是任用洋人，乃至泄密等问题亦可避免了。经费方面，王承荣认为解决起来亦不甚困难，盖"以道里估计，每里约费百金，各省建置，请由各省提款，合则见多，分亦见少，筹款似尚未为难也"。"至于年修月给之费，尽可代民传信为津贴，公私均有裨益"，更不应成为问题。

那么，此时主持洋务新政的最高机构总署的态度如何呢？一方面，如前所述，总署并不反对中国自建电报，从而在一定程度上反映出其趋新的一面。但另一方面，总署认为这一时期中国自建电报的时机尚不成熟。在总署看来，尽管自设电线，可免"受洋人掣肘"，且不易"酿中外纠纷"，但是时风气未开，电线建成后，难免不遇民人毁坏，故暂不可行。总署曾对俄使称："本大臣窃思事贵乘时，尤贵相时。古人云：'虽有智慧，不如乘势；虽有镃基，不如待时'，正谓此也。如果审时度势，约计办成之后，绝无损坏可虞，中国亦自乐于从事，容俟时有可乘，必当独力图维，一劳永逸。"[1] 强调的就是架建时机问题。

更重要的是，此时洋务新政在中国初兴，造船制炮，各事待举，既然较为普遍的认识是，不设电报无损于中国，那么，有限的物力财力只能暂投其他。1869 年，总署指出：当下"机器轮船正在开局学制，力量止于如此，通线非中国必不可少、必不能待之事，借项兴办，非心所愿，只可从容再商"。[2] 职是之故，清廷遣蒲安臣使团出访时，总署特交代将中国不能即办电线等事原委，详陈他国，求得谅解。[3] 而于沈葆桢、王承荣等的吁请，总署亦未作出积极回应。这一切又

---

[1] "中研院"近史所编：《海防档·丁·电线》，第 34 号文，第 36 页。

[2] 同上书，第 56 号文，第 72 页。

[3] 恭亲王等曾交代蒲安臣，"凡于中国有损之事"，"力为争阻"。秉持此议，蒲氏在美签《蒲安臣条约》，内有："凡无故干预代谋别国内政之事，美国向不以为然。至于中国之内治，美国声明并无干预之权及催问之意。即如通线、铁路等各机法，于何时、照何法、因何情欲行制造，总由中国皇帝自主，酌度办理。此意预已言明。"（钟叔河主编：《西海纪游草·乘槎笔记·诗二种·初使泰西记·航海述奇·欧美环游记》，第 385、273 页。）

反映出总署的思想认知中相当保守的一面。

可见，19 世纪 60 年代至 70 年代初，面对汹涌东来的电报洪流，关于中国究竟要不要引进这项技术的问题，朝野上下的思想认知产生分歧。传统士大夫重义理轻技艺，多视电报之类的科技发明为"奇技淫巧"，认为无关治国之道，不用无损甚至有裨中国，由此提出种种责难。然此间一些务实人士，为应对"三千年未有之大变局"，强调电报之价值，主张中国引进这项技术，这种趋新认知渐从传统思想中分化出来，此以一个案领域透视出晚清社会及其观念的变迁。

然就整体言，这一时期"闻此议者，鲜不咋舌"，[1] 提示守旧思想的普遍性。相对而言，主张中国引入电报者则为数甚少，因而声势较弱，无法与前者形成抗衡的局面。尤为关键的是，这时主持洋务新政的最高机构总署虽不反对，但又认为时机尚不成熟，其思想中趋新与保守并存，而保守的一面稍重。这些情况使得，没有一定的刺激（无论内外），中国很难在此间迅将电报这项西方近代科技引入。

恰于是时发生日本侵台事件，从外部给清政府一巨大刺激，沈葆桢因此而奏设台湾电线，获得清廷允准，为中国在守旧氛围甚浓的当下立即在孤悬海外、远避内陆的台湾地区引入电报提供了可能性（详见本书第二章第一节）。但这一切并未结束国人对架建电报的争议，在保守势力仍重的内陆，争议则日趋激烈。

二、对抗：台事后的趋新与守旧的论争

台事后，赞成中国引入电报者渐众，其声势亦逐步壮大起来。朝野部分人士对清政府处置台事本身即展开批评。由于闽省官宪应对仓猝，《申报》发表《厦门论日兵近状》，转引《循环日报》评论称："说者谓日本调兵遣将，远驾艨艟以伐台湾，取道于厦门，其说亦已久矣，乃漫无准备，见其猝临，遂至形神惶遽，举措失宜，有电报递传，则已早为布置，如何至于此耶？"进而指出："电线之利，于达军情，传警信，神速不测，呼吸相通，所以为可贵也。"[2]

另就清廷而言，"日本兵已至台者多日，京师始知"。[3] 信息不灵，措置不免被动，调兵则更显迟钝。李鸿章于此慨叹："今年台湾之役，臣与沈葆桢函

---

[1] 李鸿章：《复丁雨生中丞（同治十一年九月十一日）》，顾廷龙、戴逸主编：《李鸿章全集》第 30 册，第 474 页。

[2]《厦门论日兵近状》，《申报》1874 年 6 月 20 日，第 4—5 页。

[3]《论电线》，《申报》1874 年 7 月 14 日，第 1 版。

商调兵月余而始定。及调轮船分起装送，又三月而始竣。而倭事业经定议矣。"正是出于对此情状的不满，李鸿章进而指出："倘如西国办法有电线通报，径达各处海边，可以一刻千里。"[1] 并自稍后的海防议起，"沥陈煤铁矿必须开挖，电线铁路必应仿设"，[2] 吁请的力度较前大得多。

其时，严峻的国际形势使得一些朝野人士产生强烈的危机感，更多的人因之加入支持者的行列。王韬认为，现今中国周边环境已与往昔迥异，"倭则狙伺于东南，俄则虎视于西北"，故只有在津、沽、沪、浙、闽、粤等属沿海重地，架设电线，以捷消息，方能在无事之时，外国战舰驶入中国口岸，立刻报知督抚大员，以便速派战船侦其行踪；"有事则专报军情，或往援以歼敌，或犄角以壮威，或要截其来助之船，或袭击其撤退之卒"，如此则敌之图谋难以得逞。况且，时下各国公使与中国交涉，动辄电请其政府遣兵恫吓。如中国仍不办电报，则疆臣不能及时获知信息，仓猝应对，难免不受其害。据上，王韬提出："电线一事实关至要，不当乘时亟设也哉？"[3]

郑观应的看法与王韬颇近，他认为中国建都北方，与南界相距万里，与其他地区亦隔数千里之遥。燃烽置戍，仅能告警，不能传言；设卒传号，辗转需时，且易生误。"即令沿海要害，有炮台而无战舶，则炮台亦孤立无徒，有战船而无电线，则战船亦应援莫及。若敌人侦知我战船之所在，合兵围击，无电线以通传，各省何能倍道来援"。[4] 尤其是当下强邻环伺，一旦战事发生，中国谕旨奏疏传递非数日不能达，而他国用电报指挥调度，信息顷刻即至。这种情状"恐未易与从前新疆、西域回部诸役可以遥授机宜者同日语焉"。[5]

丁日昌也认为，洋人现已在中国沿海敷设电报，如果"我仍置而不设，则是我之一举一动外人瞬息得而知之，外人一举一动我终久不得而知之也"。进而指出，中国只有尽速架设沿海陆线，才能渐收已失之利权。[6]

另从国内形势看，一些人亦感到，架设电报将大有裨益。黎庶昌从办理洋务的财政出发，申论中国建设电报的必要性。他指出，中国当下正在议设宏远公司，

---

[1]《筹议海防折（同治十三年十一月初二日）》，中国史学会主编：《洋务运动》第 1 册，第 52 页。

[2]《复郭筠仙星使（光绪三年六月初一日）》，中国史学会主编：《洋务运动》第 1 册，第 269 页。

[3] 王韬：《设电线》，《弢园文录外编》，上海书店 2002 年版，第 62—63 页。

[4] 郑观应：《论电报》，夏东元编：《郑观应集》上册，上海人民出版社 1982 年版，第 82 页。

[5] 同上书，第 209 页。

[6] 张树声编：《敦怀堂洋务丛抄》，台湾文海出版社 1969 年版，第 328—329 页。

此确是要举，但需银不下数十万两。而建一行栈，修一码头，需要款项更是以兆计。故只有仿效西国，建设火车、轮船、电报等公司，"庶几权利可收，富强可以渐致"。[1]

作为晚清重臣，郭嵩焘以政权的巩固与政治的稳定为关怀，指出中国幅员万里，驿路远者月余方达，倘遇"水旱之灾、盗贼窃发"等事，应对常需数月。"有电报则信息通，有汽轮车则转运速，可以处堂户而坐制万里之外"。进而强调：电报铁路"可以立国千年而不敝"，盖就近者言，至少有两益处：一是"骤有水旱盗贼，朝发夕闻，则无虑有奸民窃发称乱者"；再是中国官民隔膜太深，而地方官又常压制民怨，使得"民气常郁结不得上达"。倘建有电报铁路，就如同人体血脉畅通，"政治美恶无能自掩，则无虑有贪吏遏抑民气为奸利者"。故"是二者之宜行也，无待再计决也"。[2]

清朝官员的吁请以 1879 年最为集中。是年 7 月 23 日，贵州候补道罗应旒上奏指出，中国当下应设法创建电报、火车，甚至呼吁，商民"能于京师及各直省设火轮车及电线者，皆酌赏以官职"。[3]同年 11 月 11 日，翰林院侍读王先谦奏称："至于水雷、炮台、电线、铁路，海防所不可少，皆当次第筹办。"[4]稍后，署天津河间兵备道盛宣怀商于李鸿章称：中国"欲谋富强，莫先于两大端，两者维何？铁路、电报是也"。进而强调指出："路事体大，宜稍辽缓，电则非急起图功不可。"李鸿章对此完全认同。[5]

洋务局道员王之春亦指出，中国目下当建电报，并提出："津沽为近畿水道门户，宜先设一电线，由是而吴、而浙、而闽、而粤，凡属海疆及西北近边诸要隘，次第举行，无事以便商贾，其利犹小，至事关紧急，乃见奇功。"[6]王之春的思虑可能源于郑观应。前此，郑观应曾提出："津、沽为水道入京门户，宜先由海底建一电线，通两江、吴淞等处。由是而闽、浙、粤东，凡属海疆悉敕下大吏，揆度地势，次第举行，则宸居虽遥，俨如咫尺矣。"[7]

布政使衔前任湖北盐法武昌道盛康也认为，中国海疆万里，不可能处处设防，

[1] 钟叔河主编：《漫游随录·环游地球新录·西洋杂志·欧游杂录》，第 541 页。

[2] 杨坚校：《郭嵩焘诗文集》，第 191、555—556 页。

[3]《光绪五年六月初五日贵州候补道罗应旒奏折》，中国史学会主编：《洋务运动》第 1 册，第 181 页。

[4]《光绪五年九月二十八日翰林院侍读王先谦奏折》，中国史学会主编：《洋务运动》第 1 册，第 199 页。

[5]《卷首·行述》，盛宣怀：《愚斋存稿》第 1 册，台湾文海出版社 1975 年版，第 11—12 页。

[6] 王之春：《清朝柔远记》，第 371—372 页。

[7] 郑观应：《论电报》，夏东元编：《郑观应集》上册，第 82—83 页。

目前仅恃两支海军守疆，在此情形下，不建电报，仍难防敌。故"海疆各省亟宜造设电线，约需银二百万。拟请另筹银五十万，发交殷实华商，凑股承办"。[1] 盛此议为中国后来电报商办之滥觞。

但是，此时的反对之声仍相当普遍，故尚有较大影响力。工科给事中陈彝指出："电线一事可以用于外洋、不可用于中国。"[2] 帝师翁同龢对郭嵩焘倡设电报等事予以痛诋，直骂郭"其以电信、铁路为必行，及洋税加倍，厘金尽撤者谬也。至援引古书，伸其妄辩，直是丧心狂走矣"。[3] 可见此时的翁同龢对架设电报的强烈反对态度。一些人更是"一闻修造铁路、电报，痛心疾首，群起阻难，至有以见洋人机器为公愤者"。[4]

不肖言国内人士，一些亲临西土、亲访电报者亦不乏持有反对意见者。如对电报有过较详介绍的刘锡鸿又说，包括电学在内所谓"彼之实学，皆杂技之小者。其用可制一器，而量有所限者也"。"其于中国圣人之教，则以为空谈无用。中国士大夫惑溺其说者，往往附和之"。[5] 进而明确提出电报铁路之类，不宜在中国推行。[6] 更有甚者，日后成为中国早期著名维新思想家的马建忠在巴黎初见电报时亦称："至于电线传声与电报印声，徒骇见闻，究无大益。"[7]

这一时期，反对者除继续表陈经费短拙、文字不通等经济、技术层面的问题外，[8] 更突出强调文化与传统等方面的因素。他们认为，架建电报大有碍于风

[1]《光绪六年三月初五日都察院左都御史志和等奏折》，中国史学会主编：《洋务运动》第1册，第211页。

[2]《光绪元年九月初二日工科给事中陈彝奏》，中国史学会主编：《洋务运动》第6册，第329页。

[3] 此条不见《翁同龢日记》通行本，但见[美]翁万戈藏：《翁文恭公日记》稿本，转引自孔祥吉：《〈翁文恭公日记〉稿本与刊本之比较——兼论翁同龢对日记的删改》，《清人日记研究》，广东人民出版社2008年版，第32页。

[4] 杨坚校：《郭嵩焘诗文集》，第190、189页。

[5] 钟叔河主编：《英轺私记·随使英俄记》，第127—128页。

[6]《论郭嵩焘离任》，载《泰晤士报》，郭嵩焘：《使西纪程》，第84—85页。

[7] 马建忠：《适可斋记言》，第30页。对此，郭嵩焘指出："眉叔（马建忠）天分高出一切，于西法初涉其流，便怀易视之心，殆犹中土虚骄之气然也。"（本社校点：《郭嵩焘日记》第3卷，第902—903页）恰提示国人心灵深处的"华夷之分"成为接受西方新事物的重要障碍。两年后，马氏指出，"中国之行铁路电报，事属创见，不知者必群起攻之，以为宜于外洋而不宜于中国"（马建忠：《适可斋记言》，第24页）。反映出此时马建忠已站在守旧者的对立面。马氏是晚清思想开通者，初对电报的认知尚且如此，提示西洋科技为国人接受确需一过程。

[8] 如一些人称："设立电报诚有益处，然经费过巨，恐不易筹，奈何？"另，是时中国尚无汉字电码本，反对者因之指出，即便建成，打报需由英文译成中文，既有"漏泄之虞"，也有"延搁之弊"（郑观应：《论电报》，夏东元编：《郑观应集》上册，第83页）。

水庐墓。陈彝的一番话最具代表性，他指出，中国人视死如生，几千年来一以贯之。而"电线之设，深入地底，横冲直贯，四通八达，地脉既绝，风侵水灌，势所必至，为子孙者心何以安？传曰：'求忠臣必于孝子之门。'藉使中国之民肯不顾祖宗邱墓，听其设立铜线，尚安望尊君亲上乎？"[1]

尤有甚者，一些人认为引进电报等西方科技将失人心，甚至是"用夷变夏"。如前所述，李鸿章自 1874 年海防议起，力倡仿设电线铁路。对此，"王孝凤（王家璧）、于莲舫（于凌辰）独痛诋之"。[2] 王家璧指称，李鸿章、丁日昌等"事事师法西人，以逐彼奇技淫巧之小慧，而失我尊君亲上之民心也"。[3] 于凌辰更是奏陈："是古圣先贤所谓用夏变夷者，李鸿章、丁日昌直欲不用夷变夏不止……洋人之所长在机器，中国之所贵在人心……复不可购买洋器、洋船，为敌人所饵取。又不可仿照制造，暗销我中国有数之帑项，掷之汪洋也。"[4] 需要指出：王、于之责难，"其主谋附和者，非止一二人"。[5]

应该说，这些责难在"风水农田中国视为极重"以及"夷夏之辨"正浓的语境下有相当力度。文祥是清廷中较为开明者，曾多次观看京师同文馆总教习丁韪良放在总署的电报机，知晓"电报很重要"[6]，然对李鸿章关于架建电报等问题的建言，竟"目笑存之"，而"廷臣会议皆不置可否"。[7] 这一切均提示反对之声的巨大影响力。

然而，针对反对者所提出的种种驳难，赞成者并不示弱，而是针锋相对，与之展开争论。于有碍风水之说，王韬指出，西方将建设电报铁路视为国家大事，国人常惑于风水之说，认为不能开办，此毫无根据。[8] 郭嵩焘更是认为，"其说大谬"。并直称，国人对架建电报铁路的"群起阻难"，实是甘心任人搜刮脂膏，

[1]《光绪元年九月初二日工科给事中陈彝片》，中国史学会主编：《洋务运动》第 6 册，第 331 页。对此，一些来华西人亦表理解，称中国"老百姓对坟墓极端尊敬，这是不合乎人情"（《田凫号航行记》，中国史学会主编：《洋务运动》第 8 册，第 393 页）。

[2]《复郭筠仙星使（光绪三年六月初一日）》，中国史学会主编：《洋务运动》第 1 册，第 269 页。

[3]《光绪元年二月二十七日大理寺少卿王家璧奏折附片》，中国史学会主编：《洋务运动》第 1 册，第 134 页。

[4]《光绪元年二月二十七日通政使于凌辰奏折》，中国史学会主编：《洋务运动》第 1 册，第 121—122 页。

[5] 李鸿章：《复丁雨生中丞（光绪元年三月十二日）》，顾廷龙、戴逸主编：《李鸿章全集》第 31 册，第 193 页。

[6] 丁韪良，沈弘等译：《花甲忆记》，第 203 页。

[7]《复郭筠仙星使（光绪三年六月初一日）》，中国史学会主编：《洋务运动》第 1 册，第 269 页。

[8]《弢园文录外编》，中国史学会主编：《洋务运动》第 1 册，第 500 页。

塞自己利源之举。[1]

而于王家璧、于凌辰等人的"痛诋"，李鸿章亦未退缩，认为是"书生无识，可为悲叹"。[2]并自称"甘为众矢之的，无所疑惧。即有于、王等十辈，亦不敢竟避其锋"。可见，此时的李鸿章与十年前已判若两人，大有舍我其谁之慨！双方因此而成激烈对抗之势。李鸿章进而还对总署的态度不甚坚定表陈不满："惟此次总署为群议所持，复陈诸条，大都模棱敷衍。"[3]

至于时人担心的经费、文字等问题，郑观应指出，安设海底电报，既难且贵；倘设陆路电线，则不仅较易，且需银不多。另外，以前打报是用外国文字，须翻译才知；现已编订华文《电报新书》，故不应再有顾虑。[4]

可见台事后，主张中国引入电报者的阵容逐渐壮大起来，其声势也日益强大，反映出此间趋新的力量逐渐增强的一面，由此折射出晚清社会及观念的进一步变迁。然而，仍需看到的是，这一时期即便清廷已允准在台架建电报，但反对的声音并未减弱多少，反对者仍众，因而尚有相当大的影响力，又提示社会变迁中传承性的一面。这种趋新与传承的交错，恰是转型社会的常态。双方因此而展开激烈的论争，乃至形成严重的对抗局面。这一情状显示出中国内陆引入电报已具较强的舆论及思想基础，但阻力与难度仍不小。在此情形下，一些赞成者开始利用日本电报业的发展情状来作为立言依据，以增强说服力。

三、观照：日本电报业的发展对国人的触动

在那时的中国人眼中，日本乃"海外区区小国"[5]，"唐宋以前未偿不朝贡中国"[6]，"开国"之初亦遭遇与中国大抵相近的命运，然自明治维新后大力学习、引进西方先进科技，1869年7月（明治二年六月）开始引入电报技术[7]，其后广派国人赴欧洲学习，电报等业日臻发达，甚有后来居上之势。这一巨大

---

[1] 杨坚校：《郭嵩焘诗文集》，第190、189页。

[2] 李鸿章：《复丁雨生中丞（光绪元年三月十二日）》，顾廷龙、戴逸主编：《李鸿章全集》第31册，第193页。

[3] 李鸿章：《致丁雨生中丞（光绪元年五月初四夜）》，顾廷龙、戴逸主编：《李鸿章全集》第31册，第238页。

[4] 郑观应：《论电报》，夏东元编：《郑观应集》上册，第83页。

[5] 李鸿章：《致总理衙门（同治三年）》，顾廷龙、戴逸主编：《李鸿章全集》第29册，第313页。

[6] 薛福成：《筹洋刍议》，辽宁人民出版社1994年版，第62页。

[7] 曾鲲化：《祝中国交通界之前途》，《交通官报》第1期，第8页。

反差格外受到晚清朝野有识之士尤其是出洋国人的高度关注。

1876 年，宁波海关文案李圭赴美国费城参加"赛奇公会"（博览会），途经日本时，发现该国"至大小塾房、邮政局、电报局、开矿局、轮船公司，皆仿西法，而设官为经理，举国殆遍"。李鸿章进而指出，该国"于电报、邮政两端，尤为加意，几堪与泰西比美"。[1] 中国第一任驻外使臣郭嵩焘出使的虽是英法，但他于 1877 年 1 月 21 日抵达伦敦后，颇多关注日本情事，打听到"日本长崎之那噶萨奇，由极南以至极北皆有电报"。[2]

在他们看来，日本电报等业之所以能够蓬勃发展，要因当在明治政府励精图治，重视向西方学习。李圭认为："观其国迩来于泰西制度、器艺造作，悉能用心窥其深奥。如开掘五金、煤矿以裕国，更改水陆军政以强兵，建立机器局、造钱局、电报局、邮政局、火轮舟车局以利国利民。"[3]

郭嵩焘更是细致指出，日本"在英国学习技艺二百余人，各海口皆有之，而在伦敦者九十人……所立电报信局亦在伦敦学习，有成即设局办理"。[4] 又称，该国广派人员向德国学习采矿技术，向荷兰学习水利工程技术，修建铁路则求之英法，安设电报则请于丹麦，"一皆用其专精之学为之"。[5]

薛福成则对明治维新的大致历程及基本内容作出较为全面的指陈："十数年前，彼国中多故，诸侯群起而力争，德川氏狼狈失据，因以黜大将军，而列藩亦废，尽改郡县，骎骎乎有强干弱枝之势；又大开互市，崇尚西法，甚至改正朔，易服色，建置铁路、电线、机器之属。"进而指出，该国为发展电报等业，不惜举巨债，可谓"不遗余力"。[6]

可见，在政府的大力推行下，日本电报等业蒸蒸日上，这给该国带来巨大利益。何如璋于此指出：日本"史馆、式部、电讯、铁道、图书、农商等局，皆分隶于省……岁入五千余万金，地租为巨，关税次之，其他禄入有税，车船有税，牛马有税，券纸杂器有税，暨铁道、电信各局制造所收入"。[7] 电报收益

---

[1] 钟叔河主编：《漫游随录·环游地球新录·西洋杂志·欧游杂录》，第 320 页。

[2] 本社校点：《郭嵩焘日记》第 3 卷，第 490 页。

[3] 钟叔河主编：《漫游随录·环游地球新录·西洋杂志·欧游杂录》，第 209 页。

[4]《养知书屋遗集》，中国史学会主编：《洋务运动》第 1 册，第 304 页。

[5] 本社校点：《郭嵩焘日记》第 3 卷，第 804 页。

[6] 薛福成：《筹洋刍议》，第 62 页。

[7] 何如璋：《使东述略》，湖南人民出版社 1983 年版，第 64—65 页。

已成为该国财政重要源泉之一。

薛福成进而指出，日本原本小国，然近来"仿行西法，颇能力排众议，凡火轮、舟车、电报及一切制造贸易之法，稍有规模，又得西人之助，此其自谓胜于中国者也"。[1] 可知在日人眼中，其电报等业所取得的成就，已成为其后来居上并能傲视中国的重要资本。

这一切极大触动上述国人，激发起他们向西方学习的强烈愿望。李圭认为，既然日本可建立电报等新型行业以利国利民，[2] 则中国传统的"有机事者必有机心，古人所不为也"[3] 之言当不足为训。在李圭看来，只要利国利民，而不是利己利私，"则机心亦何尝不可用"？故"机器正当讲求，不得援古人桔槔之说，概谓机器不当用，凡机器之可以利民者，置诸弗取也"。[4] 进而指出国人超越传统樊篱，以西国为鉴，积极发展科学技术之必要性。对此，李鸿章表示认同。[5]

中国儒家经典《春秋左氏传》中有"邻之厚，君之薄也"之训[6]，郭嵩焘细致观察日本电报等业的发展情状后，援此警醒国人："日本为中国近邻，其势且相逼日甚。吾君大夫，其旰食乎！"[7] 可见，日本的后来居上之势及传统的经世安邦理念让郭嵩焘产生强烈的危机感。郭氏进而提出："是二者（电报、火车）之宜行也，无待再计决也。"[8] 不仅恳切吁请，且已表露出十分明显的急迫感。郭嵩焘的这些认知，大为李鸿章赏识与推崇。[9]

观上可知，原本小国的日本，明治维新后大力发展电报等业，取得重要成就，从而带来巨大收益，成为该国自强之基。这一情状受到晚清一些有识之士的密切关注。他们反观中国，此间正就要不要引入电报的问题而争论不休。深受儒家思想熏陶的这些人等，在"邻厚君薄"的传统政治理念下产生强烈的危机感。于是，以日本电报业的发展情状为立言依据，广泛吁请清政府引入电报，以应对日益严峻的边疆危机，便成为顺理成章之事。这一方面反映出中国当下所处

---

[1] 薛福成：《筹洋刍议》，第 62 页。

[2] 钟叔河主编：《漫游随录·环游地球新录·西洋杂志·欧游杂录》，第 209 页。

[3] 典出《庄子·天地篇》。

[4] 钟叔河主编：《漫游随录·环游地球新录·西洋杂志·欧游杂录》，第 223 页。

[5]《李鸿章序》，钟叔河主编：《漫游随录·环游地球新录·西洋杂志·欧游杂录》，第 191—192 页。

[6] 语见《春秋左氏传》"僖公三十年"。

[7] 本社校点：《郭嵩焘日记》第 3 卷，第 804 页。

[8] 郭嵩焘：《使西纪程》，第 157 页。

[9]《复郭筠仙星使（光绪三年六月初一日）》，中国史学会主编：《洋务运动》第 1 册，第 269 页。

的国际环境之险峻，同时又提示着国人的深沉忧患意识。

　　恰于是时（1879 年 3 月），爆发日本侵吞琉球事件，晚清朝野再为震动，海防重又吃紧。清廷由此掀起海防大讨论，尽管最终确定海防塞防并重方针，但加强海防，应对险峻的国际环境已成为当务之急。在此情形下，总署认为中国自设电线时机已臻成熟。1879 年 12 月 25 日奕䜣等奏："至水雷、炮台、电线、铁路各事并船厂应于何处择要位置及招商合办酌予奖叙各节，应由该督（李鸿章）等随时酌度情形，奏明办理。"[1] 可见，是时的中国不仅具备了自设电报的舆论及思想基础，同时亦具备了组织保障。

　　晚清的中国在波澜壮阔的西潮冲击下，出现"三千年未有之大变局"。而滚滚东来的电报洪流即是这场波澜壮阔的西潮中重要一股。面对这股洪流，朝野上下虽对西人在华架设电报的请求，态度一致，"力为设法阻止"，表现出强烈的"权自我操"理念，然于中国要不要自建电报的问题，思想出现分化，趋新与守旧两种认知逐步分野，并渐开论争，乃至形成严重的对抗，此当是近代中国社会转型的重要表征之一。

　　尽管其时中国经历了两次鸦片战争，国人对西方科技的威力，已有一定程度的接触与了解，然传统士大夫一方面多重义理而轻技艺，仍视电报之类的科技发明为"奇技淫巧"；另一方面怀具经济、社会乃至文化等多重顾虑，因而不主张甚至坚决反对中国引入电报。这种认知在 19 世纪 60 年代至 70 年代初，极具普遍性，即便是到了 70 年代中后期，乃至更后仍有相当势力，反映出社会演进中传承性的一面，并预示其后中国电报建设的道路不会一帆风顺。

　　但是，此间一些务实人士，看到并日益强调电报之类的西方科技之价值，主张中国引进这项技术，以应对时代之"大变局"，聚为趋新力量 [2]。这种力量由初期的势单力弱渐渐壮大起来，吁请的力度也逐步增强，至 19 世纪 70 年代中期后，乃至形成与守旧力量抗衡的局面，最后占列上风，为清廷最终引入电报奠定必要的舆论及思想基础。这又从一个案领域折射出晚清社会及其观念的变迁。

---

[1]《光绪五年十一月十三日总理衙门奕䜣等奏折》，中国史学会主编：《洋务运动》第 1 册，第 203 页。

[2] 此力量是就各人对待电报的态度言，并不表明该人的整体判属。如王先谦，对电报等西方科技持相当支持的态度，但就整体言属守旧人士。晚清这种旧中有新、新中有旧现象，罗志田《思想观念与社会角色的错位：戊戌前后湖南新旧之争再思——侧重王先谦与叶德辉》（参见罗志田：《权势转移——近代中国的思想、社会与学术》，湖北人民出版社 1999 年版，第 115—160 页）有精彩论述。

可堪注意的是，一些有识之士以日本电报业的发展情状警示国人，这对结束这场争论起到十分重要的作用。日本由"区区小国"，因明治维新一跃而能"自谓胜于中国"。反差之大使得长期秉持"邻厚君薄"政治理念的部分人士产生强烈的危机感与急迫的赶追心态。他们由而以此立言，广泛吁请清政府引入电报，以应对严重的海疆危机，当是合乎逻辑的发展。此反映出的是，传统政治理念在时代之"大变局"下，激发出国人深沉的忧患意识。而恰是这种忧患意识成为中国最终引入电报这一西方科技的思想源基与重要推动力。

第二章

阶段与板块、稀疏与不匀：电报的创建

在部分朝野人士的强烈吁请与积极努力下，中国终将电报引入，并在清季最后30余年中逐步建立起规模初具的电报网，晚清通信领域的近代化取得重要成就。此大抵经过试创、大规模建设与深入发展三个时期。

第一节 电报的试创

自 1874 年沈葆桢奏设闽台线，至 1880 年李鸿章获准创建津沪线而开启大规模建设电报活动前，可谓晚清电报的试创时期。此间中国，先是收赎大北所建的马尾线，继而架建津衙线、台南线，最后又设津沽线。这些报线多短而影响有限，有的原本即属试验性质，却开晚清之禁，并为中国大规模建设电报奠定必要的物质及技术基础，故意义重大。

一、中国自建首条电报线考辨

中国自建的首条电报线究竟是哪路？[1]这一关涉中国通信近代化之起始，故意义非同寻常的大问题，迄今仍众说纷纭、莫衷一是。归纳起来，主要有 1877 年 6 月 15 日李鸿章倡建的海衙线（上海李鸿章行辕至江南制造局）说[2]、1877

---

[1] 此讨论的是"中国自建"，故以下两例不在其列：一是 1865 年 6 月下旬英利富洋行商人雷侬罗朵强行在川沙厅所架之线；二是 1874 年 7 月上旬丹国大北电报公司所设福州口南台河边至罗星塔线（详后）。

[2] 最早提出此说的当是姚公鹤著《上海闲话》（上海古籍出版社 1989 年版，第 1 页）。原书于 1917 年由上海商务印书馆出版。

年 10 月丁日昌倡建的台南线（台湾府分别至安平、旗后）说[1]、1879 年李鸿章主持架设的津沽线（天津至大沽）说[2]，以及 1881 年李鸿章倡议架成的津沪线（天津至上海）说[3] 等四种观点。

按常理，海衙线的开通是在 1877 年 6 月 15 日，时间最早，故当为中国自建的首条电报线，据此而言其他各说不正确，是合乎逻辑的。然而，逻辑与历史未能统一，实际情状并非如此。让我们先追溯海衙线说之由来。

持海衙线说者，皆宗于姚公鹤《上海闲话》。该书开篇即云：

> 从政治上观之，则上海为外力侵占入手地；从物质上观之，则上海又为全国文明发轫地。即以交通论，今者轮路纵横，邮电遍国，试推原此事之导线，则上海实开其先……至电线设置，自光绪元年，总署奏准开办后，迄光绪三年五月五日，上海电线成。而第一次发电，则由李文忠行辕中通电至制造局。其电文为"行辕正午一刻"六字。官民视为怪事，不减铁路之开车。当时《申报》著有论说，其主旨仍不免目为奇技淫巧云。由是光绪七年十一月通至天津，光绪九年三月初二日通至广东，而大东电报局亦于是年阳历五月二十三号开始营业。上海电报之开办如是。[4]

姚氏所述影响颇大，其后有关上海志书多承其说。陈伯熙《上海轶事大观》（上海泰东图书局 1924 年印行）中有："光绪初年，李合肥驻节于沪，倡始以电线通消息，迄三年五月五日始成一段，仅由行辕通至制造局耳。时民识极陋，见者莫不称奇。"[5] 胡祥翰《上海小志》（上海传经堂书店 1930 年印行）亦记："中国电报于光绪初

---

[1] 连横《台湾通史》第一次提及此线（见该书下册，第 377 页），后有越来越多学者持此说。

[2] 此说出现最早，《邮传部第一、二、三次电政统计表·电政局沿革概略》当是首创者："中国电报之设，缘同治十三年原任两江总督沈文肃公奏言其利奉旨饬办，时未果行，迄光绪五年故大学士李文忠公毅然行之，先在大沽北塘海口炮台设线达天津，是为中国创办电报之权舆"（《邮传部第一、二、三次电政统计表·电政局沿革概略》，第 6 页，一史馆藏，邮传部全宗·电政类，胶片 2 卷，22–23–4）。

[3] 该说流传甚广。黄嘉谟《中国电线的创建》："时贤谈到中国电信的历史，往往以逊清光绪七年（1881 年）敷设的津沪电线为其创始，而盛道当年创办人李鸿章的功绩。交通界方面，甚且以同年津沪电线开始收发商报的一天——十一月初八日（一二、二八），定为电信节，届期隆重庆祝，已历多年。"（黄嘉谟：《中国电线的创建》，《大陆杂志》第 36 卷，第 171 页。）

[4] 姚公鹤著，吴德铎标点：《上海闲话》，第 1 页。

[5] 陈伯熙编著：《上海轶事大观·十六：交通·电报起源》，上海书店 2000 年版（据上海泰东图书局 1924 年印本整理），第 301—302 页。

年李文忠驻节在沪，始行创办，迄三年五月五日先成一段，仅由行辕通至制造局。及七年十一月而北通天津，九年三月又南达粤东，于是总局成立开始营业。"[1]

此说渐为学界所采信。1959 年吉林师范大学编《中国近代史事记》一书中有"（1877 年）6 月 15 日（五月初五）上海有线电报成，是日第一次拍电"。[2]1995 年隗瀛涛著《洋务之梦——李鸿章传》中有："据姚公鹤的《上海闲话》卷上记载说：'上海电线成，而第一次发电，则由李文忠的行辕中通至上海制造局，其电文为'行辕正午一刻'六个字，官民视为怪事，不减铁路之开车。'"[3]1998 年梅绍祖、宋刚刚在《百年电信铸辉煌——上海市长途电信局局史（1881—1997 年）》中称："为取得建设电报线路的经验和进一步以事实来说明顽固派的守旧，李鸿章于 1877 年先在自己的衙门到兵工厂间修建两条电报专线。第一条是 1877 年 6 月 15 日（光绪三年五月初五）建成的自上海李鸿章行辕到江南机器制造局的电报专线，当天自行辕发电至制造局，电文为'行辕正午一刻'六字，这是我国自行建造的第一条专用电报线。1881 年 12 月津沪电报线建成后，此线即通至天津。第二条是 1877 年 6 月 27 日（光绪三年五月十七日）建成的自天津李鸿章的督辕衙门至天津机器制造局的电报专线。"[4]

可见，海衙线说创者言之凿凿，因者络绎不绝。而从时间上言，该线又较其他各线更早建成，故为中国首条自建之电报线，似可定论。然笔者以为，海衙线说大有问题。其因在于，该线并不存在。对此，新近出版的《李鸿章全集》[5]揭出重要证据，而当时的报刊资料亦提供有力佐证。

首先，从当事人行踪看，该线的存在不为可能。海衙线说者一般都称 1877 年 6 月 15 日李鸿章在上海通过该线试拍电报。然据《李鸿章全集》知，6 月 15 日这一天李鸿章并不在上海，而是在天津。1877 年 6 月 13 日，李鸿章在《复俄国总领事孔琪庭》函中称："欣悉贵总领事现已由京回津……本大臣拟于初

[1] 胡祥翰等编：《上海小志·上海乡土志·夷患备尝记》之《上海小志·卷三·交通·电信》，上海古籍出版社 1989 年版，第 14 页。

[2] 吉林师范大学编：《中国近代史事记》，上海人民出版社 1959 年版，第 156 页。

[3] 隗瀛涛《洋务之梦——李鸿章传》，第 221 页。不过，隗氏将姚书所言的海衙线误作 1881 年建成的津沪线。

[4] 梅绍祖、宋刚刚：《百年电信铸辉煌——上海市长途电信局局史（1881—1997 年）》，中国计划出版社 1998 年版，第 13 页。

[5] 顾廷龙、戴逸主编：《李鸿章全集》，安徽教育出版社 2008 年版。

四日（6月14日）上午十点钟亲往贵总领事处拜晤，面谈一切。"[1] 此说明 6 月 13 日这天李鸿章在天津，并拟翌日拜晤俄领事。那么，以当时的交通条件，6 月 15 日他怎么会出现在上海呢？更为重要的是，6 月 15 日当天，李鸿章致函署苏州府知府谭钧培称："弟暂驻津沽，诸形历碌。"[2] 表明他这天确在天津。

其次，从当事人言辞看，海衙线的存在令人置疑。1877 年 6 月 27 日，李鸿章令天津水雷学堂兼习电报的学生，建成总督署行馆至天津机器局间长 16 里的津衙线。[3] 两日后，李鸿章致函江西巡抚刘秉璋："日来由东局至敝署电线置妥，仅费数百金，通信立刻往复。即用局内学生司之，神奇可诧，各使均相道贺，执事闻之，将又哑然笑，数十百年后，必有奉为开山之祖矣。"[4] 如海衙线确存在，则李鸿章怎么会称后之而建成的津衙线在"数十百年后，必有奉为开山之祖"呢？

再次，从当时媒体报道看，海衙线的存在亦大有可疑之处。一般来说，报刊对于新鲜事物甚是关注。正如上引姚文称，对于海衙线，"当时《申报》著有论说"。然笔者遍检《申报》乃至斯时上海的各重要报刊，却未能寻得一点关于海衙线的蛛丝马迹，却发现对津衙线有多次报道。1877 年 7 月 10 日，《申报》称："前报天津制造局通至督辕拟设电线，兹闻西六月二十七日完工，李伯相颇深嘉赏云。"[5] 7 月 18 日，该报又称："自制造局通至李伯相衙门电线业已告竣，现再拟向天津而通至保定府，大约伯相于每岁中须往来两地，得有电报，则信息较灵也。"[6] 此外，《字林报》亦两次提及。[7] 如果海衙线确实建成，那么它实为中国自设电报之滥觞，从而极具新闻价值。对此，当时的报刊特别是该线所在地上海的报刊却不作报道，而屡屡报道稍后建成的、且远在北洋的津衙线，这又是不合常理、匪夷所思者。

综上，说海衙线不存在应已成立。既如此，姚公鹤等却有对该线的记录，

---

[1] 李鸿章：《复俄国总领事孔琪庭（光绪三年五月初三日）》，顾廷龙、戴逸主编：《李鸿章全集》第 32 册，第 42 页。

[2] 李鸿章：《复调署苏州府常州府知府谭钧培（光绪三年五月初五日）》，顾廷龙、戴逸主编：《李鸿章全集》第 32 册，第 45 页。

[3] 李鸿章：《复丁雨生中丞（光绪三年五月二十一日）》，顾廷龙、戴逸主编：《李鸿章全集》第 32 册，第 70 页。

[4] 李鸿章：《复刘仲良中丞（光绪三年五月十九日夜）》，顾廷龙、戴逸主编：《李鸿章全集》第 32 册，第 68 页。

[5]《电线落成》，《申报》1877 年 7 月 10 日，第 2 页。

[6]《天津杂闻》，《申报》1877 年 7 月 18 日，第 1 页。

[7] 窦宗一编：《李鸿章年（日）谱》，台湾文海出版社 1980 年版，第 4876 页。

其因何在？笔者认为，此当是对津衙线之误。误因之一，当缘于报刊屡言该线通至制造局，后人多以为上海的江南制造总局，其实为天津机器局；再是可能缘于李鸿章所发"行辕正午一刻"的电报内容。其实，此"行辕"应是天津总督署行馆，亦即北洋大臣在天津驻地[1]。而上海在晚清开风气之先的效应[2]，又大大增加了后人想当然地将中国自建首条电报线与之联系起来的可能性。

既然海衙线不存在，那么当可认定，中国自建的首条电报线应是 1877 年 6 月 27 日建成的、即比所谓的海衙线稍晚而比台南线早四个月通报（比其开工早两个月）的津衙线。[3]

需补充的是，持台南线说者可能未注意到津衙线的建立，正如持津沽线说者一般都未注意到津衙线、台南线的架设一样。而持津沽线说者还有其他依据。李鸿章本人曾说："同治十三年日本窥犯台湾，沈葆桢等屡言其利，奉旨饬办，而因循迄无成就。臣上年曾于大沽、北塘海口炮台试设电报以达天津，号令各营顷刻响应。"[4] 李鸿章在这里言明沈葆桢所请设的电报线未成后，直接提及津沽线，造成后人的误会，当在情理之中。另，张焘《津门杂记》中有："天津电线设立于光绪四年，小试其端，由大沽迄达津城，不过计程百余里。复于光绪六年，经李爵相奏准推广电报。"[5] 所言津沽线设立时间虽有出入，但也明确是以该线为中国电报起始的。

持津沪线说者，可能是缘于其影响所致。因为早此中国虽设有津衙线、台南线、津沽线等，然或因线短，或因"孤悬海外"，故影响皆甚有限。在晚清产生重大影响，并由此而揭开中国大规模建设电报活动的应是津沪线的架设。李鸿章本人每每回忆中国电报创设历程之时，便是提及此线。如他说："窃电报原为筹办洋务军务而设，自光绪六年奏明开办津沪电线……溯自电报创设以来，实在功效，在官者多，在商者少。"[6] 接李鸿章出任直隶总督北洋大臣的王文韶亦曾称："臣

---

[1] 庚子之役后，袁世凯曾奏称："天津文武各衙署自遭兵燹，大都扫地无存，从前北洋大臣驻扎行辕亦大半焚毁。"（廖一中等整理：《袁世凯奏议》中册，天津古籍出版社 1987 年版，第 622 页。）可见，李鸿章在天津的驻处即有行辕之称。

[2] 据前知，上海确是西人架设的中国第一条电报线所在地。其他新鲜事物亦不待言，如吴淞铁路等。

[3] 需指出，学界提及津衙线者不乏其人，然皆将之与海衙线并提，且置其后。也就是说，迄今尚无人认为津衙线是中国首条自建之电报线。

[4] 《光绪六年八月十二日直隶总督李鸿章片》，中国史学会主编：《洋务运动》第 6 册，第 336 页。

[5] 《津门杂记》，中国史学会主编：《洋务运动》第 8 册，第 362 页。

[6] 《光绪十一年三月初三日直隶总督李鸿章等奏》，中国史学会主编：《洋务运动》第 6 册，第 364—365 页。

查中国电报之设，始于光绪六年。"[1]而长期担任上海电报局总办的经元善也说过："电报开创自津沪起点。"[2]这一切当是津沪线说甚是流行的重要缘由。

另需说明，上海尽管在近代开埠最早，又具有十分优越的地理位置，因而成为西人在中国活动最为频繁的场域，列强在中国架设的第一条电报线即在此地，但也不能因此而认为上海事事皆"开风气之先"。将李鸿章在天津的作为移植于上海，显是对近代上海特殊人文环境的一种想当然。不过，其说一旦形成，即一再为后人因袭，从而造成"历史的误会"，这种情状警示史学研究者，在对待史料的问题上，需持十分审慎的态度。此也在某种程度上说明，客观环境因素在历史发展及社会进步中的地位与作用固然重要，但人的主观因素同样不可忽视。这一切必然增强历史面相的复杂性及历史认知的难度。

二、中国拥有的第一条电报线——马尾线

清廷最早批准自设电报线是在 1874 年（同治十三年），由沈葆桢奏请，地点拟在东南沿海的福建台湾地区。但结果是，沈葆桢的计划并未完成，却引出长达两年之久的中外电线纠纷。经反复交涉，最后只保留下一条长约 30 里的马尾线。这条由西人兴建，但后为中国收赎的电报线成为中国所拥有的第一条电报线。

1874 年 6 月 13 日，钦差办理台湾等处海防兼理各国事务大臣沈葆桢上奏清廷：

> 台洋之险，甲诸海疆。从前文报，恒累月不通，有轮船后，乃按月可达。然至飓风大作时，虽轮船亦为所阻，欲消息常通，断不可无电线。计由福州陆路至厦门，由厦门水路至台湾，水路之费较多，陆路之费较省，合之不及造一轮船之赀，瞬息可通，事至不虞仓卒矣。[3]

这是清朝官员第一次奏设电报，故颇受时人关注。李鸿章与闻后随即致函沈

---

[1]《王文韶奏》，一史馆藏，军机处录副：《光绪朝·工业商业贸易交通运输工程类·邮电项》，胶片533 卷，03-144-7148-12。

[2] 经元善：《答友人论沪市情形之关系（1884 年 1 月）》，虞和平编：《经元善集》，华中师范大学出版社 1988 年版，第 48 页。

[3]《文煜、李鹤年、沈葆桢等奏（同治十三年五月初一日）》，宝鋆等修：《筹办夷务始末（同治朝）》卷九十四，第 5—6 页。按：原奏于同治十三年四月十九日发，五月初一日入奏。发日期见宝鋆等修：《筹办夷务始末（同治朝）》卷九十五，第 26 页。

葆桢，询问相关事宜："由福州至厦、至台实费几何，雇用何人，恐非旦夕可就，便希详示为幸。"[1]《申报》报道："闽浙总督已拟在台湾厦门两处之间设立电线。"[2]尤堪注意的是，美署使卫廉士亦于是年8月3日向该国国务院报告此事。[3]而海关重要外员金登干（Jams Duncan Campbell）得知"中国人已着手铺设从台湾至福州的电缆"后，更是在英国物色电报技术人员，以备将来之用。[4]晚清朝野乃至中外多方的瞩目，足见沈葆桢此举的社会反响之大，恰提示其破天荒之意义。

沈葆桢于此时奏设电线是因台湾海防的吃紧。明治维新后，日本确立对外扩张政策。1874年5月10日入侵台湾，暴露其对台的觊觎开始由计划走向行动，这给清政府以巨大震动。5月29日，清廷授沈葆桢为钦差办理台湾等处海防兼理各国事务大臣，率兵赴台，以解台岛危机。沈葆桢至台后发现台湾"孤悬海外"，交通不便，文报递艰。早有中国自建电报思想的沈葆桢就此向清廷提出敷设闽台电报，以增强台海防务能力，当在情理之中。

当然，沈葆桢的奏设能否变为现实，关键是要看清最高当局的态度。接到沈葆桢奏的当日，清廷即发谕旨："所请电线通消息，亦著沈葆桢等迅速办理。"[5]这是清廷第一次批准中国自设电线，在风气未开、士大夫多持反对意见之时，意义及影响皆大，一方面反映出海疆形势的危急以及清政府抵御日本犯境之决心；另一方面亦使清廷知道电报的建设对于海防的价值。对此，美署使卫廉士亦已敏锐觉察到，称台湾危机已使北京的中国官员认识到隔绝的不便，从而让他们相信需要更快捷的通讯方式。[6]

沈葆桢的设线计划不能说不合理。在建线方式上，他拟由中方出资，招大北公司承造。此与他四年前所提出的"我自为之，予以辛工，责以教造，彼分其利，而我握其权"的建线原则一脉相承，反映其"权自我操"的一贯理念。在具体

---

[1] 李鸿章：《致沈幼丹节帅（同治十三年五月初二日未刻）》，顾廷龙、戴逸主编：《李鸿章全集》第31册，第49页。

[2]《福省议设电线》，《申报》1874年8月13日，第2页。

[3] "Mr. Avery to Mr. Fish（1874.11.12）"，*Papers relating to foreign relations of the United States，1875*，Volume 1，Washington：Government Printing office，1875，p.224.

[4]《1874年12月4日金登干致赫德A\19函》，陈霞飞主编：《中国海关密档——赫德、金登干函电汇编（1874—1907年）》第1卷，中华书局1990年版，第183页。

[5]《光绪元年正月二十三日总理各国事务衙门奕䜣等奏》，中国史学会主编：《洋务运动》第6册，第325页。

[6] "Mr. Avery to Mr. Fish（1874.11.12）"，*Papers relating to foreign relations of the United States，1875*，Volume 1，Washington：Government Printing office，1875，p.224.

线路上，沈葆桢初拟的福州至厦门、厦门至台湾水陆两线，在付诸实施时有所变更，主要是在台方面，改由台南架设两线：先设一线至沪尾，并由白沙渡海，过福清县属万安寨，登陆至福州马尾[1]；再设一线至澎湖。[2] 此计划如果实现，中国自建电报的历史将提前三年。

遗憾的是，沈的台湾建线计划未能实现。其直接原因是大北中途翻议，沈担心"重款虚縻"。初大北总办蒂礼也（Lieut. Dreyer）提出承造价为 242,500 余元。[3] 闽方如允。但大北总部以蒂礼也所议价目过低不予批准。蒂氏遂"近复翻异，屡经日意格（Prosper Marie Giqual，曾任福建船政监督——笔者）驳诘，乃欲以旧线搪塞"。[4] 这当然不能为中方接受。再者，不久"倭案已经办结"，[5] 台事稍缓，因而，构建闽台声讯联系的任务便不那么紧迫了。更为关键的是，其时沈葆桢又欲购铁甲舰，以增强台湾防务能力。而铁甲舰的重要性较电报更直接，在经费有限、鱼与熊掌难以兼得的情况下，沈葆桢终舍电线，以求铁甲舰。[6]

台线虽未建成，倒也顺利中止。相对而言，沈葆桢的计划在福建方面，则麻烦得多，引发两年之久的中丹电线纠纷。其间多次发生乡民毁线伤人情事，[7] 坊间甚至传出闽省几致民变之谣[8]，而有部分官员恐再酿类似云南"马嘉里案"，

---

[1] 《办理台湾等处海防兼理各国事务大臣沈葆桢等奏（同治十三年六月二十日）》，宝鋆等修：《筹办夷务始末（同治朝）》卷九十五，第 26 页。

[2] "中研院"近史所编：《海防档·丁·电线》，第 850 号文，第 1326 页。

[3] 同上。

[4] 《办理台湾等处海防兼理各国事务大臣沈葆桢等奏（同治十三年八月初二日）》，宝鋆等修：《筹办夷务始末（同治朝）》卷九十七，第 2 页。

[5] 《谕军机大臣等（同治十三年八月初二日）》，宝鋆等修：《筹办夷务始末（同治朝）》卷九十七，第 9 页。

[6] 沈葆桢说："然电线尚可缓图，而铁甲船必不容少。"（《办理台湾等处海防兼理各国事务大臣沈葆桢等奏（同治十三年八月初二日）》，宝鋆等修：《筹办夷务始末（同治朝）》卷九十七，第 2 页。）沈葆桢的这段经历，王之春《清朝柔远记》卷十八记："初，沈葆桢奉命防台，即言铁甲舰当购、电报当设，遂招电线洋匠到台，拟从台湾府城北至沪尾，转白沙渡海，过万安寨（在福清县），登陆至马尾（在福州省城东），先从陆路起工。洋匠请回沪与外国电局商议，洋将日意格以台地与沪粤隔远，采购多艰，因留斯恭塞格于台，自请归沪另雇工匠，购办物料。葆桢并谕其定买铁甲船二。旋雇来炮台洋匠头帛尔陀、鲁富二人，枪炮洋教习都布阿、拉保德、蛤利孟、贝鲁爱四人到台，令于安平海口相度要隘，绘图以进……（沈葆桢）又疏：'电线已有成言，近复翻异，屡经日意格驳诘，乃欲以旧线搪塞，臣等恫其不许迁就，致重款虚縻。然电线尚可缓图，而铁甲船必不容少……'"（王著，第 343—344 页）。

[7] 1875 年 1 月 22 日、9 月 1 日、4 日、18 日，大北所雇华工遭殴、所立电柱被毁、所置器材遇抢事件。其中以 1 月 22 日、9 月 4 日更为严重（"中研院"近史所编：《海防档·丁·电线》，第 183 号文，第 214 页）。

[8] "中研院"近史所编：《海防档·丁·电线》，第 180 号文，第 211 页。

以启衅端。[1] 可见，福建电线纠纷之烈及社会反响之大。

该纠纷主要关涉马尾（福州南台至罗星塔）与福厦（福州至厦门）两线的架设与收赎等问题。其中，架设订约直接经办人是福建通商局委员陆心源，收赎及有关电报技术教造问题的经手人是福建通商局提调丁嘉玮。对于他们经办之事，其时清官员较普遍的认识是，误在"率立合同，词有未惬，致多掣肘"，[2] 从而引起福建电线纠纷。此说多为后人承沿，[3] 似成定论，却有待重究。

其一是马尾线的架设问题。大北闻知福建欲设电线后，其总办恒宁生（J. Henningson，又译作恒宁臣）活动福州美领事戴兰那（M. M. de Lano），向闽方求设马尾线。福建通商局在与之协议时，同意其请，但要求将线置设水中。问题的关键在于，该公司不待与中方订立正式合同，迅即兴工，[4] 架成长约 30 里的水陆混合线，[5] 用款 4,000 元。[6] 可见，马尾线的架设是没有合同基础的。

俄国的插手使问题复杂化。据前知，俄国长期以来欲设津恰线，且一度获得中国总署的承诺：将来"如准他国设立此法，自必先以贵国为始"。[7] 故俄使布策（Eugine de Butzow）与闻马尾设线后，不会放过此机会，立即要求中国允诺，以满足该国宿愿。[8] 需指出，总署在当年作出的承诺只是拒请的搪塞之词，故难以接受布策之要求。为杜其藉口，遂函闽省将军督抚，饬将马尾线收归官办。

---

[1] 丁日昌称："闽省电线一案，从前一面设造，一面被乡民毁折，甚至将洋人物件抢夺，任其自然，致酿成云南马加里之案。"（"中研院"近史所编：《海防档·丁·电线》，第 195 号文，第 232 页）又称："闽省电线一事，一误再误，几酿衅端。"（"中研院"近史所编：《海防档·丁·电线》，第 196 号文，第 233 页。）

[2]《光绪元年十月初六日总理各国事务衙门奕䜣等奏》，中国史学会主编：《洋务运动》第 6 册，第 334 页；"中研院"近史所编：《海防档·丁·电线》，第 148 号文，第 152 页；第 180 号文，第 211；第 196 号文，第 223 页。两人因而分别受到严厉处分（《光绪元年十月初六日总理各国事务衙门奕䜣等奏》，中国史学会主编：《洋务运动》第 6 册，第 334 页；"中研院"近史所编：《海防档·丁·电线》，第 188 号文，第 223 页）。

[3] 黄嘉谟：《中国电线的创建》，《大陆杂志》第 36 卷，第 6、7 期合刊，第 177 页。

[4]《光绪元年正月二十三日总理各国事务衙门奕䜣等奏》，中国史学会主编：《洋务运动》第 6 册，第 325 页；"中研院"近史所编：《海防档·丁·电线》，第 160 号文，第 171—173 页。

[5] 此据福建通商局与大北公司关于马尾线卖归中国官办合同折算（"中研院"近史所编：《海防档·丁·电线》，第 187 号文，第 219 页）。另有 50 里一说（"中研院"近史所编：《海防档·丁·电线》，第 186 号文，第 217 页；第 187 号文，第 218 页），当是概数，不确。

[6] "中研院"近史所编：《海防档·丁·电线》，第 158 号文，第 165 页。

[7] 是为总署于 1862 年初对该国公使把留捷克所作的承诺（"中研院"近史所编：《海防档·丁·电线》，第 1–2 号文，第 1 页）。

[8] "中研院"近史所编：《海防档·丁·电线》，第 102 号文，第 123 页。

闽省遂与大北展开交涉，但大北拒不售让。[1] 福建电线纠纷由此发轫。

既然马尾线的架设没有合同基础，故大北不允中国收赎是无理的，反映出的是西人的蛮横与粗暴，因而大北应是该问题的主要制造者。当然，通商局亦有相当严重的过失。戴氏请设马尾线，通商局同意其走水路，以为陆路有违定章，而水路不悖总署曾经之奏案。但总署是允外国公司在中国沿海设线，至于中国内陆内河，不在其列。故通商局所允不符总署原意。[2] 这样，马尾线的架设就出现了通商局未能领会总署精神而错误答应的问题，尽管未形成正式合同，但不能说无有干系。

其二是福厦线架设合约问题。该合约于 1874 年 8 月 12 日为陆心源与大北恒宁生、哈夫迈耳（V. Haffmeyer）议定，主要内容有："闽省允准大北建造福厦线，但可随时照价收购，所有电线、电报器材及各建筑物，收购以前，属大北财产；该路计挂两线，一条由大北经营，另一条归由福建官方专用，仍由大北代办电报收发业务。"

该合约的形成过程大抵是：马尾线建成后，大北遂乘势让戴氏再请办福厦线。1874 年 7 月 25 日，戴氏致函陆心源，转达大北提出的三种方案，让其选择：一是闽省如允该公司设办福厦线，嗣后该省由福州发至厦门、上海及香港等地官电一律免费；再是福厦间架设两条电线，一由大北经营，一归闽省官方专用，至于该线收发电信事项，暂由大北代办，以待闽省遴派适当人员接管；三是闽省雇请大北承建福厦线，并请代办电信收发业务，所需器材费用及员工薪资，皆由闽省支付；中方如派员学习电报技术，大北将免费教授。戴氏就此指出，如闽方愿照第二种方案办理，可不费分文而获一条贯通福厦的电线。[3]

陆心源认为戴氏建议可行，遂呈福州将军暨闽省督抚核示。既而通商局派员与戴氏会商，表示愿照第二种方案办理，[4] 并声明工竣后，闽省可照原价购回。闽浙总督李鹤年考虑到福建架线已经朝廷批准，可能未与福州将军文煜

---

[1] 黄嘉谟：《中国电线的创建》，《大陆杂志》第 36 卷，第 6、7 期合刊，第 176 页。

[2]《光绪元年正月二十三日总理各国事务衙门奕䜣等奏》，中国史学会主编：《洋务运动》第 6 册，第 325—326 页。

[3] 黄嘉谟：《中国电线的创建》，《大陆杂志》第 36 卷，第 6、7 期合刊，第 175 页。黄文对早期福建电线架设过程描述相当详尽，笔者涉此时多参之，特致谢忱！下文除引述其他文献外，凡依黄文，不再注出。当然，黄文亦有一些史实错误，且文中观点不无商榷之处，在此又需声明者。

[4] 时沈葆桢不在。出事后，沈葆桢认为是"图占彼族便宜，致为所饵"（"中研院"近史所编：《海防档·丁·电线》，第 172 号文，第 191 页）。

相商，[1] 遂同意陆之意见，并令通商局与公司议定章程。福建巡抚王凯泰也赞同陆之建议。于是，遂有上引福厦线架设合约的议定。需指出的是，当戴氏将其所缮之合约送抵通商局时，通商局因未得到闽省大宪的确切指示而不予盖印画押。架线发生交涉后，李鹤年及文煜皆反复强调了这一点。[2] 而大北不待合约画押即开工兴造福厦线，故也就有着与马尾线同样的问题，从严格的意义上讲，也是不合法的。这样说来，出现纠纷，大北仍应承担主要责任。

当然，陆氏与大北所立的合约本身亦有问题。该约所表达出的是，福厦线建成后，闽方可随时赎买，也就是说，外方建设在前，中方出资在后。而沈葆桢及总署的意旨是要中方出资、让外方承建，换言之，中方出资在前，外方建设在后。一前一后，似只是中方出资的时间问题，但实质上涉及工程期间的电线所有权问题。当然，如工程能顺利完成，此问题则影响不大。倘工程如因某些因素而中止，问题即会产生。因为，此间电线所有权在大北。倘该公司坚持不允，中方又将据何让其停止？即便强行让其停止，对方若要索赔，中方又将据何以驳？此次问题恰出在施工期间，中方要求停止架设，故合约的确存在问题。

问题的关键是，早在合约商订之初，通商局曾将与大北所议内容禀呈福州将军文煜、闽浙总督李鹤年及福建巡抚王凯泰核示。李鹤年很可能在未征求文煜的意见的情形下即令通商局与大北议定章程。王凯泰也饬令通商局依照所议办理。合约订立不久，李鹤年接到沈葆桢自台来函，主张福厦电线应照原奏案由官办，才能权自我操，但李鹤年认为，既然议约中有中国官府可随时照价收购一款，未尝不可依原议办理，这进一步说明李鹤年是支持这一合约的。在此情形下，沈葆桢与闻该约后，认为通商局官员草率从事，[3] 似有避嫌而找替罪

---

[1] 文煜后说："李总督遇事不与文煜会商。"（"中研院"近史所编：《海防档·丁·电线》，第171号文，第187页）故当文氏得知大北建成马尾线，又开始架设福厦线后，即派通商局委员与之商谈买归官办（《光绪元年正月二十三日总理各国事务衙门奕䜣等奏》，中国史学会主编：《洋务运动》第6册，第325页）。

[2] "中研院"近史所编：《海防档·丁·电线》，第160号文，第171页。李鸿章说："系当时局员拟给阅看议约底稿，因议未成，旋作罢论，并非如寻常交涉事件已写成华洋文字，用印签押，互相交执作为凭据合同也。"（"中研院"近史所编：《海防档·丁·电线》，第160号文，第171页。）文煜说："此次丹公使所称电线合同者，仅止议约底稿一纸，当时系由局中抄给阅看，旋因委员查勘，诸多窒碍，即经中止，并未与之会议及用印签字，亦未与之互易，即不得指为合同之凭据。"（"中研院"近史所编：《海防档·丁·电线》，第164号文，第179页。）

[3] "中研院"近史所编：《海防档·丁·电线》，第148号文，第152页；第160号文，第171页。

羊之隐意。从合约商订前后情形看,陆氏固然是经办人,脱不了干系,但陆之所为,是得到部分闽省大宪支持的,故倘追究,李鹤年、王凯泰二人皆有责任。

其三是福厦线购买合同问题。1875 年 5 月 21 日,福建通商局提调丁嘉玮与大北蒂礼也议订《福厦电线购买合同》,汉文本计 19 款,主要内容为前五款及后三款。其前五款分别是:"公司所有运省电线机器,以及应垫各项一切章程;归于中国承认买回造做";"中国所买建设福州至厦电线,仍归公司包造";"闽省大员须要督饬地方官,实心随时保护造线工人并一切器具,务使全安";"动工日期不得逾至七月十五日(1875 年 8 月 15 日)";"设立电线之时,中国居民勿得滋生枝节,担搁工程,如有此情,应当责成地方官保护"。后三款大意为:工竣后,中国以 154,500 元将机器、洋房赎收,另订两约:一是议请公司传授打报架线等事宜;一是中国以合理价格买回马尾线。[1]

该合同受责最重,主要是由于其中一些内容大大出乎时人预料。不久继任福建巡抚的丁日昌认为,合同以英文为正义,而英文本与汉文本有数处不符。即以汉文本论之,仍有三弊:一是起造完工日期由大北决定;二是地方官保护;三是中国人不能另寻他国教授电报技术。[2] 尤其是合同第五、六两款,竟让列强颇感意外。美驻沪总领事西华曾称:福厦合同"第五、六两款,是出乎我们意料之外"。[3]

那么,该合同究是如何形成的呢?福建架线,总署自始即要求中国自办,后与丹使反复交涉,于 1875 年 2 月 28 日奏准闽省买回丹商所设电线自办,饬由沈葆桢会同福建将军督抚等妥筹办理。[4] 4 月 20 日,丁嘉玮与蒂礼也会谈。蒂氏提出两项前提条件:一是福厦电线卖予中方,但中方仍延大北建造,否则

[1] "中研院"近史所编:《海防档·丁·电线》,第 161 号文,第 173—175 页。细比对该合同英文本与汉文本,二者有一定出入。汉文本计 19 款,英文本 22 款;另各款表述差异亦大,如汉文本第一款为"公司运省电线机器以及应垫各项",英文本则谓"允买并赔补其所受亏损"("中研院"近史所编:《海防档·丁·电线》,第 162 号文,第 176 页)。而该合同提出以英文本为正义,故仅从这方面说,中方确亏。

[2] "中研院"近史所编:《海防档·丁·电线》,第 194 号文,第 230—231 页。

[3] "Mr. Seward to Mr. Fish(1876.6.28)", *Papers relating to foreign relations of the United States, 1876*, Volume 1, Washington: Government Printing office, 1876, p.55. 西华所指当为英文本,其第五款为:"该公司开工,迟不过七月十五日,愈早愈妙,既动工当赶紧办妥。"第六款为:"倘遇居民人等拦阻工程,以致迟延,为该大臣是问。"("中研院"近史所编:《海防档·丁·电线》,第 162 号文,第 176 页。)

[4] 《光绪元年正月二十三日总理各国事务衙门奕䜣等奏》,中国史学会主编:《洋务运动》第 6 册,第 325—326 页;"中研院"近史所编:《海防档·丁·电线》,第 136 号文,第 147 页;第 171 号文,第 186 页。

不卖；再是不议马尾线事宜，理由是总署文中并未提及，且丹使也未指令大北售卖。[1] 此显然与总署的自办要求有较大距离。尤其是第二项，当然不为中方允准。商谈间，双方皆作出一定让步：关于蒂氏所提第一项，中方答应买回后，仍延大北建造，但价格由大北以前所要求的 157,100 元减至 154,500 元，且兴工期间，洋匠薪金概不加增；关于第二项，蒂氏允将马尾线照原价 4,000 元售予中国，另增一项，即中方延请大北人员教授 10 名华人电报技术。

对于上述议订内容，闽省官宪意见分歧较大。丁嘉玮在画押前禀示时，福州将军文煜关注的是赎价问题，认为福厦线价虽减 2,000 余元，但仍属过昂，倘中有浮开，则糜费事小，为他国讯汕事大。[2] 闽浙总督李鹤年更关心购买后的处置问题。在李看来，由于福厦线有碍民情，[3] 故不仅认为索价过巨，且要求买而不办。福建巡抚王凯泰与李鹤年的看法相左，认为买而不造，未免糜费。[4] 而沈葆桢更关注合同所牵扯到的中外纠纷问题，认为此事"不在目前之多减价值，而在约后之不生枝节"，[5] 故对购价及购后处置皆未表示明确看法。由于闽省大宪意见有出入，根据三占从二原则，遂让丁嘉玮与大北订立合同。[6] 5 月 21 日，丁嘉玮与蒂氏正式订立前引福厦电线购买合同。[7]

需要指出，总署的"自办"提法起初十分模糊，可作二解：一是买回由中方来办；二是买回后由中方做主，办与不办，需看情形。待与丹使交涉后，总署的意向已明显表现为后一层。[8] 但丁嘉玮却按前一层而与大北订立福厦电线购买合同，这便违背总署意愿。故总署对合同不满，特别是对内中闽省大员需督率地方官随时保护、动工日期不得逾 8 月 15 日等规定，认为尤为不妥，认定是丁嘉玮迁就了事。[9] 李鹤年由于合同未能体现他停办的意志，[10] 也认为丁嘉玮"委

---

[1] "中研院"近史所编：《海防档·丁·电线》，第 171 号文，第 187—188 页。

[2] 同上书，第 158 号文，第 165 页。

[3] 同上书，第 150 号文，第 154 页。

[4] 同上书，第 173 号文，第 194 页；第 174 号文，第 200 页。

[5] 同上书，第 171 号文，第 188 页。

[6] 同上书，第 174 号文，第 200 页。

[7] 同上书，第 165 号文，第 180 页。

[8] 同上书，第 167 号文，第 182 页。

[9] 同上书，第 168 号文，第 183 页；第 171 号文，第 186—187 页。

[10] 李鸿章认为，该合同只将赔款归入买价，从而未露赔偿字样，体现了一点他的意愿（"中研院"近史所编：《海防档·丁·电线》，第 174 号文，第 200 页）。

曲迁就，懦弱无能"。[1] 沈葆桢则持完全相反的态度。当丁嘉玮将合同签订告知沈葆桢时，沈葆桢认为丁嘉玮"仰体尽垂，妥议完结"，[2] "煞费苦心，感甚愧甚……迁就之咎，弟独任之"。[3] 对交涉结果存在的巨大认识差异当源于各方对福建架线的态度与方式的严重分歧。沈葆桢终未能做到"迁就之咎，弟独任之"，丁嘉玮还是被追究责任。但从当时闽省大宪对该合同的认识分歧看，丁嘉玮之被究当另有他因。[4]

即便如此，我们也应看到，丁嘉玮所签的合同并非私自做主。据前已知，在合同签订前，丁嘉玮曾将其与蒂氏所议禀明福建大宪，而他们意见本不一致，但根据三占从二原则，让丁嘉玮订约。这说明丁嘉玮所立合同尽管存在迁就之处，却是在闽省大宪总体认可范围之内的。故若追究丁嘉玮的责任，丁氏的支持者不能不分担一些。

需补充的是，总署对合同的主要不满之处：保护问题。丁嘉玮解释称，尽管中方仍延大北建造福厦线，但所有权已归闽省。当时民间仍有拆毁之事，故亟宜谕民知晓，此线已为中国自设，在此情形下才有保护之条款；动工日期问题。虑及大北所雇工匠皆来自外国，期限一年，工价 28,000 元，迟逾则需加薪，遂定以合同订立后三个月为期，即 8 月 15 日兴工。[5] 丁嘉玮的解释，说明福厦电线购买合同议定，不能不上溯到福厦电线架设合约。既然当时的合约是让大北建造后而买之，那么，一旦中止其架线活动，这些由大北所雇洋匠如何处置？丁嘉玮的动工日期条款正是基于上述考虑的。故尽管丁嘉玮的购买合同有迁就成分，但也不能说一无是处，这也是丁氏的意见得到部分闽省官宪支持的要因所在。

其四是马尾线购买及电报教造问题。根据福厦线购买合同，马尾线的购买及有关电报教造问题需另立约款。马尾线售价，曾议为 4,000 元，但当正式议定时，大北提出 7,450 元，缘由是从前拟福厦线可由其办理，故愿将马尾线减

---

[1] "中研院"近史所编：《海防档·丁·电线》，第 188 号文，第 223 页。

[2] 同上书，第 165 号文，第 180 页。

[3] 同上书，第 172 号文，第 192—193 页。

[4] 李鹤年参丁嘉玮时说："始则冒昧贻误，率立合同；继则播弄是非，造言生事。"（"中研院"近史所编：《海防档·丁·电线》，第 188 号文，第 223 页。）可能在李鹤年那里，率立合同，是其罪名，播弄是非，是其罪实。

[5] "中研院"近史所编：《海防档·丁·电线》，第 171 号文，第 186—190 页；第 173 号文，第 194—200 页。

价售出，现两处皆归中国，不能不索足原价。局员与之反复辩论，但大北拒减。关于福厦线建成后的教造问题，大北提出为期 3 年，每年需费 30,000 元。丁嘉玮认为索价过巨，提出另请别国。大北不肯让步，且要求两事同时定议。可见，双方有较大分歧，一时无法达成共识。[1] 对此，闽浙总督李鹤年认为丁嘉玮"智尽能索，不能驳斥一语"，[2] 乃至要求改由新任福建按察使郭嵩焘接办此交涉。[3]

在对大北所提要求的认识问题上，丁嘉玮与闽省大宪是一致的。沈葆桢对于大北的上述索求，认为第一项数目毕竟不多，可以容忍；第二项太悬殊，中国应自主，当言有人能办。[4] 只是丁嘉玮未能说服大北放弃其过分要求。李鹤年认为丁嘉玮无能，关键也在于此。如果从这方面予以指责，丁嘉玮是无法给出合理解释的。唯丁嘉玮旋被革职，不但不能在此事上有所作为，就连解释的机会亦已丧失。然从后来郭嵩焘及丁日昌对该问题的解决来看，处置可谓果断，但让步亦不小。

最后，再来探讨一下总署的责任。总署最早获知闽省已经架线事宜，并非来自该省大宪的咨报，而是来自俄使的函告。但俄使信函主旨是据之让总署履行同治元年的承诺，即将来"如准他国设立此法，必先以贵国为始"，要求架设津恰线。[5] 福建电线纠纷恰是总署为拒绝俄使要求，令闽省当局在福厦线架设期间将其收回之后产生的[6]，故总署的诺言尽管不是福建电线纠纷的基本造因，但与之亦有关联，当是可以明确的。

福建线交涉最后演变为马尾线如何购买、电线教造如何进行以及福厦线如何购买三个问题。其中，马尾线问题的焦点在于线价，大北提出 7,450 元，超出原值 3,450 元。电线教造问题的焦点在于总体费用，大北提出 90,000 元（教

---

[1] "中研院"近史所编：《海防档·丁·电线》，第 169 号文，第 183 页；第 171 号文，第 189 页。

[2] 同上书，第 174 号文，第 200 页。

[3] 同上书，第 174 号文，第 200—201 页。

[4] 同上书，第 169 号文，第 183 页；第 172 号文，第 193 页。

[5] 同上书，第 102 号文，第 123 页。

[6] 这里尽管存在两种可能：或是福建线即便总署不为杜俄藉口而停建，亦有可能因民人反对而中止，纠纷仍生；或是福厦线建成后大北不卖于中国，交涉仍存。从事后情形看，这两种假设似皆可避免。关于民人的反对，尽管当时比较强烈，但很大程度上是官方不积极阻止甚至是暗地怂恿所致。对此，大北技师哈伦也曾抱怨："贵处毁伤电线之百姓，并不认真严办，所以百姓如此大胆。若果认真严办，何愁建造不成？"（"中研院"近史所编：《海防档·丁·电线》，第 193 号文，第 228 页。）关于购买福厦线问题，可能存在后来的交涉，但最终还是同意为中国收赎，而此竟是对已立合同的翻议。

授三年，每年 30,000 元）。[1] 此两问题本身还处在议约阶段，未形成正式合同。福厦线问题的焦点在于买回后的处置方式，大北要求中国收赎后仍延其建造。[2] 此问题因已立合同，所谓重商就是要推翻原议。上述三个问题的最终解决，先后经历福建按察使郭嵩焘与福建巡抚丁日昌两档人手。

郭嵩焘的交涉　郭嵩焘晚年对其处理福建电线纠纷曾有这样一段回忆：

> 逾数日，李子和（李鹤年）制使与丹国洋人定议开设电报，由厦门达省，奉总署驳诘，制使遂与翻异，为洋人所持。一日衙参，制使忧甚，属嵩焘与议。嵩焘心知其难，因请设法商办，不敢奉札。甫回署，檄委随至。与会议两次，洋人竟允缓办。缴还议单，亦非初意所及料也。制使大喜，为具折保奏。[3]

郭嵩焘回忆较简，所提成果不仅较实际要少，且未明其因。通过多次函商面议，郭嵩焘初期交涉取得的成果有：马尾线照原约价银 4,000 元买回；大北放弃福厦线造成后教授华人三年、每年薪工 30,000 元的原索。[4] 可见福建线纠纷三个问题中的前两个问题基本解决。之所以能够如此，关键在于郭嵩焘接手后，恰遇接连发生马尾线部分线段遭毁窃事件，[5] 这使得大北亦颇感麻烦，遂有脱手之意。此外，闽方所作的让步亦拉近二者的目标距离：首先，马尾线虽由中国照原价买回，但委托该公司代理五个月，津贴费用 1,500 元，不过信资归中国收取；其次，闽方仍准大北承造福厦线。[6] 可见，在第三个问题——福厦线购买合同翻议问题上暂未有进展。

福厦线购买合同翻议问题确甚复杂，因合同画押前，在中方内部即有巨大争论，订立后两派意见仍严重对立。李鹤年认为，民人既不愿设立，若勉强建成，将贻害无穷，遂要求买后停办，态度坚决。总署虽未明确要求翻议，[7] 但对合同

---

[1] "中研院"近史所编：《海防档·丁·电线》，第 169 号文，第 183 页；第 171 号文，第 189 页。

[2] 同上书，第 161 号文，第 173—175 页；第 162 号文，第 176—178 页；第 173 号文，第 197—199 页；第 187 号文，第 220—222 页。

[3] 郭嵩焘：《玉池老人自叙》，上海古籍出版社藏清光绪十九年养知书屋本影印，第 23 页。

[4] "中研院"近史所编：《海防档·丁·电线》，第 179 号文，第 206 页；第 186 号文，第 217 页。

[5] 同上书，第 183 号文，第 214 页。

[6] 同上书，第 179 号文，第 206 页；第 186 号文，第 217 页。

[7] 同上书，第 172 号文，第 192 页。

甚是不满，[1] 并特别指示，万一合同业已画押，须将合同内不合之处指明，且要求嗣后如有此等事件，不得含糊了事。[2] 因此，总署的态度似在两依之间，但从根本上看，近于要求翻议。不过，合同订立者丁嘉玮认为，合同既立，难以更改。文煜支持丁嘉玮的看法。[3] 沈葆桢更是认为，"未有能以既立之合同作为废纸者"。进而解释说，中国遇事尚能与他国争回一些利权，即是靠坚守条约合同而来。如西人皆视合同为废纸，必将后患无穷。故"翻其成约，正深中其下怀"。[4] 可见沈葆桢亦不同意翻议。此一情状对郭嵩焘的交涉不能不产生影响。

不久，福厦线问题出现新情况，从而让郭嵩焘有意外收获。该线再度兴工后又连续发生电线被严重窃毁的事件，且有将洋匠殴致重伤情事。[5] 坊间一度传出该省人心震动，有铤而走险，发生民变之虑。[6] 总署再函李鹤年等，要求妥为办理。[7] 李鹤年为此大伤脑筋，遂又生停建之意。恰在此时，大北因闽省民众的强阻，主动提出暂行停工，以待将来。[8] 在福厦线的处置上，李鹤年是主张停办的，故从他的角度言，郭嵩焘又将纠纷的解决向前推进一步，这才有前引的喜出望外。

丁日昌的交涉　福厦线的停办不等于不办，且大北提出停办是有条件的，即停工期内洋匠薪资以及被窃物料，由闽省补偿。郭嵩焘此时已离闽回京，[9] 后续工作只能仍由闽省当局来做。

其时，大北的要求是：福厦线停办一年，但全款需按期付清，且留洋匠两人看守物件，每年需银 7,000 余元，一年之后再商办法。对此，福建通商局的意见没有根本不同，基本照允，只是提出将看守洋匠薪资减半。但福建船政大臣丁日昌认为，停工以待的办法不可行，因为倘一年之后还不能办，问题仍在，遂提出其解决方案，要点一是将电线器具全部买回，至于 150,000 余元之价，能减则减，不能减则如数予之；二是买回后，选取聪颖华童，延洋师教习，改外文为汉字，一年后让这些学生建造。显然，在丁日昌看来，收赎价格只是细

[1] "中研院"近史所编：《海防档·丁·电线》，第 167 号文，第 182 页。

[2] 同上书，第 168 号文，第 183 页；第 171 号文，第 186—187 页。

[3] 同上书，第 171 号文，第 186—190 页。

[4] 同上书，第 172 号文，第 191—192 页。

[5] 同上书，第 183 号文，第 214 页。

[6] 同上书，第 180 号文，第 211 页。

[7] 同上书，第 186 号文，第 216 页。

[8] 同上书，第 183 号文，第 214 页。

[9] 同上。

节问题，彻底买断以铲除中外纠纷之根才是关键。再者，买后并非停办，而是由国人自建。福州将军与闽浙总督皆认为可行。[1]实际上，丁日昌的方案当是其对于电线问题一贯主张之体现：既要避免中外纠纷，又要引进此项技术。

1876年3月3日，丁日昌出任福建巡抚，当即派来闽办事的招商局委员唐廷枢与大北提调哈伦也交涉福厦线有关事宜。经反复辩论，双方拟出合同初稿：由中国收赎线材，赎后办与不办，外人不得干涉；延请该公司人员教授学生一年，一年后聘与不聘，由中方做主。前合同废除。[2]可见，丁白昌之方案得到贯彻。是年3月20日正式议结。[3]长达两年的福建电线纠纷至此宣告解决。

沈葆桢因海防需要而奏设闽台电线，开历史之先河，但未能实现预期目标。时人以为，"因循迄无成就"。[4]此说多为后人延用。究其根本，恐怕非"因循"二字所能概括，而是多方矛盾冲突所致。

先是中外矛盾。无论是欲承造福建电线的丹国大北公司，还是借机欲设津恰线的俄国，皆拟架设自己的电线，不过是可供中国使用罢了，这与列强此前的请设一脉相承，故仍会破坏中国的"信控系统"，更涉及主权问题，与中国的自办原则相抵牾。因而，当外方的意向一旦造成部分事实，交涉也就在所难免。此应是"迄无成就"的根本所在。此外，地方绅民本因电报并非生活必需，且还设在田间庐旁，感有不便，故已不愿，[5]更何况是洋人所设！冲突不断发生，其因亦在此。从这方面看，"迄无成就"，既是传统与近代矛盾之结果，更是中西间冲突的必然。此亦在一定程度上提示，即便是在开埠较早的福建沿海，对洋人、洋器的接受还需一相当长的过程。

再是中方内部矛盾。在以往的中外交涉中，中方内部中央与地方当是一体，原因是他们的意见大抵一致，但此次情形有异。福建线议设时，沈葆桢与总署皆主中国自办，即中国出资，洋人承造，我操其权，故可视作一方。陆心源、

---

[1] "中研院"近史所编：《海防档·丁·电线》，第193号文，第226—227页。

[2] 同上书，第194号文，第230—231页。

[3] 同上书，第195号文，第232页。赎价因唐廷枢争取有一定下调，闽方最终付大北银124,500元（"中研院"近史所编：《海防档·丁·电线》，第196号文，第235页）。大北之所以同意减付，是因即便如此，仍大大超出原值。后广东藩司姚觐元、臬司龚易图指出："当时闽省电线因多事，以重赏购回，可为前鉴。"（"中研院"近史所编：《海防档·丁·电线》，第260号文，第306页。）

[4] 《光绪六年八月十二日直隶总督李鸿章片》，中国史学会主编：《洋务运动》第6册，第336页。

[5] 地方官谕民众，福厦线已"系由中国自造，与前此情形不同，而各处绅民具呈，以不便为词者，尚所在多有，且间有私行偷窃情事"（"中研院"近史所编：《海防档·丁·电线》，第179号文，第206页）。

王凯泰及李鹤年认为可让洋人先建，中国后买，故又是一方。初始执行的就是后一方的意见。福厦线收赎时，李鹤年基本是一方，要求买后不办。沈葆桢、文煜、王凯泰及丁嘉玮又为一方，主张买后须办。总署的态度基本是在两依之间，貌似后者，实近前方。后来执行的基本是前一方的意见。这一切从根本上看，是时人对电报价值的认知仍存较大分歧所致，其背后当是趋新与守旧的矛盾。尽管以李鹤年为代表的一些保守势力一度支持沈葆桢等奏设闽台线，但在他们的内心深处，仍认为"电线之在中国，可有可无"。[1] 这种认识的存在，必然会对电报在中国的发展产生巨大阻力，更不肖说是有意推动中国的电报建设。

总之，上述各因素最终导致福建电线纠纷形成且难以解决。中国第一次自设电线活动因涉及中与西、传统与近代等各种力量牵扯、各种矛盾冲突而难有成就。这一切反映出那时的中国架建电报的条件尚未成熟。

三、中国早期自建的三条电报线

津衙线 津衙线虽是中国电报之"开山"，在晚清通信发展史上具有划时代之意义，但因线路短近，且有试验性质，故在当时的影响颇有限，存下的史料甚少，主要是当事人的讲述。李鸿章曾于线成后不久致函江西巡抚刘秉璋称："日来由东局至敝署电线置妥，仅费数百金，通信立刻往复，即用局内学生司之，神奇可诧，各使均相道贺。执事闻之，将又哑然笑，数十百年后必有奉为开山之祖矣。"[2] 两日后，李鸿章又在给福建巡抚丁日昌函中说："此间水雷学堂兼习电报，诸童颇有进益。昨将东局至敝署十六里内试设电线，需费数百元，使闽、粤学生司其事，能用浅俗英语及翻出华文，立刻往复通信，洵属奇捷。"[3] 李鸿章与刘秉璋、丁日昌二人关系密切，而丁日昌为趋新人士，是时已奏设台湾电线（详后），故李鸿章告之，有支持丁日昌在台设线之意；刘秉璋稍守旧，不喜谈洋务[4]，因而

---

[1] "中研院"近史所编：《海防档·丁·电线》，第174号文，第199页。

[2] 李鸿章：《复刘仲良中丞（光绪三年五月十九日夜）》，戴逸、顾廷龙主编：《李鸿章全集》第32册，第68页。信中所言东局指天津机器局内东房西局之东局。

[3] 李鸿章：《复丁雨生中丞（光绪三年五月二十一日）》，戴逸、顾廷龙主编：《李鸿章全集》第32册，第70页。

[4] 李鸿章曾称刘秉璋"囿于俗见不谙洋情矣"，并称，对于洋务，"公等可不喜谈；鄙人若亦不谈，天下赖何术以支持耶？"（《复刘仲良中丞（光绪二年九月十四日）》，中国史学会主编：《洋务运动》第1册，第267—268页。）

李鸿章告之，有开导乃至发蒙之意，尽管李揆度刘与闻后，"将又哑然笑"。

此外是当时的报刊报道。《申报》于1877年7月10日报道："前报天津制造局通至督辕拟设电线，兹闻西六月二十七日完工，李伯相颇深嘉赏云。"[1]又在7月18日载称："自制造局通至李伯相衙门电线业已告竣，现再拟向天津而通至保定府，大约伯相于每岁中须往来两地，得有电报，则信息较灵也。"[2]另，《字林报》提及：该线建成后，李鸿章"每日试用总督至机器局电报"。[3]

根据上述材料，我们可知津衙线架设的一般情形：该线由李鸿章主持创建，也就是说，李鸿章是中国自建电报第一人。工竣时间是在1877年6月27日，线路由李鸿章督辕至天津机器局之东局，长仅16里，耗资数百元。线成后，李鸿章每日试用。这一切反映出该线的试验性质。为架设此线，李鸿章曾令天津水雷学堂学生兼学电报，该线即由他们所设。并让其中闽粤籍学生负责打报。由于打报使用的仍是英文，故需翻译。但试用效果较好，"能用浅俗英语及翻出华文，立刻往复通信"，"洵属奇捷"，李鸿章甚为满意，由而更加重视此项技术，拟予推广。另，该线的架设产生一定社会反响，"各使均相道贺"，上海的报刊亦作报道。

尽管李鸿章置设的津衙线甚短，且具有试验性质，未正式开通对外营业，所以从严格意义上讲，不能算作中国电报业的创始。但毕竟为中国自建的第一条电报线，在当时中国守旧氛围仍相当浓厚的情形下，实属不易。津衙线的创设反映出李鸿章已进一步改变其十年前在引入电报这一问题上对守旧势力的畏惧态度，并以实际行动与王家璧、于凌辰等折冲，展现出其掘破传统樊篱的信心与决心，为其后架设津沽线、奏设津沪线作出必要的思想准备及技术积累。这一切从根本上言，当是趋新力量日益增强的结果，从而以一个案领域透视出社会形势的改观，晚清社会及观念的变迁由此略见一斑。

台湾线　沈葆桢台湾架线计划未能变成现实，一搁便是三年。1877年，福建巡抚丁日昌终于在台创办电报成功。究其原因，主要有以下两有利条件：一是丁氏的洋务理念，此构成台湾创办电报的主观前提条件。1875年12月

---

[1] 《电线落成》，《申报》1877年7月10日，第2页。

[2] 《天津杂闻》，《申报》1877年7月18日，第1页。

[3] 《字林报》（1877年），第35、74页。转引自窦宗一编：《李鸿章年（日）谱》，第4876页。

11 日，丁氏出任福建巡抚。丁氏是洋务干才，早年即"留心西人秘巧"[1]，其著名的《海防条议》中便有对电报于军事、经济及在抵制西人侵占中国利权中之作用的广泛申论。[2] 正是出于对电报价值的较深认知，丁日昌在处理福建电线纠纷时即曾留有后路。他当时的处理方式是"当经买拆毁，仍将电线留存，延请洋人教习学生"。在他看来，不是不该架设福厦电线，而是主动权出了问题，不应由洋人发起。他说："惟前议由福州造至厦门，系由洋人发纵，太阿倒持，未免利少害多。"[3] 丁氏这一"权自我操"的原则及处理方式为日后在台湾创办电报奠定了思想、物质与技术基础。

台湾特殊的地理位置为该地区创办电报提供重要的客观环境屏障。台湾"孤悬海外"，受内地影响稍弱，民风较为淳朴。沈葆桢曾说：铁路电报并不是不适用。但若创办，必须依照民情。"台湾则可行，以其为民情所安也；他处则难行，以其为民情所骇也"。[4] 李鸿章亦说，丁日昌建言在台湾试造铁路、电线，廷僚议准。"内地若果议及，必至群起相攻"。[5] 在风气未开、保守势力尤重时期，台湾远避内陆的特殊地理位置及文化环境亦成为其发端中国电报事业的重要基础。

1877 年 5 月 8 日，丁日昌正式奏设台湾线："台湾南北路途相隔遥远，文报艰难，设立电线，尤为相宜。臣现拟将省城（福州）前存陆路电线移至台湾，化无用为有用，一举两得。"[6] 其实，早在上年 12 月丁日昌奉旨赴台巡察时即发现"该处路远口多"，难以设防，认为"非办铁路、电线不能通血脉而制要害，亦无以息各国之垂涎"，并拟出移福厦已拆之电线于台湾架建的切实办法。丁日昌的计划得到清廷内外的认可。李鸿章、沈葆桢皆指出丁日昌所言，"洵笃论也"。[7] 清廷亦感丁日昌的建言"属目前应办之事"[8]，并认为其办法"尚属简易"。[9]

[1]《同治二年九月初四日江苏巡抚李鸿章奏》，中国史学会主编：《洋务运动》第 4 册，第 7 页。

[2] 张树声编：《敦怀堂洋务丛钞》，第 328—329 页。

[3]《光绪三年三月二十五日福建巡抚丁日昌片》，中国史学会主编：《洋务运动》第 6 册，第 334 页。

[4]《光绪五年九月二十日两江总督沈葆桢奏折》，中国史学会主编：《洋务运动》第 1 册，第 183 页。

[5]《复郭筠仙星使（光绪三年六月初一日）》，中国史学会主编：《洋务运动》第 1 册，第 269 页。

[6]《光绪三年三月二十五日福建巡抚丁日昌片》，中国史学会主编：《洋务运动》第 6 册，第 334 页。

[7]《大学士直隶总督李鸿章奏筹议台湾事宜折（光绪三年正月十六日）》，台湾银行经济研究室编：《清光绪朝中日交涉史料选辑》，台湾大通书局 1984 年版，第 2 页；吴丰培等编辑：《清同光间外交史料拾遗》第 9 册，卷三·军事·海防，全国图书馆文献缩微复制中心 1991 年版，第 6 页。

[8] 世续等纂：《清实录》第 52 册，中华书局 1987 年版，第 610 页。

[9] 同上书，第 650 页。

但丁日昌之所以于翌年5月才奏设台湾电线，是基于电报技术人才的考量。1876年4月1日，福州电报学堂开学。该学堂延聘洋教习3人，招收艺童40名。一年后，"艺童学习功课，其竖桩建线报打书记制造电气等艺，多已通晓"，[1]架设台湾电报线的技术条件业已成熟，丁日昌遂有上奏。这一方面反映出他在创立电报过程中贯持的"权自我操"之原则；另一方面鉴于福建电线纠纷的教训。故他在奏中亦明确提出："拟即派学生六品军功苏汝灼、陈平国等专司其事……目前暂不雇用洋人，倘于理有窒碍难通之处，即翻译泰西电报全书以穷奥妙，或随时短雇洋工一二人以资参核。"[2]

与沈葆桢的闽台设线计划相比，丁日昌的计划要小得多。其奏设的电报线路是"先向旗后造至府城（台南），再由府城造至鸡笼"[3]，只限于台湾岛内。这是由于丁日昌有大规模开发台湾计划，[4]"惟同时并举，所费不赀"，故只能从简，暂设岛内陆线，以改变"台湾南北路途遥远，文报艰难"之局面。该奏于当月26日获准。[5]

由于材料不足等原因，丁日昌的台湾建线计划部分地得以实现。是年8月18日，安线工作开始，至10月11日建成两线：一由台湾府达安平，另一由台湾府达旗后，共计95里。[6]并设台南、安平、旗后报局三处。[7]不久后对外营业，中国近代电报业由此发轫。初用英文传报，对此，丁日昌提出："将来仍拟将洋字改译汉字，约得万字可敷通报军情、货价之用，然后我用我法，遇有紧急机务，不致漏泄。"[8]因原存电线器材有限，再加上丁日昌于是年8月离台，致使台湾府城向北至鸡笼的设线计划未能实现。

洋务派的务实思想与开拓精神终使中国开始有了电报事业，尽管偏于东南岛屿，且未能全面实现丁日昌之计划，但还是产生了一定的反响。时人已注意到：

---

[1] "中研院"近史所编：《海防档·丁·电线》，第202号文，第243页。

[2]《光绪三年三月二十五日福建巡抚丁日昌片》，中国史学会主编：《洋务运动》第6册，第334页。

[3] 同上。

[4] 丁日昌之筹台计划包括"购船、练兵、炮台、电线、开矿、招垦诸务"（吴丰培等编辑：《清同光间外交史料拾遗》第9册，卷三·军事·海防，第4—5页）。

[5] 世续等纂：《清实录》第52册，第697页。

[6] 连横：《台湾通史》下册，第376—377页。

[7]《光绪十四年五月五日福建台湾巡抚刘铭传奏》，中国史学会主编：《洋务运动》第6册，第405页。

[8]《光绪三年三月二十五日福建巡抚丁日昌片》，中国史学会主编：《洋务运动》第6册，第335页。

"打狗埠与台湾府近日电线相通，传报最为灵捷。"[1]《北华捷报》转载《中国陆路商务导报》的文章更是指出："打狗地方已建立了电报，并由中国人掌管……这些都是在福建巡抚丁日昌在任时的措施，他确实打算大规模经营并开发台湾的资源。"[2] 该线的影响在中外人士的关注中得到提示。

津沽线 日本电报业的迅速发展已给国人带来巨大压力。1879 年 3 月爆发的日本侵吞中国琉球事件，更是直接导致李鸿章架建天津至大沽线。

琉球事件的发生让晚清朝野再为震动，海防又度吃紧。郭嵩焘指出，"日本必为中国大患，其关键尤在高丽，今之逞志琉球，其嚆矢也"。[3] 薛福成更认为，日本的终极目标当在中国，此时吞并琉球，"非谓其地足贪，民足用也"，而是以此试探于我：如果我与之力争，则必开衅端；如果我不与之争，则可知我之孱弱。于是，"南犯台湾，北攻朝鲜，浸寻达于内地，殆必至之势矣"。[4]

基于上述判断，薛福成进而指出，当今之世与元明之时已大不相同，"自强之权在中国，即所以慑伏日本之权，亦在中国"；日本可从西方购得炮舰，中国亦可购得；日本能够学习的，中国同样能学习。"而况中国之财力物力，十倍于日本者哉"！所以，尽管"蕞尔国"的琉球，其存亡"原不足为中国轻重"，但"日本相侵之志，危矣迫矣，儳焉不可终日矣"。在此情势下，"中国于自强之术，不宜仅托空言，不可阻于浮议"，当"奋然有为"了。

清廷的反应同样强烈，并迅即着手布署，以应对时变。接到出使日本大臣报告"该国废琉球为县等语"后，清廷立即指出："琉球久属中国，日本竟敢阻其入贡，夷为郡县，狡焉思启，情殊叵测，亟应妥为备豫，力图自强，以固藩篱。"遂一面"着沈葆桢、吴元炳将南洋防守事宜悉心区画，实力筹办"；[5] 一面命李鸿章认真整顿北洋海防，"妥筹布置"。[6]

正是由于上述情形，为加强海防，力主中国自建电报、并在其总督衙署试设电报有年的李鸿章在鱼雷学堂教习贝德斯（J. A. Batts）的协助下，由天津设

---

[1] 虚白主人：《台湾小志》，《台湾史料汇编》第 8 册，光绪十年菊月之吉管可寿斋刊印，第 665 页。

[2] 《北华捷报》1878 年 12 月 5 日，卷二十一，第 548—549 页。

[3] 刘金库整理：《郭嵩焘未刊手札》，中国社会科学院近代史研究所近代史资料编辑部编：《近代史资料》总第 88 号，中国社会科学出版社 1996 年版，第 14 页。

[4] 本处及下段，薛福成：《筹洋刍议》，第 62 页。

[5] 台湾银行经济研究室编：《清光绪朝中日交涉史料选辑》，第 16 页。

[6] 世续等纂：《清实录》第 53 册，第 380 页。

线达大沽口，长 120 里，[1] 于当年 6 月便开始投用，"号令各营顷刻响应"，[2] 效果极佳，从而拉开日后中国大规模架建电报的序幕。

津沽线的架设引起列强的关注。美国驻华公使安吉立（James Burrill An-gell）向国务院报告说："更有可能的是，官员们已被这条天津和塘沽的线路带来的利益所折服，进一步延长电报系统就有希望了，新的工程也真的将会实行。"[3] 对该线架设的深远影响给予了高度评价。

由上可知，中国电报的早期试创多是因外部的刺激。从时间看，发生于 19 世纪 70 年代中后期；从空间看，集中在沿海省份。这一切透视出尽管 19 世纪六七十年代中外间保持相对的和局，然内中并不平静，中国所处的国际环境，尤其是此间东南海疆，形势依然险峻。反过来说，是彼时中国所处的险峻国际环境催促清政府引入了电报，以应对时代之"大变局"。

此间，晚清疆臣试创电报的社会效果相当显著。沈葆桢计划虽未实现，然清廷毕竟因之弛设电报之禁。丁日昌计划部分地实现，使得近代中国电报业正式发端。李鸿章试设津衙线、架建津沽线，为津沪线的奏设，由而掀起晚清大规模电报建设活动，奠定必要的思想及技术基础。可见，长期以来怀具高度危机感的趋新人士，在严峻的国际形势下，终将大力吁请的理论设计初步变为现实。这是历史性进步，迈开了中国通信近代化的第一步。

第二节　三大电报干线的架建

相对于 19 世纪 70 年代后半期试创电报而言，1880—1884 年这五年，可谓晚清电报的大规模创建时期。此间先后有津沪线、长江线、沪粤线等三大干线的建成通报，绵延万余里，展铺在中国的沿海（华北、华东、华南）、沿江（华中）大地上，搭建出中国电报线路发展的基本架构。后来晚清电报网的形成大

---

[1] "中研院"近史所编：《海防档·丁·电线》，第 710 号文，第 1063 页。

[2] 《光绪六年八月十二日直隶总督李鸿章片》，中国史学会主编：《洋务运动》第 6 册，第 336 页。

[3] "Mr. Angell to Mr. Evarts（1881.1.10）"，*Papers relating to foreign relations of the United States, 1881*，Volume 1，Washington：Government Printing office，1882，p.224.

抵是此三大干线向内陆腹地及边疆的展延。

一、津沪线的架建

1880 年（光绪六年）9 月 16 日，直隶总督北洋大臣李鸿章奏设天津至上海陆路电报线，由此掀起晚清大规模建设电报活动。

据前知，至 19 世纪 70 年代末，中国内陆更大规模地引入电报的条件已基本成熟。恰在此时，曾纪泽赴俄改订条约，急需与清廷快速联系，为李鸿章奏设津沪大干线提供极佳契机。1880 年 3 月，清廷派曾纪泽改订上年崇厚与俄签订的《交收伊犁条约》。[1] 曾氏于是年 7 月抵彼得堡。其时"俄国海线可达上海"，[2] 但上海至北京不通电报。这种情状使得熟知电报功能的曾纪泽深感不便，遂告清廷："良由自沪至京，无电线以资迅速，故虽由电请旨，非旬日所能往还，敌廷之询问益多，专对之机权愈滞。"[3] 已获总署授意对电报"随时酌度情形，奏明办理"的李鸿章抓住时机，立即奏设津沪线，以畅通消息。

李鸿章在折片（以下简称《李片》[4]）中大谈国内外军事形势，强调引入电报的国防意义："现自北洋以至南洋，调兵馈饷，在在具关紧要，亟宜设立电报，以通气脉。"李鸿章特别强调中外通信的迟速悬殊对时下中国所构成的巨大威胁。中国自古讲求"兵贵神速"。这种"神速"包含两个方面，即信息灵捷与调兵快捷。随着轮船与火车在西方国度的发明与应用，其兵力可在短时间内迅速结集与转移。电报的发明与应用，又实现其军令兵情的快速闻达，从而使得列强的军事行为进一步近代化。[5] 李鸿章以其对国际战争形势新近发展情状的深刻认知，在折片开篇即指出：

---

[1] "光绪六年二月已亥。谕军机大臣等，前因崇厚与俄国所议交收伊犁条约章程等件，经王大臣等会议，诸多窒碍难行，业经降旨将该革员治罪，并派曾纪泽为出使俄国钦差大臣矣。"见朱寿朋编，张静庐等校点：《光绪朝东华录》第 1 册，中华书局 1958 年版，第 870 页。

[2] "中研院"近史所编：《海防档·丁·电线》，第 218 号文，第 262 页。

[3] 曾纪泽：《改订俄约办事艰难情形疏（辛巳正月二十八日）》，喻岳衡点校：《曾纪泽集》奏疏卷三，岳麓书社 2005 年版，第 49 页。

[4] "中研院"近史所编：《海防档·丁·电线》，第 218 号文，第 262—263 页。本目下引《李片》将不另注。

[5] 1871 年的普法战争是火车与电报早期结合使用的典型，国人对此已有关注。可参张德彝：《随使法国记（三述奇）》，第 90 — 92 页；郑观应：《论电报》，夏东元编：《郑观应集》上册，第 82 页；王之春：《蠡测卮言·精艺术》，《清朝柔远记》卷十九，第 372 页。

再，用兵之道，必以神速为贵。是以泰西各国于讲求枪炮之外，水路则有快轮船，陆路则有火轮车，以此用兵，飞行绝迹。而数万里海洋，欲通军信，则又有电报之法。于是和则以玉帛相亲，战则以兵戎相见，海国如户庭焉。

与列强信息飞递形成鲜明对比的是，"独中国文书尚恃驿递，虽日行六百里加紧，亦已迟速悬殊"。李鸿章以曾纪泽与清廷的联系为例，具体指陈二者间的差距："即如曾纪泽由俄国电报到上海，只须一日。而由上海至京城，现系轮船附寄，尚须六七日到京。如遇海道不通，由驿必以十日为期。是上海至京仅二千数百里，较之俄国至上海数万里，消息反迟十倍。"[1] 这一系列数字是李氏基于其与曾通信联系的亲身经历，全是写实，故极具说服力。

中外通信迟速如此之悬殊，已让中国处于严重不利境地。一旦战事发生，中国必十分被动，李鸿章据此警示国人："倘遇用兵之际，彼等外国军信速于中国，利害已判若径庭。"在上述层层论证的基础上，李鸿章进而指出："是电报实为防务必需之物。"

本来，津沪线的架设将会对所经之地经济、社会等各方面皆产生积极影响，但《李片》强调的是电报的军事价值，着重铺陈架设该线之国防意义，[2] 不涉李鸿章早年提及的电报之商业功能。此既是时下形势所需，也是李氏的奏设策略之一。盖军事关乎国家之安危、政权之巩固，故强调军事最能打动朝廷，也最能减弱保守势力的阻挠。

李鸿章在综述西方电报的应用及影响之后，还具体指陈俄罗斯与日本的电报建设情形："近来俄罗斯、日本均效而行之。故由各国以至上海，莫不设立电报，瞬息之间，可以互相问答。""查俄国海线可达上海，旱线可达恰克图，其消息灵捷极矣。"此亦有其深意：一则表明建设电报已成世界大势，落后国

---

[1] 以两例证之：1880 年 9 月 28 日（光绪六年八月二十四日），李鸿章向总署"呈曾劼刚电信：顷由上海税务司寄到劼刚八月十七日所发电信，译出照抄呈览。"（李鸿章：《致总署 呈曾劼刚电信（光绪六年八月二十四日）》，戴逸、顾廷龙主编：《李鸿章全集》第 32 册，第 605 页。）此处，曾纪泽由俄电津为 7 日。两日后，李氏又向总署"述电复曾使：本日酉刻又由上海税务司寄到劼刚十九日电信，译抄呈览……连夜缮一电信交津关税司，由轮船寄上海转发，计九月初二、三日可达俄都，或尚赶及。"（李鸿章：《致总署 述电复曾使（光绪六年八月二十六日亥刻）》，戴逸、顾廷龙主编：《李鸿章全集》第 32 册，第 607 页。）此处曾纪泽电津亦为 7 日，而李氏由津电俄也作 7 日左右的准备。可见，李氏的细致指陈缘其自身感受，并非虚言。

[2]《李片》称："臣为防务紧要，反复筹思，所请南北洋设立电报，实属有利无弊。"

家应及时跟进；更为关键的是，俄日为中国近邻，而儒家治国安邦的政治理念中强调"邻厚君薄"的忧患意识，故李鸿章突出这些国家的电报发展景况，更能警示国人，以增强其危机感。

另需指出，李鸿章奏设的是津沪线，离京城尚有一段距离。其实，他深知北京通电之意义："神京为中外所归响，发号施令，需用倍切"，但却拟从天津架设，此仍是其策略。李鸿章后称，其时"颇虑士大夫见闻未熟悉，或滋口舌，是以暂从天津设起，渐开风气"。[1] 既然引入电报已不能再作延缓，而京城保守氛围仍重，与其提出由北京设起而"滋口舌"，辩论耽搁时日，甚至存在废止之险，不如暂退一步，先部分地实现计划，以"渐开风气"。此也在一定程度上反映出李鸿章的无奈，并昭示嗣后中国电报建设的道路不会一帆风顺。

作为封疆大吏向朝廷正式奏设津沪大干线，李鸿章所为当为第一次，但架设此线的呼声却由来已久，且络绎不绝。最早、最为详尽地提出此议者，是西人——前揭法驻华使馆翻译李梅，时在 1865 年 4 月 25 日。不过与李鸿章所奏稍有出入的是，李梅建言架设由北京至上海间电报线，此恰提示其对中国国情的不甚了解，未能虑及京城保守思想的影响力，且李梅又是旨在推销法商新产品，在当时中国风气未开、条件尚不具备的情势下，总署"以不议不论置之"。[2] 但李梅在其单中所提出的的路线、收费等方案，在《李片》及后来中国电报业的发展中皆有体现。[3] 可见从深远者看，李梅之建言有一定影响。

国人亦有多次吁请。其中最早、最具影响力者当是郑观应。郑氏在 19 世纪 70 年代写就《易言》，中有《论电报》（以下简称《郑论》），便大力吁请架设津沪线。[4] 仔细比较《李片》与《郑论》，会有微妙发现。《郑论》写道："前者，传报电信犹用外国字样，必待翻译而知；今辑有《电报新书》，改用华文，较前更便。如传秘密要事，即经理电线者尚且不知，何况他人？既无漏泄之虞，

---

[1] "中研院"近史所编：《海防档·丁·电线》，第 496 号文，第 729 页。

[2] 同上书，第 51 号文，第 66 页。

[3] 李梅提出的路线是："当由上海顺运河而抵北京。"其收费方案为："发通线传送信文，有两条例规，一系取资，一系不取资者。不取值之项有二，如中国各处公文往来传送不取，或本局往来传送之信不取。其取值之项有三，如各国往来传送公文信函取值，中国商人传信一切信函取值，由欧罗巴地面来函送驻京之各国取值。"（"中研院"近史所编：《海防档·丁·电线》，第 38 号文，第 41—44 页。）

[4] 郑观应：《论电报》，夏东元编：《郑观应集》上册，第 82—83 页。《易言（36 篇）》成书早于李鸿章奏设津沪线。19 世纪 80 年代初，郑观应对该本进行改写，又成 20 篇本。为更准确把握郑观应早年思想，笔者于此使用 36 篇本。

又无延搁之弊。"而《李片》有这样的句子:"从前,传递电信循用洋字,必待翻译而知;今已改用华文,较前更便。如传秘密要事,另立暗号,即经理电线者亦不能知,断无漏泄之虞。"二者表述如出一辙。

此外,《郑论》的开篇是说:"今泰西各邦皆设电报,无论隔山阻海,顷刻通音。"《李片》开篇亦云:"是以泰西各国于讲求枪炮之外,水路则有快轮船,陆路则有火轮车,以此用兵,飞行绝迹。而数万里海洋,欲通军信,则又有电报之法。"皆是指陈西洋国度电报建设情状,且语言文字极近。

不过,与《郑论》所提出的敷设津沪海线不同的是,《李片》奏设的是津沪旱线:"如安置海线经费过多,且易蚀坏。如由天津陆路循运河以至江北,越长江由镇江达上海,安置旱线,即与外国通中国之电线相接,需费不过十数万两,一半年可以告成。"但这恰恰又体现了《郑论》所提出的"安设电报之处,在海底则难,其价颇重;在地面较易,其价亦轻"的观点。可以说,李鸿章奏设津沪旱线,是对郑观应理念的综合运用。

可见,《郑论》对李鸿章产生重大影响,应是《李片》的重要蓝本。需指出的是,《郑论》之所以能够如此深度地影响李鸿章,是有其现实基础的。1878年,郑观应与盛宣怀在上海同办赈务时,已为李鸿章所赏识。[1] 郑观应亦于是年进入李鸿章的幕府,[2] 成为李氏办理洋务的重要干员。在此情形下,《郑论》为李氏所关注与参阅,当在情理之中。[3]

从《李片》中还能清楚看到时为李鸿章重要幕僚、署天津河间兵备道盛宣怀的影响。《李片》最后说:"俟办成后,仿照轮船招商章程,择公正商董招股集赀,俾令分年缴还本银。嗣后即由官督商办,听其自取信资,以充经费。并由臣设立电报学堂,雇用洋人教习中国学生,自行经理,庶几权自我操,持久不敝。"而就在李鸿章递片前夕,盛宣怀向他提出"照轮船局办法,招集商股,奏设津沪陆线,通南北两洋之邮,遏洋线潜侵之患。并请即设电报学堂,育人才,

---

[1] 1878年,李鸿章以久闻郑观应"实心好善,公正笃诚",札委他襄办上海机器织布局。翌年,又保奏郑观应"历办晋赈捐输出力"(分见《附录 北洋通商大臣李傅相批示》、《待鹤山人事略》,夏东元编:《郑观应集》下册,第528、1504页)。

[2] 上海图书馆编:《汪康年师友书札》,上海古籍出版社1989年版,第4194页。

[3] 但《李片》非出自郑观应之手。郑观应后来回顾李鸿章奏设津沪线时曾说,"合肥伯相因奏请设立津沪电线,以通军报,檄盛道宣怀总其成。时职道因纛辅灾馑,与盛道筹捐赈恤为内备计,因得与闻绪论。"(郑观应:《呈两湖闽浙总督、鄂豫浙抚创设电线节略》,夏东元编:《郑观应集》下册,第1013页。)可知,郑观应是从盛宣怀那里得知李鸿章上此折片的。

备任使"之建议。[1] 综上可知，李鸿章奏设津沪线，有着广泛的思想渊源。

李鸿章奏设的时机、策略及方案使得津沪线的请建很快获得清廷批准。两日后李鸿章奉上谕："现在筹办防务，南北洋必须消息灵通，以期无误事机"，要求"妥速筹办"。[2] 架线的筹备工作迅即展开：先是筹集经费。李鸿章按奏案，暂从淮军饷内提拨湘平银200,000两，[3] 以垫款需。由于电线沿运河架设，故难度并非特别大，这使得尽管"正线、支线横亘须有三千余里"，但垫款大抵充裕。

再是组织管理人员，建立电局。李鸿章遴派津海道郑藻如、直隶候补道刘含芳以及盛宣怀等操办具体事宜。[4] 郑观应、盛宣怀等随即于天津设立电报总局（大沽口附之），并于紫竹林、济宁、清江、镇江、苏州、上海六处设立分局。[5] 其中，盛宣怀任天津电报总局总办，郑观应任上海电报分局总办，其他分局亦相继委任。[6] 总分各局的成立正式拉开津沪架线工程的序幕。此外，为培养电报技术人员，1880年10月在天津设立电报学堂，道员朱格仁任总管。[7]

---

[1] 《卷首·行述》，盛宣怀：《愚斋存稿》第1册，第12页。

[2] 世续等纂：《清实录》第53册，第715页。是时清廷担心改约恐遭俄报复，故在派曾纪泽赴俄同时，特加强西北、东北等地区的军事防务。

[3] "中研院"近史所编：《海防档·丁·电线》，第273号文，第346页。

[4] 同上书，第332号文，第432页。

[5] 同上书，第273号文，第344页。据张焘《津门杂记》载：光绪六年，经李爵相奏准推广电报。天津总局在东门内路南，即问津行馆旧址，又呼杨家花园（中国史学会主编：《洋务运动》第8册，第362页）。宋蕴璞《天津志略》（1931年印）第十二编"公用及公有事业"第五章"电报"记载与之稍异：天津电报局"地址：总局在法国花园旁，支局在东门内"。

再，《电报局招商章程》有："现设直隶、山东、江南三省电线，以天津为总局，（大沽局附入）上海副之，苏州、镇江、清江、济宁、临清五处为分局。"（郑观应：《创办电报局招商章程》，夏东元编：《郑观应集》下册，第1008页。）《申报》称："中国创设电报以天津为总局，以临清、济宁、清江、镇江、苏州、上海等六处为分局。"（《电报盛行》，《申报》1882年1月16日，第2页。）这与李奏有出入：《章程》与《申报》中有"临清分局"，而李奏变为"紫竹林分局"。可能的情况是：初拟在临清设局，后未设，而设于紫竹林。郑观应后在《致伍秩庸星使论创办中国电报原委书》中说："窃光绪七年由前北洋大臣李傅相创设津沪电线，共设七局：天津、德州、济宁、清江、镇江、苏州、上海。"（郑观应：《致伍秩庸星使论创办中国电报原委书》，夏东元编：《郑观应集》下册，第1025页。）有误，德州分局为后添。

又，1884年春夏之交沪粤线建成后，天津电报总局移设上海，称中国电报总局，盛宣怀任总办，郑观应等为会办（编委会编：《交通史·电政编》第1章，第16页）。原天津电报总局改设北洋官电局。

[6] 其中，苏州电报分局总办谢家福、镇江电报分局总办严作霖、清江电报分局总办李培根。参见《盛宣怀等上李鸿章禀》，王尔敏、吴伦霓霞合编：《盛宣怀实业函稿》上册，第205—206页；郑观应：《禀谢北洋通商大臣李傅相札委总办上海电报分局》，夏东元编：《郑观应集》下册，第998—999页；《盛宣怀等上李鸿章禀》，夏东元编著：《盛宣怀年谱长编》上册，上海交通大学出版社2004年版，第150—151页。

[7] 详本书第五章第三节。

最后是采购器材，选用技术人员。中国因不能生产器材，故需从外洋购置。另包括掌握测量、敷线（尤其是江河水线）等技术的人员，不是电报学堂在短暂时期内能够培养出来的，故不得不聘用洋人。为此，李鸿章让盛宣怀等与大北公司洽商。之所以如此，其因有二：先是，李氏认为丹系小国，容易驾驭。[1] 此也在一定程度上透视出李氏的外交策略；再者，是时在中国的外国电报公司仅大北一家，其所设电报线由欧洲通至上海，这不但使得中国架线时，只能请其襄助，[2] 且线成后，因李氏欲接通外洋，[3] 也只有与其海线相连方能实现。

中丹经多轮谈判后于是年 12 月 22 日订立合同。器材方面，中方要求大北在次年 5 月 15 日前备齐；[4] 代聘洋匠方面，中丹一度发生争执，最终中方作出让步，将大北所聘 8 人全部录用（每局 1 名），但薪水略减。[5] 可见，驾驭大北亦非易事。

总的来看，筹备工作还较顺利。接下来便是具体架线事宜，因需跨越南北不少河流，而北方 11 月后又为封河期，故只能在此前完竣。为此，工程拟从南北分头合进。[6] 1881 年 4 月开始勘路运料，[7] 6 月初北路方面正式架线。[8] 南路方面究竟何时动工，未有确切记载，但可肯定的是，较北路为晚。刘坤一于 1881 年 6 月 29 日致函李鸿章称："不日电线按段设立，所有江苏该管文武当

---

[1] "中研院"近史所编：《海防档·丁·电线》，第 254 号文，第 299 页；第 285 号文，第 367 页。

[2] 同上书，第 285 号文，第 366 页。

[3] 同上书，第 225 号文，第 267—269 页；第 285 号文，第 366 页；第 295 号文，第 383 页。

[4] 同上书，第 289 号文，第 372 页。

[5] 同上书，第 273 号文，第 348 页。自光绪八年三月底起，至是年十月内期满止（辞 5 名，留 3 名），辛工并回国川资等银 12,759 余两（"中研院"近史所编：《海防档·丁·电线》，第 478 号文，第 703 页）。另，自光绪八年八月初一日起，博怡生被聘任中国电报局总理西匠电学职（《附录 中国电报局、丹国博怡生立合同稿》，夏东元编：《郑观应集》下册，第 1005—1006 页）。

[6] "中研院"近史所编：《海防档·丁·电线》，第 273 号文，第 344 页。刘坤一函李鸿章："南路电线，现已叠据尊处所委各员，将在上海、苏州、镇江开局缘由，先后呈报。上海委员王副将并已禀报兴工。自此，由南而北，自可计日观成。"见刘坤一：《致李中堂（光绪七年七月十四日）》，欧阳辅之编：《刘忠诚公（坤一）遗集·书牍》卷十七，台湾文海出版社 1968 年版，第 38 页。

[7] "中研院"近史所编：《海防档·丁·电线》，第 273 号文称："自七年三月开办。"（见第 344 页）第 332 号文又称："自七年五月初兴工。"（见第 433 页）对此笔者是这样理解的：开办与兴工内涵不同，应包括兴工前的勘路、运料等准备工作。另，两江总督刘坤一奉批准架设津沪电线谕旨后，就有关事宜致函李鸿章："未识此项电线能否在中国自造，抑须向洋人定购？经费约需若干？如何设法筹备？以及何日开办？是否自北而南？派办之员是否合南北一手经理？抑由各省派员接办？"（刘坤一：《致李中堂（光绪六年八月二十六日）》，欧阳辅之编：《刘忠诚公（坤一）遗集·书牍》卷十七，第 15 页。）对于开办时间问题，李鸿章答以"明春"（刘坤一：《复李中堂（光绪六年九月二十二日）》，欧阳辅之编：《刘忠诚公（坤一）遗集·书牍》卷十七，第 17 页）。此线于光绪七年三月开办，故笔者在此说"如期开办"。

[8] "中研院"近史所编：《海防档·丁·电线》，第 332 号文，第 433 页。

无不小心照料看守。"[1] 表明此时南路还未开工，而北路兴工已近一个月。[2]

　　该线于何时、何处完成对接，亦未有资料明确记载。然从盛宣怀所上李鸿章的两禀相关材料可略推知。盛宣怀第一禀未注明写作时间，但结合第二禀看，当在 1881 年 10 月 26 日至 11 月 18 日（光绪七年九月初四日至二十七日）之间，称："惟南路电线月内可抵台庄，北路约计亦可接头。"[3] 此"月内"应为"九月内"。第二禀说："南线今日已抵台庄，即令与佘守晤面后，折回布置清江机器。沿途小河水线，大约封河必可通报矣。"此禀落款时间为"九月二十七"。[4] 据上推知，对接地点被安排在山东与江苏交接的台庄，且先完成陆路电线，再回头敷设水线。正因为如此，九月二十七日（11 月 18 日），南线抵台庄后，盛宣怀让南线在此等待北线的到来，而让经办佘昌宇折回，布置清江电局及部分水线。可见，架线工作亦同样顺利，基本按计划完成。

　　全线至迟于是年 12 月 3 日接通，[5] 共计 2,736 里（双线），[6] 途经除前述各局所在区域外，还有德州、阿城、安山、韩庄、台庄、窑湾、宿迁等地区，[7]

---

[1] 刘坤一：《复李中堂（光绪七年六月初四日）》，欧阳辅之编：《刘忠诚公（坤一）遗集·书牍》卷十七，第 35 页。

[2] 一般研究者认为南北同时兴工（如夏东元编著：《盛宣怀年谱长编》上册，第 132 页），不确。

[3] 《盛宣怀上李鸿章禀》，王尔敏、吴伦霓霞合编：《盛宣怀实业函电稿》上册，第 201 页。

[4] 同上书，第 202 页。

[5] 是日，"总理衙门有公电至沪，转由外国电线寄达驻德公使，是为中国电报传达外洋之第一信"（吴馨等修：《上海县志》卷十二·交通，1936 年印）。

[6] "中研院"近史所编：《海防档·丁·电线》，第 710 号文，第 1063 页；李鸿章：《各省电线报销折（光绪十年十一月二十一日）附清单》，戴逸、顾廷龙主编：《李鸿章全集》第 10 册，第 671 页。其中旱线 2,724 里（"中研院"近史所编：《海防档·丁·电线》，第 273 号文，第 347 页）。但亦有说："旱电双线二千八百余里"（《盛宣怀上李鸿章禀》，王尔敏、吴伦霓霞合编：《盛宣怀实业函电稿》上册，第 206 页），各电报章程亦多持此说。笔者以为，此数当包括津沽线 120 里。另，津沽线自光绪十年起归官经办（李鸿章：《电线津贴学堂用款折（光绪十三年二月初九日）》，戴逸、顾廷龙主编：《李鸿章全集》第 12 册，第 39 页）。

[7] "中研院"近史所编：《海防档·丁·电线》，第 1435 号文，第 1935—1936 页。津沪线后因水患而改道加线。1898 年 8 月 25 日，天津各洋行洋人让法驻津总领事代禀盛宣怀，表陈对津沪电局传报状况的不满。盛宣怀答称，近数月来，黄河、运河决口，阿城、安山倒杆无数，台庄、窑湾至宿迁一带，几无完土，学生工匠日夜巡修。水中不能立杆处，暂雇民船，在桅上挂线通报，以致点画不清，传递不快。故此，拟另开线路，以避水患：一由宿迁造新线四条达徐州，并由徐州加四条达韩庄，可绕台庄、窑湾一带水患；一由济宁加四线达济南，并由济南过黄河达德州，可绕阿城、安山一带水患；至于天津至德州、宿迁至上海，均已加线四条，克期告成（"中研院"近史所编：《海防档·丁·电线》，第 1435 号文，第 1936 页）。

用银 178,700 余两。[1]12 月 28 日（十一月初八日）正式计费开报。[2]

津沪线因其为晚清所建第一条电报大干线而引起各方关注。英使威妥玛照称："昨因电线由津至沪大功告成……即拟据情转报本国歌丞相……旋于本月十八日（12 月 9 日）接准歌丞相复音……计来文咨发之时，途间仅历十时之久，实为迅速，谨思如此善举，于贵国大有裨益。"[3]《申报》特作题为"电报盛行"的报道。[4]从日后晚清电报发展的历程看，此言有一定前瞻性。该线不仅开启中国电报的大规模建设，且嗣后所设各线，基本是对它向南、西、北等方位的展延。可见，津沪线的创设在近代中国通信史上，确是一件大事。[5]更有甚者，有时人赞称："自可渐观成效，又创成四千年未有之奇局也。"[6]另指出："此诚开辟来之创举也。"[7]表明那时的一些人已将该线的创建视作晚清社会变迁的一大表征，进一步提示出津沪线在中国时下乃至未来的巨大影响。

二、长江线的架建

1883 年（光绪九年）7 月 6 日，两江总督南洋大臣左宗棠奏设电报，"由长江以达汉口"。[8]其实该线酝酿甚早，且并非出自左宗棠的意愿，而是津沪电报商董[9]的计划，迁延一年余，个中曲折反映出的是晚清派系间的隔阂与矛盾。

早在 1882 年 3 月，郑观应等即向左宗棠求设长江线。如果说津沪线是因海防而建，那么长江线的请设则主要是因商务需求。郑观应指出："为海防计，固宜先设津线；为商务计，亟宜添设江线，庶江海联为一气，呼吸相通。"可见，

---

[1] "中研院"近史所编：《海防档·丁·电线》，第 273 号文，第 344 页。但亦有称"共支湘平银十六万数千两"（《盛宣怀等上李鸿章禀》，王尔敏、吴伦霓霞合编：《盛宣怀实业函电稿》上册，第 206 页）。

[2] "中研院"近史所编：《海防档·丁·电线》，第 248 号文，第 294 页。是日，李鸿章寄英京洋文报 104 字，自津至沪报费计洋 20.8 元；寄柏林洋文报 104 字，自津至沪报费计洋 20.8 元；寄美京洋文报 106 字，自津至沪报费计洋 21.2 元（"中研院"近史所编：《海防档·丁·电线》，第 263 号文，第 316 页）。

[3] "中研院"近史所编：《海防档·丁·电线》，第 246 号文，第 293 页。

[4]《电报盛行》，《申报》1882 年 1 月 16 日，第 2 页。

[5] 1947 年，中华民国政府将 1881 年 12 月 28 日定为中国电报事业诞生之日。

[6]《盛宣怀办理津沪电线节略》，王尔敏、吴伦霓霞合编：《盛宣怀实业函电稿》上册，第 211 页。

[7] 张焘：《津门杂记》，中国史学会主编：《洋务运动》第 8 册，第 363 页。

[8] 左宗棠：《筹办沿江陆路电线片（光绪九年六月初三日）》，杨书霖编：《左文襄公（宗棠）全集·奏稿》卷六十一，台湾文海出版社 1979 年版，第 2424—2425 页；"中研院"近史所编：《海防档·丁·电线》，第 498 号文，第 731 页。该线自镇江溯长江而至汉口，时人又称江线、汉线。

[9] 津沪线建成后不久即招商承办（详本书第三章第一节）。

长江线的架建，其主旨是为使沿江，尤其是汉口乃至湘、蜀地区与上海，以至海外联系便捷，以促进贸易的发展。

正因此故，与李鸿章奏设津沪线着重指出电报的防务意义形成鲜明对比的是，郑观应禀设长江线，特别强调电报的商务价值。在郑观应看来，兵战讲求"兵贵神速"，商战亦讲求信息灵通、转运敏捷，唯此方能战胜竞争对手。郑观应指出，自中西贸易开通以来，华商之所以不敌洋商，一重要原因即是洋商以其信息灵通而处处占先。若要改变华商这种不利的竞争态势，必须在中国商贸之区架设电报，以便华商。"长江自镇江溯达湖北，计一千五百余里，中间口岸甚多，而汉口一镇茶市尤为繁盛。水陆交冲，上通湘、蜀……议设电线，应为首要"。[1]

不过，郑观应等禀设长江线，其近因却是津沪线由于初设而入不敷出，商董恐遭其累。按原定计划，津沪线暂由官办，后又转为官督商办。但该线经营初期严重亏损："开办之初，七局月费共需银五六千两，而月收报费仅数百元。"[2]不景气的现状使得电报局招商时，不可避免地面临商股难集的局面。为打消商人顾虑，早在电报局拟定章程、准备招商承办津沪线之时，即有"产丝、产茶各码头尚将陆续添设"电线，以增收入之计划。[3]

1882年1月至2月间，即津沪线由官办转为官督商办前夕，盛宣怀在上海约请浙绅沈善登等，"拟先具公禀请办杭嘉湖宁等处，嗣议先添汉口一线，须由南洋发端，毋而暂缓"。[4]一个月后，郑观应按此议禀呈左宗棠，请办长江线。而当其受阻之时，津沪线股东致函盛宣怀、郑观应说："顷议设长江电线，经两湖批驳，此事姑作罢论。惟津沪电局既归商办，而报赀所入，不敷所出，恐难持久。"[5]可见，禀请开办长江线，亦是电报局为尽快扭转经营之初的不利局面而作出的一项重要举措。

但是，相对于李鸿章奏设津沪线迅速奉准的顺利情形，郑观应等请设长江线则麻烦得多。郑观应将禀呈递上后，一直未获得左宗棠的批文，遂又通过洋务局道员王之春，面见左宗棠，禀商此事。然左宗棠以"电线有益于国、有害

[1] 郑观应：《禀李傅相左中堂请招商集股设立汉口等处电线》，夏东元编：《郑观应集》下册，第1006页。

[2] 郑观应：《致伍秩庸星使论创办中国电报原委书》，夏东元编：《郑观应集》下册，第1026页。

[3] 郑观应：《创办电报局招商章程》，夏东元编：《郑观应集》下册，第1007页。

[4] 上海图书馆藏盛宣怀档案资料：《郑观应、经元善、谢家福致盛康函（光绪八年四月）》。转引自易惠莉：《郑观应评传》，南京大学出版社1998年版，第291页。

[5] "中研院"近史所编：《海防档·丁·电线》，第285号文，第367页。

于商。闻外国电报非商办，皆创自国家"[1] 之论搪塞。之所以如此，关键在于左宗棠麾下重要洋务干员、曾助左宗棠筹饷的富商胡光墉欲经办此线，左宗棠遂不愿让淮系力量插手。[2] 湘淮派系之间的利益冲突和矛盾于此可见一斑。

然郑观应等非但未却步，[3] 而是组织电局股东呈送更大规模的联名公禀，[4] 且为说服左宗棠而致函王之春，例证电报建设意义："文泥剌本南洋小岛而贸易忽兴，电报之设也。君士兰亦东部岛隅而文物忽盛，亦电报之功也"，让其转达左宗棠，以解左之搪塞论点，并请其劝左早日批准施行。[5] 足见郑观应等请设长江线之决心，此亦提示该线潜在的巨大商业价值。

外有声势浩大的商人禀请，内有王之春等人的积极活动，尤为关键的是，其时胡光墉注意力已发生转向，看好国际生丝市场，遂大力收购新丝，企图垄断丝业贸易，以获取更高利润，这一切使得郑等的联名公禀终获批示。左宗棠一方面还是提出，电报只是商贾探价之需，不能决定贸易能否获利，更无关军国大计。但又说："据禀前情，故念各处商情不同，准录禀，禀批咨商湖广督部堂、苏浙抚部院、湖北抚部院，饬询各商集议电线是否应行安设。"[6] 表明已有松动。

郑观应等敏锐察见此中变化，遂趁机又递《呈两湖闽浙总督、鄂豫浙抚创设电线节略》，分别从电局内外两方面情形，强调推广电线的必要性及专办权。[7] 另一方面，既然左宗棠要求"禀批咨商湖广督部堂、苏浙抚部院、湖北抚部院，饬询各商集议电线是否应行安设"，于是，电报股商分头游说，同时另约一些茶商，以津、沪等地已有电线为词，具禀添设长江线。[8]

事态的发展终使长江线的请设有了根本性转机。先是沪粤线因英美等国请设

[1] 郑观应：《致王爵棠观察书》，夏东元编：《郑观应集》下册，第 1011 页。

[2] 夏东元：《郑观应传》（修订本），华东师范大学出版社 1985 年版，第 52—53 页；《按语》，夏东元编著：《盛宣怀年谱长编》上册，第 150 页。

[3] 苏州电报局总办谢家福致函盛宣怀，一度提出江线事若不成，不惜改用水线，此虽建设费加倍，但巡费可省，如此"尚合算得来"（《谢家福致盛宣怀函二十五》，王尔敏、吴伦霓霞合编：《盛宣怀实业朋僚函稿》上册，台湾"中央研究院"近代史研究所 1997 年版，第 524 页），足见商等盼望架设江线的急切心情。

[4]《谢家福致盛宣怀函二十五》，王尔敏、吴伦霓霞合编：《盛宣怀实业朋僚函稿》上册，第 525 页。

[5] 郑观应：《致王爵棠观察书》，夏东元编：《郑观应集》下册，第 1011 页。

[6] 盛档：左宗棠批《呈两湖闽浙总督、鄂豫浙抚创设电线节略》，见夏东元编著：《盛宣怀年谱长编》上册，第 149 页；易惠莉：《郑观应评传》，第 304 页。

[7] 郑观应：《呈两湖闽浙总督、鄂豫浙抚创设电线节略》，夏东元编：《郑观应集》下册，第 1013—1014 页。

[8]《谢家福致盛宣怀函二十七》，王尔敏、吴伦霓霞合编：《盛宣怀实业朋僚函稿》上册，第 526—527 页。

港沪海线而举办，再有中国为保自主之权而将丹国于 1873 年所建吴淞至上海旱线购回（详后）。更为关键的是，1883 年 7 月 5 日，"有洋商议添设水线由长江以达汉口"。内外情势的发展使得左宗棠的态度发生改变，大谈起电报之价值来：

> 窃维电线兴自泰西，无论水陆程途，千万里音信，瞬息可通，实于军情商务大有裨益，即如法国之于越南、俄国之于珲春、日本之于朝鲜，皆设电线。盖有事呼应灵捷，无事可便商贾。故凡用兵要地，通商码头，彼族无不谋佔设电线。

与前论点可谓大异其趣，表明此间的左宗棠并非不知电报之价值，而是另有隐情。尽管洋商欲设长江线一事为盛宣怀、王之春所阻止，但左宗棠担心"洋人狡诈嗜利，未必遽作罢论"，从而侵渔中国利权，遂于翌日正式向清廷奏设长江线，并让盛宣怀等赶紧兴办。[1] 且在经费的筹措方面大开方便之门，初拟"由华商自筹"，[2] 但实际运作时，左宗棠从上海道库两次借拨出使经费库平银 70,000 万两（折湘平银 72,541 两）作为垫款[3]，从而让该线的架设有了一定的经济基础。这一切反映出的是左宗棠的民族大义。

　　酝酿达一年零十个月之久的长江线请设事宜终于尘埃落定。郑观应后来回忆说："与盛宣怀、王之春两公等拟设长江各处电线，初禀左相不许，旋托其左右，反复辩论，然后批准。"[4] 个中曲折艰辛由此概见。这也在一范围内提示，晚清派系间的矛盾对其时近代化活动的干扰。

---

[1] "中研院"近史所编：《海防档·丁·电线》，第 498 号文，第 731 页。盛宣怀于 1883 年 8 月 20 日电李鸿章称"六月初与滕恩议定戛船泊川石山安置线头……宣则赴宁议江线"。盛宣怀未讲明所议内容，不过，对照左奏，应是阻洋商请设江线之议（"中研院"近史所编：《海防档·丁·电线》，第 522 号文，第 758 页）。另，左宗棠奏于 7 月 22 日获清廷允准（世续等纂：《清实录》第 54 册，第 315—316 页）。

[2] 左宗棠：《筹办沿江陆路电线片（光绪九年六月初三日）》，杨书霖编：《左文襄公（宗棠）全集·奏稿》卷六十一，第 2424—2425 页；"中研院"近史所编：《海防档·丁·电线》，第 498 号文，第 731 页。

[3] "中研院"近史所编：《海防档·丁·电线》，第 732 号文，第 1142 页；第 864 号文，第 1348 页。对于左宗棠的拨款，户部咨文总署称："前在上海道库借拨出使经费银七万两，本部检查并无前项借拨案据。相应行文南北洋通商大臣转饬查明，前项银两系于何年月日奏拨，将原案录送本部查核，并将此项收支银两归于奏销案内，详细分晰报部查核可也。"（"中研院"近史所编：《海防档·丁·电线》，第 734 号文，第 1143 页。）对于这批官方垫款，在津沪线官方垫款缴还完毕后，盛宣怀等请续以头等官报费用划抵，获准（"中研院"近史所编：《海防档·丁·电线》，第 732 号文，第 1142 页）。

[4] 郑观应：《致伍秩庸星使论创办中国电报原委书》，夏东元编：《郑观应集》下册，第 1026 页。

线路初拟自镇江循长江至汉口，由于此间镇江至江宁电线已由刘坤一奏设建成，故改由江宁南岸起，经安徽芜湖、殷家汇、大通、安庆、江西九江等地，而达汉口。1883年7月，即左奏奉旨后不久便兴工，约于1884年（光绪十年）四五月间告竣，全长1,630里。[1] 这是继津沪线之后的又一重要电报大干线。它的开通必将对所经，乃至近邻区域经济社会的发展产生积极影响（详后）。

三、沪粤线的架建

1883年1月16日（光绪八年十二月初八日），李鸿章继奏设津沪线后，再次奏请"招商接办由沪至浙、闽、粤各省沿海陆线"。[2] 李氏此举首旨当是抵拒英、美、法、德等列强对该线之觊觎，以保中国利权。这是该线的奏设有别于津沪线、长江线的重要特征之一。

津沪线架设期间，李鸿章曾因大北相助，而准其在中国享有20年海线独占权。[3] 英、美、法、德等国商人对此甚为不满，[4] 遂在上海组建万国电报公司，[5] 欲请设沿海电线，以破除大北的独占权。1882年10月24日，英、美、法、德四国公使正式向总署提出，自上海敷电线达福州、厦门、汕头、香港等处。其理由是，既有的上海至香港海线为单线，一有断损，电报便不通，商民损失匪浅。而近来数月，屡有断线之事，故亟应另设新线。[6]

英、美等国所指出的情况确实存在。[7] 故总署接函后，一面感到此请与李鸿章对大北的允诺直接抵触，遂予驳复；一面要求李鸿章饬知大北，将电线勤加

---

[1] 编委会编：《交通史·电政编》第1章，第17页；经元善：《答友人论沪市情形之关系（1884年1月）》，虞和平编：《经元善集》，第48—49页；《电报商局历年造设电线工程呈数清册（光绪二十九年二月二十日）》，一史馆藏，《邮传部全宗·电政类》，胶片1卷，22-14-1。

[2] "中研院"近史所编：《海防档·丁·电线》，第332号文，第432页；李鸿章：《商局接办电线折（光绪八年十二月初八日）附章程》，戴逸、顾廷龙主编：《李鸿章全集》第10册，第131页。

[3] 详本书第四章第一节。

[4] "中研院"近史所编：《海防档·丁·电线》，第285号文，第365页；"Mr. Angell to Mr. Blaine（1881.1.20）"，*Papers relating to foreign relations of the United States，1881*，Volume 1，Washington：Government Printing office，1882，pp.275—277；"Mr. Angell to Prince Kung（1881.7.16）"，*Papers relating to foreign relations of the United States，1881*，Volume 1，Washington：Government Printing office，1882，pp.280—281。

[5] 又称"富实电报公司"（"中研院"近史所编：《海防档·丁·电线》，第276号文，第352页）。

[6] "中研院"近史所编：《海防档·丁·电线》，第275—278号文，第351—354页。

[7] 同上书，第285号文，第364页。

修整，且报资不得任意增加，以杜他国藉口。[1] 应该说，总署的做法较为允当。李鸿章称："仰见力持定见，权衡至当。"[2] 虽是套话，但也不全为溢美之词。

对于英、美等国的请设，李鸿章一开始即要求抵制，且贯彻始终。就其具体方式言，则经历由单纯说理到"自设此线"的过程。而其"自设此线"的设想则又有从中丹合办到中国自办的演变。这一切皆缘于李鸿章的主权利权意识。

初，李鸿章采取说理的办法，以拒英、美之请。在英、美等国请设沪港海线时，英国正以种种理由阻止广东华合电报公司所建的粤港线在香港上岸。李鸿章就此提出，既然英政府不允华商电线在港上岸，中国则可援例阻止英、美所请设的海线在华各口上岸。[3]

但不久，李鸿章即有中丹合办该线之意。此意的形成源于大北公司另设该线的建议。由于英、美等的请设触及大北利益，故该公司一面请求闽浙总督阻止英人设线，一面让总办恒宁生面商李鸿章，拟再设一条港沪海线。缘由是原港沪线确线单易断，且沿途仅通厦门，不达宁波、温州、福州、汕头等重要口岸。恒氏认为，此既不便于商情，亦不利于中国各省紧要信息的传达。[4]

恒宁生的建议，使得深知一般说理难以持久抵制列强请设的李鸿章，萌生与大北组建华丹电报公司，合建该线之设想，以杜英、美等国觊觎。此当是李鸿章"自制电线以敌彼请"的一贯主张使然。既然"自制"，中国缘何不独办而要合办呢？毕竟合办也是要牺牲部分利权的。这主要是由于"海线比陆线费加几倍"，李鸿章认为"华商独力难任"。可见，李氏并非未考虑到独办问题，而是虑及中国现情，无力独办而已。即便是合办，他也是区分合作对象的。前已述及，在他看来，丹国为小国，易于驾驭。李鸿章是时又称："与其再允各国，自不如仍照前议，准丹国小国公司承揽，尚易钤制。"[5]

---

[1] "中研院"近史所编：《海防档·丁·电线》，第 280—284 号文，第 358—363 页。

[2] 同上书，第 285 号文，第 364 页。

[3] 同上。

[4] 同上书，第 285 号文，第 364—368 页；第 466 号文，第 687 页。英等此议，显然触及了大北在华既得利益，大北、大东两公司也因此展开交涉。先是，大北认为，即便架设第二条海线亦由该公司主持，大东不允。随后，大北提出折中方案：同意英方架设第二条海线，但大东须遵守三点：一是第二道线由大东架设，仍须以大北之名。二是大东应认线端为得丹国之保护乃能上岸。三是大东应与大北订明不向中国续求权利，致碍光绪七年中国所予大北之权。但英方表示上述三条难以接受（"中研院"近史所编：《海防档·丁·电线》，第 435 号文，第 597—598 页）。

[5] 同上书，第 285 号文，第 364 页。

合办是要牺牲部分利权的，但从另一方面看，该路本为大北垄断，故在自力有限的情形下，合办可让华商参与其中，如此亦可部分地收回已失的利权，故此举亦较具积极意义。

大北亦因线路保护问题而甚愿与中方合办，故当李鸿章提出其意向后，恒宁生极为赞成。李鸿章遂饬盛宣怀、郑观应与恒氏密议。[1] 需要指出，前此郑观应等考虑到浙江丝业兴盛，而宁波等地又为徽茶之重要口岸，即有自苏州架线经浙西至宁波之计划，以满足丝茶商人的需求，初拟在长江线建成后，再请设此线。[2] 接李鸿章信函后，盛宣怀会同郑观应、经元善、谢家福、王荣和等联衔禀请，将原来的苏浙线计划加以拓展，拟自苏州、经浙江、福建各通商口岸架设陆线，以达广东，与粤省陆线相接，但提出须由官贴巡费，每年 20,000 两。[3]

既然华商愿意接办此线，只需官贴巡费，李鸿章认为，官商若能合作，可拒外人，遂又改变与丹合办沪港海线的设想，而开始酝酿沿海架设陆线的计划，并让盛、郑力促华商集股承办，以阻列强觊觎，而收中国权利。[4] 总署亦甚愿该线早日开办。[5] 可见，李氏的设线原则与策略是自办为上，万不得已而求外援，则尽量与小国合作，而避免与大国发生关系，以致难以驭控。此当是弱国外交的一大特色。

中国既有自设沪粤陆线计划，对英、美等的请设抵制则更力。1882 年 12 月 6 日，英署使格维讷（T. G. Grosvenor）照会总署，要求执行清廷 1870 年的承诺，允其敷设港沪海线，并称该国洋行已将电线装船启航。[6] 总署不允，指出从前虽议准英商敷设港沪海线，然英商迟迟不办，今大北已设该海线，且与中国陆线相接。英商不设于中国允办之时，而再请于海线已办多年之后，其迟误之咎不在中国，故毋庸另办。倘执意要办，则遵照前议，线端不得上岸。[7]

地方官员亦予力阻。江海关道邵友濂获盛宣怀转来的大北消息，英船

[1] "中研院"近史所编：《海防档·丁·电线》，第 285 号文，第 364—365 页。

[2] 郑观应曾称："至浙江系产丝之地，宁波、温州均为通商口岸，防务、商务并关紧要，拟俟江线有成，再请逐渐推广"（郑观应：《禀李傅相左中堂请招商集股设立汉口等处电线》，夏东元编：《郑观应集》下册，第 1006 页）。又称："汉口茶市所聚，浙西丝斤所出，宁波亦徽茶口岸，三处商人，事关切己，商询情形，另思禀请设线者接踵而至"（郑观应：《呈两湖闽浙总督、鄂豫浙抚创设电线节略》，夏东元编：《郑观应集》下册，第 1014 页）。

[3] "中研院"近史所编：《海防档·丁·电线》，第 322 号文，第 422 页。

[4] 同上书，第 313 号文，第 402 页。

[5] 同上书，第 322 号文，第 422 页。

[6] 同上书，第 297 号文，第 388 页。

[7] 同上书，第 309 号文，第 395 页。

装线已至新加坡，拟明春兴工后，致函英驻沪领事许士（Patrick Joseph Hughes），劝谕大东电报公司（The Eastern Extension, Australasia and China Telegraph Co. Ltd.）不要在上海设线。[1] 驻沪道员马建忠与闻后，电告李鸿章，让其行知英使，海关不允运线船只入口。[2] 闽浙总督何璟札饬台湾府，谨防英设海线。[3] 中国上下形成合力抵制之态势。

与此同时，华商集股事宜亦在紧锣密鼓地进行着。[4] 不日，招股承办沪粤线章程议出。至此，中国自办沪粤线条件业已成熟，李鸿章遂有本节开篇之奏。[5] 而就在李上此奏前两日还致函总署："俟华商沿海陆线开办，英人知此路海线无利可图，或当变计。"[6] 并在其奏中说："惟有劝集华商先行接办由沪至粤沿海各口陆线，以杜外人觊觎之渐，而保中国自主之权，使彼族无利可图，或者徘徊中止。"又说："当此外人窥伺之际，必须激励华商，群策群力，共图抵制。"[7] 这一切进一步提示，李鸿章奏请自设沪粤陆线，首旨确为抵制英、美等国对该处海线之觊觎，而保中国利权。[8]

---

[1] "中研院"近史所编：《海防档·丁·电线》，第 481 号文，第 709 页。

[2] 同上书，第 313 号文，第 403 页。

[3] 冯用、吴幅员编：《刘铭传抚台前后档案》，台湾文海出版社 1980 年版，第 44 页。

[4] "中研院"近史所编：《海防档·丁·电线》，第 329 号文，第 427 页。

[5] 同上书，第 331 号文，第 432—434 页。

[6] 同上书，第 329 号文，第 426 页。

[7] 同上书，第 332 号文，第 433—434 页；李鸿章：《商局接办电线折（光绪八年十二月初八日）附章程》，戴逸、顾廷龙主编：《李鸿章全集》第 10 册，第 131—132 页；《光绪八年十二月初八日前大学士李鸿章奏》，中国史学会主编：《洋务运动》第 6 册，第 339—340 页。

[8] 署北洋大臣张树声后称："英商于上年（1882 年）秋冬间，援据同治九年原议来设沿海电线，经钧署密函知照务应扼定原议，不准牵引线端上岸，只准在船内一语立论，藉资限制。其时英、法、美、德四国公使皆以此事哓渎，嗣经少荃中堂谕饬盛道宣怀劝谕现办津沪陆线华商自设由沪至粤沿海旱线，为抽薪止沸之策，英商始渐就范围。"（"中研院"近史所编：《海防档·丁·电线》，第 472 号文，第 696 页。）两江总督曾国荃亦说："该道盛宣怀禀办苏浙闽粤等省电线，系为抵制洋线侵入各口，以保自主权利起见。"（曾国荃：《查核盛宣怀处分疏 附片（光绪十年八月二十八日）》，萧荣爵编：《曾忠襄公（国荃）奏议》卷二十四，台湾文海出版社 1969 年版，第 23 页。）李鸿章总结指出："窃泰西各国遍设电报，通消息于数万里外，旦夕往还呼应。臣以中国洋务、海防诸大端，事机皆关紧要，非此不能灵捷，即商民之转输贸易者，亦可借此以速致有无，而广收利益。且英、法、美、德各使曾请在上海设立万国电报公司，若中国不亟自为，无以杜外人之狡谋，保我自有之权利。"并说："又奏设上海至浙、闽达广州陆线，并接至香港，自行设局，不使港线侵入粤境，英线进至福州。于是沿海各省电报始得自主，权利不致外散。"（李鸿章：《创办电报请奖折（光绪十一年八月十五日）》，戴逸、顾廷龙主编：《李鸿章全集》第 11 册，第 190 页。）

但该线的架设并不顺利。李鸿章奏两日后获清廷允准。[1]1883年3月开工，[2]不久即因款项问题，[3] 后又因中法战争在即而不得不先修边境电线，致使工程一再推延，直至1885年3月前后方竣，[4]成为继津沪线、长江线之后的中国第三条电报大干线。

线路所经多应商贸需求。该线自苏州起，经嘉兴、南浔、湖州、杭州、绍兴、宁波、兰溪、衢州、浦城、建宁、延平、福州、涵江、兴化、泉州、厦门、漳州、汕头、海丰、潮州、惠州，达广州，[5]计5,015里。[6]其中"杭、嘉、湖三府丝商码头，必得绕由经过，以顺商情"。[7] 而兰溪、浦城、建宁、延平、福州、漳州、潮州等地皆盛产茶叶。余地或通商口岸，或交通要津。于是该线的收益便有一定保障，而该线的架设反过来又将促进所经区域商业贸易的繁盛。

津沪线、长江线以及沪粤线三大干线的架设，构建出中国电报网的主体框架。通过以上对该三线形成过程的研究，不难发现其有以下若干特征。

第一，从架设动机看，全面体现出军事、政治与经济之三大目的。津沪线的架设由清政府主动发起，基本动机是增强防务；沪粤线的架设由清政府被迫发起，直接动机是抵制列强对中国利权的侵渔；长江线的架设则是由华商主动发起，旨在满足商务发展之需求。三大干线的架设首旨也基本代表了后来中国电报网形成的整体思路。

第二，从架设地点看，主要在中国的沿海与沿江地带。津沪线在中国北部沿海，横亘直隶、山东、江苏三省；沪粤线在中国南部沿海，绵延江苏、浙江、福建、广东四省；长江线则沿中国的长江而设，地经江苏、安徽、江西、湖北四省。

---

[1] "中研院"近史所编：《海防档·丁·电线》，第331号文，第432页；世续等纂：《清实录》第54册，第198页。

[2] 编委会编：《交通史·电政编》第1章，第16页。

[3] 详本书第三章第一节。

[4] 1885年4月20日，军机处交李鸿章、曾国荃折称："惟闽粤一线，道远费巨，局多报少，工程两年始竣。"（"中研院"近史所编：《海防档·丁·电线》，第732号文，第1141页。）

[5] 李鸿章：《九江陆线拟接南雄折（光绪十四年四月十四日）》，戴逸、顾廷龙主编：《李鸿章全集》第12册，第386页；"中研院"近史所编：《海防档·丁·电线》，第732号文，第1141页；编委会编：《交通史·电政编》第1章，第16页。

[6] 此指上海至广州。见《电报商局历年造设电线工程呈数清册（光绪二十九年二月二十日）》，一史馆藏，《邮传部全宗·电政类》，胶片1卷，22-14-1。

[7] "中研院"近史所编：《海防档·丁·电线》，第333号文，第435页。

三大干线构建成一幅巨型弓箭图，以上海为箭头，以津沪、沪粤两线为弓臂，以长江线为箭身，全长近万里，展铺在中国的华北、华东、华南及华中大地上，形成中国电报线路发展的基础与骨架。三大干线形成的这种地理特征同样反映出该地区是晚清中国防务与商务之重心所在。

第三，从架设过程看，是外交方式的一次很好展示。中国既有与西人的合作，又有与列强的斗争。然无论是合作抑或斗争，"权自我操"一直是中国架线的基本原则。另外，在与列强的斗争中，尽管中国内部各派系间、各商业群体间矛盾重重，但就对外的大局而言，中国朝野可谓一致，基本做到了"群策群力"。

第四，从架设前景看，尽管一时因中法战争而使得中国商人对电线的架设表现出担忧，但就整体而言，仍甚乐观。在津沪线告成、沪粤线正在架设、长江线已勘路之时，上海电报分局会办经元善在《申报》撰文指出：

> 电报自津沪线造成后，通行渐广，现在添办浙闽粤汉电线……就现在集股八十万元而论，其已成通报之局津沪旧线外，仅浙省数处，约计通盘只有十分之四业已开局售报。然逐月所收报费，除开支一切局用经费，已有官利可望。此局在中国尚如萌芽始发，含苞未放，且为寰中独擅之业。[1]

将新型的电报业比作虽未绽放，但已露出苞朵之花，声称"已有官利可望"，并指出其因在于"寰中独擅之业"。这一切尽管是一局内之人所言，不免"广告"之意，但也部分反映出时人看好晚清电报业的心态。此为晚清电报业进一步发展的重要推动力。

---

[1] 经元善：《答暨阳居士采访沪市公司情形书（1884 年 1 月 12 日）》，《申报》1884 年 1 月 12 日（参见虞和平编：《经元善集》，第 55 页）。经后将此文收入其《居易初集》时略有改动："电报开创自津沪起点，现已展至浙闽粤汉。浙江工程，王副将荣和经办。福建工程，陈参将友定办。广东工程，余太守昌宇经办。汉口工程，姚参将靖戒经办。明年三四月间，可以一律告竣。就现在集股八十万元而论，其已成通报之局，津沪旧线而外，仅浙省数处。业已开机售报者，统计全局只有十分之四。然逐月所收报费，除去开支已有官利可望。此局在中国，如萌芽勃发，且为寰中独擅之业，将来自必畅行。"（经元善：《答友人论沪市情形之关系（1884 年 1 月）》，虞和平编：《经元善集》，第 48—49 页。）

第三节 电报的深入发展

　　津沪、长江、沪粤三大干线建成后，晚清电报进入深入发展时期，直至清政府崩析。所谓深入发展，大抵是在上述三大干线的基础上向纵深展延，从而由线成网。具体而言，以津沪线的延伸而渐成华东、华北、东北电报网，以沪粤线的延伸而渐成东南、华南电报网，以长江线的延伸而渐成华中、西南电报网，以及仍是以津沪线的延伸而渐成西北电报网[1]。需要指出，这四大区域的电报网络又相互连接贯通，从而构成基本覆盖全国的中国电报网。可见，在晚清最后30余年间，中国通信领域的近代化取得重要成就。

　　既存成果多是对晚清主要电报线路进行简单列举，不足之处首先在于难以看出各线间的承接关系，因而无法发现中国电报网在形成过程中所表现出的基本特征；其次因发掘材料不够，故所列线路相当有限。本节将以大量资料为基础，力图更全面地展示晚清所建的主要线路，且揭示各线间的承接关系，进而探讨中国电报网的基本特征，为此细致叙述各线路的建设历程，关注点为建线的动因、时间、路线、里程、经费，以及设局情状等要素。

一、津沪线的延伸及华东、华北、东北电报网的形成

　　津沪线的延伸基本是在华东、华北、东北九省区（江苏、山东、河南、直隶、山西、蒙古、奉天、吉林、黑龙江）展开。据邮传部资料，至1911年底，该地区共建成电报线37,322.05里，[2]电报局房206所。[3]

（一）江苏线

　　江苏省在清季最后30余年共建电报线4,084.90里，[4]电报局房43所。[5]

---

[1] 西北电报网的形成，从空间上讲，仍是津沪线延伸的结果，但独立成形；从时间上讲，起步较晚，且相对集中，故将该区域网单独列出似更合理。另，本书的区划是为行文需要而设，与现行的国家行政区划稍有别，特此说明。

[2] 据编委会编：《交通史·电政编》第2章，第73—74页整理。

[3] 同上书，第55—56页整理。

[4] 同上书，第74页。

[5] 同上书，第56页。具体为：徐州、宿迁、窑湾、清江、淮安、海州、板浦、下口、青口、赣榆、沂州、界首、扬州、十二圩、仙女镇、泰州、如皋、南通州、镇江、丹阳、常州、无锡、苏州、常熟、上海、电政公所、制造局、吴淞、松江、下关、江宁（据《电报学堂造送光绪三十三年秋季各商电局领生花名清册》整理，一史馆藏，邮传部档案全宗·职官，22-53-5）、督署、象山、崇明、福山、浏河、王府园、润德里，以及江阴、吴淞两营局等（据编委会编：《交通史·电政编》第1章，第22页整理）。

除津沪线、沪粤线、长江线所经外，因该省地处海防要冲，故在中法、中日战争期间线路有较大拓展。其主要线路及局房建设历程如下：

江宁线　最早在津沪线基础上延伸的是在其南端搭建的江宁线。李鸿章奏请的津沪线在江苏境内拟经镇江、苏州而达上海，不至省城江宁。两江总督南洋大臣刘坤一与闻后即立即函商李鸿章，拟架设镇江至江宁线。[1] 刘氏此举旨在使得两江总督南洋大臣驻地江宁与江苏巡抚驻地苏州，以及当时中国商贸中心上海之间音信易达，同时可使当时中国两大对外机构——南、北洋大臣衙门之间声息相通。该线于 1881 年 10 月开工，至翌年 2 月完竣，建成旱电双线 160 余里，并设电报分局于金陵制造局，[2] 共用银 11,918 两，[3] 历时颇长，耗费较巨。

江阴、吴淞及下关等炮台线　1884 年中法开战前夕，为增强防务能力，两江总督曾国荃派金陵电报局委员龚照瑗等到江阴、吴淞等炮台考察，拟架电线，以通消息。是年 6 月下旬，两处电报开通。其中，江阴炮台至无锡 80 余里，为旱线；吴淞炮台至吴淞电报分局 10 里，为水线。两线共用银 2,358 两。与此同时，下关江口炮台至金陵电报局电线亦完竣，计程 20 里，用银 182 两。上述三线所用银两皆由南洋筹防局拨支。[4]

江阴、崇明、乍浦、通州、海州各线　中日战争爆发后，为加强海

[1] "中研院"近史所编：《海防档·丁·电线》，第 240 号文，第 289—290 页；刘坤一：《江宁接办电线片》，欧阳辅之编：《刘忠诚公（坤一）遗集·奏疏》卷十八，第 54 页。

[2] "中研院"近史所编：《海防档·丁·电线》，第 352 号文，第 456—458 页；第 543 号文，第 791 页；刘坤一：《江宁接办电线片》，欧阳辅之编：《刘忠诚公（坤一）遗集·奏疏》卷十八，第 54 页；刘坤一：《致李中堂（光绪七年七月十四日）》，欧阳辅之编：《刘忠诚公（坤一）遗集·书牍》卷十七，第 38 页。

[3] "中研院"近史所编：《海防档·丁·电线》，第 779 号文，第 1212 页；第 854 号文，第 1335 页。另，江宁线建成不久，中国电报局又在江苏境内添扬州支线。《申报》报道："扬州电线局于五月十四日完工，自南路入广诸门，归总于李韵亭观察别墅之院中，即为总局。然后分线北向，接至万福桥，迤逦北去，自仙、邵二镇、高邮，实应淮城，以至清河县。"（《电线成功》，《申报》1882 年 7 月 8 日，第 2 页。）

[4] "中研院"近史所编：《海防档·丁·电线》，第 665 号文，第 1007 页；第 693 号文，第 1046 页；第 779 号文，第 1212 页；曾国荃：《加置电线片（光绪十年六月二十二日）》，萧荣爵编：《曾忠襄公（国荃）奏议》卷二十三，第 21 页。又，是年 9 月 4 日，钦差会办南洋事务陈士杰行辕至金陵电报局电线架成，用银 297 两，由海防经费开支（"中研院"近史所编：《海防档·丁·电线》，第 678 号文，第 1017 页）。

防，[1] 1894 年 12 月，署两江总督张之洞饬上海电报局委员杨廷杲，[2] 分设五路水陆电线，即江阴线（自吴淞起，经宝山、浒浦、福山，以达江阴，277 里）、崇明线（沿吴淞南岸，经狮子林，至北岸崇明，118 里）、乍浦线（自上海起，越黄浦江，经川沙厅、南汇、奉贤、金山之海塘，达乍浦，268 里）、通州线（分三路：由镇江南岸象山起至圌山关，约 51 里；由镇江北岸瓜洲起至都天庙，约 20 里；由扬州起至通州之任家港，并横接泰州，约 346 里）、海州线（自清江起，至海州及赣榆之青口，并横接板浦，约 296 里），共 1,376 里，用银 75,841 余两。[3] 各线至 1895 年 4 月相继竣工通报。[4]

（二）直隶线

津沪线接通后，中法因越南问题关系日益紧张，电线逐渐向北展延。至 1911 年底，直隶共建成电报线 7,953.98 里，[5] 报局报房 52 所。[6] 其主要线路及局房建设历程如下：

---

[1] 《盛宣怀上刘坤一电（光绪二十年七月十九日）》，王尔敏、吴伦霓霞合编：《清季外交因应函电资料》，香港中文大学出版社 1993 年版，第 121 页；"中研院"近史所：《海防档·丁·电线》，第 1042 号文，第 1558 页；张之洞：《分设军报电线片（光绪二十一年四月初四日）》，苑书义等主编：《张之洞全集》第 2 册，河北人民出版社 1998 年版，第 964 页；刘坤一：《核销电线经费责成地方看管片》，欧阳辅之编：《刘忠诚公（坤一）遗集·奏疏》卷二十六，第 27 页。

[2] "中研院"近史所编：《海防档·丁·电线》，第 1042 号文，第 1558—1559 页；张之洞：《分设军报电线片（光绪二十一年四月初四日）》，苑书义等主编：《张之洞全集》第 2 册，第 964—965 页；1895 年 1 月 15 日，杨子萱致函经元善："兼之三奉香帅电饬，添设川沙至金山；乍浦、通州至扬州；清江至海州线，须分三路赶造，道路甚长，用人用料较多，现在集找派人等事，万分栗碌。会禀一节俟绥翁复到，即请附列贱名可也。一切偏劳，不安之至。手叩升安。"（经元善：《又接杨子萱来函（1895 年 1 月 15 日）》；虞和平编：《经元善集》，第 129 页。）

[3] 刘坤一：《核销电线经费责成地方看管片》，欧阳辅之编：《刘忠诚公（坤一）遗集·奏疏》卷二十六，第 27 页。

[4] "中研院"近史所编：《海防档·丁·电线》，第 1042 号文，第 1558—1559 页；张之洞：《分设军报电线片（光绪二十一年四月初四日）》，苑书义等主编：《张之洞全集》第 2 册，第 964—965 页。

[5] 编委会编：《交通史·电政》第 2 章，第 73 页。

[6] 同上书，第 55 页。具体为：北京、前门、南苑、民政部、外务部、农工商部、学部、度支部、陆军部、邮传部、挂甲屯、北通州、高碑店、怀来、宣化、张家口、塘沽、大沽、迁安、泊头、保定、获鹿、井陉、顺德、正定、石家庄、天津、紫竹林、密云、古北口、承德、平泉、建昌、朝阳、赤峰、围场、山海关、唐山、滦州、昌黎、秦皇岛、北戴河、河间、梁格庄、大名、广平、高村、永定河、马厂、小站（据《电报学堂造送光绪三十三年秋季各商电局领生花名清册》，一史馆藏，邮传部档案全宗·职官，22-53-5；《直隶官电局所区域一览表》，《邮传部第三次电政统计表》，第 524 页，一史馆藏，邮传部全宗·电政类，胶片 3 卷，22-23-1；编委会编：《交通史·电政编》第 1 章，第 23—25 页整理）。

津京线　津沪线向北的延伸首先是津京线。这段全长不及 300 里的线路却分两节建成。先是津通线（天津至通州）的架建。津沪线开通后，京津间仍是使用马递电报。[1]此种情状严重制约了廷枢与地方的快捷联系。中法关系紧张后，曾纪泽向总署提出尽快将津沪线拓展至京，认为此举于外交、军事皆有裨益："可壮声威以保和局，灵呼应以利战事。"[2]前已论及，李鸿章本愿架建京沪线，出于策略上的考虑，退一步由天津设起，此时与闻曾的建言，遂揆情度势，于 1883 年 7 月 17 日正式奏请将津沪线拓展，"拟暂设至通州"。[3]这与曾氏的建言及李鸿章的本愿仍有一定差距。在津沪线已通一年半余、沪粤线正在架设之时，李鸿章有此设计，反映出京城保守氛围仍相当厚重。[4]是年 9 月 18 日，全长 245 里的津通线完工通报。[5]

再是京通线的架建。1884 年中法关系进一步紧张，总署急需京城消息灵便，遂于 7 月 12 日奏设京通线两条：一至外城，于东河沿近处择地设商局；一至内城，设官局于泡子河距总署较近处，专收发官电。[6]8 月 21 日，电线由通州架至崇文门外喜鹊胡同。[7]22 日商局开局。次日，由崇文门东水关铁闸起架内城电线，

[1] 总署欲发普通电报，一般先拟出电码，封交总税务司，由其拨驲（新闻马）而达天津电报总局照发（"中研院"近史所编：《海防档·丁·电线》，第 248 号文，第 294 页）。然马递常受汛情影响。光绪九年七月初六日，总税务司赫德致函总署，指出雨水汛涨，京津间河流数处决口，暂定当月初九、十二、十六、十九、二十三、二十六为发信之日，俟月底再为酌订。倘总署月内有寄津之电信，如不遇规定日期，即祈专差送津。并转饬天津电报局，如遇有由沪寄来之电信，倘非所定日期，即转呈总督衙门送京，以免贻误（"中研院"近史所编：《海防档·丁·电线》，第 507 号文，第 744 页；第 508 号文，第 745 页；第 509 号文，第 745 页）。其紧要密电，均交驿站五百里或六百里径达津海关转交电报总局递发（"中研院"近史所编：《海防档·丁·电线》，第 248 号文，第 294 页；第 508 号文，第 745 页；第 509 号文，第 745 页）。

[2] "中研院"近史所编：《海防档·丁·电线》，第 496 号文，第 728 页。

[3] 同上书，第 729 页。

[4] 李鸿章前此很有可能碰过壁。1883 年 2 月 3 日，电报局委员蒋文霖、王继善拟设北京至通州电线，步军统领衙门派惠春、刘殿臣随同前往李铁拐斜街做测量工作（"中研院"近史所编：《海防档·丁·电线》，第 351 号文，第 455 页；第 356 号文，第 461 页）。电报局此举应是李鸿章的意思。当时的情况可能是，中国西南边疆告急，李鸿章欲将津沪线展京，拟分别由北京、天津架至通州交汇，后不了了之。据李鸿章奏的话语推测，此举在京城遇阻而被迫中止。

[5] "中研院"近史所编：《海防档·丁·电线》，第 710 号文，第 1063 页；李鸿章：《各省电线报销折（光绪十年十一月二十一日）附清单》，戴逸、顾廷龙主编：《李鸿章全集》第 10 册，第 671 页。

[6] "中研院"近史所编：《海防档·丁·电线》，第 625 号文，第 973 页；第 741 号文，第 1152 页。

[7] 同上书，第 663 号文，第 1006 页。

至泡子河关帝庙，设立官局。[1] 31 日官局开局。[2] 至此，津京线全线开通，总长 283 里。[3] 在中国自建第一条电报线 7 年后、第一条电报大干线通报近 3 年之后，北京终通电报，姗姗来迟，反映出区域间守旧氛围的差异性。但无论如何，京城这一传统思想最重之区，引入此类近代文明，大有益于中国其他地区进一步开通风气。

山海关线　山海关线的架设旨在增强北洋防务能力。1884 年 5 月 19 日，李鸿章奏设北塘至山海关线，认为时下海防吃紧，津沽北塘至芦台、乐亭、昌黎、山海关、营口、旅顺，皆系北洋重要防区，应通电报，以速军情。该线长 2,000 余里，需银约 100,000 余两，其中仅营口一处略有商报，故难仿津沪等线招商承办方式，遂提出照西方国家关涉政务之线皆由官造之例，及广西梧州至龙州电线成案，由官办理是线。然北洋一时又难筹巨款，于是暂设北塘至山

---

[1] "中研院"近史所编：《海防档·丁·电线》，第 667 号文，第 1008 页；第 669 号文，第 1010 页；第 671 号文，第 1011 页；第 674 号文，第 1012 页。

[2] 同上书，第 673 号文，第 1012 页；第 674 号文，第 1012 页。1898 年 4 月 7 日，总署因近来收发电报既多且要，以电局设在署外，诸多不便（迟延、泄漏），令内局委员，妥速在署内择地设局（"中研院"近史所编：《海防档·丁·电线》，第 1380 号文，第 1891 页），迅即设成（1901 年 10 月 19 日，内局委员庄佩兰禀外务部，称北京电报官局创于光绪十年，恭办电旨及总、京外各衙门电报，承上启下，事体极为烦重，自戊戌年移入总署，迄今四年。现总署改为外务部，电局自应相应改为外务部电局（"中研院"近史所编：《海防档·丁·电线》，第 1678 号文，第 2199 页）。

　　内城电局移总署后，1900 年又拟在内城另设电局。此是应德奥公使所请。1899 年 11 月 17 日，德使克林德（Baron Clemens Ketteler）向总署提出在京内设一电报局。在此前后，奥使齐干（Moritz Freiherr von Czikann）亦有同样之请。总署应允，但先找不到合适地点（"中研院"近史所编：《海防档·丁·电线》，第 1646 号文，第 2175 页；第 1648 号文，第 2176 页），继适庚子事变而一再耽搁。直至 1902 年，内城电局重设。位于西长安街，即西城分局（[日]服部宇之吉著，张宗平、吕永和译：《清末北京志资料》，燕山出版社 1994 年版，第 403 页；北京市西城区志编纂委员会编：《北京市西城区志》，北京出版社 1999 年版，第 518 页）。嗣后又相继增设其他，见前列。

　　另，总署报房后移外务部的情形大抵是：1900 年 8 月八国联军攻入北京，将总署报房占用，翌年 8 月中旬交出。电局委员庄佩兰随即禀外务部总办，并于当日往视，见局房均未损坏，遂择期开办（"中研院"近史所编：《海防档·丁·电线》，第 1674 号文，第 2197 页）。得允（"中研院"近史所编：《海防档·丁·电线》，第 1666 号文，第 2198 页）。11 月 14 日，庆亲王奕劻饬庄佩兰于本月 30 日前设妥外务部电局（"中研院"近史所编：《海防档·丁·电线》，第 1679 号文，第 2200 页）。盛宣怀拟由贤良寺电局接通外务部（"中研院"近史所编：《海防档·丁·电线》，第 1680 号文，第 2200 页）。电局委员柏斌提出，将贤良寺电报局裁撤，由二条胡同电局接至外务部署内，安机通报（"中研院"近史所编：《海防档·丁·电线》，第 1687 号文，第 2206 页）。得盛允准，外务部电局遂设。

[3] 其中，京通线长 38 里（"中研院"近史所编：《海防档·丁·电线》，第 691 号文，第 1044 页）。

海关线，用款在北洋海防经费项下动拨。[1] 时值中法战争，该工程遂于李鸿章奏的当月开办，8月中旬完竣，建线 535 里，用银 31,961 两。是为北洋官线第一案。[2]

保定线、东明线 清制，直隶总督兼北洋大臣者，须春夏驻天津，秋冬驻保定。李鸿章认为，驻天津时则距省城较远，司道等禀商地方紧要事件，文牍往返需时；驻省时更觉一切海防洋务，尤需电线传递，声息方可灵通。为加强保定与天津之间的联系，虑及此两地间非为商业通衢，商报当少，李鸿章再提出官办此线。工程自 1885 年 9 月始，由天津、静海、大城、文安、霸州、雄县、安州、容城、安肃、清苑达保定，全程 300 余里。10 月 31 日工竣通报，用银 19,100 余两，由练饷项下陆续拨发。[3]

直隶大明府东明扼黄河下游，尤关汛防，"倘消息迟滞，必致贻误事机"，是时山东曹县已设商线，李鸿章认为，若将该处电线接至东明高村，计 135 里，需款不多，遂于 1889 年饬候补道佘昌宇等查勘办理。当年 11 月 29 日开工，"自黄河中汛高村设立报房，由开州地界立杆，入东明县境，经城东北复入开州境，再入东明县界，以达菏泽、长垣等县。复经东明县境抵曹县界，经刘凸者一带村庄而入曹县城，与商线电杆衔接"。同年 12 月 17 日一律工竣，用银 6,735 两，由练饷局收存大名厘金项下拨发清款。[4]

热河线、临城线 1891 年 11 月，热河朝阳金丹道教民起事，两月后遭清廷镇压。翌年 5 月，李鸿章与都统奎斌函商善后事宜，感到音信非十多日不能往返，呼应不捷，遂奏设天津至热河线。方案拟为：由天津至通州 200 余里，借商局电杆挂线；自通州出古北口至承德府 410 里；朝阳至奉天锦州 180 里。

---

[1] "中研院"近史所编：《海防档·丁·电线》，第 605 号文，第 940 — 941 页；第 606 号文，第 942 页；第 862 号文，第 1342 页。此线之议原于津海关道周馥（《秋甫周尚书（玉山）全集·卷首·行状》，台湾文海出版社 1967 年版，第 85 页）。

[2] 李鸿章：《北洋电线报销折（光绪十七年七月二十八日）》，戴逸、顾廷龙主编：《李鸿章全集》第 14 册，第 146 页。

[3] "中研院"近史所编：《海防档·丁·电线》，第 807 号文，第 1248—1249 页。1889 年 10 月 29 日，陕甘总督杨昌濬等奏设陕甘线，为清廷允准。因该线保定至西安段为商办，西安至嘉峪关段为官办，为使天津至西安商线全线贯通，盛宣怀就此拟由津沿官杆加挂商线至保定，以与西路接通。具体情况是：由紫竹林局添机出线，沿官局电杆至保定分局（《佘昌宇致盛宣怀函 三十七》，王尔敏、吴伦霓霞合编：《盛宣怀实业朋僚函稿》中册，第 1156 页）。

[4] 李鸿章：《东明接设电线片（光绪十六年三月初二日）》，戴逸、顾廷龙主编：《李鸿章全集》第 13 册，第 331 页。

经费待事竣由海防支应局报销。[1]该工程当年完竣，在古北口设热河电报分局。[2]但"由承德至朝阳，及由朝阳至奉省中间电线，因经费不足，未能一律接通"。1898年12月12日，直隶总督北洋大臣裕禄又奏设该两线，"俾资联络一气"。自承德至朝阳600里，朝阳至奉省又600里，共需银39,600两，裕禄提出由电局积存报费项下动支。该线于翌年春开办，约于是年秋初竣事。[3]

1910年，临城矿务局提出接设临城电线，由顺德加挂一线至内邱，计60里；由内邱立杆至临城，计35里。共需洋4,798元。是年9月15日，邮传部准请，但要求由该处绅商认筹架线及设局经费，并让该局与电政局接洽办理。[4]是年底，该线建成。

（三）东三省（奉天、吉林、黑龙江）线

津沪线展至山海关后不久中法战争爆发，该线迅即向东三省拓延。至1911年底，该地区共建电报线10,599.15里，[5]报局报房64处。[6]其主要线路及局所报房建设历程如下：

旅顺线 中法开战后，法人声称不日北上，山海关至旅顺一带海防吃紧。据前已知，此时山海关线已建成，清廷遂让李鸿章速办山海关、经营口至旅顺旱线。工程自1884年9月起兴，至次年4月完竣，共设电线1,418里。经费方面，李鸿章先于1884年9月21日奏请，将追提浙江典商原领练饷制钱成本205,000串项下，购粮运京平糶余款银79,300余两挪用，不敷之数

---

[1] 李鸿章：《筹办热河电线片（光绪十八年四月二十七日）》，戴逸、顾廷龙主编：《李鸿章全集》第14册，第399—400页；世续等纂：《清实录》第56册，第45页。

[2] "中研院"近史所编：《海防档·丁·电线》，第1740号文，第2288页；第1743号文，第2291页。

[3] 《裕禄奏》，一史馆藏，军机处录副，光绪朝·工业商业贸易交通运输工程类·邮电项，胶片533卷，03-144-7148-20。

[4] 《本部咨直督临城设线应照宜成案办理文（宣统二年八月十二日）》，《交通官报》第23期，第9—10页。

[5] 编委会编：《交通史·电政编》第2章，第734页。

[6] 具体为：法库门、通江、公主岭、铁岭、奉天、义州、新民、开原、锦州、吉林、营口、东边、伊通州、长春、昌图、伯都讷、陶赖昭、宁古塔、哈尔滨、新店、德墨里、三姓、格站、万里河、富克亭、拉哈苏苏、齐齐哈尔、墨尔根、爱珲、海兰泡、海拉尔、通江子、珲春、延吉、额木索、榆树、双城厅、阿什河、呼兰府、绥化府、海伦厅、伯都讷、齐齐哈尔、墨尔根、新甸、润富克锦、陶赖昭、大东沟、安东、凤凰城、大孤山、海城、辽源州、洮南府、通化、临江、兴京、抚顺、怀仁、辑安、小城子、宾州、锦州、刘龙台（据《电报学堂造送光绪三十三年秋季各商电局领生花名清册》，一史馆藏，邮传部档案全宗·职官，22-53-5及编委会编：《交通史·电政编》第1章，第26—28页整理）。另，编委会编：《交通史·电政编》第2章，第56页称31处，不确。

再由支应局筹凑。[1] 接着又于是年 10 月 25 日奏请，在长芦欠解奉饷内酌提银 20,000 两作为奉省架线经费。[2] 该线实用银 97,316 两，[3] 为北洋官线第二案。

奉天府线、珲春线　山海关至旅顺线议架时，奉天将军庆裕即欲设奉天省城至营口线，因虑用款过巨，未正式提出。旅顺线开工后，记名提督左宝贵与闻指出，如由营口接至省城，添料不多，所费不巨。庆裕遂函商李鸿章。李氏提出工料经费约需 20,000 两，可由长芦欠解奉饷内酌提拨。但奉省先应拨银 10,000 两交电局，以便年内勘路、开春赶设。[4] 庆裕遂在练饷项下将款提出。[5] 该工程于 1885 年 4 月完竣，[6] 设线 360 余里，[7] 并在奉天府建电报分局。[8]

奉天府接通电线后，为加强边防，李鸿章等即考虑架设奉天经吉林省城，达中俄边境珲春之线。吉林将军长顺极表赞同，认为"吉林为国家根本重地"，奉天城与珲春、宁古塔远隔数千里，"欲使气息呼吸灵通，非设立电线不可"。[9]1885 年 12 月 7 日，李鸿章正式奏设该线，估需银 130,000 余两，拟从沪海关出使经费项下先行拨借 50,000 两，再由户部垫借 50,000 两（此银由吉林防饷项下分作五年扣还），不敷 30,000 两由商人集资，照各省展线成案，

---

[1] "中研院"近史所编：《海防档·丁·电线》，第 677 号文，第 1015—1016 页；第 681 号文，第 1019—1021 页；第 711 号文，第 1065—1066 页；李鸿章：《北洋电线报销折（光绪十七年七月二十八日）》，戴逸、顾廷龙主编：《李鸿章全集》第 14 册，第 145—146 页。

[2] 同上书，第 700 号文，第 1051 页。

[3] 线长：包括沈阳营口线 360 里，共 1778 里；经费：包括沈营线用费 10,000 两，计 107,316 两（李鸿章：《北洋电线报销折（光绪十七年七月二十八日）》，戴逸、顾廷龙主编：《李鸿章全集》第 14 册，第 145—146 页；《光绪十年十一月二十日盛京将军庆裕片》，中国史学会主编：《洋务运动》第 6 册，第 362—363 页）。

[4] "中研院"近史所编：《海防档·丁·电线》，第 711 号文，第 1065 页；《光绪十年十一月二十日盛京将军庆裕片》，中国史学会主编：《洋务运动》第 6 册，第 362—363 页。

[5] 《光绪十年十一月二十日盛京将军庆裕片》，中国史学会主编：《洋务运动》第 6 册，第 363 页。

[6] 李鸿章：《北洋电线报销折（光绪十七年七月二十八日）》，戴逸、顾廷龙主编：《李鸿章全集》第 14 册，第 145—146 页。

[7] 《光绪十年十一月二十日盛京将军庆裕片》，中国史学会主编：《洋务运动》第 6 册，第 363 页。

[8] "中研院"近史所编：《海防档·丁·电线》，第 862 号文，第 1342 页；第 863 号文，第 1343 页；第 865 号文，第 1351 页；第 880 号文，第 1378 页。其中，由津至沈为双线（《朱其诏致盛宣怀函二》，王尔敏、吴伦霓霞合编：《盛宣怀实业朋僚函稿》上册，第 323 页）。

[9] 《长顺奏》，一史馆藏，军机处录副，洋务运动类·邮电项，胶片 674 卷，03-168-9437-31。

分年由该商局缴还官本，仍酌提若干抵官报信资。[1]1886年4月，盛宣怀派员勘路，随即架线，由奉天府办起，[2]9月7日架至宁古塔，翌日该地电局开报。[3]10月中旬架至珲春，[4]共设线1,847里。[5]

黑河屯线、海兰泡线 奉天府通电报后，会办东三省练兵事宜穆图善遂于1886年1月6日（光绪十一年十二月初二日）提出架设由奉天经黑龙江省城齐齐哈尔达黑龙江城电线，[6]"以通边报"。[7]李鸿章亦认为，"边疆系维根本"，故该线理当架设。[8]但因经费问题，直至1887年3月16日才由署黑龙江将军恭镗正式奏设。线路方面，因吉林线已通，遂拟自吉林府设起，历伯都讷、黑龙江省之茂兴、齐齐哈尔、墨尔根、内兴安岭，抵黑河屯；经费方面，需银100,000余两，拟请户部与北洋垫之，俟江省饷项稍裕后拨还。[9]

户部遂照吉林设线成案，让北洋拨银50,000两，其余50,000两由部垫发。对于户部所要求的北洋筹垫50,000两，1887年5月，李鸿章再奏请仍在江海关出使经费项下拨出。[10]是年夏，该工程自吉林府起兴，8月9日

---

[1] "中研院"近史所编：《海防档·丁·电线》，第794号文，第1235—1236页；第796号文，第1237页。李鸿章：《黑龙江电线筹款片（光绪十三年四月三十日）》，戴逸、顾廷龙主编：《李鸿章全集》第12册，第105—106页；其中，奉至吉为双线（《佘昌宇致盛宣怀函 二》，王尔敏、吴伦霓霞合编：《盛宣怀实业朋僚函稿》中册，第1114页）。

[2] "中研院"近史所编：《海防档·丁·电线》，第827号文，第1285；李鸿章：《筹办奉天吉林电线片（光绪十二年三月十五日）附清单》，戴逸、顾廷龙主编：《李鸿章全集》第11册，第354页；《佘昌宇致盛宣怀函 二》，王尔敏、吴伦霓霞合编：《盛宣怀实业朋僚函稿》中册，第1116页。

[3] "中研院"近史所编：《海防档·丁·电线》，第849号文，第1325页；《佘昌宇致盛宣怀函 十》，王尔敏、吴伦霓霞合编：《盛宣怀实业朋僚函稿》中册，第1128页。

[4] 《佘昌宇致盛宣怀函 十一》，王尔敏、吴伦霓霞合编：《盛宣怀实业朋僚函稿》中册，第1129页；《佘昌宇致盛宣怀函 九》，王尔敏、吴伦霓霞合编：《盛宣怀实业朋僚函稿》中册，第1127页。

[5] 《电报商局历年造设电线工程呈数清册（光绪二十九年二月二十日）》，一史馆藏，邮传部全宗·电政类，胶片1卷，22-14-1。其中，吉林府至宁古塔630余里，宁古塔至珲春670里（"中研院"近史所编：《海防档·丁·电线》，第2106号文，第2740页）。

[6] 《光绪十一年十二月初二日会办东三省练兵事宜穆图善片》，中国史学会主编：《洋务运动》第6册，第374页。

[7] 《依克唐阿等奏》，一史馆藏，军机处录副，洋务运动类·邮电项，胶片674卷，03-168-9437-35。

[8] 《李鸿章等奏》，一史馆藏，军机处录副，洋务运动类·邮电项，胶片674卷，03-168-9436-51。

[9] 《光绪十三年二月二十二日署黑龙江将军恭镗等奏》，中国史学会主编：《洋务运动》第6册，第382—383页。

[10] 李鸿章：《黑龙江电线筹款片（光绪十三年四月三十日）》，戴逸、顾廷龙主编：《李鸿章全集》第12册，第105—106页；《光绪十三年四月二十三日直隶总督李鸿章片》，中国史学会主编：《洋务运动》第6册，第384页。

入黑龙江境之茂兴，后历齐齐哈尔、布特哈、墨尔根、兴安、黑龙江等城，达黑河镇，10 月 16 日告竣。[1] 线长 1,976 里，[2] 并于齐齐哈尔设分局，伯都讷设子局，黑河屯设子店，爱珲设报房。[3] 后又展线至海兰泡，[4] 共用银113,520 余两。[5]

凤凰城线、东沟线　　凤凰城线的架设源于奉命赴朝处理甲申政变的都察院左副都御史吴大澂之请。旅顺设线的当年（1884 年）冬天，吴氏提出由奉省筹款添设旅顺至凤凰城、并出边界至朝鲜都城电线，以便掌控朝鲜军政情报。翌年 6 月 22 日李鸿章上折赞同。[6] 因旅顺线时已延至奉天，李氏遂提出展设奉天线，东出凤凰边门而抵义州。是年 8 月，该线兴工，[7] 10 月 23 日凤凰城分局开报，每月经费 200 两，[8] 至 11 月全线完竣，计设线 610 里，用银 34,652 两，由江海关出使经费项下拨出，是为北洋接设官线之第三案。[9]

大东沟为海道转运要地。凤凰城线建成后，盛宣怀遂于 1887 年 7 月提出由义州接造支线至东沟，并拟在东沟设子店。该线长 70 里，因由义州、东沟两头兴工，不久即成。[10]

呼伦呼兰线　　中俄拟建中东铁路后，黑龙江将军恩泽感到，该铁路必经江省两大商贸重镇——呼伦与呼兰，而贯江省南北的茂兴至黑河屯大干线并未分

---

[1]《光绪十年四月二十二日黑龙江将军恭铠奏》，中国史学会主编：《洋务运动》第 6 册，第 416 页。

[2]《李鸿章奏》，一史馆藏，军机处录副，洋务运动类·邮电项，胶片 674 卷，03-168-9437-62。一说 1,400 余里（《光绪十年四月二十二日黑龙江将军恭铠奏》，中国史学会主编：《洋务运动》第 6 册，第 416 页）。

[3]《依克唐阿等奏》，一史馆藏，军机处录副，洋务运动类·邮电项，胶片 674 卷，03-168-9437-42。

[4]《光绪十九年三月初十日总理各国事务奕劻等奏》，中国史学会主编：《洋务运动》第 6 册，第 454 页。其中吉省境内 625 里（《恭铠片》，一史馆藏，军机处录副，洋务运动类·邮电项，胶片 674 卷，03-168-9437-23）。

[5]《李鸿章奏》，一史馆藏，军机处录副，洋务运动类·邮电项，胶片 674 卷，03-168-9437-62。

[6]"中研院"近史所编：《海防档·丁·电线》，第 759 号文，第 1180 页；王彦威、王亮：《清季外交史料》卷五十八，台湾文海出版社 1963 年版，第 17 页；《光绪十一年三月初三日直隶总督李鸿章等奏》，中国史学会主编：《洋务运动》第 6 册，第 366 页。详见本节附二。

[7] 李鸿章：《北洋电线报销折（光绪十七年七月二十八日）》，戴逸、顾廷龙主编：《李鸿章全集》第 14 册，第 146 页；"中研院"近史所编：《海防档·丁·电线》，第 776 号文，第 1209 页。

[8]《庆裕奏》，一史馆藏，军机处录副，光绪朝·工业商业贸易交通运输工程类·邮电项，胶片 533 卷，03-144-7148-2。

[9] 李鸿章：《北洋电线报销折（光绪十七年七月二十八日）》，戴逸、顾廷龙主编：《李鸿章全集》第 14 册，第 146 页；"中研院"近史所编：《海防档·丁·电线》，第 776 号文，第 1209 页。

[10]《盛宣怀致□一山函》，王尔敏、吴伦霓霞合编：《盛宣怀实业函电稿》上册，第 240—241 页。

出支线，达此二城，故当下应设此线。[1]1898 年 11 月 23 日恩泽致函盛宣怀，提出设线意向。盛宣怀表示赞成。恩泽遂准备物料，翌年 5 月 6 日正式向清廷奏设该线。线路拟从茂兴站加挂支线，经费拟暂由烟厘项下动用，将来以报费抵还。该线不久建成，线长约 380 里，实用银 18,518 两余，[2]是为西路电线。同年 11 月，又展设松花江岸线，计程 59 里，是为南路电线。[3]

奉天长春、吉东吉北、哈尔滨齐齐哈尔线　日俄战争爆发后，东三省电线多为该两国侵损。战争结束后，督办电政大臣直隶总督袁世凯于 1906 年委派北京电报局总办黄开文，兼办东三省电报，"筹办经年，除将奉直之线接通外，其奉天至长春一路，则全沿铁道新设，以与长春至吉林原杆线相接，然后奉吉之报始通"。[4]

1907 年 8 月，日本派兵侵入吉林省延吉厅，设立"朝鲜统临府临时间岛派出所"。为处理此事宜，民政部尚书调任东三省总督的徐世昌电商邮传部，仍派黄开文赶设吉林至延吉厅以及黑龙江省两路电线。线路在吉林 2 条：一为东路，经宁古塔、珲春，而达延吉厅，计 1,530 余里；一为北路，由吉林接线至榆树，经双城厅，以达哈尔滨，计 380 余里，估需银 19 万余两。在黑龙江，拟由哈尔滨展修，经呼兰、绥化两府、海伦厅，以至齐齐哈尔，约 800 余里，需银在 10 万两左右。上述款项，徐提出由吉、江两省筹拨，并电明邮传部。1908 年 6 月 15 日，徐世昌奏知清廷，21 日奉准。是年该线建成。

（四）山东线

山东为海防要冲、河工重地。中法、中日战争期间将津沪线展延较多，20 世纪初又架建一系列河工电线，[5]至 1911 年底共建成电报线 6,745.46 里，[6]报

---

[1]《恩泽等片》，一史馆藏，军机处录副，光绪朝·工业商业贸易交通运输工程类·邮电项，胶片 533 卷，03-144-7148-26。

[2]《齐齐哈尔恩将军泽来电（光绪二十四年十月初十日）》，盛宣怀：《愚斋存稿》第 4 册，第 1946 页；《齐齐哈尔恩将军泽来电又（光绪二十四年十月十四日）》，盛宣怀：《愚斋存稿》第 4 册，第 1946 页；《电报局需款无从造报片》，李兴盛、马秀娟主编：《程德全守江奏稿（外十九种）》上册，黑龙江人民出版社 1999 年版，第 383—384 页；《程德全片》，一史馆藏，军机处录副，光绪朝·工业商业贸易交通运输工程类·邮电项，胶片 533 卷，03-144-7148-52。

[3] 黄维翰纂修：《呼兰府志》卷四·交通略·电政，1915 年印；柯寅等纂：《呼兰县志》卷四·交通志·电报，1930 年印。戴鞍钢、黄苇主编：《中国地方志经济资料汇编》，汉语大词典出版社 1999 年版，第 1012 页。

[4] 本段及下段，《徐世昌等奏》，中国第一历史档案馆藏，军机处录副，光绪朝·工业商业贸易交通运输工程类·邮电项，胶片 533 卷，03-144-7148-64。

[5] 详见本书第五章第二节。

[6] 编委会编：《交通史·电政编》第 2 章，第 73 页。

局报房 37 处。[1] 其主要线路及局所报房建设历程如下：

济宁烟台威海线、沙河胶州线　该两线的架设缘于中法战争。1884 年底至 1885 年初（光绪十年冬间），李鸿章迭接总署来电，要求架设烟台电线，以通军报。李氏遂商于山东巡抚陈士杰，拟出具体方案：线路方面，从津沪线上的济宁设起，经济南、青州、莱州、登州至烟台；经营方面，仿津沪线暂由官款垫办，后改官督商办；经费方面，由山东筹款 54,000 两交盛宣怀操持，不敷之数由北洋接济。[2] 1885 年 4 月，这一横亘山东省东西的大干线开始兴办。稍后，因威海卫创设水师港，李鸿章开始筹备烟台至威海卫线。不过直至 1887 年 4 月才正式动工，9 月竣竣，建线 157 里[3]。用银 7,332 两，由北洋海防经费拨付。[4]

山东海口以烟台、威海、胶州三处最为扼要。烟台、威海设线后不久，为加强海防，巡抚张曜又提出，亟应添建胶州电线，以期军报灵通，遂饬盛宣怀派员勘设。该线自莱州府之掖县沙河接起，历平度之店头、崔壮，至胶州之埃求、包村、马店、东寨门，达塔埠头海口，线长 162.5 里，计需银 10,000 两，[5] 1887 年秋设成。

威海成山线、烟台西山嘴线及胶州青岛线　该三线因中日战争而设。1894 年中日战争爆发，山东沿海戒严。李鸿章与山东巡抚李秉衡先后檄饬展设山东各口官电，以通军报：由威海至成山头设线 140 里，用银 11,282 两余；又由烟台造至登州府城，安放水线渡海至长山岛北城庄，再接设旱线至西山嘴，共设水陆电线 100 余里，用银 19,723 两余；复造胶州至青岛线 141 里，用银 8,488 两。所有款项皆在烟台海防捐项下动支。[6]

---

[1] 编委会编：《交通史·电政编》第 2 章，第 55 页。具体为：威海卫、烟台、龙口、登州、黄县、沙河、虎头崖、胶州、青岛、高密、昌邑、羊角勾、潍县、青州、博山、周村、济南、德州、沧州、泰安、贾庄、兖州、济宁、韩庄、台儿庄、洛口、王庄、十里堡、齐河、清河、官庄、香山、郓城、巨野、东昌、抚署（据《电报学堂造送光绪三十三年秋季各商电局领生花名清册》，一史馆藏，邮传部档案全宗·职官，22-53-5；编委会编：《交通史·电政编》第 2 章，第 43—44 页整理）。

[2] "中研院"近史所编：《海防档·丁·电线》，第 733 号文，第 1143 页；第 738 号文，第 1146 页；第 740 号文，第 1152 页；第 744 号文，第 1154 页；第 864 号文，第 1349 页。

[3]《电报商局历年造设电线工程呈数清册（光绪二十九年二月二十日）》，一史馆藏，邮传部全宗·电政类，胶片 1 卷，22-14-1。

[4] 该线经费分两次拨付：一是在奉天营口线架设期间，为 1,995 两；再是在凤凰城线架设期间，为 5,337 两。再加此间，因北塘至奉省各路电杆添线及天津至北塘换杆加线，共用银 35,295 两（李鸿章：《北洋电线报销折（光绪十七年七月二十八日）》，戴逸、顾廷龙主编：《李鸿章全集》第 14 册，第 146 页）。

[5] 其中胶州线官办，沙河线商办（"中研院"近史所编：《海防档·丁·电线》，第 904 号文，第 1412 页）。

[6] "中研院"近史所编：《海防档·丁·电线》，第 1032 号文，第 1552 页。

济南泰安沂州海州线　该线的拟设源于西人之请。随着欧美教会在山东泰安等地的发展，至 1899 年，该地区已有美浸礼会、美以美会、英耶稣会及法、德天主会等势力。是年 7 月 19 日，美国公使康格（Edwin H. Conger）应泰安西人要求，向总署提出将济南济宁线展至该地区，并认为如在沂州府再添电局，信息则更为灵便。[1] 总署随即咨商盛宣怀。[2] 盛宣怀提出，由济南府展造一线，接至泰安府，计程 100 里；另由江苏海州展造一线，接至山东沂州府，计程 180 里；再由沂州府展接至泰安府，计程 330 里。他认为如此安排，较为便捷。但又提出，现恰克图电线尚未竣工，筹款艰难，故拟暂造济南至泰安、海州至沂州两线。[3] 至 1900 年初夏，该两线接通。[4] 随即又接造泰安沂州之线。[5]

东省添线　1910 年 7 月，山东巡抚孙宝琦咨商邮传部，拟设城阳至即墨线，称东省莱海一带屡生民变，饬胶州电局就近先由城阳接设电线至即墨，在城阳设报局，即墨设子店，计长 30 里，并提出若能再接至莱海则更佳。对于由城阳展线至即墨，邮传部认为，该工程尚易举办，可照准；而于莱海线，要求缓议。电政局预算出该线需洋 3,835 元，遂派员前往造办，[6] 然直至翌年方设。[7]

就在此间，孙宝琦又指出，山东为畿辅屏蔽，登莱各属与英德租界甚近，曹州各属素为盗贼出没之区，遂于 1911 年 7 月下旬奏添东省府州各线。是时，城阳至即墨转至莱阳线尚未竣工，因武定府官绅之请、由清河接添至武定府电线亦在估修之中，孙据此又提出，莱州府、临清州、海阳州及登州府所属之宁海、栖霞、文登、荣城，以及阳谷、滕峰等县，计 13 处，各接至附近有电局处，"所近者数十里，远者百余里"，如此则"遇事呼应较灵，地方获益实不浅"。另，巨野向有河工官电局，1909 年春间，经前山东巡抚袁树勋饬令裁撤，孙再提出让邮传部修复，安机通报。1911 年 7 月 30 日奉批。[8] 以上各线不久

---

[1] "中研院"近史所编：《海防档·丁·电线》，第 1573 号文，第 2104—2105 页。

[2] 同上书，第 1574 号文，第 2105 页；第 1575 号文，第 2106 页。

[3] 同上书，第 1596 号文，第 2122—2123 页；第 1597 号文，第 2123 页。

[4] 葛延瑛修，孟昭章、卢衍庆纂：《重修泰安县志》（1929 年印），卷五·政教志·交通·电政："至（光绪）二十六年四月十三日，（泰安）县城西关创设，入局线十六日通报，泰安之有电报自此始。"

[5] 《复陈电局情形折（光绪二十六年二月）》，盛宣怀：《愚斋存稿》第 1 册，第 145 页。

[6] 《电政局申本部遵饬展设山东城阳至即墨线路开单请示文（宣统二年六月十九日）》，《交通官报》第 20 期，第 22—23 页。

[7] 《孙宝琦奏》，一史馆藏，军机处录副，宣统朝·交通运输类·邮电项，胶片 562 卷，03-155-7568-20。

[8] 同上。

相继接通。[1]

（五）河南线

河南省电线主要是为河工及跸路传报而设。至1911年底，该省共建成电报线3,800.54里，[2] 报局报房23处。[3] 其主要线路及局所报房建设历程如下：

开封济宁线　"因豫省大工方始，筹赈甚殷"，[4] 1887年底至1888年初（光绪十三年冬），河南巡抚倪文蔚让盛宣怀设造山东济宁至河南省城电线。虑及该省地处中原，风气未开，倪提出不用洋人，架设时晓谕绅民，不准阻挠，[5] 另派文武员弁带领兵勇沿途照料。电线由商经办，为体恤商力，倪由河南河工饷款拨银20,000两，作为借领官款，让商局五年后分年摊缴。[6] 1888年3月6日工竣通报。[7] 是为该省通电报之始，且连接京沪。

潼关保定线、河南府开封线　该两线为跸路传报而设。1900年8月八国联军攻入北京。慈禧挟光绪逃往西安。翌年拟回京，路出陕西潼关、河

---

[1] 其中，莱州府至虎头崖18里，临清州至东昌府120里，宁海州至烟台80里，栖霞县城至登州府、鲜黄县，均120里，文登县城至威海卫90里，荣城县城至威海卫100里，海阳县城至即墨县180里，莒州城至沂州府120里，日照县城至吾口180里，阳谷县城至东昌府90里，滕县城至韩庄130里，峄县城至通韩庄60里，巨野县城修复原线至郓城县计60里（《清单》，一史馆藏，军机处录副，宣统朝·交通运输类·邮电项，胶片562卷，03–155–7568–21）。

[2] 编委会编：《交通史·电政编》第2章，第73页。

[3] 同上书，第55页。具体分布情况如下表：

河南省电报局房分布表

	一等	乙级	开封、郑州
电报局	二等	乙级	河南、彰德、漯湾河、信阳
	三等	甲级	周家口、卫辉、陕州
		乙级	清化、怀庆、驻马店、道口、许州、光州、新村、汝州、武陟、罗山、牛庄、焦作、灵石、绳池、三顺

资料来源：编委会编：《交通史·电政编》第1章，第89页。

说明：本表根据1913年4月中华民国交通部电政司开列各区电政管理局所辖电局表整理而成。由于清末对河南以及山西、广东、广西、浙江、安徽、江西、湖北、湖南、贵州等省电局的各类述列与各该处最终电局设置情形有较大悬殊，相对而言，1913年的开列，尽管各处电局有所增撤，但与1911年底的情形更为接近，故据之作上表，以更为精确说明之。另，晚清电局在总局之下有分局、子局、子店、报房四等，至民初，总局之下改为一（甲乙）、二（甲乙）、三等电报局（甲乙）及报房（甲乙）八等。以下山西、广东、广西、浙江、安徽、江西、湖北、湖南、贵州各省所列同此。

[4]《倪文蔚片》，一史馆藏，军机处录副，光绪朝·工业商业贸易交通运输工程类·邮电项，胶片533卷，03–144–7148–4。

[5] "中研院"近史所编：《海防档·丁·电线》，第951号文，第1462页。

[6] 世续等纂：《清实录》第55册，第504页。

[7]《倪文蔚片》，一史馆藏，军机处录副，光绪朝·工业商业贸易交通运输工程类·邮电项，胶片533卷，03–144–7148–4。

南陕州、河南府，至孟津渡黄河，过怀庆、卫辉、彰德，入直隶，由广平、顺德、正定，以达保定。但该路不通电报，为捷谕旨章奏，军机处要求沿路添设电线，并提出俟该线造抵河南府，另备料接支线至开封，以与山东、江苏电线连接，[1] 随即兴造。1901 年 6 月中旬，架至直隶磁州，[2] 不久，上述两线全工告竣。[3] 其中，潼关至正定线长 1,600 里，洛阳至开封 440 里。[4]

（六）蒙古线

蒙古架线设想提出较早，但付诸实践甚晚。至 1911 年底，共建线 2,196.62 里，[5] 报局报房 5 处。[6] 其最主要线路为横亘南北的京恰线。

俄人多次提出架设京恰线为总署拒绝后，曾纪泽使欧期间，亦有架设该线之意，以打破英丹海线对中国出入境电报的垄断。[7]1892 年 8 月 25 日，中俄签订《相接两国边界陆路电线章程》，规定中国设线至恰克图买卖城与俄线相接，自画押日起 5 年内完成。[8] 按此要求，中国当在 1897 年 9 月前架成京恰线。李鸿章于画押当月，即奏设该线，并提出由电报商局招股接办，[9] 分三段（京城至张家口、恰克图至库伦、张家口至库伦）架设，但实际工作至 1897 年 11 月 9 日始建京张段，[10] 次年 1 月告竣。[11] 库恰、张库段，初因库伦民人的阻挠，后因中国电报局与大

---

[1] 《筹集商本分别展造及修复电线折（光绪二十七年四月）》，盛宣怀：《愚斋存稿》第 1 册，第 172 页；《寄汴抚于中丞（光绪二十六年十二月初五日）》，盛宣怀：《愚斋存稿》第 2 册，第 1129 页。关于法占保定线并毁事，可参《北京李中堂来电 又（九月初七日）》，盛宣怀：《愚斋存稿》第 4 册，第 1988—1989 页。

[2] 《寄王中堂（五月初四日）》，盛宣怀：《愚斋存稿》第 3 册，第 1238 页。

[3] 《跨路电线工竣援案请奖折（光绪二十七年十一月）》，盛宣怀：《愚斋存稿》第 1 册，第 186 页。

[4] 《电报商局历年造设电线工程呈数清册（光绪二十九年二月二十日）》，一史馆藏，邮传部全宗·电政类，胶片 1 卷，22-14-1。

[5] 编委会编：《交通史·电政编》第 2 章，第 74 页。

[6] 同上书，第 56 页。具体为：滂江、乌得、叨林、库伦、恰克图（据《电报学堂造送光绪三十三年秋季各商电局领生花名清册》整理，一史馆藏，邮传部档案全宗·职官，22-53-5）。

[7] "中研院"近史所编：《海防档·丁·电线》，第 911 号文，第 1423 页。

[8] 同上书，第 1199 号文，第 1698 页；第 1206 号文，第 1703 页；第 1529 号文，第 2062—2063 页；第 1712 号文，第 2256—2257 页；《筹办张家口至恰克图边境电线工程折（光绪二十五年二月）》，盛宣怀：《愚斋存稿》第 1 册，第 98 页。

[9] 李鸿章：《与俄连接电线定约折（光绪十八年七月十八日）》，戴逸、顾廷龙主编：《李鸿章全集》第 14 册，第 487—488 页。

[10] "中研院"近史所编：《海防档·丁·电线》，第 1313 号文，第 1827 页；《筹办张家口至恰克图边境电线工程折（光绪二十五年二月）》，盛宣怀：《愚斋存稿》第 1 册，第 98—99 页。

[11] "中研院"近史所编：《海防档·丁·电线》，第 1349 号文，第 1856 页。

东、大北订立第二次《电报齐价合同》而使京恰线预期收益大减，故一再展限。1898 年 11 月 20 日，库恰段工竣。[1]1899 年 5 月 10 日，张库段工起，11 月 10 日完竣。至此，全长 2,820 里的京恰线全线接通，[2]所用经费计 700,000 元。[3]

（七）山西线

山西报线主要是因京津与陕甘地区联系而设，以及在此基础上的展延。至 1911 年底，共建线路 1,941.4 里，[4]报局报房 15 处。[5]其联系京陕地区大干线——保定西安线横亘该省，拟设于 1889 年，由陕甘总督杨昌濬提出。[6]

是时，中国电报已遍设至东三省、直隶、山东、河南、江苏、浙江、福建、两广，并缘江而上，经安徽、江西、湖北，入四川、贵州，以达云南边境，此外还包括隔海之台湾，藩属之朝鲜，唯西北地区尚无。据此，李鸿章认为，该线"东接汴线，入关度陇，西抵肃州"，将来更可由嘉峪关接至新疆，则东西万里，一律灵通。盛宣怀进而指出，关陇电线若由河南接往，尚缺山西一省。现与华商筹议，保定经太原，由蒲州渡河至西安段，作为商线，电报局筹款；西安至嘉峪关段作为官线，陕甘地方政府筹款，"庶几西路各省线路无遗，且黄河上游永无后患"。李鸿章对此极表赞成，并认为经此一改，"官款既节省千里费用之繁，而晋省并收消息灵通之利，洵属一举两得"。1889 年 6 月，盛宣怀在与李鸿章函商此线方案时即已派员勘路购料，并拟于该年内开工。12 月 4 日，李鸿章奏知清廷。[7]翌年工竣。[8]

---

[1] "中研院"近史所编：《海防档·丁·电线》，第 1472 号文，第 1979 页。

[2]《恰克图电线工竣折（光绪二十五年十二月）》，盛宣怀：《愚斋存稿》第 1 册，第 140 页。其中，北京至张家口 420 里，张家口至恰克图 2,400 里（《电报商局历年造设电线工程呈数清册（光绪二十九年二月二十日）》，一史馆藏，邮传部全宗·电政类，胶片 1 卷，22−14−1）。

[3] 中国电报局先筹银 300,000 两（"中研院"近史所编：《海防档·丁·电线》，第 1286 号文，第 1802 页），后添至 600,000 元，但不敷仍巨，又获台湾水线售予日本之 100,000 元，才得以完成（"中研院"近史所编：《海防档·丁·电线》，第 1473 号文，第 1981 页；第 1498 号文，第 2011 页；第 1529 号文，第 2063 页；《筹办张家口至恰克图边境电线工程折（光绪二十五年二月）》，盛宣怀：《愚斋存稿》第 1 册，第 98 页）。

[4] 编委会编：《交通史·电政编》第 2 章，第 74 页。

[5] 同上书，第 55 页。具体为：平定、太原、平遥、侯马、忻州、太谷、祁县、平定、运城、大同、五原、阳高、代县、平阳、丰镇（据《电报学堂造送光绪三十三年秋季各商电局领生花名清册》，一史馆藏，邮传部档案全宗·职官，22−53−5；编委会编：《交通史·电政编》第 1 章，第 89、102 页整理）。

[6]《光绪十五年九月二十一日陕甘总督杨昌濬等奏》，中国史学会主编：《洋务运动》第 6 册，第 418 页。

[7]《盛宣怀上李鸿章禀》，王尔敏、吴伦霓霞合编：《盛宣怀实业函电稿》上册，第 229—231 页；李鸿章：《拟办山陕商线片（光绪十五年十一月初二日）》，戴逸、顾廷龙主编：《李鸿章全集》第 13 册，第 207 页；《光绪十五年十一月二日直隶总督李鸿章片》，中国史学会主编：《洋务运动》第 6 册，第 418—419 页。

[8] "中研院"近史所编：《海防档·丁·电线》，第 1136 号文，第 1632 页。

至 1902 年，陕甘总督岑春煊又拟设归化太原线，咨商盛宣怀。[1] 但一直未能付行，直至 1910 年 7 月，该线始接通。[2]

二、沪粤线的延伸及东南、华南电报网的形成

沪粤线的延伸主要是在东南、华南五省区（广东、广西、台湾、浙江、福建）展开。据邮传部资料，至 1911 年底，该地区除台湾外共建电报线 19,042.02 里，[3] 报局报房 126 所。[4]

（一）广东线

广东最早拟设的电报线为粤港线，沪粤线架通后适逢中法战争，遂迅即展延。至 1911 年底，该省共建成电报线 6,650.10 里，[5] 报局报房 49 所。[6] 其主要线路及局所报房建设历程如下：

粤港线 早在 1874 年粤省商人即拟架设粤港线，但因种种缘故未能实现。[7]

[1]《寄太原岑中丞春煊（光绪二十八年三月十八日）》，盛宣怀：《愚斋存稿》第 4 册，第 2029 页。

[2] "中研院"近史所编：《海防档·丁·电线》，第 2265 号文，第 2864 页。

[3] 据编委会编：《交通史·电政编》第 2 章，第 74 页整理。

[4] 同上书，第 56 页整理。

[5] 同上书，第 74 页。

[6] 同上书，第 56 页。具体局所报房分布情况如下表：

广东省电报局房分布表

电报局	一等	甲级	广州、香港
		乙级	汕头
	二等	乙级	沙面、潮州、高州、佛山、琼州
	三等	甲级	韶州、惠州、江门、北海、阳江、罗定、嘉应、钦州、廉州、香山、肇庆、石龙、东兴、岸步、合州
		乙级	雷州、南雄、新昌、西南、英德、水东、儒洞、兴宁、灵山、悦城、平远、连滩、猪头山、小董、那良、遂溪、海丰、化州、恩平、松口、石城、镇平、清远、黄埔、新安、徐开、肇州、虎门、新塘、德庆、乌石、白沙、长冈、深水浦、老龙墟
报房		乙级	江门洋关、沙角炮台、威远炮台、大营

资料来源：编委会编：《交通史·电政编》第 1 章，第 90 页。

[7] 早在 1874—1875 年福厦电线纠纷期间，华商即有架设粤港线之议。1882 年 3 月 28 日，两广总督张树声致函总署称，"瑞文庄公督粤时，曾据本省商人禀请招集公司，设立省城至香港一路电线，当时议而未行"。广东藩司姚觐元、臬司垄易图亦禀禀称："粤省商人李玉衡、何崐山等，前于瑞前宪时，即请招集公司，由省城达香港一路设立电线，本有成议，彼时中国并未开创，故遂暂停。"（"中研院"近史所编：《海防档·丁·电线》，第 260 号文，第 305—307 页，下同。）两处皆语焉不详。瑞麟（瑞文庄公）督粤是在 1865 年 3 月 13 日至 1874 年 10 月 17 日之间，当时的情况很可能是：福厦电线纠纷发生后，粤商李玉衡、何崐山等汲取电线为外国所建而生纠纷的教训，遂拟自设公司以建港粤线，故时间应在 1874 年 8 月至 10 月间。又据前引张树声函"上年（1881 年）因天津已设中国电线，粤商遂复请举办"、姚觐元、垄易图禀有"彼时中国并未开创，故遂暂停"等语推知，当时粤商将其所议禀请粤督瑞麟批准，而瑞鉴于闽省架线惹出的麻烦未予应允，此事便搁置下来。

该线再次被提请是七年后李鸿章创建津沪线期间。1882 年 1 月 21 日，英使威妥玛向总署提出敷设港粤水线。[1] 总署让两广总督张树声酌量办理。[2] 然张已于上年 12 月允准粤商何慎之、陈春田、曹虞廷、彭岐舟及港商李玉衡、李德昌、何岷山等架设该线。为表通融，遂提议此工程可由英商与华商合办。[3] 英方赞同，领事有雅芝（Arthur Rotch Hewlett）提出九龙至香港水线由大东公司建造，余由中方设办。架线工作随即展开。然华商自广州设造至增城新塘时，为乡民所阻。英商见此，乃将合办之议作罢，重新要求单独架设港粤线。[4]

是时，大东已设港九水线。但不久新塘村民经地方官开导，华商工程又续，而至九龙，共用银 43,200 两，[5] 建线 340 里。[6] 华商遂提出中英两线在九龙相接，但英方不肯。此间，中国电报局正与大东就英商港沪线上岸及与中国旱线相接等问题反复交涉，遂将粤港接线事一并议商。1883 年 3 月 31 日，《中国电报总局英国大东公司会议上海香港电线章程》签字画押，规定"中国电报局可将电线自广东通至香港地方与大东公司相接，应照大东公司电线至上海地方与中国电线相接之例，一律办法"。[7] 在此基础上，是年 10 月，中国电报局又与大东订立《九龙香港陆路接线合同》，[8] 粤港线接通。[9]

---

[1] "中研院"近史所编：《海防档·丁·电线》，第 251 号文，第 296—297 页。

[2] 同上书，第 259 号文，第 303 页。

[3] 同上书，第 260 号文，第 305—309 页；第 264 号文，第 320—322 页；《光绪十年四月二十六日两广总督张树声等折》，中国史学会主编：《洋务运动》第 6 册，第 355—356 页。何慎之、李玉衡等组建中国华合电报公司（又称广东香港电报公司、广东香港华合电报公司），1883 年 10 月并入中国电报局，改为广州电报分局。

[4] 同上书，第 264 号文，第 320—330 页；第 319 号文，第 406—415 页。

[5] 《光绪十年四月二十六日两广总督张树声等折》，中国史学会主编：《洋务运动》第 6 册，第 356 页。

[6] 《电报商局历年造设电线工程呈数清册（光绪二十九年二月二十日）》，一史馆藏，邮传部全宗·电政类，胶片 1 卷，22–14–1。

[7] "中研院"近史所编：《海防档·丁·电线》，第 405 号文，第 562 页；第 408 号文，第 565—567 页；第 412 号文，第 572—575 页；第 466 号文，第 687—690 页。

[8] 同上书，第 264 号文，第 320—330 页；郑观应：《覆香港华合电报公司何昆（岷）山书》，夏东元编：《郑观应集》下册，第 1012—1013 页；《光绪十年四月二十六日两广总督张树声等折》，中国史学会主编：《洋务运动》第 6 册，第 356 页；"中研院"近史所编：《海防档·丁·电线》，第 841 号文，1314；中华民国交通部：《中国国际交通统计·电政》，1930 年，第 30 页。

[9] 李鸿章对此不无自豪地说："英商、丹商觊觎华电权利，臣与总理衙门饬该道执万国公例，与之力争，卒能去其侵造吴淞、九龙之陆线，严定条款，划海为界，经督臣左宗棠、张树声奏明有案。此皆曾国藩所谓与各国通商宜以商战者是也。"（李鸿章：《奏留盛宣怀片（光绪十年四月十六日）》，戴逸、顾廷龙主编：《李鸿章全集》第 10 册，第 428 页。）张树声则称，粤港线"潜挽先允通融上岸原议，以收中国自主之权，而杜英线引入内河之谲计"（《光绪十年四月二十六日两广总督张树声等片》，中国史学会主编：《洋务运动》第 6 册，第 358 页）。

沪粤线建成后，该线与之相接。

广州龙州线、虎门暨白土冈炮台线　1883 年法国入侵越南，广西边防吃紧，两广总督张树声感到，粤东至广西镇南关 2,000 余里，文报水陆兼程，非月余不能往还，故多有迟误之虑，遂提出将广州电线展至龙州，以即时了解边情，而便朝廷调度。[1] 对于架设方式，张树声主张广州至梧州商办；梧州至龙州官办，由出使经费拨借 100,000 两。[2] 时沪粤线尚未完竣，为速军情，盛宣怀移缓就急，先是调总办粤闽工程委员佘昌宇于是年 12 月 23 日由广州向南宁建造，并将修造闽粤线的有关物料挪用；再是让总办浙闽工程副将王荣和于翌年 4 月 9 日驰抵南宁，向龙州赶设。1884 年 7 月两路工程一律完竣。其中，广州至梧州 300 里，[3] 梧州至龙州（历浔州、南宁）1,600 里，共用银 102,501 余两，其不敷之 2,501 两由粤省自筹。[4]

而就在前此的同年 5 月，因虎门暨白土冈两处炮台为广州门户，张树声认为，兵情紧急之时，军报尤需迅速，为加强海防，遂于该两处添设陆路支线各一道，与省线相接，用银 1,663 两在海防经费项下支给。[5]

横廉琼钦线、琼州各线、钦州东兴线、岸步高州线　虎门白土冈线架成后不久，张之洞调任两广总督。张认为琼（与越之海防一口相对）、廉（所属海面与越接）、钦（所属陆路与越接）等处文报素迟，为加强海防，遂于1884 年 10 月 9 日饬造各路电线，以捷军报。主要有：自横州向南架支线，经灵山、合浦、廉州府城，抵北海，344 里；自廉州向东，经遂溪、海康、雷州、徐闻入海，至琼州天尾村登岸，再东行达琼州府城，抵海口，陆线516 里，海线 47 余里；自廉州府城向西，至钦州城，计 200 余里；龙州旧线向南抵幕府，计 100 里。沿途分设廉州、北海、雷州、琼州、钦州、浔州

---

[1]《光绪九年十一月二十八日两广总督张树声奏》，中国史学会主编：《洋务运动》第 6 册，第 353—354 页。

[2]"中研院"近史所编：《海防档·丁·电线》，第 771 号文，第 1197 页；第 841 号文，第 1314 页；张之洞：《广西梧州至龙州展设电线动用经费开单报销折（光绪十一年七月初一日）》，苑书义等主编：《张之洞全集》第 1 册，第 333 页。

[3]《电报商局历年造设电线工程呈数清册（光绪二十九年二月二十日）》，一史馆藏，邮传部全宗·电政类，胶片 1 卷，22-14-1。

[4]"中研院"近史所编：《海防档·丁·电线》，第 771 号文，第 1197—1198 页。

[5]《光绪十年四月二十六日两广总督张树声等片》，中国史学会主编：《洋务运动》第 6 册，第 358—359 页；"中研院"近史所编：《海防档·丁·电线》，第 772 号文，第 1201—1202 页；第 782 号文，第 1216 页；第 841 号文，第 1314 页；张之洞：《展设钦廉雷琼电线片（光绪十一年五月二十五日）》，苑书义等主编：《张之洞全集》第 1 册，第 316 页。

电局各一所。所需工料各费于海防经费项下动支。[1] 是年 11 月底至 12 月初，琼州海口全雷州海口海线先成。至翌年 7 月初，横廉、廉钦、廉琼、幕府等线亦相继完工。[2]

1886 年 10 月张之洞又展延琼州电线，旨在征剿民变与开办矿务，故分军线与常线两类。其东路军线自海口经定安、万州、陵水至崖州；另由定安经屯昌而抵岭门，并经番响入黎峒以达毛西村；又由番响经打运、凡阳至万充。其西路常线由儋州至昌化，乃为矿务而设。而东西电线再由儋州、那大、南丰、黎峒、番仓、毛西村一线相接。各路电线于 1887 年 5 月至 10 月间陆续竣工，共计 2,236 里，后有 335 里拆卸，实存 1,901 里，并于崖州设立子局，另设屯昌、万州、陵水、岭门、那大、儋州、昌化、凡阳 8 处报房。

拟展延琼州电线不久，张之洞因钦州至东兴需要传递勘界官报，但该两地区不通电报，又于 1886 年 11 月饬造电线，由钦州历防城、茅岭，抵东兴，全程 320 里，翌年 1 月 3 日竣工，于东兴设子局。

北海通商后，署高廉道王之春认为，钦边筹防，应设电线。张之洞当即饬委沈嵩龄自岸步设起，历石城、化州而抵高州，全程 240 里，于 1887 年 12 月 18 日竣工，在高州设子局，并将雷州子局移设岸步，仍在雷州设一报房。上述各线经费由海防营善后局款支给。[3]

汕头潮州线、广州南雄庾岭线、里接线、广雷线　1888 年，张之洞又饬设两线，一由汕头至潮州府城，计 90 里，当年 5 月 15 日工竣；[4] 一由广州经韶州至南雄州，[5]

---

[1] "中研院"近史所编：《海防档·丁·电线》，第 772 号文，第 1201—1202 页；张之洞：《展设钦廉雷琼电线片（光绪十一年五月二十五日）》，苑书义等主编：《张之洞全集》第 1 册，第 315—316 页。

[2] 其中，横廉线、廉钦线、廉琼线及龙州幕府线分别于 1885 年 2 月 3 日、3 月 26 日、4 月 14 日及 7 月初竣工（"中研院"近史所编：《海防档·丁·电线》，第 772 号文，第 1201—1202 页；第 782 号文，第 1216 页；第 841 号文，第 1314 页；张之洞：《展设钦廉雷琼电线片（光绪十一年五月二十五日）》，苑书义等主编：《张之洞全集》第 1 册，第 316 页）。另，中法战争后（1886 年）该线部分拆除，但仍到凭祥（"中研院"近史所编：《海防档·丁·电线》，第 841 号文，第 1314；第 870 号文，第 1366—1367 页；张之洞：《电线不宜与法接折（光绪十四年十二月二十日）》，苑书义等主编：《张之洞全集》第 1 册，第 652 页）。

[3] 张之洞：《添设各路电线折（光绪十三年十一月二十七日）》，苑书义等主编：《张之洞全集》第 1 册，第 626 页。

[4] 张之洞：《保奖添设广西、广东、云省等省电线出力各员折（光绪十四年十一月初九日）》，苑书义等主编：《张之洞全集》第 1 册，第 649 页。

[5] 李鸿章：《九江陆线拟接南雄折（光绪十四年四月十四日）》，戴逸、顾廷龙主编：《李鸿章全集》第 12 册，第 386 页。

计 1,000 里，当年 10 月 4 日设抵庾岭，与江西线接通。[1]

1897 年总署为速边防要报，提出架设里接线。该线由里接至北市 4 里，冷峒至横模 11 里，并在里接、冷峒各设报房一所，用银 290 两。[2]

翌年 4 月，法国迫使清廷答应租让广州湾。为畅通信息，5 月，法使向总署要求将雷州电线接至广州湾。两广电报局委员盛宙怀提出由岸步分线，经逐溪县海头，而至广州湾，并拟从广东海防善后局具领工料银 12,000 两。该线于 9 月 9 日由岸步开工，19 日架至海头，计造线 140 里，并于海头设报房一所，共支银 11,491 两。[3]

（二）广西线

广州龙州线梧州龙州段接通后，该线横亘东西，并在广西境内逐步延伸。至 1911 年底，广西省共建成电报线 5,265.34 里，[4] 报局报房 37 处。[5] 其主要线路及局所报房建设历程如下：

梧州桂林线 广州龙州线在广西历梧州、南宁，但不经省城桂林。因广西设立防营，兼有勘界、商务事宜，均关紧要，巡抚李秉衡感到文檄往来甚迟，遂拟自梧州架线至桂林，以速信息。1886 年 12 月，由梧州建线，历昭平、平乐、阳朔，至桂林，共 645 里，翌年 5 月 7 日竣工，在桂林设立电报分局，另于昭平设报房。经费由海防营善后局拨款支给。[6]

---

[1] 张之洞：《保奖添设广西、广东、云省等省电线出力各员折（光绪十四年十一月初九日）》，苑书义等主编：《张之洞全集》第 1 册，第 649 页。

[2] "中研院"近史所编：《海防档·丁·电线》，第 1293 号文，第 1813 页；第 1290 号文，第 1809 页。

[3] 同上书，第 1531 号文，第 2065—2066 页；第 1567 号文，第 2099—2100 页。

[4] 编委会编：《交通史·电政编》第 2 章，第 74 页。

[5] 同上书，第 56 页。具体局所报房分布情况如下表：

广西省电报局房分布表

	一等	乙级	南宁、梧州
电报局	二等	甲级	龙州、桂林
		乙级	柳州
	三等	甲级	镇边、浔州、凭祥、百色、靖西、平乐、横州
		乙级	昭平、兴业、来宾、南关、平孟、太平、江口、平南、庆远、勒竹、宁明、藤县、中渡、恭城、鹿寨、驮卢、八步、富川、贵县、禄丰、宾州、上思、迁江、海渊、平而关、头龙、郁林、隆安、水口、永福、兴安、果化、陇邦、下冻、永淳、愚店、陆屋、那丽、防城

资料来源：编委会编：《交通史·电政编》第 1 章，第 90 页。

[6] 张之洞：《添设各路电线片（光绪十三年十一月二十七日）》，苑书义等主编：《张之洞全集》第 1 册，第 625 页。

南宁剥隘线　汉口蒙自线建成后，[1] 两广总督张之洞与广西巡抚李秉衡皆感到桂、滇南邻越南，西接缅甸，若仅靠由鄂入滇一线传达音讯，如遇雷雨毁线，难免阻滞；倘有军务，由滇、川、鄂、沪辗转至粤，亦会堵滞，遂提出由广西南宁府经百色厅架线至云南剥隘，约 800 余里，1888 年 1 月开工，在百色、剥隘各设子局 1 所，经费由海防营善后局拨款支给。[2] 是年 4 月 16 日工竣。[3]

柳邕添线、全州线　1909 年前后，广西添设边防柳（柳州）邕（南宁）各处电线，计 2,345 里。[4] 其中东路添线 675 里，西路 1,060 里，由柳至邕 610 里。[5] 次年因湘桂粤三省安设大干线，广西又添设桂林至全州线，以接由长沙至永州线。[6]

（三）台湾线

台湾自首建府城分达安平、旗后电报线后，数年无有发展。尽管中法战争期间，清廷曾一再饬令刘铭传将台湾电线与大陆接通，[7] 中国电报局甚至已拟出方案，[8] 然终因战事而未能完成。此状况直至台湾建省后方才改变。

1885 年 10 月 12 日，清廷决定设立台湾省。为加强与大陆的联系，翌年 9 月 25 日，首任巡抚刘铭传指出："台湾一岛，孤悬海外，来往文报，风涛阻滞，每至匝月兼旬，音信不通，水陆电报，实为目前急务，必不可缓之图。"[9] 将十年前沈葆桢欲解决的问题再度向清廷提出。线路设计："旱线由基隆、沪尾合

---

[1] 详见本书本章云南省线部分。

[2] 张之洞：《添设各路电线片（光绪十三年十一月二十七日）》，苑书义等主编：《张之洞全集》第 1 册，第 626 页。

[3] 《署云贵总督云南巡抚谭钧培奏》，一史馆藏，军机处录副，洋务运动类·邮电项，胶片 674 卷，03-168-9437-27；张之洞：《保奖添设广西、广东、云省等省电线出力各员折（光绪十四年十一月初九日）》，苑书义等主编：《张之洞全集》第 1 册，第 649 页。

[4] 世续等纂：《清实录》第 60 册，第 300 页。

[5] 《本部奏会议广西展设边防柳邕电线保案请毋庸置议折（宣统二年八月十一日）》，《交通官报》第 23 期，第 5 页。

[6] 《本部咨广西巡抚请将桂省添设桂柳之线改由桂林增加一线以至全州文（宣统二年六月初一日）》，《交通官报》第 18 期，第 17—18 页。

[7] 1884 年 10 月 19 日清廷两道谕旨言及此事。一称："再台湾至福建内地，现饬刘铭传于鹿港（在台湾彰化）设立海线，以通消息"；再称："其府城至基隆设立电线，并鹿港安放海线以达蚶江（在福建泉州），再接陆线之处，即著刘铭传查照所奏，咨商杨昌濬等妥速筹办。"（世续等纂：《清实录》第 54 册，第 728 页。）

[8] 谢家福致函盛宣怀称："台线事现已议定，水线代做，旱线自做。"（《谢家福致盛宣怀函 十一》，王尔敏、吴伦霓霞合编：《盛宣怀实业朋僚函稿》上册，第 506 页。）

[9] "中研院"近史所编：《海防档·丁·电线》，第 850 号文，第 1325 页；第 851 号文，第 1328 页。

至淡水，由淡水至台湾府城，往来两道"；[1] 水线原拟"由厦门至澎湖以达安平"，[2] 后"改由台北沪尾，接达福州之川石"。[3] 关于经费，刘铭传拟从百货厘金项下分三年（每月约 4,000 两）拨出，不敷之数让茶商捐助。[4] 清廷准行。[5]

1887 年 4 月，陆线率先动工，由基隆、沪尾向台北（淡水）架起。同年 12 月又从台南兴办，向北经彰化，至翌年 3 月 13 日，与基隆、沪尾两线接通。水线于 1887 年 9 月动工，先接通川石与沪尾，再从澎湖敷线至台南安平口，并设川石、沪尾、澎湖、安平 4 所水线房。水陆两线计 1,400 余里，除原有的台南、安平、旗后 3 局外，另设澎湖、新化、台北、沪尾、基隆 5 局，共用银 287,000 两。[6] 台湾南北电线至此全通，兼及澎湖，并与沪粤大干线相连，[7] 结束"孤悬海外"的局面。

---

[1] "中研院"近史所编：《海防档·丁·电线》，第 850 号文，第 1327 页。

[2] 同上书，第 1325 页。

[3]《光绪十四年五月初五日福建巡抚刘铭传奏》，中国史学会主编：《洋务运动》第 6 册，第 404 页。

[4] "中研院"近史所编：《海防档·丁·电线》，第 850 号文，第 1327 页；第 852 号文，第 1333—1334 页；刘铭传：《购办水陆电线折（光绪十二年八月二十八日）》，马昌华等校：《刘铭传文集》，黄山书社 1997 年版，第 191 页；《光绪十二年八月二十八日台湾巡抚刘铭传奏》，中国史学会主编：《洋务运动》第 6 册，第 380 页。刘铭传奏抄送户部后，户部不仅让刘嗣后将厘局收银之数半年奏报一次，造册送部稽核，且要求"凡商民电信定价若干，亦即详拟章程报部办理"（"中研院"近史所编：《海防档·丁·电线》，第 852 号文，第 1333—1334 页）。电线建成后，不敷银两未用茶商捐助，由百货厘金项下开销。对此，刘铭传曾有片称："台湾购办水陆电线，所需经费，臣于光绪十二年八月间奏明，在于百货厘金项下分作三年拨用……等因在案。查全台水陆电线，一切材料机器等项共需经费银二十八万七千余两，拨收厘二十二万零九百五十六两，不敷六万七千余两，本拟饬由茶商捐助。惟自十三年四月起，每年已议列茶厘洋四万元，收入海防经费，而茶商所寄电信，一律照章收资，并无减价，难以再令该商捐办。请再展拨百货厘金一年。光绪十六年闰二月二十五日奉朱批。"（《刘铭传片》，一史馆藏，军机处录副，洋务运动类·邮电项，胶片 674 卷，03–168–9437–40。）

[5] 世续等纂：《清实录》第 55 册，第 137 页。

[6]《光绪十四年五月初五日福建巡抚刘铭传奏》，中国史学会主编：《洋务运动》第 6 册，第 404—405 页；刘铭传：《台湾水陆电线告成援案请奖折（光绪十四年五月初五日）》，马昌华等校：《刘铭传文集》，第 192 页。

[7] 1895 年 4 月 17 日，中国因战败被迫与日本签订《马关条约》，第二款规定：中国将台湾"一切属公物件，永远让与日本"。6 月 2 日，中日又立《交接台湾文据》，进一步明上述移交项目（王铁崖编：《中外旧约章汇编》第 1 册，第 614、620—621 页）。至此，台湾陆线为日本掠夺。关于水线，经长期争论后，盛宣怀于 1898 年 7 月答应日驻沪署理总领事小田切万寿之助将之售出。1898 年 12 月 7 日，盛宣怀与小田切签订《订购淡水海线合同》，规定中国将台湾淡水口至福建川石山海线售予日本，价 100,000 元，立约后一个月内交清。但该水线引至川石山海岸为止，不准上岸立杆，以清界限（《订购淡水海线合同》，王铁崖编：《中外旧约章汇编》第 1 册，第 846 页；"中研院"近史所编：《海防档·丁·电线》，第 1498 号文，第 2011—2013 页；《盛宣怀致朱宝奎函》，王尔敏、吴伦霓霞合编：《盛宣怀实业函电稿》上册，第 242 页）。至此，台湾水陆电线皆为日本所有。直至第二次世界大战结束，中国政府据中英美《开罗宣言》原则及《波茨坦公告》之规定，恢复对台湾地区的主权，亦顺利收回电报。

（四）浙江线

沪粤大干线贯浙江省之嘉兴、南浔、湖州、杭州、绍兴、宁波、兰溪、衢州等地，在此基础上，浙江省不断将电线向沿海及内地展延，至1911年底共设电报线2,943.50里，[1] 报局报房23处。[2] 其主要线路及局所报房建设历程如下：

镇海线 此线为海防而设。中法开战后，沿海戒严，宁绍台道薛福成认为，宁波为浙省门户，镇海为浙东锁钥，"当此海氛不靖，驻扎重兵，军书旁午，遇有紧要消息，不能呼吸相通，若快船又须乘潮上下，殊嫌迟缓"，遂于1884年10月1日，禀请巡抚刘秉璋，架设宁波至镇海线。该线自镇海城外营务处杜冠英所驻之厘卡设起，至宁波江北岸新江桥止，计39余里，用银2,536元，由宁波厘局动支。[3] 获得允准。[4]

兰温线、海门线 沪粤线初拟在浙江境内，经湖州、嘉兴、杭州、绍兴、宁波、台州、温州等处，后虑及"宁波至温州沿海山路荒僻"，[5] 遂由绍兴绕道兰溪、衢州入福建，[6] 致使温州等地未建有电线。为办理海防，1899年浙江按察使李光久拟由宁波沿海经海门至温州设电线。是时中国电报局正赶造恰克图线，盛宣怀以用款甚巨，要求缓议。[7] 翌年，该线再被提及，[8] 不过，直至1901年9月方开工。[9] 线路亦有改变。建成兰溪至温州线530里，宁波至海门线490里。[10]

---

[1] 编委会编：《交通史·电政编》第2章，第74页。

[2] 同上书，第56页。具体局所报房分布情况如下表：

浙江省电报局房分布表

电报局	一等	乙级	杭州
	二等	甲级	绍兴、温州、宁波
	三等	甲级	兰溪、台州、湖州、衢州、嘉兴、余姚、金华、缙云、南浔
		乙级	海门、镇海、乍浦、平湖、宁海、桐乡、塘栖、诸暨、黄岩
报房		甲级	拱宸桥、莫干山

资料来源：编委会编：《交通史·电政编》第1章，第90页。

[3] 是为官电，但由宁波商电局代营（薛福成：《禀抚院刘》，《浙东筹防录》卷一上，台湾文海出版社1973年版，第26—28页）。

[4] 刘秉璋：《院批》，薛福成：《浙东筹防录》卷一上，第28—29页。

[5] "中研院"近史所编：《海防档·丁·电线》，第333号文，第435页。

[6] 李鸿章：《九江陆线拟接南雄折（光绪十四年四月十四日）》，戴逸、顾廷龙主编：《李鸿章全集》第12册，第386页。

[7] 《寄杭州恽松云、方伯祖翼（光绪二十五年十月十四日）》，盛宣怀：《愚斋存稿》第4册，第1961页。

[8] 《复陈电局情形折（光绪二十六年二月）》，盛宣怀：《愚斋存稿》第1册，第145页。

[9] 《浙江任中丞宣熔来电（光绪二十七年八月二十日）》，盛宣怀：《愚斋存稿》第4册，第2019页。

[10] 《电报商局历年造设电线工程呈数清册（光绪二十九年二月二十日）》，一史馆藏，邮传部全宗·电政类，胶片1卷，22—14—1。

（五）福建线

至 1911 年底，福建共建成电报线 2,783.08 里，[1] 报局报房 17 处。[2] 主要线路除前揭马尾线以及沪粤线所经浦城、建宁、福州、兴化、泉州、漳州外，1884 年造同安至厦门线 66 里，1903 年造福州至白石山线 190 里，1906 年造福州至三孝线 280 里。[3]

其中，福州船政局电报的建设，与其他一些省份河工电线架建相似，当是另一类型的代表。1866 年，闽浙总督左宗棠设立福州船政局，是为斯时中国最大船舶修造厂。该厂在中法战争期间遭到法军炮击，毁损严重。战争结束后不久，重修复工。1885 年 7 月间，署理船政裴荫森奏设船厂电报线，认为："船厂为造制兵轮之所，与南北洋、广东、浙江、烟台各海口均有交涉事件，必须电报可以迳达船署，以冀灵通。"得允，遂在"船政公署添设电报房，并派禀生数人专司其事"。[4] 福州船政局电报房的设立，方便了它同沿海重要港口的联系，并反映出该局较为特殊的地位与影响。

三、长江线的延伸及华中、西南电报网的形成

长江线的延伸基本是在华中、西南八省区（安徽、江西、湖北、湖南、四川、云南、贵州、西藏）展开。据邮传部资料，至 1911 年底，该地区共建成电报线 30,494.96 里，[5] 报局报房 141 处。[6]

（一）安徽线

长江线在安徽途经采石、芜湖、大通、池州、殷家汇以及省城安庆等地，[7] 嗣后，该省电线间有展延。1890 年接至桐城。1893 年又展至舒城、庐州。

[1] 编委会编：《交通史·电政编》第 2 章，第 74 页。

[2] 同上书，第 56 页。具体为：浦城、建宁、延平、水口、福州、三都、水部、马尾、川石山、涵江、泉州、厦门、漳州、云霄、马江船政署报房（1892 年 1 月移长门，称长门官报房）、闽浙总督署报房（据《电报学堂造送光绪三十三年秋季各商电局领生花名清册》，一史馆藏，邮传部档案全宗·职官，22-53-5；编委会编：《交通史·电政编》第 1 章，第 42 页整理）。

[3] 《电报商局历年造设电线工程呈数清册（光绪二十九年二月二十日）》，一史馆藏，邮传部全宗·电政类，胶片 1 卷，22-14-1。

[4] 《裴荫森片》，一史馆藏，军机处录副，洋务运动类·邮电项，胶片 674 卷，03-168-9437-4。

[5] 编委会编：《交通史·电政编》第 2 章，第 73—74 页。

[6] 同上书，第 56—57 页整理。

[7] 安徽通志馆纂修：《安徽通志稿》，交通考·电政，1934 年印。戴鞍钢、黄苇主编：《中国地方志经济资料汇编》，第 1020 页。

1902 年由庐州接修至寿州正阳关，线长 257 里。[1] 至 1911 年底，共建成电报线 2,487.45 里，[2] 电报局房 15 处。[3] 其较重要线路诸如安庆太湖线以及庐州六安线、芜湖屯溪线分别代表军用与商用两途，建设历程如下：

1908 年，陆军部为是年秋间江苏、湖北各军在安徽会操，咨请邮传部添设安庆至太湖电报线。[4] 该线不久架成，并于太湖设报房。[5] 可见，该线的架设旨在军用。

1910 年，巡抚朱家宝以六安商务繁盛，请设电线。邮传部遂派沈云骙前往勘路。沈云骙提出，六安接线以庐州为宜：该处无山河阻隔，工程较易；运料由芜湖为便：夏秋大水时，由芜湖雇民船经巢湖可直达庐州，再由庐州按段分运至六安。沈云骙的计划得到邮传部允准。是年 5 月 30 日，邮传部咨行安徽抚宪，分饬沿途各地方官妥为保护。[6] 该线于当年 7 月建成，并于六安设立电局。[7] 可见，该线的架设首旨是在发展商业贸易。

与此同类的还有芜湖屯溪线。就在六安线请设的当年，朱家宝又为发展皖南商务，请设芜湖至屯溪线。朱氏认为宁国、徽州特产殷富，屯溪商务繁盛，需展设电线，以利交通。关于线路，电政局黄志澄提出，由芜湖经宁国府至屯溪需线 480 里，于宁国府设子店，屯溪设报房；关于经费，估需银 28,729 元，朱家宝提出由部、省各认一半。邮传部赞同，遂于是年 7 月 12 日咨行皖省，要求先行拨解应摊之费，并分饬地方官员于工程到境时，妥为保护。[8] 8 月 15

---

[1]《电报商局历年造设电线工程呈数清册（光绪二十九年二月二十日）》，一史馆藏，邮传部全宗·电政类，胶片 1 卷，22–14–1.

[2] 编委会编：《交通史·电政编》第 2 章，第 74 页。

[3] 同上书，第 56 页。具体局所报房分布情况如下表：

安徽省电报局房分布表

	一等	乙级	安庆、芜湖
电报局	二等	甲级	殷家汇
		乙级	庐州
	三等	甲级	正阳、屯溪、亳州、凤阳、宁国、大通、颍州、寿州
		乙级	六安、太平、池州、太湖、桐城、颍上

资料来源：编委会编：《交通史·电政编》第 1 章，第 93 页。

[4]《附录 邮传部奏片》，夏东元编：《郑观应集》下册，1030—1031 页。

[5] 安徽省地方志编纂委员会：《安徽省志·邮电志》，安徽人民出版社 1993 年版，第 9 页。

[6]《本部咨皖抚六安展设电线凡运料工作请饬各地方官保护文（宣统二年四月二十二日）》，《交通官报》第 15 期，第 11 页。

[7] 安徽省地方志编纂委员会：《安徽省志·邮电志》，第 9 页。

[8]《本部咨安徽巡抚据电下政局派员查勘芜湖至屯溪设线工程开具估单请查照文（宣统二年六月初六日）》，《交通官报》第 18 期，第 19 页。

日，邮传部奏知清廷。[1]

（二）江西线

江西电报线的发展主要是从长江线所经该省九江府向南的拓延，而与广东电线接通，以及在此干线上向该省其他地区的展伸。至1911年底，江西共建成电报线3,583.32里，[2] 报局报房22处。[3] 其大干线九江南雄线建设历程如下：

1888年，盛宣怀奉两广总督张之洞札，饬办由广州经韶州至南雄州线，以捷官报。盛氏就此向李鸿章提出从江西九江架线至庾岭，以接广东官线。盛氏之所以欲设此线，是由于沪粤线架成后，浙江之兰溪、衢州，福建之浦城、建宁等处，每逢春夏山洪暴发，毁杆甚众，电报常阻。这一方面使得此间电报多为洋商海线承接，利权既失；另一方面遇有紧急事务，更有诸多不便。基于以上思虑，盛宣怀甚早即拟开辟沪粤间的第二条通道，但一直未付诸实践。

粤省将官线造至南雄后，盛宣怀认为，若由九江架线历南昌、吉安、赣州，至庾岭，不过一千七八百里，所需经费商众能够筹出。而该线架成，则与沪粤线相辅，一线偶断，仍有另线可通，既可免阻误之虑，又可收洋人之利，官商两益。李鸿章对此极表赞同，并认为事归商办，官方不需出资，而官报得以灵通，于国家大有裨益，遂于是年5月24日奏请清廷批准。[4] 该线当年完竣，实际建线1,550里，[5] 历九江、南昌、樟树、吉安、赣州、庾岭等地而达南雄，成为横亘江西南北的大干线。

（三）湖北线

长江线接通汉口，嗣后渐向湖北腹地展延。至1911年底，湖北省共建电报

[1]《本部奏展设安徽芜湖至宁国府及徽州屯溪电线折（宣统二年七月十一日）》，《交通官报》第21期，第9页。

[2] 编委会编：《交通史·电政编》第2章，第74页。

[3] 同上书，第56页。具体局所报房分布情况如下表：

江西省电报局房分布表

电报局	一等	甲级	九江
		乙级	南昌
	二等	甲级	赣州
		乙级	吉安
	三等	甲级	景德、抚州、樟树、河口、饶州
		乙级	安仁、南安、进贤、湖口、吴城、广信、乐平
报房	甲级		牯岭

资料来源：编委会编：《交通史·电政编》第1章，第93页。

[4] 李鸿章：《九江陆线拟接南雄折（光绪十四年四月十四日）》，戴逸、顾廷龙主编：《李鸿章全集》第12册，第386页。

[5]《电报商局历年造设电线工程呈数清册（光绪二十九年二月二十日）》，一史馆藏，邮传部全宗·电政类，胶片1卷，22-14-1。

线 6，294.18 里，[1] 报局报房 41 处。[2] 其主要线路中，因汉口沙市宜昌线是汉口蒙自线之一部分，故将在云南线中详述外，其他重要线路架设情况如下：

汉口武昌线、长沙武昌线 长江线造至汉口为止，与省城武昌中隔大江。湖广总督裕禄感到，紧要电报，若遇风雨，不能速达，遂于 1885 年 12 月咨商盛宣怀，要求将长江线展至武昌，仍由商办，估费 3，000 两，拟从记名提督刘维桢所缴捐助海防军饷及创设机器局经费（120，000 两）余款中提取暂垫，事后分年缴还。[3] 该线于翌年 6 月建成。[4]

1897 年初（光绪二十二年底），因湖南诸绅建议由省城长沙起，历湘阴、岳州、临湘一带驿路，安线至湖北蒲圻，如此则两湖间可通电报。张之洞进而提出直接造至武昌，更方便湖南与湖北以及其他省份的联系。[5] 是年 2 月 5 日长沙线开工，至鄂境后，由蒲圻过江夏县属之马鞍山，以通武汉正线。[6] 是年该线接通，建线 750 里。[7]

武汉襄樊线、荆门安陆线 武汉襄樊线由湖广总督张之洞于 1890 年 3 月 24 日奏设。张先从政治稳定的角度指出，襄阳、樊城为湖北通衢，楚边重镇，界连陕、豫，"刁痞会匪伏莽滋多，时有窃发之案"，而该地距省城陆路 700 里，水路近千里，邮递需时，遇有紧要事件，呼应殊难灵捷；再从经济发展的角度

---

[1] 编委会编：《交通史·电政编》第 2 章，第 73 页。

[2] 同上书，第 56 页。具体局所报房分布情况如下表：

湖北省电报局房分布表

电报局	一等	甲级	汉口
		乙级	武昌
	二等	甲级	宜昌、沙市
		乙级	老河口
	三等	甲级	襄阳、荆州、仙桃、施南、大冶、武穴、黄州、宜都、南阳
		乙级	沙洋、安陆、来凤、新堤、荆门、归州、巴东、利川、长阳、白洋、蒲圻、庙河、浩子口、汉阳、广水、荆紫关、孝感、宜城、铜仁
报房	甲级		新店
	乙级		兵工厂、钢药厂

资料来源：编委会编：《交通史·电政编》第 1 章，第 91 页。

[3] "中研院"近史所编：《海防档·丁·电线》，第 803 号文，第 1241 页；第 804 号文，第 1242—1243 页；第 805 号文，第 1243—1244 页。

[4] 同上书，第 836 号文，第 1301 页。

[5] 同上书，第 1219 号文，第 1715—1716 页；第 1225 号文，第 1733—1734 页；张之洞：《湖南安设电线折（光绪二十二年十月二十九日）》，苑书义等主编：《张之洞全集》第 2 册，第 1198—1199 页。

[6] 同上书，第 1235 号文，第 1743 页；第 1240 号文，第 1746 页；张之洞：《安设蒲圻至江夏电线片（光绪二十三年正月二十八日）》，苑书义等主编：《张之洞全集》第 2 册，第 1232—1233 页；编委会编：《交通史·电政编》第 1 章，第 21 页。

[7] 《电报商局历年造设电线工程呈数清册（光绪二十九年二月二十日）》，一史馆藏，邮传部全宗·电政类，胶片 1 卷，22—14—1。

指出，汉水频年盛涨，沿河各属堤岸溃决，居民被灾甚重，若设有电线，信息灵通，随时捍患救灾，裨益匪浅。基于上述两方面的考虑，张之洞拨银10,000两交电报局，作为建线借款，不取利息，以资周转，事后分年缴还。[1] 当年，该线完竣。

襄阳线接通后，张之洞进而认为，该线虽经安陆府钟祥境内，但距钟祥堤工较远，安陆府城亦不通电报，这种情况不利于该地的防汛，故应于武昌襄樊线所经较近之处添一官线，接至安陆府城。得允。电线遂由荆门设至安陆府城，用银4,728两，由善后局拨给。不久，张之洞感到该线由官经理，常年经费所需甚多，若仍归商办，不仅可省官费，且与襄樊商线呼应灵通，从而提出将所用银两，与商局议定作为存款，由商认还。[2] 该线遂为商办。

（四）云南线

云南线由长江线西端向西南拓展而成。至1911年底，云南省共建成电报线7,365.01里，[3] 报局报房20处。[4] 其主要线路及局所报房建设历程如下：

汉口蒙自线　中法战争结束后，双方于1885年6月9日签订《越南条款》，规定："中国与北圻陆路交界，允准法国商人及法国保护之商人并中国商人运货进出。"中法随即就云南、广西、广东各省具体通商事宜展开进一步商谈。[5] 这使得云贵总督岑毓英感到，中外交涉事件势必渐增，然云南向遇紧急奏章，皆由台站递至广西南宁府左江道电局，转电粤东，再由粤东转京城，需时二三十日，甚为不便，遂于是年8月10日奏设广西南宁府至云南蒙自县电线。[6]

盛宣怀认为，滇线由广西南宁造至蒙自，计32站，需款约300,000余两。且系边荒僻境，难有商报。倘改鄂线由川入滇至蒙自5,000余里，其中湖北、四川境内因沙市、宜昌、夔州、重庆、泸州、成都等处，贸易繁盛，商报较多，可由商承办，从四川借款100,000两，湖北50,000两，俟后分年缴还，

---

[1] 张之洞：《武汉襄樊安设电线片（光绪十六年闰二月初四日）》，苑书义等主编：《张之洞全集》第2册，第760—761页。

[2] 张之洞：《接设安陆电线片（光绪十九年十月二十五日）》，苑书义等主编：《张之洞全集》第2册，第900页；世续等纂：《清实录》第56册，第238页。

[3] 编委会编：《交通史·电政编》第2章，第73页。

[4] 同上书，第56页。具体为：云贵电报总局（云南省城）；蒙自、毕节、广南、剥隘、开化、大理、腾越、蛮耗、河口、保胜、通海、威宁、楚雄、永昌、蛮允、坝卡、青龙厂、他郎、普洱、思茅、临安、普厅、马龙、安平、昭通、板崙、天井关、龙里寨、大理、丽江等分局；宣统子店；督署、碧色寨、阿迷报房（据《电报学堂造送光绪三十三年秋季各商电局领生花名清册》整理，一史馆藏，邮传部档案全宗·职官，22-53-5）。

[5] 《越南条款》，王铁崖编：《中外旧约章汇编》第1册，第466—468页。

[6] "中研院"近史所编：《海防档·丁·电线》，第770号文，第1196页。

不敷之数可由商自筹。其滇省境内作为官线，由沪关存余出使经费项下酌拨银十六七万两，事竣据实报销。[1]

盛宣怀提出的改道，总费用较前有增无减，可见其方案主旨不在减费，而为商局增收、商务发展。该方案得清廷允准，[2] 各款到位后随即分头架设。汉口方面于1886年6月开工，[3] 架至泸州共设线2,795里[4]；蒙自方面于同年12月立杆安线，历通海、云南府、宣威州等地，至1887年3月1日，安至可渡河，计程1,150余里，经贵州之威宁、毕节，与四川电线接合。[5]

蒙自红河线　该线为中法接线而设。1888年12月1日，李鸿章与法国订立《滇越边界联接电线章程》，规定"法国在北圻之保胜，即老开地方电局与中国云南省之蒙自电局互相接线"，应在条款批准后18个月内完成。[6] 按此，1890年5月当是接线之期。是年初，法使向李询催。李鸿章认为，蒙自与保胜接线，中国须做至红河东岸，乃可与法线相连，遂奏请架设该线。[7] 得允。[8] 该线计程296里，需银20,000两，拟从汉口蒙自线案内，由川拨借商局100,000两中还出，但建成之后，仍归官办。该线于当年3月1日由蒙自开工，5月20日建成，并与越南保胜法线相接。[9]

蒙自剥隘线　因虑雷雨毁线及电报拥滞，在汉口蒙自线建成后，两广总督张之洞暨广西巡抚李秉衡再提出修建广西南宁至云南剥隘电线。与此同时，张之洞进而提出，倘云南由剥隘起，经广南、开化两府设线至蒙自，亦仅1,100

---

[1] "中研院"近史所编：《海防档·丁·电线》，第787号文，第1221—1222页；第835号文，第1300页。李鸿章：《云广电线筹款片（光绪十一年九月初三日）》，戴逸、顾廷龙主编：《李鸿章全集》第11册，第201—202页。

[2] 世续等纂：《清实录》第54册，第1025页。

[3] "中研院"近史所编：《海防档·丁·电线》，第836号文，第1301页。

[4]《电报商局历年造设电线工程呈数清册（光绪二十九年二月二十日）》，一史馆藏，邮传部全宗·电政类，胶片1卷，22-14-1。

[5]《光绪十三年二月二十一日云贵总督岑毓英奏》，中国史学会主编：《洋务运动》第6册，第381—382页；"中研院"近史所编：《海防档·丁·电线》，第1572号文，第2103页。

[6]《滇越边界联接电线章程》，王铁崖编：《中外旧约章汇编》第1册，第541—542页。

[7] 李鸿章：《筹办蒙自电线片（光绪十六年二月十二日）》，戴逸、顾廷龙主编：《李鸿章全集》第13册，第309—310页。

[8] 世续等纂：《清实录》第55册，第749页。

[9] 李鸿章：《筹办蒙自电线片（光绪十六年二月十二日）》，戴逸、顾廷龙主编：《李鸿章全集》第13册，第309—310页；《王文韶等奏》，一史馆藏，军机处录副，洋务运动类·邮电项，胶片674卷，03-168-9437-62。

余里。对于上述两线，张之洞认为若粤、滇通力合作不难完成，且于该两省大有裨益。张的建议与云贵总督岑毓英之初议相同。而岑认为，广西段由张之洞筹备，剥隘至蒙自段电线材料，可用北洋所备由川入滇之余，添加不过万两，随即与张之洞会奏架设该线。得允。[1] 该线于 1888 年 8 月 10 日由剥隘接造，[2] 后又从蒙自接办，次年 1 月 12 日架成，[3] 实建电线 749 里，[4] 共用银 15,939 两。[5]

云南府腾越厅线、红蚌河线 该两线是云贵总督为应对英国吞并缅甸后的西南局势而设。1885 年 11 月 25 日，英军占领缅甸都城曼德勒，次年 1 月 1 日宣布将缅甸并于英属印度。西南边疆再现危机。7 月 24 日，总署大臣奕劻与英使欧格讷（Nicholas R. O' Conor）签订《缅甸条款》，英国迫使中国承认其对缅甸的吞并，另提及"广开振兴彼此人民通商交涉事宜"。[6] 1887 年 9 月，条约互换。总署遂密告云贵总督岑毓英，"英约既定，即应布置通商，希即妥办"。

岑认为由缅入滇，腾越是门户。而腾越至省城由驿站传递文报，最快亦须二十余日始能往还。现既通商，当乘滇省设线之便，将云南府至腾越线一体安设，以通声息，估费 10,000 万两以上。[7] 得允。[8] 该线自 1889 年 2 月 23 日开工，5 月 31 日工竣，[9] 全长 1,047 里，[10] 途经楚雄府、大理府、永昌府，而达腾越厅，[11] 共用银 13,707 两。[12] 1895 年 3 月，因英请求中英云南缅甸接线，此线经南甸、干崖、

---

[1]《光绪十三年十二月十五日云贵总督岑毓英奏》，中国史学会主编：《洋务运动》第 6 册，第 396—398 页。

[2]《云贵总督王文韶、云南巡抚谭钧培奏》，一史馆藏，军机处录副，洋务运动类·邮电项，胶片 674 卷，03–168–9437–55。

[3]《署云贵总督奏》，一史馆藏，军机处录副，洋务运动类·邮电项，胶片 674 卷，03–168–9437–27。

[4]"中研院"近史所编：《海防档·丁·电线》，第 1572 号文，第 2103 页。

[5]《云贵总督王文韶、云南巡抚谭钧培奏》，一史馆藏，军机处录副，洋务运动类·邮电项，胶片 674 卷，03–168–9437–55。

[6]《缅甸条款》，王铁崖编：《中外旧约章汇编》第 1 册，第 485 页。

[7]《光绪十三年十二月十五日云贵总督岑毓英奏》，中国史学会主编：《洋务运动》第 6 册，第 397—398 页。

[8]《光绪十四年二月二十二日云贵总督岑毓英等奏》，中国史学会主编：《洋务运动》第 6 册，第 398 页。

[9]《云贵总督王文韶、云南巡抚谭钧培奏》，一史馆藏，军机处录副，洋务运动类·邮电项，胶片 674 卷，03–168–9437–55。一说 1889 年 5 月 30 日（光绪十五年五月初一日）工竣。见《光绪十六年八月十六日云贵总督王文韶等奏》，中国史学会主编：《洋务运动》第 6 册，第 422 页。

[10] 关于该线长，王文韶在奏中称 1,600 余里，当是估数，实为 1,047 里（"中研院"近史所编：《海防档·丁·电线》，第 1572 号文，第 2103 页）。

[11]"中研院"近史所编：《海防档·丁·电线》，第 1572 号文，第 2103 页。

[12]《云贵总督王文韶、云南巡抚谭钧培奏》，一史馆藏，军机处录副，洋务运动类·邮电项，胶片 674 卷，03–168–9437–55。

盏达各司，3月24日展至红蚌河东岸中国边界，[1]计280里，共用银22,237两。其中，9,000两由出使经费项下拨出，不敷之数，[2]由云南自筹。[3]

通海思茅孟阿营线　该线为中法越南接线而设。因法使一再请求，[4]总署遂饬中国电报局操办思茅接线。云南电局委员李必昌提出：线路方面，由通海、元江、他郎、普洱、以达思茅，再出勐烈，在坝卡接线；经费方面，木料、工程及设局等需银36,000两，拟由江海关出使经费项下拨出；购买外洋电材及运费计26,000余两，由电局暂垫；[5]并拟于石屏、元江、他郎、普洱、思茅5处，设4报房1分局。[6]1896年12月23日，自通海起建，次年2月26日，架至坝卡；3月3日，设思茅分局；14日，设普洱报房；20日，设他郎厅子店；26日，设青龙报房。[7]此次接线，自通海至思茅坝卡，线长约600里，[8]共用银68,867两，不敷之数，[9]由云南自筹。[10]

（五）贵州线

汉口蒙自线经过贵州后，在该省有一定展延。至1911年底，贵州共建成电报线1,886.20里，[11]报局报房7处。[12]其主要线路为毕节贵阳线、贵阳兴义线及洪江贵阳线，前二者为官办线，后者为商办线，建设历程如下：

---

[1] "中研院"近史所编：《海防档·丁·电线》，第1095号文，第1596页。

[2] 同上书，第1502号文，第2018—2019页；第1029号文，第1550页。

[3] 同上书，第1616号文，第2149—2151页。

[4] 同上书，第1121号文，第1626页。

[5] 同上书，第1201号文，第1700页；第1214号文，第1710—1711页；第1218号文，第1714页；第1227号文，第1736页。

[6] 《寄直督王夔帅（十一月三十日）》，盛宣怀：《愚斋存稿》第4册，第1831页。

[7] "中研院"近史所编：《海防档·丁·电线》，第1267号文，第1781页。

[8] 其中，通海至思茅勐乌550里（"中研院"近史所编：《海防档·丁·电线》，第1572号文，第2103页），故再至坝卡亦仅在600里左右。1898年3月20日，云贵总督崧蕃奏称该线长1,200余里（"中研院"近史所编：《海防档·丁·电线》，第1386号文，第1895—1896页），1899年1月25日，北洋大臣裕禄奏为1,210里（"中研院"近史所编：《海防档·丁·电线》，第1501号文，第2015页），皆与实际悬殊较大。

[9] "中研院"近史所编：《海防档·丁·电线》，第1501号文，第2015—2016页。

[10] 同上书，第1616号文，第2149—2151页。

[11] 编委会编：《交通史·电政编》第2章，第74页。

[12] 同上书，第56页。具体局所报房分布情况如下表：

贵州省电报局房分布表

电报局	一等	乙级	贵阳
	二等	乙级	毕节
	三等	甲级	威宁
		乙级	大定、安顺、镇远、重安、兴义、黄草坝、黔西

资料来源：编委会编：《交通史·电政编》第1章，第92页。

1887 年，滇省由蒙自安设电线，经过黔省威宁、毕节，与川线相接。贵州巡抚潘蔚认为，毕节距省城贵阳仅 400 余里，若分支线由大定、黔西、清镇至黔垣，甚是便利。尤为重要的是，黔省地处西南，山路崎岖，文报迟延。时下正办矿务，开设铁厂，已派员赴洋购办机器，一俟到黔，即可炼铁，尤宜声息迅通。至于经费，拟由东海关应协黔饷项下拨交中国电报总局应用，暂由黔省筹拨 10,000 两解交毕节电报子局，以济急需，[1] 线成后由官经办。[2] 架线工作随即展开。然是年 4 月 16 日，发生毕节县民毁抢电局案，一度使得工程受阻。[3] 案件平息后再度兴工，约于 8 月中旬完竣，共用银 28,168 两，建成电线 315 里，[4] 使得贵州省城与云南、四川电线接通。[5]

至清末，贵州又分别架建官、商电线各一。1908 年 5 月，巡抚庞鸿书奏设贵阳兴义线。清廷认为，"现值边防吃紧"，遂让邮传部立即饬造。[6] 该线不久建成，成为贵州第二条重要官线。[7]1909 年 11 月，湖南巡抚岑春煊拟设湖南洪江至贵州贵阳线，计 896 里，历经湖南洪江、黔阳、沅州、晃州，至贵州玉屏、青溪、镇远、施秉、黄平、清平、贵定、龙里，而达贵阳。[8] 该线翌年完工，为该省唯一商线。[9]

（六）湖南线

湖南建线与邻近省份相比稍晚，但后势发展较迅，透视出该省在晚清早期

---

[1] "中研院"近史所编：《海防档·丁·电线》，第 886 号文，第 1385—1386 页；第 890 号文，第 1388 页。

[2] 《本部咨黔抚黔省东路各电应归部局收发至西路电线俟核定再行接管文（宣统二年十一月十五日）》，《交通官报》第 28 期，第 10 页。

[3] "中研院"近史所编：《海防档·丁·电线》，第 900 号文，第 1399 页；第 901 号文，第 1400—1401 页；《光绪十三年四月初四日云贵总督岑毓英奏》，中国史学会主编：《洋务运动》第 6 册，第 383 页；《贵州毕节电局查办事竣折》，中国史学会主编：《洋务运动》第 6 册，第 386 页。

[4] "中研院"近史所编：《海防档·丁·电线》，第 1572 号文，第 2103 页；《光绪十三年十月十七日云贵总督岑毓英等奏》，中国史学会主编：《洋务运动》第 6 册，第 390—392 页。

[5] "中研院"近史所编：《海防档·丁·电线》，第 1572 号文，第 2103 页。

[6] 《邮传部奉旨》，一史馆藏，军机处录副，光绪朝·工业商业贸易交通运输工程类·邮电项，胶片 533 卷，03-144-7148-65。

[7] 《本部咨黔抚黔省东路各电应归部局收发至西路电线俟核定再行接管文（宣统二年十一月十五日）》，《交通官报》第 28 期，第 10 页。

[8] 《本部札电政局准湘抚咨徐文涛查勘贵洪电线工程仰即核议禀复文（宣统二年二月十一日）》，《交通官报》第 12 期，第 9—10 页。

[9] 《本部咨黔抚黔省东路各电应归部局收发至西路电线俟核定再行接管文（宣统二年十一月十五日）》，《交通官报》第 28 期，第 10 页。

守旧氛围相当厚重，与甲午后的形势差异较大。至1911年底，该省共建成电报线3,566.44里，[1] 报局报房18处。[2] 其主要线路除前述经湘各线外，还有蒲圻长沙湘潭线、湘潭萍乡线等。

1890年三四月（光绪十六年闰二月）间，湖广总督张之洞拟架设沙市长沙湘潭线，将湖南通过湖北与京沪等地连接起来。张之洞认为，湖南、湖北两省中隔大湖，文报往来不便，遂提出将荆州商局电线由沙市过江接造至湖南澧州，经长沙直抵湘潭，以通紧要信报，并委钱绍文驰赴澧州、武陵、龙阳、沅江、益阳、宁乡、长沙、善化、湘潭等地勘路。是年12月17日，张之洞正式奏设该线。[3] 得允。[4] 但翌年架线时，澧州发生毁抢电线案，[5] 恰又值夏季洪水暴涨毁杆，张之洞遂令暂缓安设。[6] 一缓便是四年。

1895年，长沙、衡阳等属发生旱灾，为办赈抚，因湖南仍无电线，特专人由湖北汉口转电各省，请款协助。而协济款项，亦只能汇至汉口，中间往返需月余。是时，湘省不少绅民已知电报之便。张之洞遂于1896年12月3日，再奏设湖南通鄂电线，线路改由长沙起，历湘阴、岳州、临湘，而至湖北蒲圻（计450余里），及长沙至湘潭电线。[7] 翌年2月5日，工程由长沙循湘阴、巴陵、临湘安设，4月20日，设至临湘边境之羊楼，与湖北省蒲圻电线相接。其由长沙接至湘潭一

---

[1] 编委会编：《交通史·电政编》第2章，第74页。

[2] 同上书，第56页。具体局所报房分布情况如下表：

湖南省电报局房分布表

电报局	一等	甲级	长沙
	二等	乙级	洪江、常德、衡州、湘潭、岳州
	三等	甲级	城陵埠、晃州、辰州、永州、德安
		乙级	安福、凤凰厅、衡山县、沣州、醴陵、宁乡、宝庆、湘阴、津市、益阳、沅州、安源、羊楼、郧阳

资料来源：编委会编：《交通史·电政编》第1章，第91页。

[3] 张之洞：《湘省安设电线片（光绪十六年十一月初六日）》，苑书义等主编：《张之洞全集》第2册，第777—778页。

[4] 世续等纂：《清实录》第55册，第881页。

[5] 张之洞：《查明澧州毁拆电杆情形折（光绪十七年十月二十八日）》，苑书义等主编：《张之洞全集》第2册，第802—804页。详本书第三章第二节。

[6] "中研院"近史所编：《海防档·丁·电线》，第1219号文，第1715—1716页；第1225号文，第1733—1734页；张之洞：《湖南安设电线折（光绪二十二年十月二十九日）》，苑书义等主编：《张之洞全集》第2册，第1198—1199页。

[7] 张之洞：《湖南安设电线折（光绪二十二年十月二十九日）》，苑书义等主编：《张之洞全集》第2册，第1198—1199页。

路，鄂省工竣后，又行置办，[1] 实际建线 90 里。[2]

1898 年，湖南巡抚陈宝箴积极实施新政，又奏设湘潭至江西萍乡线，以促进两地经济发展，尤其是萍乡矿山的开采，获得清廷允准。陈遂于是年 6 月派员兴办。[3] 不久告竣，建线 180 里。[4]

（七）四川线

汉口蒙自线途经四川，嗣后该省电线不断展延。至 1911 年底，共建电报线 3,465.54 里，[5] 报局报房 14 处。[6] 其主要线路及局所报房建设历程如下：

夔州重庆泸州成都线、成都打箭炉巴塘线　据前已知，1885 年 8 月 10 日，云贵总督岑毓英奏设广西南宁府至云南蒙自县电线。盛宣怀提出，改展鄂线由川之夔州、重庆、泸州、成都入滇。李鸿章、总署皆认为可行。李鸿章并提出，由汉口入川之泸州、成都，均作为商线[7]。1886 年 6 月，架线工作自汉口始，[8] 年底告竣，用款 20,000 两。[9]

1896 年，清廷与闻廓尔喀与西藏失和，战事一触即发，乃令四川总督鹿传霖调停。鹿传霖遂于是年 4 月 25 日请设川藏电线，以速边报。关于线路，拟先设成都至打箭炉一段，后再入藏；关于经费，拟用存商局之 100,000 两川款。[10]

---

[1] "中研院"近史所编：《海防档·丁·电线》，第 1235 号文，第 1743 页；第 1259 号文，第 1773—1774 页。

[2] 《电报商局历年造设电线工程呈数清册（光绪二十九年二月二十日）》，一史馆藏，邮传部全宗·电政类，胶片 1 卷，22-14-1。

[3] 《致湖南抚台函（光绪二十四年五月初八日）》，盛宣怀：《愚斋未刊信稿》，台湾文海出版社 1975 年版，第 75 页。

[4] 《长沙至萍乡共 270 里电报商局历年造设电线工程呈数清册（光绪二十九年二月二十日）》，一史馆藏，《邮传部全宗·电政类》，胶片 1 卷，22-14-1）。

[5] 编委会编：《交通史·电政编》第 2 章，第 73 页。

[6] 同上书，第 56 页。具体为：叙州、泸州、永宁、资州、成都、永州、重庆、垫江、涪州、万县、夔州、巫山、小桥驿、巴东、督署、雅州、打箭炉、简州、资阳、中渡、里塘、喇嘛了、巴塘、青溪、越巂厅（据《电报学堂造送光绪三十三年秋季各商电局领生花名清册》整理，一史馆藏，邮传部档案全宗·职官，22-53-5）。

[7] "中研院"近史所编：《海防档·丁·电线》，第 787 号文，第 1221—1222 页；第 835 号文，第 1300 页；李鸿章：《云广电线筹款片（光绪十一年九月初三日）》，戴逸、顾廷龙主编：《李鸿章全集》第 11 册，第 201—202 页。

[8] "中研院"近史所编：《海防档·丁·电线》，第 836 号文，第 1301 页。

[9] 《寄直督王夔帅（三月十七日）》，盛宣怀：《愚斋存稿》第 4 册，第 1850 页。

[10] 鹿传霖：《致总署廓藏失和已派员由海道驰往查看并请修川藏电报线电（光绪二十二年三月十三日）》，吴丰培编辑：《清代藏事奏牍》下册，中国藏学出版社 1994 年版，第 976 页；"中研院"近史所编：《海防档·丁·电线》，第 1249 号文，第 1759 页。由于建造夔州重庆泸州成都线已用 20,000 两，故只剩 80,000 两存电报局（《寄直督王夔帅（三月十七日）》，盛宣怀：《愚斋存稿》第 4 册，第 1850 页）。

鹿传霖奏很快获准。廷枢于 4 月 27 日电直隶总督王文韶，让其"速即接展，毋误事机"，王遂于当日电盛宣怀，"希速遵办"。[1] 盛宣怀接王电的当日即致电鹿传霖，着手安排材料等事宜，[2] 这一切反映出边事的紧急。盛宣怀另提出拟作商线，所有川中借款，归报费扣除。[3] 该线于当年 11 月开工，次年建成，[4] 后展至巴塘，[5] 从而将四川东西连接起来。

成都顺庆线、施南永顺西阳线　成都顺庆线的架设由成都电报局委员胡嵘于 1910 年 8 月提出。胡嵘认为，川省通衢向分川东、川北二路，东路固然殷富，北路亦有不少繁盛之区，其物产以丝绵绸布、药材为大宗，而山货、纸张、茶酒、木料、铁煤等产亦丰，当下东路已有长江干线，而北路仍未通电报，不便该地民人生计及行政理事。据此，胡嵘请设成都至顺庆线，拟经潼川之中江、射洪、蓬溪三县，以及赵家渡、太和、杨桃溪三镇，计 500 余里。此线既成，胡嵘认为可再由顺庆、保宁、汉中，而至西安，另由顺庆接至重庆，如此川省南北即能贯通。胡嵘的请设与邮传部九年筹备清单中"宣统六年展设四川成都至甘肃电线"基本吻合，随即获准。[6] 当年，成都顺庆线建成。

同年 12 月 18 日，湖广总督松寿请设湖北施南府至四川酉阳州电线，拟由施南经宣恩县属之甘溪、甘坝、鹤峰厅、来凤，湖南之永顺府，四川之龙潭，而达酉阳州，以便官商，[7] 获得允准，不久建成。

---

[1]《直督王夔帅来电（光绪二十二年三月十五日）》，盛宣怀：《愚斋存稿》第 1 册，第 623 页；《直督王夔帅来电（三月十五日）》，盛宣怀：《愚斋存稿》第 4 册，第 1849—1850 页。

[2]《寄川督鹿滋帅（光绪二十二年三月十五日）》，盛宣怀：《愚斋存稿》第 1 册，第 622 页；《寄川督鹿滋帅（三月初五日）》，盛宣怀：《愚斋存稿》第 4 册，第 1845 页。后所注时间当有误（《寄川督鹿滋帅（三月十七日）》，盛宣怀：《愚斋存稿》第 4 册，第 2086 页）。

[3]《寄川督奎制台俊（七月二十九日）》，盛宣怀：《愚斋存稿》第 4 册，第 1959—1960 页。

[4] 光绪二十五年八月十四日，四川总督奎文专差具奏更正创设打箭炉电线褒奖一折，中有：光绪二十三年九月初五日，吏部等奏请更正鹿传霖褒奖创设打箭炉电线工竣出力各员（"中研院"近史所编：《海防档·丁·电线》，第 1620 号文，第 2156 页）。

[5]《设建西藏电线请宽拨的款折（十一月二十四日）》，吴丰培编辑：《清代藏事奏牍》下册，第 1568—1569 页。

[6]《电政局禀本部遵饬核议展设川陕线路情形乞示遵文（宣统二年八月十一日）》，《交通官报》第 23 期，第 18—19 页。

[7]《鄂督咨本部来凤至鹤峰永顺酉阳三处电路里数表请饬履勘文（宣统二年十一月十七日）》，《交通官报》第 28 期，第 12 页。

（八）西藏线

西藏电报线建设较他省为晚[1]。其主要线路分东西两路，东路由察木多至拉萨，西路由拉萨至亚东。至 1911 年底，西藏共建成电报线 1,846.82 里，[2] 报局报房 4 处。[3]

最早在西藏架线的是英国人。1903 年 8 月，英国人麦克唐纳（Claude Maxwell MacDonald）率军从亚东侵入西藏。翌年 5 月，占领江孜宗政府，随后架设亚东至江孜电线，[4] 成为西藏西路电线之最初一段。8 月，英军侵入拉萨。中英就西藏问题展开进一步交涉。1908 年 4 月 20 日，中英签订《中藏英印通商章程》，规定俟中国电线修至江孜，英国将由印度边界至江孜电线，售予中国。[5]

章程一签，外务部即提出赶紧办理，以固主权。邮传部遂饬电政局筹办。[6] 对于经费，边务大臣赵尔丰为经营巴塘里塘，曾由度支部就各关常洋税款拨银 100 万两，作为开办经费。1908 年 8 月 22 日，度支部会同邮传部提出，架设电线应由开办经费内一并统筹，获准。这时勘路已至江孜，遂拟即行兴工。因前此四川电线已展至巴塘，西藏建线便从该地接起。但至藏界遇藏人抗阻，赵尔丰感到，调兵强设可能激起事变，遂提出从缓架设。另驻藏大臣联豫拟从西藏向巴塘接修，亦遭当地民众阻挠。[7] 西藏电线架设事宜暂缓下来。

1910 年清廷调兵入藏，江卡、左贡一带藏兵均被击散。赵尔丰遂请赶紧饬员运线兴修，并提出分两段同时架建的办法：将川线接至察木多为止；其由察木多至江孜之线，请邮传部咨由驻藏大臣派员兴修，邮传部认为可行。自巴塘至察木多一路，随即由边务大臣派员开办。自察木多至江孜一路，邮传部于是

---

[1] 同治五年十二月二十七日，两广总督瑞麟致总署函，照录"法国李（添嘉）领事伸陈"称："前月二十一日，本领事曾趋辕面议此事，请准在广东至香港安设电线，此电线乃西藏地方所出"。（"中研院"近史所编：《海防档·丁·电线》，第 47 号文，第 57 页。）这是笔者所见最早将西藏与电线联系起来的表述。据当时实际情形，笔者对"此电线乃西藏地方所出"的理解是：广东至香港电线，是由印度电线接通过去的。

[2] 编委会编：《交通史·电政》第 2 章，第 73 页。

[3] 同上书，第 57 页。具体为拉萨、察木多、江孜、乍了。

[4] 联豫：《设建西藏电线请宽拨之款折（十一月二十四日）》，吴丰培编辑：《清代藏事奏牍》下册，第 1569 页。

[5] "中研院"近史所编：《海防档·丁·电线》，第 2145 号文，第 2782 页；《修订藏印通商章程》，王铁崖编：《中外旧约章汇编》第 2 册，第 496 页。

[6] "中研院"近史所编：《海防档·丁·电线》，第 2145 号文，第 2782 页。

[7] 《本部咨驻藏大臣准边务大臣咨复川藏电线兴修情形文（宣统二年五月二十五日）》，《交通官报》第 18 期，第 14 页；联豫：《设建西藏电线请宽拨之款折（十一月二十四日）》，吴丰培编辑：《清代藏事奏牍》下册，第 1568—1569 页。

年 6 月 26 日电请驻藏大臣联豫派员就近办理。[1] 联豫派员自察木多勘路，经拉萨至江孜，共 2,000 余里，估需银 100,000 万两。由于是时赵尔丰已离藏，则开办经费自归边务。联豫认为，藏中饷项短绌，部拨之款皆关紧要，不可挪用，遂请拨专款架设。另，联豫提出先设拉萨至江孜一段，并当即开工，架成自驻藏大臣衙门至西大关电线，计 30 里。联豫还拟一俟接至江孜，即与英人开议，购其江孜至印界电线，并另与印度议商接线办法，以固主权。[2] 是年，电线架成。[3]

四、西北电报网的形成

西北地区（包括陕西、甘肃、青海、新疆四省）的电报建设从源头上讲，仍是津沪线由其北端向西展延之结果，但起步较晚。不过，在该地区设立电线，甚早即为疆臣构想。1880 年 10 月 25 日，当两江总督刘坤一闻知李鸿章奏设津沪线时，即致函李鸿章称："鄙意西陲及东三省边疆，紧要之地居多，而路途辽远，文报稽迟，亦应设立电线，俾得消息灵通"，然因"经费太钜，措办更难"，[4] 故刘坤一的设想一直未能实现，直至九年后方为陕甘总督杨昌濬付诸实践。至 1911 年底，该地区建成电报线 14,572.74 里，[5] 报局报房 30 处。[6] 相对广袤区域而言，线局较稀。更有甚者，青海未建电报，显示出该地区电报发展的滞后性。

（一）陕甘线

陕甘两省电线至清末共建有 4,449.08 里，其中，陕西省 1,383.08 里，甘肃省 3,066.00 里，[7] 报局报房 16 处，陕西 5 处，甘肃 11 处。[8] 其主要线路及

---

[1]《本部咨驻藏大臣准边务大臣咨复川藏电线兴修情形文（宣统二年五月二十五日）》，《交通官报》第 18 期，第 15 页；联豫：《设建西藏电线请宽拨的款折（十一月二十四日）》，吴丰培辑：《清代藏事奏牍》下册，第 1569 页。

[2] 联豫：《设建西藏电线请宽拨的款折（十一月二十四日）》，吴丰培编辑：《清代藏事奏牍》下册，第 1568—1569 页。

[3] 赵云田认为，联豫所设之线未成（赵云田：《清末西藏新政述论》，《近代史研究》2002 年第 5 期，第 118 页）。但据邮传部的第三次电政统计，该线应已完竣。

[4] 刘坤一：《复李中堂（光绪六年九月二十二日）》，欧阳辅之编：《刘忠诚公（坤一）遗集·书牍》卷十七，第 18 页。

[5] 据编委会编：《交通史·电政编》第 2 章，第 72—73 页整理。

[6] 同上书，第 56 页整理。

[7] 同上书，第 72—73 页。

[8] 同上书，第 56 页。具体为：牛杜、潼关、西安、兰州、固原、肃州、平番、平凉、甘州、泾州、宁夏府、宁安堡、安定、岔口驿（据《电报学堂造送光绪三十三年秋季各商电局领生花名清册》整理，一史馆藏，邮传部档案全宗·职官，22-53-5）。

局所报房建设历程如下：

保定西安嘉峪关线 1889 年 10 月 15 日，陕甘总督杨昌濬奏设西安至嘉峪关线，由此拉开西北地区电报建设的序幕。[1]在杨昌濬看来，是时电报已在中国东、南、北各地区不断展延，功效日益显现，惟西北地区未设，[2]故亟待赶修，以改变该地通信落后面貌。[3]尤为重要的是，该地区边务日趋重繁：首先，其内部境况即令人堪忧，陕甘番民、回、撒杂处，民变时有发生；其次，是来自外部的纷扰不断，中国收回伊犁后，来往新疆的俄人仍不减；南路喀什噶尔与英属北印度接壤，中隔布鲁特、坎巨提各部落，交涉日繁；西宁青海一路为入藏间道，英人方议进藏通商，难免滋生事端。[4]一旦印藏发生兵事，电报仅及四川，信息颇显迟缓。[5]基于上述情状，杨昌濬认为，若该路电线架通，则西宁青海一路可以就近兼顾，新疆紧要事件可驰递嘉峪关，打报关内，较为便捷。[6]

李鸿章亦认为，陕甘架线，于地方要务、边防大局均有裨益。[7]关于线路，李氏主张，"东接汴线，入关度陇，西抵肃州"。[8]但如前述，盛宣怀提出，由保定电局接至太原，由蒲州渡河至西安，作为商线，电局筹款；西安至嘉峪关作为官线，陕甘筹款。[9]李鸿章对此表示赞成。[10]该线于 1890 年 12 月告竣，其中商线保定至西安 2,260 里，[11]

---

[1] 《盛宣怀上李鸿章禀》，王尔敏、吴伦霓霞合编：《盛宣怀实业函电稿》上册，第 230 页。

[2] 李鸿章称："窃维中国电报创造未及十年，现已东至东三省，南至山东、河南、江苏、浙闽、两广，缘江而上，至皖鄂入川黔，以达云南之极边，东与桂边相接，腹地旁推交通，几于无省不有。即隔海之台湾，属国之朝鲜，亦皆遍历。其造线、养线、修线等费，官商互筹，酌量调剂，久称利便。惟西北一隅，阙而未备。"（李鸿章：《拟办山陕商线片（光绪十五年十一月初二日）》，戴逸、顾廷龙主编：《李鸿章全集》第 13 册，第 206—207 页。）

[3] 对此，杨称："延盼甚殷。"（《盛宣怀上李鸿章禀》，王尔敏、吴伦霓霞合编：《盛宣怀实业函电稿》上册，第 230 页。）

[4] 《光绪十五年九月二十一日陕甘总督杨昌濬等奏》，中国史学会主编：《洋务运动》第 6 册，第 417 页。

[5] 《盛宣怀上李鸿章禀》，王尔敏、吴伦霓霞合编：《盛宣怀实业函电稿》上册，第 230 页。

[6] 《光绪十五年九月二十一日陕甘总督杨昌濬等奏》，中国史学会主编：《洋务运动》第 6 册，第 418 页。

[7] 李鸿章：《拟办山陕商线片（光绪十五年十一月初二日）》，戴逸、顾廷龙主编：《李鸿章全集》第 13 册，第 207 页。

[8] 《盛宣怀上李鸿章禀》，王尔敏、吴伦霓霞合编：《盛宣怀实业函电稿》上册，第 229 页。

[9] 李鸿章：《拟办山陕商线片（光绪十五年十一月初二日）》，戴逸、顾廷龙主编：《李鸿章全集》第 13 册，第 207 页；《盛宣怀上李鸿章禀》，王尔敏、吴伦霓霞合编：《盛宣怀实业函电稿》上册，第 231 页；《光绪十五年九月二十一日陕甘总督杨昌濬等奏》，中国史学会主编：《洋务运动》第 6 册，第 417 页。

[10] 《盛宣怀上李鸿章禀》，王尔敏、吴伦霓霞合编：《盛宣怀实业函电稿》上册，第 231 页。

[11] 《电报商局历年造设电线工程呈数清册（光绪二十九年二月二十日）》，一史馆藏，邮传部全宗·电政类，胶片 1 卷，22-14-1。

历获鹿、太原、平遥、侯马、潼关；官线西安至肃州 2,830 里，历长安、咸阳、兴平、醴泉、乾州、永寿、邠州、长武、泾州、平凉、固原、隆德、静宁、安定、金县、皋兰、平番、古浪、武威、永昌、山丹、东乐、张掖、抚彝、高台、肃州，在兰州设局，固原、肃州设分局，泾州、凉州、甘州设报房，每年需银 12,000 两左右，[1] 奠定西北地区电报发展之基。

西安襄阳线、西安汉中线　西安襄阳线作为京沪线的第二通道，中日战争期间所设，以备京沪线为日军截断之不测。1895 年 1 月 17 日，日军占领威海港。署直隶总督王文韶认为，京津至沪，电线只有经直隶、山东、江苏一线可通。现威海失陷，军情紧急，万一此线被阻，则南北信息隔绝，贻误军机，事关重大。盛宣怀亦认为，西路自保定至西安及湖北沙市至襄阳老河口，均已架设商线，若将老河口电线接至西安，则东路线阻，京津电报仍可由保定西安襄阳汉口而达上海。王文韶遂于 3 月 4 日奏设西安至襄阳线，"以联陕鄂，而通西道"。线路方面，拟由西安经咸宁、蓝田、商州、商南，历河南、湖北省之光化，与老河口电线相接，约 1,000 余里。经费方面，王文韶提出由盛宣怀劝谕电局股商认垫，将来设法筹还。3 月 7 日奉朱批获准。[2] 不久，该线建成，实长 1,050 里。[3]

另据前知，1910 年 8 月，成都局员胡嵘请设成都至顺庆电线时，提及该线既成再推广至保宁、汉中、西安等地问题。对此，邮传部九年筹备清单中曾将之列入宣统三年预算设线工程项内，电政局认为西安至汉中一段可提前筹备，遂让西安局领班张德昌先行查勘考察，[4] 是年建成。

固原宁夏线　甘肃宁夏府界连阿拉善旗蒙地。至 20 世纪初，蒙汉交界之三道河、下营子各处，教堂林立。然该地距省城十余站，中隔戈壁沙滩，文报往返不便。陕甘总督崧藩感到，遇有紧要事件，信息异常迟滞。是时，固原州已设电报子局。鉴于此，1903 年 5 月 8 日，崧藩奏设固原至宁夏府线，计 604 里，

[1]《杨昌濬片》，一史馆藏，军机处录副，洋务运动类·邮电项，胶片 674 卷，03-168-9437-52。其中，官线实用经费 203,989 两，包括甘肃电报学堂一年经费银 4,271 两及各官电局一年内常年经费 12,255 两（"中研院"近史所编：《海防档·丁·电线》，第 1136 号文，第 1632—1633 页）。

[2]《王文韶奏》，一史馆藏，军机处录副，光绪朝·工业商业贸易交通运输工程类·邮电项，胶片 533 卷，03-144-7148-9。

[3]《电报商局历年造设电线工程呈数清册（光绪二十九年二月二十日）》，一史馆藏，邮传部全宗·电政类，胶片 1 卷，22-14-1。

[4]《电政局禀本部遵饬核议展设川陕线路情形乞示遵文（宣统二年八月十一日）》，《交通官报》第 23 期，第 19 页。

估需银 20,000 余两。崧氏提出先由甘库拨支，俟工竣再行造销。[1] 5 月 30 日，清廷准奏。[2] 7 月 11 日工程开工，8 月 22 日完竣，共用银 36,337 两，[3] 实际建线 586 里，于宁夏府设分局。[4]

（二）新疆线

新疆最早架设电线是在俄国占领伊犁期间。中国收回伊犁后，俄将其拆除。[5] 国人提出在该地区设线是在议设陕甘电线之时。当李鸿章闻知陕甘总督杨昌濬有架设陕甘线意向后，提出将来更可由嘉峪关接至新疆，则东西万里，消息一律灵通。[6] 盛宣怀进一步对该线的线路及经费作出细致规划："他日由嘉峪关展造至新疆省城，由北路至镇西一千七百九十里，由镇西至新疆迪化府一千二百五十七里；若由镇西折回哈密，由南路至吐鲁番一千里，由吐鲁番至迪化五百数十里，共计三千三百余里，转运更远，每里得银八十余两，亦不过银三十万两左右。"[7] 随着陕甘电线的架成，新疆电线的架设被提上议事日程，相继建成东、南、北三路。至 1911 年底，电报线达 10,123.66 里，[8] 局房 14 处。[9] 其主要线路及局所报房建设历程如下：

肃州迪化线、迪化奇台线 1891 年，新疆巡抚陶模在天津与李鸿章面商关外设线事宜，皆认为亟应接办。不久陶模经兰州与陕甘总督杨昌濬再议，意见亦同。翌年 4 月 19 日，陶模会同杨昌濬奏设肃州至新疆省城电线，边务是其主旨，称：新疆远处边陲，西北邻俄，西南接英属诸部，且汉、蒙、回、哈

---

[1] "中研院"近史所编：《海防档·丁·电线》，第 1828 号文，第 2364 页；第 1834 号文，第 2371 页；第 1845 号文，第 2385 页。

[2] 世续等纂：《清实录》第 58 册，第 801 页。

[3]《松蕃奏》，一史馆藏，军机处录副，光绪朝·工业商业贸易交通运输工程类·邮电项，胶片 533 卷，03-144-7148-46。

[4]《松蕃奏》，一史馆藏，军机处录副，光绪朝·工业商业贸易交通运输工程类·邮电项，胶片 533 卷，03-144-7148-47。

[5] 详见本书本章附一。

[6] 李鸿章：《拟办山陕商线片（光绪十五年十一月初二日）》，戴逸、顾廷龙主编：《李鸿章全集》第 13 册，第 207 页。

[7]《盛宣怀上李鸿章禀》，王尔敏、吴伦霓霞合编：《盛宣怀实业函电稿》上册，第 233 页。

[8] 编委会编：《交通史·电政编》第 2 章，第 73 页。

[9] 同上书，第 56 页。具体为：迪化总局；（东路）吐鲁番分局、哈密子局、安西报房；（西路）伊犁分局；绥来、库尔喀喇、乌苏、精河、宁远；（西北路）塔城分局；（南路）喀什噶尔分局；阿克苏子局；焉耆、库东、巴楚、喀什噶尔汉城报房；（北路）古城子局（编委会编：《交通史·电政编》第 1 章，第 40—41 页）。

萨克及布鲁特各部杂居，遇有紧要文报，由省城递至肃州转电，动需旬日，恐贻误事机。关于线路，陶模等拟由肃州接起，经安西、哈密、吐鲁番，而达迪化，全程 3,200 余里。关于经费，陶模等提出：此项电线，专为巡防而设，且新疆商务甚少，应照甘肃电线官营办法，请求户部与总署共拨银 10 万两；甘肃新疆储存四分平余项下各拨银 5 万两，计 10 万两，分饬肃州、安西、哈密、镇西、吐鲁番、迪化各州厅县预采材料，以备取用。[1] 是年 9 月所定购外洋料物到沪，勘路运料工作随即展开，1893 年 7 月，该线告竣。[2] 是为新疆东路电线。[3]

1904 年 7 月 14 日，新疆巡抚潘蔚与陕甘总督崧蕃请设奇台电线。潘氏等认为，奇台为省城天山以北屏障，北通蒙古，东通归化、包头、京城、天津等处，商贾云集，且有满营驻防，畅通消息，十分紧要。遂提出，自迪化架线，北经阜康，以达奇台，计程 400 里，并于县城设一子局，约需银 2 万两。拟由岁拨善后经费项下支出。至于局费及维修，将所收报资划抵，不敷之数，仍于善后款内开支。[4] 获得允准，不久建成，新疆东路电线获得展延。

吐鲁番喀什噶尔线　1892 年 6 月，沙俄派兵侵入帕米尔，随即强迫中国与之商谈划界问题。为应对此危机，且恐"境外零星回部，此后事变尚多"，李鸿章在迪化线筹定后，又于 1892 年 12 月 23 日奏设喀什噶尔线。在他看来，迪化距京 8 千余里，喀什噶尔又距迪化 4 千里，文报过迟，必误事机。[5] 清廷允之。[6] 关于线路及经费，盛宣怀提出由吐鲁番至库车、阿克苏，以达喀什噶尔城，约 3,800 余里，估需银 28 万余两。李鸿章提出于江海关所存出使经费暨海军衙

---

[1] "中研院"近史所编：《海防档·丁·电线》，第 982 号文，第 1493 页；第 983 号文，第 1494 页；第 985 号文，第 1495 页；第 986 号文，第 1495—1496 页；陶模：《会奏请设新疆北路电线折（光绪十八年三月二十三日）》，陶葆廉辑：《陶勤肃公（模）奏议》卷一，台湾文海出版社 1970 年版，第 5—6 页。

[2] 李鸿章：《拟设新疆电线折（光绪十八年十一月初五日）》，戴逸、顾廷龙主编：《李鸿章全集》第 14 册，第 595 页；李鸿章：《展设新疆北路电线折（光绪十九年九月初十日）》，戴逸、顾廷龙主编：《李鸿章全集》第 15 册，第 175 页。

[3] 《饶应祺奏》，一史馆藏，军机处录副，光绪朝·工业商业贸易交通运输工程类·邮电项，胶片 533 卷，03–144–7148–17。

[4] "中研院"近史所编：《海防档·丁·电线》，第 1909 号文，第 2499—2500 页；第 1932 号文，第 2531 页。

[5] 李鸿章：《拟设新疆电线折（光绪十八年十一月初五日）》，戴逸、顾廷龙主编：《李鸿章全集》第 14 册，第 595 页。

[6] 世续等纂：《清实录》第 56 册，第 117 页。

门生息应还出使经费项下，各提银 14 万两。[1]1894 年 3 月，该线告竣，于喀什噶尔设分局。[2] 是为新疆南路电线。[3]

迪化伊犁线、伊犁塔城线　迪化线工竣、喀什噶尔线赶办之际，李鸿章再提出架设伊犁线。李氏认为，伊犁为将军驻地，且与俄罗斯及英国等属接壤，边境重镇，交涉之事日繁，亟应分设电线，以期消息灵通。1893 年 10 月 19 日，李鸿章奏知清廷。该线经库尔喀喇乌苏，捷路 1,100 余里。[4]1894 年 5 月开工，于伊犁惠运新城设分局，[5] 当年建成，是为新疆北路电线。[6]

伊犁线开办后，伊犁将军长庚指出，塔城紧接俄疆，常有交涉事件，需展设伊犁电线至塔城。[7] 李鸿章赞成此议。[8] 该线长约 900 余里，估需银 40,000余两，长庚拟请由江海关出使经费项下支出。[9] 李鸿章遂仿肃州至新疆省城架线办法，请海军衙门由天津生息项下应还出使经费拨出。海军衙门照其所请。[10]1894年冬，该线告竣，设塔城电局。[11] 新疆北路电线得以展延。

观上可知，晚清电报的发展，从空间分布看，大体经历了由东部向西部，

[1] 李鸿章：《拟设新疆电线折（光绪十八年十一月初五日）》，戴逸、顾廷龙主编：《李鸿章全集》第 14 册，第 595 页；《饶应祺奏》，一史馆藏，军机处录副，光绪朝·工业商业贸易交通运输工程类·邮电项，胶片 533 卷，03-144-7148-17。

[2] "中研院" 近史所编：《海防档·丁·电线》，第 998 号文，第 1512—1513 页；第 1003 号文，第 1517 页；第 1013 号文，第 1525 页；陶模：《筹议电报经费折（光绪二十年三月十六日）》，陶葆廉辑：《陶勤肃公（模）奏议》卷三，第 6 页。

[3] 《饶应祺奏》，一史馆藏，军机处录副，光绪朝·工业商业贸易交通运输工程类·邮电项，胶片 533 卷，03-144-7148-17。

[4] 李鸿章：《展设新疆北路电线折（光绪十九年九月初十日）》，戴逸、顾廷龙主编：《李鸿章全集》第 15 册，第 175 页。《饶应祺奏》，一史馆藏，军机处录副，光绪朝·工业商业贸易交通运输工程类·邮电项，胶片 533 卷，03-144-7148-17。

[5] "中研院" 近史所编：《海防档·丁·电线》，第 998 号文，第 1512—1513 页；第 1003 号文，第 1517 页；第 1013 号文，第 1525 页；陶模：《筹议电报经费折（光绪二十年三月十六日）》，陶葆廉辑：《陶勤肃公（模）奏议》卷三，第 6 页。

[6] 《饶应祺奏》，一史馆藏，军机处录副，光绪朝·工业商业贸易交通运输工程类·邮电项，胶片 533 卷，03-144-7148-17。

[7] "中研院" 近史所编：《海防档·丁·电线》，第 1000 号文，第 1514 页。

[8] 李鸿章：《展造塔城电线片（光绪二十年五月十八日）》，戴逸、顾廷龙主编：《李鸿章全集》第 15 册，第 355 页。

[9] "中研院" 近史所编：《海防档·丁·电线》，第 999 号文，第 1514 页；李鸿章：《展造塔城电线片（光绪二十年五月十八日）》，戴逸、顾廷龙主编：《李鸿章全集》第 15 册，第 355 页。

[10] "中研院" 近史所编：《海防档·丁·电线》，第 1000 号文，第 1514 页。

[11] 同上书，第 1045 号文，第 1561 页。

由沿海、沿江向内地、沿边推进的过程。马尾线（福建）、津沽线（直隶）、台南线（台湾）等东部沿海地区短线揭开中国创建电报的序幕；以津沪线这一东部沿海大干线为母线，掀起中国大规模建设电报的高潮。

在晚清电报建设高潮中，先是，分别由津沪线南端的苏州、镇江为起点，向南延伸出沪粤线，向西延伸出长江线，中国的沿海、沿江三大干线基本形成。再是，由此三大干线延伸：津沪线以其北端天津为起点，向北延伸出华北、东北电报网，以及在江苏、山东、河南境内延伸出华东电报网；沪粤线以其南端广州为起点，在广东境内深入展延，并展至广西，另该线在浙江、福建等地延伸，连及台湾，由此而成东南、华南电报网；长江线以其西端汉口为起点，向四川、湖南、贵州、云南、西藏等地区拓展，此外，该线还在其所经安徽、江西、湖北、湖南境内进一步延伸，从而建立起华中、西南电报网；而华南、西南电报网在云南交汇。

另外，仍以津沪线北端天津为起点向西延伸，经保定、太原而至陕西、甘肃、新疆界区，并在各该省内进一步向腹地及边陲推进，从而建立起西北电报网。而西北电报网又通过西安襄樊汉口线与华中、西南电报网连接，华南电报网又通过九江庾岭线再与华中电报网相连接。可见，晚清中国不仅在津沪、沪粤、长江三大干线基础上形成华东华北东北、东南华南、华中西南、西北等区域电报网，且相互连接，逐步构建出一张规模初具的中国电报网。至1911年，中国共建电报线100,002.03里，[1] 电报局房503所，遍及除青海外所有省区。[2] 故可言，晚清基本建立了全国范围的电报网，且呈现出明显的板块性发展特征。

尽管晚清基本建立起全国范围的电报网，但若与近邻日本相比，则显十分稀疏。对此，时人即有评论。1900年上海电报局总办经元善即注意到，中国电报"何至经营已逾廿载，远不逮贵国（日本）线道之通畅"？[3] 经元善在此不仅露示其对当局发展电报力度不足的怨愤，且明确指陈中日之差距。这种状况在清末的最后十年中一直未能改变。1909年邮传部司员曾鲲化更是细致指出，日本报线已达30万里，而中国"现今全体电线不过七万一千余里，电信局不过二百六十余所（此为部办电局，时各省办电局尚未收归部办，故不在其列），青海、

[1] 编委会编：《交通史·电政编》第2章，第74页。

[2] 同上书，第47页。

[3] 经元善：《答原口闻一君问（1900年11月7日）》，虞和平编：《经元善集》，第346页。

西藏且全无焉"。[1] 是时，中国的地域面积几为日本 30 倍，而电报总里程却不及日本 1/4，疏密情状于此可见一斑。此也凸显出晚清电报发展的极大落后性。

出现这种情况似不足为奇，盖两国政府对待电报之态度在电报东来之初即存在巨大差异。日本架设电线始于 1869 年 7 月。翌年 9 月 20 日，该国与大北公司订立合同，规定"日本国议准大北电报公司海线至长崎、横滨二口，并准二口之海线相连"。大北可在长崎、横滨租地盖房，"其所用之地由本地官指示，其海线上岸相接内地电报局之线，由大北电报公司自理"。又规定："大北电报公司所设海线，日本国不能保无损伤。其上岸之线，由日本国照内地自设之线一体保护，俟定准内地设线章程，大北电报公司均系一体照办。嗣后大北电报公司所设相接内地之线，及日本国属内海线，倘若有人偷窃，被大北电报公司拿获，实有可凭，具禀呈送由日本国官办理取赔。"[2] 反映出日本发展电报态度之积极。

与日本形成鲜明对比的是，是时中国不仅竭力抵制西人请设电线，且国人中除极少数外，绝大多数皆认为电线于中国无益，甚至有害。这种思想认知不仅将架设电报一时难以被提上议事日程，从而使得中国电报的正式起步晚日本近 10 年，而且成为中国自建电报后的重要阻力之一，极大制约着电报在中国的顺利推广。

晚清电报的发展还存在严重不平衡性。在晚清的这张电报网上，以东部沿海、沿江地区为密，尤以直隶（局房 52 所，线路 7,953.98 里）、广东（局房 49 所，线路 6,650.20 里）、江苏（局房 43 所，线路 4,084.90 里）、湖北（局房 41 所，线路 6,294.18 里）、山东（局房 37 所，线路 6,745.46 里）、广西（局房 37 所，线路 5,265.34 里）、东三省（局房 64 所，线路 10,599.15 里）等省区更密；其他地区则较疏，特别是西藏（局房 4 所，线路 1,846.82 里）、蒙古（包括内外蒙古共有局房 5 所，线路 2,196.62 里）、贵州（局房 7 所，线路 1,886.20 里）等地区更疏，青海则是全无。故晚清电报网不仅粗看，是一张十分稀疏的电报网，而且细看，又是一张疏密不均，甚至有较大漏洞的电报网。

这种疏密不均性特征，从根本上言，是晚清区域建设的差异需求所致。应该说，区域建设是存在广泛的共性需求的。以政务需求为例，随着电报的功能逐步为官员所认知，一些疆吏乃至廷臣自 19 世纪 80 年代起积极促设电报，以

---

[1] 曾鲲化：《祝中国交通界之前途》，《交通官报》第 1 期，第 8 页。

[2] "中研院" 近史所编：《海防档·丁·电线》，第 229 号文，第 275—276 页。

便日常行政理事。如镇宁线（1880 年，刘坤一）、港粤线（1881 年，张树声）、津保线（1885 年，李鸿章）、南宁蒙自线（1885 年，岑毓英）、汉口武昌线（1885年，裕禄）、钦州东兴线（1886 年，张之洞）、汕头潮州线（1888 年，张之洞）、广州南雄庾岭线（1888 年，张之洞）、蒙自剥隘线（1888 年，李秉衡）、腾越厅线（1889 年，岑毓英）、西安襄阳线（1895 年，王文韶）、成都打箭炉巴塘线（1896 年，鹿传霖）、蒲圻长沙湘潭线（1897 年，张之洞）、长沙武昌线（1897年，张之洞）、潼关保定线（1901 年，军机处）、河南府开封线（1901 年，军机处）、归化太原线（1902 年，岑春煊）、固原宁夏线（1903 年，崧藩）、奉天长春线（1906年，袁世凯）、藏东、藏西线（1908 年，外务部）、西安汉中线（1910 年，胡嵘）、桂林全州线（1910 年，张鸣岐）、施南酉阳线（1910 年，松寿）的奏设或饬造，等等。这是电报得以在各区域架建的重要基础。

但是，晚清区域建设需求存在极大差异，此尤凸显于军事防务的区域建设之中。近代中国的内忧外患较历史任一时期更为严重。因而，疆臣在逐渐认知电报的巨大功能后，增强防务能力，便成为其请设电报的第一要义。事实证明，官员为寻常政务而请设的电报，与为军事防务而请设相比，要少得多，更多的是出于后一需求。[1] 具体就晚清时期的内忧与外患言，其总体趋势是内忧渐轻，外患日重，此在太平天国兵事之后表现得愈加明显。这就使得增强沿海沿边省区的外防能力成为这些区域的政务主旨之一。疆臣因此而请设电报，以应对日益严重的民族危机便成为时势发展之必然。

疆臣这种为增强外防能力而请设电报的情形又可分为两类：首为海防计。第二次鸦片战争后，列强要求得到初步满足，中外间暂持和局，自 19 世纪 40年代初以来的海疆危机稍得缓和。然好景不长，以 70 年代中叶日本侵台为起点，海疆危机再现，嗣后几隔十年，便有一场较大规模的中外战争，小的争端更是不断。此态势使得架设电报以增强海防力量，成为沿海省区之必需。如台南线（1876 年，丁日昌）、津沽线（1879 年，李鸿章）、津沪线（1880 年，李鸿章）、京津线（1882 年，李鸿章）、广龙线、虎门暨白土冈炮台线（1883 年，张树声）、津沽北塘山海关线、山海关旅顺线、烟台线（1884 年，李鸿章）、江阴、吴淞

---

[1] 叶恭绰曾著《交通救国论》（商务印书馆 1926 年版）指出："李鸿章之设铁路轮船电报也，论者曾以其动机纯为利于军用，从而批评之矣。"（见该书第 2 页）时论虽不尽然，但大致道出以李鸿章为代表的晚清疆臣设线之主旨。

及下关等炮台线（1884年，曾国荃）、宁波镇海线（1884年，薛福成）、横廉琼钦线等（1884年，张之洞）、闽台线（1886年，刘铭传）、烟台威海卫线（1887年，李鸿章）、胶州线（1887年，张曜）、山东沿海各口官电（1894年，李秉衡）、江阴、崇明、乍浦、通州、海州各线（1895年，张之洞）、兰温线、海门线（1899年，李光久）、宁波温州线（1900年，盛宣怀），等等。这使得沿海省份北至奉天、直隶、山东，南及江苏、浙江、福建、台湾、广东等地区迅速建立电报，并深入发展。反过来说，沿海地区的电报发展较密，与此时期中国海疆的危机重重基本一致。

次为边防计。这一时期中国边疆地区除直接爆发中法、中日战争外，还有来自俄、英、法等列强的长期窥伺与威胁。为增强边防能力，疆臣们又请设了一批边疆电线，如奉天珲春线（1885年，李鸿章）、黑龙江线（1887年，李鸿章）、梧州桂林线、岸步高州线（1887年，张之洞）、南宁剥隘线（1888年，李秉衡）、保定西安嘉峪关线（1889年，杨昌濬）、肃州迪化线（1892年，陶模）、吐鲁番喀什噶尔线（1892年，李鸿章）、迪化伊犁线（1893年，李鸿章）、伊犁塔城线（1894年，长庚）、由川通藏线（1896年，鹿传霖）、奇台线（1904年，潘蔚）、吉东吉北线（1907年，徐世昌）、贵阳兴义线（1908年，庞鸿书）、柳邕各处电线（1909年，张鸣岐），等等。这一切又使得吉林、黑龙江、甘肃、新疆、云南、广西以及西藏等中国边疆省区架设了长度不等的电报线。而冲突最为直接、危机最为严重的云南、广西、新疆等地，电报建设愈密。

然而，无论是为海防计，抑或是为边防计，可清楚看出的是，清政府所面临的险恶的国际环境使其率先在沿海建立电报，并迅即向沿边地区延伸，且使得这些地区电报的发展较其他地区更密。而中外局势的张弛变奏又使得晚清电报发展呈现出阶段性特征。

另需指出，太平天国兵事以后，中国较大规模的农民起义与农民战争基本结束，但各地区小规模的民变从未间断。故此间内防任务虽较外防稍轻，但并非已不需要，甚至仍是一些地区的政务要旨之一。为及时联系廷枢，迅速镇压各地民变，疆臣中不少人因之奏设电报，以捷消息。如1886年张之洞饬造的琼州海口至黎峒各处电线；1890年张之洞奏设的武汉襄樊线；1892年李鸿章奏设的热河电线；1907年徐世昌拟修的宁古塔电线、山东架设的巨野线；1910年孙宝琦请设的即墨电线等，都为镇压民变而设。尽管这种情况较为外防计要少得多，反映出清政府面临的更大的威胁来自于西方列强，但它使得晚清电报向一些民风强悍、民变易生的内部腹地进一步延伸。

除政务需求外，经济商务需求亦是电报建设的重要促动力。晚清一些疆臣为发展区域经济，或开采矿山，或建设河工，因而请办电线。如1886年张之洞饬造的琼州西线；1887年潘蔚奏设的毕节贵阳线；1888年倪文蔚饬造的济宁开封线；1890年李鸿章奏设的东明线；1893年张之洞奏设的荆门安陆线；1895年陈宝箴奏设的武昌长沙线；1897年张之洞奏设的蒲州武昌线；1898年陈宝箴奏设的湘潭萍乡线；1902年周馥奏设的山东河工电线；1904年潘蔚奏设的奇台线；1909年岑春煊奏设的洪江贵阳线；1910年临城矿务局提设的临城线；等等。区域资源不一、环境各异的自然情状乃至当地民绅的思想认知、风俗习惯等人文因素，使得此类电报发展殊悬。

尤为关键的是，商业发展更重资讯的迅速获取，而具有快速传递信息功能的电报，恰能满足其这种需求，故一旦使用，很快便获得商人的青睐而被广泛提请。对此，除特殊情况外，官方多因势利导，积极扶助。因此而设的影响较大的线路主要有粤港线（1881年，张树声）、长江线（1882年，郑观应）、广梧线（1883年，张树声）、沪粤线（1883年，李鸿章）、汉口泸州线（1885年，盛宣怀）、大东沟线（1887年，盛宣怀）、九江庾岭线（1888年，盛宣怀）、保定西安线（1889年，盛宣怀）、呼伦呼兰线（1899年，恩泽）、庐州六安线（1910年，朱家宝）、芜湖屯溪线（1910年，朱家宝）、成都顺庆线（1910年，胡嵘）等。

上述电报线路，多在中国商业发达地区。如长江线，自镇江溯达湖北，"中间口岸甚多，而汉口一镇茶市尤为繁盛，水陆交冲"；沪粤线所经"浙江系产丝之地，宁波、温州均为通商口岸"，且"宁波又是徽茶之重要口岸"；汉口泸州线所经"沙市、宜昌、夔州、重庆、泸州、成都等处，生意繁盛，商报较多"；江西线所经九江、庾岭等地，皆为贸易重地；保定西安线是将太原、西安重要商业发达地区与东部连接起来。据晚清电报全面收归国有部办前的1907年统计，当年省办线为36,138里，商办线为38,520里。[1] 商办线略多于官办线，而商办电线基本都在商贸发达地区，尤其是沿海沿江及内地交通要冲。中国经济发

---

[1] 编委会编：《交通史·电政编》第2章，第67页。

展的区域差异性及不同步性，特别是商业发展的严重不平衡性，又进一步增强了晚清电报发展疏密极度不均的形态。[1]

附一：列强在中国架设的电线

清末最后十余年国势式微，列强乘机利用各种手段在中国境域甚至内陆架建电报。此类电报就性质言，可分为两类：一是代中国所设，如沪沽、烟沽海线，京沽陆线等；一是自设，如在中国架设的各铁路电线，以及其他因战争等而设的各海陆线。质言之，所有这一切皆是列强侵逼的结果，从而以一个案领域折射出此间列强对中国侵略的加深。

不过，从总体上看，这两类电线皆不多。且对于列强自设之线，除铁路电线及海线外，中国通过反复交涉，最终基本将其收回，并按国际惯例，申定列强铁路电线之权限。此又在一定程度上反映出那个时期，朝野上下为维护或挽回日益沦丧的主权与利权而作出的决心与努力。

（一）列强代设之线

沪沽海线　晚清中国除架设一系列陆线外，还拥有沪沽、烟沽、烟威等少数几条海线。这些报线，中国本无敷设之计划，实迫于列强窥伺。[2]

1900 年 8 月，八国联军侵入北京前后，义和拳民已将京津地区电线拆毁殆尽。联军遂乘机让大北、大东由大沽敷设水线至上海，以捷京津等地西人信息。[3]盛宣怀认为，此海线若成，既有损中国国家之利权，又不利清廷内外之通信。[4]况且，中外接线界限一旦尽撤，更为日后之大患。[5]基于上述思虑，盛宣怀拟自

---

[1] 需提醒的是，就世界范围看，促进电报发展的最重要之动力当是商业需求，盛宣怀曾称："查泰西各国电报，原因振兴商务而设。"（"中研院"近史所编：《海防档·丁·电线》，第 1110 号文，第 1618页。）然近代中国商业的不发达，使得电报发展的这一重要原动力在晚清缺乏足够的力度。

[2] 烟台至威海卫海线长 42.13 海里，亦设于 1900 年。

[3] "中研院"近史所编：《海防档·丁·电线》，第 1765 号文，第 2306 页；《电商添设水陆各线恳恩保护折（光绪二十八年九月）》，盛宣怀：《愚斋存稿》第 1 册，第 243 页；朱寿朋编、张静庐等校点：《光绪朝东华录》第 5 册，第 4943—4944 页。

[4] "中研院"近史所编：《海防档·丁·电线》，第 1702 号文，第 2231 页；《请奖电报局员学生折（光绪三十二年三月）》，盛宣怀：《愚斋存稿》第 1 册，第 325—326 页。

[5] "中研院"近史所编：《海防档·丁·电线》，第 1765 号文，第 2306 页；《电商添设水陆各线恳恩保护折（光绪二十八年九月）》，盛宣怀：《愚斋存稿》第 1 册，第 243 页；朱寿朋编、张静庐等校点：《光绪朝东华录》第 5 册，第 4943—4944 页。

设沪沽海线，可见其主旨当是抵制列强之觊觎。

值得注意的是自设沪沽海线之方案。盛宣怀提出，该线仍让大北、大东建造，不过线价由中国电局给出，但不付现资，而是将其作为向两公司的借款，拟连本带息分30年偿清。在此年限内，中国电局将该线抵押给两公司，由其管理。[1]

这显然是退而求其次之策。在盛宣怀看来，八国联军不会允准中方设办沪沽海线，即便允准，中国亦无此巨资敷设。况且大北、大东已付诸行动，势难中止。既如此，不如顺水推舟，让两公司代设，则该水线"外假公司之名，实为电局之产"，不至于利权尽失，而华电又能照常传递，可见盛宣怀的方案中有相当积极之因素。但两公司提出造价21万英镑（约合银175万余两）之数，盛宣怀虽因情势紧迫，感到已难以压价，故最终应允，但亦认为过昂，因而甚不满意。[2]这使此策又带有较大遗憾。

1900年8月4日，两公司与中国电局就盛宣怀之方案密订《沪沽水线合同》。其中有两款需特别注意：一是第二款，规定本息分30年付清，"如二十五年后，电局愿将所余之款并作一次付清，亦听其便"。表明沪沽海线让两公司代管的实际权限并非确定不移，而有一定伸缩性，最长为30年，最短为25年；再是第三款，规定"此条水线现作为第二款内金镑之质，抵押与两公司，此外无论何人，不得将此水线全条或一段，执押购买。如电局因亏空及别项意外事故，均不得任债主或他人夺取此水线为质。"[3]这就避免了此线可能出现的转让他国现象，从而保证其始终为中国所有。

另根据合同第五款"此水线全归两公司专管修设，其详细各款，另订合同办理"之规定，盛宣怀又与两公司于1900年10月26日订立《沪沽新水线合同》，对两公司代办期间的管理、维修及与中国陆线的接线、收费等问题作了详细规定，从中亦可看出中方在维护所有权上的努力。[4]庚子谈判间，沪沽海线敷成，长729海里，[5]从而开西国代设之例。然这种设线方式尽管中方有着较大让步，但在不利情势下，仍不无可取之处。

烟沽海线 1901年2月9日，盛宣怀又与大北、大东订立《会订烟沽副水

[1] "中研院"近史所编：《海防档·丁·电线》，第1702号文，第2231—2244页。

[2] "中研院"近史所编：《海防档·丁·电线》，第1765号文，第2306—2307页。

[3]《沪沽水线合同》，王铁崖编：《中外旧约章汇编》第1册，第971页。

[4]《沪沽新水线合同》，王铁崖编：《中外旧约章汇编》第1册，第972—974页。

[5] 编委会编：《交通史·电政编》第2章，第38页。

线合同》，拟再设烟台至大沽水线一条。[1] 大沽出海电线既然已订造沪沽线，缘何又复造烟沽海线呢？这主要为抵制德人对该线的觊觎。

早在 1900 年初，盛宣怀即闻，德国将由胶州设海线至大戢山。[2] 就在中国电报局与大北、大东密商沪沽海线事宜之时，德人正式提出由青岛设水线至烟台，并有向北及于直隶境内，向南延至上海之势。[3] 盛宣怀恐德人之谋"一旦径行，足制吾津沪旱线之要害"，[4] 遂一面致函德使穆默（Freiherr Mumm von Schwarzenstein），劝其放弃该打算，[5] 一面赶紧与大北、大东订立合同，拟借英、俄、丹三国之力，抵制德之企图。[6]

对于该线的架设，其方案同与沪沽海线，仍请大北、大东敷设。为此，中国电报局再以借款形式付给两公司线价 48,000 英镑（约合银 40 万余两）。管理方式亦同沪沽海线。[7]1901 年线成，建有单心水线二道，一长 212.04 英海里，一长 217.09 英海里。[8]

京沽陆线　京、津、沽间本有陆线，但在 1900 年为义和拳民所毁。当沪烟沽水线初通之际，正是中外在京议和之时，盛宣怀认为，要报不断，关系全局，亟宜修复京沽陆线，以接水线，让华报畅行迅达。然是时京津遍地洋兵，华工无从开办。基于此，盛宣怀遂又与大东、大北相商，将京津设局添线之事，暂托两公司代为经理。1900 年 10 月 26 日订立《会订沽津北京陆线暂时办法合同》，第一款规定，两公司代中国电局向联军请准重造京沽陆线，并于天津、北京设立电局，且订明暂由公司管理；第五款规定，至和约议定，北方联军退出为止，两公司即将该线交中国电局管理。[9] 可看出，中国电局的

---

[1]《会订烟沽副水线合同》，王铁崖编：《中外旧约章汇编》第 1 册，第 983—984 页。

[2]《复陈电局情形折（光绪二十六年二月）》，盛宣怀：《愚斋存稿》第 1 册，第 146 页。

[3] "中研院"近史所编：《海防档·丁·电线》，第 1702 号文，第 2231 页；《寄北京德使穆大臣（十月十五日由李傅相译送）》，盛宣怀：《愚斋存稿》第 2 册，第 1070 页。

[4]《盛宣怀片》，一史馆藏，军机处录副，光绪朝·工业商业贸易交通运输工程类·邮电项，胶片 533 卷，03-144-7148-31。

[5]《寄北京德使穆大臣（十月十五日由李傅相译送）》，盛宣怀：《愚斋存稿》第 2 册，第 1070 页。

[6]《盛宣怀致朱宝奎函》，王尔敏、吴伦霓霞合编：《盛宣怀实业函电稿》上册，第 242 页。

[7] "中研院"近史所编：《海防档·丁·电线》，第 1702 号文，第 2234—2235 页；第 1765 号文，第 2308 页。

[8]《电报商局历年造设电线工程呈数清册（光绪二十九年二月二十日）》，一史馆藏，邮传部全宗·电政类，胶片 1 卷，22-14-1。

[9] "中研院"近史所编：《海防档·丁·电线》，第 1702 号文，第 2240 页；《会订京津沽陆线暂行合同》，王铁崖编：《中外旧约章汇编》第 1 册，第 975 页。

此举乃为权宜之计。两公司也随即于当年架成京沽陆线。[1]1902 年 12 月 1 日，中国将该线收回。[2]

（二）列强自设电线

此间列强或因战争，或为争夺与巩固势力范围需要，多有设线之举，甚至擅收商报，从而造成对中国主权与利权的严重侵损。[3]

1. 俄国电线

中东铁路电线 最早在中国内陆架设铁路电线的是俄国。[4]1896 年 6 月 3 日，中俄签订《御敌互相援助条约》，规定中国允许俄国通过黑龙江、吉林两省修造一条铁路以达海参崴。[5]9 月 8 日，中俄又订《合办东省铁路公司合同章程》，设立"中国东省铁路公司"，负责修筑和经营中东铁路。该《章程》第六款规定，"凡该公司建造、经营、防护铁路所必需之地"，"准其建造各种房屋工程，并设立电线，自行经理，专为铁路之用"。[6]1897 年 8 月，中东铁路开工，于 1902 年初建成，沿路电线亦完工。[7]

---

[1] "中研院"近史所编：《海防档·丁·电线》，第 1688 号文，第 2207 页。

[2]《寄津袁宫保、宁张宫保（十一月初五日）》，盛宣怀：《愚斋存稿》第 3 册，第 1307 页。但中国收回此线并非一帆风顺。1901 年 9 月《辛丑条约》签订，联军开始从华北撤出。中国电报局遂与大北、大东商收京沽陆线事，但"英俄两国互相掣肘，种种推延"（"中研院"近史所编：《海防档·丁·电线》，第 1765 号文，第 2307 页），在中国允准将京恰线借一条为大北专用，将京沽一条、川石山至南台一条借大东专用后（"中研院"近史所编：《海防档·丁·电线》，第 1702 号文，第 2231—2244 页；第 1781 号文，第 2327—2329 页；第 1785 号文，第 2331 页），方收回。"综计此举，旷时积日，劳精敝神，首尾三年，乃有结束"（"中研院"近史所编：《海防档·丁·电线》，第 1765 号文，第 2308 页）。办理此间交涉的盛宣怀指出："彼等无非欲藉国势挟制。"（《寄外务部又（八月二十六日）》，盛宣怀：《愚斋存稿》第 3 册，第 1296 页。）

[3] 此间英国为侵略西藏需要，于 1904 年架通亚东至江孜线。因本章第三节已述，不赘。

[4] 俄最早在中国境内架设电线可追溯到该国占领伊犁期间。1871 年俄趁阿古柏侵占新疆之机，出兵占伊犁，遂在该地设电报。1881 年 2 月中俄签订《圣彼得堡条约》，中国收回伊犁，但该处电线仍由俄人经营。后随着俄人大批撤离，电报拍量日减，俄欲将该线卖予中国。1883 年，俄署公使韦贝（C. Waeber）将该线造价及日常经费开单送总署，并询中国态度。伊犁将军金顺以无人管理而认为不便买，提出让俄撤去。总署以为然（"中研院"近史所编：《海防档·丁·电线》，第 506 号文，第 744 页）。该线旋被拆除。

[5]《御敌互相援助条约》，王铁崖编：《中外旧约章汇编》第 1 册，第 650 页。

[6]《合办东省铁路公司合同章程》，王铁崖编：《中外旧约章汇编》第 1 册，第 672—673 页。

[7] 为建东省铁路而便于与彼得堡公司总局议商，1897 年 3 月 22 日，东省铁路公司代办璞科向总署提出添挂电线两条：一由齐齐哈尔至海兰泡中国原设电杆之上，添挂一线；一于黑龙江中俄水线内，附添一线。关于添挂电线之经营，璞提出由本公司派人专司其事，只传本公司筹办铁路要电，不收商电，亦不干涉他事（"中研院"近史所编：《海防档·丁·电线》，第 1233 号文，第 1741 页）。总署允准，但要求俟路工竣，即由中国电局接收（"中研院"近史所编：《海防档·丁·电线》，第 1237 号文，第 1744 页；第 1238 号文，第 1745 页）。但不久，东省铁路公司提出改道，由伯都讷至宁古塔，不经齐齐哈尔，即加线须另议地方（《总署来电（四月初七日）》，盛宣怀：《愚斋存稿》第 2 册，第 669 页），总署再准。

但该电线建成后不久，即收商报，这显然违背《章程》所规定的"专为铁路之用"。经反复交涉，1907 年 10 月 7 日，中俄又订《东清铁路电报合同》，在重申铁路电线专为铁路办公所需这一原则的同时，进而声明，凡在中国境内发寄官商电报，或准他人发寄官商电报，为中国主权分内之事，由中国电局（以下简称电局）行使。但又规定：路局在各车站收发官商电报，由铁路电线递至本铁路各处，或至俄国境内，其报费由俄定价。不过，路局应付电局此等电报本线费，每字洋元 2 分。另，电局发寄铁路各处之电报，或邻近铁路电局将电报转至铁路各站传递者，电局应付路局过线费，每字洋元 5 分。[1] 从而按国际惯例，划清电局与路局之权限。

东北中东铁路外电线 日俄战争期间，俄国在中东铁路区域以外地方架设电线 1,500 余里。[2] 战争结束后签订的《朴次茅斯条约》规定，日俄两国兵队皆应于 1907 年 4 月 15 日前退出满洲，两国兵队所设之电线电局，自应一并撤去，[3] 从而订明对此类电报的处置方式。

但这一处置方式最终发生了改变。还在俄撤兵前，会办电政大臣杨士琦派电局委员德连陛与俄使交涉。是年 4 月初，杨文竣到京接办电政，续让德连陛与俄使磋商，终议定合同草案十条。关于中东铁路界外各处军线处置问题，规定由中国电局出价购回。[4] 其价为洋银 12 万元。[5] 中东铁路公司应交与中国电局接管之电线包括：齐齐哈尔至海兰泡；齐齐哈尔城至铁路车站；哈尔滨至米海罗生孟那斯克；海林铁路车站至宁古塔；桃梨照至吉林；桃梨照至伯都纳；桃梨照至额木索宽城子；宽城子铁路车站至宽城子；呼兰铁路车站至呼兰城；吉林至额木索、额木索至宁古塔、额木索至提达苏等。[6]

1907 年 5 月 29 日，中国电局交付中东铁路代表人慊希亚第一批价洋 2 万元。与此同时，电局派洋工程师毕德生、华总管魏鸿钧前往吉、黑两省接收俄国应交

---

[1]《东清铁路电报合同》，王铁崖编：《中外旧约章汇编》第 2 册，第 436—437 页。

[2] "中研院" 近史所编：《海防档·丁·电线》，第 2092 号文，第 2731 页；世续等纂：《清实录》第 60 册，第 79 页。

[3] 同上书，第 2097 号文，第 2735 页；第 2114 号文，第 2747 页。

[4] 同上书，第 2108 号文，第 2742—2744 页。

[5] 同上书，第 2092 号文，第 2731 页。

[6] 同上书，第 2092 号文，第 2732 页。《东省铁路附属地外满洲电线交还中国换文》（王铁崖编：《中外旧约章汇编》第 2 册，第 391 页）称："为此，中国电报总局允于一千九百零七年九月一日前在北京交付东省铁路公司墨洋一百万元。" 误。

各路军线。9月1日又交付剩余10万元给道胜银行,转汇中东铁路代表人慊希亚。[1]至此,中国将俄国在东北所设中东铁路以外电线收回。[2]

2. 日本电线

在中国内陆架设电线最多的当是日本,加之该国的蛮横态度,致使中日有关此类电线的交涉最为复杂与艰难。[3]

塘榆铁路电线　日本通过《辛丑条约》的有关规定,[4]在塘沽、山海关(临榆)等地派驻军队。日俄战争期间,日军少将仙波提出在上述两地铁路原有电杆添挂电线,以便日军塘沽司令部与驻榆守备队联络。[5]北洋大臣袁世凯根据《交路条款》的规定(各国武官可于铁路电杆安设电线,以便自用),认为此次日军拟于塘榆间铁路电杆,添挂电线,与约款相符。但须声明,此电线"系照公约应驻之各处兵队所用",俟日本兵队撤退时立即撤去,且不准收发商报,致侵中国利权,遂一面札饬关内外铁路局遵行,一面于1905年1月13日咨呈外务部。[6]日本也随即将电线添成。

奉天新民线　日俄战争结束后,中日会议东三省事宜,其间中国电局要求日本归还其占据的奉天新民线,但日方提出只可将该处电线三条内,借予中国一条。理由是该线为日军在日俄战争中补修而成。[7]由于奉新间原只一线,其余两线,确系日军添设。但考虑到该线为日军占据的事实,总办北京电报局兼办

---

[1] "中研院"近史所编:《海防档·丁·电线》,第2108号文,第2743页。

[2] 庚子之役间,俄于营口、山海关、北京铁路线杆加挂电线,后该线亦收商报。为此,中国外务部于1903年7月4日向俄使雷萨尔(P. M. Lessar)提出,此电线专为俄官卫队发递官报而设,不应收发商报。俄大臣应查明禁止("中研院"近史所编:《海防档·丁·电线》,第1838号文,第2377—2378页)。但俄方未作回复,仍暗收商报。交涉遂悬而未决。

[3] 日本最早在中国设线是甲午战争期间。为侵略需要,该国曾在辽东半岛建线148里。战争结束后,日主动将该线交中国,换取中国对威海卫至芝罘中断电线的修复,以便驻威日军("中研院"近史所编:《海防档·丁·电线》,第1107号文,第1615页;第1116号文,第1623页;第1123号文,第1627—1628页)。

[4] 该条约第九款规定:"中国国家应允,由诸国分应主办,会同酌定数处,留兵驻守,以保京师至海通道无断绝之虞。今诸国驻守之处系:黄村、廊坊、杨村、天津、军粮城、塘沽、芦台、唐山、滦州、昌黎、秦皇岛、山海关。"(《辛丑各国和约》,王铁崖编:《中外旧约章汇编》第1册,第1006—1007页。)

[5] "中研院"近史所编:《海防档·丁·电线》,第1950号文,第2588页。

[6] 同上书,第1950号文,第2588页。袁世凯所称《交路条款》当为1902年4月29日(光绪二十八年三月二十二日),中英所签订的《交还关内外铁路章程》,第八条规定:"所有铁路各电线亦应同时交还,惟武官可于电杆上安设电线,以便自用。俟该线安妥、各国武官所发电报,仍可按照附开之章第十二条办理,惟所有各军门及驻守各处统带官并各使馆卫兵统带所发最急电,应在别类电报之先尽办。"(《交还关内外铁路章程》,王铁崖编:《中外旧约章汇编》第2册,第45页。)

[7] "中研院"近史所编:《海防档·丁·电线》,第1979号文,第2624页;第1992号文,第2635页。

东三省电报事宜黄开文认为，议商借还一条，如不暂允通融，恐嗣后更为麻烦，[1]
遂作让步，于 1906 年 2 月 12 日与日本临时电信队长陆军大佐冈三郎签订《暂
立奉新电线借用合同》，规定日本政府将奉天至新民府电线一条借给中国使用。[2]
但黄开文另提出，此路电杆本系中国产业，应由中国外务部照会日本公使，查
照中日《会订东三省事宜附约》（1905 年 12 月 22 日）第四款的规定，早日交
还，以便届时将此次所立借约作废。[3]1906 年 3 月 20 日，外务部致函日本公使
内田康哉，让其从速交还。[4] 该交涉未了，又起新交涉。

奉天铁岭新民线　日俄战争期间，日军将奉天至铁岭、铁岭至新民两路杆线
占用。日俄议和后，日本一直未将该线交还中国，并于 1906 年 3 月，将铁岭至
新民府原设电杆 1,336 根中锯去 990 根。黄开文要求日方赔还。[5] 但日方认为，
铁岭至新民屯原杆，俄军撤退后已全部破坏。现杆为日本所立。不用的自可随时
锯伐。[6] 问题的关键在于，该线是否为日方所设？据查，1905 年 2 月间，俄兵退
出铁岭，虽离城五六十里之线杆，损坏十余根，旋经电局派人全部修补。自 3 月
日军占据铁岭，即将铁、新两局占用。对此，日本军政署立有收据，声明俟军务
平定后，将原物交还。黄开文将此情禀明电政大臣，并附上《铁岭日本军政署受
领电报局机器证书》。[7]1906 年 7 月 27 日，外务部照会新上任的日本公使林权助，
认为既然该线系中国产业，当悉数退还。[8] 该交涉又未定，再起新交涉。

大连湾海线及南满铁路电线　日俄战争期间，日本为传递军报，在未征得
中国同意的前提下，私由日本佐世保港设水线至中国大连湾。[9]1906 年 8 月，
日本电报督办电告大北公司，称佐世保至大连湾水线，业已通报。所有旅顺、大连、

---

[1] "中研院"近史所编：《海防档·丁·电线》，第 1992 号文，第 2635 页。

[2] 《暂立奉新电线借用合同》，王铁崖编：《中外旧约章汇编》第 2 册，第 344 页。

[3] "中研院"近史所编：《海防档·丁·电线》，第 1992 号文，第 2635 页。《会议东三省事宜附约》第
四款规定："日本国政府允因军务上所必需曾经在满洲地方占领或占用之中国公私各产业，在撤兵时
悉还中国官民接受。"（王铁崖编：《中外旧约章汇编》第 2 册，第 341 页。）

[4] "中研院"近史所编：《海防档·丁·电线》，第 1994 号文，第 2637 页。

[5] 同上书，第 2027 号文，第 2669—2670 页。该文汪珍儒所言收为："受领证　一 电信器（系箱装）一个。
遵本署命令提出之事。右受领候也。明治三十八年四月三日。铁岭军政署宪兵印；铁岭电报局领班孙
伟堂殿"（"中研院"近史所编：《海防档·丁·电线》，第 2056 号文，第 2691—2692 页）。

[6] 同上书，第 2044 号文，第 2682 页。

[7] 同上书，第 2056 号文，第 2690—2692 页。

[8] 同上书，第 2057 号文，第 2692—2693 页。

[9] 同上书，第 2069 号文，第 2707 页。

安东、营口、辽阳、奉天、新民、铁岭等处与各国往来电报，自9月1日起，一律接收。此项电报，按照各国与日本往来现定价目收费。与此同时，日本还将前项布告函知瑞士国万国电报公会。[1] 日俄战争后，日本势力在南满的扩张趋势由此可见一斑。

电政大臣袁世凯认为，日方的举措不仅侵我电利，更有损国家主权，遂一面让周万鹏致函大北公司，转告日本电报督办并瑞士万国电报公会，声明对于日本此举，中国不予承认；并咨请驻日公使杨枢及外务部，"切实驳阻，先行禁收商报"，另迅速商订交接办法，以便遵守。[2] 可见，中方对维护南满主权的严明态度与积极努力。

日本的举措同样损害了大北的利益，故该公司亦表示反对。接日本电报督办的电文后，大北一面向日本电报局辩驳，并行知万国电报公会；一面禀呈俄国驻华公使璞科第（D. D. Pokotiloff），要求中国谨遵1899年3月6日中国电报局与大北续约条款，声明不与日本接线，以防侵其利益。[3]

但日方态度强硬，认为该国在辽东租借地布设电线，毋须与中国政府议商。佐世保与大连间之海底电线系日俄战争期间，日本为军事所需而设。现和议既成，军报渐减，遂收普通电报。9月1日以后，大连湾既经开放，为方便各国民人，故定于该日公布开办海外电报。[4]

面对日本的强硬态度，中方软弱下来，表示"应在何处接线，并一切办法，统俟贵国政府派员来京，与中国政府所派之员，届时再行商订"，[5] 准备进一步交涉。另，对于日军占据南满铁路电线并拍发普通商报，日方认为是照俄国曾在南满的情况办理，现不过是承继而已。[6] 同样由于日方的强硬态度，中国拟与之交涉，但感到现实无法禁阻。这一切反映出日本势力逐步控制南满的大势。

俄交线后的中日东三省中东铁路界外军线交涉　上述各交涉虽已展开，但因日方阻挠并无结果。俄东清铁路界外军线交还中国议定后，重振了中国收回奉省电线的信心与决心。关于日线的交涉再次被提上日程。是时，日在奉省的电

---

[1] "中研院"近史所编：《海防档·丁·电线》，第2061号文，第2697页。

[2] 同上书，第2060号文，第2696页。

[3] 同上书，第2062号文，第2698页。

[4] 同上书，第2069号文，第2707—2708页。

[5] 同上书，第2084号文，第2726页。

[6] 同上书，第2069号文，第2707—2708页。

线电局有：南满洲铁路境外营口、辽阳、奉天、新民府、铁路岭、开原、昌图、凤凰城、大东沟、大孤山十处及南满洲境内铁路车站 28 处。[1]1907 年 5 月 25 日，督办电政事务大臣杨文骏禀邮传部，称俄国现已将东清铁路界外军线交还中国，日本东清铁路界外之军线电局尚未交还，理应照会日使查照办理，以维主权。[2]

对于中方的提议，日本公使林权助反驳，称该国并不以满洲地方为中国统辖，凡邮政电报，日本可自由设立。[3]日方的态度又引起俄国的不满，使已签约的中俄有关东清铁路境外电线交涉事宜再起异议。12 月 10 日，中国外务部收到俄使璞科第照会，称在一年内，中国政府如不能使日本政府在南满的电政事务，与俄国政府在北满一致，则东省铁路公司将本年 10 月 7 日签押的合同作废。[4]

由于日本此举明显违背《会议东三省事宜附约》的有关规定，中方认为，日约迁延不订，不仅俄使有所藉词，恐大东、大北、德、法各公司，群起交涉，亦与中日条约大相违背，[5]从而向日本提出进一步交涉。在此情势下，中日双方皆作一定让步。日表示愿就此问题与中国谈判，中国拟照中德电报合同第九款规定，借给军用电线办法，与日重议。[6]

1908 年 10 月 12 日，清廷与日本订立《中日电约》。规定日本在满铁路境外所有电线立即交予中国，但安东、牛庄、辽阳、奉天、铁岭、长春六处，中国政府允自这些商埠通至铁路境内电线借一条或两条为日本使用。对于所借电线传报问题，该约第五条规定："只可用为传递与日本电局往来之报。"另，关于旅烟水线问题，该约第一条规定："中日两国当于关东省某处安设水线一条，通至烟台。该水线自离烟台七英里半之北归日本安设、管理，七英里半之南归中国安设、管理。该水线于离烟台七英里半之北彼此相接。"[7]11 月 7 日，《满洲陆线办法合同》订立。同日又订《烟台关东水线办法合同》。该两合同就上述有关事宜以及收费等问题作了进一步明细规定。[8]

至此，在中方作出巨大让步的前提下，中日有关奉省电线问题的交涉基本

---

[1] "中研院"近史所编：《海防档·丁·电线》，第 2114 号文，第 2747—2748 页。

[2] 同上书，第 2097 号文，第 2735 页。

[3] 同上书，第 2114 号文，第 2747—2748 页。

[4] 同上书，第 2116 号文，第 2750 页。

[5] 同上书，第 2120 号文，第 2754 页。

[6] 同上书，第 2206 号文，第 2818 页。

[7]《中日电约》，王铁崖编：《中外旧约章汇编》第 2 册，第 549—550 页。

[8] 分别见王铁崖编：《中外旧约章汇编》第 2 册，第 551—553、553—555 页。

结束，中国计收回线路 1,000 余里，界外局所数十处。[1] 此当是在日本不断侵渔乃至控制南满的大势之下，中国为维护主权所作的一些努力以及微薄收益。

3. 法国电线

法国所设电线基本是在中国西南地区，大抵是为拓展与巩固其在那里的势力服务。

赤安铁路电线　1899 年 11 月 16 日，中法签订《广州湾租界条约》，规定："中国国家允准法国自雷州府属广州湾地方赤坎至安铺之处建造铁路、旱电线等事"，"养修电路各费，均归法国办理。且按照新定总则数目，华民可用铁路、电线之益。"[2] 该铁路建成后，沿途电线亦工竣。

滇越铁路电线　早在 1898 年 4 月，法国署使吕班（G. Dubail）向总署提出建设越南边界至云南省城修造铁路一道，获得允准。[3] 1902 年 4 月，滇越铁路开始勘工。为此，法方请求设立电线，连接铁路及各厂地，并申明该线专为造路、养路、开厂而设，不与他处电线相通。[4] 考虑到建设铁路电线乃惯例，且在要求法方先将上述申明具结存案后，中国允准，另提出，至于矿厂如无铁路之处，则不可设线；倘须设立，应由中国电局架设。[5] 中方的这一答复既遵照建线惯例，又免失权利，可谓得体。1903 年 10 月，中法签订《滇越铁路章程》。1904 年 3 月，该路正式动工。至 1910 年 10 月，建至昆明。此间，架成该铁路电线。

4. 德国电线

铁路电线　1898 年 3 月，中德签订《胶澳租界条约》，条约规定准德国在山东建铁路两条。是年 10 月，胶济铁路开工。翌年秋，德国在沿途架设电线，拟建报房 30 余处。[6] 1904 年 7 月，该路筑成，铁路电线前此完工。[7] 不过，还在 1899 年 12 月，即德国人始建胶济铁路电线之初，中方即提出，按各国定章，凡铁路报房，只准电询车价、货物、人数、运营时刻等有关车务，此外商报皆

---

[1] 世续等纂：《清实录》第 60 册，第 79 页。

[2] 《广州湾租界条约》，王铁崖编：《中外旧约章汇编》第 1 册，第 930 页。

[3] 《滇越铁路章程》，王铁崖编：《中外旧约章汇编》第 2 册，第 202 页。

[4] 《云南魏午莊制府、李仲仙中丞来电（光绪二十七年三月二十七日）》，盛宣怀：《愚斋存稿》第 3 册，第 1279 页。

[5] 《寄滇魏午帅、李中帅（三月三十日）》，盛宣怀：《愚斋存稿》第 3 册，第 1279 页。

[6] "中研院"近史所编：《海防档·丁·电线》，第 1621 号文，第 2158 页。

[7] 同上书，第 1829 号文，第 2365 页。该号文后附胶关税务司阿理文函，陈外人代造铁路，应保电报、邮政之利权。其中提及电报归官、铁路电报邮政之关系等。

不得传递，仍由电报专局经理，要求德国公司遵照各国铁路电线定章办理。[1] 但该线建成后，时有私收商电之事。[2]

为杜绝德国人收发商报，1904 年 4 月，中国电报总局拟将胶州至济南所有杆线移近铁路，并于中间商务较旺之处，添设局店。[3] 又于是年 9 月制定《中国各处铁路电报办法章程》，[4] 针对德国铁路公司所设电线擅收商报情况，开篇即声明：中国境内发寄电报，是中国主权分内之事，归中国电报局独享，各铁路公司虽准建造沿铁路电线，但此项电线，专应铁路所需，界限必须划清。接着指出：

> 现查铁路电线兼作他用，特订立办法章程六款，详列于后。凡在中国铁路公司，应照所定办法六款，认为电局与铁路公司合订之款，彼此一律遵行。[5]

此声明虽是对在中国的所有铁路公司而言，但主要指向外国铁路公司。《章程》最主要的内容为第一款："凡商家电信，即出费之电信，铁路公司应允，概不收由铁路电线传递"。但铁路车站附近电局未设分店报房，电局允铁路公司代为收递中国各处之出资电报（寄往各国电信不在此列），不过，此项电报，须转交铁路最近之电局。这一规定结合开篇之表述则明确划分了铁路电线与一般电局的寄电权限，[6] 从而结束了长期以来处置外国铁路电线收发商报之交涉无章可循的局面。

京沽军线、沪烟水线　1900 年庚子之役间，德国自塘沽设军线至北京。[7] 自 1904 年起，该线不断收发商报。[8] 在中方一再交涉下，且允德商参与津镇铁路、湖南矿务等事宜后，德方承诺，京沽德线只收发德国官报，严禁违章。[9] 但这一表态并未认真执行，该线接发商报情况仍时有发生。交涉暂成悬案。

---

[1] "中研院"近史所编：《海防档·丁·电线》，第 1621 号文，第 2158 页；第 1625 号文，第 2161 页。

[2] 同上书，第 1829 号文，第 2365 页。

[3] 同上书，第 1882 号文，第 2423 页。

[4] 同上书，第 1908 号文，第 2495—2499 页。

[5] 同上书，第 1908 号文，第 2496 页。

[6] 同上书，第 1908 号文，第 2496—2497 页。

[7] 同上书，第 1959 号文，第 2607—2608 页；第 2098 号文，第 2736 页。

[8] 同上书，第 1893 号文，第 2471—2472 页。

[9] 同上书，第 1915 号文，第 2505 页。

另据前知，早在 1900 年初，盛宣怀即闻德国将由胶州设海线至大戢山。[1] 就在中国电报局与大北、大东密商沪沽海线事宜之时，德国正式提出由青岛设水线至烟台。[2] 盛宣怀随即一面致电德使穆默劝其放弃架设计划，[3] 一面托大北、大东公司敷设烟沽水线以相抵制，但未能如愿。德国还是在此年将烟台青岛上海间水线设成。[4]

收发商电的进一步交涉 尽管中国制定《中国各处铁路电报办法章程》，并得到德驻津统领的表态，但德国所设山东铁路电线及京沽行军电线仍收商报，且沪烟水线架成后亦揽收商报，从而严重侵损中国主权与利权。[5] 为此，中方于 1905 年提出强烈抗议。德方遂退而要求，准照大东、大北水线借线之例，由德国与两公司商订，将烟台至大沽水线，每日借用若干时刻，使与英丹同。[6]

反复交涉后，1907 年 5 月 31 日中德签订《青烟沪水线交接办法》（附《购回京沽军线条款》及《山东铁路附设电线办法章程》）。[7] 规定中国电局立即收赎京沽德线（包括木杆、紫铜线及磁碗等器材），给价 49,175 马克。至于山东铁路公司收递商电事宜，只能按《中国铁路电报办法章程》第一款执行。但中国允在部分时段内将京沽陆线与烟沽水线拨与德国官电使用。[8] 至此，德线擅收商报交涉大抵结束。中国赎收京沽德线，并对胶济铁路电线作出限制，收获较丰。但德国官报亦得以由北京通过其自建电线（由京沽陆线、沽烟水线、烟沪水线，以及德荷水线公司所设上海至海外水线[9]）畅通海外。

---

[1] 《复陈电局情形折（光绪二十六年二月）》，盛宣怀：《愚斋存稿》第 1 册，第 146 页。

[2] "中研院"近史所编：《海防档·丁·电线》，第 1702 号文，第 2231 页；《寄北京德使穆大臣（十月十五日由李傅相译送）》，盛宣怀：《愚斋存稿》第 2 册，第 1070 页。

[3] 《寄北京德使穆大臣（十月十五日由李傅相译送）》，盛宣怀：《愚斋存稿》第 2 册，第 1070 页。

[4] "中研院"近史所编：《海防档·丁·电线》，第 2098 号文，第 2736 页

[5] 同上书，第 1963 号文，第 2612—2613 页。

[6] 同上书，第 1959 号文，第 2605—2607 页。

[7] 同上书，第 2098 号文，第 2736 页。

[8] 王铁崖编：《中外旧约章汇编》第 2 册，第 400—401 页。《汇编》将上合同名为《会定电报事宜合同》，并声明录自"《光绪条约》'，卷 102，页 3—8"。但该合同后并没有《中国铁路电报办法章程》。而《汇编》所录《山东路电交接办法合同（光绪三十三年九月二十六日）》附有上《章程》，但不全面。对照"中研院"近史所编：《海防档·丁·电线》，第 1908 号文，第 2495—2499 页所录《中国铁路电报办法章程》，《汇编》所录实为该章程第一款。

[9] 德荷公司所设电报线，详本书第四章第一节。

附二：中国在朝鲜架设的电线

如果将列强竭力向外拓展电报线视为电报的进攻性架设，那么，晚清电报建设从总体上看无疑是防御型的，即列强不断将电线拓至中国沿海、沿边，且有进一步展延之势，而清政府则采取包括自设电线等方式在内的各种手段予以抵制，尽量不使列强电线进入中国内地。盛宣怀曾称："盖中国电局决无越境占夺之心，特欲保我自有之权利，不为彼族占夺而已。"[1]晚清电报大抵是在这种理念与态势下建立与发展起来的。

但是，这并不等于说，晚清电线的架设全无进攻性因子，事实上这种进攻性因子在局部领域还是相当明显地存在着：一方面表现在自晚清建线后，在某些区域曾积极响应，乃至主动要求与国外接线，以打破一些国家或公司对中国出入境电报的垄断，并最终实现中国电报网与国际电报网的多方位衔接；[2]另一方面表现在还跨出国门，在他国发展电报，架设朝鲜电线即是其中一例。当然，其范围十分有限，仅朝鲜一国；地点十分特殊，在中国藩属国；形势十分被动，日本已敷线至朝鲜。无疑，这一切反映出晚清电线架设进攻性因子力量的微弱，但无论如何，从中还是能够在一定程度上看出晚清电报建设的异样特征，以及中国为保持对朝鲜宗主权所作出的重要努力。

最早主张将中国电线展至朝境的不是国内人士，也不是中国驻朝官员，而是清驻日公使黎庶昌，这本身即甚具象征意义。早在 1883 年 3 月 23 日，黎庶昌便提出："由天津至仁川之电信线亦宜及早经营，似未可忽矣。"[3]黎庶昌之所以有此主张，显然与其对日本之于朝鲜的企图有深刻认知相关联，而直接因由当是日本欲设通朝电线。

明治维新后，日本控制朝鲜的野心便日益膨胀。1876 年日本以武力胁迫朝鲜签订《江华条约》，不仅要求朝向其开放釜山等港，且提出朝为自由之邦，企图否定中国对朝鲜的宗主权。1882 年 7 月 23 日，朝鲜发生"壬午兵变"。日本更是藉其使馆人员遭害而举兵侵朝，控制朝鲜之野心已付诸行动。尽管是

---

[1] "中研院"近史所编：《海防档·丁·电线》，第 809 号文，第 1255—1261 页。

[2] 本书第四章第一节对此将有详述。

[3] 《出使日本大臣黎庶昌函（光绪九年二月十五日）》，台湾中研院近代史研究所编：《清季中日韩关系史料》，台湾"中央研究院"近代史研究所 1972 年版，第 1129 页。

次兵变迅即为清兵平定，但日本却迫使朝鲜与之签订《仁川条约》，获得驻兵汉城等特权。翌年3月3日，日本与朝鲜签订《日朝海底电线架设议定书》，规定由日本自该国西北岸起敷一海线，经对马海峡达朝鲜釜山。该线建成后，25年内朝鲜政府不得允许他国或公司在此地设线，以致与日本电线发生利益冲突。[1] 正是在此情形下，黎庶昌迅即提出上述主张。可见，黎庶昌的建言旨在力阻日本野心之实现，而保中国对朝鲜的宗主权。但黎庶昌并未将此主张奏明清廷，故未能付诸实践。

中国在朝鲜架设电报线是在1884年朝鲜"甲申政变"之后，主要有义州至仁川线、汉城至釜山线，以及清州至公州线[2] 三条，其中前两线在汉城相接，从而将朝鲜南北贯通，成为该国最为重要的电报大干线，建设情况如下。

义州仁川线 1884年12月4日，朝鲜发生"甲申政变"，清廷再度出兵。时奉命赴朝处理此事的都察院左副都御史吴大澂遂向朝鲜提出，自中国旅顺、经凤凰城边门交界处架电报线至朝鲜国都，以通信息，结果是"该国亦颇乐从"。吴大澂立即上《筹办朝鲜善后事宜折》，将此事奏知清廷。1885年2月20日，清廷让李鸿章等通盘筹划。这时，朝鲜以财力有限，拟自仁川港经汉城、义州而达中国奉天凤凰城的1,300里陆路电报线，请由中国北洋筹款垫设，限年归还。

对于吴大澂的建言及朝鲜国的提议，北洋大臣李鸿章表示赞同，并提出："应赶紧架设朝鲜电线，以通中高气脉。"需要指出，是时中国电线正处大力发展时期，经费十分紧张。在此情形下，李鸿章仍提出"赶紧架设朝鲜电线"，主要是基于两点考虑：其一，朝鲜对于中国之特殊地位。李鸿章认为，"朝鲜为辽沈屏藩，毗连俄日边境，内患外侮，在在可虞"，故及时在朝架设电报线，"以通信息，而便调拨"，便显得十分重要。[3] 其二，此时朝鲜的设线权已部分地遭到日本侵攮。如前所述，1883年3月3日，日朝签订架线《议定书》，拟设海

---

[1] 要《日鲜海底电线架设议定书（明治十六年三月三日）》，外务省编纂：《日本外交文书》第16卷，日本国际连和协会1962年版，第289—292页。转引自郭海燕：《从朝鲜电信线问题看甲午战争前的中日关系》，《近代史研究》2008年第1期，第106页。

[2] 该线1889年设。是年5月朝鲜外署照会办理朝鲜交涉事宜袁世凯，请设清州、公州线，长90里。袁世凯即商盛宣怀，获准，不久架成（"中研院"近史所编：《海防档·丁·电线》，第967号文，第1480—1481页）。

[3] "中研院"近史所编：《海防档·丁·电线》，第759号文，第1180页；王彦威、王亮编：《清季外交史料》卷五十八，第17页；《光绪十一年五月初十日直隶总督李鸿章奏》，中国史学会主编：《洋务运动》第6册，第367页。

线达朝。至是年 11 月，日本委托丹麦大北公司迅速建成长崎至釜山海线，翌年2 月，日本开始接受电报业务，[1] 且通过上述议定书，获得此路电线 25 年专设权。据此，李鸿章感到时间紧迫，"若不赶紧代为筹办，窃恐日本先我为之，将由釜山径达汉城，水陆线索尽落他人之手，中高气脉不能灵通。"1885 年 6 月 22日，李鸿章将上述意见奏知清廷，[2] 获得允准。[3] 可见，李鸿章急于架设朝鲜电线，同样是出于对日本扩展在朝势力的抵制，而加强中国对朝的宗主权。对此，李鸿章后更是明确指出："中国控制保护，必有电线以通消息。否则，机务阻滞，事事尽落人后。"[4]

对于朝鲜线的架设，中国电报局督办盛宣怀拟出如下方案：第一，筹款与归还办法。电线自仁川，历汉城、义州，抵中国边门，计 1,300 里，需银85,000 两，另备马山行军电线及常年修理各项银 15,000 两，故共需银 10 万两左右。盛宣怀提出此款由沪关出使经费拨借，并认为，该借款不宜由中国官方出面，因为"易启猜忌"，而应以中国电报局名义，代朝鲜政府筹垫，分限20 年，每年由朝鲜归还 5,000 两。

第二，架设与管理办法。该线架设，应由中国电报局派员办理；电报设成后，亦由中国电报局代为管理，以保证借款按时归还。另，该线巡费由朝津贴，并拟培养朝鲜学生，以冀逐渐换撤。[5] 照此方案，中朝于 1885 年 7 月 17 日订立《中国代办朝鲜电线合同》，规定朝鲜政府因中国电局垫款创设电线有裨政务，订准电线工竣后，自通报之日起 25 年内，不准他国政府及公司在朝鲜地面、海滨代设电线，致侵本国事权及损中国电局利益。如朝鲜政府欲扩充电线、添

[1] 郭海燕：《从朝鲜电信线问题看甲午战争前的中日关系》，《近代史研究》2008 年第 1 期，第 106 页。对此，盛宣怀曾致函邵友濂称："日本造釜山陆线，英造巨文岛海线，何其神也。"（《盛宣怀致邵友濂函》，王尔敏、吴伦霓霞合编：《盛宣怀实业函电稿》上册，第 224 页。）1885 年 7 月 10 日，李鸿章致函陈芰南称："汉城至釜山，陆路五日可达，各国有要事，皆由釜山电局转递。"（李鸿章：《致总办朝鲜通商事务分省即补陈芰南观察（光绪十一年五月二十八日）》，戴逸、顾廷龙主编：《李鸿章全集》第 33 册，第 505 页。）
[2] "中研院"近史所编：《海防档·丁·电线》，第 759 号文，第 1180 页；《光绪十一年五月初十日直隶总督李鸿章奏》，中国史学会主编：《洋务运动》第 6 册，第 367 页。
[3] "中研院"近史所编：《海防档·丁·电线》，第 762 号文，第 1183 页。
[4] 李鸿章：《筹拨朝鲜电报经费片（光绪十四年四月二十七日）》，戴逸、顾廷龙主编：《李鸿章全集》第 12 册，第 399—400 页。
[5] "中研院"近史所编：《海防档·丁·电线》，第 759 号文，第 1180—1181 页。

設电局，必须仍由中国电局承办，以免分歧。[1] 此规定是符合国际惯例的，保证了中国在朝鲜享有 25 年的架线独占权，从而对日本拓展其在朝电报建设权，形成强大的抑制力。

观上可知，中国在朝建线虽稍晚于日本，但通过努力，变被动为主动，从而再占上风。《合同》签订当月，中国电报局即购物备料，并派员赴朝勘路，[2] 架线设机的前期工作全面展开。大约至 12 月初前后，该线架成。沿途共设义州、平壤、汉城、仁川四局，实用库平银 70,105 两。[3] 这是中国所架成的第一条海外电线，其军事，尤其是政治意义十分突出。因为它不仅方便了中国与藩属国朝鲜的联系，而且进一步增强了中国对朝鲜的宗主权。对此，朝鲜电报总局襄办交涉通商事宜候选通判陈同书称："东藩吃重之地，日伺于南，俄窥于北，遂尔创兴电线，藉通消息，无非保卫附庸起见。"[4]

汉城釜山线　该线的架设较为充分地反映出中日两国在朝鲜围绕设线所展开的明争暗斗及力量对比。凤凰城义州仁川线的建设，不仅大大方便中国与朝鲜的联系，也势必减少日本长崎釜山线的实际利益，故该线的架设一度引起日本的强烈不满。但《中国代办朝鲜电线合同》所规定的中国在朝鲜享有 25 年陆线架设独占权与《日朝海底电线架设议定书》所规定的日本在朝鲜享有 25 年海线敷设独占权一样，是符合国际惯例的，因而日本无法迫令朝鲜废除与中国所订之约而阻止中国架线。

日本并未甘休。为尽量减少长崎釜山线可能的受损利益，并方便其与朝鲜的联络，1885 年 12 月 19 日，即义州仁川线架成后不久，同朝鲜外署订立约款，要求朝鲜架设釜山至汉城电线，以与其长崎釜山线相通。但是，根据《中国代办朝鲜陆路电线合同》第三款中国在朝鲜享有 25 年架线独占权的规定，该线须由中国电局承办。正因为如此，1886 年 2 月 19 日，朝鲜外署金允植照会办理朝鲜交涉

---

[1]《中国代办朝鲜陆路电线合同》，王铁崖编：《中外旧约章汇编》第 1 册，第 469—470 页；"中研院"近史所编：《海防档·丁·电线》，第 826 号文，第 1283 页。该合同由佘昌宇与朝鲜订立（《佘昌宇致盛宣怀函 三十八 附节略二扣》，王尔敏、吴伦霓霞合编：《盛宣怀实业朋僚函稿》中册，第 1158 页）。

[2] "中研院"近史所编：《海防档·丁·电线》，第 778 号文，第 1211 页；第 830 号文，第 1289 页；第 885 号文，第 1385 页。

[3] 同上书，第 1224 号文，第 1723 页；《盛宣怀致邵友濂函》，王尔敏、吴伦霓霞合编：《盛宣怀实业函电稿》上册，第 223—224 页。余存汇丰银行，拟作杆线维修之用（"中研院"近史所编：《海防档·丁·电线》，第 826 号文，第 1283 页）。

[4] "中研院"近史所编：《海防档·丁·电线》，第 867 号文，第 1359 页。

通商事宜袁世凯，请求中国电局承办该线。3月24日，袁世凯与金允植签订《中国代办朝鲜陆路电线续款》，拟将架设义州电线之余款垫办，并"由汉城起至釜山应添设三局"。[1]

不过，该线因经费问题一直未予兴工，事情终起变化。1887年初，金允植照会袁世凯，称该线若让中国电局承办，南路分局亦应派华员及学生工匠代办，费用较用本地人超出十倍，时下朝鲜商人愿意出资，与政府合办此线，无须中国电局代办。并谓此虽"于原定章程有不符处，出于事不获已，且非他国政府及各国公司代设侵权之比"。[2]

朝鲜的变化并非因为华局代设费用问题，而是另有他故。袁世凯查得，1886年冬，日人福久薛斐尔向朝鲜外署挑拨，称釜山电线仍由中国代设，是中国操其一国电务之权，大有碍于自主，应由朝鲜自设。在此情势下，朝鲜提出商民集资筹办，并答应由福氏雇用日本人主持。[3] 由此可看出日本对中国的排挤。对此，朝鲜电报总局襄办交涉通商事宜陈同书认为，朝鲜素贫，此举系外人代设，而假朝鲜之名，中国不可允准，即便中国为此而贴部分巡费，应所不惜。李鸿章亦认为，该国阳托自办之名，暗请他国代设，遽废前议，事权将会旁落，不可允行，应仍由华局设立。[4] 可见，中方藉此强化对朝宗主权的态度亦甚坚决。

中日因此而展开暗斗。袁世凯遂向朝鲜政府提出，如名为自办，而实假手于人，则有悖原立章程，必将查封电局，从重议罚。这使得朝鲜陷于两难境地：外不敢假请他人，内又无实力自办。在此情形下，1887年4月18日，袁世凯与金允植再订《釜山设立电线合同》，言明该线为朝鲜自设，仍由华电局主持，"各局听用韩人华人，断不准雇用他国人"，并重申"待二十五年内，朝鲜再设别处枝线，仍应照原议归华局承办，或朝鲜自设，必与华电局商准，方可设线，断不准他国干预此项权利"，且规定中国官报不收费。[5] 从这些规定看，它不仅大大超出大北公司曾通过《六条》在中国所获得的权限，甚至可将该线视为中国电报局所架国内之线，反映出中朝间的特殊关系。

---

[1] "中研院"近史所编：《海防档·丁·电线》，第826号文，第1282—1284页；第884号文，第1382页。

[2] 同上书，第884号文，第1383—1384页。

[3] 同上书，第883号文，第1381页。

[4] 同上书，第867号文，第1359—1360页；第884号文，第1382—1383页。

[5] 同上书，第884号文，第1383—1384页。

但福氏并未作罢，又怂恿英人奚来百士代办釜山线，其意图甚是明显，即通过第三方来排斥中国。对此，袁世凯再让金允植斥去奚来白士，并要求电线仍请中国电局代设，设成后，由中国电局派领班学生照料局务；关于教习朝鲜学生问题，仍由中国电局派人担任。但中方给予一定优惠，如设电前，教习薪水不取诸朝，只让朝每月贴给经费百元；设电时，工头薪水亦不取诸朝，可由朝酌贴火食赏号；设成后，各局雇用领班学生，始由朝筹付薪水。金允植表示同意。嗣后，金允植派出判书洪辙周为电局总办，与陈同书再议设线办法及设局章程，[1] 一场风波就此平息。1888 年 7 月 9 日，釜山电线工竣开报。[2] 观上可知，中国在此争斗中再处上风，这在一定程度上折射出此间中日在朝的力量对比。[3]

朝鲜称谓之争　釜山电局开报后即发生朝鲜的称谓之争。1888 年 7 月 9 日，即开报的当日，袁世凯寄电该局商务委员，翌日接复电，察见电局收条内钤有"大朝鲜电报总局"字样，接着又发现复电印封及黏附回单上，有"大朝鲜及开国若干年"字样。这些称谓关系中国对于朝鲜的宗主国地位问题。盖朝鲜作为中国藩属国，与中国往来文函或称"朝鲜"，或称"敝邦"。另，朝鲜向奉清朝正朔，故遵中国年号，后虽因朝鲜与各国订约，其文本稍有变通，一般写有"朝鲜开国若干年"，但接下须注"即中国若干年"，表明仍奉朔纪年之意。

根据上述惯例，袁世凯认为釜山电局的做法"揣诸事体，殊涉冒昧"，遂于 7 月 11 日致函朝鲜外署督办，让其查明实情。但又留有余地提出，"倘系电局纸笔有误，请即复饬该电局改具款式，速缮另送"，并将釜山复电收条、印封、附单退还。朝鲜外署督办于翌日回复，称确系书记笔误，并答应将收条、印封、附单"改具款式"，"亟令人删"，且让该局"另行警责"，"无令再误"。[4]发生在釜山电局的这一幕，尽管难以断定其是有意为之、故作试探，以弱化其

---

[1] "中研院"近史所编：《海防档·丁·电线》，第 883 号文，第 1381—1382 页；第 884 号文，第 1382—1383 页。

[2] 同上书，第 955 号文，第 1467—1468 页。

[3] 1891 年 3 月 24 日，中朝再签《元山电线条约》，约定元山电线可由朝方自设，但建成后"仍归清国电信局管理"，中国在汉城、仁川、平壤、义州四电局的经费，每年由朝津贴银 5,000 两。参 [韩] 国会图书馆、立法调查局编：《旧韩末条约汇纂》下卷，东亚出版社工务部 1965 年版，第 439—440 页；王铁崖编：《中外旧约章汇编》第 1 册，第 558—559 页。

[4] "中研院"近史所编：《海防档·丁·电线》，第 955 号文，第 1467—1468 页。

与清朝的宗藩关系，还真是笔误、无意而致，但袁世凯的态度表明中方尽力维护宗藩关系的既定而敏感的立场。[1]

---

[1] 1895 年中日《马关条约》签订，改变朝鲜的中国藩属国地位。翌年，中国电报局虑及时移势易，准朝不拘期限归还借款银 100,000 两，将前项电线作朝鲜之产（"中研院"近史所编：《海防档·丁·电线》，第 1223 号文，第 1718—1719 页）。朝欲减折，盛宣怀允其归还本银 70，000 两，以示体恤（"中研院"近史所编：《海防档·丁·电线》，第 1224 号文，第 1723 页）。总署同意盛的承允（"中研院"近史所编：《海防档·丁·电线》，第 1228 号文，第·1738 页）。但朝又提出，养线经费每月发各电局 400 余两，即作已还本项 41,500 两，故仅欠银 18,925 两。遭盛宣怀驳斥（《盛宣怀致杨士琦函》，王尔敏、吴伦霓霞合编：《盛宣怀实业函电稿》上册，第 242—243 页）。

第三章

经办、管理与技术：电报的运作

晚清电报自试创迄清亡，经办模式处于不断演替之中，管理制度逐步建立，技术水准渐次推进。若将晚清电报视作一系统，则可看出各子系统进展不一，或渐趋成熟，或相对滞后。此从另一层面透视出晚清电报通信的近代化程度及其影响因素。

第一节　电报的经办

既往研究多将晚清电报的经办分为官办、官督商办[1]、官商合办、官办等阶段。这种划分法的问题在于忽略了在官督商办时期大量官线、官局的存在，从而难以展示此间中国电报的发展全貌。其实，时人即有官商分办之称。1911年1月2日（宣统二年十二月初二日），邮传部奏："中国电报向系官商分办。"[2]笔者以为，晚清电报的经办，大抵经由官办、到官商分办、再到官商合办，最后又回归官办四种模式的演替。不过，此处所言的回归是就其形式言，而实质

1　关于官督商办企业性质的论争由来已久。其实，时人即认作"商本商办企业"，如盛宣怀称："如用官本官办，与船政、制造局同，应先筹定的款，年年拨济若干万，必须拨款永远不少，督其役者永远不敞，未始不可利归于上。如用官本商办，与轮船、电报及开平矿同，应先招集商股，不足则官助之，商股系正本，盈亏皆归于商股；官助系活本，但期原本缴还，不与商人争利。"（陈旭麓等主编：《盛宣怀档案资料选辑之四·汉冶萍公司》第1册，上海人民出版社1984年版，第7页。）近有学者对既往研究综合考量后指出，"既然主要官督商办企业股本全部都在私人手中，那么就可以认为这类企业的所有权归私人所有。生产资料所有权的问题是企业最根本的问题，所以官督商办企业很难被视作国家资本主义企业"。接着又指出，"主要官督商办企业，不仅全部股权，而且经营权也在商人手中"，因此，"主要官督商办企业确系商股商办"。"晚清时期官督商办企业应是，官府监督控制下的民族私人资本企业"（罗肇前：《晚清官督商办研究》，厦门大学出版社2004年版，第28、45、20页）。研究晚清电报者基本支持此观点，笔者对此也是赞同的，认为官督商办的电报局尽管与完全意义上的商办企业有一定区别，但本体当属商办企业。

2　"中研院"近史所编：《海防档·丁·电线》，第2270号文，第2871—2872页。

已发生根本改变，其中的关节点是前者为地方官办，而后者由中央主持。

一、早期官办

19世纪70年代中后期中国试创的早期几条电报线皆为官办。1874年6月14日，沈葆桢等奏设福州至台湾电线，拟"一切费用，官为筹给"。[1] 沈之计划未能实现，不过，最后还是留下一条大北公司所建，但为闽省收赎的长约30里的马尾线，成为中国所拥有的第一条官办电报线。

1877年5月8日，丁日昌再奏设台湾线，拟将其处理福建电线纠纷时从大北公司买下的电线机器，再添购一些物料，运至台湾架设，[2] 故仍是官办。尽管最后只架成长95里的台南线，但一直由官方经营。至于津衙线、津沽线，皆为李鸿章从淮军饷内拨款架成。虽然此间广东商人李玉衡、何崐山等曾拟组织公司招股设立港粤线，但议而未行。[3]

可见，此一时期为中国电报的早期官办阶段。所有架线、开办之费，皆来自官方，部分商人虽已有设线意向，但未能付诸实践。出现这种现象的根本原因在于其时中国风气未开，故设线的阻力大，致使投资的风险甚巨，也只有一些开明的封疆大吏才能稍稍排除引进此项西洋科技的阻力，也只有官方才能担负起试创新兴通信工具的风险。

二、官商分办

（一）商办缘起

津沪线在开报经营后未及四个月，即自1882年4月18日（光绪八年三月初一日）起，由官办改为官督商办。[4]

这一变动，从津沪线设立背景看有其必然性。前此，中国已开办轮船招商局（1872年）、开平矿务局（1878年）等官督商办企业，从而积累了一些民用企业的设办经验，而电报又与兵工不同，不全为官用，民用方是其应用的主体。故在电报创办者看来，不应仿照江南制造总局（1865年）、福州船政局（1866

---

[1] 《光绪元年正月二十三日总理各国事务衙门奕䜣等奏》，中国史学会主编：《洋务运动》第6册，第325页。

[2] 《光绪三年三月二十五日福建巡抚丁日昌片》，中国史学会主编：《洋务运动》第6册，第334页。

[3] "中研院"近史所编：《海防档·丁·电线》，第260号文，第305页。

[4] 同上书，第273号文，第344—346页。

年）等军事工业的方式经营，而只能按前者模式设办。职是之故，李鸿章奏设津沪线时即称："俟办成后仿照轮船招商章程，择公正商董招股集赀，俾令分年缴还本银，嗣后即由官督商办。"[1] 定下该线的未来经营模式。

具体而言，津沪线采用官督商办经营模式，还有其自身的特殊原因。官督商办的确切涵义是在官府监督下由商承办，故核心是商办。那么，该线为何要商办呢？要因当是官方担心后续的经费问题。李鸿章曾称："臣前提拨军饷，创成要务，初不患前款之虚縻，而特虑后费之难继。"电报官办的管理问题加重了李鸿章的这种担忧："若酌取商民电资贴补，则以官吏较此锱铢，稍失体统；且出纳之间，稽核难周，弊混滋甚。"正因如此，李鸿章明确提出："窃思电局所以必归商办者，总分各局迢遥数千里，常年用费甚繁，未便官为经理。各州县驿站，岁支正饷钱粮已巨，断无余力再筹此费"，故电报"必改归商办，斯国家收消息灵通之益，而无耗损巨币之虞"。[2]

商人亦认为，电报"非商为经营，无以持久"，盖官方或于"他日因费多而竟毁弃之，或听其损坏而不修守之"，"从来后人鲜谅前人创造之意也"。[3]正是基于这种理念与责任感，盛宣怀、郑观应、经元善、谢家福等禀请李鸿章，准由他们招集商股，将官线买归商办。[4] 李鸿章随即认可。[5]

其次是官督。官督商办企业尽管实质上是商本商办，但与完全意义上的商办企业相比，它通常是由疆吏倡办，并得到官方的保护与维持，故亦受官府监督控制。盛宣怀等认为，中国风气是重官轻商，创设电线，民众若知是官事，则不敢妄动；地方官若知是国事，则不敢不认真巡守。"若尽委之于商，虽商出数倍看守之资，而无益于事"，故须由官保护。此在一定程度上提示出中国传统社会的基本特征。另商等还认为，津沪线原为军务、洋务而设，"自北至南，所经之地，绝少商贾码头，其他丝茶荟萃之区，尚无枝线可通"，报稀资少，难敷其用，官方必须津贴。[6]由此可知，商等希望官督旨在获得官方的保护与津贴，以扶持这一新生事物。

[1]《光绪六年八月十二日直隶总督李鸿章片》，中国史学会主编：《洋务运动》第6册，第336页；"中研院"近史所编：《海防档·丁·电线》，第218号文，第263页。

[2]《光绪九年八月十七日署直隶总督李鸿章奏》，中国史学会主编：《洋务运动》第6册，第349页。

[3]《盛宣怀等上李鸿章禀》，王尔敏、吴伦霓霞合编：《盛宣怀实业函电稿》上册，第206—207页。

[4] 郑观应：《致伍秩庸星使论创办中国电报原委书》，夏东元编：《郑观应集》下册，第1026页。

[5]"中研院"近史所编：《海防档·丁·电线》，第273号文，第344—346页。

[6]《盛宣怀等上李鸿章禀》，王尔敏、吴伦霓霞合编：《盛宣怀实业函电稿》上册，第206页。

需要指出，官方对电报的经办虽另有其谋，但同样有官督之需。李鸿章认为，时下电报由众商承办，但倘若商等将官款全缴，并自给巡费，则电局之事皆由商人主持，官府不能过问，官报将照章给资。"今因所缴官款尚有未足，又暂贴巡费，虽名为商办，仍不啻奉行官事。目下中外紧要官报络绎往来，毫无贻误，其捷速过于驿递奚止百倍！"[1] 可见，官方欲藉官督形式以让商人更好地"奉行官事"。故可以说，在电报创办之初，官督乃是官、商两厢情愿之事。

可见，在津沪线"官督商办"原则问题上，官、商两方的意愿是一致的。这是此模式能够得到实施的关键所在。不过，在"官督商办"内涵表述及具体操作的问题上，不仅官商两方发生较大争执，即便是在商等内部分歧亦大。就在 1881 年 12 月津沪线即将开报之际，盛宣怀拟定《电报局招商章程》（以下简称《章程》），开篇即云：

> 中国兴造电线固以传递军报为第一要务，而其本则尤在厚利商民力图久计。前蒙北洋大臣阁爵督宪李奏明，先以军饷项下垫办，俟办有成效，招商集股，分年缴本，即由官督商办，是使商受其利，而官操其权，实为颠扑不破之道。

接下来是招商规章，共十二条，其中前五条主要内容为：津沪线架设，官垫经费 20 万两，拟集商股 10 万两，归还一半官款。嗣后该线成本，官商各居其半，但官本在十年内不提官利，以示体恤，保证在商本提取官利（长年一分）的情形下，仍易获利（作为公积），以广线道。十年后，官本与商本一律起息，但不提取，以添作官本。第六条规定，电局应以"军机大臣、总理衙门大臣、各省将军督抚、各国出使大臣所寄洋务、军务、公务电信"永不收费的方式报效官方。后六条言及普通电报收费标准、电局账目管理、电报寄递方式等项。[2]

---

[1]《光绪九年八月十七日署直隶总督李鸿章奏》，中国史学会主编：《洋务运动》第 6 册，第 350 页。

[2]《电报局招商章程》，夏东元编著：《盛宣怀年谱长编》上册，第 141—143 页。该篇被郑观应易名为《创办电报局招商章程》而录入《盛世危言后编》卷十二《电报》中（见夏东元编：《郑观应集》下册，第 1007—1010 页）。夏东元先生对此在该篇注中有简释，似未得要领。笔者以为，郑收录此篇与《致总办津沪电线盛观察论招商办电报书》有呼应关系。另，盛氏在津沪电线开工前即曾拟过《电报招股简明章程十条》及《详定大略章程二十条》（见夏东元编著：《盛宣怀年谱长编》上册，第 115—117 页），电线行将竣工之际，根据形势变化，又在此基础上拟定该篇。

对此《章程》，郑观应有较多相左看法。盛宣怀拟就《章程》后，南下上海与郑观应商讨。郑阅后，表示"当与盛道广访众论，复加参订，俟拟定后，当即禀候宪裁"。[1] 讨论中，郑观应并不反对《章程》第六条有关电局报效之规定，而是认为，"第一条至第五条所载以上所论各节，及'官督商办是商受其利，官操其权'等语，似皆有流弊"。[2] 既存研究多认为，郑观应不满的是，官督商办是"官操其权"之界定。[3] 然就郑观应请改的意图言，此未必符合其本意。其实，他更敏感于"商受其利"之表述，认为《章程》过多宣扬了官对商的体恤。正因为如此，他进而指出："想执笔拟章程者意重利商，求易于招股，未曾深思远虑耳。"[4]

郑观应之所以反对《章程》中"商受其利"之表述，是因其对当下社会有着深刻认识："盖官督商办之局不占公家便宜，只求其保护，尚为地方官勒索；若太占便宜，更为公家他日借口。"而产生此现象的根本原因在于"中国尚无商律，亦无宪法，专制之下，各股东无如之何"！观此可知，郑观应的反对旨在中国现行体制下不宜过多宣扬官的体恤，以尽量减少其将来可能用以勒索的借口。应该说，郑氏的顾虑并非多余，晚清电报业后来的发展情形已超出其预想范围（详后）。

郑观应的意见得到其他电报委员的认同与支持，遂于《章程》"未妥之句，另纸贴说管见"。笔者未能找到郑的这一另帖。不过，从盛宣怀接下来所拟定的《电报局变通章程》（以下简称《变通》）中大抵可窥见郑之"管见"的基本要领。《变通》对《章程》的第一至第五条主要内容修改如下：

> （津沪线）现在全工告竣，共支用湘平银十六万数千两，众商拟先招商股缴还银六万两，五年后分年续缴还银二万两，按年缴五千两，免其计息；其余八万数千两，存俟头等官报抵给报费。

---

[1] 郑观应：《禀北洋通商大臣李傅相为电报、织布两局现在办理情形》，夏东元编：《郑观应集》下册，第 1022 页。

[2] 郑观应：《致总办津沪电线盛观察论招商办电报书》，夏东元编：《郑观应集》下册，第 1003—1004 页。

[3] 《编者注》，夏东元编：《郑观应文选》，澳门历史学会、澳门历史文物关注协会 2002 年版，第 111 页；易惠莉：《郑观应评传》，南京大学出版社 1998 年版，第 285、289 页。

[4] 本处及下两段，郑观应：《致总办津沪电线盛观察论招商办电报书》，夏东元编：《郑观应集》下册，第 1003—1004 页。

> 俟将此项抵缴完毕，别无应还官款，则前项官报，亦毋庸领资，以尽商家报效之忱。[1]

这当是一重大且又精妙的修改。比照《章程》，此处修改不仅是一些数字发生变化，更重要的在于：二者虽皆坚持电局应以头等官报永不收费的方式报效官方，但若按《章程》规定，的确存在"官的体恤"，因为官本头十年不起息，但这不仅增加官方将来勒索的可能性，且尤为关键的是津沪线将永远存在官商两类股本，故实质上是官商合办；若按《变通》的规定，股商并未多付出什么，却能以头等官报免费的方式将官本在数年后抵清，这不仅可弱化"官的体恤"，从而减少官方的勒索借口，而更为关键的是，津沪线将来只存在商本，故是真正意义上的官督商办。

1882年9月27日，李鸿章按《变通》所定奏知清政府，[2]商等内部的争执大抵结束，官商间争执又起。对李奏中商人所提出的一些办法，户部表示不满："该局虽有认缴官本之名，而官本悉归乌有，惟凭以后官报信资以为充抵，信资数目又未据实开报。"并认为，"至各汛弁兵津贴干粮，原为巡护电线而设，电报既自八年三月起卸归商办，此项津贴干粮及修理巡房岁约需银一万一千两，若再由淮饷代给五年，是前项官本既归乌有，而后此又将添拨。商享其利，官认其需，办理实属未妥。"遂对李鸿章"所请仍由淮饷内开支，俟五年归商自给之处，碍难准行"。

对户部意见，商等不予认同，而以反驳，认为官贴既是国际惯例："日本初设电线时，其国家认至八厘，故能日增月盛，有举无废。至于巡护之事，各国沿路均有巡捕，其口粮亦由公家给发"；亦是现实之需："洋商近在上海开设公司，每招股分，华商趋之若鹜，多以中国之银钱，增洋商之气焰。及至华员招股，众商反不免观望，诚恐官不保护，无以示信，故洋商日富，华商日贫。"商等进而要求巡费应不设年限，永归官贴。对此，李鸿章虽表示不能准行，但对"巡费由官发给五年"的原议，却以当下形势为出发点，从国家主权及治国方略角度，阐明官方应予支持的必要性。

---

[1]《盛宣怀拟电报局变通章程》，王尔敏、吴伦霓霞合编：《盛宣怀实业函电稿》上册，第208—209页。

[2]《光绪八年八月十六日署北洋通商大臣李鸿章折》，中国史学会主编：《洋务运动》第6册，第337页；"中研院"近史所编：《海防档·丁·电线》，第273号文，第347页。

李鸿章认为，大东、大北在中国谋设电线，"与其使洋人窥伺，不若使华商获利。华商苟有以自立，则要务可开拓经营，缓急可通融报效。果使商利日旺，亦不失藏富于民之意"。李鸿章进而以其对国际大势的了解，对户部的上述意见略予批评："时至今日，地球诸国通行无阻，实为数千年来未有之变局。""户部既未专司洋务，势难先与筹商，又难详告颠末！此等创办之事，骤而察之，未有不滋疑实者。在部臣实事求是，有此一驳。"[1] 至此，户部不再有异议，官商间争执因李鸿章部分地支持商人要求而告结束。需要指出，尽管李之言论有源自中国传统思想之成分（如"藏富于民"），多少也反映出那个时期一些开明官员发展商务、以求自强、而与西争的近代理念。

（二）商办与官办的交织

津沪线官督商办后，商等接下来又招股承办了港粤线、沪粤线，且按津沪线先垫官款、后以头等官报信资划抵方式架设了长江线、津京线（至京师外城）等。商办电线由此全面展开，相继接设的主要线路有同安厦门线、广州龙州线广州梧州段、汉口蒙自线汉口泸州段、天津保定线、九江南雄线、保定嘉峪关线保定西安段、沙市襄阳老河口线、汉口西安线、汉口武昌线、武昌长沙线、长沙湘潭线、长沙醴陵萍乡线、九江大冶武昌线、京恰线等。显然，此类电线所经域境基本为中国商业贸易较为发达之区。

但此间中国电报的架设并非全照商办方式运作。就在商人招商承办沪粤线期间，两广总督张树声奏设广州龙州线。其中，广州至梧州段饬令盛宣怀招商承办，梧州至龙州段官资建造，1884年7月工竣。李鸿章称此"为官局之始"。[2] 严格说来，李言并不确切。因为此前刘坤一奏设的江宁线于1882年2月工竣，其经费是从军需局留防军需正款内提银11,573两、南洋海防经费款内拨银1,328两，并让江南筹防局技木折价银2,850两。[3] 需指出的是，此官办电线在津沪线改为官督商办时经营性质并未发生变化。

1884年，江苏省又架成另外几条官线，包括江阴炮台至无锡线、吴淞炮台至吴淞电报分局线、下关江口炮台至金陵南门电报局线，所有购办电线材料经

---

[1]《光绪九年八月十七日署直隶总督李鸿章奏》，中国史学会主编：《洋务运动》第6册，第347—351页。引文标点有调整。

[2]"中研院"近史所编：《海防档·丁·电线》，第841号文，第1314页。

[3] 同上书，第352号文，第456—458页；第543号文，第791页；刘坤一：《江宁接办电线片》，《刘忠诚公（坤一）遗集·奏疏》卷十八，第54页。

费皆由南洋筹防局拨支。[1] 此外，钦差会办南洋事务陈士杰行辕至金陵南门电报局电线，经费亦由海防经费项下开支。[2] 尽管商人一再提出宁局的商办要求，但直至 1885 年 4 月，两江总督曾国荃才批准宁镇及下关官线及沿途巡房一并改归商局，[3] 然对于其督署、江阴、吴淞三处仍留官办，委员人等月需薪费由金陵机器局收支造报。[4] 当然，作为晚清官办电报大干线，梧龙线确是第一条。

上述情况表明，自津沪线商办起，商人的大规模建设电报活动发轫，并一度占据最主要的部分，但其时官办仍然存在，特别是长 1,600 里的梧州至龙州官办电报大干线的建设，标志着中国电报的官商分办时期的正式到来。

此后所设较大规模的官办线主要有：北洋四大官线——北塘至山海关线、山海关至营口旅顺、营口至沈阳线、烟台至威海卫线、沈阳凤凰边门至义州线；东三省各线；两广横琼钦廉等线；除长沙湘潭线外的湖南各线[5]；汉口蒙自线泸州至蒙自段；西安至嘉峪关线；肃州至新疆境内各线；由川进藏线；云贵各线；各河工电线；等等。可清楚看出，这些线路所至，皆为中国防务、边务及汛防等公务繁重之区。

综上可言，自津沪线官督商办起，至 1902 年清政府拟将电报收归官办止，中国电报呈官商分办格局。此当是邮传部所谓"中国电报向系官商分办"说辞之由来。[6]

当然，这里的分办是就经费的来源、所设局房的经办等方面而言，其间并不排除官商的合作。清政府由于财政困难，在创办洋务企业活动中，不得不借助商力。津沪线自投入使用后，因"自北至南所经之地绝少商贾码头，其丝茶荟萃之区，尚无支线可通。线短报稀，取资有限"，[7] 致使"七局月费共需银五六千两，而月收报费仅数百元，由是官为之惧"。[8] 但商人未因此而却步，仍

---

[1] "中研院"近史所编：《海防档·丁·电线》，第 665 号文，第 1007 页；第 693 号文，第 1046 页；第 779 号文，第 1212 页；曾国荃：《加置电线片（光绪十年六月二十日）》，萧荣爵编：《曾忠襄公（国荃）奏议》卷二十三，第 21 页。

[2] "中研院"近史所编：《海防档·丁·电线》，第 678 号文，第 1017 页。

[3] 同上书，第 779 号文，第 1212 页；854 号文，第 1335 页。

[4] 同上。

[5] 《致陈中丞函（光绪二十四年三月三日）》："湘中商线即以已奏定之长沙湘潭为止，其余常德各处均归官办。"（盛宣怀：《愚斋未刊信稿》，第 65 页。）

[6] "中研院"近史所编：《海防档·丁·电线》，第 2270 号文，第 2871—2872 页。

[7] 同上书，第 273 号文，第 345 页。

[8] 郑观应：《致伍秩庸星使论创办中国电报原委书》，夏东元编：《郑观应集》下册，第 1026 页。

让电报按既定奏设由官办顺利过渡为官督商办。

另，李鸿章为抵制列强敷设沪港海线，让商等展设沪粤陆路大干线。此前商等拟设浙线，故接李鸿章要求后感到难处颇多：资金问题，估需银四五十万两；收益问题，与海线并行，当下未必赢利；巡护问题，闽粤各境，民情刁悍，难以巡防；巡费问题，由沪至粤，每年约需银2万两；等等，但仍承接下来。不过，李鸿章亦对巡护等问题承诺，可由官承担，使官商一致拒外，[1]并奏知清政府："当此外人窥伺，必须激励华商，群策群力，共图抵制。"[2]而津沪线、沪粤线商办后，电线的巡护及最初五年的巡费也得到政府的保证。[3]

此外，在具体工程方面，官商亦多有合作。如京恰线虽系商本所设，但木杆为所在地提供，共14,574根，按市价折银21,041两。清政府将此作为蒙古报效之款，造册请奖。[4]尤需指出的是，某些商线在经营中因商报的稀少一度转归官办，而当收益渐增后再由商接办，如津保旅线"本系商办，向归公司统管，嗣因月收报费不敷开销，暂派员经理。月帮薪费，上年商局以现在报费足敷开销，情愿缴官款，请收回仍归商办，业经批准在案"。[5]电报在晚清的建立与发展大抵是在这样的官商合作中实现的。

但是，电报在此一时期的发展，亦经历较多官商冲突。如前所述，官督商办模式在电报创设初始受官商两方认可，然这种模式本身即蕴涵着官商冲突的可能性。在实际运行过程中，"官商积不相能、积不相信久矣"，故矛盾不断发生，使得官督商办的电报，一直难以按照规范的商业模式运作。曾任上海电报局总办的郑观应批评说：总办"凡大宪札饬者"，"皆二、三品大员，颁给关防，全以官派行之"。这些人往往"位尊而权重，得以专擅其事"。另，"公司得有盈余，地方官莫不思荐人越俎代谋"。郑观应痛斥这些腐败现象后指出："试问外洋公司有此办法乎？"进而予以坚决抵制，要求执行股东公举方式，"以符商律"。[6]

---

[1] "中研院"近史所编：《海防档·丁·电线》，第322号文，第422页。

[2]《光绪八年十二月初八前大学士李鸿章奏》，中国史学会主编：《洋务运动》第6册，第340页。

[3] "中研院"近史所编：《海防档·丁·电线》，第273号文，第345页。

[4] 同上书，第1466号文，第1974—1976页；第1470号文，第1978页。

[5]《北京李傅相来电（正月初四日）》，盛宣怀：《愚斋存稿》第4册，第2006页。

[6] 郑观应：《商务二》、《覆督办中国电报盛观察书》，分别参见夏东元编：《郑观应集》上册，第611页，《郑观应集》下册，第1024页。

继郑观应出任上海电报局总办的经元善对该模式亦予批评："按吾华商务之不振……又坏于官督商办，官真能保商诚善，无如今之官督，实侵占商业而为官办，吴门某君曾讥之曰，挟官以凌商，挟商以朦官，真情如此，其病二。"[1] 从本质上言，此当是社会转型与社会变迁过程中，新事物与旧体制之间矛盾与冲突的重要表征，也是旧体制束缚新事物发展的必然结果。

另外，早在中国电报创始之初，郑观应即担心官之勒索。果不出其所料，1899 年 6 月 26 日，大学士徐桐奏称，电线布满 21 行省，获利不菲，但盈余未曾归公，要求嗣后按年提存报效。[2] 军机大臣刚毅遂奉旨查办，最后订出：中国电报局捐洋 10 万元，除学堂捐外，另补缴 2 万元，并自该年起，每年加捐银 4 万两。[3] 对此，作为商人的郑观应只能无奈地感叹："窃思政府不知恤商战以塞漏卮，只知勒商捐以济眉急。"[4] 官商冲突中，商人居于明显的弱势地位，反映出的是此一时期中国资本力量的弱小。

然就总体言，电报官商分办时期，官商冲突的局面虽时常出现，但官商合作的情状当是主体。否则，商办电报的建设与发展，不可能有着那样的规模与态势。此也在一定程度上透视出，那个时期"国家"与"社会"的关系并非完全对立，对其认知还有进一步探讨的空间。

（三）商本的筹集

商办线的经费主要来自商股的招集。官商分办期间，电报局较大规模的招股活动主要有三次：一是为承办津沪线的招股。自 1882 年 4 月 18 日起，津沪线开始由商承办，拟招 800 股，每股 100 两，计 8 万两。[5] 由于电报始办，不少商人对招股持观望态度。故此次虽称招股，实基本由盛宣怀派认。经元善曾称："先集股湘平银八万两，督办盛公派善出一万两，当时电利茫无把握，实以同德同心力顾大局，不得不勉而行之。是电局商办开首股东，善固八分之一也。"[6]

---

[1] 经元善：《中国创兴纺织原始记（1899 年 11 月）》，虞和平编：《经元善集》，第 289 页。

[2]《李傅相来电（光绪二十五年五月二十六日）》，盛宣怀：《愚斋存稿》第 2 册，第 811 页；《徐桐折》，一史馆藏，军机处录副，光绪朝·工业商业贸易交通运输类·邮电项，胶片 533 卷，03–144–7148–27。

[3]《盛宣怀致上海招商局、上海电报局》，王尔敏、吴伦霓霞编：《盛宣怀实业函电稿》上册，第 192 页。

[4] 郑观应：《致督办轮电两局盛京卿论亟宜改良书》，夏东元编：《郑观应集》下册，第 1024 页。

[5] 盛宣怀订出《电报局招商章程》时，拟招股本 10 万两，每股 100 两，计 1,000 股（见夏东元编：《郑观应集》下册，第 1008 页）。后实招 8 万两作为商股。

[6] 经元善：《致郑陶斋、杨子萱、董长卿论办女公学书（1899 年 6 月）》，虞和平编：《经元善集》，第 276 页。

尽管经元善不久后即看到电局之希望，但在前程不明的初始即一次性摊认总股数的 1/8，其忐忑心情当可理解。而于小股，还是有商人愿意认购的，如绅商谢家福即拟认购 15 股，但未能如愿，只得 4 股，且是郑观应让出的 [1]，部分地反映出一些社会人士对电报事业的期许。

二是为架设沪粤线的招股。电局计募 6,400 股，每股英洋 100 元，连同津沪线本利在内，拟共集股本 80 万元。[2] 1883 年 1 月 27 日，电局在《申报》登出招股公启：

> 所有津沪干线两条，商本原缴银八万两，来年三月止又应得官利银
> 八千两；商办后续增保定、大沽、扬州等处支线，以及添购机器、修理物
> 料等项，综结应合作成本英洋十六万元，计应添招成本英洋六十四万元，
> 共成八千股，合为一气。[3]

恰于是时，上海爆发金融危机，"沪市清寥"，而"闽粤电线道远费繁"，商股因之多持观望态度，[4] 使得电局只招得股本洋银 30 万元。[5] 然工程已开始，资金问题尤显重要，盛宣怀遂将金州"矿本银十四万六千两，抵作电股洋银二十万元"，[6] 从而将本银增至 50 万元，但与原计划仍相去甚远，直至中法战

---

[1] 对此，谢家福致盛宣怀函称："从前电股福（谢家福）原意但求十五股，今已乞得四股，亦觉慰情聊胜矣。"
（《谢家福致盛宣怀函 三十》，王尔敏、吴伦霓霞编：《盛宣怀实业朋僚函稿》上册，第 530 页。）又称："津
线股分待鹤（郑观应）让弟（谢家福）四股。"（《谢家福致盛宣怀函 二十五》，王尔敏、吴伦霓霞编：
《盛宣怀实业朋僚函稿》上册，第 525 页。）

[2] "中研院"近史所编：《海防档·丁·电线》，第 333 号文，第 435—436 页。

[3] 经元善：《津沪电报总局公启（1883 年 1 月 27 日）》，虞和平编：《经元善集》，第 281 页。

[4] 曾国荃：《查核盛宣怀处分疏 附片（光绪十年八月二十八日）》，萧荣爵编：《曾忠襄公（国荃）奏议》
卷二十四，第 23 页。

[5] "中研院"近史所编：《海防档·丁·电线》，第 732 号文，第 1140—1141 页。1885 年 4 月 17 日，李鸿章奏：
光绪"九年，因英国、丹国急造各口电线，侵占中国权利，又复集成股本洋银五十万元，推广浙、闽、
粤各省电线，尚有金州矿股二十万元在内"（李鸿章：《电资拨抵垫款折（光绪十一年三月初三日）》，
戴逸、顾廷龙主编：《李鸿章全集》第 11 册，第 55 页）。

[6] 曾国荃：《查核盛宣怀处分疏 附片（光绪十年八月二十八日）》，萧荣爵编：《曾忠襄公（国荃）奏议》
卷二十四，第 23—24 页。因"及秋后，工至闽省，挪拨矿款用罄，而电报骤难招还"，盛宣怀遂为言
官参核。1884 年 9 月 15 日（光绪十年七月二十六日）上谕："该员将矿商股本挪入电线股本，是否禀明？
挪移所收矿本，有无亏耗？如何勒限办理？请自饬查妥议等语，著李鸿章、曾国荃，将该员经办矿、
电线事务全案，详细查核，据实具奏。"（曾国荃：《查核盛宣怀处分疏 附片（光绪十年八月二十八
日）》，萧荣爵编：《曾忠襄公（国荃）奏议》卷二十四，第 23 页。）奉旨后，李鸿章奏："盛宣怀

后方将 80 万元募齐，是为老股。

三是为架设恰克图线的招股。中俄《两国边界陆路电线相接章程》画押后，总署奏明展造恰克图线，拟劝谕华商设法筹本办理。[1] 中国电报局为此先筹银 300,000 两 [2]，后添至 60 万元 [3]，是为新股。

至此，电局已从社会募得股本 140 万元，期间又将结存盈余 80 万元，分年拨作股本，[4] 故实集 220 万元，作 22,000 股。

因上年经办电报，关系军政，禀明暂挪矿务银两，移缓就急。"（《盛宣怀代拟李鸿章奏片（光绪十年）》，王尔敏、吴伦霓霞编：《清季外交因函电资料》，第 56 页。）又寄电总署："去年造苏浙闽粤线，未领公款，藉矿本移缓就急，拒洋线以通军报，独为其难。"（《盛宣怀代李鸿章拟电稿》，王尔敏、吴伦霓霞编：《盛宣怀实业函电稿》上册，第 220 页。）曾国荃查得：一、盛宣怀挪用矿款，为移缓就急之举，在海防吃紧之际，情有可原。曾国荃称："沿海各省及长江电线，系已成之局，以矿易电，众商皆所乐从，股本均有著落，无虑亏耗矣。西洋开矿不惜重资，需以岁月，亦必先招股本，然后可雇募矿师、匠工，确探试办。兹事未及两年，商股并未招齐，实本太少，是以未能遽收成效，更值海疆戒严，各省市面大坏，而电线关系军报，用款紧急，又须通融拨济，以维军国重务，尤非无事时从容筹办一事者所可比例。综核前后情节，尚非铺张失实。其挪矿股归入电股，曾据一再禀详，移缓就急，亦尚非有意含混。且苏浙闽粤电线之成，皆得该道移矿就电之力，于军务裨益尤大。"二、盛挪款前已禀明李鸿章，并得允准。曾国荃称："八年十二月间，臣鸿章奏明照津沪陆线工本核算，约需银四十余万，因官款无可支拨，饬盛宣怀筹资开办。九年春间，请假过沪。该道及员董来谒，即言法越多事，沪市清寒，闽粤电线道远费繁，商股观望，只得暂挪金州矿款十数万，以凑急需。此两局商股，皆该道所招，自可允准。及秋后，工至闽省，挪拨矿款用罄，而电股骤难招还。九月间，该道电请金州矿务情形案内，即经禀拨矿本银十四万六千两，抵作电股洋银二十万元，经臣鸿章批饬照办。""臣国荃复核，委系禀明办理，实非擅自挪移。"（曾国荃：《查核盛宣怀处分疏 附片（光绪十年八月二十八日）》，萧荣爵编：《曾忠襄公（国荃）奏议》卷二十四，第 23—25 页。）此中盛大感委屈，禀吏部尚书翁同龢："逮光绪五年以归并洋商轮船被诬得雪，益全力志于电线铁矿，一以速军报而杜洋线入内地，一以利军商而杜洋铁漏卮。乃季春蒙合肥（李鸿章）委缺，仲夏蒙湘阴（左宗棠）明保……廖阁学（廖寿恒）碍于同乡避嫌，不肯得罪言路，遂以矿务招股下，以轻率怪乖张失实等字眼。其实无此股分，电报难成。今日电线倘有损坏，即称不便，其为便军旅可知矣。大府方许为有功，而吏议反科苛以私罪。在微员何足惜，恐天下从此无实心人任事矣！"（《盛宣怀上翁同龢禀（光绪十年七月）》，王尔敏、吴伦霓霞编：《清季外交因函电资料》，第 57—58 页。）

[1] "中研院"近史所编：《海防档·丁·电线》，第 1529 号文，第 2062 页；《筹办张家口至恰克图边境电线工程折（光绪二十五年二月）》，盛宣怀：《愚斋存稿》第 1 册，第 98—99 页。

[2] "中研院"近史所编：《海防档·丁·电线》，第 1286 号文，第 1802 页。

[3] 《筹办张家口至恰克图边境电线工程折（光绪二十五年二月）》，盛宣怀：《愚斋存稿》第 1 册，第 98 页；郑观应：《覆督办中国电报盛观察书》，夏东元编：《郑观应集》下册，第 1023 页。

[4] 《遵查轮电两局款目酌定报效银数并陈办理艰难情形折（光绪二十五年七月）》，盛宣怀：《愚斋存稿》第 1 册，第 100 页。其中，光绪"八年三月起至十八年二月止为电报之第一届至第十届，以商股短派官利提作股本，计洋银二十万元；又八年三月起至二十四年二月止为电报之第一届至第十六届，以商股未派余利充作股本，计洋银六十万元，两项共计洋银八十万元，较之原集赀本适倍其数，二十五年公议老股百元加给百元股票"（《邮传部第一、二、三次电政统计表·电政局沿革概略》，第 7—8 页，一史馆藏，邮传部全宗·电政类，胶片 2 卷，22-23-4）。

电局的招股历程从一个侧面透视出晚清经济环境乃至社会环境的变迁。应该说，电报业是一新兴且较具前景之业，其后不断发展的业绩也证明了这一点。但电局的招股活动并非一帆风顺，而是相当曲折，个中原因主要不在其内，是在外部，尤其是政治与社会局势的动荡、经济与金融形势的不稳定，甚至匮乏起码的商业制度，这一切让商人难建信心。

不过，此间不少商线往往是先由官款拨垫，后以头等官报（即军机大臣、总理衙门大臣、各省将军督抚、各国出使大臣所寄洋务、军务、公务电报）资费划抵的形式架设而成，从而在一定程度上反映出清政府上下，尤其是一些地方大员的大力支持。如港粤线共用银 43,200 两，其中商本为 17,280 两，余则暂由粤省官款垫付，张树声奏请官款将来以头等报费划抵，获得允准。[1] 长江线的架设，初拟"所有一切经费，仍由华商自筹，并不动支正款"。[2] 但南洋大臣左宗棠还是从上海道库两次借拨出使经费 7 万两作为垫款。[3] 对于这笔官方垫款，盛宣怀等也是采取以头等官报费用划抵。[4]

一些商线虽未能终以报费划抵，但仍得到官款垫建。泸州蒙自线，盛宣怀提出，从四川借款 10 万，鄂省 5 万，俟后分年缴还，得到李鸿章及总署的支持。[5] 襄阳、樊城电线的架设，张之洞饬筹银 10,000 两拨交商局，作为借款，不取利息，

[1]《光绪十年四月二十六日两广总督张树声等折》，中国史学会主编：《洋务运动》第 6 册，第 356 页。

[2]《筹办沿江陆路电线片（光绪九年六月初三日）》，杨书霖：《左文襄公（宗棠）全集》奏稿卷六十一，第 2424—2425 页；"中研院"近史所编：《海防档·丁·电线》，第 498 号文，第 731 页。

[3]"中研院"近史所编：《海防档·丁·电线》，第 732 号文，第 1142 页；第 864 号文，第 1348 页。对于左宗棠的拨款，户部咨文总署："前在上海道库借拨出使经费银七万两，本部检查并无前项借拨案据。相应行文南北洋通商大臣转饬查明，前项银两系于何年月日奏拨，将原案录送本部查核，并将此项收支银两归于奏销案内，详细分晰报部查核可也。"（"中研院"近史所编：《海防档·丁·电线》，第 734 号文，第 1143 页。）

[4]"中研院"近史所编：《海防档·丁·电线》，第 732 号文，第 1142 页；李鸿章：《电资拨抵垫款折（光绪十一年三月初三日）》，戴逸、顾廷龙主编：《李鸿章全集》第 11 册，第 55 页。津沪线官本缴还情况大抵如下：光绪八年三月、六月先缴湘平银 6 万两，五年后续缴 2 万两，年缴 5 千两，免其计息。余不敷 98,700 余两，中国电报局未满三届即还清。其中，第一届光绪八年三月起至十二月止，头等官报应收信资划抵银 3,474 两；第二届光绪九年正月起至十二月止，头等官报应收信资划抵 27,758 两；余 67,467 两，适值第三届光绪十年正月起，军务繁兴，官报络绎，至十二月止，以头等官报应收信资划抵，尚有不敷（"中研院"近史所编：《海防档·丁·电线》，第 732 号文，第 1140—1141 页）。

[5]"中研院"近史所编：《海防档·丁·电线》，第 787 号文，第 1221—1222 页；第 835 号文，第 1300 页；李鸿章：《云广电线筹款片（光绪十一年九月初三日）》，戴逸、顾廷龙主编：《李鸿章全集》第 11 册，第 201—202 页。

俾资周转。并规定年限，俟限满再照案分年缴还。[1] 开封济宁线的架设，河南巡抚倪文蔚提出，"援照直东浙等省章程，统归商办，由大工饷款内拨银二万两，作为借领官款，五年之后分年摊缴，以恤商力"，得清政府允准。[2] 荆门安陆电线的架设，张之洞提出所用经费银4,700余两，与商局议定作为存款，待将来报费增多，再分期归结。[3]

另对于潼关至直隶的跰路线，盛宣怀请求将电局向政府常年报效的4万两，暂缓报效一次，用作架线经费，俟将来商力稍宽再补缴，[4] 获批。如此等等。上述情形使得商人的资金压力大为缓解。晚清电报即是在这些不利与有利等多重因素并存的复杂情势中逐步建立与发展起来的。

（四）官本的奏销

此一时期的官办线，因其经费原则上是何省请办，即由何省筹款，故常称作省办线。但由于各线主办要旨有别，各省经济状况不同，其经费筹措与核销又存在很大差异：既有由该地军费垫销的[5]，又有由出使经费项下拨出的[6]，还有由

---

[1] 张之洞：《武汉襄樊安设电线片（光绪十六年闰二月初四日）》，苑书义等主编：《张之洞全集》第2册，第760—761页。

[2] 世续等纂：《清实录》第55册，第504页。

[3] 张之洞：《接设安陆电线片（光绪十九年十月二十五日）》，苑书义等主编：《张之洞全集》第2册，第900页。

[4] 《筹集商本分别展造及修复电线折（光绪二十七年四月）》，盛宣怀：《愚斋存稿》第1册，第173页。

[5] 这种情况多出现在沿海饷源较充足省份，且战时尤甚，而军费中又可分海防经费与练饷两类。如：廉钦雷琼线等由海防经费开支，天津保定官线等是直隶练饷项下拨建。此外，黑龙江等边疆省份电线亦多由练饷开支。如：光绪十三年七月十九日，恭镗等奏，"伏查黑龙江此次电工需用各款由部垫三万五千两，陆续在本省练饷项下扣还"（《恭镗等奏》，一史馆藏，军机处录副，洋务运动类·邮电项，胶片674卷，03-168-9436-64）。

[6] 这种情况十分普遍，一度成为最普遍形式。盛宣怀曾指出：一般而言，官线的架设，经费"皆系新拨出使经费"（《盛宣怀上李鸿章禀》，王尔敏、吴伦霓霞编：《盛宣怀实业函电稿》上册，第232页）。而建成后奏销又可分为两类，一由其直接报部核销，如沪州蒙自线；再如梧州至龙州线，初拟借用出使经费垫付，后由各省分派解送。奉旨："著准其于出使经费项下借用银十万两，暂勿庸由各省筹还。"（"中研院"近史所编：《海防档·丁·电线》，第771号文，第1197页；第841号文，第1314页；张之洞：《广西梧州至龙州展设电线动用经费开单报销折（光绪十一年七月初一日）》，苑书义等主编：《张之洞全集》第1册，第333页。）二是由其他经费筹还。如黑河屯线的架设，出使经费项下拨出5万两（另由北洋筹费5万两），后由各省练饷筹还；然出使经费亦有限，故又出现以出使经费名义、实由其他经费拨垫，如伊犁至塔城线，拟请由江海关出使经费项下支出，实由海军衙门天津生息项下应还出使经费拨出；另如陕甘线的架设，盛宣怀闻近年出使费已无余款可拨，故提出陕甘自筹。光绪二十四年八月，清政府更是要求，嗣后内外各衙门，无论何项要需，不得索请借用各关提存出使经费。光绪二十五年正月二十四日，总署接云贵总督崧番文，请求将中英云南接线所拨出使经费9千两作正开销，免由云南筹还，以恤边省（"中研院"近史所编：《海防档·丁·电线》，第1509号文，

本省其他经费如厘金等支出的[1]。此外，不少是由中央与地方、或邻省共同筹措的[2]。这种复杂情形，既反映出清政府财政的困窘，无有此类专项资金；同时亦可在一定程度上透视出清政府上下在架线时的合作与努力，广觅财源，和衷共济。

不过，无论是何种筹费形式，为免浮靡，以求撙节，清政府逐步形成较为严格的奏销制度。津沪线的架设经费由淮军军饷垫办。该线拟官督商办时，李鸿章遂奏销垫款。由于是时购买电线机器工料，雇用洋人教习，皆与外洋交涉，无旧案可循，从而提出"据实开单奏报"，并请求"准其作正开销，免再造册送部，以省文牍，而节浮费"。[3]要求新事新办，简化形式。[4]

御史梁俊、右庶子张佩纶等就此提出军需善后报销办法：其一，造册制度。（光绪八年）十二月底前未销各案，开单或造册，一仍其旧，但须详开兵勇饷数，且照户部章程，限日速结；"其九年正月以后，各省军需善后各款，无论何省何处，概令一律造册报销，不准再有开单。"其二，预算制度。由于各省设立机器局，购买炮枪电线等，耗资甚多，又无定例可循，尽管奏报时均称实报实销，但户部不便稽核，故难防局员浮冒舞弊，梁俊等遂提出："应请饬下南北洋大臣及各该督抚等，总计常年经费若干，如有添购机器局若干，虽不能限以定数，亦当立有范围，事前奏明报部立案，事竣方准核销。"可见，梁俊、张佩纶所提出的这种经费管理制度已具相当"现代"的成分。

对梁俊、张佩纶所奏办法，清政府依议，户部随即行文各省遵照。[5]这便是

第 2039—2040 页），但总署随即行文该督，表示碍难准行（"中研院"近史所编：《海防档·丁·电线》，第 1512 号文，第 2045 页）。

[1] 如刘铭传奏设的台湾水陆线，主要从百货厘金（是年六月开办）项下分三年（每月约四千两）抵拨；呼兰线的架设，由烟厘项下动用，后亦由烟厘项下作正开销。

[2] 如肃州至新疆省城电线，由户部筹银 5 万、出使经费筹银 5 万两，另于甘肃新疆储存四分平余项下，各动拨银 5 万两；又如剥隘蒙自线的架设，即得李鸿章、张之洞协助。对此，倡办者云贵总督岑毓英称："兹得北洋、广东两路协拨电料修造西南两路电线。俾边防声息联络、地方安堵，此皆赖北洋大臣李鸿章、两广督臣张之洞顾持大局，不分畛域之力也。"（《光绪十四年二月二十二日云贵总督岑毓英等奏》，中国史学会主编：《洋务运动》第 6 册，第 399 页。）宣统二年十二月初二日，邮传部奏请自宣统三年正月起一律将省电收归部办，关于展线问题，提出：近来添设归太阿绥贵洪各线，系或邮传部与该省分成摊认，或由度支部拨款协济。嗣后遇有展线工程，拟仍由邮传部酌核情形，照案办理（"中研院"近史所编：《海防档·丁·电线》，第 2270 号文，第 2871—2873 页）。

[3] "中研院"近史所编：《海防档·丁·电线》，第 273 号文，第 346 页。

[4] 1882 年 9 月 27 日，李鸿章奏报清政府，并开列清单（"中研院"近史所编：《海防档·丁·电线》，第 273 号文，第 346 页）。

[5] "中研院"近史所编：《海防档·丁·电线》，第 321 号文，第 418—419 页。

户部奏销新章。此表明朝廷并未认可李的建言，而以之为契机，力争规范奏销制度，且相当"科学"与"现代"。

户部对此新章的执行较严格。因奏销津沪线经费是在新章出台前，且已奉旨"著照所请"，户部认为"自应准其开销"，但仍对李鸿章所开清单提出异议。比如李单开"天津至上海分设七十八汛，津贴巡护弁兵马干口粮，自光绪七年十一月起，至八年二月底止，共支湘平银三千五百八十四两零，请自八年三月初一日官督商办起，仍归官项支给，俟五年后，电报局倘能立脚，由商自行发给"，户部要求，此项弁兵系由何处调至，有无底饷，弁兵人数，每日开销细情，皆应逐一开列。并由李鸿章严饬局员；以后照户部新章报销。[6]

1883年2月4日（光绪八年十二月二十七日），军机处交出两江总督左宗棠抄折。该折提出，江宁线架设用款查照北洋成案，开具简明清单，准其作正开销，免再造册送部。[7]此应是执行旧制度中较晚的事例。同年6月24日（光绪九年五月二十日），军机处交出张树声抄折称，津沪线续支各项用款，已将支给细数分晰造具清册，咨送总理衙门、户部查核。[8]说明地方大员已在执行此项新制度。

户部奏销新章的出台，对于抵制架线过程中的腐败奢靡现象发挥了一定作用。如1895年2月10日，署两江总督张之洞奏："自（光绪）十八年六月起，至二十年五月止，连闰计二十五个月，所有督臣署内，及江阴、吴淞等处电报局，共支用薪费银六千一百两。又修换吴淞、金陵城内署局电线工料，及购换各官局电机，添购电瓶各项，共用银一千六百三十三两有奇。同文馆支用银四千四百两，以上总共动支湘平银一万二千一百三十三两有奇，照案由南洋防费项下拨给。"奉旨准销。[9]户部细致审核后发现，其中修换吴淞电杆电线，雇用工匠8名、电匠2名，及漆匠木匠工食，另修换金陵电杆雇用工头1名、小工26名，及漆工木工工食，共支银57两等项，未作预算，认为与核销章程不符，而不留情面地不予报销。[10]

[6] "中研院"近史所编：《海防档·丁·电线》，第321号文，第418—420页；第728号文，第1131页。

[7] 同上书，第352号文，第456—458页。

[8] 同上书，第478号文，第702页。光绪九年六月二十四日，户部对署北洋大臣张树声奏津沪电报官督商办续支用款循例截数开单报销一折，提出要求：嗣后务须按照本部所指令各节，详细酌核妥筹办理，并遵照本部光绪八年十月十五日奏定军需善后内外办法章程造报（"中研院"近史所编：《海防档·丁·电线》，第501号文，第736页）。

[9] "中研院"近史所编：《海防档·丁·电线》，第1031号文，第1551页；第1037号文，第1555页。

[10] 同上书，第1057号文，第1571页。

又如中国为中法思茅接线而设通海至坝卡线，为中英红蚌河接线而设腾越至红蚌河东岸线。1899 年 1 月 25 日北洋大臣裕禄奏销设线经费。[1] 户部查得：思茅线工程始于光绪二十二年十一月十九日，止于光绪二十三年正月二十五日，而该线册报开支工程员司工匠薪工，均自光绪二十二年十一月初一日起，至光绪二十三年正月底，从而多出 20 余日。红蚌河线工程始于光绪二十一年正月二十二日，止于当年二月二十八日，而册报开支工程员司工匠薪工，均自光绪二十年十二月初八日起，至光绪二十一年三月底，从而多出 80 余天。户部认为，此属任意浮靡，要求该线经办人李必昌另据实造册送部，以凭核销。[2]

当然，仅凭核实数据等手段难以遏制账目造假等腐败现象，但户部奏销新章的细致要求及严格执行仍对造假者有一定震慑作用，从而对当时的此类事物经费管理产生积极影响。

三、官商合办

1902 年（光绪二十八年）12 月 12 日，清政府对电报业政策进行重大改革，即将商办电报收为官办，为此颁布上谕：

> 各国电务，多归官办，凡遇军国要政，传递消息，最称密捷。中国创自商办，诸多窒碍，亟应收回，以昭郑重。著袁世凯、张之洞迅将中国所有电线核实估计，奏请筹拨款项，发还商股，即将各电局悉数收回，听候遴派大员认真经理，以专责成，而维政体。[3]

由此揭开长达六年电报官办活动的序幕。电报在商办 20 年之际，清政府拟将之收归官办，要因当为敛财之需。1901 年 9 月 7 日《辛丑条约》签订，中国需赔款 4 亿 5 千万两，分 39 年付清，1902 年即应偿还 4,800 余万两，而清政府的财政收入每年约 8,000 万两，故仅赔款一项即占去其 60% 稍余。对此，户部提出："中国财力万不能堪，然和议既成，惟有减出款、增入款凑偿，庶几不误

---

[1] "中研院"近史所编：《海防档·丁·电线》，第 1501 号文，第 2015—2016 页；第 1502 号文，第 2017—2019 页。

[2] "中研院"近史所编：《海防档·丁·电线》，第 1616 号文，第 2149—2151 页。

[3] 朱寿朋编，张静庐等校点：《光绪朝东华录》第 5 册，第 4964 页。

大局。"[1] 同时开展的"新政"也需大量资金。有限的财政收入已远远不能满足骤增的财政支出。为解决收支的严重失衡，清政府除大借外债外，不得不在国内寻找新的财源。

收益颇丰的电报局自然被纳入清政府的搜刮之列。应该说，电报业是晚清少数经营较为成功的几大商办企业之一。兹将中国电报局第 1 届（光绪八年三月初一日至光绪四年二月底）至第 16 届（光绪二十三年三月初一日至光绪二十四年二月底）盈亏情况制图如下：[2]

（单位：元）

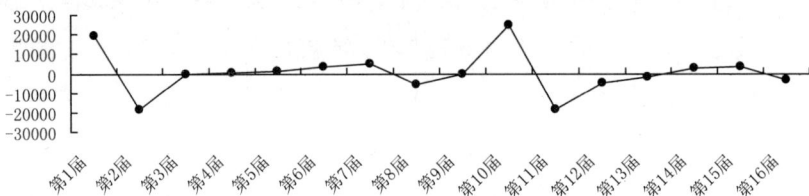

中国电报局第 1—16 届盈亏示意图

从上图看，中国电报局经营状况似不甚佳：16 届中盈亏大抵参半，且总结存仅 6,669.379 元。然须看到的是，这是在长年推广维修线路、贴补电报学堂、支付华洋员工薪水、摊分股息花红以及添置屋产、捐助南北洋大学等前提下实现的。[3] 以分别盈亏的第 15、16 两届为例：第 15 届在开支学堂经费、添购建线设局材料、摊分股商利息、填给通商银行股票计 1,081,260.086 元、拨还造

---

[1] 刘锦藻：《清朝续文献通考》卷七十一，《国用考九·会计》。

[2] 《邮传部第一、二、三次电政统计表·例言》：电政计算账目向以每年三月至次年二月为一届（邮传部第一、二、三次电政统计表，第 3 页，一史馆藏，《邮传部全宗·电政类》，胶片 2 卷，22–23–4）。此方式一直持续至第二十六届，自第二十七届起改为光绪三十四年三月至是年十二月底止，此后即以年为单位，如第二十八届即宣统元年，以此类推。具体盈亏参见下表： （单位：元）

第 1 届	第 2 届	第 3 届	第 4 届	第 5 届	第 6 届
19634.620	-18628.448	-523.439	546.441	1056.347	3223.193
第 7 届	第 8 届	第 9 届	第 10 届	第 11 届	第 12 届
5199.857	-5955.746	-438.797	24526.722	-18420.832	-5027.328
第 13 届	第 14 届	第 15 届	第 16 届	总盈亏	
-1915.901	2494.979	3505.580	-3427.868	6669.379	

资料来源：据《电报商局光绪八年第一届起至光绪二十四年第十六届止收支各款开具简明清单》，盛宣怀：《愚斋存稿》第 1 册，第 103—107 页整理。

[3] 于此下文将进一步申论。

线借款 41,904.759 元、捐助北洋大学 20,000 元的情况下，仍结存 3,505.580 元。第 16 届在第 15 届大致相同的开支项目基础上，又添捐南洋公学洋银 53,333.330 元以及提取历年积存余利充作众商股本 200,000 元的前提下才亏损 3,427.868 元。[1] 故上图并不能直接反映电报局经营状况之实质。

为更好地揭示晚清中国电报局经营效益，另将第 1 届至第 17 届（光绪二十四年三月初一日至光绪二十五年二月底）收入情况制图如下：[2]

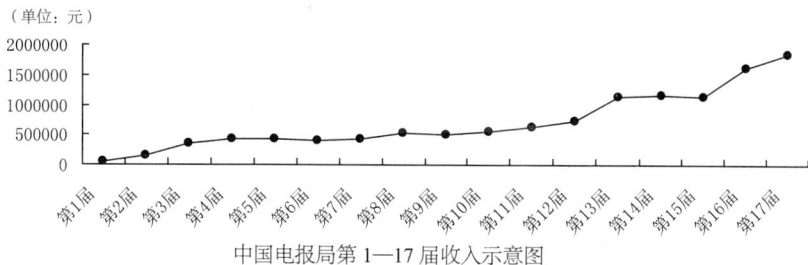

（单位：元）

中国电报局第 1—17 届收入示意图

由上图可看出，中国电报局在以头等官报免费或半费报效官方的前提下，自第 1 届至第 17 届，收入仍明显呈递增态势，尤其是第 11 届后增速更捷。另据统计，第 17 届总增长率达 23.702%。这一高增长使得电报收入在短短 17 年中几增 30 倍，足见效益之佳。进入 20 世纪后，电报局每年收入更在 200 万元以上，故电报股商对其前景十分看好："商等明知，电局已满天下，费钱费力之事，商人已经做完，以后毋庸花费，生意愈推愈广。目前每年进款已至二百数十万。倘能力加整顿，未可限量。"[3]

电报业景气还可从其股票市值与信誉度中窥见一斑。1903 年 1 月 15 日，盛宣怀电外务部，称中国电报局共发行股票 22,000 股，每股面值 100 元，"经

[1]　《电报商局光绪八年第一届起至光绪二十四年第十六届止收支各款开具简明清单》，盛宣怀：《愚斋存稿》第 1 册，第 106 页。

[2]　具体收入参见下表：

（单位：元）

第1届	第2届	第3届	第4届	第5届	第6届
61664.571	144386.517	345135.952	441456.212	437542.875	410764.490
第7届	第8届	第9届	第10届	第11届	第12届
421049.003	530992.836	517662.048	546856.145	631206.356	723666.559
第13届	第14届	第15届	第16届	第17届	
1143266.371	1155824.946	1146671.025	1607601.677	1853756.615	

资料来源：第 1 届至第 16 届据《电报商局光绪八年第一届起至光绪二十四年第十六届止收支各款开具简明清单》，盛宣怀：《愚斋存稿》第 1 册，第 103—107 页整理；第 17 届据经元善：《计开五届沪局少取花红数目》，虞和平编：《经元善集》，第 138 页整理。

[3]　"中研院"近史所编：《海防档·丁·电线》，第 1805 号文，第 2348 页。

营二十余年，利息始厚，市售票价一百六七十，至少售一百五十"。[1] 电报股商亦称，众商将历届公积留作资本，添线达三万数千里，"其后来附股者"，"皆以一百六七十两购买，此又商人实在资本也。其股票中外见信，可以随时抵押"。[2] 电报业的蓬勃发展及其规模初具等情，恰使其成为清政府为敛财而寻得的重要对象。

对此，股商与闻朝廷要求电报官办后，一针见血地指出："中国商务，利则归官，亏则归己。"[3] 而北洋大臣袁世凯拟接办电局时亦在其奏中指出：电报股商坐享厚利二十余年，即便是按商业专利条规，"计时已久"。现由政府拨款发还商股，将电利收归国家，是公平合理的。[4] 更是直接言明清政府将电报收归官办的真实意图。

其实，时人对电报业景况闻之已久，电报官办也早有酝酿。1898 年日本前首相伊藤博文来华时曾称："公（盛宣怀）办成轮船、电报两局，譬如破屋内有两张好桌子。"[5] 虽对中国有轻侮之意，却部分地道出实情。为增加财政收入，1899 年 6 月 26 日，大学士徐桐在要求各省将军督抚将关税、厘金、盐课三项历年积余力加整顿后，又上奏清政府，指出电报等业获利情形：

> 电线初只津沪一路，今则二十一行省，无论官电商电，信息靡不灵通，头等官电尚出一半报费，其余官电及各省商电为费更属不赀。

据此而让盛宣怀"迅将经营各项近年收支款目限两月内造报户部备核，并酌定余利归公章程，按年提存候拨"，要求中国电报局增加报效。[6] 7 月 11 日，清政府饬令盛宣怀在三个月内将电局近年经营情况开具清单，并订余利归公章程。另派刚毅督同彻查办理，"除股商官利外，所有盈余之款，均著酌定成数，提充公用"。由此，电局自 1899 年（光绪二十五年）起每年报效政府银 4 万两。[7]

---

[1]《寄外务部（十二月十七日）》，盛宣怀：《愚斋存稿》第 3 册，第 1315 页。

[2] "中研院"近史所编：《海防档·丁·电线》，第 1805 号文，第 2347 页。

[3] 同上。

[4] 同上书，第 1835 号文，第 2373 页。

[5]《卷首·行述》，盛宣怀：《愚斋存稿》第 1 册，第 31 页。

[6]《徐桐折》，一史馆藏，军机处录副，光绪朝·工业商业贸易交通运输工程类·邮电项，胶片 533 卷，03-144-7148-27。

[7]《遵查轮电两局款目酌定报效银数并陈办理艰难情形折（光绪二十五年七月）》，盛宣怀：《愚斋存稿》第 1 册，第 100 页。

这一情况表明，政府可随时以各种名义让电局增加报效。而一旦遭遇财政危机，将电报收益全面收为官有，当是上述情况的进一步发展之必然结果。

不过，需要指出，电报官办之要求，最早并非来自官方，而是出于商人。郑观应早在甲午战前即多次向盛宣怀指出，电报以官办为宜。[1] 战争爆发后，更是面请盛宣怀商与李鸿章，将电报赎归国有。[2] 郑观应的这种理念可追溯到电报官督商办之初。

如前所述，早在盛宣怀拟就《电报局招商章程》之际，郑观应即表示过对电报招商承办形式的担忧。其核心不在招股本身，而在国家体制。他认为，其时电局虽入不敷出，但将来风气日开，线路日多，则获利日增，各国情况皆然，何况中国电报是独家经营。到那时政府"动须报效，免费之官报愈多，稍不如意即借端抑勒，中国尚无商律，亦无宪法，专制之下，各股东无如之何"！从本质上讲，此当是维新思想与传统制度的矛盾。既然国家体制如此，那么只能将希望寄托于开明官僚身上，而"李傅相不能永在北洋，又不能保后任如李傅相能识大体，借此兴商"。[3] 这一切正是郑观应当时要求修改《电报局招商章程》的部分表述与规定，以尽量减少或弱化对官府的依赖的关键因由之所在。

电报局商办后不久，即爆发中法战争，商业电报锐减，头等官报急增，电局基本为官方控制，实际成了商本官用。而战事又使得电局的股票大跌，股商蒙受巨大损失。经元善后来称："甲申法衅后，各股大跌，银根大紧，不得不售，亏耗一万六七千元。"[4] 电报局的这种经办特征使得股商们视战争为畏途。故甲午战争爆发后，郑观应等提出让电报局官办，当可理解。当然，这也在一定程度上蕴藏着郑观应对中国现行体制的批判，以及主张中国电报官办的无奈选择。[5]

---

[1] 郑观应：《致邮传部右侍郎盛杏荪宫保书》，夏东元编：《郑观应集》下册，第 1028 页。

[2] 郑观应：《致督办轮电两局盛京卿论亟宜改良书》，夏东元编：《郑观应集》下册，第 1024 页。盛宣怀稍后称：电报与邮政驿传相为表里，关系国政，西方国家初为商办，现皆由官收回，惟美国仍为商办。"中国电报已遍直省，臣常思之收归官办，事体至顺"。（《盛宣怀片》，一史馆藏，军机处录副，光绪朝·工业商业贸易交通运输工程类·邮电项，胶片 533 卷，03-144-7148-31。）

[3] 郑观应：《致总办津沪电线盛观察论招商办电报书》，夏东元编：《郑观应集》下册，第 1003 页。

[4] 经元善：《致郑陶斋、杨子萱、董长卿论办女公学书（1899 年 6 月）》，虞和平编：《经元善集》，第 276 页。

[5] 郑观应：《致督办轮电两局盛京卿论亟宜改良书》，夏东元编：《郑观应集》下册，第 1024 页。"甲午之变，曾面请督办及早禀商傅相，奏将电报公估值银若干赎归国有。将招商局准归商办，免日后政府行强硬手段，使数十年维持之功隳于一旦。"原文将"奏将电报公估值银若干赎归国有"之后断作句号，应为误，因为此句与后句并列。

但甲午战后中国所面临的严峻形势改变了郑观应等的上述看法。1895 年中日《马关条约》签订，由于台湾陆线为官办，日本顺利将其占据。其水线因总署及盛宣怀等联合策划而将其归入商物，才避免了日本的直接侵夺。1897 年德国占领胶澳后，遂派兵占据青岛胶州报房，盛宣怀立即向德国公使海靖（Herr von Heyking）提出抗议，该使"知中国电线为商人所设，亟复电谢过，让还电局，并令驻沪德领事送还胶营发过报费三千余元"。[1]1900 年八国联军兵乱期间，德又侵占烟台电局，各国欲占上海电局。中国电报局以商办争回，并能设津沪海线，使得是时南北仍可通电。[2]

上述情形让盛宣怀、郑观应等感触颇深。盛宣怀指出，近来外侮日增，列强婪索日重，朝廷难以抗抵，但如事属商务，便能以公理拒之，免其侵攘，"电报若非商局，区区一线，难保不随路矿具移"。[3]郑观应称，甲午年后，时势已大变，情形今非昔比，电报官办之议应当停止。"盖当此强邻环伺之秋，我国兵力不足以御外侮，如归国有，动辄为外人要挟，万一中外交绥，必为外人所据"。[4]上海商人亦传"官办后海疆启衅，线必难通"。[5]中国所面临的险恶国际环境，让郑观应不得不将对官方勒索之虑暂放一边而力主电报商办，这在一定程度上反映出了商等维护民族利益的决心。

此外，盛宣怀还从电报内部经营角度申论收归官办之弊。在他看来，电报专业技术性较强，修线、选材、打报以及中外交涉等事项，极其复杂难办，商董研究多年，才粗晓其理，"官吏隔膜，积习素深，既不能如商办之得法，亦不能如商办之核实"。[6]而较早提出"商战"理论的郑观应此时已将办得较有成效的电报局视同列强进行商战的重要阵地："我国非无富商，因官无保护，鲜能自立，现与外人商战者，只有轮船、电报、开平矿务三公司。"[7]故理应得到

[1]《盛宣怀片》，一史馆藏，军机处录副，光绪朝·工业商业贸易交通运输工程类·邮电项，胶片 533 卷，03-144-7148-31。

[2]《致陆定庐函（光绪二十八年十一月十三日）》，夏东元编著：《盛宣怀年谱长编》下册，第 763 页。

[3]《盛宣怀片》，一史馆藏，军机处录副，光绪朝·工业商业贸易交通运输工程类·邮电项，胶片 533 卷，03-144-7148-31。

[4] 郑观应：《致邮传部右侍郎盛杏荪官保书》，夏东元编：《郑观应集》下册，第 1028 页。

[5]《致陈尚书函（光绪三十四年七月廿日）》，盛宣怀：《愚斋未刊信稿》，第 125 页。

[6]《盛宣怀片》，一史馆藏，军机处录副，光绪朝·工业商业贸易交通运输工程类·邮电项，胶片 533 卷，03-144-7148-31。

[7] 郑观应：《致邮传部右侍郎盛杏荪官保书》，夏东元编：《郑观应集》下册，第 1028 页。

政府保护而增强国家的商战能力。

然恰在商等积极振兴电报之时，清政府要求电报官办。不过，1903 年 1 月 15 日又颁上谕：

> 前因电务为国要政，应归官办，已谕令袁世凯、张之洞筹还商股，将各电局悉数收回，候派大员经理……该局改归官办之后，其原有商股不愿领回者，均准照旧合股。朝廷于维持政体之中，仍寓体恤商情之意。[1]

由 1902 年 12 月 12 日要求"将各电局悉数收回"，到此时提出"其原有商股不愿领回者，均准照旧合股"，朝廷对股商出现通融，短短一个多月，立场发生变化。其因在于：

一是股商的抵制。12 月 12 日上谕颁布后，电报股价大跌，[2] 股商恐慌，"买卖拥塞，凡抵押者纷纷催赎，市面为之不通"。[3] 盛宣怀更担心一些股商将股票暗售西人，[4] 遂一面谕之"不得将股票售予外人，并札沪道照会各国领事，禁止洋商收买电票"；[5] 一面电请外务部照会各国公使，通令各埠洋商照此行事。[6] 而此时，不少股商表示不愿将股票抽回。为稳住形势，袁世凯遂提出："仍准其搭股数成，另换新票，但不准过官本之数"，[7] 并强调西人不准附股。[8] 此一

[1] 朱寿朋编，张静庐等校点：《光绪朝东华录》第 5 册，第 4980 页；世续等纂：《清实录》第 58 册，第 723 页；"中研院"近史所编：《海防档·丁·电线》，第 2016 号文，第 2661 页。

[2] 《寄江宁张宫保（光绪二十八年十月十三日）》，盛宣怀：《愚斋存稿》第 3 册，第 1306 页。

[3] "中研院"近史所编：《海防档·丁·电线》，第 1805 号文，第 2347 页。

[4] 《寄江宁张宫保（光绪二十八年十月十三日）》，盛宣怀：《愚斋存稿》第 3 册，第 1306 页。

[5] 《寄袁宫保（十二月初十日）》，盛宣怀：《愚斋存稿》第 3 册，第 1314 页。

[6] 《寄外务部（十二月十七日）》，盛宣怀：《愚斋存稿》第 3 册，第 1316 页。

[7] 《袁宫保来电（十一月二十六日并发张香帅）》，盛宣怀：《愚斋存稿》第 3 册，第 1311 页。

[8] 同上；直至电报全面收归国有前夕，邮传部还出台《绅商请设电线办法》（光绪三十四年三月二十四日禀奉批准），规定：一、某处添设电线应名某报房，归某局兼辖。二、该线由局代造代办。三、造线材料设局等费，及在工人员薪水，均由该处绅商认筹，惟该线仍应作为电局永远产业。四、该报房每月局用报生薪水，工丁工食以及修线等费，如所收报费不敷，仍应由该处绅商照数贴补。五、报费按照电局价表收取，按月所收报费，除抵支局用等费外，设有盈余尽数拨还造线成本。六、拨还成本以后，按月所得报费即归电局照章收支，与各报房一律（《绅商请设电线办法》光绪三十四年三月二十四日，《交通官报》第 29 期，第 18 页）。另，按此法架设了宜兴、临城电线等（《本部咨直督临城设线应照宜昌成案办理文（宣统二年八月十二日）》，《交通官报》第 23 期，第 9 页）。

定程度上反映出中国资本主义力量稍有增强。

二是筹款的艰难。清政府虽知电局获利颇丰，但若将其悉数收回，必须筹得数百万元的资本，这是财政严重危机的清政府一时无法办到的。对此，王文韶在致盛宣怀的电中有透露："电线归公，户部恐难筹款，时局翻腾。"[1]

鉴于这些因由，清政府遂有"均准照旧合股"的规定。另，在此次电报归官活动中，两江总督张之洞"不以官收为然"，[2] 提出"限商权不夺商利办法"，[3] 得到股商拥护。股商就此为争得较为满意的股价而连续上书。[4] 所以，清政府即便是按袁世凯所拟收回股商一半股票，该筹资金亦不在少。

上述情形使得此次电报归官活动的结果是，1903年3月29日，盛宣怀原"系李文忠所委，并非钦派"[5]的中国电报局督办之职，由袁世凯以钦命"督办电政大臣"名义接任，吴重熹亦于是日赴驻沪会办大臣之任。[6]"至各局员衔名，请开示均令照旧办事"。[7] 而对于股票，政府并未收回一股。不过，电局因盛宣怀为架设跸路电线而奏停报效的每年银4万两，是年得以顺利提解国家。[8] 这种情况直到1908年商办电报完全国有。故此一时期，中国商电可谓是商款官办时期，而就全国整体（包括各省办线）言，可谓是官商合办时期。

四、国有部办

（一）邮传部对商电的收赎

1906年11月6日，清政府发布上谕，设立邮传[9]。1908年6月17日，

---

[1]《王中堂来电（十一月二十一日）》，盛宣怀：《愚斋存稿》第3册，第1309页。

[2]《袁宫保来电（十一月三十日）》，盛宣怀：《愚斋存稿》第3册，第1311页。

[3]《张宫保来电（十二月初三日）》，盛宣怀：《愚斋存稿》第3册，第1311页。

[4] 1903年2月7日，电报股商道记等呈禀外务部、政务处、北洋大臣及会办电局大臣（"中研院"近史所编：《海防档·丁·电线》，第1805号文，第2347—2348页）；2月15日，外务部、政务处王大臣、会办大臣、督办电政大臣收到香港电报众股商（89家）等禀（"中研院"近史所编：《海防档·丁·电线》，第1807号文，第2350—2351页）。

[5]《寄江宁张宫保（光绪二十八年十月十三日）》，盛宣怀：《愚斋存稿》第3册，第1306页。

[6]"中研院"近史所编：《海防档·丁·电线》，第1835号文，第2372页。

[7]《袁宫保来电（十一月二十一日）》，盛宣怀：《愚斋存稿》第3册，第1309页。1906年11月，清政府设立邮传部，下置上海电政局，管理各省商款电线。1911年5月，上海电政局移设北京（《请派电政局长片（宣统三年四月）》，盛宣怀：《愚斋存稿》第1册，第523页）。

[8]"中研院"近史所编：《海防档·丁·电线》，第1835号文，第2373页。

[9] 上谕："轮船铁路电线邮政，应设专司，著名为邮传部。"（世续等纂：《清实录》第59册，第468页。）

该部提议收赎电报商股,赎价除按市值计外,给予一定加增,以示国家恤商之意。[1]沉寂六年之久的电报归官活动再次展开。

在邮传部看来,商办虽在一定时期与范围内,可推动电报业的发展,然就长远及根本者言,仍难适应国家发展电报之需。因为从商业角度看,何处架线设局有利可图,则于该处设立电报,所以商线所至皆市镇都会。职是之故,陕甘总督升允曾奏称:"盛宣怀办理电报局逾二十年,其东南繁富之区,概属商线,西北沙漠之地,悉属官线。"[2]但从国家角度来说,不仅通衢都会需要电报,偏远省区亦当信息灵通。盖此关乎政治统治,必要时可不计较经济利益。

该部进而指出,时下各省请办之线不下万里,估费应在百余万两,且多在荒村僻壤、报务不多之处,故国家为展线起见,应将商报收回,一律官办;另从检修方面看,现各省办线应修未修者约占半数,此极大地制约了电报的畅通,而检修所需用费当在五六十万两以上;此外从收费方面看,中国远较他国昂贵,万国电报公会曾予指责。为使中国电报价目与各国略近,并作入万国电报公会之准备,中国当减报费。若按电报年入三百万元计,减一二成即在五六十万元以上;若与各国电价略同,则需减四五成。这些皆是商办时难以办到的。[3]

可见,邮传部所提出的电报官办各理由的背后,是其发展电政的愿望与资金难筹的现实之间的矛盾。一方面,邮传部设立,极欲扩充电政,并与国际接轨;另一方面,要实现这些计划,当有大批资金做后盾。然现实的情况是,该部难以从朝廷那里获得必要的拨款,故只能"羊毛出在羊身上",收回商办电报,用其利润,以行其政。此必然要触及到商人的既得利益,这也是电报归官活动遭遇阻力的症结所在。

不过,此次电报归官活动,邮传部是有备而来,不比六年前的清政府一纸上谕了。1908 年 3 月 14 日,会议政务处制定电报归官的具体方案,核心内容是:关于收股资金问题,拟在京汉余利项下拨垫,从而为此次电报归官活动奠定较为坚实的物质基础;关于收股价格问题,因直接关涉官商两利,故相当敏感,一度出现争执。邮传部尚书陈璧认为,股商已获利多年,且开办时亦赖官力维

[1]《陈明筹画扩充电政商力不支拟归官办折(光绪三十四年五月十九日)》,邮传部编:《邮传部奏议类编·续编》,台湾文海出版社 1967 年版,第 1152—1153 页。

[2]《升允片》,台北故宫博物院藏,军机处档折件,文献编号:154997。

[3]《陈明筹画扩充电政商力不支拟归官办折(光绪三十四年五月十九日)》,邮传部编:《邮传部奏议类编·续编》,第 1147—1154 页。

持，现电线已损旧，故必须折价，应在每股一百二三十元左右为宜。但经盛宣怀、杨士琦等力争，而是时邮传部适接股商胡琪领衔的公禀，请求优给股价，最后议定每股连息 170 元。[1] 尽管这一给价还是引出争议风波，但它却为此次电报归官活动提供了必要的执行基础。可以说，会议政务处所定的上述方案，使得长达六年之久的电报归官活动自此才能算是正式启动。

对此次电报归官活动，股商的反应大抵经历两个阶段，前期是反对电报归官。尽管电报归官活动提出有年，但当正式启动时，仍遭部分股商的抵制。港粤股商率先反对。正在澳门养疴的郑观应闻知，要求股东联名公禀邮传部，准许电报局遵照商律注册，永归商办，以维商业。广东香港股东在郑观应的号召下拟定禀文，推郑观应为领袖。郑观应于是年 6 月 6 日领衔致电盛宣怀（时已迁邮传部右侍郎）："电股买价不顾将来利益，商情震骇。粤港商已签名致沪商会合禀，乞宫保维持咨部查照泰西办法，大局幸甚。"[2] 对于港粤股商的请求，盛宣怀复电称，电报归官，势难中止。但亦表示愿意查照西方办法，代向邮传部请示。[3]

沪商在港粤商的带动下亦起反对。1908 年 6 月 21 日，电报股东胡琪等致电军机处、都察院、外务部、商部、邮传部，表示愿加筹股本，以扩充路线，但须遵照商律，推举董事经办。另，电局原定，股东可随时查账，故当有查账员，现特遵举查账董事五人。[4] 对于沪商的请求，盛宣怀宣布清政府的电报国有主张。但股商并不买账，援引 1903 年准其附股谕旨，沥陈商人创业的艰辛，股票已成其家业，请求停止收赎。[5]

因政府在电报归官问题上态度坚定，股商经反复规劝后退让不再反对，将斗争重心转移到争取政府优给股价上来，股商抵制进入第二阶段。那么，电报股价究竟市值多少呢？兹将中国电报局第 22 届（光绪二十九年三月初一日至光

---

[1]《复香港电局温（光绪三十四年四月二十日）》，盛宣怀：《愚斋未刊信稿》，第 104 页；《致邮传部公函·各股东问答（光绪三十四年五月十二日）》，盛宣怀：《愚斋未刊信稿》，第 111 页；《电股收赎完竣拟请实力整顿折（光绪三十四年八月十三日）》，陈璧：《望岩堂奏稿》卷八，台湾文海出版社 1967 年版，第 12 页；"中研院"近史所编：《海防档·丁·电线》，第 2204 号文，第 2815 页。对邮传部初议电报收赎价，盛在《复香港电局温》及《各股东问答》中所言不一，经比较遵前。

[2]《广东商会郑陶翁等来电（光绪三十四年五月初八日）》，盛宣怀：《愚斋未刊信稿》，第 112 页。

[3]《广东商会郑陶翁诸君去电（光绪三十四年五月初八日）》，盛宣怀：《愚斋未刊信稿》，第 112 页。

[4] "中研院"近史所编：《海防档·丁·电线》，第 2185 号文，第 2803 页。

[5] 同上书，第 2204 号文，第 2815 页。

绪三十年二月底）至第28届（宣统元年正月初一日至十二月底）收入制图如下：[1]

（单位：元）

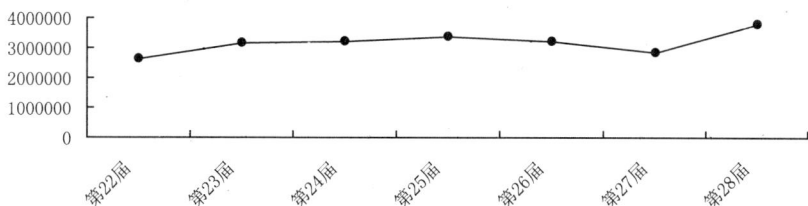

中国电报局第 22—28 届收入示意图

上图反映出，电报业在 20 世纪初数年，收入始终处于高增长期，效益显著。这使得电报股票又有较大升值。另据第 25 届（光绪三十二年三月至三十三年二月）账略：中国电报局共有 22,000 股，实存湘平银 3,700,590 余两，以湘平银 7 钱作洋 1 元，应合洋 5,286,557 元，[2] 因而每股当在 240 元左右。但部定股价为每股 170 元。故沪港粤股商表示不能接受。

对此，即便是曾参与讨论的盛宣怀亦认为甚不合理："竟照一七奏定，迹近抑勒，实于朝廷兴商之美意稍有窒碍。"[3] 此固然与盛宣怀持有大量电股有关，但更为重要的当是股票收价与实值确有较大距离。亦官亦商的盛宣怀在电报官办的原则问题上是执行政府决定的，但在价格问题上，则与股商利益一致。故以股商的反对为契机，力争将收价有所提高。

盛宣怀因此而三管齐下：一面将商股反应及要求函知陈璧、吴重熹等[4]；一面虑及电报归官源于 1902 年袁世凯之议，故非袁出面，赎价难增，遂致函与袁关系较洽的周馥，求其劝袁，"力持大局，以杜风潮，而保商政"[5]；一面还密

---

[1] 具体收入参见下表：　　　　　　　　　　　　　　　　　　　　　　　　（单位：元）

第 22 届	第 23 届	第 24 届	第 25 届	第 26 届	第 27 届	第 28 届
2648105.12	3176352.05	3188574.62	3371057.15	3207435.05	2835791.33	3807962.89

资材来源：据《电政局收入支出五年间比较表》，《邮传部第一、二、三次电政统计表》，第 67、470 页，一史馆藏，邮传部全宗·电政类，胶片 3 卷，22–23–1 整理。

[2]《致邮传部公函·谨将五月初六日电报股东议事录抄呈钧鉴（光绪三十四年五月十二日）》，盛宣怀：《愚斋未刊信稿》，第 109 页；《寄陈尚书（六月十四日）》，盛宣怀：《愚斋存稿》第 3 册，第 1579 页。

[3]《致周郁山（光绪三十四年五月十九日）》，盛宣怀：《愚斋未刊信稿》，第 114 页。

[4]《盛宣怀致陈璧、吴重熹、沈云沛函》，王尔敏、吴伦霓霞编：《盛宣怀实业函电稿》上册，第 251—252 页；《致邮传部公函·各股东问答（光绪三十四年五月十二日）》，盛宣怀：《愚斋未刊信稿》，第 107—111 页。

[5]《致周郁山（光绪三十四年五月十九日）》，盛宣怀：《愚斋未刊信稿》，第 114 页。

电陈璧，表陈己见：按市价折中给值，每股应给 190 元，而部咨拟给 170 元，加第 26 届息洋 20 元正合此数，然以 200 元购进的新股东仍然亏本。从而提出折中原则：在原定 170 元基础上加增 10 元，作为收赎价格。盛宣怀认为，唯有如此，才稍显公平，股商可能接受，这样在是年 7 月 27 日前（六月内）可将股票收毕。[1]

面对上有清政府推行新政、发展工商之大政方针，下有各方提高赎价之强烈吁请，中有盛宣怀等积极活动，邮传部对其初议不能不有松动，遂于 7 月 2 日将收价调为每股 180 元，并指出此乃国家恤商之意，为此需增赎款 22 万元。[2] 进而解释称：电报归官后，论大局必须推广线路，议减报费，但论财力则难以做到这些，议定筹足现款 400 万元，以收 22,000 商股。照所定价目尚余数万元，此并非苛待商股，亦不是价格不值，实在是筹款不易。[3] 随即公布《收股章程》，限定 7 月 27 日前（六月内）缴清。[4]

但上海股商对邮传部的上述给价仍不满意，并以"账略"所载的成本为依据，且援日本收赎铁路之例，先是提出票值应在 300 元左右。[5] 盛宣怀感到股商所开之价与部定之价相差 120 元之多，遂让商会调查此项票值，得知以每年中历七月初一日分息为标准，未分息前，值 200 元，已分息后，值 180 元至 190 元不等。但若照册估价，当不止此。[6]

沪商因盛宣怀的调查而降低要求，但仍提出每股 200 元的收赎价格。7 月 17 日上海电报股东会致电邮传部，称按电股市值，光绪三十三年即达每股 200 元，尽人皆知，有账可稽。并提出邮传部如不顾公理，专恃强权，那么商力虽弱，但商人不会放弃立宪国民之天职。[7] 意在表明必要时将通过政治方式以达目的，此不仅显示商等之决心，亦反映出社会发展的新动向。又电军机处、外务部、都察院、商部等，称朝廷现正招商资兴办银行、航运等业，故维持信用，十分

---

[1]《寄陈尚书 又（光绪三十四年五月三十日）》，盛宣怀：《愚斋存稿》第 3 册，第 1574—1575 页。

[2]《电报收赎完竣拟请实力整顿折（光绪三十四年八月十三日）》，陈璧：《望岩堂奏稿》卷八，第 12 页；
  《致邮传部公函（光绪三十四年七月廿日）》，盛宣怀：《愚斋未刊信稿》，第 122 页。

[3]"中研院"近史所编：《海防档·丁·电线》，第 2204 号文，第 2815 页。

[4] 同上书，第 2196 号文，第 2810 页。

[5]《盛宣怀致陈璧、吴重熹、沈云沛函》，王尔敏、吴伦霓霞编：《盛宣怀实业函电稿》上册，第 251 页；
  《致邮传部公函·各股东问答（光绪三十四年五月十二日）》，盛宣怀：《愚斋未刊信稿》，第 110 页；
  "中研院"近史所编：《海防档·丁·电线》，第 2204 号文，第 2815 页。

[6]"中研院"近史所编：《海防档·丁·电线》，第 2204 号文，第 2815 页。

[7] 同上书，第 2197 号文，第 2810—2811 页。

重要。在此之时，却骤出此策，实令商民寒心！[1] 提示商等的强烈不满。

可见，官商意向仍有距离，甚至出现对峙："政府执定加十元为优待"，但商界"非特不认优待，直谓情同抑勒"。[2] 面对此态势，盛宣怀再次提出折中方案。他认为，股商意气正盛，非权术可笼络，非空言可让其罢休；但不让股商接受奏案，则有碍政府体面，遂向邮传部提出分年给赏办法，[3] 即股商照180元领款缴股，朝廷准予缴股后三年内，每股每年提赏洋6元。对于官方特别关心的款项出处，盛宣怀提出可于大东大北每年摊分海线报费（50余万元）内拨给，不必再让部筹。在他看来，此办法既可彰显朝廷兴业劝工之意，又能稍补商人既得之利，且于邮传部业已入奏的方案不相触背，可谓上尊国体，下恤商情。[4]

盛宣怀之提议终为官商两方认可，收股工作随即展开。7月30日，上海电报股东会声明解散。[5] 香港电报局总办温佐才也刊发启示，让股东在三星期内到局挂号，以便报部兑换价银。[6] 但收股初期，股商仍在观望，故并不顺利。按《收股章程》规定，电报股商当于7月27日前（六月底）缴清。[7] 但7月底8月初（七月初），股商交股仍不多。邮传部遂将缴股期限展延一个月，放至8月26日前（七月底）。[8] 是时，汉冶萍煤铁厂矿已奉旨注册，改官督商办为完全商办，成立董事会、股东会。邮传部让盛宣怀劝令电商改入汉冶萍股份，并提出汉冶萍公司已完全商办，预算未来收益，将超过电报。盛宣怀将此情于8月5日布告股商，并以身表率，于次日将自己所持的900股电报股转入汉冶萍，[9] 缴股者遂大增。

收股期限后又有展延。到1908年9月（光绪三十四年八月），邮传部共

---

[1] "中研院"近史所编：《海防档·丁·电线》，第2196号文，第2810页。

[2] 《寄陈尚书（六月十四日）》，盛宣怀：《愚斋存稿》第3册，第1579页。

[3] 《寄京陈尚书（七月初一日）》，盛宣怀：《愚斋存稿》第3册，第1581页。

[4] "中研院"近史所编：《海防档·丁·电线》，第2204号文，第2816页。

[5] 《致京都宝兴隆金店袁（光绪三十四年七月十一日）》，盛宣怀：《愚斋未刊信稿》，第121页。

[6] 《附录 收赎电股香港电局总办温佐才观察告白》，夏东元编：《郑观应集》下册，第1033页。

[7] "中研院"近史所编：《海防档·丁·电线》，第2196号文，第2810页。

[8] 同上书，第2204号文，第2816页。

[9] 《致京都宝兴隆金店袁（光绪三十四年七月十一日）》，盛宣怀：《愚斋未刊信稿》，第120—121页；《致邮传部公函（光绪三十四年七月廿日）》，盛宣怀：《愚斋未刊信稿》，第122页；《致邮传部公函·盛宫保致电报大股东书（光绪三十四年七月廿日）》，盛宣怀：《愚斋未刊信稿》，第123—124页。盛宣怀于七月十二日致电邮传部：九百股票价，谨已领到，甚感，初二不得不用劫，著散会缴股三日，忽又稽滞，初七复作长函，切劝附股无益。函稿已寄袁牧呈阅，近数日缴股踊跃，来附汉冶萍者亦有三分之一，足慰苦怀，大约可期全色全收矣（《寄邮传部（七月十二日）》，盛宣怀：《愚斋存稿》第3册，第1582页）。

收回商股 21,400 余股，缺收的 500 余股，为散布外埠及内地僻处，递寄困难。对此，邮传部尚书陈璧奏拟宽限，照章给价，存留现款，以便陆续取领。至于此次收赎之款，由铁路订借汇丰汇理款内暂行拨用，共 396 万元，[1] 拟用电政盈余随时归还。[2] 至此，电报官商合办局面结束，从而进入全面官办时期。

透过此次电报官办过程中的官商斗争，可粗略窥视清末"国家"与"社会"间的利益矛盾与冲突的一面。作为清末社会重要阶层的商人团体，力量较前已有很大发展。故在斗争中，其要求是国家无法忽视甚至是轻视的。这是邮传部不时增高电股赎价的根本。但从总体上看，国家力量的主导地位无法撼动，此当是一旦政府做好电报归官准备，商人不能扭转其意图的关键。

从邮传部接下来数年间的作为看，电报官办对中国电报业的发展产生了一定的推动作用，但甚有限。首先是费用相对而言的降低。1908 年 9 月 28 日，邮传部提出自 1909 年 1 月 22 日（宣统元年正月初一日）起，按照现行电报价格核减二成，所有华洋各商报及加急密码译费等，凡在中国境内往来者一律照减，特别半价等不在核减之列。[3] 此方案的提出与执行，对国人利用电报及中国加入万国电报公会产生积极影响。

其次是线路的有限拓展。1910 年 1 月 23 日邮传部奏："推广电线，内地及沿边各省，展长新线一万二千余里，增设局、店、报房一百余处。"[4] 其实，邮传部所言 12,000 余里，绝大部分是对旧线的维修，并非新展。据统计，截至 1908 年 2 月 1 日（光绪三十三年底），商线达 39,520 里，至归官之时，当在 40,000 里以上。而另据统计，至 1910 年 2 月 9 日（宣统元年底），部办线为 42,115 里。[5] 此即是说，至邮传部奏时，所添电线亦只在 2,000 里左右，增幅与该部所奏相去甚远。

（二）邮传部对省电的接收

商办电报收赎后，晚清电报虽已一律官办，但仍有部办、省办之别。对

[1]《电股收赎完竣拟请实力整顿折（光绪三十四年八月十三日）》，陈璧：《望岩堂奏稿》卷八，第 12 页。此费后由电政盈余及大东大北公司预付《齐价合同》所定中国应分之费还清（《密陈大东大北公司预付报费用款情形片（宣统三年三月）》，盛宣怀：《愚斋存稿》第 1 册，第 516—517 页）。

[2]《邮传部片》，一史馆藏，军机处录副，宣统朝·交通运输类·邮电项，胶片 562 卷，03-155-7568-15。

[3]《筹拟核减电价提补经费折（光绪三十四年九月初四日）》，陈璧：《望岩堂奏稿》卷八，第 14 页。

[4] 世续等纂：《清实录》第 60 册，第 501—502 页。

[5]《邮传部第一、二、三次电政统计表》，第 27、422 页，一史馆藏，邮传部全宗·电政类，胶片 2 卷，22-23-4。

此，邮传部认为，电报重在讯息传递灵便，应有居中驭外之枢机，方可收指臂相连之功效，且须减少中间环节，遂设计将部、省电线合一。1910 年 11 月 5 日，朝廷批准"各省现办之官电局，应一律归部办理"。[1] 于是，邮传部确定自 1911 年 1 月 30 日（宣统三年正月初一日）起将省电一律收归部办，并就维修、展线、收费等问题提出具体办法。

关于推展电线，邮传部认为，近来各线的架设或由邮传部与该省分成摊认，或由度支部拨款协济，效果甚好，嗣后将由邮传部酌核情形，可照案办理。关于局所设置，提出合并、裁撤某些分局子局，特别是那些收入不多、非关紧要的线局，以节省成本。关于经费报销，提出接收后，由部统一表册格式，颁发各局；并按照旧案旧办法，新案新办法分别对待，以宣统二年底为界限，此前销案，限期报毕；嗣后照邮传部的统一要求按年奏销。[2]

如果说，邮传部接收商办电线，触及的是商人利益，故遭遇较大阻力，当在预料之中，那么接收各省办电线，虽仍为官办，但却在某种程度上触及了地方利益，故又遭遇一些阻力，亦是可以理解的。如关于收费问题，邮传部提出：官电省份，收费紊乱，稽核甚难，此不仅关系收入，更关系报务。拟接收后，凡督抚以下因公发递官报，核定等次，分别纳费，再行酌量报销。另，官电常年收支经费，如新疆、陕甘、广东、山东等省，均有册报部，其余各省，或有早迟，而广西则历年均未造报。自接收后统一表册，将截至宣统二年底各案，饬令分别填报，按年奏销。

邮传部要求使得打报多有免费且历年均未造报的省份如广西等无法再循旧例。故不久，护理广西巡抚魏景桐致电邮传部，通报该地电报收费情况：凡军务、学务、警务、赈务、交涉、查办等紧要事件，均用紫花印官电发递，发两广的列作一等免费，发他省的列作一等收半费；省城司道发递官电，无论本省外省，且不分明码密码，均按四等明码收费；省城府县及省外各衙署营防，因公发递本省及两广总督官电，均列一等免费。现既改归部办，该省预算不敷，请仍照旧章办理。1911 年 4 月 30 日广西巡抚沈秉坤再奏："桂省边瘠，局势艰危，请准将道府厅州县及各营队，发递本省衙署暨两广总督官电，仍一律免费，并照部咨，以边防、军务、拿匪、交涉、灾赈及查办事件六项为限"，获得清政

---

[1] "中研院"近史所编：《海防档·丁·电线》，第 2270 号文，第 2871 页。

[2] 本段及下段，"中研院"近史所编：《海防档·丁·电线》，第 2270 号文，第 2871—2873 页。

府允准。[1]

对此，盛宣怀认为，此次接办 10 余省官电，报价关系全局，不便在某一地区遽行免费。而且邮传部拟定分等纳费办法，原为各省冗长滥发等弊，略示补救，但虑及广西近日军务繁重，电报频仍，并已奉旨允准，遂提出将该省兵队发向广西巡抚及两广总督的军务电报，暂行免费。但又规定，除此之外的其他官报仍需付费，而且免费官报待事件平息后即行停止。体现出原则性与灵活性相结合的处置方式，但免费官报是难以持久了，此当是地方官员所不情愿的。

邮传部对省办电报的接收，以一个案领域透视出清末中央集权式微、地方势力渐强、权力重心下移的趋势下，清政府所做的努力。应该说，此一努力较具成效。相对于接收商办电线阻力重重的情状而言，接收省办电线，除上述个别省份以及河工电线特殊情况外，相当顺利。[2]

至此，晚清电报已全面由部经办。[3] 这为邮传部实现前此所制定的电线建设九年宏伟计划，似乎提供了较为广阔的平台。[4] 然须看到的是，中央于此间亦累增了同商人及地方的矛盾，此必将对电报的发展形成制约力量。更为关键的是，就在这年 10 月，武昌起义爆发，清帝国迅速土崩瓦解，邮传部的一切计划也就随之成为泡影。

---

[1] 本段及下段，《酌拟广西官电办法折（宣统三年四月）》，盛宣怀：《愚斋存稿》第 1 册，第 522—523 页。

[2] 从总体上看，邮传部接收省办电线进展甚顺，部分省份甚至在邮传部奏前即有将该省所办电局让部接收之议。如宣统二年，邮传部正筹议省电归部之际，黔省便提出将该省西路电报（贵阳、黔西、毕节、威宁、安顺、兴义、黄草坝七局）改归部办（《本部咨黔抚黔省东路各电应归部局收发至西路电线俟核定再行接管文（宣统二年十一月十五日）》，《交通官报》第 28 期，第 10 页）。但特殊情况，亦有让省电循旧的，如河工电线等。详本书第五章第二节。

[3] 同年，上海电报总局移设北京，由留美学生周万鹏任局长。对此，邮传部称：电报前归商办，向在上海设立总局，原为便于策应起见，现既归部办理，情形不同，而本年接收各省官电以来，线路愈广，事务亦倍形繁盛，凡考验工程，调遣员司，慎要收支，接转报诸大端，均属行政枢纽，责任綦重，必有统一之规模，乃期推行之尽利，现铁路已在臣部设立总局，邮政收回在即，亦当照办，电报事同一律，自应将上海电政局移设到京，由臣部就近督饬办理，庶几事权归一，勿致分歧（《邮传部片》，一史馆藏，军机处录副，宣统朝·交通运输类·邮电项，胶片 562 卷，03-155-7568-29）。

[4] 《电政局禀本部遵饬核议展设川陕线路情形乞示遵文（宣统二年八月十一日）》，《交通官报》第 23 期，第 19 页：邮传部九年筹备清单，拟于宣统四年展设陕西南北两路电线，宣统六年展设四川成都至甘肃电线。

第二节 打报制度与巡护制度

从管理层面看，打报制度是电报建设与发展的内部重要条件，巡护制度则是电报建设与发展的外在重要保障。晚清电报逐步建立起相应的打报与巡护等管理制度，从而促动其向前发展。

一、打报制度

打报制度主要包括局员管理制度与电报管理制度两个方面。局员管理制度中保密制度事关电报建设之信誉，电报管理制度中收费制度事关民商两方利益，此二者尤显重要。

（一）局员管理制度

作息制度 晚清电局的营业时间在早期实行的是日 14 小时制。具体为：春夏季晨 7 时开报，夜 9 时关机；秋冬季晨 8 时开报，夜 10 时关机。如果电报寄到已逾营业时间，则开单签注，翌日晨开机发出。[1] 此与国际标准大抵一致。1879 年万国电报公会伦敦会议订立《各国电线通行章程》，规定凡普通电局每日晨 8 时开报，夜 9 时关机，不应缩短营业时间。[2] 可见，中国电局作息制度的制定是参照国际标准的，并将国际规则本土化时，结合了中国国情（中国传统习俗强调"黎明即起"、"日出而作"，故工作时间略早），故与西洋规制既有相近之处，又有一定出入。

不过，稍大的出入在于，《各国电线通行章程》又规定："各国重镇地方相通之电线，务宜常川备用，昼夜不辍。"[3] 表明国际对于营业时间有着二元规

[1] "中研院"近史所编：《海防档·丁·电线》，第 641 号文，第 984 页。个别报局如安东局，营业时间为日 15 小时，较通章延长 1 小时，起止安排亦稍异：早八、九点开局，晚十一、十二点停机（"中研院"近史所编：《海防档·丁·电线》，第 1539 号文，第 2073 页）。因该局与韩义州接线，为使两局营业时间一致，光绪二十五年六月，安东局委员吴瑞华与义州电司会议章程，规定：以中历三、四、五、六、七、八月早 7 点开报，晚 10 点停机；九、十、十一、十二、正、二月早八点开机，晚十一点停机（"中研院"近史所编：《海防档·丁·电线》，第 1576 号文，第 2106—2107 页）。战争期间打报时间多有延长，甚至日夜不辍。详本书第五章第一节。

[2] "中研院"近史所编：《海防档·丁·电线》，第 584 号文，第 862 页。对此，1885 年 4 月 17 日，李鸿章称："西洋向例，电报辰时开机，戌时停机，学生等每日分两班替换。"（李鸿章：《电资拨抵垫款折（光绪十一年三月初三日）》，戴逸、顾廷龙主编：《李鸿章全集》第 11 册，第 55—56 页；"中研院"近史所编：《海防档·丁·电线》，第 732 号文，第 1141 页。）表明国人对国际规则的了解。

[3] "中研院"近史所编：《海防档·丁·电线》，第 584 号文，第 862 页。

定，然中国电局在相当长时期内一直执行的是上述单一工作时日制度，反映出初办时期制度的不完善，但此间中国打报即便是"重镇地方"除特殊时段如战争时期等外，并不十分繁忙的事实，亦当是重要影响因素。此从另一角度提示国人对电报的使用还相当有限。

情况至20世纪初才发生改变，分出14小时制（1909年调为15小时制[1]）与24小时制两类，但后者的实际执行情况并不理想。对此，1910年3月22日电政局禀邮传部，称世界各国电局凡属昼夜开机的，无论何时皆接收商报，大东、大北等即如此。中国电政局所辖的260余局中，虽有44处规定实行24小时制，但实际仅京津两处如此，其余各局在夜九、十时以后，晨七、八时以前，概不接收商电，即便上海电局亦不例外，故发报之人颇不满意，"盖我局之所谓打报二十四点钟者，不过添一夜班以清理日间积报而已，与万国通例所谓昼夜不息之局者不同"。[2]

电政局因此提出改革，要求"凡在通商各埠及各省会电局，均应不分昼夜接收各报"，并拟就《夜班收报办法》，内容包括：其一，规范24小时制。凡24小时营业之局，按照万国通例应不分昼夜接收各报，首先在重要通商口岸暨省会各局（主要是北京、天津、开封、济南、烟台、青岛、太原、西安、成都、重庆、长沙、武昌、汉口、沙市、南昌、九江、安庆、芜湖、江宁、苏州、上海、镇江、杭州、福州、厦门、广州、香港、汕头，共28处），夜间一律收报。不过，又稍作变通，规定夜班时收到各报，除一、三等要电须随到随发外，普通商电在24点以后送到的，黎明发出。

其二，明确当班职责。以上所涉各局自上午7时起，至夜10时止，各报由司事接收；自夜10时至次日上午7时，所有收报事宜概由报房经管。此办法的出台，使得中国电局的工作时日制度与国际标准基本一致。这一方面说明晚清电报在向国际接轨的努力中取得一定成效；另一方面也多少反映出在重要通商口岸暨省会地区，电报用量的渐增趋势，由此可略见晚清社会的潜演默进。

业务制度　初期关于局员业务的管理，中国电报局所订《电局章程》中的相关规定，主要是防范打报中的"迟延"、"舛误"与"遗漏"等问题，订明："凡

[1] 宣统元年二月，邮传部颁发《电政局重订收发电报办法及减价章程》，第四十五条规定："收发电报早以七点钟起，晚以十点钟止。"将电局营业时间日14小时制调为15小时制（《电政局重订收发电报办法及减价章程》，一史馆藏，邮传部全宗·电政类，胶片1卷，22-7-1）。

[2] 本段及以下两段，《拟就夜班收报办法六则》，《交通官报》第12期，第26页。

来出资寄电者，无论何人，均应随时发递，不能稍有延误"。[1] 倘局员在打报过程中所发生"延误"、"遗漏"等情事，给予罚薪、记过、降等、撤退、斥革等处罚，并得到较为严格的执行。如 1898 年 3 月 16 日，京城电报局迟发驻德使臣吕震圜官电一件，该局总办冯敦高因此被摘去顶戴，"领班报生等分别罚降"。[2]

然此类处罚规定较为笼统，执行起来甚是棘手，故问题还是不断出现，尤其是外电的迟误频繁，一度成为中外交涉的重要内容。1898 年 6 月 6 日，法国前驻华公使施阿兰（A. Gerard）致函总署抱怨，电局"于本署接发电信，迭次耽延"。5 月 17 日致琼州领事一电，6 月 3 日方到，计 18 日之久，要求总署追查。[3] 8 月 6 日，该国公使毕盛（Stephan Jean Marie Pichon）又函总署，指出两月来每致电驻越大臣，常得回电称，来电字码多误，难以译出，要求重发。该使由此大表不满，要求总署转饬电报各局，认真拍发。[4] 翌年 3 月 25 日，毕盛又函总署，称其接发越南北圻各报，亦常发生电码多误、不能翻译等事，要求总署查办。[5] 8 月，意大利驻华公使萨尔瓦葛（Marquis Giuseppe Salvago Raggi），就中国电局丢失上海丝厂总办黎瓦电报一案向总署提出严正交涉。[6]

电局打报一再漏误，总署亦甚愤激。1899 年 6 月 10 日，总署寄贵州巡抚"速字八千六百零三号电"，竟被寄至桂林；[7] 当月 12 日，总署寄广西巡抚"速字八千六百一十号电旨"，直至 18 日始到；该月 14 日发两广总督"速字八千六百十六号电信"，直至 21 日始到。对此，总署责称，近来稽延、舛误太为频繁，电局转递一电，往往两三日方到，"北洋咫尺之地，午末发电，亥末方到，即由火车通信，已早寓目"。"何怪外人之屡次谍谍也"！认为此为局员渎职之故，从而要求严办：对于电局委员，重者参处，轻者撤差；对于头班二班学生，立即斥退。[8] 足见此类问题的普遍性及严重性。

电报官商合办及完全官办后，为加强对此类问题的管理，电政局及邮传部相继颁定《脱漏电报章程》、《处分延误电报章程》等规章，对延误、遗漏电报者，

[1] "中研院"近史所编：《海防档·丁·电线》，第 1226 号文，第 1735 页；第 1586 号文，第 2115 页。

[2] 同上书，第 1661 号文，第 2186 页。

[3] 同上书，第 1252 号文，第 1763 页。

[4] 同上书，第 1417 号文，第 1921 页。

[5] 同上书，第 1526 号文，第 2060 页。

[6] 同上书，第 1586 号文，第 2115 页；第 1598 号文，第 2124—2126 页。

[7] 同上书，第 1565 号文，第 2098 页；第 1563 号文，第 2096 页。

[8] 同上书，第 1565 号文，第 2098 页。

作出分别给予"记寻常过"、"记大过"、"罚薪"、"撤差"等处罚的明细规定，进一步规范了对局员的管理制度。[1]此外，邮传部还颁布《报房办事规则》（1908年3月29日）、[2]《电报处办事条规》（1910年4月7日）等常规制度，[3]对于完善对电局的管理有着一定的意义与影响。

此间，关于电报保密问题的相关人事管理规定最值关注。就电报的运作规则言，其保密工作大抵涉及两部分：一是技术管理，主要是指密码本的设订；再是人事管理，主要是指对电报局员的约控。前者将在下节论述，在此不赘。其实，后者早为时人关注，不过一直未有专章规防。[4]

制定专章是在清政府将电报收归官办之后。1903年1月15日，清政府派袁世凯为督办电政大臣，吴重熹为驻沪会办大臣。[5]为加强管理，吴重熹赴任后对电局司员"再三劝谕，严定案程，于军国要政，不准稍有泄漏；于商民各报，不准稍有稽迟；于错码误字，亦须认真查究，以重报务"，[6]将保密工作置于加

---

[1] "中研院"近史所编：《海防档·丁·电线》，第2132号文，第2771—2774页；《各电局处分漏泄延误阻报各章程（光绪三十四年二月十七日施行）》，《交通官报》第2期，第28—30页。

[2] "中研院"近史所编：《海防档·丁·电线》，第2132号文，第2774—2775页。

[3] 同上书，第2259号文，第2856—2857页。

[4] 一些人在议设电报之初即认为中国始创电报，必用洋人，如此不仅"机事不密"，且对洋人"难于约束也"。可见，国人早已认知人事管理于电报保密工作之意义。对此，通事王承荣在与福建船政局员王斌、李镛商造一"专传汉字"电报机后，提出让中国"匠吏"学习该机器使用方法，倘若这些人等在打报时"泄漏机宜，治以应得之罪"（"中研院"近史所编：《海防档·丁·电线》，第86号文，第100页；第89号文，第106—107页）。所谓"应得之罪"，当是制定法律规章，按章论罪。1884年中法战争爆发后，郑观应于当年10月向李鸿章上《防法条陈》，提出"华商所设备处斗电报之处宜归华官办理，不准传递商报，泄漏军情"（郑观应：《上北洋大臣李傅相防法条陈》，夏东元编：《郑观应集》下册，第473页）。此建言尽管表明有识之士对战争期间电报保密工作的高度关注，但从中亦可知该项工作是无规章可循的。在甲午战争序幕战——丰岛海战中，运载清兵的英船"高升"号被日舰击沉。1896年10月，吏科给事中余联沅奏称："闻天津电报局内倭寇买通一人，每月予以六百金。所以中国军情悉皆知，以致高升之覆及大东沟之战，倭人皆先得信。"（戚其章主编：《中国近代史资料丛刊续编·中日战争》第1册，中华书局1989年版，第329页。）姚锡光的《东方兵事记略》中的记载也认为："倭人间谍时在津，贿我电报学生某，得我师期，（高升号）遂为所截。"（中国史学会主编：《中日战争》第1册，第17—18页。）近有研究者考证指出："其实，高升号开船日期并不是从天津电报局获得的，而是石川伍一从天津军械局得知的。"（李文海：《历史并不遥远》，中国人民大学出版社2004年版，第37页。）然无论如何，对泄漏电报问题的关注早已有之。中日正式宣战后，郑观应更是提出："电报局须传谕严戒，不得与日本人往来，为日人打报及泄露电报与日人。总办应派委员查察，如司事学生及局内丁役人等但有此等情事者，即照军法从事，不可稍为徇纵。"（郑观应：《致招商局盛督办书》，夏东元编：《郑观应集》下册，第811页。）详本书第五章第一节。

[5] 世续等纂：《清实录》第58册，第723页。

[6] "中研院"近史所编：《海防档·丁·电线》，第1835号文，第2372页。

强报务的首要地位。此亦从另一侧面透视出，电报人为泄密问题渐呈严重之势。不久，袁世凯颁定《泄漏电报章程》，对泄密者量定"罪名甚重"。此章程的颁定，尽管很不成熟，但毕竟结束了对局员保密工作无章可循的历史，故意义较大。邮传部设立后，于1907年7月对该《章程》重新厘订，通饬各局遵行[1]。这一切反映出自电报官办后，对电报局员的保密工作管理在不断加强。

需注意的是，尽管专章已定，且治罪严厉，然"时逾一载，成效未见"。例如："在局司领生，因循弊混，营私误公，遂致阻线延误漏泄诸弊，层见叠出。"更有甚者，"近来各处要件，时有登载报纸之事，甚至上日之电，次日即已登报，原电全文，一字不错"。邮传部认为，个中原因，当"必有报生串通奸徒，得贿传抄情弊，更有贿购密本，私通各埠，漏泄机要"。[2]

邮传部的判断有其重要事实依据。1908年3月又发生"职官合谋，贿通局役，盗取公电"的重大电报泄露事件，引起朝野不满，一时舆论大哗。为此外务部会同步军统领衙门请旨查办，朝廷派着那桐、梁敦彦为审办案件大臣，规格之高，前此无有，提示问题之严重及朝廷之重视。而审讯中主犯高尔嘉、钟镛对其犯罪事实供认不讳的情状，亦反映出此类泄密现象的普遍性。

对上述情形负有直接责任的邮传部显然不能不有所措置，遂颁布一系列规章。其中，再次颁布《处分漏泄电报章程》，规定自1908年3月29日起施行。该章程的重要特征在于，分别就所泄电报之差异、参与程度之不同，确定量刑等次，并确立连带责任原则及奖惩结合原则。订明：凡局员"泄漏军国要报，查有确实证据者，即以军法从事，通同者，监禁十年，知情不告者，监禁五年"；"泄漏寻常官报，查有确实证据者，监禁十年，通同者，五年，知情不告者，三年"；"泄漏商报，查有确实证据者，监禁一年，通同者，半年，知情不告者，三个月"。《章程》另规定：上述各泄漏情形发生，该局委员及驻局总管、正副领班均有失察之咎，应予一并严办。而对于局内举报泄密之人，分别给予200元到1000元数量不等的奖励，以资激劝。此外，邮传部还对报房司员办公任事订出《规则》，规定诸如外人不得擅入报房、报房之内不得私作抄写、严密保管报底、严格收存机纸，等等。至此，晚清电报保密制度在人事管理上基本完备。

---

[1] "中研院"近史所编：《海防档·丁·电线》，第2132号文，第2771页。

[2] 本段及以下两段，同上书，第2771—2775页；《各电局处分漏泄延误阻报各章程（光绪三十四年二月十七日施行）》，《交通官报》第2期，第29—30页。

由上可知，对于电报局员的保密工作，从电局的早期防范"迟误"、"脱漏"等情事到电政局、邮传部订出专章以规防"泄漏"问题，晚清中国建立起较为全面、严格的人事管理制度。此外，晚清电报建设过程中亦形成较为规范的密本管理制度（详下节）。也就是说，晚清最终形成了基本完备的保密制度。此是晚清电报大抵得以正常运作，并在政治军事以及经济社会等领域发挥作用的重要原因之一。

但是，保密制度的形成是一过程，晚清基本完备的电报保密制度最终确立较晚。密电本问题在历经 24 年之后才形成专用密本定期修订的技术管理制度，而此已是在马关谈判之后，故发生甲午战争前后驻日公使汪凤藻以及议和全权代表李鸿章等与总署往返密电全被破译的重大泄密事件，当难以避免（详下节）。而保密工作人事管理专章的出台更是在进入 20 世纪以后，直至光绪末年才基本规范。上述一切使得晚清电报的运作在相当长时期内缺乏必要的安全保障机制。此当是晚清电报屡遭泄密乃至重大泄密的重要原因之所在。

不过，缺乏技术管理与人事管理制度保障的背后当是人的因素。因为从深层次看，制度的构建受制于人的认知，晚清在很长时期内未能形成专用密本定期修订制度，关键在于时人特别是官方于电码技术管理认知之局限（详后）。而制度的执行，同样是以人为主体。

另据前知，20 世纪之前电局并未形成专章规防局员泄密问题，但此间发生人为泄密事件并不多见，进入 20 世纪以后，专章逐步出台，并日臻成熟，却屡生局员泄密事件，特别是在清季最后数年，局员泄密更是频繁。这一悖异态势的造因更只能在制度外寻求。那时，革命风起云涌，社会颓势日重。时人已叹："国事败坏至此，非庶政公开，改进共和政体，不能挽救危局。"甚至将清国比作"破漏霉朽之老屋"，并指出："非破坏则建设未由得施。故革命事业实应乎时代之要求，洽乎人心之同然。"[1] 可见这一时期大厦将倾、人心思变之世态。

在此情形下，各种社会势力皆欲通过各式方法了解各类时局内情，势所必然。电报员生正是握有大量此类资源的重要人等，于是成为拉拢与贿赂的对象便在情理之中了。[2] 而大量"在局员司领生"也乘势乱或"因循弊混"，或"营私误

---

[1] 陈旭麓：《思辨留踪》上册，《陈旭麓文集》第 2 卷，华东师范大学出版社 1997 年版，第 93、98 页。

[2] 文廷式曾指出："电报虽有密本，其实总办电报之人无所不知。督抚每降心交结，冀得密信，不独大权旁落，抑且嘱托公行。……余目见电报谋阙者，指不胜屈。"（汪叔子编：《文廷式集》下册，中华书局 1993 年版，第 727 页。）

公"。这一切终使得"漏泄诸弊，层见叠出"。[1] 正因此故，1906 年 10 月，江苏巡抚陈夔龙奏称："匪党编成暗号，透漏消息，屡有所闻"，进而提出电局"倘扶同隐饰，一经发觉，即惟该局委员是问"。[2] 可见，前期影响电报泄密的制度因素在此间已逐步让位于社会因素。反过来说，进入 20 世纪以后，社会因素日益成为电报泄密的主导因素。

1908 年 12 月，邮传部通令各电局成立"检查处"，并制定《检查逆电章程》，负责检查各华洋文明码、密码商电，且要求"遇有到局投递此种悖逆电报者即拿送地方官惩办"。[3] 电报局员的责任由此延伸。上述情况从一个侧面反映出其时革命形势的蒸蒸日上，以及清朝末年政治与社会的严重危机。

（二）电报管理制度

电报等次制度　对于待寄电报，电局将之分为四等，并按等顺次寄发。其中，第一等为头等官报，尽先递发。不过头等官报的界定有变化。1882 年 9 月 27 日李鸿章奏称："军机处、总理衙门、各省督抚、出使各国大臣，如寄洋务、军务电报，于信纸上盖印验明转发，是谓头等官报。"[4] 但从后来的实际情形看，范围有所扩展。先是寄报主体，除上述各衙外，京署中添加户部及后来的海军衙门、会议政务处等，地方还包括各将军，以及部分提督，驻外机构中甚至拓展到一些领事与商务委员，战争时期范围更广 [5]；再是寄报内容，除洋务、军务外还包括一般公务。第二等为各电局间公务局报，次发；第三等为加费电报，再次发；第四等为普通电报，最后递发。同一等电报按送局时间先后寄发。[6] 这

---

[1] "中研院"近史所编：《海防档·丁·电线》，第 2132 号文，第 2772 页。

[2] 《江苏巡抚陈夔龙奏报纸电讯集会演说宜范围于法律之内折（光绪三十二年八月二十八日）》，故宫博物院明清档案部编：《清末筹备立宪档案史料》上册，中华书局 1979 年版，第 150 页。

[3] 《紧要新闻》，《申报》1908 年 12 月 16 日，第 2 页。

[4] 《光绪八年八月十六日署北洋通商大臣李鸿章折》，中国史学会主编：《洋务运动》第 6 册，第 337 页。

[5] 1884 年 8 月 5 日总署接盛宣怀函称："钧署暨钦差各省将军督抚之官报，以及合约各国公使、水陆提督、领事官等为国家之电音往来，均作一等电报，仍照四等报核算报费。"（"中研院"近史所编：《海防档·丁·电线》，第 650 号文，第 992 页。）1885 年 4 月 17 日李鸿章奏："乃值法人起衅，南北各局官报纷驰，总理衙门、各省督抚、出使各国大臣、头等官报之外，如各路统兵将帅及各局所炮台、兵船、侦探、转运、委员均以洋务、军务列作头等官报，以免迟误。"（李鸿章：《电资拨抵垫款折（光绪十一年三月初三日）》，戴逸、顾廷龙主编：《李鸿章全集》第 11 册，第 55 页。）1898 年 11 月 14 日盛宣怀致函总署："奉邸堂谕：嗣后遇有虎城二字来往各省电报，虽系商电自行付价，而事关紧要，应作为头等报发递，以免迟误等因，当即通饬各省电局，一体遵照办理可也。"（"中研院"近史所编：《海防档·丁·电线》，第 1467 号文，第 1976 页。）

[6] "中研院"近史所编：《海防档·丁·电线》，第 638 号文，第 982 页；第 650 号文，第 992 页。

些规定使得官报拍寄具明显优势。从表面看，这是官督商办的必然结果，但从深层看，透视出的则是中国传统社会中的官本位思想。

上述寄发顺次在实际执行中有调整。首先是一等电报的细化，添出一等加急类，规定凡注"急"字者，另立一类，提前发递，无"急"字者稍后。[1]其次是二等电报的后发。由于一等电报必须先发，三、四等报递发越多电局获益越丰，故关于电局自用的二等报在不少情况下寄发在三、四等之后。中法因越南而关系紧张时期，谢家福见拍发"一、三、四等报日夜不停，尚来不及"，遂"将二等报停止，所积已四日。另由信局寄津局"。谢氏对此自嘲："勿笑为明日黄花也。"[2]1898年9月4日，总署接盛宣怀文称："至按日阁抄上谕事件，系照刊送京报例，由局员挨省传递，而局员无发一等报之权，只能照二等章程发，在一、三、四等之后。"[3]更是表明二等电报发在一、三、四等之后已成惯例，此反映出电局在官报地位不能动摇的前提下，追求利润最大化的意旨。

此外，关于外国公使电报的列等，电局亦有调整。初时，电局将之照普通商报处理，列为四等。[4]对此，外国公使并不知晓。不久，因中法战争中国官报急增而大大延迟其电报收寄速度，英国公使巴夏礼首先发觉，并提出异议。1884年6月19日巴氏函称，近来电报屡迟。上海寄来电报，迟两日，天津寄来电报，迟十数小时。7月24日，英使馆发往天津电报一件，是日晨七点一刻交通州电报局，天津领事官于下午五点半始收到，逾五时之久，甚至不及马递，要求给予解释。电局遂将电报列等情况告之，并称如有紧要电报，若愿加资，可列三等。[5]总署一方面将此情况函告英使，另一方面让电局不得任意耽搁。但英使要求改列等级。在其压力下，电局不久将各国公使电报列入一等，但收费按四等，如加急则收费加倍。[6]这样，外国公使电报在递发等次上，取得与中国头等官报相同的地位，除非加急，仍按四等报收费，此多少反映出列强的强权政治。

电报收费制度 电报收费制度直接关系电报主客体两方利益，故在各项制度中受关注更多。据前知，晚清电报在全面收归部办前，有官线、商线之分。

---

[1] "中研院"近史所编：《海防档·丁·电线》，第638号文，第982页；第650号文，第992页。

[2] 《谢家福致盛宣怀函 六十七》，王尔敏、吴伦霓霞编：《盛宣怀实业朋僚函稿》上册，第570页。

[3] "中研院"近史所编：《海防档·丁·电线》，第1431号文，第1930页。

[4] 同上书，第638号文，第982页；第650号文，第992页。

[5] 同上书，第638号文，第982页；第641号文，第984页。

[6] 同上书，第650号文，第992页；第657号文，第1002页。

这两种性质电线的收费方式与标准悬殊甚大。大抵而言，商线有较为规范的收费制度，而官线收费则各地不一，较为混乱。全面收归部办后，收费得以统一。

津沪线行将竣工之际，盛宣怀拟订《电报局招商章程》，规定："所有中国官商及洋商寄信取资，由本局议定价目，其有与上海大北公司海线交易，寄信取资，亦由本局与大北公司公同议定价目，一并刊刻《电报新编》，以归划一。"[1] 就国内电报收费言，[2] 商线收费主要涉及头等官报收费与普通电报收费两方面。

寄发头等官报，商线经历了从不取信资到收取半费的变更。1882 年 4 月 18 日（光绪八年三月初一日），津沪线改归官督商办。因商等只缴官本 8 万两，其余不敷银两，李鸿章奏明自是日起，以头等官报应收资费划抵。俟抵缴完毕，仍不付资。[3] 头等官报不收资费由此开始。

商线之所以要对头等官报免费，主要是由于电线虽由商人招股经办，但无论是架设前抑或开办后，都不能失却官的扶持，包括垫款、巡护等，于是商等即以头等官报不收资费，作为报效。对此，盛宣怀在其拟定的《电报局招商章程》中有明确表述："在国家既不惮损己以益商民，在商民应感恩而报效"，从而规定将头等官报"信资则如数全捐，借展急公之义"。[4]

但五年后，情形发生改变。1887 年 8 月 28 日，李鸿章提出自是年 7 月 21 日（光绪十三年六月初一日）起，军机处、总署、海军衙门、户部、南北洋大臣、出使各国大臣头等官报，按月结算报资，一半由众商报效，一半援照递寄外洋电报章程，归出使经费项下按月核给；各省将军督抚头等官报，亦由众商报效一半，其余一半，各就情形给予现资。[5] 盛宣怀随即分别移行京、津、宁、沪各商局及江海关道查照办理。[6] 自此，头等官报开始收取半费。

---

[1] 郑观应：《创办电报局招商章程》，夏东元编：《郑观应集》下册，第 1009 页。

[2] 另，中外接线后，经广泛交涉，逐步形成出洋与入境电报本线及过线收费制度。详本书第四章第二节。

[3]《光绪八年八月十六日署北洋通商大臣李鸿章折》，中国史学会主编：《洋务运动》第 6 册，第 337 页；"中研院"近史所编：《海防档·丁·电线》，第 273 号文，第 345 页。

[4] 郑观应：《创办电报局招商章程》，夏东元编：《郑观应集》下册，第 1009 页。

[5]"中研院"近史所编：《海防档·丁·电线》，第 905 号文，1413—1415 页；第 906 号文，第 1416 页；第 909 号文，第 1418—1422 页。

[6]"中研院"近史所编：《海防档·丁·电线》，第 929 号文，第 1438—1439 页。1887 年 10 月 15 日，京局委员王继善禀总署称，接奉盛宣怀行知，自这年 7 月 21 日起，头等官报均照半价计费（"中研院"近史所编：《海防档·丁·电线》，第 927 号文，第 1436—1437 页）。但具体执行中，头等官报的寄发主体不断被扩大。1907 年 9 月 13 日，长江水师提督程文炳咨呈南洋大臣端方，称其遵旨巡缉长江，紧要事宜需用一等电报。电政向章，凡一等电，均收半费，除太平局由南洋指拨外，他局非照章给费，

出现此变化的原因在于：第一，头等官报剧增，使得商局难以维系，这是商等提出收取半费的根本因由。电线创始之时，官报有限，但不久中法关系紧张，官报日增，既多且长，又须先发，故严重影响商报的递发，使得部分商报转交英丹海线递发，造成商利流失，极大损害了商局收益。以上海、福州、厦门、香港四口为例，1886 年（光绪十二年）商局仅有商报费 23,000 余元，而流入英丹海线的，则有 125,000 余元。电报股商对此颇有怨言，多次要求官报亦应收取资费。况且，官贴巡费期限（五年）将满，而电杆机器维修等费又渐增加，[1]从而造成电报成本的提高。

对于头等官报骤增，日益影响电局利益的情形，早在 1884 年中法行将开战之际，谢家福即致函盛宣怀，称如不变通章程以遏其势头，最终必致大误军国

不肯译传。请由南洋再行指拨，或转商各省，协力代筹。端接咨后查得，1905 年 5 月间，太平府添设报房，曾遣前电政大臣吴重熹咨，嗣后长江提督所发官电，如系军国要电，照南北洋所收半价，在出使经费项下支领。私事电报，仍应照商电收费。端氏认为，长江提督在沿江各埠传递电报，凡用"辰字密码"者，均系军国要电，各电局自应改照一等官电发递，所有官电半费，统由江海关出使经费项下开支。私事电报，仍应照商电章程办理。1907 年 10 月 4 日，外务部收到端以上咨文。端还咨邮传部核明伤遵，并行总办电政及江海关一体遵照（"中研院"近史所编：《海防档·丁·电线》，第 2107 号文，第 2741—2742页）。1908 年 4 月 17 日，外务部收驻海参崴商务委员桂芳信，请其咨商电政大臣，转饬哈尔滨电报局，嗣后如遇该廨印电，照一等官电收发。理由是：驻各国领事，遇有机密事件禀报外务部，概有权用密码电，迳由驻扎国报告。惟驻海参崴廨无此权利，须用英文明电，此举既易泄露事机，又难受驻国重视（"中研院"近史所编：《海防档·丁·电线》，第 2138 号文，第 2779 页）。4 月 30 日，外务部咨文邮传部，让其转饬遵照（"中研院"近史所编：《海防档·丁·电线》，第 2144 号文，第 2782 页）。5 月 2 日，外务部收到邮传部咨文，指出驻海参崴商务委员印电，照一等官报收发。所有此项官电，半价报费，应由出使经费项下开支（"中研院"近史所编：《海防档·丁·电线》，第 2146 号文，第 2783 页）。5月 7 日，外务部将此函知桂芳（"中研院"近史所编：《海防档·丁·电线》，第 2153 号文，第 2787 页）。

[1] "中研院"近史所编：《海防档·丁·电线》，第 905 号文，第 1413—1415 页。光绪十一年三月初三日，李鸿章奏："乃值法人起衅，南北各局官报纷驰，总理衙门、各省督抚、出使各国大臣头等官报之外，如各路统兵将帅及各局所炮台、兵船、侦探、转运、委员均以洋务、军务列作头等官报，以免迟误。自上年闰五月琼山事起，官报更数倍于前，司事学生日夜值班，刻无暇晷。凡遇电传上谕奏咨各件关系紧急，不敢片刻停留。所有三、四等商报全行回覆，即或抽暇代寄，亦不能按定时刻，甚至搁搁一二日。而寄电之人不惜报资无非求速，既难限定时刻，遂至裹足不前，此因军报过多商报日减之情形也。"（"中研院"近史所编：《海防档·丁·电线》，第 732 号文，第 1141 页。）更有甚者，不少头等官报并非皆为公务。如光绪十年闰五月"二十七日庆将军来一报，限时限刻……必须速发者，乃代一幕员请曾官保电饬沪道，每月支给薪水五十两"。是时，中法行将开战，法拟二十八日黎明马尾开战，形势异常紧张，"适有道署及法使之报约来，皆为二十八日止戈之电。（并守候总署回电，转到福州。）"尽管局董谢家福认为"岂能舍此而发汇划薪水之报"！表示出极度不满，但还是因庆将军之电乃"一等官报也，又重以龚仰翁谆谆嘱发，故俟此间一等官电空，复即为发覆。然而道署禀南洋之电，南洋及北路所来官报即阁（搁）住"（《谢家福致盛宣怀函 六十七》，王尔敏、吴伦霓霞编：《盛宣怀实业朋僚函稿》上册，第 569 页）。

要报，并使商报裹足不前。[1] 由此，谢家福进而向李鸿章提出头等官报照收报费要求。然战争在即，李鸿章未予批准。[2] 中法战事既定，头等官报收费问题再次被提上议事日程也就顺理成章了。

第二，户部现银要求让商局更感经费紧张，这是商等提出头等官报收取半费的直接因由。1887年户部咨文，称各省设立电线，南北洋拨存商局官款，计湘平银269,600余两。除自1882年4月18日起至1885年8月29日止头等官报费划抵外，尚余官款40,100余两。另，电局还领有江、鄂、川、广各省官款，应抵报银30余万两。对此，户部要求嗣后不得以头等官报资费划抵。这就使得商局原领官款需以现银分年归缴。商局认为，如此则会使其难以维系，遂再向李鸿章提及官报半费事宜，并指出按国际通例，官报悉照商报一体给费。但虑及中国上下相济之道，拟收半费。[3] 李鸿章表示认可。[4] 总署亦予支持，认为此"为官商兼顾持久不废起见"。[5]1887年8月19日，李鸿章奏知清政府。头等官报收取半资之事正式确定下来，商局的报效得以削减。[6]

---

[1]《谢家福致盛宣怀函 六十七》，王尔敏、吴伦霓霞编：《盛宣怀实业朋僚函稿》上册，第568页。谢家福接着称："五年以后，官报日多，商报日无。十年之后，木朽线锈，官款不能再借，商股无人肯附，商董被众股痛骂，局员被上宪参劾，无人敢问电事。"谢家福的提法当有渲染，但不无现实依据。他致此函时，已闻得："法船均已预备逃走，上海仅剩法兵轮一只，为领事、公使逃难之用。法公司船舱位均为法国股商包定，准于廿八黎明出口。法商之贫者，辄自命为英美诸国之人，盖预备廿八黎明马尾开仗后，此间必有击之者。"由此，谢家福感到"官报必多"，"故于廿六夜即监察发报，乃官报叠叠，商报中如道署寄总署，立候回音以复巴使止住孤拔开战之报，均为官报压迟。"他"细查官报之中，间有写稿来译者，则竟是绝无要紧之事。大都因电报可以免费，省得情书契写信而姑以代之者"。他认为"如此绝不相干之报列诸一等，限以时刻，不发不可，而四等中极为紧要之报反致延搁，道署如不说明改作一等，（费出三倍，列入加急一等，提前赶发。）则法事几至败坏，此大害于军国也"。另，"法公使等因商报压迟不得复电，索回原电之费百余元。其余未发之商报，纷纷索回报费，（两日内）几及千元，此大害于商也。（廿六、七两日几乎但发官报，未发商报。）"由此，谢认为："久而久之，必如弟言而后已。"（《谢家福致盛宣怀函 六十七》，王尔敏、吴伦霓霞编：《盛宣怀实业朋僚函稿》上册，第568—569页。）

[2] 1905年4月7日李鸿章奏："上年局董谢家福等曾请将头等官报照收报费现银，未经议准。"（李鸿章：《电资拨抵垫款折（光绪十一年三月初三日）》，戴逸、顾廷龙主编：《李鸿章全集》第11册，第56页；"中研院"近史所编：《海防档·丁·电线》，第732号文，第1142页。）

[3] "中研院"近史所编：《海防档·丁·电线》，第905号文，第1413—1415页。

[4]《朱福荣致盛宣怀函 五》，王尔敏、吴伦霓霞编：《盛宣怀实业朋僚函稿》上册，第419页。

[5] "中研院"近史所编：《海防档·丁·电线》，第924号文，第1435页。

[6] 李鸿章遂咨各督抚（《台湾府札知北洋大臣李鸿章奏准电报商局应收京外各衙门头等官报费的给现资半数（光绪十三年十一月二十七日札）》，冯用、吴幅员编：《刘铭传抚台前后档案》，第130页）。13年后因有人认为电局利权太重，重提官报免费事。1900年2月24日上谕：有人奏《电局利权太重、请遴员接管》一折，提出电局应"将官报严定章程，总以不收报费为实心报效，庶足杜人口实"。对此，盛宣怀奏应："该局官报之费，经前北洋大臣李鸿章酌拟，一半报效，一半给资，期于官商兼顾，

头等官报免费的背后透视出的是中国电报建设过程中官商间的特殊关系，而半费政策的出台，又进一步地提示一些官宪对此类企业的扶持。此当是晚清电报这类新事物、新行业得以发展的重要基础之一。

普通电报收费，就定价体制言，大抵经历从局制到省制的变更。笔者在此所称的局制是指 1882 年 4 月 18 日（光绪八年三月初一日）电报官督商办后至 1894 年 8 月 30 日（光绪二十年八月初一日）前，电报局的定价是依各局相间之多寡为标准。[1] 以上海为例，其收费情况如下。

持久不废，于十三年七月十五日奏，奉谕旨允准遵行至今。当刚毅奏定报效数目之先，直隶督臣裕禄，即有拨抵头等报费之请，臣饬各商董集议，佥称向例，头等官报均系提前先发，从前洋商因商报落后，啧有烦言，若竟全不收费，则将来官报愈多，局内之亏折，外人之诘责，固属势所必至，而紧要官报，亦必因此夹杂延误，尤不可不防。向来明发上谕，分递各省均系全行报效。至京外文武各官，旁推交通，为数甚广，但凭一纸到局，并不能辩其所言为官为私，辗转代发，均所不免。是以各国商电局，递寄官报皆收全费，并无报效。惟英之属国数处，因其国家每年津贴甚巨，略减报费，然所减亦不及半。臣屡饬商董会议上下相维之办法，除酌收半资以示限制之外，实无从别定章程。臣查此项报赏以二十五年，最近一年为衡，总理衙门发电止有三万六千七百余元，南洋大臣发电止有九千二百余元，北洋大臣发电止有二千六百余元。此中尚有代递外洋各电，其海线报价至贵，即在所领款内，分给东北公司，则华电局所得，尤属无几，并无原奏所称，取给部帑五万两之巨，较之众商报效银数，尚不及十分之三，在公家所费不多，而商局赖以维持者甚大。当此时艰款绌，臣子具有天良，即如轮船漕运，例准免税二成。臣查看商力尚可支持，即劝令各商董，请将此例注销。每年所增税项在十万两内外，并不待有人陈奏。本年正月裕禄以北洋学堂头等学生卒业，应照原奏挑选出洋历练，精益求精，拟每年选派八名，仍照三年期满章程，筹拨经费咨商。臣饬局酌筹一半。臣维此项学生三年学成而归，量其材能，派管路矿制造各厂，免为洋人所持，神益甚宏。但船局实已无可再筹，已劝令电局各商认捐一半，按年措缴。苟为商力所能及，臣无不竭诚劝勉，以匡要举。至官报收费一事，权衡利害，实未敢强以所难，盖商务受累太甚，其害仍中于公家，不能不审慎周详，以维大局"。奉准（《复陈电局情形折（光绪二十六年二月）》，盛宣怀：《愚斋存稿》第 1 册，第 145 页）。是事就此了结。

再，1903 年练兵处开办时，以事务繁殷，发寄各处印电，电政大臣袁世凯特饬免费，自练兵处裁撤以后，凡遇陆军部发电，亦不收费。直至 1910 年 4 月 21 日邮传部提出，嗣后陆军部及所辖近畿各镇局发寄官电，均应照章收取半费，仍由出使经费项下按月汇领，庶与各部院及军谘海军两处办法一律（《本部咨陆军部发电领取半价文（宣统二年三月十二日）》，《交通官报》第 14 期，第 11 页），才为改变。

[1] 自 1881 年 12 月津沪线开通，电报定价标准变化较大。初基本是局制，且价较低。谢家福曾称："沪苏二百四十里，每字七分半，沪镇五百五十里，每字八分。"（《谢家福致盛宣怀函 三十》，王尔敏、吴伦霓霞编：《盛宣怀实业朋僚函稿》上册，第 530 页。）不久，此价即议上调。谢家福接着称："华报加价一节却宜斟酌。就沪苏而言，似不宜加。何也？沪苏二百四十里，每字七分半，沪镇五百五十里，每字八分，试以差分法分之，沪苏贱乎？贵也。沪镇贱乎？贱也。苏市淡于镇而电价贵于镇，若再一体议加，报稀无疑。清扬济亦然也。所加者只有沪至镇、沪至津、苏镇至津、清济至沪。祈与诸君细酌之。"（《谢家福致盛宣怀函 三十》，王尔敏、吴伦霓霞编：《盛宣怀实业朋僚函稿》上册，第 530 页。）由此知，谢家福不反对此次调价，但反对平均加价，遂提出定价依该局生意之旺淡的标准，得到采纳，报价遂上调为（单位：银元/华文每字）：上海至苏州一角，至镇江一角一分，至清江浦八分五厘，至济宁九分，至天津一角五分，至大沽一角零五厘。洋文加倍（编委会编：《交通史·电政编》第 2 章，

上海电报局价格表（每字收费）

上海	吴淞	苏州	镇江	无锡	扬州	清江	济宁	天津	大沽	通州	江宁	下关	芜湖	汉口	成都	南浔	杭州	宁波	绍兴	兰溪	浦城	福州	厦门	香港
华文	五分	一角	一角一分	一角二分	一角三分	一角四分	一角五分	一角六分	二角	二角	一角五分	一角八分	一角六分	一角八分	二角	一角一分	一角一分	一角一分	一角二分	一角二分	一角三分	一角五分	一角六分	一角九分
洋文	一角	二角	二角二分	二角四分	二角六分	二角八分	三角	三角二分	四角	四角	三角	三角六分	三角二分	三角六分	四角	二角二分	二角二分	二角二分	二角四分	二角四分	二角六分	三角	三角二分	四角四分

资料来源："中研院"近史所编：《海防档·丁·电线》，第594号文，第919页；第595号文，第920—921页；第614号文，第961页；第903号文，第1410页；编委会编：《交通史·电政编》第2章，第164—165页。需说明，"中研院"近史所编：《海防档·丁·电线》，第595号文称，上海至下关洋文收费为三角七分（第921页），第903号文称，上海至厦门华文收费为一角五分（第1410页），据常理并编委会编：《交通史·电政编》第2章（第164页）可知为误，改之。

　　由表可知，普通电报定价大抵是每字以1角为起点，每隔一局加收1分。但有例外，如上海至吴淞仅为5分；另，上海至天津为1.5角，而到通州则骤增至2角。此外，洋文电报一般为华文两倍，少数地方达两倍半乃至三倍。而关于新闻电报，电局定章，凡华英文明码，均按半价收费。[1]

　　自1894年8月31日（光绪二十年八月初一日）起，电局改革定价体制，变局制为省制，即以府、省为单位，规定同府华文每字5分，同省每字1角，出省每逾一省加费2分（1897年8月28日，即光绪二十三年八月初一日改为3分），洋文加倍。以直隶为例，将1897年8月28日（光绪二十三年八月初一日）以后收费情况列表如下。

直隶省电报价格表（每字收费）

直隶	山东	河南	江苏	安徽	湖北	湖南	四川	浙江	福建	广东	广西	贵州	云南	山西	陕西	甘肃	新疆	盛京	吉林	黑龙江	蒙古
华文	一角三分	一角三分	一角六分	一角六分	一角六分	一角九分	一角九分	一角九分	二角二分	二角二分	二角二分	二角五分	二角五分	一角三分	一角六分	一角九分	二角二分	一角三分	一角六分	一角九分	四角

第164页）。这种状况至电报官督商办后方改变。

[1] 光绪三十二年七月初四日，外务部收到电政大臣袁世凯文（"中研院"近史所编：《海防档·丁·电线》，第2058号文，第2694页）。

洋文	二角六分	二角六分	三角二分	三角二分	三角二分	三角八分	三角八分	三角八分	四角四分	四角四分	四角四分	四角四分	五角	二角六分	三角二分	三角八分	四角四分	二角六分	三角二分	三角八分	八角

资料来源：据编委会编：《交通史·电政编》第 2 章，第 165 页相关内容整理。

据上表可知，斯时电局定价已为省制，此当是形势发展使然。电报局初立的局制定价体制，主要是缘于电报新创，电局不多，不少省份甚至全无，电线路径也单一，故局制定价体制甚是直接。但是，随着电线的日益展延，电局的广泛建置，至 1894 年（光绪二十年），中国除少数地区如青海、西藏外，基本都有电线、电局，且有向纵深进一步拓伸之势。对此，李鸿章曾奏称："遍布二十二行省，并及朝鲜外藩"。[1] 路径日益繁杂。这些情况使得局制定价日显繁琐，甚至产生紊乱，越来越不适应形势的需要，电局遂有上述改制。应该说，这一改制大大简化了原有的价格体制，理顺了收费格局，符合国际电报发展的一般规则。

但无论是局制收费还是省制取资，从其标准看，皆较昂贵。国人与西人于此均有指陈。[2]1908 年 6 月 17 日，邮传部奏请将商电收归部办时更是详称：

> 中国报费昂贵甲于全球。考东西各国报价在本国境内排发者，每二十字或十五字约合银四五钱不等；其同一省内者，几与快信之费略同，故人人视为利便。中国报价凡远省，一、二字之费，几与各国二十字相等。且译报有费，密码有费，加校对有费，加点句有费。[3]

邮传部甚至认为此是"层层重剥"。同年，重要电报国际组织——万国电报公会在葡萄牙首都里斯本召开第十次大会，中国派电政局襄办周万鹏等赴会旁听。周万鹏不久电称，"葡京公会亦以中国报费太昂为词，自当酌量核减，以期发达，而广招徕"。表明中国电报收费标准亦为国际所不认可。

---

[1] 《光绪十八年闰六月二十日直隶总督李鸿章奏》，中国史学会主编：《洋务运动》第 6 册，第 446 页。

[2] 1908 年 4 月 23 日，宁夏副都统志锐奏称，电报收费昂贵（《志锐片》，一史馆藏，军机处录副，光绪朝·工业商业贸易交通运输工程类·邮电项，胶片 533 卷，03-144-7148-58）。

[3] 本段及下段，《陈明筹画扩充电政商力不支拟归官办折（光绪三十四年五月十九日）》，邮传部编：《邮传部奏议类编·续编》，第 1150—1151 页。

中国电报定价较国外昂贵的原因何在？电报局商董认为，主要是由于材料需进口，关键技术需用洋匠所致，从成本方面给出解释。[1] 盛宣怀曾就俄国公使巴布罗福（Aleksandr Ivanovich Pavlov）所提酌减乌鲁木齐至塔城间报费等问题而作答复时，解释得更是全面：一是人才造就不易，从语言角度言，西国电报人人可事，而中国领班报生，需学洋文数年，故薪水较优；二是电线巡护不易，中国民情朴陋，风气未开，风水之说盛行，潜伐电报之事常有，故需处处设防保护，费用甚巨；三是器材购买不易，电报器材中国不能仿造，一切购诸外洋；又加上金贵银贱，汇水折耗，以及保险水脚；等等。这一切使得中国电报成本较外洋增加，故收费理应较诸西国昂贵。[2]

其实，除上述各项外，从 1899 年（光绪二十五年）电局所列历届收支清单看，还有一些不容忽视的成本开支。[3] 如各类报效，有研究者估计，自 1884 年至 1902 年，电报局对清政府的报效约在 124 万元至 143.8 万元之间。[4] 另如股商利息及分红，《电报局招商章程》规定："酌提官利，长年一分。"[5] 自 1894 年 12 月 27 日（光绪二十年十二月初一日）起，电报局开始分派花红。其分派方式，简单而言是以第 12 届收入为基础，该年应提派花红洋 5,722.786 元，以后每届在此基础上，将多出第 12 届收入部分，再加提一成，这当是一较高的利率。尽管实派时未能如数执行，但仍是一重要支出。[6]

在保证上述一系列支出的基础上，电局还要完成较高积累，以推广电线，定出较高收费标准似有据。[7] 但需指出，有根据不等于合理。电报局成本的增加既有社会因素，又有企业自身缘故，更是独家经营的垄断地位所致。以国际

---

[1] 郑观应：《上北洋大臣李傅相书》，夏东元编：《郑观应集》下册，第 1002 页。

[2] "中研院"近史所编：《海防档·丁·电线》，第 1476 号文，第 1990—1991 页。

[3]《遵查轮电两局款目酌定报效银数并陈办理艰难情形折（光绪二十五年七月）》，盛宣怀：《愚斋存稿》第 1 册，第 103—112 页。

[4]［美］费维恺著，虞和平译：《中国早期工业化——盛宣怀和官督商办企业》，第 279—280 页。

[5] 郑观应：《创办电报局招商章程》，夏东元编：《郑观应集》下册，第 1008 页。

[6] 如第十三届照上届增 419,599.812 元，加提双九五（一为局员酬劳，一为襄帮办、司事、报生等酬劳，合为一成）洋 41,959.981 元，连前十二届原派 5,722.786 元，共应派花红洋 47,682.767 元，不过实派 37,000 元（经元善：《计开五届沪局少取花红数目》，虞和平编：《经元善集》，第 137 页）。

[7] 再以电局第二十三届收支情况为例。收入：3176,352.005 元；解报报效：254,614.955 元，占总收入 8%；商股余利：220,000 元，约占 7%；提派花红：127,307.477 元，占 4%；提归公积：660,000 元，占 20.78%（《电政局收入支出五年间比较表》，《邮传部第一、二、三次电政统计表》，第 67 页，一史馆藏，邮传部全宗·电政类，胶片 3 卷，22-23-1）。

化理念视之，企业不能囿于各种主客观因素所造成的成本增加而抬高收费，降低成本才是真正出路，必要时甚至可放弃一些利润，以图长久。邮传部曾指出，各国报价甚低，主要是为谋求国家发展，以收间接利益，但中国电报"只视为营业性质，动以亏折为词，不肯减私利而谋公益"，这使得"商民每因价昂惜费，致阻商业进步，亟应酌量核减，以利交通"。[1] 指责虽不全面，但有一定道理。

相对商线有明确的收费制度外，各省办线在收归部办前，由于缺乏统一的管理，收费情况较为混乱，现分别从官、商电报两方面考察。

首先是头等官报。1911年1月2日，邮传部在《奏请将各省官办电报归部办理酌拟办法折》中提到，"督抚以下因公发递官报，核定等次，分别纳费"，[2] 说明头等官报至清末一直免费，且仍未有收费之计划。这与商办线经历由免费到半费已有很大不同。

其次是普通官报。对此，各省规定不一，免费与收费等情况皆有。如1888年6月10日，天津电报官局总办佘昌宇致函盛宣怀称："倘能将官报酌收十之三成，则长年经费有盈无绌。此议未敢妄拟，执事若便中与傅相函中一题，亦于大局有裨耳。"[3] 观此可知，天津电报官局收发官电是免费的。需提醒的是，佘昌宇写此函是在李鸿章奏设商局寄发头等官报收取半资之后近十个月。

新疆电线对于普通官报是收费的。其标准是光绪二十四年（1898年）四月初一日前，不论本省外省，每字2分5厘起步，过一局，加5厘，洋文加倍。自光绪二十四年四月初一日起，本省电报每字5分起步，过一局，加1分，洋文加倍。出省电报，按照上海电报局章程收费。[4]

广西的情况较天津、新疆复杂。1911年4月30日，军机处交片："沈秉坤电奏，桂省边瘠，局势艰危，请准将道府厅州县及各营队，发递本省衙署暨两广总督官电，仍一律免费，并照部咨，以边防、军务、拿匪、交涉、灾赈及查办事件六项为限等语，着照所请，该部知道。"护理广西巡抚魏景桐对此有进一步的解释，称广西军务、学务、警务、赈务、交涉、查办等紧要事件，发递两广的，列作一等免费；发递他省的，列作一等收半费。省城司道发递官电，无论明密，

[1]《筹拟核减电价提补经费折（光绪三十四年九月初四日）》，陈璧：《望岩堂奏稿》卷八，第14页。

[2]《酌拟广西官电办法折（宣统三年四月）》，盛宣怀：《愚斋存稿》第1册，第522页。

[3]《佘昌宇致盛宣怀函三十九》，王尔敏、吴伦霓霞编：《盛宣怀实业朋僚函稿》中册，第1160页。

[4]"中研院"近史所编：《海防档·丁·电线》，第1445号文，第1950页。

无论何处，均按四等明码收费。省城府县及省外各衙署营防，因公发递本省及两广总督官电，列作一等免费。[1]可见，广西的普通官报，免费与收费皆有，大抵分三类：一等免费、一等半费、四等明码收费。

据上可知，官线对于普通官报收费与否，各地情形有别，较为混乱。正因此故，1911年1月2日，邮传部在《奏请将各省官办电报归部办理酌拟办法折》中抱怨："官电省份，收费既有参差，等次亦不免紊乱。"[2]5月22日，盛宣怀又称，向来官电省份，狃于免费积习，或冗长词费、或任意滥发，而紧要官报反被积压。[3]将邮传部与盛宣怀的说法综合观之，可看出省电对普通官报收费的混乱情况。此以一个案领域反映出晚清地域政治的巨大差异性。

官线寄发官电之余，是否寄发商电？1894年6月9日总署行文李鸿章，指出中国自安设电线以来，分官、商两线。商线由商自行经理，官线经费皆已奏明官款报销。不过，北塘至山海关官线，其营口一处，当有商报。另于东三省、西安、肃州、新疆等处官局，总署问道："除将军督抚发电外，其商报究竟准发与否？如准代发，则此项报费究竟作何核销？是否仍行津贴官项？本衙门未据造报，无从知悉。"[4]此时，官线开办已有十余年，北塘山海关营口旅顺官线的架设也近十年，作为电线最高主管部门却有如此之问，说明当时的官线管理，从中央角度言，确是一笔糊涂账。

其实，各省官电还是收寄商报的。佘昌宇曾称，自光绪十二年（1886年）冬接办官电总局以来，"竭力整顿，结至十三年底止，比较十三年分比十二年分多收商报费银四千九百两。"[5]证明此处官电是收商电的。又如前述新疆官电所定收费标准，不仅针对官报，亦包括商电。正因此故，对于该省规定自光绪二十四年四月初一日起，寄报收费涨价一倍之事，俄使格尔思（M. N. De Giers）闻听"惟官员用电线，仍其旧价"后，认为"仅使华民洋人，任供养电线之费"，是不公正的。[6]不过，这些收费并不报知中央，一般情况下是作该省官线的养护之用，但不排除挪做他用之可能。

[1]《酌拟广西官电办法折（宣统三年四月）》，盛宣怀：《愚斋存稿》第1册，第522页。

[2]"中研院"近史所编：《海防档·丁·电线》，第2270号文，第2872页。

[3]《酌拟广西官电办法折（宣统三年四月）》，盛宣怀：《愚斋存稿》第1册，第522页。

[4]"中研院"近史所编：《海防档·丁·电线》，第1002号文，第1516页。

[5]《佘昌宇致盛宣怀函 三十九》，王尔敏、吴伦霓霞编：《盛宣怀实业朋僚函稿》中册，第1159页。

[6]"中研院"近史所编：《海防档·丁·电线》，第1484号文，第2000页。

总之，省办时期官线收费方面没有统一标准，较为混乱。从整体上看，对于官报，部分官局分等收费，但免费占据很大部分；对于商报，一般官局是寄发收费，以养其线。

统归部办后，电报收费不仅酌减，且得以划一。中国报费较昂，已为中外人士指陈，此成为邮传部将商线收归部办的重要理由，另还涉阻中国加入万国电报公会等。[1]1908 年 9 月 28 日，邮传部在基本完成对商线的收赎后正式提出，按照现行电价核减二成，范围包括所有华洋各商报及加急密码译费等（摊分报费、特价半费，不在其列），自 1909 年 1 月 22 日（宣统元年正月初一日）实行。[2]这次价费调整，并未重新编订价目，而是在 1897 年 9 月（光绪二十三年八月）后的价目基础上按八折计。

自 1909 年 1 月 22 日各省办电线收归邮传部统一管理后，邮传部将部分电报收费重新核定，凡官电省份，督抚以下发递官报，核定等次，分别纳费。[3]其具体价目同与邮传部收赎商线的规定。1911 年 7 月，邮传部将各省往来华文电报每字价目表重印颁行，规定原同府往来电报 5 分 / 字，各处与北京往来电报每字照直隶标准加收 5 分，密码及洋文电报加倍，自 1909 年 1 月 22 日起一律照上述价目八折收费，其沪、福、厦、港来往之报因关涉大东、大北等外洋公司水线，不能折减。而官报及新闻电报本已按照价表减半收取，亦不能折减。[4]但亦有例外。如广西省府县军队，发递本省衙署，及两广总督军务电报，准其暂行免费。[5]

至此，全国电线收费基本得到统一，此种状况对于当年即崩解的清王朝而言，施行极短，但若就整个中国电报发展史而言，影响深远，为以后中国加入万国电报公会奠定必要之基。

二、巡护制度

（一）巡护的缘起

加强对电线的保护是保证电报畅通不可或缺之一环，此于任一时期、任一

---

[1]《陈明筹画扩充电政商力不支拟归官办折（光绪三十四年五月十九日）》，邮传部编：《邮传部奏议类编·续编》，第 1150—1151 页。

[2]《筹拟核减电价提补经费折（光绪三十四年九月初四日）》，陈璧：《望岩堂奏稿》卷八，第 14 页。

[3] "中研院" 近史所编：《海防档·丁·电线》，第 2270 号文，第 2871—2873 页。

[4] 编委会编：《交通史·电政编》第 2 章，第 167 页。

[5]《酌拟广西官电办法折（宣统三年四月）》，盛宣怀：《愚斋存稿》第 1 册，第 522 页。

国家皆然，但在晚清的中国，更显突出。电线请设之时，主奏者一般不得不请求朝廷敕下沿途地方官妥为照料保护；[1] 架设之日，如临大敌，多派兵随行，严阵以待；[2] 建成之后，则安排弁兵分段常年巡护。

以津沪线为例来细致考察巡护的具体运作。由于该线横亘直隶、山东、江苏三省，且沿运河而设，故又涉及漕运区域。对此，李鸿章奏设该线时特请求朝廷敕下两江总督、江苏巡抚、山东巡抚、漕河总督转行经过地方官一体照料保护，勿使损坏，[3] 巡护问题由此提出。隔日奉上谕允准，[4] 反映出清政府的重视。当月（1880年9月），李鸿章令盛宣怀"查阅南路电线，妥商分段巡守"。对此，盛宣怀提出于各汛之外再分大段的办法，以增强巡护力度。并迅将直隶、山东两省安排妥当后南下江苏，处理该省境内"添派督巡"事宜。[5]

此前，两江总督刘坤一奉上谕后当即表示："电线如能办成，所有江苏境内自当饬属妥为保护，决不使有损坏"，[6] 并作细致安排：先是，转行该省按

---

[1] 如李鸿章奏设沪粤线时"拟请敕下江苏、浙江、福建、广东各督抚臣，转饬经过各地方官，妥为劝谕，随事照料保护，勿使稍有阻挠损坏"（"中研院"近史所编：《海防档·丁·电线》，第332号文，第434页等）。又如李奏设广西龙州至云南蒙自线时称：严饬沿途各地方文武一体晓谕兵民，实力保护，勿任阻挠拆毁（李鸿章：《云广电线筹款片（光绪十一年九月初三日）》，戴逸、顾廷龙主编：《李鸿章全集》第11册，第201页）。再如李奏设九江陆线时称：相应请饬下江西抚臣转行经过地方官，妥为照料保护，勿使稍有阻挠损坏，俾昭慎重（李鸿章：《九江陆线拟接南雄折（光绪十四年四月十四日）》，戴逸、顾廷龙主编：《李鸿章全集》第12册，第386页）。如此等等，不一而足。

[2] 如1890年12月17日，张之洞奏设湖南电线时要求："兴工之日饬各该州县会同营汛照料弹压，不令稍滋事端。"（张之洞：《湘省安设电线片（光绪十六年十一月初六日）》，苑书义等主编：《张之洞全集》第2册，第778页。）又如1897年10月5日，承办京城至保定线委员、直隶候补知县蒋文霖行文总署："将来设线之时，须由城宪派差弹压，方免滋事。拟敬禀钧署，先行分咨五城（南西门、永定门、左安门、广渠门、东便门）各宪，免得临时为难。"（"中研院"近史所编：《海防档·丁·电线》，第1296号文，第1816页。）总署如允，特修文都察院，"俟该委员禀报开工日期，即行派差，分别沿途弹压，免滋事端为要"（"中研院"近史所编：《海防档·丁·电线》，第1297号文，第1816页）。再如1897年5月7日，四川总督鹿传霖拟设由川通藏线，致函总署，将各员清单列出。中有：照料弹压委员、运同衔本任汉州知州龚宗求。该线架成后，四川总督奎文为之请奖（"中研院"近史所编：《海防档·丁·电线》，第1249号文，第1759页；第1620号文，第2156页）。1909年11—12月，湖南巡抚岑春蓂拟设湖南洪江至贵州贵阳电线时称："但恐民智未开，人心惊讶，彼时兴工，惟祈大人札饬各州县，派人沿途弹压，以资保卫"（《本部札电政局准湘抚咨徐文涛查勘贵洪电线工程仰即核议禀复文（宣统二年二月十一日）》，《交通官报》第12期，第10页）。

[3] 《光绪六年八月十二日直隶总督李鸿章片》，中国史学会主编：《洋务运动》第6册，第336页；"中研院"近史所编：《海防档·丁·电线》，第218号文，第263页。

[4] "中研院"近史所编：《海防档·丁·电线》，第219号文，第264页。

[5] 《盛宣怀上李鸿章禀》，王尔敏、吴伦霓霞编：《盛宣怀实业函电稿》上册，第203—204页。

[6] 刘坤一：《致李中堂（光绪六年十一月初九日）》，欧阳辅之编：《刘忠诚公（坤一）遗集·书牍》卷十七，第20页。

察使通饬沿途州县营汛一体遵照;再是,亲饬徐州、淮扬、常镇、苏松太四道挑选干员,督同地方州县遵办,并让各营派兵照料。[1] 可见准备相当周妥。

1880 年 10 月,盛宣怀到达江苏,拟定该省电线分段巡守的具体方案:上海至黄渡为第一段,驻沪武毅军派弁总巡;黄渡至崑山为第二段,驻黄渡抚标营总巡;崑山至苏州为第三段,驻觅渡桥抚标营总巡;苏州至无锡为第四段,驻阊门外抚标营总巡;无锡至常州为第五段、常州至丹阳为第六段,驻江阴之铭武军总巡;丹阳至镇江为第七段,驻镇江湘军毅字营总巡;瓜州至清江,解饷驳船沿河总巡;清江至台儿庄,驻宿迁之铭军马队提督陈凤楼派弁总巡。[2] 在一切安排周妥后,盛宣怀禀李鸿章:"业已分别面商。遇有杆线损坏,一面督饬汛兵修整,一面驰报该管电报局,可期无误军国紧报。"[3]

可见,电线的巡护问题在彼时的中国是何等重要。此造因在于,电线除可能因自然因素如风雨雷电等损坏外,[4] 更有人为因素的毁坏。而后者在晚清多缘自民人的愚昧迷信乃至缺乏对电报这一西洋科技的科学认知。盛宣怀曾称,中国"民情朴陋,风气未开,多有惑于风水之说,潜伐电杆"。[5] 当是实情。典型者有陕西、甘肃、山西等省部分地区发生的毁损电线事件。

1890 年(光绪十六年),陕西省始设电局,恰值疫疠盛行,乡民多疑是电线所致。翌年夏旱,乡民更认为是电杆引起。但由于巡抚鹿传霖晓谕,严禁毁损电线,民众当时未敢滋事,"然其感终于不解"。1892 年春旱严重,再加时疫,"于是西路之民有窃议电杆者"。该省长武县属之鸵水沟乡民杨玉林一直"疑

---

[1] 刘坤一:《复李中堂(光绪七年六月初四日)》,欧阳辅之编:《刘忠诚公(坤一)遗集·书牍》卷十七,第 34—35 页。

[2] 《盛宣怀拟筹议江苏境内电线分段巡守节略》,王尔敏、吴伦霓霞编:《盛宣怀实业函电稿》上册,第 207—208 页。

[3] 《盛宣怀上李鸿章禀》,王尔敏、吴伦霓霞编:《盛宣怀实业函电稿》上册,第 204 页。

[4] 1898 年 8 月 25 日,天津各洋行洋人让法总领事代禀盛宣怀,要求津沪电局传递电报不得迟误。盛答称,津沪线系由德州、临清、阿城、安山、济宁、韩庄、台庄、窑湾、宿迁、清江、扬州、镇江、苏州,而达上海,仅为双线。近数月来,黄河运河各处决口,阿城、安山倒杆无数,台庄、窑湾至宿迁一带,几无完土,学生工匠日夜巡修,不惜重费,于水中不能立杆之处,暂雇民船,在桅上挂线,勉强通报,以致点画不表,传递不快("中研院"近史所编:《海防档·丁·电线》,第 1435 号文,第 1937—1938 页)。又,1910 年 6 月 18 日,盛宣怀收《鄂督帅、莘帅、湘抚杨俊帅来电(兼致各省督抚)》称:"顷据常德府报称,该郡因黔省山水暴发,连日大雨,河流陡涨数丈,堤岸溃决,沿河田卢漂没一片,汪洋已成泽国,电杆被水冲倒,电报不通,恐上游洪江、沅州亦必被淹,刻由文鼎先派戚守朝卿,运米运钱驰往速放急赈,一面调查灾情,分别布置。"(盛宣怀:《愚斋存稿》第 4 册,第 1615 页。)

[5] "中研院"近史所编:《海防档·丁·电线》,第 1476 号文,第 1990 页。

电杆为祟"，3月22日在路旁拾得一鸡毛传帖，上书"电杆歉旱，纠约砍伐，此帖一到，上村传下村，一家出一人，如有一人不出，必公同议戕"等语，[1] 遂号召附近乡民，以长武与甘肃泾州交界之"窑店"音同"摇电"，决定24日夜从窑店起拔杆毁线，响应者达数百人。[2] 至30日方止，先后将陕西之长武、邠州、永寿、乾州，[3] 甘肃之泾州、平凉等州县电杆电线尽毁。[4]

稍后，山西亦发生极为相似的一幕。该省1892年春旱亦重，人心惶惶，谣传纷纷，皆称是电杆所致。4月6日（三月初十日），临汾县杨釜声书写传单："天旱无雨定是电杆作祟，约各村每家出人，于三月二十五日将电杆一齐拔毁，如有一家不到，定行拆屋"，并黏附鸡毛，向洪洞、襄陵、霍州、赵城等县散发。至是月底，上述各县电线电杆多为毁坏。[5]

在上述事件中，乡民将"歉旱"归因于"电桿"，认为"窑店"即"摇电"，反映出一些民人的愚昧。对此，鹿传霖指出："盖陕西地远东南，泰西奇技从未寓目，见其瞬息千里，莫不指为怪异。"[6] 山西的情况与之相类。

国人的迷信意识还反映在风水墓葬上。给事中陈彝称，"中国则事死如生，千万年未之有改，而体魄所藏为尤重。电线之设，深入地底，横冲直贯，四通八达，地脉既绝，风侵水灌，势所必至，为子孙者心何以安？"[7] 言出相当一部分国人的心态。

其次，电线为洋物，民众因反对洋教而及洋物，常使设线受阻，或线成后被毁。由于来华的西方传教士中常有无视中国传统礼教与风俗习惯之举，甚至横行乡

[1]《光绪十八年三月十六日陕西巡鹿传霖奏》，中国史学会主编：《洋务运动》第6册，第432—435页。

[2]《光绪十八年三月二十四日陕甘总督杨昌濬奏》，中国史学会主编：《洋务运动》第6册，第435—436页。

[3]《光绪十八年三月十六日陕西巡鹿传霖奏》，中国史学会主编：《洋务运动》第6册，第432—435页。

[4]《光绪十八年三月二十四日陕甘总督杨昌濬奏》，中国史学会主编：《洋务运动》第6册，第435—437页。

[5]《光绪十八年七月十六日护理山西越抚胡聘之奏》，中国史学会主编：《洋务运动》第6册，第447—448页。又，山西巡抚张熙片称：晋省电线为顺直入陕传递电报要路，前因光绪十八年天气亢旱，无知愚民藉端聚众将霍州、赵城、临汾、洪洞等处电杆拔毁，当经前护抚吕胡聘之饬令地方采买电杆赶筹修复，共用银5,780有奇（《张熙片》，一史馆藏，军机处录副，光绪朝·工业商业贸易交通运输工程类·邮电项，胶片533卷，03-144-7148-11）。

[6]《光绪十八年三月十六日陕西巡鹿传霖奏》，中国史学会主编：《洋务运动》第6册，第432页。后北洋大臣王文韶亦称：保定西安嘉峪关线架成后，陕西之长武、邠州、乾州、永寿、甘肃之泾州、平凉各属，因祷雨不应，被无知愚民拆毁电杆，不计其数（"中研院"近史所编：《海防档·丁·电线》，第1136号文，第1633页）。

[7]"中研院"近史所编：《海防档·丁·电线》，第181号文，第212页；《光绪元年九月初二日工科给事中陈彝片》，中国史学会主编：《洋务运动》第6册，第331页。

里、包揽词讼，乃至干涉地方行政，从而引起广大民众的不满，民族情绪由此激发。自19世纪60年代初起，国人不断掀起反洋教斗争，愈演愈烈，遂及电线。例如，1887年贵州架设毕节至贵阳线，4月16日毕节县民毁抢电报分局，并将沿途电杆砍坏。云贵总督岑毓英查知，该事因以前洋人麦士尼（William Mesny）路过黔西，枪杀两乡民，百姓愤恨未忘。当架设黔线洋匠到毕节后，乡民疑为麦士尼，遂发生毁抢事件。[1]

湖南澧州亦发生类似事件。1890年12月20日，张之洞奏设荆州至湘潭电线，[2] 翌年架至湖南澧州，"适逢本年各省匪徒布散谣言揭帖，专意与洋人为难"，江苏、安徽、浙江、江西、湖北等广大区域，发生反洋教斗争，又遇该州溪桥民众禁阻教士赵本笃建屋之事，当电线架至澧州马家河、青泥潭等处时，乡民以为电线必是洋人所设。之所以有如此判断，还与当时架设电线的司事委员穿戴等细节问题不无关系。是时，"留在澧州之司事工头穿戴多系窄衣席帽，乡人视此异服益疑为洋匠工作，确系洋人所设，纷纷传播"。此外，乡民闻得谣言，"如设电线以后，幼孩、牲畜损坏线杆者皆须处死"。既然电线为洋人所设，且有如此之后患，乡民遂执"痛逐洋人，禁止洋线"大旗，将马家河、青泥潭、孟溪寺各处线杆钩碗先后焚毁。结果使得该线的架设不得不停止。[3] 对此，张之洞后来指出，"维时地方风气未开，澧州愚民，轻信地痞摇惑，以致群疑电线为洋人所设，遂有毁折电杆情事"。[4] 职是之故，更有义和团民的大规模拔杆毁线活动。[5]

---

[1] "中研院"近史所编：《海防档·丁·电线》，第900号文，第1399页；第901号文，第1400—1401页；《光绪十三年四月初四日云贵总督岑毓英奏》，中国史学会主编：《洋务运动》第6册，第383页；《贵州毕节电局查办事竣折》，中国史学会主编：《洋务运动》第6册，第386页。

[2] "中研院"近史所编：《海防档·丁·电线》，第1219号文，第1715页；第1225号文，第1733页。

[3] 张之洞：《查明澧州毁拆电杆情形折（光绪十七年十月二十八日）》，苑书义等主编：《张之洞全集》第2册，第802—804页。

[4] "中研院"近史所编：《海防档·丁·电线》，第1219号文，第1715页；第1225号文，第1733页。

[5] 义和团毁线几及各活动地区。京津蒙地区：1900年5月27日，盛宣怀电："琉河至涿州一带铁路，被拳匪拆毁，电杆亦被砍断。"（《盛宣怀上荣禄、总署、裕禄电（光绪二十六年四月二十九日）》，王尔敏、吴伦霓霞编：《清季外交因应函电资料》，第373页）29日盛宣怀电："卢保电线亦已拆毁。"（《请饬直督东抚保护铁路电线电奏（光绪二十六年五月初二日）》，盛宣怀：《愚斋存稿》第1册，第558—559页）6月2日，荣禄称："亥刻接据盛宣怀急电：'高碑店以北电线、铁路全毁。'"（荣禄：《高碑店以北电线铁路焚毁片》，杜春和等编：《荣禄存札》，齐鲁书社1986年版，第400页）7日盛宣怀电："闻拳匪扰及黄村、郎（廊）坊车站，电线亦被焚毁。"（《盛宣怀上总署、荣禄、裕禄、聂士成电（光绪二十六年五月十一日）》，王尔敏、吴伦霓霞编：《清季外交因应函电资料》，第383—384页。）8日盛宣怀电："匪势尚张，铁路被毁。京、保沿铁路电线现已不通。"（陈旭麓等主编：《盛宣怀档

　　最后，电线可以售卖，部分民人因此而盗割牟利，从而导致电线被毁。天津电报官局总办佘昌宇曾诉苦：

　　　　今春徂秋，天津宁河、润丰、滦河等境敝辖电线计先后被人窃割不下二十余次……窃贼竟同儿戏。工头专责重在日间，被割俱在黑夜，总共窃去数千丈之多。津地向来杂货绳铁等铺有洋行等处发出售卖，殊难禁止。[1]

案资料选辑之七·义和团运动》，上海人民出版社 2001 年版，第 41 页）13 日盛宣怀电："近京土匪滋事，各报即电张家口专马递京，大约线断在通州。"（陈旭麓等主编：《盛宣怀档案资料选辑之七·义和团运动》，第 51 页）16 日盛宣怀禀："近日京津线皆为匪断。"（《盛宣怀上王文韶禀（光绪二十六年五月二十日）》，王尔敏、吴伦霓霞编：《清季外交因应函电资料》，第 332 页）17 日盛宣怀函："昨津线又为火烧矣。"（《盛宣怀致顾肇新函（光绪二十六年五月二十一日）》，王尔敏、吴伦霓霞编：《清季外交因应函电资料》，第 335 页）7 月 26 日电局委员庄佩兰函：北京自 6 月 16 日"民教相仇，城外电报商局被焚"（"中研院"近史所编：《海防档·丁·电线》，第 1663 号文，第 2187 页）。1901 年 3 月 23 日，盛宣怀电："自张家口至京至乌得电杆全被毁失。"（"中研院"近史所编：《海防档·丁·电线》，第 1673 号文，第 2197 页；《请用围场木植修张家口一带电杆电奏（光绪二十七年二月初四日在上海发，行在军机处代奏）》，盛宣怀：《愚斋存稿》第 1 册，第 569 页）。
　　晋鲁豫地区：1900 年 1 月 13 日盛宣怀电：11 日夜"夏津境、朱仙屯南北电杆四根复被窃据。查该处三日内，连窃电杆七根、撑木一根。现值夏津一带，拳匪滋扰，线杆难保不再有毁坏。"（《寄济南袁中丞世凯》，盛宣怀：《愚斋存稿》第 4 册，第 1961 页。）7 月 10 日盛宣怀电：6、7、8 日"德州至临清线杆百枝十里被毁无存，各处具生此心，虽百计保护，弁丁力单，无可挽救。济宁亦来告急"（陈旭麓等主编：《盛宣怀档案资料选辑之七·义和团运动》，第 116 页）。同日，盛宣怀电：山西"省南各东线杆，均被拳童锯断，各毁各村，自称奉师命来，见电局巡勇即砍"（陈旭麓等主编：《盛宣怀档案资料选辑之七·义和团运动》，第 116 页）。7 月 29 日盛宣怀电："军务以来，晋线被拆甚多……又接平遥局电，平遥、介休、灵石等县，杆所剩三根五根，仍纷纷毁坏，各段弁兵束手无策，张兰河滩所存新杆五百根，遥见拳民在彼纷聚，恐亦难保。"（《寄太原李筱轩、方伯、冯申甫廉使（光绪二十六年七月初四日由侯马平遥专送）》，盛宣怀：《愚斋存稿》第 2 册，第 893 页。）1901 年 5 月 1 日，端方称："查上年六七月间，警报迭闻，晋豫电杆多遭毁伐，专恃陕省一路电线藉通南北消息。"（《端方片》，一史馆藏，军机处录副，光绪朝·工业商业贸易交通运输工程类·邮电项，胶片 533 卷，03–144–7148–33。）
　　东三省及热河地区：1900 年 6 月 17 日盛宣怀函："顷接海兰泡转来电示，昨夜大乱，电杆都毁，已罢市，局甚危等情。望即查明电杆毁至何处？官军何以坐视不救？"（《盛宣怀致王继善函（光绪二十六年五月二十一日）》，《清季外交因应函电资料》，第 334 页。）1902 年 9 月 8 日，热河都统色楞额函："迨至（光绪）二十六年，拳匪变乱，电报局委员候选从九宋槐避匿，沿途线杆，均被匪徒损伤，久未修复，仅有由平泉至朝阳一段电线。"（"中研院"近史所编：《海防档·丁·电线》，第 1740 号文，第 2288 页；第 1743 号文，第 2291 页。）1904 年 2 月 24 日，热河都统松寿称，热河电线"自庚子年电杆被匪拔毁，至今未能一移复修"（《松寿片》，一史馆藏，军机处录副，光绪朝·工业商业贸易交通运输工程类·邮电项，胶片 533 卷，03–144–7148–43）。

[1]《佘昌宇致盛宣怀函 五十五》，王尔敏、吴伦霓霞编：《盛宣怀实业朋僚函稿》中册，第 1172 页。

可见，电报线的毁损，既有自然因素，更有经济、社会，乃至文化、政治等方面的因素。因此种种，电线的架设与巡护，清政府不得不派出大量兵弁，而便顺通。从其"壮观"的景象中，既可窥见晚清东方与西方的矛盾，亦可透视当时国家与社会的冲突，而传统与近代的矛盾与冲突更表现得淋漓尽致。这一切当是晚清这一社会转型时期复杂面相的综合反映。

（二）制度的建立

官府与电局为加强对巡护兵弁、地方官员及普通民众三方的管理，逐渐建立较为完善的电线巡护制度。

此制度的建立首先从加强对汛兵的管理开始的。电线汛兵的派出，原则上50里设一巡电房，选派营兵两名巡逻，[1] 然在实际操作中不少线路难以做到。即便是50里两名巡兵，仍较稀疏。时人即指出："电线本亦派兵看守，唯三五零星遇事未能得力。"[2] 为使有限的巡护力量收到最大限度的效益，1883年电报局厘定《巡护章程》，提出赏罚两途，以鼓励与敦促汛兵的积极巡护。大抵是：如有疏误，轻则罚扣，重则撤参；倘能保护两年无误，准由各局具报请奖。[3] 这使得对巡兵的管理开始有章可循，标志着电报巡护又迈出重要一步。

应该说，电局对此章程的执行较为认真，唯于实际操作中将两年一请奖改为三年。如京局自1884年8月21日开局以后，因巡护得力，届满三年，未有损坏。盛宣怀即按《巡护章程》于1887年12月请奖，[4] 总署如允，[5] 并奉朱批照请。[6]1890年11月，又满三年，李鸿章再度请奖，是年12月6日，奉朱批允准。[7]

邮传部成立后，加强了对巡弁的管理。1908年3月29日，邮传部出台《巡丁记过规则》，惩罚规定更为细致。[8] 另外，各省巡线总管，原为分巡线路而设，

---

[1]《盛宣怀拟电报局变通章程》，王尔敏、吴伦霓霞编：《盛宣怀实业函电稿》上册，第210页。

[2] 李鸿章：《请饬各省保护铁路电线折（光绪二十七年五月十六日）》，戴逸、顾廷龙主编：《李鸿章全集》第16册，第299页。

[3]"中研院"近史所编：《海防档·丁·电线》，第946号文，第1458。对此《章程》，佘昌宇函盛宣怀："胪示巡线章程十二条，万分周妥。"（《佘昌宇致盛宣怀函 五十五》，王尔敏、吴伦霓霞编：《盛宣怀实业朋僚函稿》中册，第1172页。）

[4]"中研院"近史所编：《海防档·丁·电线》，第946号文，第1458—1459页。

[5] 同上书，第948号文，第1460页；第950号文，第1462页。

[6] 同上书，第952号文，第1463页；第953号文，第1463页；《李鸿章片》，一史馆藏，军机处录副，光绪朝·工业商业贸易交通运输工程类·邮电项，胶片533卷，03-144-7148-3。

[7]《李鸿章片》，一史馆藏，军机处录副，洋务运动类·邮电项，胶片674卷，03-168-9437-45。

[8]《各电局处分漏泄延误阻报各章程 附列巡丁记过规则》，《交通官报》第2期，第28—29页。

"责任綦重，自应按段巡查，将所辖线路利病情形随时禀由电政局，报部核办"，但邮传部发现，近来各总管对于巡修线路之事，并未报告即委之局员，而局员又委之巡丁，"漫无稽查，遂致渐形窳败，而报务动辄阻滞不通"，遂于1909年8月10日札电政局，要求订发《总管巡线章程》。[1] 这一切对完善巡弁管理制度具有重要作用。

不过，对汛兵的管理只是治标，并不能从源头上堵住民众窃毁电线事件的发生。盖不少地方，电线窃毁者"纵使口供确凿，因无治罪明文，不过枷责了结"，而"地方官亦因例无考成，缉捕难期得力"，是以"无所忌惮，窃割如故"。电线管理者日益感到不制定惩治专条，难以禁阻，[2] 遂呼吁修订律例，明定窃毁电线相关责任人的罪责。1892年陕西、甘肃、山西等省发生的民众拔杆毁线事件成为契机，天津电报官局总办佘昌宇就此多次禀商李鸿章。李鸿章遂让其与盛宣怀及直隶按察使周馥筹议，并提出"定文武地方官之功过，查比偷盗要重官物（有电旨，可比盗窃禁物；有海防，可比盗窃军装），拟定罪名，会禀以

---

[1]《本部札电政局仰厘订各总管巡线章程禀候核夺饬遵文（宣统元年六月二十五日）》，《交通官报》第1期，第22页。

[2]《光绪十八年闰六月二十日直隶总督李鸿章奏》，中国史学会主编：《洋务运动》第6册，第446页。但亦有较重处罚者。如1892年陕西毁线案发生后，巡抚鹿传霖批饬将"乾州之韦省娃、永寿之区成器、邠州之周振祥、何永秀、长武之杨玉林、杨玉保等先后就地正法，传首犯事地方及省东各属，凡有电杆之处，直至潼关而止，俾无知愚民晓然于电杆之设，上奉谕旨，无故砍毁，罪当大辟，庶几人人知警，罔敢效尤。"（《光绪十八年三月十六日陕西巡鹿传霖奏》，中国史学会主编：《洋务运动》第6册，第434页。）陕甘总督杨昌濬查得"王万清、贾仲全即贾白话二名，实系为首起意，散布谣风，纠众滋事，供认不讳，录供禀清核办前来。经臣先后批饬就地正法，以昭炯戒。余犯高甲甲等讯无闹局情弊，仅止听信谣言，随同拆毁电线，亦经批饬分别枷责结案"（《光绪十八年闰六月二十六日陕甘总督杨昌濬片》，中国史学会主编：《洋务运动》第6册，第437页）；护理山西巡抚胡聘之查例载："刁民假地方公事，强行出头，逼勒平民约会抗粮，聚众至四五十人，闹堂塞署，为首斩决枭示，从犯俱绞监候，被胁同行者杖一百。"又"闻拏投首，于本罪上减一等科断"。又律载："凡故意弃毁人器物，计赃准窃盗论免刺；官物加二等，罪止杖一百、流三千里。"又"不应得为而为之，事理重者，杖八十"各等语……查电杆系奉文安设，即属官物。各县所毁电杆估银约在一百二十两以上。惟电报传递机密要件，关系甚重，若仅照寻常毁弃官物为从科断，未免轻纵，自应酌加问拟。杨美景、王三名、王广应. 刘洪沅、李得娃均应于毁弃官物准"窃盗计赃一百二十两以上，为从杖一百徒三年"律上酌加一等，各拟杖一百流二千里，到配折责安置。据供系在逃之杨荃声为首，证佐昭明确，无虞避就。应请先决从罪，无庸监候待质……逸犯杨荃声，以革书横行乡里，擅敢藉讹天旱，写立传单，纠约村众目睽睽，拔毁电杆，延及三县，实为首恶渠魁，情罪重大，应饬严缉务获，从严惩治，勿任漏网。其余逸犯一并饬缉获获日另结（《光绪十八年七月十六日护理山西越抚胡聘之奏》，中国史学会主编：《洋务运动》第6册，第449—450页）。对此，李鸿章亦称："近年贵州、山西、陕西、甘肃各省愚民，聚众拔毁线路之案，层见叠出，均由该督抚臣随时严惩，以儆效尤。"（《光绪十八年闰六月二十日直隶总督李鸿章奏》，中国史学会主编：《洋务运动》第6册，第446页。）

凭核定，奏明饬部议核，增入律例专条。"[1]

是年 8 月 12 日，李鸿章正式向清政府提出制定民人窃毁电报杆线治罪专条的请求，并参照《大清律例》相关规定，[2] 就窃毁者而言，对具体科罪标准提出看法。案情较轻者，"请比依驿站马夫递送公文事干军情机密沈匿者杖六十徒一年例，拟杖六十徒一年，如窃盗，仍竟本法刺'盗官物'三字；弃毁者照律免刺字，误毁者于杖六十徒一年罪上减三等，拟杖八十。窃毁杆线均照估追赔"。案情较重者，"倘有地方奸民造谣聚众，拔毁杆线至数十里外者，仍随时察酌情形，分别首从，比照土匪滋事从严惩办，不得复拘常例"。至于相关责任人，如"失察窃毁杆线之地保，照不应重律拟杖八十，折责革役；误毁者免议"；而对于"失察及承缉之地方官作何处分，分别重轻"，交部议处。[3]

刑部认为，李鸿章所提是为慎重电报要政起见，故表示同意，并就此将李鸿章的上述方案奏请清政府批准。1892 年 9 月 13 日奉旨"依议"。[4]

由于李鸿章所奏涉及地方官的责任认定问题，吏部又查照刑部奏案，就文职官员承缉失察处分问题，按罪名之轻重作为处分之等次，提出聚众拔毁杆线至数十里、逞凶拒捕而酿成巨案的，该管地方官革职，如能立即拿获罪犯的，减等为革职留任，四年无过，准其开复；系行盗、行窃而毁杆线的一般案件，该管地方官降二级留任，倘罪犯在逃未获，按限开参：初参将承缉官停俸，二参降一级留任，三参照所降之级调用，若经督抚严参勒限缉拿，先行以降一级留任；限满无获，降一级调用；如系一时误毁，该管地方官免予处分。而兵部又就武职官员承缉失察处分问题，提出与文职大致相等处分内容的条文。1892 年 11 月 20 日奉旨允准。[5]

---

[1]《佘昌宇致盛宣怀函 五十五》，王尔敏、吴伦霓霞编：《盛宣怀实业朋僚函稿》中册，第 1172 页。

[2] 李鸿章指出："臣查律载常人盗官物计赃一两以下杖七十，一两以上至五两杖八十，以次递加至八十两，绞，系杂犯，准徒五年。又弃毁官物加准窃盗赃二等，误毁者于官物加二等上减三等。又例载驿站马夫递送公文，事干军情机密，沈匿者不计角数，杖六十，徒一年。此项电线创设自官，系属官物；凭线传报，事同驿递，非寻常官物无关紧要事者可比。窃毁杆线，若按盗毁官物科罪，一杆一线计赃加等，罪止杖责，不足蔽辜。查电报关系机密重务，军情要政无不兼赅；窃毁杆线有碍传报，核与沉匿公文无异。商电杆线亦系奏明设立，与官线处处衔接，其传递官报，仅取半资，急公报效，亦应一体维持，未便歧视。"（《光绪十八年闰六月二十日直隶总督李鸿章奏》，中国史学会主编：《洋务运动》第 6 册，第 446 页。）

[3]《光绪十八年闰六月二十日直隶总督李鸿章奏》，中国史学会主编：《洋务运动》第 6 册，第 447 页。

[4] 冯用、吴幅员编：《刘铭传抚台前后档案》，第 228 —229 页；张寿镛等纂：《清朝掌故汇编外编》，台湾文海出版社 1986 年版，第 2106 —2109 页。

[5] 冯用、吴幅员编：《刘铭传抚台前后档案》，第 229 —230 页；张寿镛等纂：《清朝掌故汇编外编》，第 2109 —2112 页。

据此，刑、吏、兵三部联合颁布《窃毁官商电报杆线治罪专条及失察地方文武官员处分律例》，并咨义各督抚转饬地方官遵行。[1]清政府为适应新的形势，积极修订法令法规，从而使得对于电报这一新兴事物的保护，开始有了法治基础，这是晚清电报的巡护制度进一步规范的重要内容与标志。

《处分律例》在实践中得到一定程度的施用。如京恰线工竣不久，沿途屡有偷窃杆线之事，盛宣怀要求按照《专条》治罪，清政府依议。[2]1901年4月28日，陕西蓝田县火烧寨毁线40余丈，护理陕西巡抚端方认为，"该县知县周之济，平日漫不经心，以致疏防贻误，实属咎无可辞"，要求先行将之摘去顶翎，以示惩儆，且提出："如再次疏误，即行从严参处"。清政府允准。[3]再如北京铁路电线割断五次，地方官未曾查拿惩办，1902年2月7日，盛宣怀致电袁世凯，要求"严办犯事之人；至玩忽之各县令，亦请予以应得之咎，再请援照保护电线奏定《专例》，请旨批准。"[4]1911年1月9日，邮传部咨文江苏巡抚，称宝山县境内电线连续六次失窃，"迭经移请苏松太道，及江苏巡警道、劝业道分饬宝山县知县，并该处警察营泛严缉在案，迄未破获"。邮传部认为关键原因在于地方官缉拿不力，导致匪胆鸱张，毫无顾忌，要求按"吏兵两部所定则例"处分。[5]显示出对窃毁线杆行为的惩治出现有法可依的局面。

需指出，在晚清朝野法律意识十分淡漠及对电报这一新事物的认知水准还较低下的前提下，即便是制定出上述律例，作用也甚有限。1897年12月30日

---

[1]《台湾府转行吏部等部议准明定〈窃毁官商电报杆线治罪专条及失察地方文武官员处分律例〉》，内称："钦加盐运使衔在任候补道特授台湾府正堂兼中路营务处、修志总局提调陈为转饬事。本年正月十二日，蒙臬道宪顾札开："光绪十五（有误，应为十九）年正月初一日，奉闽浙总督部堂谭宪牌内开：'光绪十八年十一月三十日，准吏部咨：'考功司案呈本部奏前事等因，相应刷单知照可也。计单一纸'等因到本部堂。准此，合就札行。为此，仰该道即便移行所属及各标营一体遵照，并移藩司、善后局知照。毋违。须札'等因；计黏单到道。除移行外，合就札饬。札到该府即便移行所属及各标营一体遵照毋违。此札。"等因，计黏抄一纸到府。蒙此，除分别移行外，合就转饬。为此，札仰该县即便移营一体遵照毋违。此札。计黏抄一纸。光绪十九年正月二十一日札（彰化县）。"（冯用、吴幅员编：《刘铭传抚台前后档案》，第227页。）大体反映出此律例的颁布情况。

[2]《恰克图电线工竣折（光绪二十五年十二月）》，盛宣怀：《愚斋存稿》第1册，第141页。

[3]《端方片》，一史馆藏，军机处录副，光绪朝·工业商业贸易交通运输工程类·邮电项，胶片533卷，03-144-7148-33。

[4]《寄保定袁宫保（光绪二十七年大除夕）》，盛宣怀：《愚斋存稿》第4册，第2023页。

[5]《本部咨苏据电政局禀称宝山县境内电线迭次窃毁请饬属勒限缉获文（宣统二年十二月初九日）》，《交通官报》第30期，第8页。

总署收盛宣怀文，称窃杆割线之案，层见叠出，"各州县视为具文，鲜有缉获"，[1] 乃至义和团运动期间发生大规模的拔杆毁线活动，而晋豫两省并无战事，但电线也遭毁坏，"州县不任保护，甚有指使拆毁者"。[2]1911 年 1 月 2 日浙江劝业道称，近来各属屡次发生窃毁电线之案，如武康、德清二县界内莫干山电线被窃 700 余丈，缙云县属黄寮及南溪一带电线被偷 200 余丈，宁海县属朱奥独石岭、杉板桥、严家墺、梅花地等处电线连日被窃 70 余丈，该道据此认为，1892 年刑、吏、兵部所订《专条》，"日久玩生，以致盗砍偷窃视为常事"。[3] 反映出的正是此种情状。

第三节　电码编制与器材研制

就技术层面言，电码的编制是一国自设电报、并能正常运作的基本前提，而器材的研制则是衡量一国电报自立程度的重要内容与标志。事实上，前者在晚清逐步完善起来，成为中国顺利建设、运营电报的基础，但经历相当长之过程，使得晚清电报的运营长期处于高风险之中。在此情形下，造成损失乃至重大损失，当在意料之内；后者则自始至终未能得到很好解决，使得晚清电报又不具备完全意义上的自立。因而从总体上看，晚清时期的电报技术水准较低。

一、电码编制

在时人看来，是否编有汉字电码，是中国能否自办电报的重要条件之一，足见其重要性。那时人们认为，中国若要实现电报自办，至少应做到两点：一是"权自我操"，即电报可由洋人架设，但必须经我发起，由我出资，为我所有。前揭沈葆桢的一番话可堪代表："倘其势难中止，不如我自为之，予以辛工，责以教造，彼分其利，而我握其权，庶于海疆公事无所窒碍"；[4] 二是编订汉字电码，即电线、报机可从外洋购得，但打报必须使用汉字电码。早在 1865 年李

---

[1] "中研院"近史所编：《海防档·丁·电线》，第 1335 号文，第 1844 页。

[2]《请分别筹修北省拆毁电杆电线折（光绪二十六年九月）》，盛宣怀：《愚斋存稿》第 1 册，第 163 页。

[3]《浙江劝业道详本部申明禁止匪徒窃毁电线文（宣统二年十二月初二日）》，《交通官报》第 30 期，第 14 页。

[4] "中研院"近史所编：《海防档·丁·电线》，第 81 号文，第 95 页。

鸿章便提出，迨"风气渐开，中国人或亦仿照外洋机巧，自立铜线，改英语为汉语，改英字为汉字，学习既熟，传播自远"。[1]1875 年丁日昌亦指出，中国选择离海较近、商贸繁盛的陆路先设公司，利用汉字打报，届时"亦准外国附递信息，但须一律改为汉字，令通事译以授之"。[2]李、丁二人虽皆未明确言及电码问题，但改英字为汉字等提法，其实就是指编订汉字电码问题。

事实上，汉字电码问题不解决，国人对列强利用电报掣肘中国的顾虑便不能消除。所以，1877 年丁日昌奏设台线时又称："将来仍拟将洋字改译汉字，约得万字可敷通报军情、货价之用，然后我用我法，遇有紧急机务，不致漏泄。"[3]强调的仍是此一意旨。

正是在这种情形下，晚清时期的汉字电码编制工作逐渐开展起来。其历程大抵以津沪线的架建为节点，分为两个阶段。在前一阶段，汉字电码是由西人及出洋国人编订，主旨是应出洋使臣与总署联系之需。

最早编订汉字电码书的是法国人威基谒（S. A. Viguer）。就在沈葆桢吁请自建电报前后，威氏从《康熙字典》中，由部首"一"字起，至部首"龠"字止，检出 6,899 个常用字，将其排号，编成《电报新书》，不过编订工作历时较长。1871 年初，第三次出洋的张德彝抵法后，见到该书初稿，"惜作而未成"，且有"篇幅较大"、"部类不分"、"字画多寡，悉归错乱"等不足。[4]不久，该书完成，于是年春刊刻。[5]郑观应在 19 世纪 70 年代创作的《易言·电报》中提及该书刻本："今辑有《电报新书》，改用华文，较前更便。"[6]由于是第一部汉字电码簿，故评价较高，并成为郑观应吁请中国自设电报的立论基础。

威氏电本实际使用极少。此不仅是因为该本存在种种不足，更重要的是斯时民人几不用电报，官方虽有一些使用，但大略与威氏刊刻电书的同时，国人即编订出新的汉字电码书，且更科学，遂为清政府采用。然无论如何，威氏电

[1] "中研院"近史所编：《海防档·丁·电线》，第 9 号文，第 8—9 页。

[2] 张树声编：《敦怀堂洋务丛钞》，第 328—329 页。

[3] 《光绪三年三月二十五日福建巡抚丁日昌片》，中国史学会主编：《洋务运动》第 6 册，第 335 页。

[4] 张德彝：《随使法国记（三述奇）》，第 262—263 页。

[5] 该书有同治十年春月、光绪九年春月两种刻本，内容一致。叶宁《威基谒和〈电报新书〉》（《上海集邮》2004 年第 11 期）一文介绍了他收集到的威书同治十年刻本的一些情况，并慨叹由于资料缺乏，对威氏编成此书的相关知识，"我们今天都不得而知了"。笔者在此作一简略补充。另，笔者在中国电信博物馆见到光绪九年刻本。

[6] 郑观应：《论电报》，夏东元编：《郑观应集》上册，第 83 页。

本的编订仍具范式意义，日后国人编订汉字电码本多以之为蓝本。

国人最早编订的汉字电码本为张德彝的《电信新法》，时为 1871 年，当在威氏《电报新书》刊刻之前。其时国内尚未架设电报，但西人已将之展至上海，故此间出洋使臣与总署利用电报以快速互通消息成为可能。事实上，崇厚率团赴法"致歉"期间，因有"急务"，与总署即有电报联系[1]。作为使团翻译的张德彝恰因为"至此次，多有飞电之处"，且见威基谒《电报新书》只完成初稿，又存在众多问题，遂另编新本。其编订方法，张自记道：

> 彝乃由《康熙字典》中择其字之常用者七千余，按字编数，由零零零一至八零零零，字数核对无差，至是告成。

书成后，崇厚为之序称：张德彝"今将西人所制汉洋合璧电报书籍改订，增添目录。余细玩之，足称善本。因题其书名为《电信新法》，携至都门刊印，以公同好"。[2]可见，张德彝是以威氏电本为基础，编成另一部四码汉字电报书——《电信新法》，并拟带回北京刊印。该书后确由总署刊出，并于津沪线架设前在出洋使臣与国内间广泛使用。[3]

至 19 世纪 70 年代后期，随着中国不断派出常驻使节，他们中的一些人开始另编电码本，以与国内联系，并有渐增之势。须指出的是，他们所编订的电码本，一般皆约定各自的暗号，从而均有密本性质。曾纪泽在出使前编订电码本即如此，以备出使后用。1878 年 8 月 25 日，曾氏被清政府派充驻英法公使，行前拜谒李鸿章，李鸿章建议他编一新电码本，"以通密件"。曾纪泽告李鸿章："顷与译署别制一书，为相约加减之法，以通密件，尚不甚难。"并与李鸿章另设暗号，"面谈用法良久"。[4]可见，曾纪泽行前即编出新的电码书，用以寄发密电，并一度设置两类暗号，以与不同对象联络。[5]

---

[1] "中研院"近史所编：《海防档·丁·电线》，第 90 号文，第 109 页。

[2] 张德彝：《随使法国记（三述奇）》，第 262—263 页。

[3] 曾纪泽：《巴黎致总署总办论事七条（戊寅十二月十九日）》，曾纪泽出使后拟另编一电报书时说："书成则旧用之《电信新法》等书可废。"（喻岳衡点校：《曾纪泽集》文集卷三，第 153 页。）又，该书后经不断改订，逐渐成为官用专本。详后。

[4] 喻岳衡点校：《曾纪泽集》日记卷一，第 321 页。

[5] 曾纪泽出使后为节省资费，又另编《电句集锦》。光绪四年十二月初八日，曾纪泽抵马赛。"初十日……思电报如此昂贵，拟撰集简明句法，分类编列，以省字数，略具腹稿，复睡，极久"（喻岳衡点校：

继之又有驻德使臣李凤苞编出《电报简编》。对此，1880 年（光绪六年），盛宣怀称：

> 至于一切售报章程书籍、账表、信纸等件，均在上海商定付刊，拟用李星使（李凤苞）原本，以字母错综编成三码一万七千余号，计单字七千余号，成句一万号。[1]

又称，现仿李凤苞密本，以英文字母编成三码，计单字、成句 17,000 余号，以备官报往来外洋之用。[2] 两年后电局委员再称，李凤苞订印的《电报简编》，系用英文 26 字母参互而成 7,000 余号，旁注汉字，此本在"中国与德国试用以来，从未错误"。[3]

可见，李凤苞编订的是三码汉字电报书，分"单字"、"成句"两部分，此法是当时国际通例。盖三码方式，直至 1897 年 7 月 1 日万国电报公会在奥国会议改订《万国电报通例》，方将国际通行的三码传发改为五码传发。[4] 无怪乎，盛宣怀要说，"查万国公例，均用三码"；[5] 至于成句方式，曾纪泽曾指出："查西人发报，皆有成句编号者，费省而词达，真是良法。"[6] 表明亦是国际电码编订的惯例。恰职是故，李凤苞本影响甚大，不断为后编之本所参。

综上可知，在中外人士，尤其是出洋国人的努力下，19 世纪 70 年代初，

《曾纪泽集》日记卷一，第 336 页）。十二月十九日，已至巴黎的曾纪泽在《巴黎致总署总办论事七条》说："电报便捷可喜，然每发一次，自欧洲达于上海，字仅廿余，而耗费六七十金，抑亦甚不合算。查西人发报，皆有成句编号者，费省而词达，真是良法，亟须依照办理。纪泽拟于公务之暇、率同松生造编一书，将成语分门编辑，列号备查。书成则旧用之《电信新法》等书可废，亦可收费省词达之效。就中地名一层，拟用英国字母，以北京口音取字翻译，书成之后，便可于公牍私函通行不悖，从前各国使臣所翻经历各处地名，皆以方言土音取字书之，其势不能画一，有许多不便处也。"（曾纪泽：《巴黎致总署总办论事七条》，喻岳衡点校：《曾纪泽集》文集卷三，第 152—153 页。）该书约于光绪五年二月中旬开始编订，至当年十月基本完成，翌年四月底五月初分寄总署、李鸿章以及驻日公使何如璋、驻美秘西公使陈兰彬、驻德公使李凤苞（刘志惠辑：《曾纪泽日记》中册，岳麓书社 1998 年版，第 848、933、986—987 页）。

[1]《盛宣怀上李鸿章禀》，王尔敏、吴伦霓霞编：《盛宣怀实业函电稿》上册，第 201 页。

[2] 同上书，第 204 页。

[3] "中研院"近史所编：《海防档·丁·电线》，第 266 号文，第 334—335 页。

[4] 同上书，第 1351 号文，第 1858 页。

[5]《盛宣怀上李鸿章禀》，王尔敏、吴伦霓霞编：《盛宣怀实业函电稿》上册，第 203 页。

[6] 曾纪泽：《巴黎致总署总办论事七条》，喻岳衡点校：《曾纪泽集》文集卷三，第 152—153 页。

汉字编码问题已基本解决。[1] 至李鸿章奏设津沪线前，此技术已具一定水准。这一切为中国自制电报奠定必要的技术基础。正因为如此，1880 年李鸿章奏设津沪线时称："从前传递电信，犹用洋字，必待翻译而知，今已改用华文，较前更便。如传秘密要事，另立暗号，即经理电线者亦不能知，断无漏泄之虑。"[2]

津沪线奏准架建后，新设的电报局开始编订新的商用电码本，以为国内外打报之用，尤以国内打报为主旨，而此间官用电本经修订后，成为专用密本，从而出现官商两本并用局面，晚清电报的电码编制工作进入第二阶段。

《电报新编》作为电报局刊印的商本电码书，是在《电报简编》的基础上编订而成。1880 年 10 月，盛宣怀提出暂用李凤苞的《电报简编》后，又指出如不周妥，将来可以更订。[3] 不久订出《电报新编》。[4] 刊印时，电报局对之基本内容及使用规则作出说明：

> 职局所刊《电报新编》，以数目自一号起，至九九九九止，编成四码。又以英国字母二十六字错综变化，编成三码，听凭寄报者自己择用。[5]

可知，电报局刊出的《电报新编》关于电码问题分为两种，一是四码（以数字编列），是电本的主体部分。[6] 该码官商皆愿使用，故甚是流行；二是三码（以英文字母编列），本为官报往来外洋专用，但编成后亦准商人使用。不过，

---

[1] 就在张德彝编成《电信新法》的第二年（1872 年），前揭旅法通事王承荣，约同福建船政委来法国的福建人王斌、江苏人李铺制成一新式机器——汉字电报机，专传汉字，以十六为提纲，以十数为目，发则由字检号，收则由号检字，时许可达至千字，劲气直达千余里。且较外国电报机价廉工省，而配制之各药水，中国均有其物，不必购自外洋。翌年五月，王承荣携带此机至上海后，曾奉李鸿章批准，去天津与之面询。见李鸿章后，王承荣还携机至总署，并递节略加以介绍（"中研院"近史所编：《海防档·丁·电线》，第 86 号文，第 100—101 页；第 88 号文，第 105—106 页；第 89 号文，第 106 页）。另，谢彬的《中国邮电航空史》所言"同治十三年（1874 年）沈葆桢拟架设福州电线未果的原因归为"号码代字之法尚未发明，致计画未能实现"（该书第 205 页），不确。

[2] 《光绪六年八月十二日直隶总督李鸿章片》，中国史学会主编：《洋务运动》第 6 册，第 336 页；"中研院"近史所编：《海防档·丁·电线》，第 218 号文，第 263 页。

[3] 《盛宣怀上李鸿章禀》，王尔敏、吴伦霓霞编：《盛宣怀实业函电稿》上册，第 201 页。

[4] 同上书，第 204 页。

[5] "中研院"近史所编：《海防档·丁·电线》，第 266 号文，第 334 页。

[6] 其编写方式是四码一空，由左而右横读。但有例外（"中研院"近史所编：《海防档·丁·电线》，第 430 号文，第 588 页；第 428 号文，第 586—587 页）。

因津沪线订三码与四码同价，然三码打报麻烦得多，导致该码使用较少。[1]

《电报新编》发行后，在官方，总署前刊的《电信新法》继续使用。也就是说，此时官员身边一般都有上述两种电本。[2]而后本经总署于1888年改订后，成为官方专用密本。[3]1888年12月5日，李鸿章向总署索续刻《电报新法》20本以分寄各省，称该书"为查寄密件必需之书"。[4]总署遂于10日将书寄李鸿章，并特别强调，该书关系官报，外人不可翻刻。[5]1890年11月18日，总署再行

---

[1] 下文将有详述。另，盛宣怀在《上李鸿章禀》中曾有："惟传打三码之法学生均未熟悉，莫不趋易畏难。"（《盛宣怀上李鸿章禀》，王尔敏、吴伦霓霞编：《盛宣怀实业函电稿》上册，第204页。）又，《电报新编》已用韵目代日法。1885年7月10日，李鸿章言："商局《电报新编》，用诗韵上下平为一月，按日照加字数，每电以韵字冠首便知。"（李鸿章：《致总办朝鲜通商事务分省即补道陈荩南观察（光绪十一年五月二十八日）》，戴逸、顾廷龙主编：《李鸿章全集》第33册，第505页。）

[2] 1884年7月4日，总署收到署北洋大臣李鸿章函称："再，《电信新法》两本，已转递幼樵查收。"（"中研院"近史所编：《海防档·丁·电线》，第616号文，第966页。）1894年8月6日，神机营因派马队赴通州，请总署检出官电商电电码各一本送之（"中研院"近史所编：《海防档·丁·电线》，第1010号文，第1522页）。总署当日如请（"中研院"近史所编：《海防档·丁·电线》，第1011号文，第1523页）。

[3] 电报传递信息往往涉及私密问题，尤其是某些特别官报。起初，官报的密码是在普通电本书电码的基础上，相约暗号，通常是在原码的基础上采取加减之法。津沪线行将告竣之际，盛宣怀拟订《电报局招商章程》，中有：不知本局所刊《电报新编》虽排定号码，尽可两地先自暗约伸缩加减。如寄信者与接信者约定加一百五十号检字，则本来欲寄第一百号爱谛霏之他字，便须缮为第二百五十号爱再批之假字，他人即使按号查检，但知爱再批系属假字，惟接信者查得他字，推此变法，只有发信与收信二人明白，即本局亦无从句读，何漏之有？（郑观应：《创办电报局招商章程》，夏东元编：《郑观应集》下册，第1007—1008页。）如光绪九年八月初十日，盛宣怀上张树声电："密。卦。巴使密谈，法以刘军多华兵，须速调停，法帅请添兵，议院不愿。曾侯在法会议，脱使亦将北上。余另禀。宣禀。一等报即寄。初十。广东张大人。照《电报新编》减十码译。"（《盛宣怀上张树声电（光绪九年八月初十日）》，王尔敏、吴伦霓霞编：《清季外交因应函电资料》，第45页。）但亦有另编密本的。光绪四年七月二十七日，曾纪泽奉旨将出任驻英法公使。此后，曾在其《日记》记有：（九月）初九日。傍夕至李相处，谈极久。李相言：电报书宜以西字为主，另余别制一册，以通密件。余谓西字必须通西文者译之，转多窒碍，不能甚密。顷与译署别制一书，为相约加减之法，以通密件，尚不甚难。乃另制暗号以交李相，面谈用法良久（喻岳衡点校：《曾纪泽集》日记卷一，第321页）。但皆未形成定期订制的专用密码本。

另，对于洋人在中国发密电问题，一般情况下皆给发，但有时亦管制：《李经方致盛宣怀函》中有："宫保钧座：顷英使以各口洋商密码不能收发，派其参赞来，要求部饬各电局照常收发。因告以昨日已经电饬沪局。伊参赞云：只有银行，并未提及各洋商密码。方言洋商岂尽可信？似未可与银行一律。伊复云：洋商不尽可信，领事何如？方云领事肯担此责成，凡洋商所发之密电，均先由领事签字盖印，或尚可行。但须公斟酌。伊云若可照此办理，当饬知各口领事，一律遵照。顷接电谕，可允照办。已转告之。"（《李经方致盛宣怀函 一百十六》，王尔敏、吴伦霓霞编：《盛宣怀实业朋僚函稿》中册，第832—833页。）此种情况主要是在战时，详本书第五章第一节。

[4] "中研院"近史所编：《海防档·丁·电线》，第957号文，第1470页。

[5] 同上书，第959号文，第1472页。1895年11月26日，总署行文南洋大臣："本衙门所刊《电信新法》，前于光绪十四年，改订通行在案。"（"中研院"近史所编：《海防档·丁·电线》，第1103号文，第1611页。）由此知，总署所称《电报新法》就是《电信新法》。

文南北洋大臣、各将军督抚、各出使大臣及各海关道，重申《电报新书》为发递官报，应守秘密，勿令外间翻刻流传。[1]

总署此次重刻《电报新法》，很可能缘于驻俄、德、奥、荷国使臣洪钧之荐。1888 年夏，洪钧与参赞汪凤藻，筹得电码编制一新法，并编次成书，于 8 月间函送总署排印施行，且将此情函告两江总督曾国荃，让其向总署认领。[2] 曾国荃遂于当年 12 月 10 日致函总署索书。[3] 总署将之咨送各将军、都统、副都统、总督、巡抚、出使大臣，以及各海关道。[4]

嗣后，《电信新法》不断改订，并以各种官用密本形式刊出，包括：《密红电本》（1895 年）[5]、《密新电本》（1897 年）、[6]《己亥电本》（1899 年）、《宙

---

[1] "中研院"近史所编：《海防档·丁·电线》，第 977 号文，第 1487 页；第 978 号文，第 1488 页；第 979 号文，第 1488 页。

[2] "中研院"近史所编：《海防档·丁·电线》，第 958 号文，第 1470—1471 页。

[3] 同上。

[4] 督理黑龙江漠河等处矿务道员李金镛，亦从李鸿章处转得一部（"中研院"近史所编：《海防档·丁·电线》，第 965 号文，第 1479 页），此甚特殊，表明国家对该矿的重视。甲午战争爆发后，神机营以及前方各营将领均获赠（"中研院"近史所编：《海防档·丁·电线》，第 1011 号文，第 1523 页；第 1021 号文，第 1534 页）。另，1894 年 7 月 25 日，清"操江"号在丰岛附近为日舰"秋津洲"劫持。管带参将王永发接受天津电报局丹麦籍洋匠弥伦斯的建议，将所带的重要文书及密电本当即投炉焚毁（陈旭麓等主编：《盛宣怀档案资料选辑之三·甲午中日战争》下册，上海人民出版社 1982 年版，第 147 页）。

[5] 1895 年 11 月 26 日，总署行文各将军、督抚、海关道、出使大臣称："本衙门所刊《电信新法》，前于光绪十四年，改订通行在案，行用已久，恐有疏漏，现在重加厘定，每部首用红字以别之，较前简便，用时起首冠以'密红'二字，以昭慎密"。又称，该书专为官报密电起见（"中研院"近史所编：《海防档·丁·电线》，第 1103 号文，第 1611 页；第 1104 号文，第 1613 页）。该书亦名《红字电信新法》（"中研院"近史所编：《海防档·丁·电线》，第 1103 号文，第 1611 页）、《密红电信新法》（"中研院"近史所编：《海防档·丁·电线》，第 1124 号文，第 1629 页）。笔者在国家图书馆古籍部查得《电信新法》一本，内称该《电信新法》即《红字密本 俄股存查》，共排汉字 6,950 个，其顺序为："○○○一 一；○○○二丁；○○○三 七；○○○四 丈；○○○五 三……六九五○ 穌"。

[6] 1897 年 2 月 12 日，出使大臣罗丰禄接到总署函文，称《密红电本》通行日久，恐不足以昭缜密，现改订《密新电本》，通行各处换用，并随函检送一本。总署同时要求，如有机密事件，即按此本原码，加减若干，应由该处酌定，仍先行知照总署存案，以便照译。而密红本封储不用。3 月 27 日，罗回复总署，约定加密方法为发电加十五，收电减十五（"中研院"近史所编：《海防档·丁·电线》，第 1236 号文，第 1744 页）。后其他将军督抚亦陆续收到，并提出各自的加密方式。同年 12 月 25 日，江苏粮道陆元鼎接奉兵部火票递总署札并《密新电本》一本，总署要求将前发《密红电本》废弃，改用此本，并有如上嘱托。陆遂决定，寻常事件，仍均照本中原码发电；机密事件，照原码增三字，连所发码字，直行顺数而下，至第四字即为实码（"中研院"近史所编：《海防档·丁·电线》，第 1355 号文，第 1873 页）。12 月 29 日，黑龙江将军接到后，提出拟照此本，每字头码上，加增二码，如开卷之"一"字，为"零零零一"，应加为"二零零一"；卷尾之"穌"字，为"六九五零"，应加为"八九五零"。余字以此类推（"中研院"近史所编：《海防档·丁·电线》，第 1357 号文，第 1874 页）。

字电本》（1900 年）、[1]《洪字密本》（1902 年）、[2]《辰字电码》（1904 年）、[3]《午密电码》（1906 年）、[4]《申字电本》（1908 年）[5]。可知，目 1895 年至 1908 年，总署及外务部更换密本至少有 8 次，并形成两年一换的定制，特殊年份加编。[6] 官本专用及频繁更订，符合电报发展之惯例，标志国人在对电码问题的认知与使用上逐渐走向成熟。1908 年，外务部更换《申字电本》时指出："本部与各处所用电本，应行随时改换，以期缜密。"[7] 从而为电报保密制度的形成奠定必要的技术管理基础。[8]

但甚遗憾，前此国人的认知落后于形势的发展，从而付出惨痛代价。1894 年中日甲午战争爆发，总署遂于翌年重新厘定《电信新法》，编出《密红电本》，然距前次改订已有七年之久。[9] 这使得中国在此次战争中因电码问题而遭受重大

---

[1] "中研院"近史所编：《海防档·丁·电线》，第 1669 号文，第 2191 页。笔者在中国第一历史档案馆查得该本，名曰《电信新法（宙字密本）》，共排汉字 8,154 个，其顺序为："○○○一　一；○○○二　七；○○○三　丁；○○○四　下；○○○五　上；○○○六　丈……八一三二　穌……八一五四　冀"（《电信新法（宙字密本）》，一史馆藏，邮传部全宗·电政类，胶片 1 卷，22-8-2）。

[2] "中研院"近史所编：《海防档·丁·电线》，第 1737 号文，第 2285 页。

[3] 1907 年 9 月 13 日，长江水师提督咨呈南洋大臣，言曾收到该处送的《辰字密码》一本（"中研院"近史所编：《海防档·丁·电线》，第 2107 号文，第 2741—2742 页）。

[4] "中研院"近史所编：《海防档·丁·电线》，第 2169 号文，第 2795 页。

[5] 1908 年 4 月，外务部行文各督抚、出使大臣称：现编出《申字电码》，作为密本，前发《辰》、《午》电本，均作普通本。并让他们查收密存，勿得假手他人，且速复接到日期（"中研院"近史所编：《海防档·丁·电线》，第 2134 号文，第 2776 页）。

[6] 除上述八种外，还有其他几种，如《盛密》、《东密》等。1908 年 4 月 5 日，外务部收到东三省总督徐世昌信，称其饬员密编新本，曰《盛密》，以备东三省通电之用。另送一本给外务部，并声明俟该部颁有新本，再行遵照改用（"中研院"近史所编：《海防档·丁·电线》，第 2135 号文，第 2777 页）。4 月 12 日，署黑龙江巡抚收到外务部送出的《申字电码》。5 月 2 日，外务部收到该抚复文，询该部所称机密紧要之件，应仍用本部前送之专密本，是否即指前送之《东密电码》？（"中研院"近史所编：《海防档·丁·电线》，第 2148 号文，第 2784 页。）外务部答是，并称"惟《东密》沿用已久，嗣后如遇有机密要件，可用徐制军所送《盛密电本》"（"中研院"近史所编：《海防档·丁·电线》，第 2152 号文，第 2786 页）。但这些密本皆不及上述八大密本之通用。

[7] "中研院"近史所编：《海防档·丁·电线》，第 2134 号文，第 2776 页。官电密本虽不断更订，但亦官亦商的盛宣怀因其长期担任电报局督办，故握有大量电报密本，因而也就掌握了大量私密信息。文廷式对此记道："盛宣怀者，电局之总办也。当军务急时，恒泄机事于故，以邀特例。盖各处密电码子，伊皆私置一副本也。"（《志林》，汪叔子：《文廷式集》下册，第 714 页。）"电报虽有密本，其实总办电之人无所不知。督抚每降心交结，冀得密信，不独大权旁落，抑且嘱托公行……余目见电报谋阙者，指不胜屈……其最为灵验者，则无过大学士李鸿章任直隶总督时。"（《闻尘偶记》，汪叔子编：《文廷式集》下册，第 727 页。）

[8] 电报保密制度除涉及电码问题外，还涉及对打报局员的管理问题，详见本书本章第二节。

[9] 下列资料可佐。1894 年 8 月 19 日，热河都统庆裕行文总署称，"窃查朝鲜现有军务，昨接朝鲜密电，

损失。1894 年 6 月 22 日，日本破译了清驻日公使汪凤藻的全部往返密电。更有甚者，因清政府毫无觉察，整个战争中一直未改密码，以致在马关议和期间李鸿章与总署的 22 件往来密电全被破译。[1] 据此，日本掌握了李鸿章的计划与策略，了解到清政府的基本态度与应允底线，从而有针对性地商订对策、采取措施，使得中方在谈判中极为被动。[2] 此后才有中国两年一换的定制出现。故从某种意义上讲，是险恶的国际环境促使中国官方电码密本两年一换定制的出台。

需补充的是，此间国人为节资费，多次提出出洋电报使用三码，并修订乃至增订电码本，以符国际惯例，但收效甚微。1897 年 7 月 1 日前，国际通用电码为三码，如果中国电报用四码寄至外洋，均须按码加价。[3] 为此，李鸿章一度要求，以后中外往来官报，均可仿用三码之法，以免糜费，并让电报局将李凤苞所订《电报简编》呈请分送备用，[4] 盛宣怀随即呈上，[5] 但并未得到推广。其实，

因本署并无密电之码，未知其详，应请将贵衙门发给朝鲜我军密电码，饬发一本，以备考用"。8 月 24 日总署复文指出，"查我军之在朝鲜者并无电码专本，兹发去光绪十四年通行电报新法一本，即希贵都统查收备用可也"（刘家平主编：《国家图书馆藏清代孤本外交档案》第 25 册，全国图书馆文献缩微复制中心 2003 年版，第 10291—10292 页）。

[1] 李文海：《历史并不遥远》，第 43—44 页。

[2] 例如：1895 年 4 月 1 日，日本将缔和条约底稿交李鸿章，内容涉及朝鲜自主、奉天南部地方及台湾、澎湖让与日本、赔偿日本军费库平银 3 亿两、开放北京、沙市等 7 处口岸，以及通商、设厂等项。因大大超出中方之预料，为抵制日本之企图，李鸿章遂采纳顾问科士达的建议，于当晚 6 时寄电总署，让之将和约中关于朝鲜自主、割地、赔款等三项内容密告英、俄、法三国公使。并告知中方之态度："日本如不将拟索兵费大加删减，并将拟索奉天南边各地一律删去，和局必不能成，两国惟有苦战到底。"欲以此激起三国之干涉。李鸿章在电文中另提出："至日本所拟通商新约详细节目，一时务乞勿庸告知各国，恐见其有利可沾，彼等协而谋我云云。"（李鸿章：《寄译署（光绪二十一年三月初七日西刻自马关）》，戴逸、顾廷龙主编：《李鸿章全集》第 26 册，第 90 页。）4 月 3 日，清政府收到此电，随即商讨对策。但由于日方将电文破译，掌握了李鸿章的策略，遂采取应对措施，变被动为主动：就在清政府收到李电的当日，日本外相陆奥宗光即电告该国驻俄、美、英、法公使："现已查明，清国将我之讲和条件，泄露给英法俄三国。制造出日本国如不取消割让金州之要求，不减少赔款金额，清国除继续进行战争外，别无他法之虚假借口，企图以此请求上述各国进行干涉。然而，此只不过是企图获得外国援助之狡猾手段而已。"又称："李鸿章似乎避免将我政府为各国利益而要求之通商上之让与通知给各国。盖因上述让与为各外国以前屡屡提出之要求，清国已加以拒绝之故。"遂令各公使将所有讲和之条件密告驻在国政府，"并须相机为我之要求条件进行辩护"（戚其章主编：《中国近代史资料丛刊续编·中日战争》第 10 册，中华书局 1995 年版，第 79 页），以遏制李鸿章计划之实现。

[3] 《盛宣怀上李鸿章禀》，王尔敏、吴伦霓霞编：《盛宣怀实业函电稿》上册，第 203—204 页。加费方式是："每三码取一字之费，四码至六码，作两字计。七码至九码作三字计。按此递增，牢不可破"（"中研院"近史所编：《海防档·丁·电线》，第 958 号文，第 1470 页）。

[4] "中研院"近史所编：《海防档·丁·电线》，第 266 号文，第 334—335 页。

[5] 同上书，第 267 号文，第 335 页。

如前所知，电报局曾在《电报新编》中已将三码列出，然少使用。究其因，驻俄、德、奥、荷国使臣洪钧有析：

　　　　查《电报新编》中，每字于数码外，兼列泰西字母，译成华音，以三母为一字，原备各省与外洋通电之用。而自来公私电报，罕有用之者，良由爱比西谛（ABCD）等字，次第难分，检查不便，翻寻译写，动须假手象胥，以故良法成书，几同虚设。[1]

　　正是基于此情况，洪钧另筹一法，并编次成书，送总署排印施行。[2] 几乎同时，金陵电报局将李凤苞的《电报简编》重新修订，委员郭道直将之禀知两江总督曾国荃，称各省电报往来，向以四码作一字，而洋商电报公司，按照万国电报通例，以三码为一字，四码须作两字收费，故靡费甚巨，遂将出使衙门旧刻三码电本增修校印，取名《电法从新》，请其分咨各衙门备用。[3] 这一切反映出，国人为省资费，数度修订出洋电码，努力与国际接轨。但直到1897年万国电报公会改订《万国电报通例》，将以前国际通行的三码传发改为五码传发后，总署公布此事时还称："本衙门查出洋电报，四码改作五码译发，一经通行知照。"[4] 表明此前中国出洋电报仍在使用四码传发，国人的努力未能获得应有的效果。[5]

　　中国出洋电报四码改作三码问题还未得到实施，国际形势已发生变化。万国电报公会在奥国会议，改订《万国电报通例》，规定自1897年7月1日起，另改新章，数字以五码作1字（从前系三码作1字，华报亦照此算），密码以5个字母作1字（此指无意义之字，从前系2个字母作1字），明码成句者，以15个字母作1字（从前系10个字母以内作1字），明码不成句者，以10

---

[1] "中研院"近史所编：《海防档·丁·电线》，第958号文，第1471页。

[2] 同上书，第958号文，第1470—1471页。

[3] 同上。

[4] 同上书，第1351号文，第1858页。

[5] 1898年六七月间，黄遵楷（黄遵宪弟）编成《三码电报便法》，呈总署。该书共26篇，每篇26行，每行26列，用法以首码为篇，次码为行，三码为字（"中研院"近史所编：《海防档·丁·电线》，第1398号文，第1906页；第1404号文，第1911页）。总署让北洋大臣荣禄试用，因此时国际已行五码，荣禄认为"无甚裨益"，未予采用（"中研院"近史所编：《海防档·丁·电线》，第1410号文，第1915—1916页）。

个字母作 1 字（与原定同）。[1]

为此，总署于 1897 年 11 月 20 日行文指出，出洋官报既以五码计费，为省报费，始发之局，可用五码打报（具体办法是将起始四码与下一四码的第一码并作五码，以次顺推），以下各局一律照拍。盛宣怀接总署咨文后，让上海电报局遵照办理。但该局总办经元善称，改码之事难以遵办。因《万国电报通例》规定，电局打报不能更改原电文；打报诸生无权改码；出洋电报或关军国要事，或关中外交涉，改动易泄密；电报改动，易致错误或延时。

但经元善提出变通办法：从发报之处（总署由总署报房，各督抚署由电报处，使署由其本身），开首译码，即由四码连成五码，然后交电局照码传递。[2] 可见经元善的变通并非提出新的办法，而只是将改码之事交由始发部门处理，如此若生错误，责任不在电局，故是免担责任之举。但改码确易产生混乱，总署未予推行，仍使用四码。

电码的编纂是电报技术的重要组成部分。晚清电报电码在西人构筑的基础上，由国人不断改进，逐步走向成熟。但此经历相当长的过程，尤其是作为电报保密制度重要组成部分的密码问题，因长期未得更新而付出惨痛代价，教训是深刻的。此外，晚清电码始终未能与国际衔接，从而浪费不少资源。这固然有语言置换烦琐等客观因素，但从中暴露出的态度与管理方面的问题亦不容忽略。

另需看到，晚清电码本的编订，初期主要为官本，津沪线架建后商本开始与官本并用，且日渐频繁。此从一个侧面透视出电报使用由官到民，逐步下移的大致过程。这也是电报深入发展的必然趋势。

二、器材研制

电报的开设，所需主体器材包括局外使用的各种型号的水陆电线，以及钩碗、扎线、强水等；局内使用的打报机（主要为莫尔斯机，后又有惠斯顿机等），以及电池、验电表、各种型号的分电匙等。此外，还需辅助器材如测量仪（测高机、测远机）、钻机（地钻、碗钻）等。[3]

---

[1] "中研院"近史所编：《海防档·丁·电线》，第 1410 号文，第 1915 页。

[2] 同上书，第 1351 号文，第 1858 页。

[3] 从以下几则资料可看出晚清开通电报所用的基本器材：一是 1886 年台湾拟设水陆电线，通商局委员李

上述电报器材，中国长期不能自制。1898 年 12 月 4 日，盛宣怀致函总署，称电报机器、线碗材料现仍不能仿造，一切购于外洋。[1]10 年后，邮传部在一

彤恩向英德洋行订货，清单所列大抵反映出电报建设初期的器材情形。其中沪尾至安平陆线，李氏与德泰来洋行李德签订合同，内有清单一份如下：沿途电线应需各物：巴明行第七号双条电线（880 里）；巴明第十六号电线（3 吨）；达挪依单钩碗钩（1 万 5 千副）；双钩碗钩（5 千副）；铁挺钩（500 镑）；蓝强水（340 镑）；接桌螺丝（15 打）；接七号线螺丝（15 打）；粗树胶丝（2 千码）；细树胶线（2 千码）；碗钻（8 打）；小木绞关（10 根）；铁链（8 条）；大摇车（6 副）；修水线器具（2 副）；理线钳（10 副）；小辘车缆（14 副）；手锯（10 把）；螺丝榔头（8 个）；大钳（3 打）；小钳（3 打）；蟹剪（8 把）；途用机器（3 副）；角挫（2 打）；大角挫（3 打）。以上系泰来洋行原开数目物件。加大摇线（1 副）；指南针（2 架）；净铅（100 磅）；白铅（100 磅）；净锡（300 磅）；铜号头（10 个）；寒暑表（3 支）；布带尺（1 匣）；开地钻（12 把）；焊筋（10 个）；风炉（5 架）；测远机（1 架）；测高机（1 架）；铁链尺（1 条）；白漆（300 磅）；红漆（300 磅）；各色镞（6 打）；石油（300 磅）；黄铜焊（300 镑）。以上系中国添办物件。五所电局应需各物：西门机器（12 副）；莫耳斯纸条（1 万盘）；四线挡电机（5 副）；二线挡电机（2 副）；爱庚冷电池（800 全副）；汤生验电表（3 副）；切线表（6 只）；四线分电匙（6 副）；六线分电匙（6 副）；八线分电匙（6 副）；五线转电板（6 副）；马掌吸铁石（5 块）；蓝油纸（1 千张）；机器墨水（1 千小瓶）；机器油（2 千瓶）；电报钟（12 副）；脑沙（1,300 磅）；小电表（6 只）。以上系泰来洋行原开数目物件。煤精（500 磅）；卑好乐西门加呢（500 磅）；水银（60 磅）；大铜板（6 块）；紫铜线（50 磅）；黄铜线（100 磅）；天王钟（5 架）。以上系中国添办数目物件（"中研院"近史所编：《海防档·丁·电线》，第 838 号文，第 1306—1310 页）。

为敷设台湾达厦门水线，同年 9 月 20 日，李彤恩又与上海英国怡和洋行施本思签订合同，内有：每英里十唡重水线（30 英里）；每英里二吨重水线（120 英里）；五吨重水线（若干，连接上两线）；海线其线芯用七条紫铜斤，每英里 130 磅；外用三重吉潘印度胶包固，每英里应重 130 磅；再合麻及最结实之小带扎紧；再扎以极坚固之铁线，又扎以麻加巴麻油漆成，共计包固五层（"中研院"近史所编：《海防档·丁·电线》，第 851 号文，第 1328—1329 页）。

二是 1908 年江苏欲设常州至宜兴线，监工徐文涛开出设线设局所需物料器具清册，大抵反映出的是晚清电报建设后期的所用器材情形。该清册内开：领收项下：途用机器 1 副；铁锤 2 个；钢头铁杆 6 根；小斧头 2 把；碗钻 4 把；碗匙 2 个；地挞（圆 2 个，扁 1 个）；铁钳（大、中、小）5 把；铁铲 5 把；丁字斧连柄 2 把；地钻连柄 2 把；小辘轴 4 副；长杈 5 把；木叉 2 把；角锉 3 把；鬼爪 10 个；皮袋 2 双；皮带 3 条；洋刀 3 把；八号线 120 捆；磁碗 800 双；铁钩 800 双；碗橡皮圈 800 个；扎线半捆；细油绳 3 磅；锌锡 6 磅；干电池 25 个；铁挺钩 40 磅；盐强水 1 瓶；巴麻油 16 挺；杆旗 50 面；龙旗 5 面；铁风炉 1 只；线轴 1 部；理线钳 1 副；螺丝榔头 1 个；线叉 1 把；手钻 1 把；烙铁 1 把；蟹剪 1 把；树枝锯 1 副；细吕宋绳 1 捆；设局物料项下：莫尔斯机器 1 副；莫尔斯纸条 100 盘；电池 50 副；盐脑 30 磅；粗树胶线 100 尺；细树胶线 100 尺；盘纸车 1 部；接线螺丝 6 个；机器墨油 30 瓶；蓝油 20 张；软硬铅笔 5 打；红蓝铅笔 6 支；补领项下：电线特需机 1 副。光绪三十四年十月监工徐文涛谨具（《徐文涛呈送光绪三十四年常州至宜兴设线设局物料器具清册和电线杆号清册》，一史馆藏，邮传部全宗·电政类，胶片 1 卷，22–15–1）。

三是一份统计，内列宣统元年各电局使用机器的情况是：莫尔斯机 652 副，惠斯登机 10 副，黎比端帮电机 2 副。说明晚清电局普遍使用的是莫尔斯机（编委会编：《交通史·电政编》第 2 章，第 87 页）。

由上可知，电报器材在晚清并无多大变化，由于中国所用主要是进口，故反映出的是此项国际技术的相对稳定与成熟态势。

[1] "中研院"近史所编：《海防档·丁·电线》，第 1476 号文，第 1991 页。

份咨文中仍称："中国电报所需线碗等物，向皆购自外洋。"[1]无论是10年前盛宣怀的信函，还是10年后邮传部的咨文，所言基本属实。早期自不待言，如为架设津沪线，1880年12月22日，电报局与大北订立合同，让其在外洋代购电报器材，[2]上海分局总办郑观应驻沪照料验收。[3]同年为建造江宁线，两江总督刘坤一派金陵制造局道员龚照瑗等赴沪向大北购办电线等物料。[4]

这种情况在中国其后电线架设中一直存在。如1886年刘铭传拟架台湾电线，陆线让德国泰来洋行在外洋采购，[5]水线由英国怡和洋行负责采购。[6]1892年李鸿章为设热河电线，饬盛宣怀"将需用机器、电线、钩碗各件，速致外洋分别订购"。[7]1897年架设恰克图线，电报局从外洋购置电线及各项材料。[8]1901年展造潼关至河南、直隶跰路电线，盛宣怀曾派员由上海购运外洋材料机器。[9]直至1910年为展设营凤、奉临等处电线，东三省总督锡良奏称，添购外洋电料器具等物价值银16,542两。[10]如此等等，大抵反映出的即是此种情形。

但前引盛宣怀、邮传部之言也不全然。1886年奉天珲春线架设期间，总办该线佘昌宇在致盛宣怀的函中称："工具均系土制，洋购仅十之一二。"[11]表明部分辅助器材已有国产。11年后（1897年）为设打箭炉线，盛宣怀称："至打报机器，沪厂新造者，与西洋头等机器电力相同，各省已通用三年，从无毛病。"[12]

---

[1]《邮传部咨山东抚院解部电瓶瓷质粗疏宜设法改良文》，甘厚慈辑：《项城袁世凯有关资料丛刊》，《北洋公牍类纂续编》第2册，第1265—1268页。

[2]"中研院"近史所编：《海防档·丁·电线》，第289号文，第372页。

[3]郑观应：《复郑玉轩、盛杏荪、刘芗林、唐景星、朱静山诸君书》，夏东元编：《郑观应集》下册，第998页。

[4]"中研院"近史所编：《海防档·丁·电线》，第352号文，第456—458页；第543号文，第791页。刘坤一：《江宁接办电线片》，欧阳辅之编：《刘忠诚公（坤一）遗集·奏疏》卷十八，第54页；刘坤一：《致李中堂（光绪七年七月十四日）》，欧阳辅之编：《刘忠诚公（坤一）遗集·书牍》卷十七，第38页。

[5]"中研院"近史所编：《海防档·丁·电线》，第850号文，第1327页。

[6]世续等纂：《清实录》第55册，第137页。

[7]李鸿章：《筹办热河电线片（光绪十八年四月二十七日）》，戴逸、顾廷龙主编：《李鸿章全集》第14册，第400页。

[8]"中研院"近史所编：《海防档·丁·电线》，第1529号文，第2063页；第1615号文，第2145页。

[9]《筹集商本分别展造及修复电线折（光绪二十七年四月）》，盛宣怀：《愚斋存稿》第1册，第172页。

[10]《本部奏核覆奉省营凤举临等处电线工程用款报销折（宣统二年四月初九日）》，《交通官报》第15期，第5页。

[11]《佘昌宇致盛宣怀函 三》，王尔敏、吴伦霓霞编：《盛宣怀实业朋僚函稿》中册，第1117页。

[12]《寄川督鹿滋帅（光绪二十二年三月十五日）》，盛宣怀：《愚斋存稿》第1册，第622页。不日，盛便从沪筹出1,200里七号电线及8盘打报机器等局内所用器材送川（《王文韶片》，一史馆藏，军机处录副，光绪朝·工业商业贸易交通运输工程类·邮电项，胶片533卷，03-144-7148-13）。

由于某种原因，盛宣怀在此有所夸饰（详后），但还是在一定程度上提示，是时国内已能生产一些主体器材。1908 年，邮传部称："闻山东、江西两省所制电瓶等件渐臻发达。"[1] 更反映出，至清末中国在电报器材生产方面已有相当进步。

不过，从总体上看，中国制造的电报器材质量较劣，与洋品相比，有较大差距。1886 年奉天珲春线架设，佘昌宇致函盛宣怀又称："此次所来器具，更不如前，土造既多且坏，（因此材料所已换人。）皆不合用，即如拉线文车，开工一日已坏二部，木钻已坏四个"，[2] "出纸条之流轴上面无阴纹，纸条一出，墨水连踪；拉线文车轮齿系另钉，一摇即落；杆钻单薄，一钻即断；强水一瓶内只有半瓶，亦无力量；电线一捆内均系两段，费银费工"。[3] 这里既有采购人员贪利而选劣质材料之因素，更有国产器材自身质量的问题。

如果说，1886 年中国自建电报尚且不久，产品质量有待提高当情有可原，那么，10 年、20 年后，电报器材质量仍不见提高，则可能另有原因了。前揭1897 年为架设打箭炉线，盛宣怀称沪厂所产打报机器质量较高一节，当有虚饰。要因在于，此次四川总督鹿传霖奏设由川通藏电线，关于经费问题，鹿传霖提出四川曾借款 10 万两存盛宣怀处，将之抵用。[4] 而盛宣怀是时正在为架设京恰线筹集资金，故经费甚感紧张，对鹿传霖所言 10 万两特辩解称，建造蒙自至河口官线已用去 2 万两，存款现仅 8 万两。[5] 正因为如此，为节省资费，盛宣怀在大谈沪厂所产电报机器质量之优的同时，又称："凡能自造者免购洋器，意在

---

[1] 《邮传部咨山东抚院解部电瓶瓷质粗疏宜设法改良文》，甘厚慈辑：《项城袁世凯有关资料丛刊》，《北洋公牍类纂续编》第 2 册，第 1265—1268 页。

[2] 《佘昌宇致盛宣怀函 二》，王尔敏、吴伦霓霞编：《盛宣怀实业朋僚函稿》中册，第 1114 页。该资料还透露出当时采购中的一些现象，如回扣。经元善称："诸君子固皆推诚布公，善亦公而忘私，所有手购材料，与大北、瑞生订立合同而签名者，约计数十万金，照西例可得九五回用，从未取过丝毫"（经元善：《致郑陶斋、杨子萱、董长卿论办女公学书（1899 年 6 月）》，虞和平编：《经元善集》，第276 页）。又称："承盛公之邀，并奉相委，帮办创设电线，总理沪局。沪有转运之繁，然其始用人极少，一身兼充数役。照西例凡购材料，可得九五回用，仆从未向取，为数颇巨……岂真俗所云背财生耶？只为吾华商务着想，力顾大局。沪为各路领袖，思以本身作则，先人后己，强自操持而已"（经元善：《答原口闻一君问（1900 年 11 月 7 日）》，虞和平编：《经元善集》，第 347 页）。可见购材确是有回扣的。经氏在这里慷慨陈辞，无法证实或证伪。但这两段话表明买电报器材者确能从中渔利。而明利为九五回扣，暗利当更可观。

[3] 《佘昌宇致盛宣怀函 三》，王尔敏、吴伦霓霞编：《盛宣怀实业朋僚函稿》中册，第 1117 页。

[4] 鹿传霖：《致总署廊藏失及已派员由海道驰往查看并请修川藏电报线电（光绪二十二年三月十三日）》，吴丰培编辑：《清代藏事奏牍》下册，第 976 页。

[5] 《寄川督鹿滋帅（三月十七日）》，盛宣怀：《愚斋存稿》第 4 册，第 2086 页。

塞漏。钻地等器，川省能否仿造，局中有无可借，已电询王令矣。国用艰难，总期能省则省。"[1]

可见，盛宣怀在强调"国用艰难"的同时，有故意夸饰沪厂所产报机质量之成分，以便尽量采用国产机器。而鹿传霖对于此时国产报机与洋机质量之差别，亦是知道的。在致盛宣怀另函中，鹿传霖称："机器能得西洋者为佳"，[2]并特地安排人员采办外洋线料。[3]另，邮传部在"闻山东、江西两省所制电瓶等件渐臻发达"后，调查发现，山东所产电瓶瓷质粗疏，且价格较洋品稍贵。[4]

据上可知，晚清中国在自产电报器材方面并非空白，而有点滴进步。但就总体而言，基本还是仰赖进口。正因为如此，1897年4月12日，意大利公使威达雷（Guide Amedeo Vitale）照会总署，称翌年在该国德黎讷城举行万国赛会，其第六项系为电器。如中国有自制新品，可送交参赛。总署于4月18日复威达雷使照称，中国风气初开，虽学堂内有电学一门，现尚无新器可与他国比较，[5]故中国不拟参会。

此情此况若与近邻日本相比，更令人痛心。上海电报局总办经元善早在1884年即注意到"日本电线材料各种均自能制造，吾局无不仰给他邦"。[6]日本不但能够自制，且出口中国。田代雄助即曾向中国电报局推销过日产电报器材。[7]

中日之间落差甚巨，其造因关键在于两国政府态度迥异。明治维新后，日本政府大力扶持本国制造业。[8]而清朝官宪对中国自制电报器材料问题向不积极。其实，中国商人早就提出自制请求，其中又以上海电报局第一任总办郑观应呼请最力。早在津沪线开办之初，郑观应即与天津电报学堂总管朱格仁及上海电报局会办谢家福，商讨自制电报器材事宜。郑观应认为，中国电线日渐推广，

---

[1]《寄川督鹿滋帅（光绪二十二年三月十五日）》，盛宣怀：《愚斋存稿》第1册，第622页。

[2]《川督鹿滋帅来电（光绪二十二年三月十三日）》，盛宣怀：《愚斋存稿》第4册，第1849页。

[3] 1897年5月7日，四川总督鹿传霖致总署函中所列该线经办人员名单中有：采办外洋线料委员、花翎四品衔指分江西补用直隶州知州王庭珠、五品衔分省试用县丞奋之芹（"中研院"近史所编：《海防档·丁·电线》，第1249号文，第1759—1760页）。

[4]《邮传部咨山东抚院解部电瓶瓷质粗疏宜设法改良文》，甘厚慈辑：《项城袁世凯有关资料丛刊》，《北洋公牍类纂续编》第二册，第1265—1268页。

[5]"中研院"近史所编：《海防档·丁·电线》，第1245号文，第1756页。

[6] 经元善：《中国创兴纺织原始记（1899年11月）》，虞和平编：《经元善集》，第289页。

[7]《盛宣怀致田代雄助函》，王尔敏、吴伦霓霞编：《盛宣怀实业函电稿》上册，第235页。

[8] 经元善：《中国创兴纺织原始记（1899年11月）》，虞和平编：《经元善集》，第289页。

"凡所用水线、陆线、干湿电磁碗，一切材料，皆要自行制造，不需购自外洋"，方能降低成本，以减报费，[1] 且可免受外人掣肘。[2] 进而指出，选派学生出洋，学习打报机器、出纸机器、电线、电气等器材制造技术，十分必要。[3]

为此，郑观应上书李鸿章："应即考选少年普通中西文之学生，分别出洋，学习制造机器、水陆电线、电气等法。一俟毕业，仍分赴外国制造厂学习一二年，然后返国，自行设厂制造，不独可塞漏卮，而所用材料价廉，成本自然轻减。"[4] 可见，郑观应之所以屡屡建言自制电报器材，一方面旨在降低成本，减轻报资，以使中国电报的发展更具潜力；另一方面，他已看到这是一个重要市场，长期为外人垄断，不仅造成利权的严重流失，且易受控制。正因为如此，在郑观应看来，中国自制电报器材，意义重大。

郑观应的呼声并不唯一。上海电报局会办谢家福、继任上海电报局总办经元善更是从邻国——日本的发展情状认识到中国自制的必要性，并一度要求付诸实践，拟与正在上海的科技专家徐建寅共建电报器材厂。但考虑到"因初办势必亏耗，欲求中堂贴助万金"，为此请求李鸿章支持。[5]

可见，商等早在中国创办电报之初即竭力呼吁设厂自制器材，但因财力有限，拟求官方资助。然遗憾的是，官方并不认可商等看法。郑观应的上书没有回音，而经元善、谢家福之请得到的答复是"电归商办，官不能帮"。经、谢二人并未放弃，进而指出国家扶持之重要性，并以日本为例，称该国公司得到国家扶持，商务得以奋起直追。李鸿章见此答称：日本确有可取之处，"但诸位如此称扬，要被众人骂死耳。"[6] 洋务官宪即便如李鸿章等，亦仅求中国有电报，以便防务与政务即可。至于设厂制材，不比枪炮及电报本身，当是商人之事。[7] 观上知，当局无有自主制造电报器材之理念，从而不予支持，此正是中国未能建起自己的电料厂的关键原因。谢家福、经元善从李鸿章处退出后慨叹：

---

[1] 郑观应：《致朱君静山谢君绥之书》，夏东元编：《郑观应集》下册，第 1012 页。

[2] 郑观应：《致总办津沪电线盛观察论招商办电报书》，夏东元编：《郑观应集》下册，第 1004 页。

[3] 郑观应：《致天津电报总局盛杏荪观察书》，夏东元编：《郑观应集》下册，1017 页。

[4] 郑观应：《上北洋大臣李傅相书》，夏东元编：《郑观应集》下册，第 1002 页。

[5] 经元善：《中国创兴纺织原始记（1899 年 11 月）》，虞和平编：《经元善集》，第 289 页。

[6] 同上。

[7] 从这一角度来看，李鸿章虽曾提出"中国欲自强，则莫如学习外国利器；欲学习外国利器，则莫如觅制器之器"（宝鋆等修：《筹办夷务始末（同治朝）》卷二十五，第 10 页），但其心目中"觅制器之器"当主要针对军工而言。

秉钧者尚怕人骂耶。曾文正必无此语。吾华欲望振兴富强，如涉大海茫无涯际，此后之杞忧未艾也。[1]

可以看出，商等因政府不为扶持而对中国自制电报器材之前程表现出相当悲观的情绪。直至1908年电报收归国有部办，邮传部才提出，"中国电报所需线碗等物，向皆购自外洋，利权外溢"，"现拟设立电品制造所，亟须先行调查试验"，并咨山东抚院，让其对原产质量粗疏的电瓶设法改良。[2] 应该说，邮传部的这些努力让国人看到电报器材国产化的希望，并反映出清政府自主意识的进一步增强，以及对工商行为的逐步重视。而后者又从一个侧面透视出晚清社会观念的变迁。然"夕阳无限好，只是近黄昏"，不久清王朝即倾覆，已无条件实现电报器材的国产计划。故终清一朝，电报离完全意义上的自办尚有一定距离。

---

[1] 经元善：《中国创兴纺织原始记（1899年11月）》，虞和平编：《经元善集》，第289页。

[2]《邮传部咨山东抚院解部电瓶瓷质粗疏宜设法改良文》，甘厚慈辑：《项城袁世凯有关资料丛刊》，《北洋公牍类纂续编》第二册，第1265—1268页。

第四章

国际因应：电报的中外沟通

　　随着电报线在中国的大规模架设，清政府与列强就相关问题再度发生较为广泛的交涉。不过，此间交涉就内涵言，较早期已有重大变更。如果说，早期交涉主要是清政府与列强围绕着西人在中国境域架线等问题而展开的折冲樽俎，那么，此一时期的交涉则主要是围绕着中外间接线及相关问题而进行的唇争舌斗。另因国际电报会议与组织的不断邀请，中国与之亦有所接触和联系。

第一节　中外接线交涉

　　中外接线交涉，主要是在中国与丹、英、法、俄、美、德以及朝鲜等七国间展开。这些交涉基本是由他国提出、中国被动应对，但亦有清政府主动发起者。无论何种情况，其结果是通过这些交涉，晚清大致完成中国电报网与国际电报网的多方位连接，从而使得中国电报网最终成为世界电报网之有机组成部分。

一、中国与列强的接线

（一）中丹接线交涉

　　丹麦大北公司早在1871年即由香港敷设海线经厦门而达上海。该线由南（经新加坡、槟榔屿）、北（经长崎、海参崴）两路通至欧洲。中国最早与列强电线相接的便是该线。之所以如此，最为关键的因素当为，中国大规模设线之初，在中国境内的列强电线只有大北公司的这条海线。而中丹接线主要发生在吴淞与厦门两处，这又是由于该海线在上述两地登岸。

　　吴淞接线　中丹吴淞接线是中国先有意向。在奏设津沪线之初，李鸿章即指出："将来津沪电报设成，必须与该公司（大北）联络一气，呼应乃能灵通。"[1]当然，大北对李鸿章的意向亦知晓，并积极配合。尚在津沪线动工之初，该公司即向李鸿章禀请《电报交涉事宜六条》（以下简称《六条》），提出其设于中国之海线，中国允其享有 20 年专设权，在此期限内，不准他国公司另立海线。为此，该公司给予中国出入境官报免收资费之条件作为回报："中国总理衙门、南北洋大臣、出使大臣及总领事往来之电报，在中国、日本、泰西等处，凡从大北公司自家电线寄发者，大北公司情愿奉让，二十年限内均不取费。"这些内容大抵规定了津沪线架成后，当与大北海线连接等相关问题。1881 年 6 月 8 日，李鸿章批准《六条》。[2] 至此可认为中丹吴淞接线已被允准。

对接受大北海线 20 年独占权的请求，李鸿章在接下来与英、美、法、德等国的交涉中解释称：设立津沪电报，本为与外洋通信迅速起见，故不能不与大北海线连接。再者，津沪线创办伊始，凡雇人购料等事，该公司竭诚帮助。而《六条》又是仿俄、法、日等国订立合同之例。既然中外接线本是中国架设津沪线题中应有之义，且《六条》所提出的权责关系又有着国际先例，故允准大北海线 20 年独占权，在李鸿章看来，是"非无因至前也"。[3] 应该说，李鸿章同意《六条》是本着实际的原则，且是符合国际惯例的，故不应受到苛责。[4] 更为关键的是，李鸿章的允准，使得中国最为重要的电线与国际电线衔接，从而极大地方便了国内与国际的联系。

因中丹双方都基本满意《六条》所提出的彼此权责，故未发生什么交涉，倒是中国与其他列强因《六条》而交涉重重，焦点即是大北海线独占权。英、美、法、德等国与闻《六条》，立即向总署抗议，[5] 反复申明李鸿章批准《六条》

---

[1] "中研院"近史所编：《海防档·丁·电线》，第 225 号文，第 267 页。

[2] 同上书，第 225 号文，第 268 页。

[3] 同上书，第 229 号文，第 271 页；"Mr. Angell to Mr. Blaine（1881.7.16）"，*Papers relating to foreign relations of the United States，1881，Volume 1*，Washington：Government Printing office，1882，p.279.

[4] 对于大北《六条》，出使大臣薛福成后曾指出："从前合肥傅相亦与大北订立合同六条，惟于报效官电之外，尚无别项利益。且于合同字句未必仔细推敲，因有不准别公司设线之说。彼时中国电局适自造线，大东又来挽越，而大北乃趁此翻悔，不肯践约，迄今未有归宿。"（薛福成：《论大东大北电报两公司订立合同》，中国史学会主编：《洋务运动》第 6 册，第 480 页。）

[5] "中研院"近史所编：《海防档·丁·电线》，第 227 号文，第 270 页；第 229 号文，第 271 页；"Mr. Angell to Mr. Blaine（1881.6.20）"，*Papers relating to foreign relations of the United States，1881，Volume 1*，Washington：Government Printing office，1882，pp.275–277；"Mr. Angell to Mr. Blaine（1881.7.16）"，*Papers relating to foreign relations of the United States，1881，Volume 1*，Washington：Government Printing office，1882，pp. 279–280.

的不合理性，且提出重设港粤、港沪等线的要求，其中以英国最为卖力。英使坚持中国必须践行 1870 年总署所许英商可设港沪海线之诺，[1] 并提出电线在吴淞、福州等口上岸。其依据是丹之成例：要求线端在吴淞进口上岸，主要是援丹国吴淞旱线之例；另要求在福州等口上岸，又是援丹有厦门上岸之线。[2]

本来，中国对大北的吴淞及厦门上岸之线早已不满，而李鸿章允准大北海线独占权，并非承认其上岸陆线的合法性。对此，李鸿章在批准《六条》时即称，"查丹国大北公司在沪设立海线，通行外洋已十余年，向无中国官宪允准之案"。[3] 此时再有英使提出重设港沪海线，且又要上岸，这当然是中国所不会同意的。盛宣怀趁势提出将大北吴淞旱线赎回，以折服他国，并就此解决拖延既久的大北海线上岸问题。但当他向大北总办恒宁生提出这一计划时，遭到拒绝。为迫使丹方同意，盛宣怀作出强硬姿态，请总署速饬江苏、福建地方官，拆除吴淞及厦门旱线，以利中国电报局的收赎谈判。[4]

是时丹国既担心中国强行拆线，又不愿英美等国另设沪港海线与其竞争，遂同意就吴淞旱线问题与中国商谈，最后援引中英约章议定，将该线（大北上海报房即黄浦滩扬子江路七号起至大北吴淞报房止 [5]）由中国电报局以总价上海规银 3,000 两购回，并将其吴淞报房租与中国，作为中方的吴淞电报分局。1883 年 5 月 19 日，《中国电报总局丹国大北电报公司会议大北售与中国上海至吴淞旱线章程》签字画押。[6] 至此，中国成功收赎大北吴淞旱线。英美等不得不将另设港沪海线并在福州等口上岸的请求暂时搁置。

在这场因《六条》牵扯出的中外交涉中，中方可谓是大赢家。从外交策略看，中国成功利用了列强间的矛盾，并文武兼施，双管齐下。从交涉结果看，中国成功阻止了英、美、法、德等国的另设港沪海线上岸请求，并顺利收回长达十余年之久的大北吴淞旱线，可谓一举两得。

但中国并非全盘皆赢，亦有所失。1884 年 11 月 21 日，北京电报局委员王

---

[1] "中研院"近史所编：《海防档·丁·电线》，第 226 号文，第 269 页。

[2] 同上书，第 410 号文，第 570—571 页。

[3] 同上书，第 225 号文，第 267 页。

[4] 同上书，第 410 号文，第 570—571 页；第 412 号文，第 572—575 页。

[5] 该线长 28 里（《电报商局历年造设电线工程呈数清册（光绪二十九年二月二十日）》，一史馆藏，邮传部全宗·电政类，胶片 1 卷，22-14-1）。

[6] "中研院"近史所编：《海防档·丁·电线》，第 453 号文，第 626—629 页；第 462 号文，第 674—679 页。

继善接盛宣怀电，称大北提出自当月 20 日起，中国出入境官报由该公司转递者，须付足报资（照商报之费核计）方可代寄，不再免费。并称李鸿章已经允准。王继善甚是诧异，随即禀呈总署鉴核。[1] 总署对此亦表示不解。[2] 原定 20 年的大北海线免费递送中国出入境官报缘何施行仅逾三年即突然宣告中止呢？其实，大北此意早在两年前即已向李鸿章有过表陈。

如前所述，英、美、法、德等驻京公使与闻李鸿章批准《六条》，遂要求总署践行 1870 年对英使威妥玛之诺。在反复交涉中，总署虽一再坚持海线不准上岸这一原则，但不得不同意英美等可另设沪港海线。随后，英国大东公司又于 1883 年 1 月 12 日，迫使大北答应《六条》中的利权，由两公司商议共享。[3]

---

[1] "中研院"近史所编：《海防档·丁·电线》，第 703 号文，第 1055—1056 页。

[2] 同上书，第 704 号文，第 1056—1057 页。

[3] 同上书，第 460 号文，第 666 页。此间，大北大东相互发难。大北为证其可总揽中国设线权，特撰《中国电线节略》指出：一、中国为自主之邦，有权决定自己行为。二、1881 年李鸿章所许该公司约据，中国有照办之责。三、中国凡有背与该公司所定字据者，当以违例视之。四、违约之事，或是中央意旨，或出于地方官，皆由中国政府赔偿（"中研院"近史所编：《海防档·丁·电线》，第 459 号文，第 641—661 页）。可见，此四点不仅针对英国，更针对中国。《节略》对外国使用武力迫使中国开放通商口岸的行径及领事裁判权等进行了猛烈抨击，并就 1870 年总署允准英商敷设海线事称，"并非彼此立定约据，想当初不过空文叙述，必无押画明文可以为证，盖其事既违公法，而又无此情理也"（"中研院"近史所编：《海防档·丁·电线》，第 459 号文，第 654 页）。丹国奉准李鸿章批其所禀《六条》之后，大谈中国架设电线的自主之权，称"若有不候主国批准，擅将电线设于某国陆地者，即为越权，此欧洲各国通行之例也"，又称"凡有不奉中国国家允准擅自设立水陆电线者，即为干预中国内政"（"中研院"近史所编：《海防档·丁·电线》，第 459 号文，第 646—647 页）。而就在两个月前（1883 年 3 月 18 日），大北总办爱里克森公开向中国驻英法使馆翻译马格里说，丹港沪海线，"至于上海线端，本公司原未与中国有约，亦未有与之定约之意，盖因友人曾劝本公司，不必申请中国。若请之于中国，中国反致推却。本公司遂将电线带至吴淞，于夜内月明之候，顺江之底铺开电线，至于上海"（"中研院"近史所编：《海防档·丁·电线》，第 435 号文，第 596 页）。可见其双重标准。《节略》又说"中国渐重自主之权，故有拆毁吴淞铁路之举"（"中研院"近史所编：《海防档·丁·电线》，第 459 号文，第 658 页），却不谈中国亦曾多次令丹拆除吴淞旱线事，当是让人无法接受的。大北提出，即便设第二条海线亦由该公司主持。大东不允，要求此线进款归两公司均分，大北又不答应（"中研院"近史所编：《海防档·丁·电线》，第 435 号文，第 597—598 页；第 459 号文，第 642 页）。最后大北提出折中方案：同意英设第二道海线，但须遵守以下三点：一、第二道线由大东敷设，仍以大北之名。二、线端得丹保护方能上岸。三、大东应与大北订明不向中国续求权利，致碍 1881 年中国所予大北之权。但英方不接受（"中研院"近史所编：《海防档·丁·电线》，第 435 号文，第 597—598 页）。在大东执意要求下，1883 年 1 月 12 日，两公司议订：大北允许大东设港沪海线，经福州、汕头，并代禀李鸿章，请清政府批准。大东嗣后在中国再设电线，须先与大北商定，方准开办（"中研院"近史所编：《海防档·丁·电线》，第 450 号文，第 622—623 页；第 460 号文，第 661 页）。中国南境一带，除大东电线外，大北不得该处有接线备工诸事。中国、日本以北，除大北电线外，大东不得于该处有接线备工诸事（"中研院"近史所编：《海防档·丁·电线》，第 460 号文，第 662 页）。另规定：中国允准大北《六条》，应由两公司商议同用，均沾其利（"中研院"近史所编：《海防档·丁·电线》，

这使得《六条》所规定大北海线独占权成为具文。既然利权已不复存在，大北遂提出解除义务，当即向李鸿章要求，中国官报照常给费，但未被允准。迨中国沪粤旱线工竣，大北总办恒宁生再向李鸿章提出，《六条》虽奉批准，但未能永久照办，要求将以前所免各署官报资费，照数算予大北。

对此，中丹双方在交涉中皆作一定让步。李鸿章提出，以前所免报费不应补缴，以后报费可另议章程。大北遂不再坚持补费，但要求自 1884 年 11 月 20 日起，所有中国头等官报由大北寄发者，须照章付资。李鸿章见丹方已作让步，且认为沪粤旱线已经投用，而电报又以内陆往来居多，此可迳由华线接递。其由大北海线至外洋者，究属有限，故可照章给资。至于作商报核计，李鸿章感到，大北大东寄外洋之报，定价不分官商，故亦可同意。但李同时提出让《六条》作废。[1]大北 20 年海线独占权并非因中国的反对而废止，却是由于列强的阻挠而取消，反映出列强侵渔中国之时，尽管如前所揭多"协办谋我"，但亦存在重大利益上的矛盾与冲突。[2]这是晚清时期列强在侵渔中国过程中所表露出的重要特征之一。

厦门接线　1872 年秋，大北公司将港沪线在厦门鼓浪屿田尾地方牵引上岸。此线虽经中丹反复交涉，但未得解决，成为悬案。1884 年中国架成沪粤线，亦经厦门。但在此处实现两线相接，则是在甲午战后。1896 年 7 月 11 日，中国电报局与大东大北签订《齐价合同》（详后）。当日，大北总办恒宁生致函盛宣怀，请求中国电报局添线将厦门中国旱线与鼓浪屿丹国水线接通，并允借其中三条传递大北公司电报。其给予中国的条件是：中国官报经过该公司海线只收半费，且所添之线费用由大北承担。[3]

其时，大北收报在厦门，而机房设在鼓浪屿。盛宣怀认为，该公司此次只言接线，其意实欲在厦门设局通报。故大北的接线之请使得盛宣怀陷于两难境地：一方面，中国若允准，将有不便：一来合同 15 年期满后不易拆除；二来法美等国可能援案从请。界限不分，利害甚重。另一方面，倘不允准，又恐刚达

第 460 号文，第 666 页）。尽管大北一再申明，如此办法，并非代中国做主，仍由中国酌夺。但这一不经中国同意而与大东的幕后交易本身即侵夺了中国主权与利权，反映出的是列强的强权。

[1]　"中研院"近史所编：《海防档·丁·电线》，第 705 号文，第 1057—1058 页。

[2]　关于大东大北的合谋，详本书第一章第二节。另，中方对之深有体认。1883 年 8 月 12 日，署北洋大臣李鸿章指出，据盛宣怀等称，大东大北协力谋我，将来争执之处尚多（"中研院"近史所编：《海防档·丁·电线》，第 511 号文，第 746 页）。

[3]　本段及下段，"中研院"近史所编：《海防档·丁·电线》，第 1177 号文，第 1678—1683 页。

成的中国官报经过该公司海线只收半费的协议落空。为阻止大北在厦设机的企图，又不失其半费许诺，盛宣怀遂答应添设水线，与该公司电线相接，但提出大北水线在鼓浪屿上岸之处，不得展延，以划清该公司电线与中国电报局线路之界限。

应该说，盛宣怀的方案比较切合实际。尽管该方案对大北鼓浪屿上岸之线24年的非法地位终于予以实际上的承认，但毕竟这是一长期未能解决的既成事实，且是在岛屿，而其向厦门内陆扩张的势头在此方案中受到一定抑制。为明确此意，盛宣怀提出，大北所借三条电线只可递其所接之报，不得擅递鼓浪屿至厦门的其他电报。他认为，此举旨在限制该公司于厦门设立电局，以符旧案。[1]总署允准盛宣怀与大北所议。[2] 至此，中丹在厦门接线可谓解决。

在此交涉中，中方虽坚持了一贯的外国为海线、中方为陆线，界限须分明的原则，然因利害关系仍作出较大让步。不过，就实际价值言，收获是主导。

（二）中英接线交涉

中英接线主要为东南地区的吴淞、川石山、九龙三处水陆接线与西南地区的云南缅甸（英属）间陆陆接线。

吴淞接线 英国因李鸿章允准大北享有20年海线独占权而深为不满，提出另设港沪海线，且要求在上海、福州等口上岸。为此，中英间展开长期而广泛的交涉。[3]

综观中英沪港海线交涉，焦点在于英国海线拟在上海及上海以南择口上岸问题上。本来，英商拟设的港沪海线不仅要在上海上岸，且欲于宁波、温州、厦门、福州、汕头、广州等口上岸。这当然是对1870年总署允准的曲解。中国电报局与大东经反复议商，就上述两问题达成共识：上海上岸方面，大东不再要求其线端登陆吴淞，退至大戢山对面洋子角海边，中国电报局架设旱线与之相接，而中国电报局亦要求其接管的粤港线亦照此办法与英商香港水线相接；上海以南各口上岸方面，大东将禀明英国政府酌更前议，不再要求登陆传报。1883年3月31日，《中国电报总局英国大东公司会议上海香港电线章程》签字画押，大东将之寄呈本国政府批准。[4]

---

[1] "中研院"近史所编：《海防档·丁·电线》，第1177号文，第1678—1683页。

[2]《王夔帅来电（六月二十日）》，盛宣怀：《愚斋存稿》第1册，第634页。

[3] "中研院"近史所编：《海防档·丁·电线》，第450号文，第619页；第517号文，第754页。

[4] "中研院"近史所编：《海防档·丁·电线》，第405号文，第562页；第408号文，第565—567页；第412号文，第572—575页；第466号文，第687—690页。

此次交涉，中方收获较大。署北洋大臣张树声称：

> 该道（盛宣怀）等遵照钧署指示，始终抱定离口设法原议，内外坚持，卒使就范，永杜海线进口上岸，并令其线头退出吴淞，应争权利，一一办到。且粤线至港，英人拒华合公司何献墀，不准接至港界，正患相持不下，今亦一并议妥，洵属面面俱到。[1]

正因为如此，尽管大东已认为，"此事办到如此地步，殊非容易"，[2] 英国政府却表示不满，仍坚持趸船进口，或仿大北线例；且上海以南各口中要求在福州、汕头两口亦如厦门丹线办理。对此，盛宣怀初予力驳，[3] 后在英方的一再坚持下，且大东将海线已设至吴淞，遂同意在原议基础上加专条两款：其一，福州、汕头两处允大东择定一处，离口设趸船安置线头。交换条件是，中国可择新加坡或槟榔屿两地中的一地设海线进口；其二，华线仍到吴淞口与彼海线相接，不到洋子角。由于大东所允准的交换条件，就斯时中国实力言，不具现实意义，故可以说这两款的添增，中方让步更大。

1883 年 5 月 8 日，《中国电报局英国大东公司会议续订章程》签字，翌日盖印。5 月 10 日，中国电报局开始架设上海至吴淞旱线，拟与大东水线相接。需指出的是，尽管《续订章程》第二款订明："所有吴淞接线办法，即照光绪九年二月二十三日所议洋子角接线合同十六条一律办理。将来或欲仍归洋子角接线，则吴淞之线仍应拆去。"[4] 但由于大北海线一直在吴淞与中国相接，中国后来也就未曾提及将大东接线退至洋子角。中英上海接线问题在中方一再让步的前提下基本解决。

川石山接线 中英川石山接线交涉可分前后两个阶段。前一阶段为 1883 年中英议定英商海线福州进口问题，后一阶段为 1896 年中英议定中国旱线与英商海线相接问题。按中英原议，英商择定福州口设其海线线端，但只可设于趸船。又，中英《续订章程》并未规定中方须架线与之相接。但接下来英商在办理此

---

[1] "中研院"近史所编：《海防档·丁·电线》，第 405 号文，第 562 页。

[2] 同上书，第 466 号文，第 687 页。

[3] 同上书，第 408 号文，第 564—565 页。

[4] 同上书，第 461 号文，第 673 页。

事过程中，因一再欺诈而导致与中国交涉频仍。

先是大东总办滕恩（J. G. Dunn）的欺诈，对象是福建通商局。滕氏与盛宣怀订立章程后即去闽，与该省通商局大谈在川石山沿海地区，租房设置线头，以接旱线，一切照吴淞情形办理。这显然与中英《续订章程》不符。此时的通商局已接到总署转来的中英《续订章程》以及盛宣怀的嘱托，遂以马尾"官局旱线仅由省城设至长门而止，向不至川石山，现须添线置屋，诸多窒碍"为辞拒之。但在接下来的交涉中，通商局允其趸船暂泊于五虎口内的芭蕉屿，安置线端。[1]

滕恩之诈未成，又有英领事许士（Patrick Joseph Hughes）之诈，对象是李鸿章与总署。1883年6月14日许士面告李鸿章，称闽省已允架旱线相接，并询总署能否准行。总署在未细阅中英《续订章程》的情况下即于6月19日，致函署北洋大臣张树声及福州将军穆图善，以福州海线准英商安设与中国旱线何处相接，饬由福州地方官酌定。[2]总署的答复可算是基本上答应英方的接线请求。这显然与中英原议不符，在张树声、盛宣怀的努力下，迫使英方放弃接线，但中方答应英商海线趸船泊于芭蕉屿之川石山，且中方将长门官局旱线展至该地，为其递报。[3]7月初按此议定《福州电线章程》。[4]

第三次欺诈的始作俑者是英国署正使禧在明（Walter Caine Hillier），对象是总署。本来，中英《续订章程》已订，但滕恩顷闻该国驻华公使巴夏礼将于8月29日起程来华，遂欲以川石山风紧浪大、不易泊船为由而翻前议。[5]8月15日，禧在明向总署诈称，中国电报局已允大东沪港电线可在福州白犬山上岸，与中国电线相接。总署以中国需设海线至白犬山有诸多不便拒之。大东遂提出自愿另设海线至白犬山与中国电线相接。[6]总署再以与合同

---

[1] "中研院"近史所编：《海防档·丁·电线》，第502号文，第736页；《盛宣怀上何璟禀》，王尔敏、吴伦霓霞编：《盛宣怀实业函电稿》上册，第215—216页。

[2] "中研院"近史所编：《海防档·丁·电线》，第472号文，第696—697页；第504号文，第742页。

[3] 同上书；第473号文，第698页；第475号文，第700页；第502号文，第736—740页；《盛宣怀代邵友濂拟复总理衙门》，王尔敏、吴伦霓霞编：《盛宣怀实业函电稿》上册，第215页。

[4] "中研院"近史所编：《海防档·丁·电线》，第493号文，第727页；第522号文，第758页；第530号文，第770—776页。

[5] 同上书，第522号文，第757—759页。

[6] "中研院"近史所编：《海防档·丁·电线》，第512号文，第750页；《沈保靖致盛宣怀函 三》，王尔敏、吴伦霓霞编：《盛宣怀实业朋僚函稿》中册，第1382页；《盛宣怀上李鸿章禀》，王尔敏、吴伦霓霞编：《盛宣怀实业函电稿》上册，第217—218页。

不符驳之。[1] 9月9、10两日，英使巴夏礼与盛宣怀谈及福州电线设立趸船事，盛宣怀表示，合同既立，不可更改。倘川石山确实风紧浪大，可通融，底限为英商海线上岸，但不准立杆；中国旱线代递英海线电报，但不与接头。[2]

11月19日，盛宣怀与大东会订《福州电线合同》，允许大东援照大北厦门线端处置办法，将线端移至川石山沿海岸边租屋安置，但不得设立电杆；华线由长门展至川石山，代其转报，但两线不得相接。[3] 英方对此仍不满意，[4] 不过虽有交涉，未有实质性的进展。翌年9月28日，盛宣怀会同洋务委员伍廷芳与大东总办滕恩在天津签字盖印。[5] 至此，大东沪港电线福州口交涉问题终告结束。[6]

综上可知，在此过程中，大东有三次欺诈，对象虽有别，意旨却一致，即要求中英在福州接线，反映出英方接线愿望之强烈。之所以如此，要因当是，其时中国正设沪粤线，工程已到福建。[7] 一旦此旱线架成，英海线生意必将大损。对此中方是清楚的，故英方的三次欺诈终为中国所驳，反映出中国在反对中英福州接线上的坚决态度。双方此段交涉的最终结果是英方本不应有的分外之想终未能实现，但中方也作出较大让步，为中英的下一步接线埋下伏笔。1896年7月11日，中国电报局大东大北水线公司签订《齐价合同》。不久，中方在允许与大北厦门接线的同时，也援照此案允许了在川石山与大东的接线。[8]

九龙接线 英方因李鸿章允准大北20年海线独占权而请设粤港线，并要求将线端引至沙面河边。[9] 与此同时，粤商亦请办港粤线，获两广总督张树声批准。不久中方将粤港线架至九龙。此间，大东已设成香港至九龙水线。中方华合公

[1] "中研院"近史所编：《海防档·丁·电线》，第516号文，第753页；《沈保靖致盛宣怀函 四》，王尔敏、吴伦霓霞编：《盛宣怀实业朋僚函稿》中册，第1383页。

[2] "中研院"近史所编：《海防档·丁·电线》，第526号文，第761—768页；《盛宣怀上总理衙门王大臣禀》，王尔敏、吴伦霓霞编：《盛宣怀实业函电稿》上册，第221—222页。

[3] "中研院"近史所编：《海防档·丁·电线》，第564号文，第812—817页；第561号文，第806—811页；第569号文，第822—833页。

[4] 同上书，第587号文，第910—911页。第588号文，第911—912页。第596号文，第921—922页；第599号文，第924—925页。第654号文，第996—1000页。

[5] 同上书，第699号文，第1050页。

[6] 同上书，第748号文，第1158—1159页。

[7] 《盛宣怀上何璟禀》，王尔敏、吴伦霓霞编：《盛宣怀实业函电稿》上册，第218—219页。

[8] "中研院"近史所编：《海防档·丁·电线》，第1177号文，第1678—1683页；《王夔帅来电（六月二十日）》，盛宣怀：《愚斋存稿》第1册，第634页。

[9] "中研院"近史所编：《海防档·丁·电线》，第256号文，第301—302页。

司遂提出双方皆作让步，在九龙将两线相接，但英方不肯。

不久，华合公司开始谋划将其并入中国电报局。此时，大东就英商港沪线有关问题正与中国电报局交涉。中国电报局遂要求将两事并议，提出中国允准大东海线在吴淞与中国旱线相接，香港英商水线应与中国旱线相接。1883 年 3 月 31 日，《中国电报总局英国大东公司会议上海香港电线章程》签字画押，规定"中国电报局可将电线自广东通至香港地方与大东公司相接，应照大东公司电线至上海地方与中国电线相接之例，一律办法"。[1] 是年 10 月，华合电报公司并入中国电报局，改为广州电报分局，盛宣怀遂照港沪接线办法，最终与大东订立《九龙香港陆路接线合同》，[2] 广州至九龙线与香港水线接通。

红蚌河接线 中英西南接线问题发生在云南与英属缅甸之间的红蚌河地区。英国欲从缅甸经云南至中国内地辟一捷径之意图由来已久，并吞缅甸后更是强烈。1894 年 3 月 1 日，出使大臣薛福成在伦敦与英议定《滇缅分界新约》，第十六款规定："今拟议定妥章后，即将两国电线接通，俾得两国和好，益加亲密。"此款尽管更体现英方意向，但其时中方亦有需求。因为该条约第十三款规定："中国大皇帝可派领事官一员，驻扎缅甸仰光。"故同样需要中缅接线，以捷消息。

是年 4 月，欧格讷至天津与李鸿章商谈此事，最后形成《中英议订云南缅甸边界陆路电线相接条约》(以下简称《条约》)。[3] 9 月 6 日，欧使与李鸿章画押盖印。[4] 根据该《条约》第三款规定，两线应在 1895 年 3 月 31 日前接通。[5] 为此，中方架设从腾越经南甸、干崖、盏达各土司，达红蚌河东岸中国边界的电线，

---

[1] "中研院"近史所编：《海防档·丁·电线》，第 405 号文，第 562 页；第 408 号文，第 565—567 页；第 412 号文，第 572—575 页；第 466 号文，第 687—690 页。

[2] 同上书，第 264 号文，第 320—330 页；郑观应：《覆香港华合电报公司何昆山书》，夏东元编：《郑观应集》下册，第 1012—1013 页；《光绪十年四月二十六日两广总督张树声等折》，中国史学会主编：《洋务运动》第 6 册，第 356 页；"中研院"近史所编：《海防档·丁·电线》，第 841 文，第 1314 页；中华民国交通部编：《中国国际交通统计·电政》，1930 年，第 30 页。

[3] "中研院"近史所编：《海防档·丁·电线》，第 1012 号文，第 1523—1524 页；第 1014 号文，第 1525—1526 页；第 1016 号文，第 1527—1531 页；第 1017 号文，第 1531 页。关于薛氏与英所订条约，《中外旧约章汇编》第 1 册称《续议滇缅界、商务条款》，第十六条为："今欲令两国交涉与贸易日臻繁盛，并欲中国派驻仰光之领事官与中国大宪往来通电，两国答允，俟可设法通电之时，应将两国电线接连；此线创办之始，专寄滇、缅官商等往来电报"（该书第 580 页）。另，第十三条见《汇编》第 1 册，第 579 页。

[4] "中研院"近史所编：《海防档·丁·电线》，第 1016 号文，第 1527 页；第 1017 号文，第 1531 页。

[5] 同上书，第 1528 页。

1895 年 3 月 24 日完竣，[1] 随即实现中缅接线。[2] 十年后（1905 年 5 月 23 日），因《条约》期满，中英在北京再订《续订滇缅电线约款》，强化对该线的管理，[3] 反映出该接线于英中双方之意义。

1909 年，中缅接线稍有变更。是年缅甸建筑铁路，将电线循太平河南岸修至古里卡，遂命英领事韦礼敦（Ernest Colville Collins Wilton）向云贵总督李经羲提出，中国云南电线由太平河北岸迁延至此，以接其线。李经羲认为，将云南蛮允电线过河展至缅甸古里卡仅 80 里，所费不多，遂答应将滇线展至该地，并拟在此设局，以与缅线相接，蛮允电局不撤。但中英《续订滇缅电线约款》第二款规定：中国腾越电局、英国八募（周冈）电局原为两国接线之局，蛮允为中间之局，均应照旧。[4] 故电报局洋匠孟纳尔指出，中国入缅设局以接其线，与此定不符。若在缅设局，须由两国政府改约后方可。李经羲感到如此一来将大起麻烦，虑及古里卡界在蛮允与八募之间，遂再提出：仍以蛮允为中间之局，中国展线至古里卡，但不在此设局，其两头接线电局仍为腾越、八募。经此变通，因"于原约无大出入"，邮传部、外务部皆认可。[5] 工程遂兴，中国电线因此而稍入缅境。

据上可知，中英吴淞、川石山等地接线是由于英国力欲打破丹线的垄断地位，进一步反映出列强在侵渔中国之时的利益冲突；中缅接线主要是英为开辟中国西南通道之需。对于前者，因威胁到中方利益而遭清政府的大力抵制；而于后者，清政府因其部分地适应中国之需，故积极响应。由此可在一定程度上看出，清政府在接线中对民族利益的维护。

（三）中法接线交涉

中法接线主要发生于法属越南与中国接壤的两广及云南等处。其中，两广两处：镇南关与东兴；云南两处：蒙自与思茅。[6]

---

[1] "中研院"近史所编：《海防档·丁·电线》，第 1095 号文，第 1596 页。

[2] 3 月 30 日英外交部向总署祝贺该线接通（"中研院"近史所编：《海防档·丁·电线》，第 1035 号文，第 1554 页）。

[3] 《续订滇缅电线约款》，王铁崖编：《中外旧约章汇编》第 2 册，第 299—301 页。

[4] 同上书，第 299 页；"中研院"近史所编：《海防档·丁·电线》，第 2261 号文，第 2861 页。

[5] "中研院"近史所编：《海防档·丁·电线》，第 2261 号文，第 2861 页；第 2262 号文，第 2862—2863 页。

[6] 除两广云南陆路接线成功外，法国还曾提出厦门海线接线事宜，交涉亦历多年，但最终未能实现。基本情况是：1900 年春，法驻华公使毕盛向总署要求设越南顺化至厦门水线，并在厦门登岸。因大北已有在厦门鼓浪屿设线前例，盛宣怀遂允其线端至鼓浪屿，接入大北局内。但要求该公司先与大北议妥，

镇南关接线 中国电报线最早与国外陆线通联的当是镇南关接线。该接线由法方于中法战争结束后不久提出，盖《中法新约》签订后，法国急欲打通中国西南的商务通道，加强越南与该地区，并通过该地区与中国其他地区的联系；此外，还欲藉此以争夺英、丹在中国所取得的电报利益。

法国在越南的电线，中法战争前，旱线自镇南关边外起，以达越南东京、西贡等处，并由西贡达连泰国都城彭高，又经缅甸至印度，[1] 每年报费约在 10 万两以上。[2] 倘中法接线成功，中国西南地区的电报可通过法属越南电线发寄上海、北京，并可达海参崴、欧洲等处。对此，法国公使恭思当（J. A. E. Constans）于 1886 年 11 月 12 日照会总署，称中国曾架线至镇南关[3]，离越南同登电报局仅 50 里。若该两处电线接通，越南电报由东京，历香港、上海，抵北京，则该线收益，大半为中国所得。且是时德、俄等国正议章程，如北路电线价廉，应由海参崴直达欧洲，必用此线。[4] 所言虽着重表明该接线于中国之利，但对于法国之利益亦可从中窥见。

就中方来说，尽管不完全采信法使所言，但深知与英、丹等在中国东部沿海上岸之线相接不同的是，该接线非但不会损害中国利益，反会增加中国的报费。电报局洋参赞博来称，连接法线，因中国龙州至广州报价每字 0.26 元，再加法线报费，总价比海线便宜，利于中方竞争。不过，对于寄欧、美、澳等洲电报，

并与中国电报局订定报价合同，方准转递电报。得允后，法加紧设线的准备工作。翌年 2、3 月间，法船只抵厦门，准备敷线。盛宣怀拟定简明办法三条，呈总署，大抵是将上年春答复法使的意见条理化：一、法水线可在鼓浪屿登岸，线端接入大北局内，一切办法，应由法政府与大北、中国电报局另订专章。二、此线只准设在鼓浪屿，不得延至中国其他地区。三、凡由此线传递之报，本线及过线费，应照 1888 年 12 月 1 日中国与法所订《广西东京陆路接线处合同》规定执行（"中研院"近史所编：《海防档·丁·电线》，第 1672 号文，第 2196 页）。该线不久设成，法遂提出与中国旱线相接。本来，法国请设此线即是乘义和团运动、中国兵乱之危，故中国对法之接线请求一直未准（"中研院"近史所编：《海防档·丁·电线》，第 2113 号文，第 2746 页）。1908 年 1 月 6 日，邮传部致函外务部称，1888 年 12 月 1 日《中法电报接线条款》所订限期为十五年，至 1903 年 11 月底届满，早应续订新约，只以庚子之乱，法人由都郎自设水线接通厦门，径行登岸。当续订之时，中国电局初议不与接线，以为诘询厦门水线张本。继议将该水线载入续约，以为限制法线不再扩充之计。辗转磋商，一再延恳。邮传部还认为，如果搁置不办，则原约第十款内载，每法郎合洋银二角六分，核与当下市价，吃亏不少，故不得已，又与法使磋议，将厦门水线暂不并提，但将法郎合作洋银一节，改为随照市价，先订展期，以保利益（"中研院"近史所编：《海防档·丁·电线》，第 2122 号文，第 2756 页），使得法厦门接线之愿未能实现。

[1] "中研院"近史所编：《海防档·丁·电线》，第 870 号文，第 1366—1369 页。

[2] 同上书，第 855 号文，第 1336 页。

[3] 法使所言为中法战争期间情形，战后镇南关线即拆除，仅至凭祥。

[4] "中研院"近史所编：《海防档·丁·电线》，第 855 号文，第 1336 页；第 870 号文，第 1366—1369 页。

到西贡后，仍须由英水线转递。广州、香港至西贡中法旱线，寄报虽比英水线稍廉，但迟速迥殊，恐难与之竞争。[1] 在此情形下，盛宣怀提出，"无事之秋，不妨接线以收利益；有事之际，仍可断线以示隔绝。是以各国电线，未闻以相连为害也"。[2] 赞成之意溢于言表。李鸿章亦认为，中国电线与英、丹相接已久，于大局大有裨益。现与法线连接，还可收越南、泰国、印度等处商报之利，[3] 即便"有时断线阻信，仍可操纵由我"。[4] 可见，盛宣怀、李鸿章等甚愿与法在中越边界接线，以打破英丹海线对中国出入境电报之垄断。

1887 年 3 月 14 日，总署同意法使所请，[5] 接线谈判随即展开。翌年 8 月，中法议订《广西之镇南关电线与越南北圻之同登地方法线相接事宜》，[6] 12 月 1 日，又在此基础上正式订立《滇越边界联接电线章程》，对于中法接线范围有较大拓展，具体由一处增至三处：除法使所请的越南北圻之同登电局与中国广西之镇南关电局接线外，另两处分别是北圻之芒街（即蒙开）电局与中国广东之东兴电局接线，以及北圻之保胜（即老开）电局与中国云南之蒙自电局接线。关于接线时间，《章程》规定俟奏明中国政府批准后，镇南关与同登两局立即接线，而东兴与蒙开、蒙自与老开接线当在条款批准后 18 个月内完成。[7] 12 月 14 日，《章程》由李鸿章奏知清政府，[8] 获得允准。[9]

既然《章程》已获清政府允准，接线工作当展开，但实际情况并非一帆风顺，

---

[1] "中研院"近史所编：《海防档·丁·电线》，第 870 号文，第 1366—1369 页。

[2] 同上书，第 1367 页。

[3] 李鸿章：《中法接线折（光绪十四年十一月十二日）附章程》，戴逸、顾廷龙主编：《李鸿章全集》第 12 册，第 514 页；1884 年 7 月 30 日，盛宣怀上左宗棠禀："顷接大东公司电报云：昨日法廷与大东总公司订约，托大东赶设新水线一条，由西贡至东京，直达香港。恐有大举。"（《盛宣怀上左宗棠禀》，王尔敏、吴伦霓霞编：《盛宣怀实业函电稿》上册，第 219 页。）

[4] 世续等纂：《清实录》第 55 册，第 508 页。

[5] "中研院"近史所编：《海防档·丁·电线》，第 874 号文，第 1373 页。

[6] 李鸿章：《中法接线折（光绪十四年十一月十二日）附章程》，戴逸、顾廷龙主编：《李鸿章全集》第 12 册，第 513—514 页。

[7] 《滇越边界联接电线章程》，王铁崖编：《中外旧约章汇编》第 1 册，第 541—542 页；李鸿章：《中法接线折（光绪十四年十一月十二日）附章程》，戴逸、顾廷龙主编：《李鸿章全集》第 12 册，第 513—514 页；"中研院"近史所编：《海防档·丁·电线》，第 1050 号文，第 1566 页；第 1271 号文，第 1786 页。

[8] 李鸿章：《中法接线折（光绪十四年十一月十二日）附章程》，戴逸、顾廷龙主编：《李鸿章全集》第 12 册，第 513—514 页。

[9] 世续等纂：《清实录》第 55 册，第 508 页。

两广总督张之洞与闻后起而反对。他首先从经济角度指出，李鸿章批准盛宣怀的筹议，无非为中国受益起见。但据博来说帖知，英国原有大东水线可达各国，中法旱线虽接，仍须由水线转寄，价虽稍廉，而迟速迥异，且多周折，将来电报未必能多。况且镇南关电线，早已撤至凭祥，拟逐渐收至龙州。其东兴电线，原为勘界而设，界务既竣，即拟收至钦州。镇南关、东兴之线既撤，龙州钦州距越界一二百余里，绝无为法国特造长线待其来接之理。接着又从政治角度分析，认为广西太平府上思州、广东钦廉等处，教堂教民甚多，龙州为商务总汇，一旦有事，西人信息灵通，即便立即断线，战守之机已失。况且东兴一带人情浮动，常思与法寻仇，倘知此线为与法接线而设，难保不聚众滋事。文武官弁相距较远，弹压照料困难。最后又从外交角度指出，镇南关、东兴地僻人少，难免因雷雨而使电报梗阻舛误，届时交涉必多。[1]

张之洞立论皇皇，可谓义正词严，盖封疆大吏更关心地方稳定，避免因小利而滋大事，但细究起来，却有争权之嫌。由于该接线三条中有两条是在两广，又主要为官线，属两广总督管辖。然对此接线，李鸿章事前并未与张之洞商议，只是事后告知："业经咨商总理衙门核准，照复法国公使，允其接连在案。臣即分咨粤省督抚臣查照，一面饬盛宣怀会商粤电局妥办。旋据盛宣怀禀称，奉两广督臣张之洞批示。"[2] 但对李鸿章所言接线已经总署允准，让粤省督抚遵办，张之洞本已不满，又见李鸿章言盛宣怀已奉其批示，与事实相悖，从而大发感慨："嗣据登莱青道盛宣怀禀同前事，其时已在北洋批准接连总署覆准之后，其准驳之权已不属之于粤，准固无所用其准，驳亦无从施其驳，并非由臣批准而后定议也。嗣后未据盛宣怀将章程禀送。"

此段话是张之洞对其为何事后驳奏所作出的解释，但其中，他对所辖区域接线之议，事前不与商闻，仅事后咨文遵办这一运作程序深为不满，也是溢于言表的。故他接着称：接线之议，发端于法，"惟所接乃两广地方之官线，所关乃两广地方之利害，而创议之初，并未与两广督抚臣一商，迨已有成说而后咨臣接办，及定议之时亦无函电咨会，迨臣电既发而云已画押在先。"并列出

---

[1] 张之洞：《电线不宜与法接折（光绪十四年十二月二十日）》，苑书义等主编：《张之洞全集》第1册，第650—653页。

[2] 李鸿章：《中法接线折（光绪十四年十一月十二日）附章程》，戴逸、顾廷龙主编：《李鸿章全集》第12册，第513页。

上述种种利小弊大情形后指出："臣皆已详电总署及李鸿章，无如臣在先未得与谋，无从阻止，电至业已画押，致难挽回。"[1] 据此似可看出，张之洞反对接线，一方面是因两广地区的特殊情况，但其背后更有着对李鸿章越权不满之成分，而此当是地方督抚间争权之重要表征，晚清政治之特色于此可略见一斑。李鸿章经此事后不得不有所顾忌。接下来的东兴接线，李鸿章电张之洞称，"或可推延中止，届期由粤酌量议奏"。[2]

因镇南关接线中法约款规定甚急，中国旋架线至该地，与越南法线接通。[3] 可肯定的是，它使得中国电线除了与英、丹海线相接以通外洋外，又增加了新的陆上通道，这对打破英、丹对中国出入境电报的垄断有一定意义。

东兴接线 张之洞的反对尽管未能阻止镇南关接线，却使东兴接线搁浅。时至翌年，接线约期在即，法使询催，[4] 但清政府未予采纳。再次提及东兴接线是在七年之后。1895 年 6 月 20 日，中法在北京订立《续议商务专条》，其附章第一条规定：广东边界与越南芒街相对之东兴街，法国派领事官驻扎。[5] 为便于该地法领事与越南电报往来，法国驻华公使施阿兰要求尽快落实前议，将东兴、芒街两处电线连接。[6] 对于法使请求，总署随即允准，行文署北洋大臣王文韶，让其转饬中国电报局办理，以符约章。[7] 1895 年 8 月 8 日，中国开工架线。当月 20 日，与法线接通。[8]

蒙自接线 《滇越边界联接电线章程》的执行在广西遇到阻力，但在云南则甚为顺利。据该约规定，1890 年 5 月（光绪十六年四月）应是蒙自接线的最后期限。在法使的询催下，李鸿章遂与云贵督抚反复电商。是年 3 月 2 日，李鸿章会同云贵总督王文韶、云南巡抚谭钧培奏设蒙自至红河东岸电线，以与法

---

[1] 张之洞：《电线不宜与法接折（光绪十四年十二月二十日）》，苑书义等主编：《张之洞全集》第 1 册，第 650—652 页。

[2] 同上书，第 652 页。

[3] "中研院"近史所编：《海防档·丁·电线》，第 1110 号文，第 1618 页；李鸿章：《筹办蒙自电线片（光绪十六年二月十二日）》，戴逸、顾廷龙主编：《李鸿章全集》第 13 册，第 309—310 页。

[4] 李鸿章：《筹办蒙自电线片（光绪十六年二月十二日）》，戴逸、顾廷龙主编：《李鸿章全集》第 13 册，第 309 页。

[5] 《续议商务专条附章》，王铁崖编：《中外旧约章汇编》第 1 册，第 622 页。

[6] "中研院"近史所编：《海防档·丁·电线》，第 1050 号文，第 1566 页。

[7] 同上书，第 1051 号文，第 1566 页。

[8] 同上书，第 1064 号文，第 1575—1576 页；第 1066 号文，第 1577 页；第 1067 号文，第 1578—1579 页。

属越南之保胜电线相接。[1]5月20日中方自蒙自架线至中越边界之红河东岸，由于法方的耽搁，直到1894年才与越南法线接通。[2]

思茅接线　1895年6月20日，中法签订《续议商务专条》附章第六条规定：将中国思茅电局与越南孟阿营电局接通。[3]11月6日，法使施阿兰照会总署，催办此事。[4]对此，中国电报局鉴于蒙越接线后商报寥寥的情状而拟抵制。云贵电报局委员李必昌查得，中国电线现至蛮耗，由蛮耗至思茅700里，由思茅至孟阿营亦700里，皆为烟瘴之地，接线于中国毫无益处，从而提出缓设此线。[5]但法使一再坚持，[6]中国电局被迫答应兴办。[7]1896年1月3日架线在通海开工。1897年2月26日设至新坝卡。但因法线尚未修至该地而一再推迟，[8]直到1898年1月2日，法线始到坝卡。是日，中法电线在此接通。[9]

（四）中俄接线交涉

中俄接线主要在中国的东北、华北、西北等两国交界区域。从中方的态度看，对东北接线较主动积极，而应付于西北接线。这一情状缘于各接线对中国功用之差异。

珲春接线　中俄东北接线始于珲春。1902年11月22日，外务部奏称，中俄接线"溯自光绪十三年，由俄国使臣库满创议，请将珲春、海兰泡电线，与俄线相接，并展接恰克图线，互享利益，彼此议立草约"。[10]此与事实有差距：接线并非由俄使库满（Alexis Coumany）创议，而是由盛宣怀率先提出；另，在盛宣怀之后、库满之前，还有俄驻华署使拉德仁（N. Ladyjensky）亦提出中

---

[1] 李鸿章：《筹办蒙自电线片（光绪十六年二月十二日）》，戴逸、顾廷龙主编：《李鸿章全集》第13册，第309—310页。

[2] "中研院"近史所编：《海防档·丁·电线》，第1110号文，第1618页。

[3]《续议商务专条附章》，王铁崖编：《中外旧约章汇编》第1册，第623页。

[4] "中研院"近史所编：《海防档·丁·电线》，第1092号文，第1594页。

[5] 同上书，第1110号文，第1618—1619页。

[6] 同上书，第1121号文，第1626页。

[7] 同上书，第1201号文，第1700页；第1214号文，第1710—1711页；第1218号文，第1714页；第1227号文，第1736页。

[8] 法方初拟6月接线（"中研院"近史所编：《海防档·丁·电线》，第1267号文，第1781页），后推迟至八九月（1897年9月15日盛宣怀称，思茅线已于这年2月26日工竣，而法线尚须迟至八九月方可到界（"中研院"近史所编：《海防档·丁·电线》，第1289号文，第1805页）。

[9] "中研院"近史所编：《海防档·丁·电线》，第1366号文，第1882页。

[10] 同上书，第1769号文，第2311页。

俄珲春接线。珲春线完工是在 1886 年 10 月（光绪十二年九月）下旬。而在该年夏间，盛宣怀即请李鸿章与俄国驻华署使拉德仁面商中俄珲春接线办法。[1]

盛宣怀主动提出与俄接线缘于该接线的商业价值。前此，与中国电线相接的为英、丹水线，故中国出入境电报只能由之发递，不仅让中国此类电报利益为英、丹所垄断，且因该水线处于操控地位，而使得报费甚昂。对此，就连德国人也报怨：

> 向来华达欧之电线，从海面行走，乃丹人为之，后亦有英人之股，而每发电信一句，须费英洋二元。盖道路迢远，故其价如此之昂，皆丹英人贪利之心为之也。[2]

上述情况让盛宣怀感到，中外官商皆愿由中国旱线递寄欧洲电报，因为报费较英丹海线便宜。[3]此潜在的巨大商机成为盛宣怀提出中俄接线的基本动因。

但中方的意愿并未能迅速实现。中方虽竭力求接，却屡遭俄方婉拒：李鸿章与俄使拉德仁屡议接线办法，拉德仁多推诿。这是此次中外接线交涉与其他接线交涉迥异之处。

其实，俄方一再推诿，并非出于本意。在珲春电线架设的前方，总办佘昌宇已与俄国就接线事宜正暗相接触。1886 年 8 月 31 日，佘昌宇致函盛宣怀：

> 宇（佘昌宇）兹托清帅（吴大澂）探询中俄接线机宜，据复已与巴拉诺伏商定，电调其总管电线公司齐米尔满从黑龙江来，与宇面议条款合同。[4]

可见，俄方亦愿接线。对此，俄拉德仁甚至直接向李鸿章表达过。盛宣怀曾奉李鸿章电谕："前署俄国拉使过津回国，晤云俄极欲接线。"[5]

既如此，迨中方提出接线后，俄使缘何一再推诿呢？主要是英、丹力阻。

---

[1] "中研院"近史所编：《海防档·丁·电线》，第 903 号文，第 1403 页。

[2] 同上书，第 911 号文，第 1423 页。

[3] 本段及下段，"中研院"近史所编：《海防档·丁·电线》，第 903 号文，第 1403 页。

[4] 《佘昌宇致盛宣怀函 九》，王尔敏、吴伦霓霞：《盛宣怀实业朋僚函稿》中册，第 1127 页。

[5] 本段及下段，"中研院"近史所编：《海防档·丁·电线》，第 903 号文，第 1403 页。

盖中俄一旦接线，英、丹海线必受影响。内中的国际纠缠十分复杂，俄是大北的幕后支持者，在该公司投有重资，倘大北海线受损，这是俄所不愿看到的。故英、丹与闻中国拟与俄接线后，一面活动俄廷，一面要求中方中止。结果是中方不予答应，但俄使却提出：中国"必须与东、北两公司议明办法，中俄乃可议接"。所谓要求中国"与东、北两公司议明办法"，实质是"略给丹便宜，免英、丹海线中废"。在三国的联合施压下，中方无奈，只得与英、丹展开交涉，1887年8月10日中、英、丹《华洋电报三公司会订合同》在烟台签押盖印（详后）。

在中俄边界，双方就接线问题本已暗相接触，也因俄使的态度终使得珲春前方的接线交涉停顿下来。1886年11月30日，盛宣怀收佘昌宇函称：

> 珲至俄界只卅五里，线钩碗等已具准备。但吴清帅来函，巴使云须电请其外部核定，且调俄员须九月下旬方到，而海参崴将届封河；如工竣俄员不到，拟先做至俄界，令局员与其筹议。或明春再议，断不能老等两误也。[1]

中、英、丹烟台会议开始后，中俄边界的接线交涉又重新提起。1887年6月21日，佘昌宇再函盛宣怀："昨接依尧山（依克唐阿）都护吉垣来函云，俄官克拉多夫请接电线，尧翁欲先将长岭交界之线接入俄界十五里，至珠儿河俄卡伦与其行营之线相接，以通声气。"[2] 中、英、丹签订《华洋电报三公司会订合同》后，中国电报局就珲春接线事宜与俄展开正面交涉。1887年9月2日，中国电报局洋参赞博来与俄商董四达尔祚福会订《珲春接线简明草议》（以下简称《草议》）。此即前引外务部折中所称之《草约》。该《草议》规定，中国电报局与俄国电报局即刻在中国珲春与俄国距边界最近之局间将电线接通，至于传递电报及收费等项，均照万国公会1885年在德国柏林重订章程办理。[3]

但《草议》签订后多年，该线并未接通，个中原由仍是来自英、丹的阻力。中方深知接线越快越有利，故甚愿尽早完成。此可从1892年4月23日盛宣怀

---

[1] 《佘昌宇致盛宣怀函 十一》，王尔敏、吴伦霓霞编：《盛宣怀实业朋僚函稿》中册，第1129页。

[2] 《佘昌宇致盛宣怀函 二十五》，王尔敏、吴伦霓霞编：《盛宣怀实业朋僚函稿》中册，第1143页。

[3] "中研院"近史所编：《海防档·丁·电线》，第912号文，第1424—1425页。

致孙毓汶函中看出："洋人已知前约吃亏，多有延误。因电报中外生意居多，旱线迟通一日，水线多得数百元，在彼乐于迟，在我乐于速。"[1]就在盛宣怀函发出的同月，俄使喀希呢（Count A. P. Cassini）再向总署提议海兰泡、珲春等处接线事宜。李鸿章遂让盛宣怀与俄驻津领事官王厚商谈。[2]8月25日，中俄又议订《边界陆路电线相接条约》（以下简称《条约》），其第二款规定，中国珲春电局与俄国诺我奇业伏斯科（即岩杵河）电局，两线相接。[3]直到此《条约》互换后，两处电线才照章接通。[4]

据上可知，中国最早从经济利益角度主动提出中外接线的当属中国拟与俄国在珲春的接线。由于英、丹的阻挠，使得此接线之议在中法接线获准后仍迟迟未能准行，在《中英丹齐价合同》订立后才被正式提上日程，而最终接成又在该合同订立五年之后，从中可看出列强的巨大牵制力量。但即便如此，盛宣怀仍称：中俄接线后，"中国岁可坐得出洋电报十余万之稳利，官报亦可省费"。[5]经济价值十分可观，并增加了中国将来在与英、丹就电报齐价问题谈判中的筹码，可见此中蕴涵的外交意义亦较巨。

海兰泡接线　前揭中俄《条约》第二款除规定中国珲春电局与俄国诺我奇业伏斯科电局、中国恰克图买卖城设局与俄国恰克图电局接线外，亦规定中国海兰泡电局与俄国巴拉哥委斯成斯科电局应当接线。其第三款又规定，该接线应俟水线运到安妥后立即行动，自画押日起，不得超过六个月。[6]后，该接线依限完成。[7]

---

[1]《盛宣怀致孙毓汶函》，王尔敏、吴伦霓霞编：《盛宣怀实业函电稿》上册，第238—239页。

[2] 李鸿章：《与俄连接电线定约折（光绪十八年七月十八日）》，戴逸、顾廷龙主编：《李鸿章全集》第14册，第487页；《盛宣怀致孙毓汶函》，王尔敏、吴伦霓霞编：《盛宣怀实业函电稿》上册，第238—239页。

[3]《边界陆路电线相接条约》，王铁崖编：《中外旧约章汇编》第1册，第559—560页；"中研院"近史所编：《海防档·丁·电线》第1712号文（第2256—2257页）所载稍有出入：称"其三，中国恰克图之电局，两线相接"，所缺文字估为抄写误漏。另，1895年俄使喀希呢照会总署时称，"中俄议订相接两国边界陆路电线章程第二条，言明在珲春及巴拉格威斯城，接设中俄电线"（"中研院"近史所编：《海防档·丁·电线》，第1040号文，第1557页），所言似有误。因为"第二款中俄电线相接之处，其一，中国珲春之电局，与俄国诺我奇业伏斯科之电局，两线相接。其二，中国海兰泡之电局，与俄国巴拉哥委斯成斯科之电局，两线相接"（"中研院"近史所编：《海防档·丁·电线》，第1712号文，第2256页）。

[4] "中研院"近史所编：《海防档·丁·电线》，第1040号文，第1557页。

[5]《盛宣怀致孙毓汶函》，王尔敏、吴伦霓霞编：《盛宣怀实业函电稿》上册，第238页。

[6] "中研院"近史所编：《海防档·丁·电线》，第1712号文，第2256—2257页。

[7] 1899年11月20日，盛宣怀咨文总署称，1892年，前北洋大臣李鸿章与俄喀希呢订两国《边界陆路电

恰克图接线　中俄华北接线是在恰克图。该处接线，早在中国拟自设此线之先即向俄作出承诺。1864 年，俄将陆路电报线修至清恰克图附近，派出技师哈博兰来华，游说架设京恰线，总署虽未允准，但答应"将来我国如须与外国通报，必先与俄在恰克图接线"。[1] 后俄因西伯利亚旱线在海参崴与丹国水线相接，[2] 不再提及。

中国开始大规模建设电报后，国人亦开始有架设京恰线并与俄线相接，以打破英、丹垄断中国出入境电报的意图。1884 年 11 月，大北因中国沪粤线及英国港沪海线的敷设而禀请李鸿章废止《六条》，得允。中国头等官报于当月 20 日起，由大北电线寄发者须付足电资。[3] 为省报费，出使欧洲的曾纪泽遂有架设恰克图线之意。[4] 1887 年春，盛宣怀亦曾想架此线，但李鸿章以经费难筹而未允准。[5] 嗣后在中、英、丹烟台会议期间，中国电报局为连接中国与欧洲旱线，表示必造恰克图线。[6] 同年，朝鲜电线架成，俄拟与朝接线，天津电报学堂总管朱其诏担心俄朝接线，"朝鲜得一分利犹之可也，俄与朝多一保护藉口，恐有后患"。为杜此后患，遂提出将恰克图线接通。此时，李鸿章态度有所改变，但仍担心筹款困难，朱其诏遂提出俟盛宣怀来津再商。[7]

对于中国拟设恰克图线以通欧洲之举，列强中亦有支持者，德国即是其中之一："现闻中国欲修电线一段，由京至恰克图，而达于俄国。由恰克图至欧洲之电线，其价甚廉。此乃良法美意，官商所仰望者也。"故在得知大北公司提出诱惑条件，以阻止中国架设该线之时，表示出忧虑。[8]

第一次《齐价合同》订立后（详本章第二节），中国架设恰克图线的愿望已大为降低。俄国人再次提出了架设恰克图线。1892 年 4 月，俄使喀希呢请求中国建造恰克图线，与彼国电线相接，总署让李鸿章商办。8 月 25 日中俄议订《边

线相接条约》，珲春、海兰泡两处，电线早经次第依限相接（"中研院"近史所编：《海防档·丁·电线》，第 1619 号文，第 2152 页）。

[1] 编委会编：《交通史·电政编》第 1 章，第 1 页。

[2] 李鸿章：《与俄连接电线定约折（光绪十八年七月十八日）》，戴逸、顾廷龙主编：《李鸿章全集》第 14 册，第 487—488 页。

[3] "中研院"近史所编：《海防档·丁·电线》，第 705 号文，第 1057-1058 页。

[4] 同上书，第 911 号文，第 1423 页。

[5] 《朱其诏致盛宣怀函 二十七》，王尔敏、吴伦霓霞编：《盛宣怀实业朋僚函稿》上册，第 346 页。

[6] "中研院"近史所编：《海防档·丁·电线》，第 903 号文，第 1404 页。

[7] 《朱其诏致盛宣怀函 二十七》，王尔敏、吴伦霓霞编：《盛宣怀实业朋僚函稿》上册，第 346 页。

[8] "中研院"近史所编：《海防档·丁·电线》，第 911 号文，第 1423 页。

界陆路电线相接章程》，规定恰克图接线，俟中国电报局京恰线设成后即行举办，自画押之日起，不得超过五年。[1] 按此要求，中国必须在 1897 年 9 月（光绪二十三年八月）前架成京恰线。但随后不久，中日战争爆发，架线工作未正式启动。[2]

1896 年 11 月 5 日，俄使巴布罗福照会总署，声称距中俄议订《边界陆路电线相接章程》所定恰克图线建成时限已不足 10 个月，催促建办。[3] 中国电报局遂招股筹资，拟架是线。但不久英、丹针对中俄接线收费问题又与中国订立第三次《齐价合同》（1897 年 5 月 13 日），[4] 使得京恰线预期收益进一步降低。对此，盛宣怀后称：

> 自光绪二十三年春间，俄国喀使商请华电局与大北东水线公司，订立《齐价合同》，则恰克图电线兴造迟速，于中俄两国利权无甚关系，与前订原约之时，情形实有不同。[5]

职是之故，中方架线的积极性更加弱化，对俄使之催不作回应。1897 年 7 月 10 日，巴布罗福又向总署递《中俄旱线续约》草本（以下简称《续约》）。鉴于中方的消极态度，该约将中俄《边界陆路电线相接章程》（1892 年 8 月 25 日）一些条目作出修改，主要是对恰克图接线的展限，将原约第三条第三节规定改作不得逾 1898 年 11 月 1 日，其北京至张家口线应于 1897 年内完工，另对双方应收电资亦有相应改动。[6] 总署让盛宣怀酌核此《续约》。[7] 盛宣怀再以运料困难，

---

[1] “中研院”近史所编：《海防档·丁·电线》，第 1199 号文，第 1698 页；第 1206 号文，第 1703 页；第 1712 号文，第 2257 页；《筹办张家口至恰克图边境电线工程折（光绪二十五年二月）》，盛宣怀：《愚斋存稿》第 1 册，第 98 页；《边界陆路电线相接条约》，王铁崖编：《中外旧约章汇编》第 1 册，第 560 页。

[2] “中研院”近史所编：《海防档·丁·电线》，第 1206 号文，第 1703 页。

[3] 同上书，第 1199 号文，第 1698 页。

[4] 详见本书本章第二节。

[5] “中研院”近史所编：《海防档·丁·电线》，第 1274 号文，第 1789 页。

[6] “中研院”近史所编：《海防档·丁·电线》，第 1260 号文，第 1774—1776 页。1897 年 7 月 20 日，俄署使巴布罗福再向总署递此《续约》（“中研院”近史所编：《海防档·丁·电线》，第 1269 号文，第 1784—1785 页），内容又有改动，如最后规定，中国应取一甲一甲三乙二所定报资一法郎五十生丁。而上次所递仅言：“中国应取甲一甲三乙二所定报资宜减去，其应减若干，应由两国会同商订。”

[7] “中研院”近史所编：《海防档·丁·电线》，第 1264 号文，第 1778 页。

提出库伦至张家口电线只能在1900年（光绪二十六年）完工，[1]故接线不应早于此。俄表示接受。[2]9月6日双方画押。[3]俄方催促该线架设不能再为推延。[4]

《续约》订立不久，中国电报局较为配合，由北京向张家口设线，1898年1月完竣，11月20日又建成库伦至恰克图线。[5]次年5月10日张家口至库伦段开工，11月10日完竣。至此，京恰线全线开通。[6]15日，盛宣怀致函俄使格尔思（M. N. de Giers），称京恰线全路工竣。让其转俄督办电政大臣，饬知边界电局，悉照1892年所订各条办理，[7]中俄恰克图接线实现，这较中国之原计划有所提前。此情形的出现，推究其源，主要在于总署出于外交上的考虑，不愿因一再推延而开罪于俄、德等列强。[8]

塔城接线 中国西北接线始于塔城，接线原因在于珲春电线的被毁，由俄国提出。1895年，珲春电线因中日战争而毁。俄国公使喀希呢于是根据《边界陆路电线相接章程》第二款的规定（其他各处，将来中俄电线有相邻近者，须两国视为有益，再行相接），于中日战争结束后不久（1895年5月20日）照会总署，请求在新疆塔尔巴哈台（塔城）与俄巴克图接线。[9]

对此请求，官商的态度初时有异。是时，中国电报线在西北已架至新疆塔城，与俄境巴克图相距34里。总署基于外交上的思虑，认为可照约接线，以昭睦谊。但中国电报局认为，陕甘新疆等省电线的架设，主要是为畅通边防消息起见，并未从商业利益考虑。其自西安经兰州、肃州、嘉峪关、迪化达塔城8,000里官线，为节省经费，安排值报人员甚少。倘接线发报，难如

[1]“中研院”近史所编：《海防档·丁·电线》，第1274号文，第1788—1789页。

[2] 同上书，第1284号文，第1798页。

[3] 同上书，第1285号文，第1799页。据1902年3月8日俄使雷萨尔照会知，前此，即1896年6月30日还有一次增改（“中研院”近史所编：《海防档·丁·电线》，第1693号文，第2223页）。

[4]“中研院”近史所编：《海防档·丁·电线》，第1288号文，第1804页。

[5] 同上书，第1472号文，第1979页。

[6]《恰克图电线工竣折（光绪二十五年十二月）》，盛宣怀：《愚斋存稿》第1册，第140页。

[7]“中研院”近史所编：《海防档·丁·电线》，第1619号文，第2152—2154页。

[8] 总署曾将其催促中国电报局如期接线事，照知德使海靖（“中研院”近史所编：《海防档·丁·电线》，第1472号文，第1979页）。

[9]“中研院”近史所编：《海防档·丁·电线》，第1040号文，第1557页。《中俄议订两国边界陆路电线相接条约》第二款规定：“中俄电线相接之处，其一，中国珲春之电局，与俄国诺我奇业伏斯科之电局，两线相接。其二，中国海兰泡之电局，与俄国巴拉哥委斯成斯科之电局，两线相接。其三，中国恰克图之电局，（与俄国）两线相接。其他各处，将来中俄电线有相邻近者，须两国视为有益，再行相接。”（“中研院”近史所编：《海防档·丁·电线》，第1712号文，第2256—2257页。）

东路海兰泡等线灵捷。况中日议和已定，日本不久退还辽东电线，届时赶紧接修。但鉴于总署的态度，盛宣怀还是答应中俄塔城接线，以为备用，[1] 不过转函俄使喀希呢：此路线长局多，接通之后传报不能如东线迅速。[2] 一方面仍欲打消俄使的接线念头，另一方面倘俄方坚持，还可为接线后若打报难捷而生交涉留有回旋余地。然俄方认为，海兰泡电线时有阻塞，此线接通，可备缓急，仍坚持接通。[3]

后来的情况让中国电报局的勉强态度发生改变。新疆设线委员查得，塔城外即是俄地，而俄巴克图距俄边境有 34 里。故工程主要在俄方，中国只需立数杆即可。盛宣怀遂同意接线。[4] 总署通知俄使，让巴克图电线公司及塔城电局，自行彼此知会，定期接线。[5]

由上可知，盛宣怀积极主动地提出中俄珲春接线，而当俄方提出塔城接线时，甚是勉强。盛宣怀态度之所以表现出如此反差，关键原因在于前者对中国电报局极具商业价值，而后者大为减弱，足见盛宣怀等在考量有关中外接线事宜时，商业利益占据十分重要的地位。

喀什接线交涉　中俄西北接线，中方因商业利益不大，颇为冷淡。塔城接线后十年间，俄国又两度提出在新疆架接与俄的第二条通道，即在新疆喀什噶尔与俄界伊尔克什唐卡伦间架线相接，线长 560 里。[6]

俄方第一次请设是在 1902 年，主谋者为俄内务部，通过俄驻新疆喀什噶尔领事向新疆喀什道提出。[7] 第二次请设是在 1906 年，主谋者是俄外务部，让其驻华公使向中国外务部提出。[8] 那么，新疆本有塔城接线，俄缘何还要提出此接线呢？这是由于喀什噶尔地区有两家俄人洋行，且此地洋货行销甚旺。[9] 为便利俄商在该地区进行经贸活动，俄国遂有此路接线之请。

对于俄国的接线请求，中方无论是地方还是中央皆予以拒绝，且理由十足：

[1] "中研院" 近史所编：《海防档·丁·电线》，第 1045 号文，第 1561—1562 页。

[2] 同上书，第 1047 号文，第 1563 页。

[3] 同上书，第 1047 号文，第 1563 页。

[4] 同上书，第 1047 号文，第 1563—1564 页。

[5] 同上书，第 1048 号文，第 1564—1565 页。

[6] 同上书，第 1998 号文，第 2649 页；第 2000 号文，第 2651 页；第 2063 号文，第 2699 页。

[7] 同上书，第 1982 号文，第 2625—2626 页；第 2000 号文，第 2651 页。

[8] 同上书，第 1998 号文，第 2649 页。

[9] 同上书，第 2063 号文，第 2699—2700 页。

对于俄方提出架设此线的根据是中俄《边界陆路电线相接章程》第二款的有关规定，[1] 中方仍以该约相拒，称约内所指珲春、海兰泡、恰克图三处接线，早经照约办理。第二款虽载两国在别处均可接线，惟两国须先允准方可。[2]

对于俄方提出架设此线的方式，初为中国拨款。新疆巡抚吴引孙以该地贫瘠，无此巨款拒之。[3] 俄方继提合办，并表示不干涉中国管理该线之全权，但中国应准俄出资，在喀什噶尔加线一条，于喀什噶尔俄领事署内设电报局一处。[4] 电政大臣袁世凯以《边界陆路电线相接章程》为据，称该约第四款规定，两国电局在本国界限内，各自造线至边界为止。故俄使所请接线本无不可，但万无合办之理。而所请在中国电杆上挂线，并在俄驻喀领署设局，既与第四款不符，且碍中国电政主权，理当拒绝。[5] 俄国喀什接线之计划终因中方的抵制而未实现。

中方坚拒俄国接线之请关键在于该地电利甚微。袁世凯称，两国接线必须均沾利益，而在喀什噶尔之北的塔城，现已与俄线相接，收益极低。以 1905 年为例，该局仅传递俄报 164 字，摊分报费中国电局只得洋 30 余元。袁世凯认为，若再将喀伊一路接通，必无利益可获。[6] 对此，新疆巡抚吴引孙在 1906 年 9 月 27 日给外务部咨文中亦有同样表述，并称喀什虽洋货行销颇畅，但大半由缠商贩运而来，而缠商无报可递。如果只递俄报，获利实无把握。[7] 足见经济利益是中国考量接线的重要依据，倘无利可求，即便列强屡请，亦多遭拒。

（五）中美接线交涉

美国甚早即欲敷设太平洋海线以通中国，但一直未付诸实践。美西战争结束后，美国夺取菲律宾，架设太平洋电线的计划更有实现之基础与必要。至 1902 年底，该国太平洋商务水线公司敷海线由旧金山，经乌龙河阿户、美德威、瓜茂，而达菲律宾。翌年初，该公司致函电政大臣袁世凯等，称拟由菲律宾造线，接通上海，[8] 中美接线交涉由此发轫。

---

[1] "中研院"近史所编：《海防档·丁·电线》，第 2000 号文，第 2651 页。

[2] 同上书，第 2008 号文，第 2656 页。

[3] 同上书，第 1982 号文，第 2625—2626 页。

[4] 同上书，第 2000 号文，第 2651 页。

[5] 同上书，第 2008 号文，第 2656 页；第 2066 号文，第 2703 页。

[6] 同上。

[7] 同上书，第 2063 号文，第 2699—2700 页；第 2067 号文，第 2704 页。

[8] "中研院"近史所编：《海防档·丁·电线》，第 1837 号文，第 2375 页；《续订联合齐价摊分合同》，王铁崖编：《中外旧约章汇编》第 2 册，第 295 页。

对于美方的请求，从原则上而言，中国理应拒绝。美方请求是在中、英、丹《齐价合同》订立多年后提出，换言之，中国电报局对出入境电报已有较为固定的收益。若同意，中国也无法单独分享中美接线后的出入境报费，只可在原有三公司的基础上增加一公司的分成。这势必会减少中国电报局的收益。[1] 然就现实而言，盛宣怀、袁世凯等又认为"势难拒绝"。[2] 一来其时"中美交好"[3]，不能因此而碍大局；二来倘美线造成，即便中国坚执不准上岸，美公司可于吴淞口外设一趸船，无须上岸，亦无须接线，只要跌价争揽，此前的齐价报费便难有着落。尤令袁世凯等担忧的是，如美公司与大北、大东暗相联合，则中国吃亏更甚。[4]

既然在现实中"势难拒绝"中美接线，则"势必同意"，此必然影响到已与中国接线的大东、大北之利益。而仍因《齐价合同》的相关规定，中国应商之于该两公司。那么，两公司的态度如何？此可从该两公司所拟《联合办法》中看出。1903 年 3 月 23 日，两公司拟订《联合办法》，规定中国电局应得本线费 1.42 法郎 / 字，倘与美线接通，收费必须与此数相同，美若同意，中国可与之接线。[5] 这使得中美接线后的中国出入境电报收费与《齐价合同》不生冲突，从而避免了美、中联合及与英、丹的竞争。

《联合办法》又规定，欲让美公司同意，必须确保其能有一定收益，此收益当由中、英、丹在所得欧美报费净利内按比例认摊。此规定旨在保证美国水线公司的利益，以防其不愿联合而造成跌价竞争态势。该《办法》同时指出：如中方不同意上述方案而允美国水线登岸，则中国电局不能获得美线所登口岸之本线费，损失利益当多于认摊之数（11,500 英镑）。这是大东大北担心中方不愿联合，从而以利益损害对中方作出的威胁。

---

[1] "中研院"近史所编：《海防档·丁·电线》，第 1837 号文，第 2375—2376 页。

[2] 同上书，第 2375 页；《寄京外务部、津袁宫保、吴侍郎（正月初七日）》，盛宣怀：《愚斋存稿》第 3 册，第 1319 页。

[3] "中研院"近史所编：《海防档·丁·电线》，第 1837 号文，第 2375 页。

[4] 同上书，第 2375—2377 页。中方思虑并非全无可能，如忧大东、大北与美勾结，即不是空穴来风。事实上，在此前后，"大北、大东两公司曾与东方水线印欧陆线电报公司订立合同，并经东方公司与东斐、南斐电报公司订立合同，载明由中国发递寄与欧洲、美洲电报及由各该处寄与中国之报办法"。此外，美"太平洋公司于一千九百四年七月二十六日与大东公司订立合同。又，同日德荷公司与大东公司订立合同议定各事内，允将上载之中国与欧美来往电报互相传递"（《续订联合齐价摊分合同》，王铁崖编：《中外旧约章汇编》第 2 册，第 295 页）。

[5] 本段及以下四段，"中研院"近史所编：《海防档·丁·电线》，第 1837 号文，第 2375—2377 页。

至此可知，《联合办法》的实质不是联合抵制美国，而是在中、英、丹《齐价合同》基础上形成的，由中国电报局、大东、大北三方组成的联合公司（对于中国出入境电报而言），扩充成中国电报局、大东、大北、太平洋商务水线公司四方组成的、新的大联合公司，共分中国出入境电报的收益。故《联合办法》第八条称："电局（中国电报局）本线费既归一律，所收报费，应入新大公司统账摊算。"对此，两公司认为是"和平办法"，既有抵制，又有联合，以联合为抵制，最终是为"使美国公司不至夺我三公司欧洲往来报务，以保彼此固有之权利"。

让美国公司来共分报费，中、英、丹三方既得利益则势必减少。那么，大东、大北为何提出这样的办法呢？主要是两公司感到，对于美方的接线请求，中国"设法阻止，力有未逮"。既然不能阻止美公司的请求，又要避免恶性竞争，采取联合的办法也就在情理之中。

对于英、丹所拟的《联合办法》，中方认为可接受。电政大臣袁世凯说："只得允准该两公司推诚联合，仍守定中国本线界限，不使利权外溢，以相抵制。"在他看来，首先，该办法于中国本线费不至过分吃亏；其次，此事若成，则他国倘再援请，可借东方各公司力量，合力拒阻。况且，单独抵制美公司接线，中方也难以做到。1903 年 7 月 1 日，袁世凯向外务部呈大东、大北所拟办法。

显然，袁世凯等对《联合办法》文本存在一厢情愿的解读。因为该办法中有"惟尚须招他公司共分其任，以减轻我三公司担保认摊之费"之语，[1] 表明倘再有他国援请，大北、大东不会合力拒阻，只能是进一步联合。此为后来的事实所证（详后）。略后，电报总局朱宝奎曾对大东、大北的《联合办法》作评："当时东北公司已逆料他电报公司，亦有起而攘我摊分报费利益之意。所谓招他公司共分其任者，即志在与他公司互相联合也，以联合为抵拒，以分任为保，固其用心良苦，而谈言有微中者。"[2] 至是时，中方才理解《联合办法》之本质。

1903 年 5 月（光绪二十九年四月），美线抵达上海。[3]7 月 25 日，太平洋水线通报。1905 年 4 月 5 日，中、英、丹签署《续订联合齐价摊分合同》，规定中国允许太平洋水线公司之菲律宾达上海水线登岸。[4] 翌日，中国电报局与该

---

[1] "中研院"近史所编：《海防档·丁·电线》，第 1837 号文，第 2376—2377 页。

[2] 同上书，第 1946 号文，第 2583 页。

[3] 同上。

[4] 《续订联合齐价摊分合同》，王铁崖编：《中外旧约章汇编》第 2 册，第 296、298 页。

公司在北京订立《太平洋商业公司沪岸接线合同》，规定：中国允许该公司由马尼拉安设水线一条或数条至上海附近，并准公司建设旱线与上海租界内公司电报房相接。此线归公司使用、修护，但架设后应作虚价墨洋 50 元售予电局，作为中方资产。[1]1906 年 4 月 16 日中美接线告成。[2]17 日，美国总统罗斯福通过此海线向清政府发出贺电，并以此作为该线正式通报的开始。[3]

（六）中德荷接线交涉

1904 年，又有德国库龙之德意志荷兰电报公司（下称德荷公司）拟设海线由上海至亚波、瓜茂等处，并拟将支线接至荷属印度、德属纽基尼暨太平洋各岛等，从而向中国提出接线请求。[4]

对于德荷公司的请求，大东、大北皆认为，应以与美接线的范式来处置，即进一步扩大联合公司的规模，允许德荷公司厕身其间。对此，中国电政局表示同意。在其看来，不与德荷公司海线相接不易办到。盖中国允与美公司联合在前，倘严拒与德荷接线，德荷必援引"最惠国待遇"原则，要求利益均沾，则难以阻止。既与接线，不与联合，势必造成中国报费的较大损失。"彼将此线与欧美线路接通，势所必然，而我欧美报费摊分之利，又将虑其侵及"。再者，与德荷公司联合，中国并无多大损失。[5]

---

[1]《交还淞沪岸线凭照》、《太平洋商业公司沪岸接线合同》，分别见王铁崖编：《中外旧约章汇编》第2 册，第 350 —351、276 页。又，《汇编》称："本合同的订立日期未查明"，遂标出：时间为："1904年，光绪三十年"；地点为："上海"（该书第 276—277 页）。据该书第 350 —351 页所载《交还淞沪岸线凭照》知：上合同所订时间应为 1905 年 4 月 6 日，地点应为北京。

[2]"中研院"近史所编：《海防档·丁·电线》，第 2019 号文，第 2665 页。

[3] 同上书，第 2020 号文，第 2665 页。1906 年 8 月 23 日中美《交还淞沪岸线凭照》规定："今公使因收到电局所付墨洋五十元，除业经移让交割外，特立此凭照，准将自上海附近公司之水线登岸处至上海租界中报房其间所接之线移让交割，永远归入电局及其接办者名下……惟在所订合同期内，太平洋商务水线公司应有享用此相接之线之权，概不计费。"（《交还淞沪岸线凭照》，王铁崖编：《中外旧约章汇编》第 2 册，第 351 页。《汇编》附注称："电政交涉契约汇编"在本凭照后所载的夏历月日是错误的。著者标出的夏历为光绪三十二年七月初四日，可能是根据该凭照开篇所称："美国太平洋商务水线公司与中国电局，于西历 1906 年 8 月 23 号，立此凭照为据"所得。但该凭照未注明时间为"西历 1906 年 8 月 23 日"，而夏历仍为"光绪三十二年三月初二日"，故此夏历亦应更正。）

[4]"中研院"近史所编：《海防档·丁·电线》，第 1946 号文，第 2583 页；《续订联合齐价摊分合同》，王铁崖编：《中外旧约章汇编》第 2 册，第 295 页。

[5] 同上书，第 2583—2584 页。对此，大东、大北就中国报费联合前后的收益问题算了一笔细账：按现摊分办法，中国每年所得，照进款 185,000 英镑的 13.54 ％核算，约得 25,000 镑。若照以后拟定办法，则中国于 197,000 英镑内摊 12.38 ％，每年得 24,350 镑。故中国损失之数，每年不过 650 镑。而德荷公司来往电报，一经归入摊分账内，则此损失之数必可弥补。

基于以上情况，1905 年 1 月 11 日（光绪三十年十二月初六日），外务部行文电政大臣，同意电政局意见，照准立案。[1] 是年 4 月 5 日，中、英、丹《续订联合齐价摊分合同》订立，规定中国允许德荷公司之亚波达上海水线登岸，[2] 中、德、荷接线又得到英、丹的正式认可。不久，该接线顺利完成。

二、中国与朝鲜（韩国[3]）的接线

甲午战争前，中国东三省电线已由奉天凤凰城出边门至九连城，并设水线渡鸭绿江，与朝鲜义州陆线相接。该线在甲午战争及义和团运动期间两度毁断，尽管遭遇他国的一再阻挠，但中方仍将之接通，显示出中国为维系已大为弱化的中朝特殊关系所作的努力。

（一）甲午战争后的中朝接线

甲午战争期间，中国境内的凤凰城至九连城电线，以及中国在朝鲜架设的义州至汉城、釜山电线均为日本毁坏。1896 年 6 月，朝鲜拟重修汉城义州电线，并向中国提出接线事宜。[4]

对于朝鲜请求，中方积极回应。这不仅因为，中朝电线接通，"朝鲜与各国往来电报，既从中国电线传递，中国电报局赖以加增进项"，[5] 更由于《马关条约》虽让中国承认日本对朝鲜的控制，但中方还力争在朝鲜的利权。例如，对于日本所毁的汉城至釜山电线，中国电报局即表示再为安设，并愿意廉价提供所需物料，以取代日本所设的该处电线。[6]

其实，早在朝鲜政府提出接线前三个月，奉天电报官局即已派黄开文将凤凰城南北各路电线修复，并设分局报房，以备朝鲜接线。故当朝方提出可否接线以及在何处接线等问题时，中方立即响应，并表示仍于鸭绿江设水线登岸与朝鲜义州陆线相接，[7] 且参照中俄已定电报章程，迅速拟出《中国朝鲜拟订两国边界陆路电线相接价目章程》（以下简称《章程》），就上述具体接线地点作

---

[1] "中研院"近史所编：《海防档·丁·电线》，第 1948 号文，第 2586 页。

[2] 《续订联合齐价摊分合同》，王铁崖编：《中外旧约章汇编》第 2 册，第 298 页。

[3] 1897 年 8 月 16 日，朝鲜国王高宗李熙宣布脱离中国独立，改国号为"大韩帝国"。

[4] "中研院"近史所编：《海防档·丁·电线》，第 1168 号文，第 1656 页。

[5] 同上书，第 1170 号文，第 1657 页。

[6] 同上书，第 1198 号文，第 1698 页；第 1202 号文，第 1701 页；第 1203 号文，第 1701 页。

[7] 同上书，第 1172 号文，第 1659 页。

出明确认定。[1] 此反映出俄国势力在甲午战争后对朝鲜的渗透与影响。

《章程》批准后，根据其第二款"应于议定画押后，即行举办接线"的规定，中朝间再度接线随即操办，[2] 不久接通。

（二）义和团运动后的中韩接线

中韩接线（实中朝第三次接线）发生在义和团运动后、日俄战争前。由于东北义和团起事时中韩间电线被毁断，运动被平息后，韩政府屡嘱中国修整。[3] 但此次接线与前相比，因俄国的介入而情形迥异，在一定程度上透视出中俄势力在朝鲜半岛的博弈。

义和团运动期间，俄国派十几万军队侵入东北，并占据该地区电局而不准递发华报。[4]《辛丑条约》订立后，列强军队陆续从中国华北撤离。然东北俄军迟迟不动，中俄间为此展开交涉。1902 年 4 月，《中俄交收东三省条约》订立，其中规定，俄军在一年半内分三期撤出。但俄欲长期控制东三省，故并未打算认真履行该约，使得其撤军直至三期将尽仍未有实质性进展。俄国的企图使得此次中韩接线麻烦大增。

对于韩国政府的接线请求，1902 年初，驻韩俄使巴厚路致函韩外务部，称东三省电报，中国已允归俄，即日修至义州，当与韩线相接。[5] 不久，巴厚路正式照会韩外务部：俄国电报公司修补满洲清线，迨其竣工之日，按照清韩联线通信之例继续递电。[6]

对于巴氏所言，出使韩国大臣许台身虽不能确定是否属实，但在电询外务部的同时，一面向韩国交涉局李应异郑重声明："如果俄人修我旧线，我政府自必与之辩论；倘俄人另修一线，则我旧线修整时，当仍可彼此相接。"[7] 坚持东省电线仍归中国所有，且表示将来仍与韩线相接之意。

是年 5 月 10 日，中国外务部致电许台身，告知中国议收东三省线路的有关

[1] "中研院"近史所编：《海防档·丁·电线》，第 1172 号文，第 1659 —1661 页；第 1173 号文，第 1661 页。

[2] 同上书，第 1198 号文，第 1698 页；第 1202 号文，第 1701 页；第 1203 号文，第 1701 页；第 1224 号文，第 1722 页；《王夒帅来电（光绪二十二年六月十六日）》，盛宣怀：《愚斋存稿》第 4 册，第 1861 页。

[3] "中研院"近史所编：《海防档·丁·电线》，第 1707 号文，第 2248 页。

[4] 同上书，第 1706 号文，第 2247 页；第 1755 号文，第 2299 页。

[5] 同上书，第 1707 号文，第 2248 页。

[6] 同上书，第 1720 号文，第 2268 页。

[7] 同上书，第 1707 号文，第 2248 页。

与俄交涉情形。在此交涉中，俄使提出，交还东三省，分三期撤兵，未撤以前，中国电局不可前往修理。故中韩接线一时难成。但外务部电文又称，一俟辽东退还，中韩即可接线。外务部要求将此密告韩外务部。[1]

外务部的电文让许台身感知，巴厚路所言是诈。但俄欲修东三省电线以与韩线相接的意向已表露无遗，且已在韩制造舆论。此时，韩政府因俄的介入对中韩接线乃取游离态度。李应异向许台身提出："如果俄人设电，竟至该处，其势难以拒却，事后倘有违言，不与韩国相涉。"[2] 故是时，稳住韩国，就中韩接线来说，至为重要。对此，许台身在照会韩外务部时将中国外务部的电文内容有所改动，说：现接本国政府来信，已电督办电线盛宣怀赶紧派员修复，以使中韩电线相接。[3] 这显然是为笼络韩政府。

许台身的策略收到一定效果。尽管韩外务部将许台身的意见照知俄使，得到俄使的回复是：此事已报明政府。在未接该国政府复文前，照遵暂行规则。韩外务部一面称，该线倘由俄先接设，本政府没有理由坚拒，但同时表示：现无论何国管理，本政府只视作中国线，可继续施行。[4] 后更得韩国外务部的明确支持。1903 年（光绪二十九年），俄将沙河局线接至义州龙岩一带，[5] 欲强行接线，韩政府不允。7 月下旬，韩外务部让许台身提出方案，使其拒俄有据。[6]

韩国态度的转变让许台身看到事情的希望，许台身遂应韩之请，拟定《致韩外部照会》，强调指出：中韩接线有年，虽偶阻断，但经彼此照会修复如初，久已议定在案，现闻有欲以此线与韩电相接，或系谣传，惟该线乃属中国，韩国应守前议，不与他国接线。俟中国东三省交涉事定，立即照议，仍旧与韩连接。[7] 从外交学角度看，此照会具有相当力度，它既申明了中国的立场，同时让韩方有表明态度之基础，且给俄方以下台之阶，可谓一石三鸟。

对于此次俄欲修满洲电线以与韩线相接之事，许台身认为是出于俄国驻韩公使巴厚路个人，并非俄政府之意。许台身说，巴厚路为人蛮横无礼，前因韩

---

[1] "中研院"近史所编：《海防档·丁·电线》，第 1711 号文，第 2252 页。

[2] 同上书，第 1707 号文，第 2248 页。

[3] 同上书，第 1721 号文，第 2268 页。

[4] 同上。

[5] 同上书，第 1840 号文，第 2379—2380 页。

[6] 同上书，第 2379 页。

[7] 同上书，第 1840 号文，第 2379—2380 页。

国不允俄韩接线，其已建杆线为韩人拨去，气急之下，逼令韩廷将外部朴齐纯解任，但遭日本反对。许台身认为，巴厚路因俄韩接线未成，又受阻于日本，遂翻然变计，乘间而来。[1] 当许台身再闻有西人称，巴厚路前曾电嘱在奉俄官，即日兴工，但俄官称须俟政府通知，巴厚路始电俄政府，尚未得复，遂进一步推论，此事巴厚路迫于韩人拨杆，难以转圜，系属一人之见。据此，许台身认为，若外务部电盛宣怀设法先行修理，较事后收回为易，且可免俄人将来索要修理之费，此于国体商情，均有裨益。[2] 联系驻华俄使在与中方交涉东三省事宜时的有关表陈，许台身的推论有一定偏差，但所用之策略较为有效，使得中国收回东三省电线后，中韩电线顺利接通。此透视出 20 世纪初年，中国在日、俄操控与扶植下的韩国仍具相当影响力。

综上可知，晚清中外接线分布广泛、形式多样。从区域看，包括中俄、中朝（韩）交界的塔城、恰克图、海兰泡、珲春、凤凰城等西北、华北、东北地区，上海、福州、厦门、九龙等东部及东南沿海，以及与越南、缅甸交界的东兴、镇南关、蒙自、思茅、蛮允等西南地区。从国别看，分别与丹、英、法、俄、美、日、德、荷，及朝鲜（韩）等国电线接通。从形式看，涵盖水陆接线与陆陆接线两类。通过这些接线，清政府基本完成中国电报网与国际电线的多方位衔接，从而使得中国电报网最终成为世界电报网的一部分。就晚清中国通信发展而言，此是其所取得的又一巨大成就，同时亦是晚清中国逐步走向世界的一重要表征。

在晚清的中外接线中，中方的被迫与无奈确实广泛存在，但中方的主体意识有时亦较明显。首先，上述接线虽基本上是在列强要求下完成，但其中不乏中方主动者，如中丹上海接线、中俄珲春、恰克图接线等。其次，尽管列强不断请接电线，但中方并非全盘接受。如中国长期抵制丹在厦门、英在福州的接线，拒绝了俄方请求的伊尔克什唐接线。最后，某些中外接线，虽受到列强阻挠，但中方力争之，终得实现。如中方并未因为英、丹的阻挠而放弃在珲春的中俄接线。另义和团运动后，韩政府提出中韩接线，尽管受到俄国不断阻挠，但中国还是完成了这一接线。在中外接线上，中方所持的基本态度是："有益则接，

---

[1] "中研院"近史所编：《海防档·丁·电线》，第 1707 号文，第 2248 页。
[2] 同上书，第 1721 号文，第 2267 页。

无益则止。"[1] 不过，为"昭睦谊"的外交原则亦在部分接线中有较强体现。此当是中方有时强硬、有时妥协的关键因由之所在。

不让列强电线伸入中国陆界，以侵损中国主权与利权，且避免滋生事端，是中方在接线交涉中抱定的一个重要意旨，中国坚决抵制丹国在厦门、英国在福州的接线企图，即是明证。对此，盛宣怀指出："界限不分，利害甚重。"要求大北鼓浪屿水线上岸之处、大东川石山水线上岸之处不得稍作延伸，以清界限。[2] 当然，除香港、朝鲜等特殊区域外，中国亦不愿出国门而入他境设局接线，如缅甸提出的古里卡接线，中方则不敢在当地设局，乃是为免事端的保守心态之反映。

中朝（韩）实现第二、三次接线的情况表明，尽管甲午战争后，中朝（韩）间的宗藩关系已被废除，但清政府仍尽可能地利用各种机会，去维护中国在朝（韩）不断被削弱的地位。可看出的是，这些努力收到一定成效。至少于 20 世纪初年，中国在韩仍具相当影响力。

第二节　中外接线后的出入境电报收费问题

中外电报接线后，中国与列强围绕出入境电报的本线与过线收费问题展开了一系列交涉，其中最为频繁者在与英、丹两国间展开，结果是中国由只收取 2.5% 的过线费演化为中、英、丹、美、德等国公司齐价摊分。这一过程反映了列强与中国间关于此类电报收益的控制与反控制，亦显示出中国逐步打破英、丹对中国此类电报的垄断，以及渐收利权的决心与努力。另外，随着中外陆线相继接通，中外间递报收费标准又有一些新的规定，尽管在整体上与中、英、丹间齐价方案保持一致，但亦透视出向着国际新规则的调适。

---

[1] "中研院"近史所编：《海防档·丁·电线》，第 1110 号文，第 1618 页。对此，盛宣怀称："查泰西各国电报，原因振兴商务而设，云南上年中法蒙越接线，本年中英腾缅接线，商报皆属寥寥，徒糜养线经费……查各国互设电线，有益则接，无益则止，如中俄接线，则出洋电报舍海就陆，利益甚多。又如中法所接之镇南关、东兴、蒙自电线，中英所接之腾越电线，虽无甚利益，而两国边界相连咫尺，接线之费不多，是以承办尚不甚难。"（"中研院"近史所编：《海防档·丁·电线》，第 1110 号文，第 1618 页。）
[2] "中研院"近史所编：《海防档·丁·电线》，第 1177 号文，第 1678—1680 页。

一、《齐价合同》订立前中国出入境电报收费的分成问题

早在 1871 年、1872 年，大北海线即分别在中国上海扬子江口大戢山岛、厦门鼓浪屿两处登岸，并设局收报，从而长期独占着中国出入境电报的资费，这种状况直至中国赎收其吴淞旱线后方才改变。

大北《六条》因李鸿章的批准而引起英、美等国强烈反对，英人拟设沪港海线以打破丹线的垄断。而是时，中方对于英方阻止粤港线进港问题亦表示不满。经反复交涉，1883 年 3 月 31 日《中国电报总局英国大东公司会议上海香港电线章程》（以下简称《章程》）签字画押，《章程》规定大东将其海线线端置于趸船，离口停泊。中国电报局答应由上海设一旱线至洋子角，与之相接。关于该处接线后的报费分成问题，《章程》第十二款规定，大东香港至洋子角海线应得所收报费的 95％，中国上海至洋子角旱线得 5％，算字法照万国公例。此外，对于中英香港接线后的报费分成问题，《章程》第十三款规定："以上条款，中国电报局由广东至香港接线，与大东公司由上海至洋子角接线，一律办法。"[1]

由于英政府不满该《章程》中所规定的英海线只至洋子角及除此之外不能在中国其他口岸进口等条款，中英交涉再起。这期间，大东将海线强行设至吴淞，中方遂作让步。是年 5 月 7 日，《中国电报局英国大东公司会议续订章程》签字，对初订《章程》作了部分修订，关于接线地点，规定不必在洋子角，中国电报局架设一条上海至吴淞旱线，以接大东海线，相应调整接线后的报费分成：

> 凡日本至香港及香港至日本电报，经过上海吴淞旱线，中国电报局应照上海至香港电报费取每百分之一分，其中国各处往外洋及外洋至中国各处来往电报费，应取每百分之二分五厘。[2]

与此同时，因英、美等国反对大北海线独占权，中国乘此拟赎大北所建的吴淞旱线。就在中英订立《中国电报局英国大东公司会议续订章程》后未及两星期（1883 年 5 月 19 日），《中国电报总局丹国大北电报公司会议大北售与

---

[1] "中研院"近史所编：《海防档·丁·电线》，第 405 号文，第 562 页；第 408 号文，第 565—567 页；第 412 号文，第 572—575 页；第 466 号文，第 687—690 页。

[2] 同上书，第 461 号文，第 673 页。

中国上海至吴淞旱线章程》亦画押，此章程第七款规定"大北收费电报经过日本寄往欧、美两洲及亚洲俄国之报，系由中国各处寄来，或由上海大众交于大北传递经过吴淞旱线者，应由大北按照上海至长崎水线所收报费归中国电报局每百分之二分五厘"。但其时中国官报为大北海线传递者不取资费，故不在其内。[1]

中国因中丹《章程》成功赎收大北置设十余年的吴淞旱线，从而使得出入境电报长期为该公司垄断的局面发生改变，并通过中英《章程》基本成功地抵制了大东港沪海线在上海的上岸请求。这一切使得嗣后中国出入境电报将由中英、中丹旱、水线合作递发，于是，此类电报的报资亦有了明确分成。大抵是：中国上海吴淞旱线收取2.5%的过线费，其余97.5%的报资归丹、英水线所得（日本与香港间电报例外）。通过上述努力，中国部分地维护了主权与利权。

需补充的是，上述规定成为其时中国出入境电报收费的基本标准，直至1887年中、英、丹第一次《齐价合同》签订后才发生变化。

二、中、英、丹四次《电报齐价摊分合同》

第一次《电报齐价摊分合同》 既然中、英、丹间已有对中国出入境电报的报资分成问题的定议，那么，缘何于四年后又订《电报齐价摊分合同》呢？这主要是由于中俄接线将触及英、丹海线利益所致。

1886年中国电线修至珲春，拟与俄线相接，此议一经提出即遭遇英、丹竭力阻挠。本来，"英、丹两国凑集巨款，制造水线来华，原欲并收中国通商各口之电利"，[2] 倘中俄接线成功，则该两国水线的收报必受影响。故英、丹对此持反对态度，应在预料之中。闻知李鸿章拟与俄国署公使拉德仁商谈中俄接线事宜时，丹人双管齐下：一是立即向俄廷设法阻挠。据前已知，丹俄交密，丹

---

[1] "中研院"近史所编：《海防档·丁·电线》，第453号文，第626—629页；第462号文，第674—679页。时中英正为英沪港水线究在上海何处（吴淞或洋子角）接线问题交涉，故《章程》第十款又规定："大北公司将来如欲将吴淞海线头拆去，移至洋子角，请由中国电报局另造上海至洋子角旱线一条，与大北公司海线相接，中国电报局亦可禀请中国总理衙门允准，一切章程与吴淞接线一律办法。惟所收往来报费，大北公司应归中国电报局每百分之五分。"如此，则章程第七款所议作罢。后因中国允准中英在吴淞接线，中丹接线也就一直在吴淞而未退至洋子角，故第十款也理所当然不为执行。

[2] 李鸿章：《与俄连接电线定约折（光绪十八年七月十八日）》，戴逸、顾廷龙主编：《李鸿章全集》第14册，第488页。

使即为俄使所兼，俄对大北投有重资，[1] 况且俄丹订有海参崴约章（俄丹接线之约）在前。在此情形下，俄虽欲自利，仍不能不保护丹国之利。[2] 当李鸿章与俄使商谈中俄接线时，俄使一再推诿，其因即在此。再是向中国请求终止接线计划。大北总办恒宁生、大东总办直德（Walter Judd）亲赴天津面见李鸿章，请许中欧往来电报之利专归两公司海线。尽管中方的接线意向仍甚坚决，当恒宁生、直德面见李鸿章时，遭李严斥，盛宣怀又派电报局洋参赞博来赴京，致函俄使商办接线事宜，并要求"不应为丹人牵制"，[3] 但中俄接线交涉还是因英、丹的阻挠而陷入僵局。

为打破僵局，拉德仁向李鸿章透露："必俟中丹公司定议，乃可议接。求嘱盛道（宣怀）略予丹便宜，免英、丹海线中废。"据此知，突破口当是"略予丹便宜"，即提高中俄接线后的该旱线打报价格，以与英、丹海线持平。倘中方同意拉氏提议，英、丹将放弃阻挠中俄接线，但中方则不得不与英、丹商订该旱线的打报价格。这从表面上看，中方将作出较大让步。故该提议似乎于中方不利。其实不然，倘无此举措，因俄丹之约及丹俄关系，中俄则无法接线，如是，中国所得出入境报费仍甚有限，退一步考量，即便中俄接线成功，其价亦无法定低。盖中国旱线"若大跌价，彼（大东大北）之海线亦必滥跌相争，华公司资本无多，岂能及该两公司力量之厚"？由此观之，拉氏提议当是一个折中的办法。

自 1887 年 5 月 22 日起，大北恒宁生、大东滕恩在烟台与中国电报局盛宣怀、谢家福会议多次，"忽合忽裂"。至 6 月 26 日，在中方申明必造恰克图电线的前提下，经俄商四达尔祚福（奉俄公使之命）调停，中、英、丹签订《简明章程》，7 月 7 日签押。[4]8 月 10 日，中国电报局洋参赞博来与委员黄开甲在《简明章程》的基础上又拟定《华洋电报三公司会订合同》，即中、英、丹第一次《电

---

[1] "中研院"近史所编：《海防档·丁·电线》，第 903 号文，第 1403 页。1895 年 10 月 29 日，北洋大臣王文韶致函总署称，俄丹两国至戚，且俄大臣多有股份在内，故俄廷乐于相助（"中研院"近史所编：《海防档·丁·电线》，第 1088 号文，第 1591 页）。

[2] 李鸿章：《与俄连接电线定约折（光绪十八年七月十八日）》，戴逸、顾廷龙主编：《李鸿章全集》第 14 册，第 488 页。

[3] 本段及下段，"中研院"近史所编：《海防档·丁·电线》，第 903 号文，第 1403—1405 页。

[4] "中研院"近史所编：《海防档·丁·电线》，第 903 号文，第 1403—1404 页。王铁崖：《中外旧约章汇编》第 1 册据《电政纪要初编》"第 8 件"收此章程，名之为《会订电报根本合同》，并称"本合同的签订地点未查明，暂定为上海"（见该书第 517—518 页）。据上知，地点应是烟台。

报齐价摊分合同》，在烟台签押盖印。[1]

该合同规定，上海、福州、厦门、香港与欧洲（不包括俄国）来往电报，不论由两公司水线或中国电报局旱线传递，中国电报局须定价 5.5 法郎/字，资费归两公司，两公司从沪、福、厦与欧洲以及欧洲过去诸国（不包括俄国）往来电报应得资费内，提取 10% 分与电报局。除沪、福、厦三口外，不论中国何处与欧洲以及欧洲过去诸国来往者（不包括俄国），从电报局旱线传递电报，或经陆路边境，或经两公司水线，资费均归中国电报局，电局须仍定价 5.5 法郎/字。另，所有欧洲以及欧洲过去诸国与他国来往电报经过中国电报局旱线者，电报局亦须定价 5.5 法郎/字。而前此的电报局所收上海吴淞、福州川石山过线费及大东所收香港九龙过线费全部免除。合同有效期至 1903 年 5 月 19 日。[2] 对此，盛宣怀称为"欧洲往来电报华洋三公司公分之法"。[3]

仔细比较此案与前此中国收取过线费的办法，可知就中方而言，新方案是妥协中有进展。本来，中国拟在中俄边境接线，如果实力雄厚，无须与英、丹会议而使接线成功，开辟出中国与欧美电报往来的第二条通道。对此通道的报费，中国可自主定之，未必要与英、丹海线持平。即便为避免恶性竞争，导致两败俱伤从而采取联合办法，所订的条件应该更有利些。毕竟中俄电线接通，对英、丹海线来说是一巨大威胁与挑战。故中方签《齐价摊分合同》，当是妥协。但另一方面，上次办法中国分得的是过线费的 2.5%，此次两公司将沪、福、厦三口电报收入的 10% 分给中国，且此三口外各口出入境电报资费皆归中国，中国电报局每年将增加收入 10 余万两，就这些情况而言，中方签《齐价摊分合同》，不全是妥协，亦有收获。更何况，中方实力并不足以抗英、丹之压。

英、丹因旱、海线定价一致，且中国出入境电报以沪、福、厦为大宗，故对《齐价合同》较满意。正因为如此，经办人盛宣怀认为，齐价办法既不致英、丹海线废止，又可让中国分得欧洲电报之利，当是两得其平。[4] 至此，《齐价合同》

---

[1] "中研院"近史所编：《海防档·丁·电线》，第 903 号文，第 1404 页。另，王铁崖《中外旧约章汇编》第 1 册称"本合同的签订地点未查明，暂以上海为签订地点"（该书第 522 页）。据上知，地点应是烟台。又，《汇编》所录《续订电报齐价摊分合同》（第 548—551 页）与此实为同一合同。

[2] "中研院"近史所编：《海防档·丁·电线》，第 903 号文，第 1406—1411 页。

[3] 同上书，第 1404 页。

[4] 同上。

的交涉基本结束，可谓一波三折，而其批准亦不顺利。因为总署对之并不满意，主要集中于两点：一是中国让出沪、福、厦三口利权，电报局只分得该三口的10% 报费，认为殊欠公允。在总署看来，时下中国虽有通商口岸 19 处，但其余 16 口无法与上述三口比拟；[1] 再是合同所规定的 16 年有效期，总署认为过长，应改在 3 年至 5 年之间，盖此事或有变通，须随时斟酌。若年限太久，便多窒碍。基于上述认知，总署拒绝批准《齐价合同》，要求翻盘再议。[2]

但最终总署还是批准了《齐价合同》，此主要是内外压力所致。1887 年 9 月 24 日，俄使库满向总署递呈《节略》，大谈中国批准合同之利，称其时中国旱线报费约英洋 2 万元，"如果合同允准，以上所言接线办成，则中国除目下来项外，每年尚多得十五万元"，故"其益在中国尤甚"。[3] 为能打动总署，《节略》计算前此中国电报局收入时，不知是有意还是无意漏了一项，即中英、中丹吴淞接线时所规定的，中国应收 2.5% 的过线费。当然，其中部分过线费可能为大东所收的香港过线费所抵，但根据当时的实际情形，此项收入还是存在的。不过，从总体上说，《节略》所言基本属实。

10 月 25 日，英使华尔身（John Walsham）发出照会，催促总署尽快批准。[4] 27 日，俄使库满再度催促。[5] 两日后，总署回复该两公使，让大北、大东总办去烟台与盛宣怀再议。[6] 俄、英公使皆认为，合同条款为中方所拟，不能说不公允，故无法再议。[7] 总署对此表示惋惜。[8]

内部方面。对于总署所不满的第一点，盛宣怀辩称：大东、大北将福、厦、沪三口报费分 1/10 与中国电局，是专就英、丹海线往来外洋报费而言，至于三口中国旱线的报费归电报局所有，并不分给两公司。盛宣怀进而认为，"今于三口争回什一，各口及内地全数收归中国，每年约得洋银十余万元，从此中国电线足以自立"，故"于中国只有便宜，毫无吃亏"。[9] 比较总署的不满与盛

[1] "中研院"近史所编：《海防档·丁·电线》，第 914 号文，第 1426—1427 页。

[2] 同上书，第 922 号文，第 1434 页。

[3] 同上书，第 919 号文，第 1431—1432 页。

[4] 同上书，第 930 号文，第 1439 页。

[5] 同上书，第 931 号文，第 1440 页。

[6] 同上书，第 932 号文，第 1441 页；第 933 号文，第 1441 页。

[7] 同上书，第 939 号文，第 1446—1447 页；第 940 号文，第 1447—1448 页。

[8] 同上书，第 941 号文，第 1448 页。

[9] 《盛宣怀上庆郡王禀》，王尔敏、吴伦霓霞编：《盛宣怀实业函电稿》上册，第 225—226 页。

宣怀的解释，二者分歧当是总署对条文的误释所致。因为，《齐价合同》所订10%的收费问题，总署以为是就中国旱线所递的电报而言，实质是指经英、丹海线与中国旱线合递的出入境及经过电报。

对于总署所不满的第二点年限问题，盛宣怀认为，"光绪九年所订沪福电线合同，须光绪二十九年方能期满"，此次所订合同年限之所以为 16 年，是与之保持一致，亦至光绪二十九年。[1] 这期间，曾纪泽建议："废此合同而索其海线租息。"对此，盛宣怀批驳："遍查各国，无此成例"，不仅电报局无力办到，即便是由总署提出，英、丹也不会允准。[2]

据上，盛宣怀认为，中国电报利权，与同轮船利权一样，失之于前，收之于后。假使以前完全禁阻大东、大北水线设至沪、福、厦三口，则时下也就不需订此条约了，"失之而听其独得，与收之而尚可分得"，当有区别。现闻各国官商"莫不谓中国通商以来，夺他人之利益，以此事为始"。[3] 可见，在盛看来，电报局订此次合同是争回中国已失电报利权之举。既如此，盛宣怀遂致函庆郡王奕劻，求其疏通总署，批准合同。[4] 李鸿章亦认为，此合同"使华线略分其利"，"甚为平允"。[5] 正是在内外双重敦促与压力下，总署才转变其态度而予批准。

第二次《电报齐价摊分合同》　第二次中、英、丹《电报齐价摊分合同》源于甲午战争后恰克图接线被重新提上议事日程。毕竟，对于中国来去欧美电报而言，因路途问题，恰克图接线较珲春接线更让英、丹感到压力。故大北、大东与闻后，立即活动俄使，让中国电报局与之再订新的合同，其基本原则包括加价与公分两层。加价是指中国出入欧洲电报向收每字银洋 2 元，以法郎核算，但因法郎汇率变动颇大，大东、大北拟改收每字 2 金镑。而 2 金镑合银洋3 元，故经此改收，使得原有报价增加了 1/3。再是公分，指沪、福、厦三口报费与中俄旱线报费统作三分公派。对于大东、大北此举，盛宣怀深知其用意所在："海线公司坚欲加立合同，因恰克图接线在即，虑华局夺彼利益，将以

---

[1]"中研院"近史所编：《海防档·丁·电线》，第 942 号文，第 1453 页。

[2]《盛宣怀上庆郡王禀》，王尔敏、吴伦霓霞编：《盛宣怀实业函电稿》上册，第 226 页。

[3]"中研院"近史所编：《海防档·丁·电线》，第 942 号文，第 1454 页。

[4]《盛宣怀上庆郡王禀》，王尔敏、吴伦霓霞编：《盛宣怀实业函电稿》上册，第 226 页。

[5] 李鸿章：《与俄连接电线定约折（光绪十八年七月十八日）》，戴逸、顾廷龙主编：《李鸿章全集》第 14 册，第 488 页。

束缚我耳。"[1] 既如此，中国电报局对大东、大北所提加立合同问题不予理睬，当在情理之中。[2] 但大东、大北显然也不会因中方的不配合而放弃要求，盖恰克图接线对其海线威胁太大。

中、英、丹最终还是走向谈判桌，不过分歧仍见。加价一层，中方认为不可，以免各国怨责。[3] 此担心并非多余。德公使绅珂（Freiherr Schenck zu Schweisberg）与闻加价后，称现中德往来电报每字 2 元，系中俄条约所定。突然调高，于商有碍，不可允准。[4] 英使与闻后以电费过昂，亦称有"诸多不愿"。[5] 日本递信大臣更是认为，"添价实为太过"。[6] 公分一层，中方要求除沪、福、厦外，中国出入香港报费，以及该四口互相往来之报，与中俄旱线统作三分公派。[7] 对此二层，中、英、丹经反复交涉后达成协议。1896 年 7 月 11 日，中国电报局、大东、大北第二次《齐价合同》在上海画押。[8]

合同对上述分歧作了协调。加价一层，双方最后达成：中国各处及香港与欧洲（俄国不在其内）来往各报，每字 8.5 法郎，合定英洋 2.75 元（欧洲过去诸国须外加欧洲过去报费）。俟 1897 年布达佩斯万国电报公会核定价目之日起，改为 7 法郎。[9] 由于是时法郎兑英洋比率已大幅上涨，故此时的 8.5 法郎的收费

---

[1]《寄王夔帅 又（二月初一日）》，盛宣怀：《愚斋存稿》第 1 册，第 621 页。

[2] "中研院" 近史所编：《海防档·丁·电线》，第 1153 号文，第 1642—1643；第 1175 号文，第 1664 页。盛宣怀致函王文韶称：总署因俄使照催海线合同签押，转饬商办自当遵照，海线公司利于速订合同，而华线利于停缓。今该公司屡促俄使催议，势不能止，但交来底本，华线吃亏太甚。职道必当竭力据理与彼磋磨，使中国不吃亏，各国皆允治方之会拟条款，请示宪台，咨明总署，核定再行签押。此事本非急务，彼欲就急中图错，即如俄使原议加价一层，如我轻允，必为各国挪揄，将来华线做至恰克图，利益日扩，即可将电局所获之利，为朝廷推广邮政一并归诸公家。职道十数年于此事交涉，必须始终不辞劳怨，与各国力争权利所在。乞电总署婉复俄使，谓已饬盛道筹议，但中国旱线与英丹海线同系公司，不得不听两面商董互相妥议，而后呈由总署，与立有电约各国大臣酌定办理（《寄王夔帅（十二月十七日）》，盛宣怀：《愚斋存稿》第 1 册，第 617 页）。

[3] "中研院" 近史所编：《海防档·丁·电线》，第 1071 号文，第 1581 页；《寄王夔帅 又（二月初一日）》，盛宣怀：《愚斋存稿》第 1 册，第 621 页。

[4] "中研院" 近史所编：《海防档·丁·电线》，第 1005 号文，第 1518 页。

[5] 同上书，第 1112 号文，第 1620 页。

[6] 同上书，第 1190 号文，第 1693 页。

[7] 同上书，第 1175 号文，第 1663—1666 页。该《合同》以《电报合同》之名收入王铁崖编：《中外旧约章汇编》第 1 册，见该书第 654—660 页。

[8] "中研院" 近史所编：《海防档·丁·电线》，第 1175 号文，第 1663—1666 页。

[9] "中研院" 近史所编：《海防档·丁·电线》，第 1175 号文，第 1664—1665 页。关于征收电价与结算账目问题，中国电报局与两公司在中国执行的实质上是两条系统，即电价以法郎计，结账以银元计。此就可能因法郎对银元的汇率不断上涨，导致报费定价明在下调，而实际收取报资却在上涨这一现象所致。

较以前若按英洋计已有显著上涨。不过，相对于英、丹初提的3元收费的实质，2.75元的实收，英、丹认为，已有0.3元左右的下调。况且，英、丹还表态布达佩斯万国电报公会后改为7法郎。当然，对于这一层，中方虽担心各国怨责，但原则上只要"各国无间言"，中国不会太为坚持，毕竟此举对"中国电局并无所损者也"，[1] 故双方易达成协议。

公分一层，双方争论焦点在香港报资的分成问题上，中方认为须在其内。因为"香港已设华局，与上海有英、丹公司事同一律"，"彼既要我港局同价，则港之报费亦应与沪、福、厦报费归并均分。今海线公司要将沪、福、厦分与彼，而港不分与我，又欲强我港局与彼同价，则彼占便宜太多"。[2] 但在俄使喀希呢的一再坚持下，中方同意让出，不过，退而求其次，提出将沪、福、厦、港四口互相往来报费，归入三公司均分之内，但大东、大北仍不允。[3] 最后达成：三

1896年布达佩斯万国电报公会前，法郎合英洋价较固定，一般为4.25法郎合英洋1元。如1887年8月10日，中英丹第一次《电报齐价摊分合同》规定：电报局、两公司收取报费，算结月账，定以4.25法郎合英洋1元，如有更改，须电报局两公司允准方可（"中研院"近史所编：《海防档·丁·电线》，第903号文，第1404页；《会订电报齐价摊分详细合同》，王铁崖编：《中外旧约章汇编》第1册，第520页）。随后中俄《珲春接线简明草议》（1887年9月2日）、中俄《两国边界陆路电线相接条约》（1892年8月25日），对此有相同的核定（"中研院"近史所编：《海防档·丁·电线》，第912号文，第1424页；第903号文，第1409页）。但亦有例外，如1888年12月1日盛宣怀与法国驻津领事林椿在烟台订立《广西之镇南关电线与越南北圻之间登地方法线相接事宜》，第十款规定：算付账目全用洋银，每法郎作0.26元（李鸿章：《中法接线折（光绪十四年十一月十二日）附章程》，戴逸、顾廷龙主编：《李鸿章全集》第12册，第515页）。1896年7月11日，中国电报局大东大北第二次《齐价合同》规定，"现在核定每法郎克合英洋四角正"（"中研院"近史所编：《海防档·丁·电线》，第1175号文，第1675页）。此调整使得报资出现明明降暗升。1897年12月，中国电报局告知德使海靖，至欧洲报费自1898年1月1日起，每字加增两角。海靖认为，从前报费不过2元，自1896年8月后加至2.6元，现增至2.8元，此不利贸易，遂向总署提出削减报费（"中研院"近史所编：《海防档·丁·电线》，第1339号文，第1848页）。总署转咨盛宣怀（"中研院"近史所编：《海防档·丁·电线》，第1344号文，第1852页）。盛让博来与东、北妥议。博氏指出，1896年，中国电报局与大东、大北订立《齐价合同》，将中国与欧洲往来电报，每字8.5法郎减为7法郎。不过，该《合同》第六款规定，三公司收外洋报价，结算账目，理应将洋银照实在价合算，俟一年期满，查照本年金价涨落，摊匀核算，将法郎值洋银若干，酌定数目，以为次年准则。此系遵照万国公会，在布达佩斯地方所定通例。中俄电局与大东、大北酌定从1898年起，按金价涨落，摊匀合算，每法郎应作洋银0.4元。故欧洲往来电报，每字7法郎，合洋银2.8元，其价并无增添。且定此价目，系会内各国一体允遵（"中研院"近史所编：《海防档·丁·电线》，第1362号文，第1878—1879页）。总署将此情形转知德使（"中研院"近史所编：《海防档·丁·电线》，第1363号文，第1879页）。

[1] "中研院"近史所编：《海防档·丁·电线》，第1175号文，第1665页；《寄王夔帅（二月初一日）》，盛宣怀：《愚斋存稿》第1册，第621页。

[2] 《寄王夔帅 又（二月初一日）》，盛宣怀：《愚斋存稿》第1册，第621页。

[3] 《寄王夔帅（三月初四日）》，盛宣怀：《愚斋存稿》第1册，第622页。

公司允将总价内各得之本线报费，不论由何条线路拍至欧洲（不包括俄国）及欧洲过去诸国的电报，定价须一致，并按合同价目表核定份数，悉归三公司公派，各得 1/3。但香港报费不分，与电局沪、福、厦三口互相往来报费不分。[1]

合同是双方互作让步的结果，但中方让步尤大。盖俄、英、丹三国连成一体，坚与华局订立报费合同，"中国交涉事繁，亦断难因此细故，与彼跌价争闹，如不趁此定议，恐以后并此做不到"。"委曲迁就，办至无可再争之处"。[2] 虽此，相对第一次《齐价合同》而言，中方仍有进一步收获："此中国电局将各处来往洋报免收本线费，而归于三公司总帐均分，中国电局稍有所益者也。"况且，《合同》规定：中国（包括中国各部衙门、总署、海军衙门、各省督抚、水陆提督、出使大臣、参赞、领事等）至欧洲各处官报，由水线传递者，东、北公司的本线费，原来 1.62 元/字，现减半收取。盛宣怀认为，此显然有益于中国官报。又，合同以 15 年为限，在此期限内，两公司线路，不得再在中国界内推广。盛宣怀认为，此于中国大局甚有裨益。[3]

第三次《电报齐价摊分合同》 第二次《电报齐价摊分合同》解决了中国与欧洲及欧洲过去诸国（俄国不在其内）的电报收费标准及分成问题，从而免除中、英、丹间关于此类电报的恶性竞争。但中俄间电报，《合同》并未规定。恰克图接线在即，一旦完成，电报由此线拍发必多。对此，第二次《电报齐价摊分

---

[1] "中研院"近史所编：《海防档·丁·电线》，第 1175 文，第 1665—1669 页；《寄王夔帅（五月二十日）》，盛宣怀：《愚斋存稿》第 1 册，第 632 — 633 页。

[2] 《寄王夔帅（五月二十日）》，盛宣怀：《愚斋存稿》第 1 册，第 633 页；"中研院"近史所编：《海防档·丁·电线》，第 1175 号文，第 1665 页。

[3] "中研院"近史所编：《海防档·丁·电线》，第 1175 号文，第 1663—1666 页。此前出使英法大臣薛福成于 1890 年在英与大东、大北议订九款（薛福成：《出使疏牍——十一月二十八日递北京天津》，中国史学会主编：《洋务运动》第 6 册，第 483—484 页），旨在"俾各国不生觊觎，永保中国自主之权"，"有事时受我监察，不为我敌国通电"，"疏通中外消息，办理交涉，隐获裨益"，"中外各署每岁可节省电费数万金"。在薛氏看来，此举实质是"借北东两公司之报效，而予以保护两公司为名，而杜他线之来，各国公司既知有此合同，自不安生觊觎"，但实际恰反过来，是"以保护两公司为名，借北东两公司之报效"。正因此故，薛说："重洋远隔，电价过昂，每致信息不灵，窃冀此局早定一日，即早收一日撙节之益，即使赶速就绪，恐通行开办，已在明年夏秋间矣。"（薛福成：《出使疏牍——论大东大北电报两公司订立合同书》，中国史学会主编：《洋务运动》第 6 册，第 480 — 482 页。）又说："以上九款，虽经别线仍须出费，可减原价三分之二，岁省数万金，多事时或省十余万金，且并无限制，更可广捷声息。惟须趁此机会速与订定，免彼再听人言翻异。"让总署或李鸿章代奏请旨准订（薛福成：《出使疏牍——十一月二十八日递北京天津》，中国史学会主编：《洋务运动》第 6 册，第 484 页）。但以上所议，先是大北翻悔，一度中止；后在薛的交涉下，两公司同意，但又遇总署及李鸿章未予积极响应，故最终未能施行。

合同》订立不久，大北即曾虑及，遂于 1897 年（光绪二十三年）初向中国电报局提出，将中俄陆线电报与大北海参崴水线齐价平分，另要求中国免去内地至水线相接处的本线报费。[1] 关于《电报齐价摊分合同》的第三次交涉由此而生。

对于大北的请求，中方是无法答应的。因为是时，中方正筹集巨资以架此线，而第二次《齐价合同》中规定的电报收费与分成不包括俄国，故中方对该线架成后的收取中俄间的报资有较高预期。盛宣怀认为，倘允大北所求，则中国损失甚巨，"造恰线徒费资本"，遂提出，中国电报局须分得 3/4。盛宣怀此言表明，中方并非直接拒绝了大北的请求，而是提出新的齐价公分方案，即关于中俄报资，若要同价，则不平分，中方须得 3/4。

对于中方的方案，大北同样表示不能接受。至此，问题似陷入僵局，最终俄、丹合谋，迫使中方放弃须得 3/4 分成的要求。中丹交涉期间，丹国活动于俄，使得俄国先允大北减收海参崴过线费。在此情形下，中方感到难以再争，只得照允大北平分请求。[2] 1897 年 5 月 13 日，中丹在武昌签订《中国电报局与大北水线公司会订电报合同》，规定中俄往来电报，由大北水线传递，所收本线报价与中国电报局与俄国相接之陆线所收本线报价一律，每字 2 法郎。中国电报局与大北将于总价内各所得之本线报费，不论由何线传递，悉归公款之内，此公款中国电局与大北各得 1/2。[3]

应该说，此合同的订立从报资收取方面看，中方让步极大。大北收益增加一倍；同时，其所要求的华局免去内地至水线接线处的本线报费，尽管未全面满足，然该合同第二条第二节规定："由公司之水线传递者，电局倘必须加收本线报费，只可酌收若干，务须总价与电局并公司之线路总价一律。此项本线报费，亦须归公款之内，电局公司各得一半。"[4] 与大北之要求相去不远。

但不能说此次交涉中方全无收获。细究可知，中方亦有两点进益：一是中方在允许大北的上述要求之时，乘势使得 1896 年夏大北、大东在厦门、福州安线设

[1] 本段及下段，"中研院"近史所编：《海防档·丁·电线》，第 1241 号文，第 1747 页；第 1256 号文，第 1765 页；《寄总署（正月二十五日）》，盛宣怀：《愚斋存稿》第 2 册，第 655—656 页。

[2] "中研院"近史所编：《海防档·丁·电线》，第 1241 号文，第 1747 页；第 1256 号文，第 1765 页；《寄总署（二月初九日）》，盛宣怀：《愚斋存稿》第 2 册，第 657 页。

[3] "中研院"近史所编：《海防档·丁·电线》，第 1256 号文，第 1765—1771 页。

[4] 同上书，第 1767 页。

机的索求收回；[1] 二是中方也迫使俄国过线费照大北方式更改。根据中俄《边界陆路电线相接章程》（1892 年 8 月 25 日）第六款"若有由别处水陆各电线传递外洋电报，其所定报资比较有减于此约所定者，则中俄电线亦同时照减"的规定，又因俄已允自 1897 年 7 月 1 日起减收由海线经海参崴递传电报之俄国过线费，中国电报局遂请求自该日起，将俄国过线费，由中俄《边界陆路电线相接章程》第七款所定的每字 3 法郎，减作 2.25 法郎。[2] 这一更改有利于中国出入境电报的拍发。

第四次《电报齐价摊分合同》 第四次《齐价合同》的订立缘于美、德电报公司的介入。中、英、丹在三次《齐价合同》的基础上，大致形成中国出入境电报的报资及分成的联合体制。此体制在五年后先后遭遇美、德电报公司的挑战。据前而知，1903 年（光绪二十九年）初，美国太平洋商务水线公司致函电政大臣袁世凯、吴重熹，称拟由菲律宾设线至上海，请求中美接线。对此，英、丹提出《联合办法》，办法非但没有联合"利害相共"[3] 的中国共同抵制美之接线请求，而是组成新大联合公司，以统分中国的出入境电报之利。1904 年，又有德国库龙之德意志荷兰电报公司拟设海线由上海至亚波、瓜茂等处，再向中国提出接线请求。中、英、丹又一次通过《联合办法》将新大联合公司进一步扩充。

但《联合办法》仅提出统分原则及初步方案，至于具体分成，需进一步商定。1905 年 4 月 5 日，中、英、丹在北京签订《续订联合齐价摊分合同》，是为第四次《电报齐价摊分合同》。规定所有中国与欧美往来电报，资费由中国电局全数交与大北。大北将所有报资（包括中国电局所付之资以及其他公司所收之资）与大东、太平洋、德荷等结算完毕后，于净得报资内，每年提 46.08% 交中国电局。其自太平洋水线开报起（1903 年 7 月 25 日）至 1903 年底止应派资费，亦由大北照数付与中国电局。在这 46.08% 的款项中，中国实际应得，在德荷水线开办前，按以上各公司所收中国与欧美往来报费总数（除去应付之费）的 13.54% 核算；开报后稍减，按 12.38% 核算。[4] 这样，中、英、丹、美、德荷组成"新大公司"，共分中国出入境报资的蛋糕。

如果说，前三次《电报齐价摊分合同》是英、丹联合对付中国的话，那么，

---

[1] "中研院"近史所编：《海防档·丁·电线》，第 1257 号文，第 1772 页。

[2] 同上书，第 1241 号文，1747—1748 页；第 1232 号文，第 1741 页。

[3] 同上书，第 1946 号文，第 2584 页。

[4] 《续订联合齐价摊分合同》，王铁崖编：《中外旧约章汇编》第 2 册，第 297—298 页。

第四次《齐价合同》则是中、英、丹在前三次《齐价合同》基础上形成的共同体联合来应对美、德的。当美、德公司提出与中国接线时，中国电报局总办朱宝奎称："东北公司与我利害相共，熟筹办法。"[1] 但是，最后形成的应对方式是所谓的以联合为抵制，从实质来说，就是妥协，是基于中国实力有限基础上的妥协，换言之，是一无奈之选择。

三、中外其他电报收费交涉

由于中外一系列陆线的相接，在中、英、丹大抵规定了中国陆线与大北、大东等海线接通后的电报价目及收费分成的基础上，中国又与其他国家订立一系列陆线相接后的双边价目条款。

（一）中法、中英西南接线后的报资问题

中国西南边界与法属越南、英属缅甸接线后，中国出入境电报可由该地区线路传递。于是中法、中英就有关此类电报收费及分成问题展开广泛交涉。

1888年8月，盛宣怀与法国驻津领事林椿（Paul Ristelhueber）在烟台拟就《广西之镇南关电线与越南北圻之同登地方法线相接事宜》。12月1日，中法又在此基础上订立《滇越边界联接电线章程》。[2]1894年9月6日，中英《云南缅甸边界陆路电线相接条约》在天津签字画押。[3]

综合以上约章，中国收费情况大抵分为以下三类：一是越南北圻西圻、真腊、暹罗及缅甸、印度、锡兰各局与中国各局往来电报，中国因道路及区域不同分别收取：与广东、广西、云南各局往来电报0.75法郎/字；与长江及长江以南其他各局往来电报1.25法郎/字；与长江以北各局（朝鲜除外）往来电报2.25法郎/字；与朝鲜各局往来电报2.5法郎/字。二是上述以外各国（欧洲及欧洲过去诸国除外）与中国各局电报往来（包括朝鲜），中国收取报资的情况大抵是每字增0.25法郎。三是欧洲及欧洲过去各国与中国各局电报来往5.5法郎/字。[4]

---

[1] "中研院"近史所编：《海防档·丁·电线》，第1946号文，第2584页。

[2] 李鸿章：《中法接线折（光绪十四年十一月十二日）附章程》，戴逸、顾廷龙主编：《李鸿章全集》第12册，第513—516页；王铁崖编：《中外旧约章汇编》第1册，第541—544页。

[3] "中研院"近史所编：《海防档·丁·电线》，第1016号文，第1528—1531页；王铁崖编：《中外旧约章汇编》第1册，第595—597页。

[4] 1905年5月23日，因《云南缅甸边界陆路电线相接条约》期满，中英《续订滇缅电线约款》签押，收费有较大幅度的下调（王铁崖编：《中外旧约章汇编》第2册，第299—301页）。

若将上述收费与中、英、丹《齐价合同》相比，可发现既有相同之处，又有不同之点。如中国经过中法、中英西南接线，与欧洲并欧洲过去各国电报的价资，与《齐价合同》所订一致。但中国各局递往其他国家电报报资，则较欧洲并欧洲过去各国电报报资，要便宜得多。

另就所订价目的变更情况而言，中法、中英接线约章的规定与《齐价合同》相比，几乎完全相反。《齐价合同》一般都规定所订报价，中、英、丹各单方不得任意跌减，而中法《滇越边界联接电线章程》规定：所有电报经过中法两电局旱线者以两国界限为止，各自定价收资；但业经双方约明价目的，在合同期限内不得加增，只可减价。[1] 中英《云南缅甸边界陆路电线相接条约》的规定也基本相同。[2] 这表明，英、丹水线与中国竞争者基本是中国出入欧洲并欧洲过去诸国电报，此是由于中国出入境电报以该地区为大宗。

（二）中俄电费交涉

中俄接线后，因俄、丹的特殊关系，其报资交涉与中、英、丹《齐价合同》紧密相联，有时甚至互为补充。

中俄《两国边界陆路电线相接条约》有关收费的规定　中俄第一次商谈接线后报资收取问题当为 1887 年 9 月 2 日《珲春接线简明草议》的订立。该草议就中俄接线后两国分别应取报费作出具体规定。[3]1892 年 8 月 25 日，中俄又议订《两国边界陆路电线相接条约》，在有关电资方面正式确认了《简明草议》的相应条款。[4] 双方应取报费具体规定如下表：

往来及经过电报中俄两国收费标准表

	往来电报收费	经过电报收费
中国	中国与欧洲及欧洲过去诸国（不含俄国）往来电报，每字 5.5 法郎	欧洲及欧洲过去诸国与他国往来电报经过中国者，每字 5.5 法郎
	中国与亚细亚、欧罗巴、格格苏之俄国往来电报，每字 2 法郎	上述地区以外电报经过中国者，每字 2 法郎

---

[1] 李鸿章：《中法接线折（光绪十四年十一月十二日）附章程》，戴逸、顾廷龙主编：《李鸿章全集》第 12 册，第 514 页。

[2] 王铁崖编：《中外旧约章汇编》第 1 册，第 595 页。

[3] "中研院"近史所编：《海防档·丁·电线》，第 912 号文，第 1424—1425 页。

[4] 同上书，第 1712 号文，第 2256—2260 页。

往来及经过电报中俄两国收费标准表

俄国	亚细亚之俄国与中国往来电报，每字1.73 法郎	上述各处电报经过俄国者，每字 3 法郎
	欧罗巴、格格苏之俄国与中国往来电报，每字 2.73 法郎	

资料来源："中研院"近史所编：《海防档·丁·电线》，第 1712 号文，第 2258—2259 页；《边界陆路电线相接条约》，王铁崖：《中外旧约章汇编》第 1 册，第 559—561 页。另外，条约还对中外货币汇率作出规定：每 4.25 法郎合鹰洋 1 元；津平银 70 两合鹰洋 100 元。

据上表可知，既然中国与欧洲及欧洲过去诸国（不含俄国）往来电报 5.5 法郎/字，且经过俄国者 3 法郎/字，故中国出入欧洲及欧洲过去诸国电报收费，每字为 8.5 法郎，即鹰洋 2 元。此规定受中、英、丹第一次《齐价合同》影响，但较之更为明确。因为，《齐价合同》只规定了中国出入欧洲及欧洲过去诸国（不含俄国）电报，中国电局须定本线费 5.5 法郎/字，并未规定此类电报的总价格。[1] 又因为《齐价合同》无法规定中俄电报收费，故从原则上讲，是看不出中国此类电报的总体收费的。正因此情况，1894 年 6 月 21 日，德国公使绅珂在总署谈及电线事务时，称现在中德往来电报，电价每字 2 元，为中俄条约所开，[2] 而不指出是由中、英、丹《齐价合同》所定。

《中俄旱线续约》对中国出入境报费的调整　1897 年 9 月 6 日，中俄订立《中俄旱线续约》，对报资作了部分调整。就中方而言，中国与欧洲及欧洲过去诸国来往者（不含俄国），每字取价由原 5.5 法郎调为 4.75 法郎；除此以外地区各报（经过电报不在其内），每字由原 2 法郎调至 1.5 法郎。俄国方面，经过各报应取报资，每字由原 3 法郎调至 2.5 法郎。[3]

---

[1]《会订电报齐价摊分详细合同》，王铁崖编：《中外旧约章汇编》第 1 册，第 519 页。倒是 1887 年 7 月 7 日中英丹所订《会订电报根本合同》有明确规定："华公司、两水线公司于一、二款注明之外洋报不论由海旱线传递（中国香港在内、俄国不在内），一律取价二元，即八法郎克半。"又规定："所有电报，欧洲及欧洲过去诸国与他国来往经过中国旱线者，定取报费五佛郎克半。"（王铁崖编：《中外旧约章汇编》第 1 册，第 517 页。）正因此合同仅是第一次《齐价合同》的基础，后者是"将妥订合同之九款删并，以新订合同补正"（《会订电报齐价摊分详细合同》，王铁崖编：《中外旧约章汇编》第 1 册，第 518 页）而成，故盛宣怀当时称《根本合同》为《简明章程》（九款）。此章程后中、英、丹三方反复讨论修改，故不能视为正式条款。

[2]"中研院"近史所编：《海防档·丁·电线》，第 1005 号文，第 1518 页。

[3] 同上书，第 1712 号文，第 2254—2256 页。关于汇价，该规定：1896 年，在布达佩斯万国电会所订电则未施行之前，征收电价，结算账目，两国允以 8.5 法郎订作 2.75 鹰圆。

可见，资费基本是下调。主因在于，中、英、丹第二次《齐价合同》规定，中国各处及香港与欧洲（不含俄国）来往各报，每字8.5法郎（欧洲过去诸国须外加欧洲过去报费）。俟自布达佩斯万国电报公会核定价目之日起，改为7法郎。[1]是会召开后，中国与欧洲并欧洲过去诸国来往电报报资调为7法郎，相应地，中国电报局所收取的欧洲并欧洲过去诸国电报过线费减为4.75法郎。另一原因是1897年中、英、丹第三次《齐价合同》的交涉，丹国为迫使中国同意其同价平分请求，活动于俄国，使得俄国先允大北减收海参崴过线费。[2]第三次《齐价合同》订立后，中国迫使俄国将过线费，由中俄《边界陆路电线相接章程》所定的每字价3法郎，减作2.25法郎。[3]但不久，俄国公使巴布罗福向总署递呈《中俄旱线续约》节略，列出俄、中现收报费情况：

往来及经过电报俄中两国收费标准表

	往来电报收费		经过电报收费
俄国	中国与亚细亚之俄国（上乌的斯克以东区域）来往电报，每字70生丁		各报每字2.25法郎
	中国内地及香港与亚细亚之俄国（上乌的斯克以西区域）来往各报，每字1法郎		
	中国内地及香港与欧洲之俄国（包括格格苏）来往各报，每字1.5法郎		
中国	中国内地及香港与俄全境，格格苏、亚细亚之俄国来往各报，每字2法郎		欧洲及以外各国（不包括俄国），与其他各国来往各报，每字4.75法郎
	中国内地及香港与欧洲及欧洲以外各国（俄国不在其内），每字4.75法郎		俄国全境（包括格格苏、亚细亚之俄国）各报，每字2法郎
	其余电报，每字2法郎		

资料来源："中研院"近史所编：《海防档·丁·电线》，第1260号文，第1775页。

该节略最后指出：俄国现已将往来电报报费减去一半，故中国也应适当减收。应减多少，由两国共同商定。[4]中方见俄已减价，遂答应调整。1897年9月6日中俄订立《中俄旱线续约》，正式将中国应收报资作出部分下调。

---

[1] "中研院"近史所编：《海防档·丁·电线》，第1175号文，第1664—1665页。

[2] 同上书，第1241号文，第1747页；第1256号文，第1765页；《寄总署（二月初九日）》，盛宣怀：《愚斋存稿》第2册，第657页。

[3] "中研院"近史所编：《海防档·丁·电线》，第1241号文，第1747—1748页；第1232号文，第1741页。

[4] 同上书，第1260号文，第1776页。

伦敦公会后的中俄报费的调整 1903 年伦敦万国电报公会后中俄间关于电报资费再生交涉。1902 年 11 月 27 日，中俄两国在北京订立《续订接线展限合同》，合同第二款规定 1897 年 9 月 6 日续约所定报资继续遵守，待 1903 年伦敦万国公会定出价格后再行商改；该合同第三款规定，中俄两国传递来往电报之资应同时跌减，具体数目当于 1903 年伦敦公会之后，由两国订定。[1] 这些规定为翌年的报资交涉埋下了伏笔。

1903 年万国电报公会如期在伦敦召开。大会于 7 月 15 日通过的章程规定，凡西欧与中国来往各报，及经过亚俄等处报资，均有降减，自 1904 年 7 月 1 日施行。俄国驻华公使雷萨尔（P. M. Lessar）接政府通知后，于 1904 年 2 月 2 日照会中国外务部，要求中俄接线递报收费减价，由原定的中俄往来各报，中国应得的每字 1.5 法郎，减至 1 法郎。照会附了《续约》底稿。25 日俄使再次照会中国外务部，催询此事办理情形。[2] 对此，中方同意俄使请求，但要求俄电应得之费，亦照递减。[3] 对于中方意见，俄亦予认可。由于此次中俄报资交涉在原则上没有什么分歧，故易于达成协议。1905 年 1 月 15 日，中俄签订《接线议定减价条款》，就中俄间递报言，双方收费皆有大致 0.5 法郎的下调。[4]

（三）中朝（韩）第二次接线后的报资问题

甲午战争前，从实际运营上讲，中国是将朝鲜电线作为自己电报之一部分来处理的，这在前揭中英、中法有关陆路接线条款中有明确体现，故中朝不曾定出接线后有关收费细则。甲午战争后，因中国承认朝鲜独立，早在中朝再度接线前，本线费与过线费问题便相应提出。1896 年 6 月，北洋电报官局参照中俄已定电报规章，拟订《中国朝鲜拟订两国边界陆路电线相接价目章程》，就有关接线后的收费问题作出规定，朝鲜与中国各处来往电报，每字中国收洋 0.4 元。

---

[1] "中研院"近史所编：《海防档·丁·电线》，第 1879 号文，第 2417 页；《续订接线展限合同》，王铁崖编：《中外旧约章汇编》第 2 册，第 145 页。

[2] "中研院"近史所编：《海防档·丁·电线》，第 1862 号文，第 2407 页；第 1879 号文，第 2417—2418 页。

[3] 同上书，第 1866 号文，第 2410 页。

[4] 往来及经过电报俄中两国收费标准如下表：

	往来电报收费	经过电报收费
俄国	欧洲之俄国与中国来往者，每字 1 法郎	美国与中国及过去诸国者，每字 2.25 法郎
	亚细亚俄国与中国来往者，每字 0.5 法郎	中国与波嘎拉每字 1.5 法郎，其余 1.75 法郎
中国	与欧洲及过去诸国电报，每字 3.75 法郎	与美国及欧洲等报与来往电报报资相同
	与美国来往电报，每字 4.75 法郎	与欧洲之俄国及日本来往者，每字 2 法郎
	其余以及与俄国来往电报，每字 1 法郎	其余电报，每字 1.5 法郎

资料来源：据《接线议定减价条款》，王铁崖编：《中外旧约章汇编》第 2 册，第 283 页整理。

此外，《章程》对朝鲜与他国来往各报，经过中国者，规定如注明转上海水线公司，每字中国除收洋 0.4 元外，查照各国通行电报章程及电则内所定上海水线公司至各埠价目，另再加收；如注明由中俄海兰泡陆线转递他国各报，即照中俄陆线转递外洋电报价目章程核算，如至俄国亚洲区域，每字 0.88 元，至俄国欧洲区域及格格苏，每字 1.12 元，至英、法、德等国，每字 2 元，中国过线均在内。至华盛顿、纽约、新旧金山、新加坡等埠，除至欧洲 2 元外，查照各国通行章程及电则内，所定欧至各埠价目，另再加收。[1]

但是时，中国电报局与大东、大北正重新议订《齐价合同》，1896 年 7 月 11 日第二次《齐价合同》订立，[2] 规定自 8 月 1 日起施行。因此次定价较第一次稍增，为使中韩接线价目与该合同保持一致，中韩重订《中韩接线电费价目章程》，对初《章》有关电报收费作出部分的上调，主要为韩国与欧洲各国（除俄国外）来往各报，经过中国者，无论转上海水线、海兰泡陆线，每字取 2.75 元。至美国之电报，其收费标准则大为细化，如至新旧金山，规定 3.51 元 / 字，至华盛顿 3.33 元 / 字，至纽约 3.25 元 / 字，等等。此外，重订《章程》增定，韩国与日本来往各报，经过中国者，转上海水线公司，中国每字除收价洋 0.4 元外，查照各国通行电报章程及电则内所定上海水线公司至日本价目，另再加收。[3] 1896 年 8 月 18 日，总署将此函知俄使。[4]

但俄使认为《重订章程》"未尽妥贴，内有与中俄及中英丹各公司合同不相符合之处"。1896 年 7 月 28 日，巴布罗福向总署递呈《中国朝鲜相接陆路电线约章》，规定中国应取报费：

往来及经过电报中国收费标准表

往来电报收费	经过电报收费
中国内地及香港与欧洲及欧洲以外各国（俄国不在其列），每字 5 法郎	欧洲及以外各国（包括美国），与各国往来经过中国各报（俄国不在其列），每字 5 法郎
中国内地及香港与俄国及其他各国往来电报，每字 2 法郎	其余各国（包括俄国）经过中国各报，每字 2 法郎

资料来源："中研院"近史所编：《海防档·丁·电线》，第 1176 号文，第 1676 页。

[1] "中研院"近史所编：《海防档·丁·电线》，第 1172 号文，第 1660 页。

[2] 同上书，第 1175 号文，第 1663—1666 页。

[3] 同上书，第 1182 号文，第 1686—1688 页；《李傅相来电（十一月初六日）》，盛宣怀：《愚斋存稿》第 1 册，第 642 页。

[4] "中研院"近史所编：《海防档·丁·电线》，第 1184 号文，第 1689 页。

显然，俄使提议的依据是即将执行的布达佩斯万国电报公会电报收费之规定。对此，中方表示认可，盛宣怀提出，"仍由电报商局另行酌议，方免两歧"，遂让洋参赞博来再次拟就《中韩接线条款》，认定俄方之提议，以作重订《章程》之补充。[1]

据上可知，中外陆线相接后价目制定既有"区域特色"，甚至有别《齐价合同》；又具"国际特色"，接受"万国公法通行电约电例"的约束。不过就总体言，价目订定是趋同于国际惯例与国际标准的，其随国际价格的波动而不断调整的情状进一步凸显此特征。

第三节　中国与国际电报会议与组织

晚清期间，中国曾先后受到世界保护海线会议、各国电学会议和万国电报公会等国际电报会议与组织的多次邀请。对此，清政府一方面担心参加这些会议与组织而受掣肘；另一方面又不敢开罪于列强以全力拒绝，表现出两难选择。但权衡重轻，以前者为甚，故其处置方式一般为派员列席，但不正式入会。此恰是国力不昌、科技不兴的弱国外交的典型特征。不过，这种状况并不排斥中国有着入会之趋势，并以一个案领域透视出晚清中国步入世界之艰难。

一、世界保护海线会议

1881 年，英、德间海线中断，英电报局查系德船所为，因是时万国公法尚无海线保护等有关内容，故无判定标准，几酿衅端。[2] 法外务部遂于翌年 10 月 16 日至 11 月 2 日，约请德、英、俄、意、美、丹麦、荷兰、比利时、西班牙、葡萄牙、瑞典、瑞士、希腊、罗马尼亚、萨尔瓦多、塞尔维亚、墨西哥、巴西、哥伦比亚、哥斯达黎加、阿根廷、奥斯马加、多米尼加、戛代拉麻、尼加拉瓜、诺威治、日本、印度、土耳其、于吕盖等 31 国代表，在巴黎召开世界保护海线会议。其时，海线创建已历二十余年，总长度达 60,000 海里，对世界经济与社

---

[1] "中研院"近史所编：《海防档·丁·电线》，第 1223 号文，第 1718—1721 页。

[2] 同上书，第 480 号文，第 706 页。

会发展产生重要影响，[1]但争端亦所难免，故协调相关事宜，以便海线更好地为各国服务，成为时势之需。

清驻英法公使曾纪泽亦受到法外部的再三邀请[2]，这是中国第一次受到电报国际会议与组织的邀请。然斯时中国自设电报方起步，全为陆线，且此前对于列强要求保护其在中国沿海所设海线，曾反复交涉，尽管最终答应倘中国民人毁损海线而为其"查拿惩办"，但总署一再申明："本衙门前咨沿海各省酌办者，系念和好之谊，非于保护铜线之事，实有把握也"，[3]可知并非出于本意。在此背景下，中国不接受主题为保护海线的国际会议邀请，当在情理之中。事实上，当总署将之讨论于各关道及各电局时，其中不少即以此立论。

津沪电报各局认为，就目前而论，外国入约有益无损，中国入约则有损无益。盖外国多有海线，入约后其线与同约国海线一道受保护。而中国并无海线通至他国，一旦入约，没有让他国保护之线，却须保护外国通至中国之海线，故权利与义务不称。况中国渔船甚多，难保不损海线。而一旦碰损，则须照约惩办，因此中国入约将多受掣肘。设若中国将来敷有海线通至外洋，而需他国保护之时，"再请入约，似亦未迟"。

通永道薛福成、署天津道周馥等亦认为，中国现无海线通至他国，却有大北、大东各设海线一条达于中国沿海。而大北所设海线从前未经中国允准，大东便与中国约明，其所设海线中国不为保护，因此，中国无保护之责。倘领海内发生损伤两公司海线事，"中国自可酌度情形，相机办理"。若此时入约，则时下即应照约办理，"不特海疆辽阔，照料难周，且上年与英国断断辩论不允保护之言，几同虚设，于中国自有之权利，似有所损"。[4]东海关道的意见大抵相类。[5]

但是，朝野并非一致反对，曾纪泽即不认同上述意见。针对各等所担心的入会"恐受掣肘"问题，曾纪泽认为，即便不入约，"亏赔之累仍不能免"。盖近来中外交涉，各国常援国际公法使中国就范。而当中方援引公法时，他国

[1] "中研院"近史所编：《海防档·丁·电线》，第382号文，第492—493页。法总统在开幕词中称："如风汛之变换，天气之盈缩，皆以海线布告四方。暴风未作，而海上数千万渔舟船艘预知防避，赖以得全。又知寇盗奔逃他邦，当藉海线传音，悉数就获。而天下互市，海线逾增，则商业逾畅，则太平巩固。此其尤为彰明较著者也。"

[2] "中研院"近史所编：《海防档·丁·电线》，第382号文，第492页。

[3] 同上书，第128号文，第141页。

[4] 同上书，第458号文，第638—639页。

[5] 同上书，第640页。

则以清政府未批准该法而予峻拒。此次世界保护海线约章是弥补国际公法之未备，将与之相辅而行。故"我不入会，则彼有犯禁之事，我不得言；我有未检之处，彼仍得援约以折我"，"是徒受不肯保护海线之名，而仍不免赔偿之实"。[1]

针对各等所提出的"中国暂无海线"问题，曾纪泽指出，中国虽无海线，但于他国海线不能不用，"是海线虽各有专主，而便益则万国所同"。既同受其益，则保护他国海线亦有益于中国。况且，就目前中国无海线的情况而言，不入约似暂无妨。但随形势发展，将来必会敷设，"倘安设之后，或经各国船只损坏，则不入会者势难向其索赔"。基于此，曾纪泽进而指出，反对者是"但存多一事不如省一事之见，欲以浑沦拒绝了事"。

其实，曾纪泽还有更为深层的考虑。他认为，西方各国先前担心中国有轻视他们之意，因此常联合对付中国。但近来各国对法侵越，群起攻之，皆指其无理。这种局面的出现，"实朝廷怀柔之德，与人为善之功之所致也"。故在曾纪泽看来，中国倘不入会如约，于外交十分不利：

> 此案经法国一再邀请，又经各国会议，我独不与闻，在法人恼羞之余，或且煽诱各邦，谓吾华实有轻视各国之心，不屑与之会议，致各国从而生心，似于邦交不无小损。

正有着如此思虑，曾纪泽向总署提出，"势难坚辞"法外务部之邀请。[2] 作为外交官，曾纪泽将中国关于此次会议的处置与外交形势相联系，在一般情况下似有夸大其影响之嫌。但对于刚刚走向世界的中国来说，尤其是在因越南问题而正与法国关系日益紧张的形势下，此的确是一个不能不考虑的问题。而在各关道中，亦有支持曾纪泽之意见者。苏松太道邵友濂指出："诚如曾大臣所论，中国照各国一律画押入会，不致别有窒碍。"[3]

官商各方相近或相左的意见交织在一起，使得中国以一独特的方式处置法方的邀请。曾纪泽一面在法国外务部一再催促下派出使馆翻译官马格里与庆常列会，同时又照会法国外务部，声明虽然列会，但不介入讨论，将来会中所议

---

[1] 本段及以下三段，"中研院"近史所编：《海防档·丁·电线》，第551号文，第796—797页。

[2] "中研院"近史所编：《海防档·丁·电线》，第480号文，第706—707页。

[3] 同上书，第614号文，第959页。

事宜，中国不受约束。[1] 马、常在会议期间也严格地执行了这一身份安排。1882年 10 月 29 日，当大会主席宣读德国委员议案，按名询问意见，轮至中国时，庆常对称："本委员等谨遵中国钦宪咨明保存中（国）权利之意，凡会决议，不赞可否。"[2] 对于曾纪泽的安排，总署未表示反对。当法国再请为该会所商定章程复会定稿之时，总署函知曾纪泽可列会，[3] 进而表明对曾纪泽的安排之认可。

上述安排虽然解决了中国参会问题，但接下来面临更难取舍的会议《章程》画押问题。画押有两次，第一次是对该会议所直接形成的讨论稿的画押。会议期间，各国委员就"保护海底电线之法"、"保护安置电线及修理电线船只之法"、"海底各遵各道电线并行之法"等内容作了探讨，最后形成《保护海底电线章程》讨论稿，要求与会委员画押。当此之时，瓯海关温道提出：将各条款试用 30 年，遇有不便，随时商改，30 年后，各国皆感无什不便，"方定为永远之章"。[4] 这当然无法为会议所接受。津海关道周馥认为，可先行签字，而于签字时另作声明，此约须俟中国政府批准，方能适用，且批准之期不能拘定一年的限度。如此则既不违各国之意，中国仍可从容考虑。[5] 曾纪泽的意见与周馥相近，指出既然与会者皆称该章程需各报本国政府查核，说明条款还未定议，如期画押并无妨碍，遂派马格里、庆常随同画押，但参以活笔，声明须保存中国权利。[6]

接着，又有对《章程》定稿的画押。1883 年 8 月 28 日，法外务部告知曾纪泽，《保护海底电线章程》已有 17 国批准。并拟于该年 10 月 15 日在巴黎复会，专议各国辩论之条，及保存权利之事。曾纪泽函知总署。[7] 1884 年 2 月 14 日，曾纪泽照会法外务部，辞却画押。曾纪泽的做法与总署的要求一致。23 日，曾纪泽接总署函称，保护海底电线甚难，中国不应入会。[8]

总署及曾纪泽的上述举措表明，对于此会议，中国既不敢得罪列强而拒绝参会，又担心为会议《章程》所牵制，遂有对参会问题，既派员列席，但又不作为正式代表；对《章程》画押问题，只在初稿签字，但参以活笔，并拒绝在

---

[1] "中研院"近史所编：《海防档·丁·电线》，第 480 号文，第 707 页。

[2] 同上书，第 382 号文，第 520 页。

[3] 同上书，第 550 号文，第 795 页；第 572 号文，第 840 页。

[4] 同上书，第 614 号文，第 964 页。

[5] 同上书，第 591 号文，第 915 页。

[6] 同上书，第 383 号文，第 536—537 页；第 480 号文，第 706—708 页。

[7] 同上书，第 538 号文，第 781 页。

[8] 同上书，第 602 号文，第 927—928 页。

定稿画押。这一切反映出，中国对于此会议的邀请，实是两难抉择。这种两难亦体现在，此间大北、大东所求保护其在上海沿海区域所设的海线问题上。

早在 1870 年英国请设港沪海线时，即要求清政府"查拏惩办"民众的毁线行为，为总署允准。[1] 1873 年大北将港沪海线线端由大戢山岛展至吴淞口。1883 年，大东亦设港沪海线至吴淞。但该两线在大戢山至吴淞一带常为渔户断损，英、丹领事遂照请中国设法保护。在李鸿章、左宗棠札饬下，盛宣怀提出："饬各地方官令渔船分段认管，酌量给赏"，但大东拟"雇用巡船一条"以巡护。在实地考察后，双方感到"以雇船巡查，恐滋扰累，不若责成就地渔团照管，较为妥便"，遂决定采纳盛宣怀之方案。就在曾纪泽辞却《保护海底电线章程》画押的次日（1884 年 2 月 15 日），盛宣怀与大北、大东签订《渔团保护海线章程》。[2]

《章程》从总体上看侧重于保护，对保护者——渔团提出以赏为主的赏罚制度（所谓罚亦只是将赏银扣完为止，并未规定追究渎职责任），以增强其保护意识与力度，虽也规定"由地方官查拏窃贼及买赃之人严惩"，但甚笼统，仍未超出 1870 年总署的"查拏惩办"承诺，可操作性极弱。需特别指出的是，《章程》规定由两公司每年出银洋 2,000 元，给川沙、南汇、宝山三厅县渔团，作为保护水线酬金。这种海线保护以两公司出资得以实现的雇佣方式与性质，与巴黎《保护海底电线章程》所定的"义务方式与性质"有着本质区别，清政府旨在表明对该处两公司海线在原则上是不负有保护职责的。

中国既不愿得罪列强而不配合英、丹保护之请求，又不愿积极主动地担起保护职责，《渔团保护海线章程》所体现的这一折中处置原则，也是盛宣怀一面与两公司签订该章程，一面又对巴黎《保护海底电线章程》画押问题提出"似尚无须入约"的根本原因之所在。

二、各国公议电学总会

在召开世界海线保护会议的同时，各国公议电学总会亦在法国召开会议。该会议早在 1881 年即已酝酿，主题是讨论有关电学比率问题。是年 10 月 5 日，

---

[1] "中研院"近史所编：《海防档·丁·电线》，第 67 号文，第 86 页；第 68 号文，第 87 页；第 117 号文，第 134 页。

[2] 本段及下段，"中研院"近史所编：《海防档·丁·电线》第 613 号文，第 955—957 页；第 614 号文，第 958、962—963 页。

电学总会确立三个议题：测量电气率数、调研电流情形、考订光学率数。呈请法国外务部，向各国发出邀请。1882 年 9 月 24 日，法外务部约请各国派员赴巴黎会议，中国亦在被邀之列。与世界海线保护会议不同，该会为非政府行为。曾纪泽对此有明确认知："查议正电学比律名目，系属学问专门，于各国政事无甚关系，而于保护海底电线之事情形不同。"并提出，仍派翻译官马格里、庆常列席，但同样要求不与议论，[1] 反映出曾纪泽对清政府内外主导意向的顾虑。

该会于 1882 年 10 月 16 日在巴黎召开，以法国邮电部长为主席，与会代表来自 28 国。26 日，会议结束。[2] 期间各委员就所订议题广泛讨论，并拟订办法，要求各就"应查项目"、"调研方法"等问题议定后，声明总局，再于 1883 年 10 月 1 日复会重商。[3]

复会问题不久因德、俄委员的要求，拟展期至 1884 年 4 月 2 日举行。[4]1883 年 9 月 8 日，法外务部将此照知曾纪泽。曾纪泽在未商与总署的情况下，"即具牍声明，已准中国国家允许展期"。事后于 11 月 23 日将其声明函知总署。[5] 这是曾纪泽对待此次会议与世界保护海线会议重要区别之所在，当是基于其对两会性质差异的明确认知。

然中国最终参与复会仍不顺利，又历一小曲折。本来，总署对曾纪泽的安排表示认可，[6] 但在函告曾纪泽，清政府不同意在保护海线章程上画押，曾纪泽就此提出，对电学会"是否即以一时无员可选具牍婉辞"之时，[7] 改变态度，认为"既难入会，自应辞却"。然对总署意见，曾纪泽未予执行。复会问题后又展期，至 1884 年 4 月 28 日始开。曾纪泽派马格里、庆常向各国委员探得，该会不需画押，遂未辞却。[8] 如此一波三折，提示清政府对于国际电报组织的认知局限及唯恐受制的真实心态，从中亦察见曾纪泽与以总署为代表的国内主流认知水平及态度之差异。

---

[1] "中研院"近史所编：《海防档·丁·电线》，第 552 号文，第 798 页；第 387 号文，第 541 页。

[2] 同上书，第 387 号文，第 541 页；第 627 号文，第 974 页。1884 年 4 月 26 日，曾致函总署："查电学比律名目，各国委员仅于光绪八年九月初五日在法外部集议一次，即行停止。"（"中研院"近史所编：《海防档·丁·电线》，第 601 号文，第 926 页。）

[3] 同上书，第 387 号文，第 541 页；第 627 号文，第 974 页。

[4] 同上书，第 565 号文，第 818 页。

[5] 同上书，第 552 号文，第 798—799 页。

[6] 同上书，第 574 号文，第 841—842 页。

[7] 同上书，第 601 号文，第 926 页；第 603 号文，第 929 页。

[8] 同上书，第 622 号文，第 971 页。

三、万国电报公会

万国电报公会是电报发展到一定阶段的必然产物。自 19 世纪中叶起，电报在欧洲各国迅速发展，很快越出国境，完成与邻国的电线衔接。这使得协调各国间的递信、收费等事宜成为共同的关注，于是，成立国际电报组织便被提上议事日程。早在 1850 年（道光三十年）7 月 25 日，普鲁士、奥地利、萨克逊（Saxony）与巴佛利亚（Bavaria）在德雷司顿（Dresden）成立德奥电报公会，是为最早的国际电报组织。

但最具影响的国际电报组织——万国电报公会的真正创始国是法国。1864年，法国倡议欧洲各国（英国除外）共同议定国际电报公约，得到响应。翌年 3 月 1 日，被邀请国派员在巴黎开会。5 月 17 日签署公约，规定自 1866 年 1 月 1 日起施行，标志万国电报公会正式成立。迄清朝灭亡该组织又召开九次大会，分别是 1868 年维也纳会议、1871 年至 1872 年罗马会议、1875 年圣彼得堡会议、1879 年伦敦会议、1885 年柏林会议、1890 年巴黎会议、1896 年布达佩斯会议、1903 年伦敦会议、1908 年里斯本会议。其中，圣彼得堡会议（第四次）是继第一次成立大会后又一重要会议。是会不仅议决设立电报总会于瑞士伯尔尼，且签订《国际电报公约》，成为入会国的共同准则而一直未予更动。[1]

早在中国试创电报期间，万国电报公会便与中国接触。1878 年 6 月该组织原定在伦敦举行第五次大会，后拟推延至翌年 6 月 2 日召开，临近会期又有变更。对此，英使威妥玛于 6 月 3 日致函中国总署，告各国聚会商讨电报价值章程，原拟是年 6 月 2 日在伦敦集议，现延于当月 10 日举行。[2] 这是中国第一次接触万国电报公会，时清政府上下几不知该组织为何物。总署在与总税务司赫德就商后，认为"并无应议之处"，[3] 遂复函威妥玛，称对伦敦会议电报各章，已经知晓，[4] 便无下文。中国初次接触万国电报公会仅此而已，未有实质性内容。

不过，值得注意的是，中国第一任驻英公使郭嵩焘通过日本驻英公使上野景范已了解到该会的有关情形，初步知晓万国电报公会的性质——"由国家主持"，

---

[1] 编委会编：《交通史·电政编》第 5 章，第 467—473 页。1864 年法国向全欧洲倡议时，英国电报系商办，故不在内。另，1925 年 9 月，在巴黎开第十一次会议。

[2] "中研院"近史所编：《海防档·丁·电线》，第 204 号文，第 247 页。

[3] 同上书，第 205 号文，第 247 页；第 206 号文，第 248 页。

[4] 同上书，第 207 号文，第 248 页。

即政府间国际组织；功能——"商定各国互相交涉之电报"；运作规则——"先须画诺入会"等问题。[1] 但郭嵩焘虽得约请，且知晓可"派员往视"，最终却并未行动。此不应是郭嵩焘之本愿，而当是其虑及是时中国自设电报还未真正开始，且不少官员对之持有较为强烈的抵制情绪之结果。

中国大规模架设电报后，列强促请中国入会逐渐频繁，其中以伦敦会后、柏林会后、里斯本会前三次促请最力。

1879 年万国电报公会第五次大会——伦敦会议订立《各国电线通行章程》。1883 年 5 月 31 日，英国外务部照会中国驻英法俄公使曾纪泽，邀请中国加入万国电报公会。为此，英国邮部特咨送曾纪泽法文条款暨法文价额章程 1 册，以告知有关电报公会之规则。[2] 此后，英外务部又有三次邀请，分别于 1884 年 5 月 6 日、[3]1885 年 4 月 14 日、8 月 15 日发出。[4]

在第一次照会中，英外务部指出，现中国电线已渐展设，来往电报，或打至盟邦，或经过盟邦，故应照电线条约办理。盖电线条约为各国所遵行，"中国事同一律"，不应置身约外。[5] 第二次照会又称，南京汉口线现已设至芜湖，并将陆续向内地延伸，"实宜一律遵守各国电线和约等情"，让中国查照施行。[6] 第三次照会更是明确指陈，广东北海电线业已竣工，中国电线渐推渐广。万国电报公会柏林会期在即，甚望中国早定意见，成为电线盟邦。待柏林会议之时，中国派员往莅同议。[7]

可见，英再三邀请是因其时中国的电线已在内陆大规模发展起来，并在上海等地与国际电线连接。作为第五次万国电报公会的东道国，英国希望中国加入这一组织，以便消除电报在中国发展过程中可能出现的与国际准则不相协调的因素，从而有利于各国电报在中国的畅行。这其中，有来自大东公司的怂恿。是时，大东所设沪港海线通至上海吴淞，并与中国旱线相接。故该公司甚欲中国入会，以利于其与中国的有关交涉。上海电报局洋参赞博来指出，英电报公

---

[1]《郭嵩焘日记》第 3 卷，第 490 页。

[2] "中研院"近史所编：《海防档·丁·电线》，第 553 号文，第 799—801 页；第 591 号文，第 913 页；第 592 号文，第 916—917 页。

[3] 同上书，第 623 号文，第 971 页；第 791 号文，第 1228 页。

[4] 同上书，第 791 号文，第 1231—1232 页。

[5] 同上书，第 553 号文，第 800 页。

[6] 同上书，第 623 号文，第 972 页。

[7] 同上书，第 791 号文，第 1231—1232 页。

司在中国仅大东一家。1883 年该公司水线在中国登岸时，英公使即多为之庇护。现英外务部突促中国入会，是大东暗请所致，"实为大东利权起见"。[1]

对于英国的邀请，中方内部持有两种截然相反的意见。驻英公使曾纪泽主张中国入会。1883 年，法国将《国际电报公约》及《各国电线通行章程》抄咨曾纪泽。曾纪泽于翌年 1 月将之咨呈总署。[2]并指出：上述约章由各国专家细心研究制定，施用多年，并不妨碍国计民生；况且入会国可享受约中权利，不入会之国也不能违背约中规定；此外，条约第二十条订明，如某国欲退出，只须提前一年提出申请即可，故入会后遇有不便，仍有请退之权。[3]据此，曾纪泽认为中国应当加入万国电报公会这一国际组织。

驻英使馆参赞马格里更是明确提出中国不宜拒绝的五大理由，概括起来为两个方面：其一，入会的经济收益可观。以电码为例，现下西方一字三码，中国一字四码，但清政府无代表参与讨论，故第四码不得不又作一字，出资从而较西人电报增倍。再者，只有入约国所发官报，才能以国家电报对待，未入约者不可。现各国仍将中国官报一律以国家电报相待，原系优待，若不照此办理，中国不能与争。

其二，入会的外交意义更显。中国对西方各国会议紧要之事，向不与议，各国即视中国为疏远之邦。况且，中国战时常向西方购买武器，则平时应参与各种盟约。此外，马格里还指出，中国若入会，可议减洋电加价之费，并有管辖在华大北大东之权等。[4]马氏在此所陈，与前此曾纪泽对于法国所请的世界保护海线会议入会问题的观点十分相类，反映出他们所共同拥有的国际眼光。

国内官商则持反对意见。盛宣怀称，中国电报近年虽逐渐推广，但毕竟创办时间不长，所定章程难保没有不完善而需修订之处，如果此时遽入公会，一旦措置不周，必将贻讥他国。况且欧西绝不肯将华文四码电报照洋报核算。如果不自行设法另编电码书，而强请西国减价，势必以别样加倍权利交换方能办到。至于藉入会以管辖在华大东、大北之权，盛宣怀认为，只要坚守已订合同，

---

[1] "中研院"近史所编：《海防档·丁·电线》，第 809 号文，第 1256 页。

[2] 法外部所抄该公约名曰：《各国电线通行条约》（"中研院"近史所编：《海防档·丁·电线》，第 584 号文，第 857—902 页）。

[3] "中研院"近史所编：《海防档·丁·电线》，第 553 号文，第 799 —801 页；第 791 号文，第 1227—1228 页。

[4] 同上书，第 791 号文，第 1227—1233 页。

两公司便无可奈何。[1] 又指出：

> 查大东、大北与电局未订合同之先，骎骎乎已有全侵华电权利之势；自订合同以后，屡求更改，职道坚持之，但期不逾范围，东、北司无可奈何，惟欲诱我入会，以受其管辖。

担心入会非但不能管辖大东、大北，反受掣肘。上海电报局洋参赞博来亦指出：中国"若遽许入会，恐西人又多一法以制中国，则将来权利尽归于彼也"。由于是时美国亦未加入万国电报公会，而美国电报与欧洲不同，基本是商办。博氏据此提出，现在中国所办电务，与美国相同，故不如援照美例办理。对此，盛宣怀认为"尤为扼要"。

其实，中国入会与否的根本当是电局的收费问题。如前所述，中国报费定价较高，颇受怨责。但正是由于较高的电报价格，使得中国电报在成本较巨的前提下还是获得较为丰厚的利润。一旦加入万国电报公会，势必降低收费标准，从而影响电局收益，这当然是电报商董所不愿接受的。他们竭力抵制中国入会，关键原因当在于此。上海电报局洋参赞博来的一番话可佐证：

> 倘遽入会，则由粤至香港，由镇至印度，由高至日本，由津至恰克图、至珲春，其所定价目，彼等从中干预，不特挟制本局，而举动之间，皆不得自主矣，受害之深，当悔憾于无穷也。[2]

两种截然相左的意见反映出两种迥乎不同的身份。作为驻外使节的曾纪泽等，考虑的不仅是商业利益，外交大局亦是极为关注之内容；作为电报经办者的盛宣怀等，则主要是从发展电报的现时经济利益着眼。对此，博来指出，"曾大臣之请劝入会，是勤于政务，专为敦睦外邦起见，于电务则有损无益"。[3] 大致言出曾纪泽与盛宣怀的分野。

---

[1] 本段及以下两段，"中研院"近史所编：《海防档·丁·电线》，第 594 号文，第 918 页；第 809 号文，第 1255—1257 页。

[2] "中研院"近史所编：《海防档·丁·电线》，第 809 号文，第 1260—1261 页。

[3] 同上书，第 809 号文，第 1258 页。

在对立的意见中，盛、博所论更能触及决策者的现实利益，从而获支持。总署的思虑则多一层，认为中国入会，不但于商不利，于外交亦会丛生枝节，洵属无益有害，[1]遂致函曾纪泽，称中国电线创办不久，所有章程有待逐步研修，始臻周妥，况且中外情形不同，更应倍加谨慎，与其入会后遇有不便请退，不如暂不入会。[2]这样，英国的四次敦请终未能让中国加入万国电报公会。

1885年8月柏林万国电报公会召开，当月17日修订《电线通行章程》，规定："密语电报，无论欧洲区，或非欧洲区，只准用德文、英文、西班牙文、法文、荷文、意文、葡萄牙文、拉丁文八种同约国许用之文字缀字，仍以每五个字母或数目字作一字，按字计费。起码报费办法当即取消。"

所谓起码报费办法，即1875年彼得堡会议所议定的"凡暗语之用同约各国许可之文字者，亦作明语计算，如所用系未经许可之文字，则照每五个字母作一字计算，并规定明语电报在欧洲区内往来每字不逾十五个字母者作一字，与非欧洲区往来者，每字不逾十个字母作一字。暗语电文必须核对欧洲区与非欧洲区，往来电报至少以十字起码"，及1879年伦敦会议所议定的"议定以字母或数目字联缀而成之暗语每三个字母或数目字作一字母，须核对，每电无论在欧洲区内往来或与非欧洲区往来，均以五个字起码"。[3]

德国并未于会前邀请中国入会，亦未于会后立即请求中国入约，直至1887年5月，驻华公使巴兰德始向总署谈及中国入约之事，称时下西国电局如遇华文电报，即按机密电报收费，如果中国入约，华文电报则按普通电报对待，"电费既减，于理亦甚相合"。这是继英之后，列强发出的又一次中国入会之请。11月8日，德翻译官连梓（Philipp Lenz）向总署递节略，重提请求："现在由外部来文，如中国能随附此约，大有利益，本国电政局并可竭力赞襄。"[4]

是时，德国约请中国入会，旨在力促中国架设恰克图电线，以降低中欧间往来电报之价目。由于中国与外洋通报向为丹、英水线所垄断，故其价格甚昂，由华达欧每字需英洋2元。这一过高价格显然为外商不满。当中方拟与俄国旱线相接时，立即引起外人关注。德有媒体称："此乃良法美意，官商所仰望者也。"

[1] "中研院"近史所编：《海防档·丁·电线》，第812号文，第1262页。

[2] 同上书，第675号文，第1013—1014页。

[3] 编委会编：《交通史·电政编》第5章，第467—473页。

[4] "中研院"近史所编：《海防档·丁·电线》，第934号文，第1442页；第935号文，第1443页。

当得知丹人以利相诱，阻挠中俄接线时，则表现出十分的担心[1]。这期间，中、英、丹在烟台反复交涉，中方一度表示必造恰克图电线。对此，德国更是予以高度关注与支持，认为向来中外间电报，收费过昂。"如有造成由中国到欧罗巴接连旱路之线，则费既减许多，于理亦为合宜"。[2] 正是在此情形下，德国遂有让中国入约之请。连梓所递节略称：

> 中国如欲随附此约，华言电报即可按常行电信办理，德国电政总局并可竭力赞襄。惟若如此，总望中国国家于华洋往来电报，假以便宜。[3]

但中、英、丹第一次《电报齐价摊分合同》于1887年8月10日签押盖印。[4]9月2日，中俄又订立《珲春接线简明草议》。[5] 这使得中俄间即便在恰克图完成接线，德国所愿望的中国与欧洲间往来电报降费现象已难出现。况且，就万国电报公会对于华文电报收费的影响而言，早在彼得堡会议及伦敦会议上即已形成，柏林会议倒是承继了前两次会议的相关规定，并无新的变化，德使所言，不是事实。这些情况使得中方对德国的邀请并无兴趣，从而未予接受。

嗣于20年后，中国再受西国的邀请。1908年6月，葡萄牙首都里斯本召开万国电报公会第十次大会，修订了《国际电报章程》，并附各项价目表，规定自是年7月1日起施行。[6] 早在这次会议召开的两年前（1906年10月），法使巴斯德（Edmond Bapst）即照请中国外务部届时派员前往。法国此请的主要用意在于，是时中法两国正在商讨续订边界接线合同问题。[7]

1888年中法签订的《滇越边界联接电线章程》有效期为15年，1903年12月1日为章程到期之日。中方拟届时废止。这是由于《章程》第十款规定：算付账目全用洋银，每法郎作洋银0.26元。[8] 当时，汇率已大为变动，邮传部认为，

[1] "中研院"近史所编：《海防档·丁·电线》，第911号文，第1423页。

[2] 同上书，第934号文，第1442页。

[3] 同上。

[4] 同上书，第903号文，第1404页。

[5] 同上书，第912号文，第1424—1425页。

[6] 编委会编：《交通史·电政编》第5章，第467—473页。

[7] 同上书，第478页。

[8] 李鸿章：《中法接线折（光绪十四年十一月十二日）附章程》，戴逸、顾廷龙主编：《李鸿章全集》第12册，第515页。

核定市价，中方吃亏不少。[1] 而法方一再要求将有效期展延。[2] 于是双方开始频繁交涉，但无结果。为顺利解决此案，法遂有上述之请，以便乘中国派员赴葡期间进一步商谈。1908 年 6 月 10 日，中国外务部收到法使所呈节略：

> 兹奉本国工部咨称，如能乘此中国派员赴会之机，得以会同法国会员，酌商中法通电费目条则，实所欣便。为此商请中国政府，特授该委员等足敷之权，以便商办一切。[3]

另在法国的活动下，1907 年 5 月，英国公使朱尔典（John Newell Jordan）亦向外务部发出与法使相同的照会（1906 年 10 月巴斯德照会）。

面对列强的催询，外务部不得不让电政大臣、电报总局核议办法。袁世凯等提出：中国报线虽广，然管理与维修仍不完备，俟所有电报线路均管理得宜，再行入会。还提出：葡京开会时，中国当派员私行赴会。外务部将此照复英使，并函询葡京电报公会是否接受中国派员旁听。[4]1908 年 3 月 3 日，葡署使柏德罗（Martinho de Brederode）照会外务部，称中国虽未加入万国电报公会，没有投票权，但若愿派员赴会，该国政府表示欢迎。[5]5 月，邮传部派电政局襄办周万鹏、电报局总管德连升偕吴桂灵、荣永青如期赴会旁听。[6]

可知，中国此次应对列强请求，与曾纪泽处置世界保护海线会议邀请，形式十分相似。但细究起来，实质已大有变化。这是因为此时中国确有入会之打算了。长期以来，尽管列强的促请皆为清政府拒绝，这并不等于说中国的电报运作完全自行其是。盛宣怀说中国"虽无入会之迹，早存效法之心"，[7] 基本道出中国电报建设的现情。早在津沪线通报前，上海电报分局总办郑观应即从西人手中购得《万国电报通例》。该书共分三部分，前两部分分别为公约及重定章程，郑观应与盛宣怀商量后让上海电报分局翻译胡翼南将之译出，其第三部

---

[1] "中研院"近史所编：《海防档·丁·电线》，第 2122 号文，第 2756 页。

[2] 同上书，第 1993 号文，第 2637 页。

[3] 同上书，第 2174 号文，第 2797 页。

[4] 编委会编：《交通史·电政编》第 5 章，第 478 页。

[5] "中研院"近史所编：《海防档·丁·电线》，第 2127 号文，第 2769 页。

[6] 编委会编：《交通史·电政编》第 5 章，第 479 页。

[7] "中研院"近史所编：《海防档·丁·电线》，第 594 号文，第 918 页。

分为所附各国价格，郑观应认为，"价值则与时消长，姑置后图"，因而未译。书成后郑观应为之作序，[1] 并让各局阅习，"使未习洋文之人亦可循诵讲解，递相传习"。[2]

正是由于郑观应等已将《万国电报通例》部分章节译出，并让各电局研习，当 1883 年英国邮部咨送 1879 年万国电报公会伦敦大会所订《各国电线通行章程》法文条款暨法文价额章程时，曾纪泽照会英外务部称：中国依照电线条约之末段章程行事，只是中国电线初办，现尚不能直接批准加入国际电报公约。[3] 盛宣怀更是明确指出：英国所送电线条款，"即系前年局中译刻之《万国电报通例》，已酌师其意，逐渐遵行"。[4] 尽管中国电报避开了甚为重要的电报收费问题，但盛宣怀所言在其他方面倒是可信的。

如国内打报方面，包括电码、公报用语，退报、退资方式，"均遵公会条例办理"。[5] 1908 年电政局制定《各报馆电报减收半费章程》，规定："发递此种新闻电报，须遵照定章并《万国电报通例》办理。"[6] 1909 年邮传部颁发《电政局重订收发电报办法及减价章程》规定："凡寄发显语洋文电报，须用万国电报通用之文稿，倘寄暗语之电，须用英法德意荷蒲日拉八国文字，其人名地名不准借作暗语。"[7] 所谓万国电报通用之文稿，是指 1879 年在万国电报公会伦敦开第五次会议所订的德文、英文、西班牙文、法文、荷文、意文、葡萄牙文、拉丁文 8 种。[8] 同年，电政局拟就《夜班收报办法六则》，针对"我局之所谓打报二十四点钟者，不过添一夜班以清理日间积报而已，与万国通例所谓昼夜不息之局者不同"的状况，强化了 24 小时工作时日制，规定凡打报 24 小时之局，照万国通例应不分昼夜接收各报，以与国际接轨。

再如国际接线方面。1887 年 9 月 2 日，中俄订立《珲春接线简明草议》规定："此线传递电报及收费一切规矩，均照万国公会一千八百八十五年在德国

---

[1] 郑观应：《〈万国电报通例〉序》，夏东元编：《郑观应集》下册，第 1001 页。

[2] 郑观应：《禀北洋通商大臣李傅相为电报、织布两局现在办理情形》，夏东元编：《郑观应集》下册，第 1022 页。

[3] "中研院"近史所编：《海防档·丁·电线》，第 791 号文，第 1232 页。

[4] 同上书，第 594 号文，第 918 页。

[5] 同上书，第 809 号文，第 1258 页。

[6] 《各报馆电报减收半费章程（光绪三十四年六月初六日施行）》，《交通官报》第 2 期，第 32 页。

[7] 《电政局重订收发电报办法及减价章程》，一史馆藏，邮传部全宗·电政类，胶片 1 卷，22-7-1。

[8] 编委会编：《交通史·电政编》第 5 章，第 472 页。

伯灵地方重订章程办理。"[1]1888 年 12 月 1 日中法订立《滇越边界联接电线章程》规定："所有电报由中、法相接之旱线收发传递者，均照万国公例所定欧洲以外电报章程办理。至于中国与北圻、越南、西贡、真腊来往电报算字一节，照万国公例所定欧洲以内电报章程办理。"[2]1894 年 9 月 6 日中英订立《云南缅甸边界陆路电线相接约款》规定："所有电报由第二款内相接之线上收发传递者，均照万国公例所定欧洲以外电报章程办理。至于中国并香港与缅甸、印度、锡兰来往电报算字一节，照万国公例所定欧洲以内章程办理。"[3]

1896 年 7 月 11 日，中国电报局大东大北订立第二次《齐价合同》，规定中国及香港与欧洲（不含俄国）往来各报，每字 8.5 法郎，合英洋 2.75 元（欧洲过去诸国须外加报费）。俟布达佩斯万国电报公会核定价目之日起，改为 7 法郎。[4]该合同在列举了六种特减报费各项电报之后，又规定："其余各官报，在此价目表内注明者，照万国电报公例内公务章程办理。"[5]同月，中朝订立《中国朝鲜相接陆路电线约章》。约章规定："传递电报事宜，两国应按照万国公法，通行电约电例办理，所有关乎万国电报公事各报，中朝两国一律免费。"[6]

1902 年 11 月 27 日，中俄在北京订立《续订接线展限合同》。初订之时，盛宣怀对第三条所载"中俄两国传递来往电报之资，应行同时跌减，并跌减细数，应于一千九百三年伦敦公会之后订定"表示异议，认为中国电局尚未入万国电报公会，因此跌减电资数目，应改为由中俄两国政府商定之后，即行跌减为妥。[7]对此，俄使答应照此修改为：此跌减细数，应于伦敦公会后，由中俄两国商定。[8]尽管盛宣怀在这里强调国家的主体性，并言明中国未加入万国电报公会的现实情况，但从后来中俄交涉调价标准看，还是依照 1903 年伦敦万国电报公会所定的价格，表明实质执行的仍是万国电报公例。

---

[1] "中研院"近史所编：《海防档·丁·电线》，第 912 号文，第 1424 页。

[2] 李鸿章：《中法接线折（光绪十四年十一月十二日）附章程》，戴逸、顾廷龙主编：《李鸿章全集》第 12 册，第 514 页；《滇越边界联接电线章程》，王铁崖编：《中外旧约章汇编》第 1 册，第 542 页。

[3] "中研院"近史所编：《海防档·丁·电线》，第 1016 号文，第 1528 页；《云南缅甸边界陆路电线相接约款》，王铁崖编：《中外旧约章汇编》第 1 册，第 595 页。

[4] "中研院"近史所编：《海防档·丁·电线》，第 1175 号文，第 1664—1665 页。

[5] 同上书，第 1674—1675 页。

[6] 同上书，第 1176 号文，第 1675—1676 页。

[7] 《寄外务部（八月十三日）》，盛宣怀：《愚斋存稿》第 3 册，第 1295 页。

[8] 《外务部来电（八月十八日）》，盛宣怀：《愚斋存稿》第 4 册，第 2031 页。

1905 年 5 月 23 日，中英《续订滇缅电线约款》第四款规定："所有电报在第二款内所指接线两局传递者，均照万国电报公会所定章程办理。"[1] 另，《国际电报公约》第十款规定：凡万国通行电费以法郎为准。[2] 事实上，中外接线条约中收费问题基本是照此订定的。如《中国朝鲜相接陆路电线约章》第九款明确规定："按照此约第七款内所开电则，以金佛郎克征收电价。"[3]

上述情状表明，中国电报的运作在相当程度上是符合国际惯例与国际标准的。上海电报局洋参赞博来曾称："中国电线现俱仿照公法，似尚有利无弊。"[4] 中国电报局实行的"不入会而照公约办事"之方略，[5] 是清政府担忧入会"将受掣肘"、而商董持入会"必损利益"理念的结果，但它也为中国将来之入会提供了必要的基础。

1906 年 11 月，邮传部设立，中国开始为入会作准备。当英使照请中国入会时，电政大臣袁世凯提出：中国报线虽广，但管理与维修尚不完备，"拟俟所有电报线路均能管理得宜，再行入会"。[6] 此语并非仅是虚言借口。1920 年 8 月 17 日，中华民国交通总长叶恭绰回顾："光绪三十四年该会（万国电报公会）于葡京开会，曾照请我国加入，当时因电报系属商办，而各省复有官办之局，管理不能统一，万不能加入公会，以致启人訾议，而线路之窳败，机械之迟钝，报务局务之措理不当，尤无加入之资格。"[7] 正因为如此，袁世凯提出的"派员私行赴会"的一重要目的是让其调查欧洲各国电政管理办法，而周万鹏会后即离葡赴英，调查有关电政事宜，[8] 回国后条陈报告，"部多采之"。[9]

更因此故，里斯本会后不久，邮传部奏，为使中国电报价目与各国相近，中国拟减报费，以作入万国电报公会之准备。[10] 此方案迅即得到实施。1908 年 9 月，邮传部基本完成对商线的收赎，是月 28 日，正式提出，将中国电报收费

[1]《续订滇缅电线约款》，王铁崖编：《中外旧约章汇编》第 2 册，第 299 页。

[2] 编委会编：《交通史·电政编》第 5 章，第 470 页。

[3] "中研院"近史所编：《海防档·丁·电线》，第 1176 号文，第 1676—1677 页。

[4] 同上书，第 809 号文，第 1255 页。

[5] 同上书，第 1259 页。

[6] 编委会编：《交通史·电政编》第 5 章，第 478 页。

[7] 同上书，第 479 页。

[8] 同上书；"中研院"近史所编：《海防档·丁·电线》，第 2181 号文，第 2801 页。

[9] 编委会编：《交通史·电政编》第 5 章，第 478—479 页。

[10]《陈明筹画扩充电政商力不支拟归官办折（光绪三十四年五月十九日）》，邮传部编：《邮传部奏议类编·续编》，第 1150—1151 页。

拟先行核减二成，减价日期自 1909 年 1 月 22 日（宣统元年正月初一日）实行。[1]
自 1911 年 1 月 30 日（宣统三年正月初一日）起，各省办电线收邮传部统一管理。
其具体价目同于邮传部收赎商线的规定。这一切皆为中国入会作了必要的准备。
对此，叶恭绰又说：

> 故当时仅派专员赴会列席旁听，一面将国内官办、商办电报力图统
> 一，即于是年将电报商股一律收回，又于宣统二年将东三省及云贵甘新粤
> 桂等省官立之局全行接收，归部管辖，是为全国电政统一之始，即以立加
> 入公会之基。[2]

尽管清政府迅即崩解，使得终有清一朝，中国一直处于万国电报公会这一
重要的国际电报组织之外。但是，就晚清电报的整体发展而言，其入会的趋势
还是显见的。此恰提示晚清的中国步入世界的艰难。

---

[1] 《筹拟核减电价提补经费折（光绪三十四年九月初四日）》，陈璧：《望岩堂奏稿》卷八，第 14 页。
[2] 编委会编：《交通史·电政编》第 5 章，第 479 页。

"润物细无声"：电报与晚清社会

　　早在1883年赫德便指出，在中国引进电报、轮船等犹如在腐朽外表上打补丁，会逐渐由表及里，形成新的生活方式；然后像酵母一样由内向外发酵，改变民众的秉性，进而导致整个中国的转变。[1]的确，作为西方近代重要科技成果的电报，一经引入中国，便不断向社会各领域渗行潜进，悄悄地改变其原有的状态与模式，可谓"润物细无声"，并最终成为晚清社会向近代转型的重要促动力与主要标志之一。

第一节　电报与社会观念及政治

　　具有快速传递信息功能的电报一经发明与应用，便逐步改变政治、经济、军事等领域的既存手段与模式，进而使得人们的社会生活乃至社会认知亦悄然发生变化。来华传教士李提摩太（Timothy Richard）曾指出："通过铁路、轮船和电报，上帝拆除了各民族之间的篱笆，以便使他们像同一个家庭的兄弟一样和平而幸福地生活在一起。"可见在李氏眼中，世界因电报等新技术的出现，

1　"Robert Hart to James Campbell(1883.11.18)", In John K. Fairbank, Katherine F. Bruner & Elizabeth M. Matheson (eds.), *The I. G. in Peking: Letters of Robert Hart, Chinese Maritime Customs, 1868–1907*, Vol. I. Cambridge, Mass: Harvard University Press, 1975, p.500. 转引自罗志田：《天下与世界：清末士人关于人类社会认知的转变》，《中国社会科学》2007年第5期，第196页。此语在陈霞飞主编：《中国海关密档——赫德、金登干函电汇编（1874—1907）》中的表述是："电报：通州电报局工作得很好，你上一封电报送来时可说是正确无误。就在此刻（下午两点半），我收到吴德禄昨天下午1点在广州交发的电报（没有新的骚乱，完全平静！），这说明有些进步，可不是吗？引进这些新事物、蒸汽、电力等，虽然有些像在破烂的外表打上补钉，但它们总有一天会伸向内部，一旦到达那里，它们就会获得新生命，并且像酵母那样再向外发酵，从而改变广大群众的性格，产生出前途雄伟的中华。"（见该书第3卷，第404页。）

必然走向大同。这是"上帝确立的宇宙规则",不可抗拒。[1]

如果说李氏的认知有其深厚的宗教背景与传教意图的话,那么早期维新思想家王韬的观感应客观一些,但他更直接指陈:"五洲必大一统,于电线、轮路缩地之术基之。"[2]观此可知,自电报等新技术出现后,部分国人已觉察到,世界各国间联系大大便捷,并有一体化之趋势。这种认知与观念的形成必将对中国传统的夷夏之防等思想产生冲击,从而有利于中国向着世界的开放。

当然,具有上述认知的国人在那个时期毕竟不多,故对传统所形成的冲击力有限。相对而言,因电报的引入而在清末出现的政治观点新型表陈形式——"通电",以其传播既捷且广而被日益增多的个人及社会群体所取用,从而扩充与增强了国民的参政机会与参政意识,这对传统的冲击力要强得多。

1900年1月24日(光绪二十五年十二月二十四日),清政府以光绪帝"痼疾在躬,艰于诞育"之名意,让"载漪之子溥儁承继为穆宗毅皇帝之子",[3]史称"乙亥建储"。上海"绅商士庶"与闻,"纷然哄动"。[4]经元善又闻春节将改元"保庆",更感"情事已亟,宗社可危",[5]遂利用其上海电报局总办的特殊身份,于26日联名寓沪各省绅商1,231人,"合词电禀"总署,表陈反对意见。翌日电文登诸报刊,[6]数日间影响波及海内外。若仅依传统通信工具,无法达到如此快捷的运作速度及如此广泛的传播面。这应是较早使用的"通电"形式。不过,是时尚无"通电"之称谓,常以"联名"、"合词"、"公电"等字眼出现。[7]

---

[1] [英]李提摩太著,李宪堂、侯林莉译:《亲历晚清四十五年:李提摩太在华回忆录》,天津人民出版社2005年版,第210页。

[2] 《盛宣怀与冈千仞、冈千灨笔谈(光绪十年秋冬)》,王尔敏、吴伦霓霞合编:《清季外交因应函电资料》,第508页。

[3] 世续等纂:《清实录》第57册,第1025—1026页。

[4] 经元善:《上总署转奏电禀(1900年1月26日)》,虞和平编:《经元善集》,第309页。

[5] 经元善:《答原口闻一君问(1900年11月7日)》,虞和平编:《经元善集》,第340页。

[6] 经元善:《上总署转奏电禀(1900年1月26日)》,虞和平编:《经元善集》,第309页。

[7] 如1901年4月9日,《中外日报》载:"昨得武昌来函言:鄂督张制军拟请电局督办盛京卿令各处电局,凡遇不列名之绅商公电,概不得代发,以杜流弊。"(《不得代发不列名之绅商公电》,杨天石、王学庄编:《拒俄运动》,中国社会科学出版社1979年版,第264页。)需指出的是,"通电"一词的出现稍晚一些,且初意较含混,与"分电"无多大区别,不具专用意义。1908年12月10日,《申报》登载《邮传部**通电**查禁革党函件》(见是日该报第1张第4版),是邮传部致各省督抚电。1911年2月16日,《大公报》登载《宪政馆**分电**五督纪闻》(见是日该报第5版),是宪政编查馆分电锡(良)陈(夔龙)张(人骏)瑞(方)李(经羲)五督之电。1911年10月4日,《盛京时报》登载《**通电**外官制草略》称:"新内官制大纲已经核定,新外官制草案亦由总协理大臣及各省特派员公同参议,其大纲之组织,

稍后，国人以"通电"的方式传播主义、号召民众的情事日益增多。1903年拒俄运动掀起后，"来往上海之官绅，发电力争者已属不少"。[1]1904年，抵制美货运动发生，"旅美华商联合一百几十个地方的十多万华侨，联名致电清朝政府外务部、商务部、驻美公使梁诚及重要官员"，要求废除美约。[2]1905年，立宪运动"大波轩然而起"，"通电"更被广泛运用。江苏巡抚陈夔龙曾奏：时人利用电报"乃有假公济私，逞忿攻讦，甚至妄议大政，动称学界全体、商界全体，或胪列多名，迳达政府各部"。[3]这一切提示，"通电"逐步在政治运动中成为"运动"公众的有效手段。

可见，20世纪初年，"通电"业已出现，并渐行其道，透视出电报正日益深入民间。这一方面便利了民众的政治参与，从而有助于国民参政意识的培育与增强，进而促进民主观念的勃兴，时人有称："窥见各处报纸、电信、演说、开会等事，皆为广开民智之阶梯。"此必将对传统专制政体产生冲击；另一方面，

与现行制度无甚差异，定名为各省地方新官制。约分两级，督抚为上级，民政、交涉、度支、提学、劝业五司为附厅，司法、军政独立，均归督抚总其成，府厅县为下级，直接属于督抚。除巡警、劝业两道裁改外，尚无所变更。昨已由刘吴两院使奉总协理大臣谕交，将此项大纲**通电**奉、直、江、滇、鄂五督详细参核，如无删改，即可决定赶本月内发表颁行。"（见是日该报第2版。）可见，此时"通电"与"分电"意义无甚差别。但此间亦有后来严格意义上的使用，如1911年4月8日，《申报》登载《新抚商权外官制**通电**》称，"各省制台抚台均鉴：慕绎筱电敬悉。循绎大旨在于分明权责，用意良深，至为钦佩。惟有尚须献议者。中国幅员过大，交通阻隔，本不宜于直接官治。从前行省制度，亦因形势扞格而起，其谓之行省者，乃自内而分，非由外而立，故督抚必带京衔，纯属部院性质。一省之长官司道，属于督抚，与属中央同。若司道不相统辖，各自为政，直接京师，万里请命，则中央之遥制为难，门户各分，则交互之机关必窒于行政，妨碍良多，愚意以为，一省之大，除司法独立外，其余行政官断不可无统一之机关，以总挈纲维，而上接于中央政府。如督抚专负外交军政责任，则今日军政已不全属于督抚，外交则重要者须取部进止，且交涉司既设，亦可直接，是督抚竟成虚位，不妨径裁。树不敢主张此说者，以承乏外交，组织事情，确见一省无统治之区，则散漫无岐，弊害立见。抑封疆之责，谁与任之？故于仲帅，我定我法，省制略如部制之说，极表同情也。知府同县，阶级宜通为一，民政度支宜划为二，其理不可易矣。事关经制，敢略陈愚管，祈诸帅裁择教正。树效印"（见是日该报第1张第3、4版）。为与中央争督抚之权，黑龙江巡抚周树模发表上述通电，实乃严格近代意义上"通电"一词的应用。

[1] 《汪君康年演说》，杨天石、王学庄编：《拒俄运动》，第7页。各电文登载《中外日报》、《申报》、《字林西报》、《大公报》、《苏报》、《江苏》、《浙江潮》、《湖北学界》等报刊。可参见杨天石、王学庄编：《拒俄运动》各编。例如：1903年4月27日，寓沪各省绅商各界人士千余人在张园召开拒俄大会，通电各国外务部："即使政府承允，我全国国民万不承认。倘从此民心激变，遍国之中，无论何地，再见仇洋之事，皆系俄国所致，与我无涉。"（《寄各国外务部电》，载《苏报》1903年4月28日，杨天石、王学庄编：《拒俄运动》，第64页。）影响极大。

[2] 参见和作辑：《1905年反美爱国运动》，《近代史资料》1956年第1期，第1—90页。

[3] 《江苏巡抚陈夔龙奏报纸电讯集会演说宜范围于法律之内折（光绪三十二年八月二十八日）》，故宫博物院明清档案部编：《清末筹备立宪档案史料》上册，第150页。

使得清政府对基层社会的控制力有所削弱。社会各界，尤其是学界、商界常通电议政，甚至对政府"意存恫吓，及事后查办，莫得主名"。[1] 这些情况反映出，"通电"在大规模的群众运动中正发挥着某种独特的作用，有助于民主政治的推进。从此意义上讲，电报在其时的政治及社会生活中的影响实堪注意。[2]

如果说，"通电"这种形式最初是由"民间"所发明与运用（略后也被某些官员所使用），其效果重在让"民声"、"民意""广而告之"，从而有利于民主思想的传播，并减弱政府对基层社会的控制力的话，那么，电旨电奏则是在"官场"中形成和运用，其效果重在上传下递"朝政"，尤其是"机密朝政"，这又有利于政府行政效能的提高及对社会的控制。可见，就清政府的统治而言，电报的引入确是一把双刃剑。

一、电奏的出现与电奏制度

中国古代君臣间的文书制度发展至清代已较完备。其上行文书清初承明制，主要有题本与奏本两种形式。自康熙中期起出现奏折言事，雍正后获得进一步发展。1748 年（乾隆十三年）废除奏本，上行文书实际上已演变为题本与奏折两种，奏折的地位更加突出。1902 年（光绪二十八年），再改题为奏，奏折遂成为臣工唯一上行皇帝的文书形式。[3] 奏折或出自在京各部院臣工，或由地方将军督抚提镇等呈递。就后者言，其程序是疆臣将奏折书缮后由驿站递送至兵部捷报处，或专差送至外奏事处，再送内奏事处，进呈皇帝。自电报开通后，奏折出现新的形式，电奏应运而生。

最早使用电奏的当是清朝驻外使臣。早在中国大规模架设电报前，驻外使臣中即有通过西人所设、通于上海之电报线而电奏者。例如，1880 年曾纪泽赴俄改订条约期间，清政府便准其电奏。曾氏在 1881 年 2 月 16 日所上《改订俄

---

[1] 《江苏巡抚陈夔龙奏报纸电讯集会演说宜范围于法律之内折（光绪三十二年八月二十八日）》，故宫博物院明清档案部编：《清末筹备立宪档案史料》上册，第 149、150 页。

[2] 入民国后，"通电"大增。时人杨荫杭曾指出："民国以来，有两机关最忙，一曰电报局，一曰商会，遇有问题发生，此两机关无不效劳者，殆药中之甘草欤？"而此主要是因一些人"朝打电，暮打电"所致（杨荫杭：《老圃遗文辑》，长江文艺出版社 1993 年版，第 49、530 页）。这种描述固有讥讽意味，但亦可从中见民国时期"通电"之盛。不过，因其已超出本研究之时段，故只能另文申论之。

[3] 参见会典馆编：《清会典事例》第 11 册，中华书局 1991 年版，第 446 页；朱寿朋编，张静庐等校点：《光绪朝东华录》第 5 册，第 4830 页。

约办事艰难情形疏》中称："我皇上因俄事日迫，意在转圜，一切情形，许臣由电径达总理衙门代奏请旨，已属破格施恩。"[1] 因有皇帝的特许，曾纪泽曾于1880年7月末电总署代奏，"恳释崇星使（崇厚）之罪"[2]。8月12日，清政府明降谕旨，表示允准："兹据总理各国事务衙门接到曾纪泽电报'现在商办一切，恳为代奏施恩'等语，崇厚着加恩即行开释。"[3]

另，曾氏在《遵旨改订俄约盖印画押疏》中又称："（光绪六年）十二月十七日接准总理衙门电示，奉旨：'览来电均悉，该大臣握要力争，顾全大体，深为不负委任，即着照此定约画押，约章字句务须悉心勘酌，勿稍疏忽，余依议。钦此。'"[4] 谕旨中所言"来电"即是曾纪泽之电奏。[5] 上述情况表明，自那时起，电奏便零星出现。

中国大规模架设电报后不久，即逢中法因越南问题而关系紧张，为应对此紧急态势，清政府进一步开放电奏。1883年5月13日，李鸿章奉上谕：

> 事机旦夕变迁，惟在随时权衡办理。该大臣现由金陵前赴上海，即著暂在上海驻扎，统筹全局，将兵事饷事豫为布置，审度机宜，再定进止，著将筹办情形随时奏闻，其紧要事件并著由电信寄知总理各国事务衙门转奏，以期迅速。原折片留中。将此由六百里密谕知之。钦此。[6]

此后不仅李鸿章，[7] 当时海防吃紧处如两广、闽浙等省，因已开通电报，各

---

[1] 曾纪泽：《改订俄约办事艰难情形疏（辛巳正月二十八日）》，喻岳衡点校：《曾纪泽集》奏疏卷三，第49页。

[2] 刘志惠点校：《曾纪泽日记》中册，岳麓书社1988年版，第1007页。

[3] 世续等纂：《清实录》第53册，第688页。

[4] 曾纪泽：《遵旨改订俄约盖印画押疏（庚辰）》，喻岳衡点校：《曾纪泽集》奏疏卷三，第43页。

[5] 对此，中国第一历史档案馆所藏军机处电报档、宫中电报档内不曾留存。该馆收藏的清朝臣工第一份电奏仍是曾纪泽所发，不过是在中法战争前夕，内容为："密，丙闻法将二十三攻兴化御。"曾氏寄发此电奏的具体日期为1884年3月3日（光绪十年二月初六日），4月7日（三月十二日）军机处收到（中国第一历史档案馆编：《清代军机处电报档汇编》第4册，中国人民大学出版社2005年版，第3页）。

[6] 李鸿章：《暂驻上海折（光绪九年四月二十四日）》，戴逸、顾廷龙主编：《李鸿章全集》第10册，第182页。

[7] 中国第一历史档案馆所藏李鸿章第一件电奏为李于1884年4月9日（光绪十年三月十四日）发，翌日军机处收到，具体内容是："密，顷香港电报云：初八有轮船自海防来，十三抵港，船上人说，起行时东京并无战事，法人所得地方，依然据守，亦无滋扰等事云。鸿。寒。"（中国第一历史档案馆编：《清代军机处电报档汇编》第4册，第3页。）此电奏又见顾廷龙、叶亚廉主编：《李鸿章全集》第1册，电稿一（上海人民出版社1985年版），不过，文字稍有出入："顷香港电报云：初八有轮船自海防来，十三抵港，据船上人说，该船起行时，东京并无战事，法人所得地方，依然据守，亦无滋扰等事云。鸿。"（《寄译署（光绪十年三月十四日西刻）》，见该书第115—116页。）

该处将军督抚亦纷纷以电报奏陈"紧要事件"，电奏由此骤增，遂成为君臣间上行文书的重要形式。

电奏在其发展过程中，逐步形成不同于普通奏折的寄递程式与管理制度，表现为：其一，总署代奏原则。就电奏程序而言，其与普通奏折递呈的差别在于：电奏由该臣工拟定，交电报局寄至总署，再由总署送军机处呈进。但需指出，初清政府对此无有明文规定，故新设电报之地，其督抚疆臣并不十分清楚这种程序。所以1887年4月，云贵总督岑毓英在云南电线与四川接通后特奏："电奏到京，应由何处衙门代奏，滇省均无向章可循，合无仰恳天恩敕下部臣核议章程，咨行来滇，俾得遵循办理。"[1] 总署奏复：电报开办以来，各省将军督抚电奏到京，"即由臣衙门严密封送军机处呈进"[2]。1899年9月，光绪《钦定大清会典》编成，对此才有明确规定：

> 遇电奏到，则迅译以达军机处，进呈御览。凡出使大臣及各直省督抚将军都统钦差大臣，遇有紧要公事应奏闻者，准由电线经达本衙门（总理各国事务衙门）代奏。[3]

那么，臣工的电奏为何需由总署代奏呢？这是由于总署主管外交、总揽洋务，故中国自建电报前，驻外使臣电寄奏折只能由其代奏；中国自建电报后，总署是实际最高主持者，尤为关键的是，京城官电局即是由总署直接督办。1884年7月12日，总署奏准架设通州至北京电线两条：一条至内城，拟于泡子河附近设一局，专收发官电；另一条至外城，拟于东河沿近择地设局，借收商电，以贴公用。总署之所以要在泡子河地方安设官电局，是由于"该处地颇宽静，（距）臣衙门尚近，不致迟滞"。[4] 是年8月31日，泡子河官电局建成通报。[5] 1898年4月7日，总署更"近因收发电报繁要"，而"向来电局安设署外，诚恐迟延泄漏，诸多未便"，行札该局委员，让其妥速"于署内选地设局，以重要公"。[6] 不日，

---

[1] "中研院"近史所编：《海防档·丁·电线》，第882号文，第1380页。

[2] 《光绪十三年四月二十六日总理各国事务奕劻等片》，中国史学会主编：《洋务运动》第6册，第385页。

[3] 光绪《钦定大清会典》卷九十九《总理各国事务衙门》。

[4] "中研院"近史所编：《海防档·丁·电线》，第625号文，第973页；第741号文，第1152页。

[5] 同上书，第673号文，第1012页；第674号文，第1012页。

[6] 同上书，第1380号文，第1891页。

总署电局设成。[1] 这一切使得京外臣工的电奏只能寄予总署，让其代奏。

其二，事件紧要原则。就电奏内容言，据上又可知，其与普通奏折的区别在于：电奏须是"紧要事件"。因此之故，前引曾纪泽《改订俄约办事艰难情形疏》有称，清政府许其可用电奏是"因俄事日迫"，"属破格施恩"之举。寻常情事，不可用电奏。1886 年 8 月 17 日，曾氏在《游观英德局厂情形片》中又说："臣此次之病来势甚骤，若具折请假，则祗奉恩旨当在数月之后，而前准总理各国事务衙门知照，小事不准发电，是以未敢电奏乞假，理合陈明。"[2]

这种情况主要是由于电报花费甚巨所致。当时国际电报收费的标准是，"每发一次，自欧洲达于上海，字仅廿余，而耗费六七十金"，[3] 极为昂贵。[4] 国内电报方面，中国自设电报后，尽管头等官报初让电报局报效，实行免费，[5] 但清政府深知，倘寄发过多，势必影响电局经营，从而会致其难以维系。后又在电报局商董的请求下，该类电报自 1887 年 7 月 21 日起，收取半费。[6] 即便如此，寄发过多、内容若长，费用亦不在少，因为据前已知，中国电局收费原本较高。在此情形下，为撙节起见，电奏只能坚持事件紧要原则。

但是，"紧要事件"只是一相对概念，究竟何指，清政府并无定章，也难有定章。前揭岑毓英奏中又询："惟何项事件应先电奏，再行详细恭折具陈？何项事件仍应由驿路驰奏？"[7] 总署就此指出：电奏当事关军情、界务、边防等情事，"照例常行事件并非取决俄顷，自宜循照向章，由驿驰递，毋庸电传，以节糜费。如该督所称指明何项事件分别由驿由电之处，臣衙门并无此章程。且事机缓急，自应随时酌度办理，毋庸议立定章，转致胶柱刻舟，诸多窒碍"，要求该省嗣后"如有边务紧要事件，应请准其先行电达臣衙门代奏，以期迅捷"。[8] 可见，电奏大抵需关涉军情、交涉等类机要、紧急之事。

---

[1] "中研院"近史所编：《海防档·丁·电线》，第 1678 号文，第 2199 页。

[2] 曾纪泽：《游观英德局厂情形片（丙戌七月十八日）》，喻岳衡点校：《曾纪泽集》奏疏卷六，第 99 页。

[3] 曾纪泽：《巴黎致总署总办论事七条（戊寅十二月十九日）》，喻岳衡点校：《曾纪泽集》文集卷三，第 152 页。

[4] 曾纪泽对此曾称："思电报如此昂贵。"（喻岳衡点校：《曾纪泽集》日记卷一，第 336 页。）

[5] 《光绪八年八月十六日署北洋通商大臣李鸿章折》，中国史学会主编：《洋务运动》第 6 册，第 337 页；"中研院"近史所编：《海防档·丁·电线》，第 273 号文，第 345 页。

[6] "中研院"近史所编：《海防档·丁·电线》，第 905 号文，第 1413—1415 页。

[7] 同上书，第 882 号文，第 1380 页。

[8] 《光绪十三年四月二十六日总理各国事务奕劻等片》，中国史学会主编：《洋务运动》第 6 册，第 385 页。

其三，汇奏核复原则。与普通奏折的缴回制度在形式上有相似之处，但实质存在重大差异的是，电奏在其发展过程中逐步形成汇核制度。因电奏需用电码，电局寄发之时难保绝对无误，为克服此情形，1884 年 11 月中法战争期间，两广总督张之洞奏："请将海防紧要事件电致总理衙门代奏者，每月照录原文，汇奏一次，并因钦奉电旨，间有码数参差之义难解者，缮单呈请敕发总理衙门核对存案。如有舛误，即咨照更正。"获得允准。于是，本因海防紧要而将电奏按月汇奏核复，遂成制度，至战后不废。如 1885 年 8 月 11 日，张之洞奏："当经恭录电旨、电奏各件，截至光绪十一年三月底止，先后具折奏陈在案。兹将十一年四月份历次电旨、电奏汇缮清单，恭折具奏，以备查核。"[1] 1886 年 4 月 4 日，闽浙总督杨昌濬片称："臣历次钦奉电旨，并电奏、电信，按月分缮清折咨呈军机处、总理衙门查核，已送至上年八月底止在案。"[2]

不过如前所述，非紧要事件疆臣多不用电奏，故至平时，电奏便大减，常有一月甚至数月无电奏者，于是按月照录汇奏也便无法执行，一度为臣工淡化。正因为如此，中日战争爆发后，有官员再提此事。1894 年 11 月 9 日，山东巡抚李秉衡上《奏各省电报及所奉电旨按月汇报片》，再次提出将电奏汇报军机处查核：

> 所有钦奉电旨，及随时电奏，必须有所稽考，方不至别滋弊端。否则，军情吃紧之际，难保无从中增减，及遗漏、捏造等弊。此事关系甚大，拟请旨饬下各省将军督抚统兵大臣，嗣后各处电奏，及所奉电旨，务令将原报按月逐件钞录开单汇报军机处，以凭查核。[3]

而此间因军情紧急，电奏激增，遂有半月乃至旬日而汇奏者。直隶总督王文韶曾称："窃查上次甲午军务，所有筹办事宜，及是时电奏或旬日或半月汇齐开单奏报，原以备稽查，历经遵办在案。"1897 年 11 月 14 日德侵占胶州湾，12 月 2 日王文韶奏："此次办理胶澳交涉事宜，事同（甲午军务）一律，兹谨将十月二十日起至十一月初六日止，历次电奏汇缮清单报呈御览，理合恭折具

[1] 张之洞：《呈四月份电旨电奏折（光绪十一年七月初二日）》，苑书义等主编：《张之洞全集》第 1 册，第 335 页。

[2] "中研院"近史所编：《海防档·丁·电线》，第 833 号文，第 1295 页。

[3] 李秉衡：《奏各省电报及所奉电旨按月汇报片》，戚其章辑：《李秉衡集》，齐鲁书社 1993 年版，第 160 页。

陈。"[1]此后兵事稍减,电奏随之相应减少。1898年广西懋林、榕县一带民众起事,巡抚黄槐森为此而多次电奏清政府。由于黄氏未能按时将电奏汇奏核查,是年9月21日,总署特电黄,让其将"每月电奏之件,月底结缮一纸,寄署备查"。接总署电后,黄氏立即将自1898年7月4日起之各电奏分月照缮呈送总署。[2]上述情况使得电奏这一汇奏核复原则在实际执行过程中,呈现出阶段性特征。

二、电旨的出现与明降谕旨电寄制度

君臣间下行文书主要是"谕旨"。其下行方式大抵分两类:明发和字寄(又称廷寄)。明发由内阁颁布,宣示中外。字寄由军机处封寄外省承受官员,相对机密,具体为,军机处将谕旨或朱批奏折封入纸函,上书"军机大臣字寄某官开拆"字样,再交兵部加封,并由该部捷报处依驿驰递。

谕旨的上两种发递方式自中国架设电报后,渐渐发生变化。其中字寄外出现电寄这一新的下行形式,通过这种形式寄发的谕旨称"电旨"。光绪《钦定大清会典》规定:"凡电旨则迅译以行。"[3]其具体寄发程序是:由军机处将电旨内容交总署,总署"饬由内城电机,发交外城电报局",再由外城电报局"照一等章程""径电该省钦遵查照"。[4]

中国第一历史档案馆所藏第一件电旨存留于军机处电报档电旨类电寄谕旨项内,是军机处寄给李鸿章的,日期为1884年4月22日,内容是:

> 来信进呈,奉旨:"事属可行,许其讲解。钦此。"望将此意电知福酋,并展期十余日,俟贵处将二十五日交议复奏到时,会议请旨即行电知。《简明条约》可在津定,至划界通商修河之类,似以中法派员到越会勘详议为宜。能否办到,希酌。总以无损国体为要。曾大臣本系连任限届满,留撤俟内酌。[5]

[1]《王文韶奏》,一史馆藏,军机处录副,光绪朝·工业商业贸易交通运输工程类·邮电项,胶片533卷,03-144-7148-16。

[2] "中研院"近史所编:《海防档·丁·电线》,第1603号文,第2129页。

[3] 光绪《钦定大清会典》卷九十九《总理各国事务衙门》。

[4] "中研院"近史所编:《海防档·丁·电线》,第1431号文,第1930页。

[5] 中国第一历史档案馆编:《清代军机处电报档汇编》第1册,第3页。

其实，电旨的出现远早于此。如前所述，曾纪泽赴俄改订条约，即曾让总署代奏请旨，此旨寄曾氏，必让大北公司所设上海至俄电线发递，故即是电旨。如 1880 年 9 月 18 日，曾氏即接总理衙门寄来电旨："接准总理衙门电称：面奉谕旨，俄事日迫，能照前旨争重让轻固妙，否则就彼不强中国概允一语，力争几条，即为转圜地步，总以在俄定议为要各等因。钦此。"[1] 中法战争开始后，因京城及海防吃紧省份皆通电报，电旨骤增。如同电奏可能会发生电码错误一样，电报局寄发电旨，尽管极为慎重，但仍难免错误，故前引 1884 年 11 月张之洞具奏中亦有将电旨按月汇奏核对之请，并与汇核电奏一起，成为制度。电旨的这种汇核制度因电报寄发的特殊性而成为其一显著特征。

明发谕旨则经历电局主动挨省传递到电寄成为定制的发展过程，寄发等次亦有由"照二等章程"升格为"照一等章程"的演进。初"按日阁抄上谕事件，系照刊送《京报》例，由（电报）局员挨省传递，而局员无发一等报之权，只能照二等章程，发在一三四等之后"。[2] 1898 年 8 月 27 日上谕："嗣后明降谕旨，均著由电报局电知各省。"当日，总署行文电报局督办盛宣怀，让其"即日行知京电局，并通饬各省电局一体遵照，勿得迟延错误"。[3] 盛宣怀于 9 月 4 日复文总署称，"现在钦奉谕旨，各该省便须遵照办事，毋庸专候部文，则此项明降谕旨，关系紧要与电旨同。应请贵衙门择要，仍由衙门所设电机，发交京城外局，指明迳电一省、或分电数省，以昭慎重，而免延误"，并"通饬京电局并各省电局一体照办"。[4] 自此，电局寄发明降谕旨成为定制。

需要指出，电寄明降谕旨虽无电旨有按月定期汇核之规定，但一旦有误，则疆臣会不知所措，故一般臣工接电后，往往仍"专候部文"行事，即便电传无误，疆臣也常有此举。这种情况表明，电传谕旨这种新形式为臣工全面认同、接受还需要一个过程。但倘遇事态紧急，"专候部文"则会贻误大事，为此，清政府在让电局寄发明降谕旨作为定制的同时，明确要求"各该省便须遵照办事，勿庸专候部文"，显示其对电寄明降谕旨的重视。不过，总署另提出，各该省"奉谕旨刊刻誊黄之件，如电码有误，即电询本署更正"。[5] 这当是对电寄明降谕旨

[1] 曾纪泽：《遵旨改订俄约盖印画押疏（庚辰）》，喻岳衡点校：《曾纪泽集》奏疏卷二，第 38 页。

[2] "中研院"近史所编：《海防档·丁·电线》，第 1431 号文，第 1930 页。

[3] 同上书，第 1426 号文，第 1927 页；第 1431 号文，第 1930 页。

[4] 同上书，第 1431 号文，第 1930 页。

[5] 同上书，第 1603 号文，第 2129 页。

制度的必要补充。

总之，谕旨奏折制度自电报出现后，渐渐衍生出电奏、电旨、电寄明降谕旨等新形式，而这类新型谕旨奏折又逐步形成自身的寄发程式与管理制度，使得清代文书制度发生重大变革与创新。这一切大大加快政情兵事信息的传递，从而使得行政决策与理事效率极大提高。此当是电报引入中国后，在晚清政治生活领域产生影响的重要表征之一，并在一定程度上反映出清政府内外对西方科技文明逐步认同与接受的态度。

另有学者指出，西潮冲击下的近代中国，经历由"在传统中变"（change within the tradition）向"在传统之外变"（change beyond the tradition）的过渡。[1] 若作进一步的考论，会发现这种"在传统之外变"非但没有中断中国既有的"在传统中变"，而且还反过来催促与加速着中国既有的"在传统中变"，并与其一道，共同构成近代中国的发展模式。电旨电奏的出现及相关制度的形成即是其中典型的一例。此以一个案标志晚清的中国"在传统之外变"与"在传统中变"互动之关系，从而在一定范围内透视出晚清社会颇具特色的演进轨迹。

第二节 电报与中外战争

通信为军事系统之有机组成部分，故其水准当是衡量军事发展的重要尺度。电报作为近代重要通信工具，在西方出现后不久即被一些国家用于军事，使其后的战争更具近代意义。[2] 中国引入电报较晚，然一经建设即用诸内外战争，使得此时期的军事行为进一步从传统形式向近代演变。换言之，电报在晚清中外战争中被清政府广泛应用，成为晚清实现从传统战争向近代战争过渡的又一重

---

[1] 罗志田：《权势转移——近代中国的思想、社会与学术》，湖北人民出版社 1999 年版，第 1—2 页。

[2] 普法战争是较早使用电报的战争，郑观应称："昔年普、法构兵，普人于行军之处俱设电线，而法人所设之电线悉为普人所毁。是以法败而普胜也。"（郑观应：《论电报》，夏东元编：《郑观应集》上册，第 82 页。）张德彝因亲到法国，适逢普法战争，故对此记录尤详：1870 年"（西历七月十七日），法外部大臣万孟清与德战，即日发电线知照法国之各省军营，克期发兵"。"八月十六日，法君退至舍隆。因各处电线铁路皆为德军拆毁，援救罔应。二十五日欲去舍隆走水塘（色当），乃部署未定而德军四进矣。""（西历九月十八日）德困巴西，拆毁铁道电线，音信不通。发福尔（法夫尔）亲入德营，问其前言能改否？毕驷马（俾斯麦）言不能改，乃归。"（张德彝：《随使法国记（三述奇）》，第 89—92 页。）

要促动力与标志。

一、转变

马递一直是传统战争中实现军令兵情快速传送的主要形式之一。这从世界范围看概莫能外，故无可厚非。但当电报已在西方广泛拓展，乃达中国沿海之时，部分先进人士便对清政府只一味抵制，无自建打算的情状，表现出不满。如前所述，1874 年 5 月 10 日日本侵台，福建地方官宪应对仓促，引起朝野怨责。《申报》著文痛斥[1]，李鸿章亦深表愤慨。[2] 嗣后李鸿章屡屡建言中国架建电报，并于 1880 年正式奏设津沪线，开篇即对中外通信状况作出详细对比，指陈中国当下的严重滞后：

> 用兵之道，必以神速为贵，是以泰西各国于讲求枪炮之外，水路则有快轮船，陆路则有火轮车，以此用兵，飞行绝迹。而数万里海洋，欲通军信，则又有电报之法。于是和则以玉帛相亲，战则以兵戎相见，海国如户庭焉。近来俄罗斯、日本国均效而行之，故由各国以至上海莫不设立电报，瞬息之间，可以互相问答。独中国文书尚恃驿递，虽日行六百里加紧，亦已迟速悬殊。[3]

1881 年底津沪线建成，使得中国传统的通信体系开始发生改变，即在清政府应对朝鲜"壬午兵变"中发挥重要作用。1882 年 7 月 23 日，朝鲜发生兵变。日本藉其使馆人员遭害，举兵侵朝。面对突如其来的朝鲜兵变及日本的行动，即时了解内情，并迅速作出决策便成为清政府应变的关键。驻日公使黎庶昌获息后，驰电天津署北洋大臣张树声，"请派员酌带兵轮至汉江观变"。张树声随即电谕驻沪道员马建忠，令其会同提督丁汝昌率兵东渡。[4] 结果是，由于清方

---

[1]《厦门论日兵近状》，《申报》1874 年 6 月 20 日，第 4—5 页；《论电线》，《申报》1877 年 7 月 14 日，第 1 页。

[2] 李鸿章：《筹议海防折（同治十三年十一月初二日）附 议复条陈》，戴逸、顾廷龙主编：《李鸿章全集》第 6 册，第 165 页。

[3]《光绪六年八月十二日直隶总督李鸿章片》，中国史学会主编：《洋务运动》第 6 册，第 335 页；"中研院"近史所编：《海防档·丁·电线》，第 218 号文，第 262—263 页。

[4] 马建忠：《东行三录》，上海书店 1982 年版，第 55 页。

行动及时，朝鲜内乱迅被平定，从而遏制了日本的企图。

刚起步的中国电报即发挥了如此重大功效，故时人多赞。山西道监察御史陈启泰奏："朝鲜之变，非由日本发来电信，中国尚不得知。"[1]候补知府、时在张树声幕府办理文案薛福成称："此事枢纽，全在赴机迅捷。时则余友黎君莼斋为出使大臣，驻日本，侦得确音，急递密电……余于是役颇称莼斋为首功。"[2]因李鸿章此间多次以电报与黎庶昌商讨对策，[3]故对电报于此兵变之功用，更是赞不绝口。如1882年9月27日，李鸿章奏称："即如此次朝鲜内讧，臣等往返筹商，调派水陆兵勇，赴机迅速，刻期戡定，得力于电报者为多。"[4]翌年1月16日，李鸿章再奏：1882年"夏间朝鲜内变，急调南北水陆各营，实赖电报灵捷。其赴机之速，为从来所未有"。[5]张树声事后亦称：

> 上年夏间，臣在天津遇朝鲜内乱，调集南北洋水陆各军，刻日东渡，得以迅赴事机，实赖电报灵通之力。[6]

电报一经创建即发挥巨大作用，成为李鸿章等进一步推广的主要因由，大规模架设电报活动随即在中国展开，其后适逢一系列中外战争，主要有19世纪80年代中期的中法战争、90年代中后期的中日战争、德犯胶澳，以及20世纪初年的庚子之役等。在这些战争中，清政府上下通过电报这种近代通信工具，让一些重要诏旨章疏、军信兵情实现了快速传递，从而使得调兵布防的手段与效率得到改进与提高。

二、措置

那么，清政府在上述各战争中是如何利用电报的呢？概括起来，大抵包括

---

[1]《光绪八年十二月十五日山西道监察御史陈启泰奏》，中国史学会主编：《洋务运动》第1册，第221页。

[2] 薛福成：《上张尚书论援护朝鲜机宜书》，丁凤麟、王欣之编：《薛福成选集》，上海人民出版社1987年版，第180页。

[3] 参见顾廷龙、叶亚廉主编：《李鸿章全集》第1册，电稿一，第10—17页。

[4] "中研院"近史所编：《海防档·丁·电线》，第273号文，第346页。

[5] 李鸿章：《商局接办电线折（光绪八年十二月初八日）附章程》，戴逸、顾廷龙主编：《李鸿章全集》第10册，第131页；"中研院"近史所编：《海防档·丁·电线》，第332号文，第433页。

[6]《光绪九年十一月二十八日两广总督张树声奏》，中国史学会主编：《洋务运动》第6册，第353页。

电报局外和电报局内两面。前者是指为应对战争，朝野上下是如何展延既有电报线的？对这些电报线又是如何巡修，以确保通达的？后者是指在战时，朝野上下是如何保证我方拍报顺畅的？又是如何控管他方（尤其是敌方）在我境内打报的？下文即从这两个方面展开。

电线的急切展延与特别巡护 在晚清时期，政府展延电线的一个重要意旨即是满足战争之需求。然电报建设起步较晚，至1884年中法交战时，仅建有津沪、津沽、镇宁、台南等少数几条电报线，沪粤线、长江线尚在架建之中。可见此时中国的电报，北不通京师，南不接中越边境，其他沿海防区亦多未设。这对于跨区域作战、机动性极强的近代战争而言甚为不利。1884年6月25日，即中法开战前夕，总署致函李鸿章，让其尽快将电线接通京城，并强调指出："此时边防海防吃紧，颇赖电报调度，俾免迟误兵机。"[1] 盛宣怀甚至提出利用大东公司刺探前线军情。[2] 但此方法毕竟不是长久之计，盖按国际法则，战时外国公司必须保持中立，故尽快展延中国既有电线，将决策中枢与各防区特别是战争前线用电报连接起来，以实现二者间的信息速递，成为清政府应对战争之急需。

综观中法战争，中国为备战、应战而架设的电线主要有：在北方，至1884年8月，李鸿章渐将津沪线延入京师。与此同时，李鸿章设山海关线，以增强北洋的防御能力；在南方，早在1883年中国电报局即对边境架线以应对战争有所准备。是年5月8日，盛宣怀禀呈闽浙总督何璟称："如果南疆多事，迅催电工，恐须分途赶办，现已催购材料矣。"[3] 随着形势的日趋紧张，清朝臣工一度不得不请求暂时停建其他商线而专设防区军线："维时关外军情紧迫，亟盼成功，工料一切均系停止商线，移缓就急"。在此情形下，相继架成广州龙州线、龙州镇南关幕府线，另由广州分达虎门内外各炮台，以及横钦廉琼线等，水陆并行，纵横数千里，布设20余局。[4]

其他沿海地区：1884年8月20日，曾国荃奏设江阴及吴淞炮台电线，以加强与该两处防营的联系。[5] 同年9月，会办南洋事务陈士杰为速军报，饬设

---

[1] "中研院"近史所编：《海防档·丁·电线》，第616号文，第966页。

[2] 《盛宣怀上李鸿章电（光绪九年七月初一日）》，王尔敏、吴伦霓霞编：《清季外交因应函电资料》，第41页。

[3] "中研院"近史所编：《海防档·丁·电线》，第453号文，第631页。

[4] 同上书，第841号文，第1314—1315页。

[5] 同上书，第665号文，第1007页。

行辕至南门外电局电线。[1] 10 月 1 日，宁绍台道薛福成禀请浙江巡抚刘秉璋，架设宁波至镇海电报线，刘秉璋就此提出，"梅墟策应之营，尤须与前敌呼吸相通，应于梅墟营中留一电线，无论由宁出镇，均可径电钱镇坐营"，并专雇一人在镇营中设房办理，这使得前线镇海与省城杭州电线接通，"一切调度机宜，由杭而宁，由宁而镇，顷刻可传达各营，虽相距数百里，而号令迅捷如在一室。于是抚院不进驻宁波，而与驻宁波同，巡道不常驻镇海，而与驻镇海同。"[2] 刘秉璋的安排使得该线已具军事专用电信性质，而刘氏之言又在一定程度上道出电报的引入，对军事调度所产生的深刻影响，大大方便了疆臣、将领的指挥联络。是年"冬，法船游弋浙洋，迨十一年春接仗后，与法船相持数月，电报往来日十数起，军机无误"，[3] 发挥出较大效用。

广大电局员工亦知此等工程之意义，故架建格外卖力："官商协力，创造者则约束夫匠，催解物料，分途勘办，瘴险不辞"，"粤局远抵边关瘴疠之乡，复为创设海线之始，该员生等勘运跋涉之艰阻，巡护修接之烦劳"，较他处尤甚。[4] 在清政府内外、官商各方的共同努力下，中法战争期间，中国大抵完成电报北达京城、南接中越边界及部分重要防区之任务，从而基本实现决策中心与边境前方的信息快递。[5]

至 1894 年中日战争爆发时，中国电报网已略具规模，"东北则达吉林、黑龙江俄界，西北则达甘肃、新疆，东南则达闽、粤、台湾，西南则达广西、云南，遍布二十二行省，并及朝鲜外藩"。[6] 分布较广，但却稀疏，故仍不能满足战争之需求。为此，又增设一批新的电线。先是朝鲜境内的行军电线。前军将领卫汝贵致电盛宣怀称："行军电线请派前敌营务处盛守星怀总办、洪令熙会办。"

---

[1] "中研院"近史所编：《海防档·丁·电线》，第 678 号文，第 1017 页。

[2] 薛福成：《禀抚院刘》，刘秉璋：《院批》，薛福成：《浙东筹防录》卷一（上），第 26—29 页。

[3] 刘体仁：《异辞录》卷三，上海书店 1984 年影印本，第 38 页。

[4] 参见"中研院"近史所编：《海防档·丁·电线》，第 841 号文，第 1314—1315 页。

[5] 这种为战争而设的电线，有些在战后因无用途而被拆除。如中法战争期间，中国架线至离越南东京十里处（"中研院"近史所编：《海防档·丁·电线》，第 855 号文，第 1336 页；第 870 号文，第 1366—1369 页），战后（1886 年）拆至凭祥（"中研院"近史所编：《海防档·丁·电线》，第 841 号文，第 1314 页；第 870 号文，第 1366—1367 页；张之洞：《电线不宜与法接折（光绪十四年十二月二十日）》，苑书义等主编：《张之洞全集》第 1 册，第 650—653 页）。此从另一侧面反映出，清政府利用电报为战争服务的一般情状。

[6] 《光绪十八年闰六月二十日直隶总督李鸿章奏》，中国史学会主编：《洋务运动》第 6 册，第 446 页。

盛宣怀遂令二人"和衷妥办"。[1] 不久，盛宣怀又提醒旅顺清军统帅龚照屿，因"老铁山可瞭望西南"，让其设造该处电线，以"驰报各口炮台"。[2] 这期间添线最多的是江苏沿海。两江总督张之洞饬设的水陆军用电线即有江阴线、崇明线、乍浦线、南通州线、海州线等五路。盛宣怀又提出架设江阴经对面沙而至吴淞电线，使吴淞电报不必转上海、无锡而直达江阴。[3] 上海电报局总办经元善提出添设通海南沙支线，"俾沿海边防信息灵捷"，[4] 获得批准。[5] 这些电报线的架建，便捷了各防区的信息传递，从而有助于其防务能力的提高。

加强对电线的巡修，以防毁损，是保证电报通达不可或缺之环节，电报局在平时即已相当重视，战时则更严格。中法战争之初，电报总局即向所属各局发出通饬："关外军报重大，即移饬各营汛认真巡守，如有错误，定予参处！"[6] 为此加大人力物力的投入：

> 沿途杆线向来责成各汛管修，每局只用工头一名，现须添用工头，以备随损随修。洋匠工竣本可裁撤，现因官报紧要，学生、工头尚多生疏，所有洋匠十名尽行留用，岁糜洋银三万元左右；其他薪水、工食、纸张、油烛皆比平时增至数倍。[7]

而清政府的要求亦甚严厉。1885年3月10日，福建浦城至福州报线在浦城夕阳岭一带为雪压断，清政府立谕闽浙总督杨昌濬、福建巡抚张兆栋，"严饬认真保护，加查巡修，如有疏误，即行查参"。[8] 在此情形下，各电局委员报

---

[1] 《盛宣怀致盛星怀、洪熙电（光绪二十年七月二十六日）》，王尔敏、吴伦霓霞编：《清季外交因应函电资料》，第295页。

[2] 《盛宣怀致龚照屿电（光绪二十年八月十四日）》，王尔敏、吴伦霓霞编：《清季外交因应函电资料》，第128页。

[3] 《盛宣怀上刘坤一电（光绪二十年七月十九日）》，王尔敏、吴伦霓霞编：《清季外交因应函电资料》，第121页。

[4] 经元善：《拟筹甲午义兵义饷始末记（1895年4月）》，虞和平编：《经元善集》，第140页。

[5] 经元善：《致谢绥之书（1894年12月19日）》，虞和平编：《经元善集》，第147页。

[6] 欧阳利见：《金鸡谈荟》，中国史学会主编：《中法战争》第3册，中华书局1995年版，第227页。

[7] 李鸿章：《电资拨抵垫款折（光绪十一年三月初三日）》，戴逸、顾廷龙主编：《李鸿章全集》第11册，第55—56页；"中研院"近史所编：《海防档·丁·电线》，第732号文，第1141页。

[8] 《杨昌濬等奏》，一史馆藏，军机处录副，洋务运动类·邮电项，胶片674卷，03-168-9436-25。

生更加尽责，[1] 保护的力度遂大为加强。如通州至京城报线建成不久，发生崇文门报局水线损断情事，时中法战争已经爆发，电报局委员王继善在派人查修的同时，"恐一时未能修好，而军报紧要，又未便久延，不得已将机器暂移东便门外，于露天安设，将积报先行发往"。[2] 这种直接移机的行为，反映出在紧迫的战争形势下，电局对畅通电报，以助军务的积极态度。

中日交战时因电报对战争的作用已凸显[3]，两国更是直接打起电线战。战争期间，日本曾大肆破坏中国报线，首先破坏的是中国在朝鲜境内所设之线。1894 年 7 月 23 日，日本将汉城电线截断。[4] 同月 31 日，日町口熊槌与竹内英男又商定，趁清军抵平壤前，将平壤电报局破坏，以断清军之通讯。[5]10 月 24 日，日军从义州渡过鸭绿江，更疯狂地破坏中国境内的电报线。珲春与俄国巴拉格威斯城电线先被毁，接着东北其他电线及山东部分电线遭毁。[6] 如营口至辽沈线在 1894 年 12 月 13 日海城失陷后被日军毁断。[7]1895 年 1 月中旬，日军开始向山东进犯，拟于荣成登陆，战术计划是："我军（日军）的第一目的是割断电线。"[8]1 月 20 日，日军攻入荣成，登陆以前，"先派了电信技师登陆，并带了几名兵士到荣成县，割断了荣成通往芝罘和威海卫的电线，然进入荣成县电信局，检查了各种文件"。[9]

对于日军毁线行径，中方采取了一系列应对措施。第一，增强防备意识。还在中日战争爆发前夕的 1894 年 7 月，汉城电报局委员李毓森便提出，"倭人视电政为重，恐中、日失和，而日必损我中线"，建议"由韩廷派员暂管，可不坏此电线"。不久，盛宣怀向朝鲜驻津督理商务委员李冕相称："此非为李（毓森）守一人而言也"，并建议："阁下回国，可与统理督办先行商酌，总须中韩通报，方能消息灵通。恐将来开仗时倭欲派人踞此电局，统理衙门当与各国商酌，

---

[1] 中法战争结束后，李鸿章奏："维时关外军情紧迫……粤局远抵边关瘴疠之乡，复为创设海线之始，该员生等勘运跋涉之艰阻，巡护修复之烦劳……又非不谙者可以更代。"（"中研院"近史所编：《海防档·丁·电线》，第 841 号文，第 1314—1315 页。）

[2] "中研院"近史所编：《海防档·丁·电线》，第 672 号文，第 1011 页。

[3] 日本战时大本营即设有野战高等电信部。参见戚其章：《甲午战争史》，人民出版社 1990 年版，第 25—26 页。

[4] 《冤海述闻》，中国史学会主编：《中日战争》第 6 册，第 84 页。

[5] 戚其章：《甲午战争史》，第 95 页。

[6] "中研院"近史所编：《海防档·丁·电线》，第 1040 号文，第 1557 页。

[7] 同上书，第 1028 号文，第 1549 页。

[8] 戚其章主编：《中国近代史资料丛刊续编·中日战争》第 8 册，中华书局 1994 年版，第 180 页。

[9] 同上书，第 185 页。

公同保护。"[1] 7月26日，即日本不宣而战第二日，盛宣怀立即致电山东巡抚福润，传达李鸿章意见：中日已决裂，威海水师要地全仗电报号令。德州至济南，济南至烟台各电线，如一阻滞，必误大局，迅令地方官认真保护。[2]

清军进驻平壤后，清政府于1894年8月谕盛宣怀与佘昌宇，要求所有军情要电，皆由山海关至行营官商两线传递，不得稍有断阻，贻误军机。"责成各局员严饬工巡，不分昼夜，实力巡护"。相应给以较大力度的人力及财政支持：允许添加巡工，"其添用经费不拘定例，准其作正开支"。[3] 10月27日，盛宣怀致电旅顺清军统帅龚照屿，提醒"尤恐奸细断线"。[4] 12月19日，经元善一面向苏州电报局总办谢家福提出，苏沪咽喉要线，每两段添派优秀工匠一名，并多备材料，以便随损随修；一面托南洋驻沪侦员禀商张之洞，责成线道所经营汛日夜协同巡护。[5]

由于中方早有准备，使得日方破坏平壤电报局的计划一度受挫。1894年8月1日，町口、竹内率骑兵到大同江南岸，见岸边小船皆被收至北岸，无法渡河实现计划。而收船即是中国所为。盛宣怀在8月4日的一封电报中透露：

> 倭兵早到大同江，盛宣怀饬平壤电局会同平安道将民船悉数收至北岸，倭在南岸无可渡。[6]

第二，抢修毁损电报线。如营口辽沈线被日军毁断后，北洋电报局多次电饬营、奉电报分局委员乔装巡探，设法接修。但该地因中日反复争夺，电线屡断。1895年1月29日清政府颁发上谕："著李鸿章转饬电局，赶紧派员前往接线，

[1]《盛宣怀与李冕相笔谈（光绪二十年六月）》，王尔敏、吴伦霓霞编：《清季外交因应函电资料》，第242—243页。

[2]《盛宣怀致福润电（光绪二十年六月二十四日）》，王尔敏、吴伦霓霞编：《清季外交因应函电资料》，第92页。

[3]《盛宣怀札示佘昌宇等（光绪二十年七月）》，王尔敏、吴伦霓霞编：《清季外交因应函电资料》，第118页。

[4]《盛宣怀致龚照屿电（光绪二十年九月二十九日）》，王尔敏、吴伦霓霞编：《清季外交因应函电资料》，第157页。

[5] 经元善：《致谢绥之书（1894年12月19日）》，虞和平编：《经元善集》，第147页。

[6] 转引自戚其章：《甲午战争史》，第95页。

俾前敌军情得以迅达京师，切勿迟误。" 李鸿章遂饬余昌宇派员赶修，[1] 以保证线路的畅通与军情的速递。

德犯胶澳和庚子事变期间，电报局亦多方设法，以保护电线电局。1897 年 11 月 14 日，德兵占领胶州湾，随即开始对该地电线的侵夺。12 月 11 日，山东巡抚张汝梅致电盛宣怀："德人前踞青岛电局，专发洋报，不准收中国报，今又欲占据胶局。"[2] 对于德方的此类行动，中方亦加紧与之斗争。12 月 8 日，盛宣怀一面寄函总署，提出暂在平度设局，以便军报，[3] 一面让德国领事转告德军统领，"勿派兵到局滋闹"。并告山东巡抚张汝梅，已令电报委员回胶，将青岛电线接通。[4]1900 年庚子事变，盛宣怀严饬各电局，所辖杆线如有损坏，致使电报阻滞，必从严惩办；如能使线路畅通，当从优奖励。[5] 各电局为此加大保护力度，收到一定效果。[6]

打报的畅通与控管　电报引入后，华洋皆可使用。那么战争期间，如何保证我方拍报得顺畅？如何控管他方（尤其是敌方）在我境内的打报？这是朝野上下不能不思考的问题。中法战争爆发后，为确保我方军令兵情快速闻达，电局先是扩大头等官报使用主体的范围，以方便各军将领打报。据前已知，平时头等官报有严格界定："军机处、总理衙门、各省督抚、出使各国大臣，如寄洋务、军务电报，于信纸上盖印验明转发，是谓头等官报。"[7] 中法开战后，此范围有较大拓展。除以上外，"如各路统兵将帅及各局所、炮台、兵船、侦探、转运委员，均以洋务军务，列作头等官报，以免迟误"。[8] 而清政府方面，又如前述，其对疆臣使用"电奏"本有严格限制，随着中法关系的日趋紧张，渐有

---

[1] "中研院"近史所编：《海防档·丁·电线》，第 1028 号文，第 1549 页。

[2] 《东抚张汉帅汝梅来电（十一月十八日）》，盛宣怀：《愚斋存稿》第 2 册，第 716 页。对此，《翁同龢日记》记有："德兵船入胶澳，占山头，断电线……又胶州电德令发洋信，不准接华信。"（陈义杰整理：《翁同龢日记》第 6 册，中华书局 1998 年版，第 3058 页。）

[3] 《寄总署（十一月十五日）》，盛宣怀：《愚斋存稿》第 2 册，第 715 页。

[4] 《寄济南张汉帅（十一月十九日）》，盛宣怀：《愚斋存稿》第 2 册，第 716 页。

[5] 《请奖电报局员学生折（光绪三十二年三月，电政大臣袁吴会衔）》，盛宣怀：《愚斋存稿》第 1 册，第 325—326 页。

[6] 1902 年 10 月盛奏称："计自军兴而后，以迄回銮，各该局懔遵臣谕，悉能奋不顾身，昼夜不息，幸未贻误要公。"（《请奖电局员生片（光绪二十八年九月）》，盛宣怀：《愚斋存稿》第 1 册，第 247 页。）

[7] 《光绪八年八月十六日署北洋通商大臣李鸿章折》，中国史学会主编：《洋务运动》第 6 册，第 337 页；"中研院"近史所编：《海防档·丁·电线》，第 273 号文，第 345 页。

[8] "中研院"近史所编：《海防档·丁·电线》，第 732 号文，第 1141 页。

所放，不仅李鸿章，当时海防吃紧处如两广、闽浙等省，亦已开通电报，各该处将军督抚亦纷纷以电报奏陈"紧要事件"。

这些情况使得头等官报数量剧增，从而造成打报拥塞。为此，电局不得不再将之分成缓急两类，急报先递，以期无误戎机。1884年7月28日，有关方面建议："各局转禀各大宪，近日一等官报络绎不绝，其中缓急，局不知也。恐倒置误事。请将急报加一'急'字，以便在官报内先其所急。"[1]1884年10月，郑观应一度向李鸿章建言："华商所设各处旱电报之处宜归华官办理，不准传递商报，泄漏军情。"[2]体现出电局对畅通军务电报的努力，以及商董对清政府利用电报以应对战争的支持。

头等官报使用主体范围的拓展仅为战争需要，故战争结束后又被调回："现在军务既平，仍按照奏定章程，凡总理衙门、各省督抚将军、出使各国大臣官报列为头等，其余各省提镇司道，及防营局所炮台兵船、各路印委官员寄报，照三四等章程，令其自行出费，庶官款不致虚糜。"[3]此从另一侧面透视出，战争期间电报为军事服务的一般情形。

中日交战后，清政府与电报局亦有此种要求与规定，部分电局业具军事专用性质。[4]为保卫京师，清政府调程文炳、董福祥、闵殿魁部驻扎近畿，因"时

---

[1] "中研院"近史所编：《海防档·丁·电线》，第639号文，第983页。头等官报急增更导致其他电报被迟寄甚至被拒发。1885年4月20日，军机处发出北洋大臣李鸿章、南洋大臣曾国荃折称，"自上年闰五月谅山事起，官报更数倍于前……所有三、四等商报，全行回复，即或抽暇代寄。亦不能按定时刻，甚至捺搁一二日……此因军报过多，商报日减之情形也"（"中研院"近史所编：《海防档·丁·电线》，第732号文，第1141页）。英使巴夏礼一度因电报受阻而与总署交涉。1884年7月18日，巴氏致函总署称，"近来本馆所接电报，势颇迟延。由上海发者，几迟至两日之久。由天津发来者，迟至十数个时辰之多。查驻扎各国钦差大臣凡发与电报，宜尽先客之情。特请列位大臣转饬上海、天津、通州三处管电报局员，今后如遇送达英馆电报，务须速为发放，幸勿迟缓是祷"（"中研院"近史所编：《海防档·丁·电线》，第628号文，第975页）。对此，总署初以为是电线阻断所致。7月21日，总署复函巴氏："查电报迟缓之由，或者电线损坏所致，本衙门昨接上海来电，即有电线损坏之语。除由本衙门转饬上海、天津、通州三处局员，遇送贵馆电报速为发放外，相应函复贵大臣查照可也。"（"中研院"近史所编：《海防档·丁·电线》，第631号文，第977页。）通永道薛福成在给总署的复函中道出实情："自本月（五月）中旬，防务孔亟，官商各报纷至沓来，各局机器传递，不能不阻滞，即各处寄总署之报，亦有迟至十余时、一、二日始行到通者，而况其他？"（"中研院"近史所编：《海防档·丁·电线》，第632号文，第978页。）这一切进一步提示出电报在战争期间为军事服务的一般情状。

[2] 郑观应：《上北洋大臣李傅相防法条陈》，夏东元编：《郑观应集》下册，第473页。

[3] "中研院"近史所编：《海防档·丁·电线》，第864号文，第1349页。

[4] 其实，中日甲午战争期间，某些电报局以传递情报的形式直接参与了战事，从而使得这些电局成为一定意义上的军事电信。1894年7月28日，盛宣怀接义州电局张廷桂转平壤电局王锡祉电，告日军已抵

有营务事件，电致外省"，1894 年 11 月 20 日，督办军务处咨文总署转饬电局，"遇有该三处盖用关防电报，无论明码暗码，均作一等报译寄，勿稍迟误"。翌日总署行知电报内外局。[1] 而对于前方重要将领电报，盛宣怀更提出，列入头等，且免报费。1894 年 6 月 21 日，盛宣怀致电盛京将军裕禄："已饬义州电局，遇有聂统领（士成）、省电盖用关防，准照官电，勿收报费。"[2] 甚至将部分电局拨予前方将领专用。是年 7 月 29 日，盛宣怀电义州毅军统领马玉崐称："如公先到平壤，电局可为公用。安州亦有报房。所需机器学生各一，已饬义州局酌拨。"[3] 11 月 9 日，山东巡抚李秉衡一度向清政府提出："可否饬下北洋大臣，通饬各省电报局，除官报外，凡沿海有军务处所暂停商报一月，以昭慎重。俟军务稍定，再行复旧。"因事关电局整体，影响过大，该建言才未被采用。[4]

军队大量使用电报，使得对电码本的需求急剧增加。1894 年 7 月，盛宣怀致函叶志超：

大同江口，拟撤至安州（陈旭麓等主编：《盛宣怀档案资料选辑之三·甲午中日战争》下册，第 35—36 页）。8 月 6 日，盛宣怀收烟台电报电："现觅得黄县刘姓自仁来电，二十七在牙山北七八十里折回，闻韩民说：叶军二十三日获胜，二十七夜被倭诈袭，损失一营，败去公州，倭兵往围，等语。别无恶耗。满德之电不确，已抄词禀帅，望先回明。芳。微。"（《烟台电报局致盛宣怀电（光绪二十年七月初六日）》，王尔敏、吴伦霓霞编：《清季外交因应函电资料》，第 107 页。）8 月 12 日，成山报房致盛宣怀电：侦探船黄大兴雇妥两只，每只大钱一百千。另赏。拟函致叶军门，如能换回文件，赏银一百两并六品功牌，欲办祈速尊遵。并请汇银，以便各项开支。维禀。（原稿盛宣怀旁书：叶军门既有向东北行之信，南路侦探似已无用，可止。自公州至平壤约八百余里，骊山、元山皆有倭兵，想须由江原、京畿两道夹缝中探路北行。）（《成山电报房致盛宣怀电（光绪二十年七月十二日）》，王尔敏、吴伦霓霞编：《清季外交因应函电资料》，第 116 页）9 月 16 日，义州电局张廷桂电盛宣怀："现在情形：后路大军未到，只可暂以安州盛军两营、奉军一营、盛字两营。"（陈旭麓等主编：《盛宣怀档案资料选辑之三·甲午中日战争》上册，第 155 页。）10 月 27 日，盛宣怀致旅顺清军统帅龚照屿电：宋帅恐须退扎摩天岭。复州一股或赴沈，或攻湾旅，须细探（《盛宣怀致龚照屿电（光绪二十年九月二十九日）》，王尔敏、吴伦霓霞编：《清季外交因应函电资料》，第 157 页）。11 月 5 日，盛宣怀致东海关道刘含芳电：烟，刘芗翁：金州电已不通，日内旅顺必有雷艇送电到烟。帅谕各要电均由烟受雷艇带回。倭兵犯金、复人数不多。但求夏、章两军速渡，守住南关岭。刘子徵已到海城，程魁齐已到熊岳，电饬合师夹击。俟鑑师允准拨队，请公送电龚鲁卿，即派在旅之图南、海淀、广济夜渡赴登，勿迟（《盛宣怀致刘含芳电（光绪二十年十月初八日）》，王尔敏、吴伦霓霞编：《清季外交因应函电资料》，第 170 页）。

[1] "中研院"近史所编：《海防档·丁·电线》，第 1023 号文，第 1535 页；第 1025 号文，第 1537 页。

[2] 《盛宣怀上裕禄电（光绪二十年五月十八日）》，王尔敏、吴伦霓霞编：《清季外交因应函电资料》，第 78 页。

[3] 《盛宣怀致马玉崐电（光绪二十年六月二十七日）》，王尔敏、吴伦霓霞编：《清季外交因应函电资料》，第 95 页。

[4] 李秉衡：《奏各省电报及所奉电旨按月汇报片》，戚其章辑：《李秉衡集》，第 160 页。

前发密电，知尊处无本可查，兹特抄寄一本，以后如有敝处往来密电，请照此本查译。中堂处以及东行各军皆用此密本，务望秘之为要。[1]

为保卫京城，神机营派兵驻扎通州。1894年8月16日，该营向总署提出："需官电商电字码各一本，请其检送。"[2]总署接知当日即送出。[3]10月9日，总署接李鸿章电，称各营将领索取《电报新法》甚多，请再寄10本。总署于12日寄之。[4]为此，经元善等中国电报局重要管理人员开始编订电码新本——《义字密本》，并提出：

倘荷见义勇为，合志同方，伫盼德音，即将密码电本寄呈，并咨照各处敝局，凡有筹商机要，准列公报转递。[5]

庚子之役期间，北中国部分地区电局亦扩大了头等官报的使用主体范围。驻防徐州的铭军统带陈凤楼认为，军情电报，倘用语过简，则难达意，然内容稍详，则需费较多，遂向两江总督提出，让徐州电局将其所发军情电报，减半收费。1900年10月18日，刘坤一咨商盛宣怀。22日，盛宣怀札上海电报局华总管周万鹏，同意陈凤楼所请，并展及其他提镇。[6]

延长电局工作时间亦是战争期间畅通军报的重要办法。中国电局在相当长时期里，实行14小时单一工作时日制，中法战争爆发后，此工作时间不断被展延，甚至24小时不间断："自上年闰五月谅山事起，官报更数倍于前，司事、学生日夜值班，刻无暇晷。凡遇电传上谕、奏咨各件，关系紧急，不敢片刻停留。"[7]这种因战争而展延打报时限的做法，在战后自然又回复到常行体制。中日战争爆发后，打报时限再被展延，学生不得不加班轮值，为防人手不足，谢

---

[1]《盛宣怀致叶志超函（光绪二十年六月）》，王尔敏、吴伦霓霞编：《清季外交因应函电资料》，第83页。

[2] "中研院"近史所编：《海防档·丁·电线》，第1010号文，第1522页。

[3] 同上书，第1011号文，第1523页。

[4] 同上书，第1021号文，第1534页。

[5] 经元善：《致各路义赈同志公函（1894年12月10日）》，虞和平编：《经元善集》，第144页。

[6]《札华总管周万鹏》，一史馆藏，邮传部全宗·电政类，胶片1卷，22-2-9。

[7] 李鸿章：《电资拨抵垫款折（光绪十一年三月初三日）》，戴逸、顾廷龙主编：《李鸿章全集》第11册，第55页；"中研院"近史所编：《海防档·丁·电线》，第732号文，第1141页。

家福一度要求各局学生不准请假，并将久假未销者分别革究。[1]

重赏送报人员是战争期间畅通军报的又一措施。在军事电信未全面建立之前，决策中心与前方将领的快速联系只能在最靠近二者的电局间实现，至于电局与前方将领之间，电报仍由人工递送。故战争期间，不仅架线、护线、打报是畅通信息的必要环节，送报亦是其中重要一环，盖完成这种任务需冒生命危险，所以尤显其难。为此，电局对送报人员采取重赏政策，以便让其担负起这种特殊任务。1894年7月25日，日军进犯牙山清军。30日，盛宣怀致电统领叶志超，因电报不能直接打到牙山，遂令平壤电报局王锡祉：

> 以重资选派朝人三名，分别水旱路送往牙山。如打听大营移扎他处，亦即送往。倘能取得回信送平局，或送安局，许给重赏银若干。此电纸或藏匣底，或缝衣里，须慎密。[2]

控管敌方人员在我境内打报与保证己方电报畅通同样重要，故与之并行。此经历从禁阻敌方暗码电报及关涉战事之明码电报，到全面封锁敌方电报及全面控管各方暗码电报的发展过程。

初是禁阻敌方暗码电报及关涉战事之明码电报，主要施诸中法战争。不过，中国因严守国际法则，正式开战后方将之提出，不能灵活变通，从而造成重大损失，引起一些有识之士的强烈愤慨。1884年8月5日，法军进攻基隆，台湾保卫战开始。翌日，坊间传出"孤（拔）与巴（德诺）电谋攻台，有意嘱中国电报局明码传电，（当时即电致台端。）而中国不阻，甚至十三发攻打鸡笼（基隆）电，亦代为发"。谢家福与闻，认为此举"在局者真是梦梦之语，闻之甚为愤懑。即查报底，皆系暗码"。尽管不是明码电报，但表明斯时是不禁敌方暗码电报的。之所以如此，主要是因中国惧战、避战的态度，惟恐因此影响大局。谢家福进而认为，法现"打鸡笼调船装兵各电，我既一一代发，则实代彼效力，此心将何以自安"！强烈要求禁阻敌方暗码电报。[3]直至8月23日马尾开战后，中国电局才不准拍发法国密报及关涉

[1]《谢家福致盛宣怀函 七十九》，王尔敏、吴伦霓霞编：《盛宣怀实业朋僚函稿》上册，第583页。

[2]《盛宣怀致王锡祉电（光绪二十年六月二十八日）》，王尔敏、吴伦霓霞编：《清季外交因应函电资料》，第97页。寄叶军门电见《盛宣怀致叶志超电（光绪二十年六月二十八日）》，该书第96页。

[3] 参见《谢家福致盛宣怀函 十一》，王尔敏、吴伦霓霞编：《盛宣怀实业朋僚函稿》上册，第503—504页。

战事之明码电报。[1]

中日战争期间,中国在此方面从严控制。1894 年 6 月 24 日,中日正式开战前夕,谢家福向盛宣怀提出,停收日人电报。[2]盛宣怀认为,日本水师提督驻烟台,往来电报尚难明阻,遂采纳博来意见,以烟台济南线断,暂不收不发。[3]7 月 25 日丰岛海战爆发,同日日军进犯牙山清军。总署与闻,随即禁发日本公使密电。[4]迨中日正式宣战后,郑观应立即致书盛宣怀,要求"电报局须传谕严戒,不得与日本人往来、为日人打报及泄露电报与日人。总办应派委员密查,如司事学生及局内丁役人等但有此等情事者,即照军法从事,不可稍为徇纵",[5]以全面封锁日本电报。

亦于此间,中国开始全面管制任一他国人员在华拍发暗码电报。[6]对此,盛宣怀认为,各国宣战后,"查禁密码电报皆系自主之权",他国不得干涉。[7]正是基于这种认识,1894 年 7 月 27 日,即日军不宣而战后的第三日,盛宣怀一面向总署提出:日人狡诈,常改装侦探,用密码发电,大碍军情。"若专禁倭电,仍可托名他国人传递。自应照公例禁止一切密报"。一面要求各电报局,控管他国密码电报:

> 凡商报无论华洋文,密码均不准收……至各国公使及总税务司,如收发密码报,须将密本送局查看,在京请示总署,在津请示督署,方准收发。[8]

---

[1] 参见王彦威、王亮编:《清季外交史料》卷四十六,第 860 页。

[2] 参见《盛宣怀致刘含芳电(光绪二十年五月二十一日)》,王尔敏、吴伦霓霞编:《清季外交因应函电资料》,第 79—80 页。

[3] 参见《盛宣怀上李鸿章禀(光绪二十年五月二十一日)》,王尔敏、吴伦霓霞编:《清季外交因应函电资料》,第 79 页。

[4] 参见丁贤俊、喻作凤编:《伍廷芳集》上册,中华书局 1993 年版,第 9 页。

[5] 郑观应:《致招商局盛督办书》,夏东元编:《郑观应集》下册,第 811 页。

[6] 中法战争期间,中方亦曾要求控管各国密码电报(见王彦威、王亮编:《清季外交史料》卷四十六,第 860 页)。但执行不力。

[7] 参见刘家平主编:《国家图书馆藏清代孤本外交档案》第 25 册,第 10308 页。

[8]《盛宣怀通饬各电局(光绪二十年六月下旬)》,王尔敏、吴伦霓霞编:《清季外交因应函电资料》,第 94 页。此举措曾一度引起列强的反对,1894 年 8 月 13 日,盛宣怀代李鸿章拟致刘含芳电(戌刻):"顷义馆言:义使自烟台来信,谓电局不收暗码,请电饬勿阻,等语。英、法、德使屡以为言,能否设法免其晓渎,又无妨碍?乞速筹复,并先电东海关照办"云。即饬电局照办。鸿。元(《盛宣怀代李鸿章拟致刘含芳电(光绪二十年七月十三日)》,王尔敏、吴伦霓霞编:《清季外交因应函电资料》,第 116—117 页)。但因战争需要最终未予根本改变,而作一般修正,仍行管制。故通禁后,日谍不得不用明码暗语传递情报,以破坏中国电局对暗码电报的管制。对此,1894 年 11 月 9 日山东巡抚李秉衡上《奏各省电报及所奉电旨按月汇报片》,提醒说:"闻近日各口岸有倭酋奸细,扮作商人,以暗号发报,潜通消息,不可不防。"(戚其章辑:《李秉衡集》,第 160 页。)

这里，盛宣怀将洋人密电管制分为两类：一是密码商报，实行全面禁阻；二是密码官报，予以通融，但须先由电局查验密电本，再请示总署或北洋大臣，允准后方可寄发。此办法一经执行便遭洋商反对。福州各洋商认为，不准发密电，大有碍于通商事务，故"甚为不愿"。[1] 为此，天津电报局对于该办法中全面禁阻洋商密报的执行，有所调整，答应给发密电，但须先译成明电，并将所用暗码电本送局核对后，方能代发。这样，其他各口洋商亦要求效仿。[2] 总署遂让盛宣怀制定统一章程。1894 年 9 月 20 日，盛宣怀提出：各洋商先将密码电报送往各口，由税务司派一帮办查核，如内容不涉危及中国者，亦无隐晦字句，即由税务司盖印，送局查验后发出。倘有妨碍中国战事或字义含糊之内容，税务司不得盖印，电局也不予发递。该方案得到李鸿章及总署的批准而实行。[3]

庚子事变发生后，中国虽未封锁各交战国在华人员寄发电报，但对其一些可疑电报亦加管制。1900 年 7 月 27 日，总署一面致函山东巡抚袁世凯，指出时下军务未定，所有各国往来电报，皆应使用明码，且不得涉及军事，如遇洋文密电，则让电局退还；一面将此情况通知各国公使。[4]

此外，战争期间为防止在华外国电报公司替敌方拍发军报，[5] 清政府内外曾一再要求他们遵守国际法则。1884 年 9 月 6 日，薛福成向李鸿章建言，"令大东大北公司勿为法军递电，断其呼应"。两日后李鸿章电告总署，根据"盛道

---

[1] 刘家平主编：《国家图书馆藏清代孤本外交档案》第 25 册，第 10298 页。

[2] 同上书，第 10300 页。

[3] 同上书，第 10319、10323 页。

[4] "中研院"近史所编：《海防档·丁·电线》，第 1666 号文，第 2189 页。7 月 30 日总署再函袁世凯，并电底一纸，原码四件。是时天津正用兵，对于各国领事密电，袁遵总署要求，不予代发，分别驳还。对于总署致各国使臣电底，袁遵照排发，并照此底电语，转达烟台领事，又分别寄电李鸿章、刘坤一、盛宣怀、上海道余联沅，嘱咐转告各国领事，以报各国政府，另寄江西巡抚、江海关道电各一件，亦经按照原码代为转达（"中研院"近史所编：《海防档·丁·电线》，第 1668 号文，第 2190 页）。庚子事变中，南方各省与各国约定东南互保，盛宣怀尤热衷于此，故对总署的做法不甚赞同。1900 年 7 月 31 日，盛宣怀上李鸿章禀："总署不肯送各国电，饬改明码，原是正办。但于我不便尤甚（旁批：甚是）。当复一电，不敢顾忌，呈候钧览。"（《盛宣怀上李鸿章禀（光绪二十六年七月初六日）》，王尔敏、吴伦霓霞编：《清季外交因应函电资料》，第 337 页。）

[5] 1884 年 1 月 15 日，南洋大臣左宗棠行文总署称，"据总办英国大东电线公司英商滕恩电禀，窃滕恩顷闻上海华字新闻纸名《沪报》者，登有一说，大意谓敝公司传递法越军务信息，悉听法国指使等语。伏思敝公司各处电线纵横十五万里有奇，无一处非敝公司自主之线。其间行事自有权衡，与各国毫无干涉。乃该报竟以荒谬无据之词，公然登报滋群疑。敝公司所不能不为剖白者，幸垂察焉等情前来"。让左宗棠为之辟谣（"中研院"近史所编：《海防档·丁·电线》，第 578 号文，第 853 页）。尽管左宗棠证明此事属谣，但中方的担心并非多余。

宣怀前与东北公司合同第十一款载明:'遇有海口封禁不测之事,均照公法办理'"之规定,提出:"大东北在华境内海线上海福州厦门三处,我有阻之之权,应一律阻止接收,上行各督抚派员赴公司查察,拟照会英丹两使,饬大东北遵办。"[1]其实,清政府前此于对法宣战的当日(1884 年 8 月 25 日),即照会英使巴夏礼及俄使博白傅(代丹国公使),声明中法开战,"按照公法之例,电报公司在中国地面代法国传报不得用暗码,中国并可派员驻彼查验",要求转饬大东、大北"遵照公法办理"。[2]可见,中国对打报的控管,不仅是自办之局,亦包括在华之外国电报公司。这也从一个侧面透视出,那个时期清政府内外对电报功能及战争法则等现代事象已有较深程度的认知与了解。

电报在战争时期不仅是指挥联络的重要工具,也是后方及时了解前方战情的有效手段。而战局好坏直接影响到国人的情绪与心态,从而影响社会的稳定乃至政府的统治。故如何利用电报及时有效地传递有利信息,营造有利舆论环境,对于战争双方来说,都是十分敏感与审慎的问题,而于劣势一方,更显重要。中日战争爆发后,经元善提出:"可否请相示,通饬近营各局,开仗后实情电沪,负稍略,胜宜详,以宁民心,暗销反侧,关系非细。"[3]盛宣怀极表赞同。电报在战争中的功用得到进一步发挥。

当然,清政府不仅将电报用于对外战争,亦曾将之用于内防,以加强对基层社会的控制。尽管光绪、宣统年间,中国较大规模的内战基本停止,但局部地区的民变仍时有发生,尤其是 19 世纪末至 20 世纪初,革命力量兴起,且呈日益发展之势。与前此不同的是,此时的官府较多利用电报来及时传递信息,使得多次民众暴动在萌生之时即被镇压。1892 年 3 月,李鸿章奏:

---

[1] 王彦威、王亮编:《清季外交史料》卷四十六,第 860—861 页。

[2] "中央研究院"近代史研究所编:《中法越南交涉档》,第 987 号文,"中央研究院"近代史研究所 1962 年版,第 1912 页。1884 年 10 月,郑观应向李鸿章上《防法条陈十条》再称,"如上海、吴淞、福州英丹电线公司,可照公法委通晓中外文字可靠之员,常川在报房掌管,凡有往来之报必须看过,无碍军情,方准传递"(郑观应:《上北洋大臣李傅相防法条陈》,夏东元编:《郑观应集》下册,第 473 页)。翌年 1、2 月间,盛宣怀致电周家楣:"通尹宪周。密。开衅后,按公法,一、宜照会英、日,饬各矿各行不准售煤与法。二、宜照会英、丹,饬东北电司代法传报,不准用暗码,准我派员驻彼查验。英、丹一允,华局即可布告。"(《盛宣怀致周家楣函(光绪十年十二月)》,王尔敏、吴伦霓霞编:《清季外交因应函电资料》,第 67 页。)

[3] 经元善:《致津关督办盛电(1894 年 12 月 21 日)》,虞和平编:《经元善集》,第 151 页。

上年南省会匪蠢动，私运军火，事机危险，幸有电报立时递达，先期查获，消患未萌。去年朝阳教匪倡乱，事起仓猝，军情急迫，奉、直两省征调防营，及臣指示各将士剿办机宜，均赖电报迅速，相机立应，早奏肤功。中国向来用兵，未有如此次之神速者。[1]

1900 年 10 月，香港电报局温灏、汕头电报局李荣、惠州电报局王炽昌联名电称，"惠匪猖獗，已调兵四路围剿，来往军报甚多，深恐匪毁线杆，贻误要报"，为此不得不增加巡勇，但仍感路长勇少，防护难周，现奉谕令从当月起停给增添的巡费，遂请求暂缓停止，迨乱平息，再将所添之工勇裁撤，得到允准。[2]

1901 年 3 月 22 日，安徽宁国府知府桂镇等得报，有民众六七百人，在广德皖、浙交界处起事，安徽巡抚王之春随即电咨皖南镇黄本富，让其速派兵围剿，又电请浙江抚臣，令其所属"一体会拿，以杜分窜"，起事旋遭镇压。[3]

1904 年 7 月 14 日，新疆巡抚潘效苏奏称，该省自光绪十八、十九年安设东、南、北三路电线，与内地各省通联，此于边务大有裨益。光绪"二十二年河湟窜回出关；二十五年，绥来土回滋事，皆赖电报布置调度，得以及时剿灭，洵属事省功倍"。[4]

1907 年，湖南永顺府龙山县民众起事，巡抚岑春煊到任伊始即电饬永沅靖道朱益浚，让其速赴龙山县"兜拿惩办"，并电咨湖广总督张之洞，请其转饬与龙山交界的来凤等县"一体捕拿"，旋将之镇压。[5]

前已论证，民众对电报的利用，使得清政府对基层社会的控制力有所削弱；然上述情状又表明，电报同样使清政府受益，有助于其对社会的控制。此进一步提示，就清政府的对内统治而言，电报的引入与利用确是一把双刃剑。[6] 故军

[1] 李鸿章：《京沪电报请奖折（光绪十八年二月二十五日）》，戴逸、顾廷龙主编：《李鸿章全集》第 14 册，第 343 页。

[2] 《札华总管周万鹏》，一史馆藏，邮传部全宗·电政类，胶片 1 卷，22-2-8。

[3] 中国第一历史档案馆、北京师范大学历史系编选：《辛亥革命前十年间民变档案史料》上册，中华书局 1985 年版，第 250—253 页。

[4] "中研院"近史所编：《海防档·丁·电线》，第 1909 号文，第 2499 页。

[5] 中国第一历史档案馆、北京师范大学历史系编选：《辛亥革命前十年间民变档案史料》上册，第 413—414 页。

[6] 正因为如此，1908 年 12 月邮传部通令各电局成立"检查处"，并制定《检查逆电章程》，其中规定："同一住所连日寄发密码或连日接收密电者须派人查探"，"明知如系无关紧要之件，不必用电报者其中必有别情，亦须暗查"（《紧要新闻》，《申报》1908 年 12 月 16 日，第 2 页），以严厉防范起事者对电报的利用。

谙处成立后，由于"有统筹国防川兵之责"，遂向邮传部提出："嗣后遇有本处发电，务须尽先办理，其外来电报分电本处及各衙门者，亦须先达本处，以期迅赴戎机"。1910年4月19日，邮传部令电政局"饬将军谙处电报尽先办理"，"切切"。[1] 另因是月13日长沙饥民暴动，军谙处据此又向邮传部提出，札派各省电局总办为该处通信员，"嗣后各省地方遇有关系军国重要事件，即由该电局先行直接电禀本处，以备参考"，获得邮传部同意。[2] 电报的军事防范功能得到加强。

综上可知，电报建设尽管在晚清起步甚迟，但迅被清政府施诸各类军事行动之中，且应用形式多样，从而取得较好效果。尤于中法战争，尽管其时电报在中国起步不久，然亦因此故，遂与尚广泛使用的传统通信方式形成鲜明对比，功用反差巨大，时人更多盛赞。盛宣怀指出："此次法人开衅，数省用兵，朝廷指挥军事，万里户庭，机不或失，识者皆谓电线与有功焉。"[3] 李鸿章称："适值法人起衅，沿海戒严，将帅入告军谋，朝廷发纵指示，皆得相机立应，无少隔阂。"[4] 其后又称："光绪十年以来，各路防剿吃紧，事机既急，情形百变，赖有电线得以下连军情，上禀庙算，无误机宜，为益实非浅鲜。"[5] 这一切成为中国电报进一步推广的重要因由。

正是由于电报在内外战争中发挥着相当突出的功用，至清末，新军开始建立军事电信。1905年，袁世凯练成北洋常备军六镇。1908年七八月间，该军成立北洋电信队，陆军部让该队派学兵赴各电局见习。[6]1909年3月，陆军部制定《电信学队内务细则》，对电信学队的管理作了较为细致的规定。[7] 不久，各省常备军亦设电信队，并在会操时多有演习。尽管当时电信队所习电报较普通电局简单得多，[8] 且就晚清而言，时间甚短，但毕竟已开启军事专用电信建设，

---

[1]《本部扎电政局饬将军谙处电报尽先办理文（宣统二年三月初十日）》，《交通官报》第14期，第10页。

[2]《本部咨各省督抚，准军谙处派各电局总办为通信员文（宣统二年三月十六日）》，《交通官报》第14期，第12页。

[3]《盛宣怀拟节略》，王尔敏、吴伦霓霞编：《盛宣怀实业函电稿》上册，第224—225页。

[4] 李鸿章：《创办电报请奖折（光绪十一年八月十五日）》，戴逸、顾廷龙主编：《李鸿章全集》第11册，第190页。

[5]"中研院"近史所编：《海防档·丁·电线》，第841号文，第1315页。

[6]《本部咨湖南巡抚核办学习军用电报文（宣统元年五月十九日）》，《交通官报》第1期，第18页。

[7]《电信学队内务细则》，一史馆藏，邮传部全宗·电政类，胶片1卷，22-7-3。

[8]《本部咨湖南巡抚核办学习军用电报文（宣统元年五月十九日）》，《交通官报》第1期，第17—18页。以湖南常备新军第一协为例：1909年，该协统领杨晋拟设电信队，提出于"各标营兵丁中，择其通晓文义者，挑选十二人赴本省电报电话两局，学习安置电机，使用电力，以及收发修理，并安设一切工

为后来中国军事电信的发展奠定了必要的基础。

在西方国度使用电报已30年、日本使用电报亦近10年之际，"独中国文书尚恃驿递，虽日行六百里加紧，亦已迟速悬殊"。在此情形下，电报的引入，并被用于一系列中外战争，逐步改变了中国传统递信方式的落后状况，渐使决策中枢与边防前线"瞬息之间，可以互相问答"，[1]从而同前装、后装枪炮的使用、制式装备的革新、西式军队编制的取用等一道，成为晚清军事近代化的重要促动力。进而言之，晚清的中国在强大西潮的冲击下发生巨大而深刻的变化。这种变化在某种程度上看来，就是晚清社会从传统形态向近代的过渡与转型。而军事的转型当是社会转型的重要场域。从这个意义上讲，电报的引入，在促动晚清军事近代化的同时，亦力促着晚清社会的变迁与转型。

然需指出的是，电报引入中国本身即甚迟，而引入后在彼时的中国社会环境中，又非能于短时间内形成规模，运作成熟，事实上是经历了一个渐进，甚至可谓缓慢的发展过程，这使得清政府在其后的中外战争中对之的取用亦有众多显见的不足。例如中法战争期间，许多重要防区未通电报，从而给军事行动造成不便，台湾即是显例。清政府在平时对敷设台海电线不甚积极，待战事发生才仓促令刘铭传敷设，尽管中国电报局已拟出初步方案，[2]但终因战斗激烈而未完成，使得台岛电报只能由船递至厦门或福州，再由该地电局拍至京城或大陆其他地区；反之亦然，从而在一定程度上削弱了台湾地区的防御能力。可见，清政府对电报的取用局限性亦甚显著，这也在相当程度上制约了电报的影响力。

作等事，以便于实用为主，不涉精深，亦不学外国语言文字，致稽时日"。电政局亦认为："军营电报专尚灵便，而又注重于途用，故机器与职局所用者有异，电杆用竹居多，钩碗装于竹上，但以铁签打地得洞，即可立杆，电线或用油线，或用极细胶线，雇用二人肩抬线轴，便可展挂。每日行军百里，可以展线百里，一切工程尤与职局办理迥不相同。是职局之安置电机及设杆工作，即允营兵来学亦习非所用"，让其派兵赴北洋电信队学习，或由该协统自设军学堂，电局派员教学，"湘营照章给薪"，另，"其应用之机器电池树胶线条等类，或由湘营自办，或由职局代办，均无不可。约算开办之费，当在二千两左右"。不过，对于杨氏所提"不学外国语言文字"一节，电政局认为："传递电报除字码之外，尚有各种暗号，以便彼此招呼，均系西文，若屏而不习，殊多不便，其所以不用华文者，缘西字即码即文，华字非将号码译出不可，似应兼习为宜。"电局之辩，虽有争利之嫌，但大抵反映出当时军事电信学的起步情形。

[1]《光绪六年八月十二日直隶总督李鸿章片》，中国史学会主编：《洋务运动》第6册，第335页；"中研院"近史所编：《海防档·丁·电线》，第218号文，第262—263页。

[2] 谢家福致函盛宣怀称："台线事现已议定，水线代做，旱线自做。"（《谢家福致盛宣怀函》，王尔敏、吴伦霓霞合编：《盛宣怀实业朋僚函稿》上册，第506页。）

从深层次看，此是晚清社会在转型的过程中，守旧思想与势力对新兴技术发展的困遏与阻滞所致，它透视出的是那个时期的中国，传统与近代的矛盾与冲突。

第三节 电报与社会经济

电报的引入极大方便了商业贸易、灾害赈防、矿山开采等活动，故其在社会经济领域的影响亦甚显著。处在经济发达地区的江苏巡抚陈夔龙奏称："电报之设，使京外一气灵通，无误事机，而商民转输贸易，亦籍以速达。"[1] 部分道出电报之于经济之意义。其实，电报创设后即渐为当地商旅民众所使用，从而逐步成为该地经济的发展重要推动力量。例如台湾创办电报后，该地商务局委员张士瑜称："卑府忝膺商务，舟车运载，水陆分驰，专恃电信往还，藉通各埠消息。"[2] 这对当地的经济发展产生积极影响，有西方媒体指出："对于外国人而言，（台湾）电报之开放并不纯为一件幸福的事。当地的糖商用电报可以知道外国市场上糖的价格，故于出售时尽量减少外商获利的机会。"[3]

正因为如此，津沪线架设之初，两江总督刘坤一即认为，将来各处广设支线，"不但有事之秋，军情易达，即无事亦足资以擒盗弭灾。降而至于商情民事，亦复音信易通，为利极溥"[4]。甚至一些电线架设的主旨即在商业贸易，盛宣怀曾指出："福州电报，全在茶市。"[5] 此言虽过，但也说明电报对茶叶这类时效要求较高的商贸行为尤其重要。更为关键的是，电报架设后，被广泛施用于荒政水利、铁路矿山等社会经济事务之中，从而改变了原有的手段模式，成为晚清社会向近代转型的重要标志之一。

---

[1]《江苏巡抚陈夔龙奏报纸电讯集会演说宜范围于法律之内折（光绪三十二年八月二十八日）》，故宫博物院明清档案部编：《清末筹备立宪档案史料》上册，第 150 页。

[2] 冯用、吴幅员编：《刘铭传抚台前后档案》，第 176 页。

[3]《1882—1891 年台湾台南海关报告书》，台湾银行经济研究室编：《台湾经济史六集》，1957 年版，第 111 页。

[4] 刘坤一：《复李中堂（光绪六年九月二十二日）》，《刘忠诚公（坤一）遗集·书牍》卷十七，第 17—18 页。

[5]"中研院"近史所编：《海防档·丁·电线》，第 530 号文，第 773 页。

一、电报与赈灾防灾

中国自古灾害频仍，清代亦然。据统计，有清一代发生各类成规模的灾害达1,121 次，[1] 年均 4 次余，足见其频。灾害的频繁出现必然会给民众生活带来极大痛苦，由此往往引起社会的动荡乃至战乱的发生，从而严重威胁王朝的统治。清朝统治者因而不得不在灾情发生后开展一些赈灾救济活动，如发放钱粮、施粥施衣等，以安抚人心，缓和社会矛盾。但赈济须及时，特别是对于较为紧急、严重的灾情，尤应如此，此所谓"救荒贵速而恶迟"，盖"饥民之待食，如烈火之焚身，救之者，刻不可缓"，[2] 倘有耽搁，即会增加不必要的损失和不安定因素。

不过，任何时代的救荒，大抵皆需经"报灾"、"勘灾"、"查赈"、"赈济"等程序。[3] 故在最短的时间内让清政府闻知灾情，成为及时、有效救灾赈济的第一步，亦是十分关键的一步："凡地方有灾者，必速以闻"。正因为如此，疆吏在灾害发生后常有"飞章题报"之举，朝廷为此甚至限以时日，以保证灾情的早日上闻。然而，在近代通信工具建立前，这种"题报"主要依靠马递驿传，快者亦仅日行五六百里，速度毕竟有限，因而"飞章"只是修饰性文辞，至多是良好愿望而已。而疆臣在第一时间内与闻朝廷措置亦是灾害得以及时救赈的重要一环。

随着晚清电报网的逐步构建，疆臣与朝廷开始利用电报传达讯情指令，情形即为之一变。如 1906 年 5 月湖南发生重大水灾，巡抚庞鸿书当即电奏清政府。是月 13 日，清政府寄出电旨，及时作出指示："庞鸿书电奏悉，湘省水灾情形甚重，朝廷深为悯恻。著颁发帑银十万两，由湖南藩库给发"，责令庞鸿书迅即设法拯救，不让灾民流离失所，并要求他"仍将办理情形随时电奏，毋稍延缓"。[4]

同年 9 月，苏北徐海、淮安等属发生特大水灾，两江总督周馥、江苏巡抚陈夔龙迅即电奏此情。是月 17 日清政府电旨："著赏帑银十万两，由藩库给发，妥为赈抚，毋任游离失所。"[5] 当月末，广东东部沿海发生严重风灾，署两广总督岑春煊电奏此情。10 月 2 日清政府作出"妥为抚恤，毋任失所"的指示。10 月，浙江湖州等属发水灾，巡抚张曾扬电奏此情。是月 11 日，清政府寄出电旨："著

[1] 参见邓拓：《中国救荒史》，北京出版社 1998 年版，第 46 页。

[2] 陆曾禹：《康济录》卷一，第 93、84 页。转引自李文海：《历史并不遥远》，第 244 页。

[3] 李文海、周源：《灾荒与饥馑：1840—1919》，高等教育出版社 1991 年版，第 285—302 页。

[4] 中国第一历史档案馆编：《清代军机处电报档汇编》第 3 册，第 121 页。

[5] 同上书，第 132 页。

赏银二万两，由藩库给发"，要求张曾扬对灾民妥为抚恤。同月，皖北发生严重水灾，巡抚恩铭电奏此情，请求"拨发藩库银十万两，以资赈抚"。当月16日，清政府寄出电旨："著照所请"，并要求恩铭督饬司道印委各员，"妥为筹办"[1]。

1909年（宣统元年）7月间，湖南澧州等地发生水灾，湖广总督陈夔龙、湖南巡抚岑春煊电奏此情，清政府当即与闻，并迅速于是月15日要求军机处"电寄陈夔龙等"，让陈、岑督饬委员分赴各灾区，"分别情形轻重，妥为抚恤"[2]。同年10月下旬，广州等属发生水灾，署两广总督袁树勋电奏此情，当月31日，清政府寄出电旨，责令袁树勋督饬地方官妥为抚恤。[3]这样的传寄速度在电报建设前是无法实现甚至是无法想象的，故电报一经被用于救灾，"飞章"终成现实，其时效性亦便大大提高。

这其中，让清政府能在第一时间内闻知灾情还与电报局对于督抚疆臣拍发电报的等次规定有关系。电报局所定《电报章程》规定，各省将军督抚所寄公务电报为头等官报，应尽先发递。这使得他们拍发的报灾电报，能够在最短时间内从报局打出，从而进一步缩短了清政府与闻灾情的时限。

至光绪末年，督抚以下地方官员部分报灾电报亦纳入一等加急之列，此更有利于灾情的加速上闻。1908年（光绪三十四年），邮传部颁布《各省报灾电报暂行章程》（自是年5月28日施行），进一步扩大了头等官报使用主体的范围。该《章程》对官员电报洪水等重大灾变，规定该地区"道府镇将以下各文武官员及印委各员"之报，"照一等官报加急，提前速发在各等报之上"；收费亦仿头等官报，实行半价。[4]将"道府镇将以下各文武官员及印委各员"有关重大灾情的电报列入一等加急范畴，极大便利了疆臣以外的地方官员及时报灾，反映出清政府对利用电报快速与闻灾情的重视。

晚清电报的建设，其于救灾之意义不仅体现在臣工报灾等方面，更日益凸显于社会赈灾之上。1882年6月20、21日，安徽连降暴雨，"大雨盈尺，水涨丈余，为近今十年所未有"，被灾严重，"居民荡析流离，嗷嗷待哺"。[5]应该说，这是晚清掀起大规模架设电报活动后所遇第一次特大水灾。尽管当时中

---

[1] 中国第一历史档案馆编：《清代军机处电报档汇编》第3册，第134—135页。

[2] 世续等纂：《清实录》第60册，第286页。

[3] 中国第一历史档案馆编：《清代军机处电报档汇编》第3册，第331—332页。

[4] 《各省报灾电报暂行章程（光绪三十四年四月二十九日施行）》，《交通官报》第2期，第31页。

[5] 《谢家福致盛宣怀函 四十附》，王尔敏、吴伦霓霞合编：《盛宣怀实业朋僚函稿》上册，第539、538页。

国的第一条电报大干线——津沪线才通报不久，镇宁线等少数其他短途电报线路亦刚建成，然仅有的这些电报线因其主要集中在较为富庶的江苏南部地区，故还是大大方便了江南商绅的筹赈。《申报》于此刊文，将新旧筹赈方式及效能对比：

> 此次筹赈安庆水灾，苏申扬电商十余次，洋洋千余言，并由电报汇解银两，历时仅十八点钟，严君佑之已携银乘轮船而赴安庆矣。

然前此筹办赈务，苏州、上海、扬州商绅利用书信商讨，往返一次即需七八日，故每次筹赈，少则40多天，多则70余日，赈款济员"始得成行"。可见电报的开通使得筹赈情形发生根本变化，过去一两个月才能完成的事，现仅需一两日了，该报因而又称："非赖电报，曷克臻此？"[1]

上述情况表明，中国电报建设不久即在赈灾事务中发挥作用。随着电报线的不断展延，至19世纪90年代初，中国电报"东北则达吉林、黑龙江俄界；西北则达甘肃、新疆；东南则达闽、粤、台湾；西南则达广西、云南；遍布二十二行省，并及朝鲜外藩"，其作用越发显著，"殊方万里，呼吸可通，洵称便捷"[2]。正因为如此，1896年湖南醴陵等属发生水灾，为使各地劝捐及时，4月3日，中国电报局督办盛宣怀电告直隶总督王文韶，"各省皆有电局，均可通饬劝捐，呼应较灵"[3]。大受其益的湖广总督张之洞对此奏称："查电线为方今要政，最为有益于地方民生、商务之举。"[4]表明电报已在晚清社会经济领域发挥出巨大功能，并深为一些先进人士所认知。

需要强调，电报局对赈灾电报的拍发大开方便之门，从而有利于赈灾活动。如前所述，电报局初将待发电报分为四等，顺次递发，后在实施过程中对二等电报有所调整，将之调至最后拍发。然为方便各类赈务电报的拍发，电报局特别规定：在发递等次上，将之列为三等，发在一等之后，二、四等之前；在收

---

[1]《电报神速》，《申报》1882年7月21日，第2页。

[2]《光绪十八年闰六月二十日直隶总督李鸿章奏》，中国史学会主编：《洋务运动》第6册，第446页。

[3]《寄直督王夔帅（二月二十一日）》，盛宣怀：《愚斋存稿》第4册，第1843页。

[4] 张之洞：《安设蒲圻至江夏电线片（光绪二十三年正月二十八日）》，苑书义等主编：《张之洞全集》第2册，第1232页。

费方式上，照二等局报，免予收费。[1] 应该说，此规定已属不易。因为就递发顺序言，列在二、四等之前，势必影响电局生意。尤为重要的是资费问题，即便是头等官报，初虽免费，但中法战后不久即收取半费，而赈灾电报一直实行免费，直至清终。电报局因此直接减少收益。这种状况直至1910年11月才有部分改变。[2] 可见电报局对于拍发此类电报的重视。这也是电报在赈灾过程中充分发挥其功能的重要保证之一，大大有助于被灾民众的及时获赈。

如果说电报于赈灾大有裨益的话，那么它于防灾同样有价值。从某种意义上说，防灾重于救灾。而及时传达预警信息又是防灾的关键，这对于瞬息变化的水灾等灾害而言，尤为如此。故自晚清掀起大规模架设电报活动后，增强堤工以防水患，往往成为朝野人士请设电报的重要因由之一。如1889年陕甘地区拟设电报线时，盛宣怀就提出改变线路：由保定电局接至太原，由蒲州渡河至西安，再由西安接至嘉峪关，"庶几西路各省线路无遗，且黄河上游永无后患"[3]。"永无后患"之谓未免言过其实，但显见该线的架设有着防控黄河水患之用。

同年，李鸿章饬设直隶大名府东明县至山东曹县电报。该线自黄河中汛高村设起，达菏泽、曹县等属。对此，李鸿章后奏知清政府时称："东明黄河为要工，每遇汛情，奇险叠生，筹防紧急。如果消息迟滞，必将贻误时机。该地距天津一千多里，隔越大河，文报多阻，故亟应添设电线，以及时了解汛情，而便调度。"[4]

---

[1] "中研院"近史所编：《海防档·丁·电线》，第1510号文，第2042页。不过，上述规定并未成为定章。

[2] 邮传部设立后于1910年8月2日厘订《赈务电报免费章程》（自是年11月3日施行），规定：义赈绅士（包括红十字会）办理各该省特别急赈所发电报方为赈务免费电报。此项免费电报以奉到本部公文允准之日始，予限半年，准其免费，如果灾情重大，必须展限，应呈由本省督抚咨部核复，至多以一年为度。另，赈务免费电报，应列四等，且须俟官商电报一律发完后，方可传递（《附赈务电报免费章程》，《交通官报》第19期，第12—13页）。邮传部此规定，一方面为防止一些籍赈务电报之名而滥发者，但需指出的是，是时邮传部已将商办电报收归官办，且拟将各省电报亦收归部办，并承诺既要调低报费，又要大修旧线、展设新线（《陈明筹画扩充电政商力不支拟归官办折（光绪三十四年五月十九日）》，邮传部编：《邮传部奏议类编·续编》，第1147—1154页）。从此背景看，邮传部厘订上《章程》最关键的当为增加收入、以实现其承诺起见。对此，该部在厘订上《章程》时亦有表露："近来各省办理赈务日见其多，此项电报不独关系款项，且一经免费，往往有不必用电报传递者，亦用电传，于官商各报诸多挤压，报费报务两有所妨，亟应厘定划一章程，俾资遵守。"（《本部通咨各省督抚厘订赈电免费章程请转饬文（宣统二年六月二十七日）》，《交通官报》第19期，第12页。）这一切使得赈抚电报受到一定限制，但还是不能不规定此类电报的免费递发方式，以免打击各义绅赈济的积极性。

[3] 李鸿章：《拟办山陕商线片（光绪十五年十一月初二日）》，戴逸、顾廷龙主编：《李鸿章全集》第13册，第207页；《盛宣怀上李鸿章禀》，王尔敏、吴伦霓霞合编：《盛宣怀实业函电稿》上册，第231页。

[4] 李鸿章：《东明接设电线片（光绪十六年三月初二日）》，戴逸、顾廷龙主编：《李鸿章全集》第13册，第331页。

观此可知，李鸿章奏设东明电报线，更是直接为河工之故。

两湖地区是晚清灾害频发之地，为此，湖广总督张之洞多次奏设堤工电线。如1890年张之洞奏设武汉至襄樊线时指出，汉水频年盛涨，河堤经常溃决，居民被灾甚重，"若设有电线，信息灵通，随时捍患救灾，裨益尤非浅鲜"。[1]1893年他奏设荆门至安陆线时又称，襄阳接通电线以后，信息灵捷，此于该地堤工大有裨益。但安陆钟祥堤工距之较远，线路虽经钟祥，却在河之对岸，一遇灾险，难以得力，应接设一段官线至安陆府城内，"方于筹办钟祥堤工各事可期妥速"。[2]1897年张之洞奏设蒲州武昌线时更是强调：电线在"湖北沿江二千余里，久已兴办多年，于堤工、赈务、商业及察吏整军、缉匪捕盗诸事皆臻便利，确有裨益"。[3]这一切皆反映出晚清疆臣对具有快速传递信息功能的电报于堤工之重大意义的科学认知与高度重视。

应该说，在此方面，早年即关注河工并写下著名《治河》一文[4]、后出使英、法、意、比大臣薛福成体认更为全面、深入。1893年7月几发全国性水灾：先是湖北荆州、江陵、公安等属江堤先后决口，"巨浸汪洋，居民避水不及者均遭沉溺"；再是永定河水势盛涨，南北汛各堤同时漫溢，通州北运河长堤溃决，"以致顺、直数十州县皆成泽国"，夺命无数。这一惨痛情状极大刺激了出使西方多年的薛福成。据"治水必先知源"原则，薛福成认为江河下游水势大涨，"其上游来源必已先旺"。那么，如何才能预知河流上游水情呢？他认为西洋经验可鉴。

在薛福成看来，西方各国"每籍电音以报海上飓风，俾当其冲者速为之备，无不大获裨益"，而是时中国的电报架设已初具规模。基于这些情况，他于是年10月19日向清政府提出：如果由通衢干线接一支线达河流上游，派专员每日监测水势，电告下游防汛人员。具体而言，永定河设线至桑干河以上，长江设线至夔、巫、重庆以上，那么即便是上游水量骤增，因到下游还需数日，故下游一旦接到警电，堤埝可以乘间加固，民畜尚能安全转移。而黄河若能在陕

[1] 张之洞：《武汉襄樊安设电线片（光绪十六年闰二月初四日）》，苑书义等主编：《张之洞全集》第2册，第760页。

[2] 张之洞：《接设安陆电线片（光绪十九年十月二十五日）》，苑书义等主编：《张之洞全集》第2册，第900页。

[3] 张之洞：《安设蒲圻至江夏电线片（光绪二十三年正月二十八日）》，苑书义等主编：《张之洞全集》第2册，第1232页。

[4] 丁凤麟、王欣之编：《薛福成选集》，第62—64页。

甘境内接线以通其上游，则河水稍涨，下游得到电报预警，防汛人员能有十日左右时间应对，收效更大。其他如淮、汉等河流，皆当用此法治之。[1]

薛福成的上述建言，其实就是要求架设各河流的汛防专用电报，规模宏大，从中可看出他在汛防问题上对电报这一近代科技的倚重。对于薛福成的建言，清政府当即让李鸿章"体察情形，妥议具奏"，[2] 同样提示清政府的积极态度。

臣工的上述奏请，使得一些汛防专用电报架设起来，成为晚清河工的新亮点。如安陆城至钟祥电线的架设，再如永定河道署至天津电报局的电线架设，道署报房"专管报水及一切有关河工紧急公电"。[3] 这其中最具代表性的当是山东省黄河防汛官电的建设。1855 年，黄河在河南铜瓦厢决口，使得原本流经苏北徐州等地而入黄海的河水折经直隶东明，再进山东省境，由利津等属而入渤海。自此，山东境内水患日显突出，治河成为该省的重要政务。

1902 年 5 月，周馥由直隶布政使迁山东巡抚，上任伊始即遇该省利津冯家庄黄河决口，漫溢成灾，损失严重。[4] 为求有效治理，关注黄河水患多年的周馥正式向清政府奏请在山东架设黄河汛防专用电报，以便即时了解汛情，制定应急措施。该线初由刘旺庄设至抚署，嗣又自济南设起，历洛口、而达利津县宁海，再出洛口至北店子，过河至北岸齐县，而达盐窝，共 875 里。[5] 全线完工后，防汛人员"一有险工，闻信立至"。可见，河工专电的设立使得汛防能力显著增强。时人由此指出，周馥治理黄河之所以取得较前人更大的成效，关键在于他"不主故常"，勇于变通，大胆采用电报等新技术[6]。柯劭忞对周馥之举以更高评价：沿河更设电局备险，工讫十数岁，河不为患"。[7] 虽有溢美之处，但不为全虚。

周馥的治河策略与手段不能，也无法从根本改变黄河泛滥的局面，但对水灾的防控有相当功效。正因此故，当邮传部拟将各省电报收归部办时，山东巡抚孙宝琦认为，从前该省汛情报告迟缓，1902 年周馥奏设官电，"专司报水报工，实与铁路附设电线无异"，与一般省办官电不同，"改归部办，

[1] 《光绪十九年九月初十日出使英法义比大臣薛福成片》，中国史学会主编：《洋务运动》第 6 册，第 457—458 页。

[2] 《光绪十九年十一月二十四日军机大臣字寄》，中国史学会主编：《洋务运动》第 6 册，第 459 页。

[3] 《扎线路处》，一史馆藏，邮传部全宗·电政类，胶片 1 卷，22-5-2。

[4] 参见朱寿朋编，张静庐等校点：《光绪朝东华录》第 5 册，第 4926 页。

[5] 参见编委会编：《交通史·电政编》第 1 章，第 43 页。

[6] 参见田中玉：《山东请在济南建立专祠呈》，周馥：《秋浦周尚书（玉山）全集》卷首，第 29 页。

[7] 柯劭忞：《山东祠堂碑》，周馥：《秋浦周尚书（玉山）全集》卷首，第 55 页。

必多窒碍"，乃于 1911 年 1 月（宣统二年十二月）奏请允准该省河工官电仍归该省管理。

对此，盛宣怀指出，电报系国家要政，只有事权统一，措置方能得当，但又认为，河工关系民生，东省所设电报，其用途实与各国水利专用电报相同，因而可以"变通办理"。遂向清政府提出具体办法：山东沿河大堤专司报水电线，仍由该省管理；其非沿河之电局必须隶部，以清界限。1911 年（宣统三年）3 月 7 日，清政府准奏。[1] 邮传部在将各省办电报全面收归中央的情形下，对河工电报"变通办理"，让之仍归地方经管，进一步提示清政府内外深刻认知电报之于河工之重要意义，并作出切合实际的决策，从而有利于对灾情的防控。

需补充的是，电报还较为广泛地参与了近代气象预报情事，从而在另一领域发挥其防灾功能。气象预报是以各地所测气象信息数据的快速传达与分析为前提的。近代气象学的诞生，对防灾避险有着重要意义。清政府一直未能创办自己的近代意义上的气象台局，当是憾事。但这并不是说，在那个时期，中国就没有近代气象活动。事实上，自 1870 年起，列强相继在上海、香港、青岛、烟台、大连等地创建各类气象台局，[2] 主旨虽在洋船洋人的航海出行安全，但也在一定程度上给国人带来方便。德使海靖（Herr von Heyking）曾照会总署，称各处天气局，是为行船避险而设，于中国亦颇有益。[3] 从这个意义上讲，晚清电报局在一定范围内参与列强在华气象台局的各类天气预报活动，间接为国人提供了一些防灾避险方面的服务，此史实及其透视出的意蕴不应完全忽略。

1883 年香港创办仰观局，中国沿海各海关每日两次向其报告本口天气，所发电报皆由大北等公司免费拍递。1886 年 7 月（光绪十二年六月），该局咨文总署，称现汉口、宜昌两海关亦愿向其报告本口天气，但该两处电局不肯免费拍发此类电报，故请求其仿照大北办法，尔后收发天气电报，不取资费。该局同时认为，此于中国沿海的船只航行大有裨益。[4] 但在彼时，总署对香港仰观局此项活

---

[1]《山东省沿河电线请准循旧管理折（宣统三年二月）》，盛宣怀：《愚斋存稿》第 1 册，第 511 页。此外，对于其他河工电报如永定河等，亦有大致相类的处理（《札线路处》，一史馆藏，邮传部全宗·电政类，胶片 1 卷，22-5-2）。

[2] 主要有上海徐家汇观象台（法国，1872 年）、大沽海关测候所（英国，1876 年）、香港仰观局（英国，1883 年）、台北测候所（日本，1895 年）、青岛观象台（德国，1898 年）、哈尔滨测候所（俄国，1898 年）、上海松江畲山天文台（法国，1901 年）、大连观测所（日本，1905 年）等。

[3] "中研院"近史所编：《海防档·丁·电线》，第 1494 号文，第 2008 页。

[4] 同上书，第 840 号文，第 1313 页。

动的意义认知有限，更为关键的是，是时中国电报局免费拍发的电报只有两类：一是头等官报，而头等官报有严格界定；一是各电局间所拍的公务电报。其他电报一概收费，故未答应该局的请求。

1895 年 1 月（光绪二十年十二月），香港测量公所又指出，该所是为海上行船安全而设，主要依靠对沿海站点每日所报风雨情况资料，汇总分析，以预知该日天气大致情状，并立即传报海面各处，从而达到避灾免患之目的。而预报的关键在于测量资料传达的迅速，遂要求中国电局允将来往风雨电报，从速拍发。[1] 可见，该所关心的是拍发速度，不同于八年前香港仰观局的费用问题。其时，总署本对电局经常迟发电报行为甚为不满，故爽快应允，行文李鸿章，让其转饬中国电报总局照办。[2] 但电局感到，如加速拍发，只能将此类电报调整等级，这将牵扯到一系列问题，故没有积极配合，所以，该所的请求亦未获得满足。观上可知，至此时，中国电报对于列强在华的气象预报活动，是置身其外的。

情况至 1899 年发生变化。是年 1 月（光绪二十四年十二月），久向中国沿海各口通报飓风情况、以便行船避险的上海徐家汇法国观象台[3]台长劳积勋（L. Froc）指出，天文台拍发的气象电报，须及时方能起效，请求中国电局将此类电报免费速递。可见，劳氏所请，既关速度，又涉费用。其时，中国电报总局已将国内有关赈务电报，在发递等次上列为三等，发在一等之后，二、四等之前；在收费方式上照二等局报，免予收费，遂答应将此类天气电报与电局公务电报等同处理，列作二等，不收报资。这一答复满足了列强气象台局长期以来的"气象电报免收资费"的请求。不过，在打报速度方面，因作二等，最后拍寄，故与"尽先递发"的愿望尚有较大距离。

正因如此，劳氏又向总署提出，中国电局对于徐家汇天文台与各报风处的天气电报，不仅不取报资，且应以一等报从速拍发。[4] 就在这时，德国设在青岛的气象台亦有同样之请。1898 年 3 月 6 日，德国迫使清政府订立《胶澳租界条约》，强租山东胶州湾。不久，该国即在青岛等地建立海岸信号局，随后又在其中设

---

[1] "中研院"近史所编：《海防档·丁·电线》，第 993 号文，第 1509 页。

[2] 同上书，第 994 号文，第 1509 页；第 995 号文，第 1510 页。

[3] 1872 年，法国在上海徐家汇天主教堂设立观象台。1882 年 1 月 1 日，该观象台开始向中国沿海各口通报飓风等有关天气情况，以便行船避险。

[4] "中研院"近史所编：《海防档·丁·电线》，第 1497 号文，第 2010 页；第 1510 号文，第 2041 页。

立气象天测所。[1]1899 年 1 月 17 日（光绪二十四年十二月初六日），该国驻华公使海靖照会总署，请饬中国电报局将徐家汇、青岛、烟台各天气局来往电报，在打报顺序上，照一等官报办理，尽先递发，在收费方面，仿二等报，免除报资。[2]总署让中国电报局总办盛宣怀将之与劳氏所请一并核办。

对此，盛宣怀一方面认为，一等报为头等官报，界定严格，不可更动，电局对于天气电报，既不收费，已属通融；但又感到，此种电报如赈务电报相类，遂提出折中办法，仿照赈务急报，改列三等，免予收费，发在一等之后，二、四等之前。不过前提是，每日每处只准发报一次，每次不得超过 20 字，或 100 字母，或 100 数码。倘遇军务等事，电局可随地随时停发此类电报。这一答复虽未全面满足西人的请求，但较前又进了一步，不仅免费递寄，且由二等调至三等，在发递顺序上，仅次于一等官报。之所以有此调整，关键在于，是时朝野人士在灾害赈防过程中，对西人此类活动的意义已有一定认知。中国电报局指出，各处天文台风雨电报，有利于行船安全。总署亦称，上海徐家汇天文台，"测验气候，遍报风信，实于行船大有裨益"[3]。

对于中国电报局的上述调整，徐家汇天文台一面表示感谢，另一方面又认为，风雨一日数变，须及时了解，遂再请求变通，将每日一次改为每日两次，不过，每次由原来的 20 字或 100 字母改为 10 字或 50 字母。[4]盛宣怀认为可行。[5]这样，中国电局寄发西人气象电报的规制基本形成：在打报等次上，列作三等，发在一等之后，二、四等之前；在信资收取上，仿赈务急报办法，实行免费；在打报次数上，可每日两次，每次以 10 字或 50 字母为限。此规制形成后，一直沿用至民国初年，[6]方便了各气象资料的递寄，从而有利于时人的防灾避险。可见，

---

[1] 中国天学史整理研究小组编著：《中国天文学史》称："1898 年，德国在青岛建立海岸信号局，此后二年又在其中设立气象天测所。"（科学出版社 1981 年版，第 243 页。）为误。

[2] "中研院"近史所编：《海防档·丁·电线》，第 1494 号文，第 2008 页。

[3] 同上书，第 1497 号文，第 2010 页；第 1510 号文，第 2041 页。

[4] 同上书，第 1540 号文，第 2074—2075 页。

[5] 同上书，第 1556 号文，第 2091 页。

[6] 1909 年 10 月，德使雷克司（Graf von Rex）又请求，张家口、太原、开封、西安、宁夏、兰州、成都等地气象观测点，每日打报两次，每次五码，快递免费。并指出，待天象台完备，晴雨表用洋文、华文分别刊出，可将华文晴雨表按日送给山东官员，以事先知晓天气情况。雷氏进而认为，此于该省农务，极有裨益（"中研院"近史所编：《海防档·丁·电线》，第 2247 号文，第 2841—2842 页）。电政局感到，天气电报规制迄今已行十余年，未见有弊，遂允准（"中研院"近史所编：《海防档·丁·电线》，第 2255 号文，第 2849—2850 页）。

晚清电报于近代中国气象领域发挥出一定的功用，当是其向社会经济领域延伸的又一表征。

不过，据上可知，电报并非一经引入中国，即参与列强的气象预报，而是经历了一个从不参与到参与的发展过程。初始，朝野上下并未识知列强此类活动之意义，故对其天气电报免费速拍的请求，未予支持，使得晚清电报在相当长时间内，置身近代气象事业之外。随着电报不断用诸灾害赈防活动，效用日益显著，国人渐识天气预报之价值，至19世纪末，终答应列强的部分请求，并形成基本规制，遂使中国电报参与到近代气象事业之中。此透视出的是晚清朝野对近代气象事业的逐步认知与接受，进而提示出那个时期社会及观念的变迁。

二、电报与铁路运营

电报与铁路有着互为促动的关系。就铁路发展而言，电报与其相辅而行至少有两大益处：其一是方便铁路调度。铁路各站点间通过电报可预报列车的行程、货物、人数以及其他运行情况等，这对列车的正常、安全行驶较具意义。其实在西方，电报在社会上推广之前，基本是用于铁路线上。

1830年，人类历史上第一条铁路在英国利物浦和曼彻斯特之间建成通车。六年后，库克制成几种类型的电报机，即拟将其中一种安设在该铁路上。1839年，库克与惠斯登联合研制的五针式电报机被英国大西铁路局（The Great Western Railway）所采用。该局在帕丁顿车站（Paddington Station）和韦斯特·德雷顿（West-Drayton）之间长21公里的铁路沿线上敷建电报线，是年7月9日投入使用。[1] 此种电报后成为电报应用中的一大专类——铁路电报，在铁路发展史上曾发挥十分重要的作用。上述五针式电报机后经库克与惠斯登改进为一针式电报机，在英国铁路上一直使用至20世纪，[2] 可见铁路运营对电报之需求。

其二是方便旅客出行。旅客可通过电报了解列车的时刻、车次、票价等，以及在上下站时收发一些与己出行出差相关的信息，这对铁路招徕生意、创造

---

[1] 国际电信联盟：《电信发展100年》，第12页；Ken Beauchamp, *History of Telegraph*, The Institution of *Electrical Engineers*, London, United Kingdom, 2001，p.13。

[2] 国际电信联盟：《电信发展100年》，第12页；Ken Beauchamp, *History of Telegraph*, The Institution of *Electrical Engineers*, London, United Kingdom, 2001，p.16。

更高经济收益十分重要。李圭在游历欧美等国时即注意到："西国轮车房，皆有电报馆、书信馆、书坊饭、铺、酒楼，以便行客。"[1] 反映出的即是这种情状。

中国的铁路建设较电报要晚，使其一开始即具备使用电报促进运行的有利条件，但事实并非如此。铁路兴建后，并未立即辅建电报，从而不仅不利于其运行，甚至造成一些不应有的损失。1889 年 3 月 25 日，全线通车不到半年的津沽铁路在军粮城发生两车相撞的重大交通事故。这对于起步不久的中国铁路而言，不能不产生极大的负面影响。然而，造成此事故的原因，上海电报局总办经元善曾一言以蔽之："即是无电之弊。"[2]

其实，早在丁日昌拟建台湾电线之初，李鸿章即曾提出将电报与铁路相辅而行的意向："至铁路电线相为表里，无事时运货便商，有事时调兵通信，功用最大。"[3] 至 1880 年李鸿章奏设津沪线后不久，疆臣倡议建设铁路，刘铭传再向清政府建言，铁路建设在中国主要有南北两路，如果不能同时举办，"可先修清江至京一路，与本年拟修电线相为表里"[4]。需要指出，此间，不仅铁路与电报并行的思想甚是模糊，就连兴建铁路本身亦遭遇保守势力的强烈反对，故无法实现二者的并行合建。

国人明确提出铁路应与电报相辅而行的主张，是在 1889 年军粮城铁路事故之后。就在该事故发生的前一年冬，上海电报局总办经元善受盛宣怀委托，会同钟鹤笙、曹戴山、胡碧人等赴江苏利国驿勘矿。1890 年 3 月，经元善向盛宣怀条陈该矿开采所需的基建项目，其中着重论涉"铁路与电线相辅而行"问题，并据军粮城铁路事故之教训，进而提出："今利国（铁矿）至青山泉（煤窑）建造铁路，则必设电线随时以报平安，两端亦必派学生司报。"[5] 自此，中国开始了铁路电线的建设。

不过，晚清大规模兴建铁路电报是在 19 世纪末 20 世纪初。此间，因卢汉、沪宁、京奉、京张、汴洛、道清、津镇等铁路先后建设，各铁路公司亦纷纷架

---

[1] 钟叔河主编：《漫游随录·环游地球新录·西洋杂志·欧游杂录》，第 340 页。

[2] 经元善：《上盛杏荪观察利国矿条陈（1890 年 3 月）》，虞和平编：《经元善集》，第 98 页。

[3] 吴丰培等编辑：《清同光间外交史料拾遗》第 9 册，卷三，军事·海防，全国图书馆文献缩微复制中心 1991 年版，第 6 页。

[4] 赵尔巽等撰：《清史稿》第 16 册，第 4428 页。

[5] 经元善：《上盛杏荪观察利国矿条陈（1890 年 3 月）》，虞和平编：《经元善集》，第 98 页。

设铁路电线，以通铁路公事。[1] 与此同时，中国电报局亦在铁路沿线架设电线。其中规模最大者当为卢汉铁路电线，全长2,400余里。1897年4月，该路卢保（保定）段兴工。盛宣怀提出，"铁路与电报相辅而行。现在卢保路工已经开办，自应就铁路旁边先设电线，以期呼应灵捷"，遂派直隶候补知县蒋文霖、候选县丞袁长坤为设线委员，负责架设卢沟桥至保定电线，并拟由卢沟桥立杆而东，沿京城右安门、永定门、左安门、广渠门之外城根架线，以与东便门原设之线（京城电局外局）相接。同年6月30日，卢保铁路电线开工，[2] 11月工竣。[3]1905年夏，该路保汉段铁路即将建成，[4] 而该铁路电线前此已完工。

期间，列强亦纷纷在中国架设铁路电线，并擅收商报，从而严重侵损中国电报利权。为此，中国电报局于1904年9月拟定《中国各处铁路电报办法章程》（以下简称《章程》），开篇陈明："各省铁路公司，虽准其建造沿铁路之电线，为便利铁路之用，但此项电线，专应铁路所需，以为界限。"第一款规定：中国电报局如未在铁路车站设立电报分局或报房，则允许铁路公司代为收递国内电报（国际电报除外），不过，此项电报须转交距车站最近之电局。这一规定结合开篇之表述，明确划分出铁路电线与一般电局的寄电权限。

《章程》又规定："如遇铁路电线不能灵通，而电局之线通畅无恙，虽不能借与铁路，则电局应将有关铁路稳便治理之报，尽前发递，不计报资。"[5] 充分体现出电报对铁路建设的辅助意义。此在邮传部札饬各路局电线与电局电线

---

[1] 1898年2月14日，北京电局冯志先致电盛宣怀：修津镇以辅卢汉所不及……铁路之旁准设电线，官商电信决不承应（《北京电局冯志先来电（正月二十四日）》，盛宣怀：《愚斋存稿》第2册，第739页）；1902年5月7日，盛宣怀电云贵总督魏光焘等称，铁路须藉电线通灵消息，既允造路，而不准其设立附路之线，恐做不到。惟铁路设线，不得与他处电线接通；所发电报，亦只为铁路公事之需，不准带收官商各报。卢汉淞沪铁路系中国自办，尚且如是（《寄滇魏午帅、李仲帅（三月三十日）》，盛宣怀：《愚斋存稿》第3册，第1279页）。

[2] "中研院"近史所编：《海防档·丁·电线》，第1280号文，第1796页；第1296号文，第1816页；第1297号文，第1816页。

[3] 同上书，第1314号文，第1828页。义和团起事间，卢保铁路遭破坏，该铁路电线亦被毁。1900年5月29日，盛宣怀称："四月二十九晚接孙钟祥电，称琉璃河涿州一带，铁路被拳匪拆毁，电杆亦被砍断。盛拟请饬派聂士成亲统数营，速由天津火车驰至卢沟桥，即由卢沟桥、长辛店节节进发，并令聂军所驻保定之马队，即由保定向涿州等处兜合，擒拿乌合之众。并查点毁失各项，设法修复。"（《卢保铁路被毁情形电奏（光绪二十六年五月初二日在汉口发，总署代奏）》，盛宣怀：《愚斋存稿》第1册，第558页。）不久修竣。

[4] 张雨才：《中国铁道建设史略》，中国铁道出版社1997年版，第27页。

[5] "中研院"近史所编：《海防档·丁·电线》，第1908号文，第2496—2498页。

连接函文中，阐述得更是明确、细致。1909 年 7 月 24 日，邮传部札京张路局称：铁路与电局接线关系交通，各国行之已久，中国如沪宁、胶济、东清各路，均与电局订有接线合同，亦遵行多年，彼此皆受其益，遂要求其余各路仿照办理。[1]8 月 4 日，邮传部又札文京汉路局，特别强调路电接线于路局之意义：

> 路电接线固为便于交通起见，而利于路局者实多，盖两局之线如不接通，设有搭客于车站上下，欲发电报，即无从寄递，一旦相接，电信处处可达，则行旅称便，即为铁路广其招徕，况合同载明：遇有路局电线捐阻，电局当将关于铁路治安之电信，尽先发递，不计报资，于路局尤为有益。[2]

此外，铁路电线与沿路电线的建设还有其他方面作用。如 20 世纪初年，水患严重，对铁路构成巨大威胁。为减小损失，邮传部常利用电报以作及时布置。1909 年 7 月 17 日，邮传部札各路局指出：秋汛将至，铁路附近川泽，往往大水猝发，造成严重损害。京汉、汴洛、京张等路，已迭报险情，其他各路难保不出事故。"兹特通行电饬，仰各局迅即转饬养路各员司，小心防范，先事熟筹，未出险者当思患于未然，已出险者尤应已图补救"，并由总办派员前往全路各处勘视，一旦发现意外，迅速设法修理，不得疏忽。[3] 这种情状进一步提示电报对铁路运营之意义。

三、电报与矿山开采

矿山的开采，若以电报通灵信息，将会获得更佳的经济效益。上海电报局总办经元善曾指出："凡外洋矿务商务，首重信息灵通，转运便捷，故能操纵自如，独擅其利也。"[4] 晚清电报亦不断用之于各类矿山的开采之中，从而在一定程度上促进了此项事业的发展。

---

[1]《本部札京张路局电接线关系交通文（宣统元年六月初八日）》，《交通官报》第 1 期，第 20 页。

[2]《本部札京汉路局，札仰与电局议订路电接线办法文（宣统元年六月十九日）》，《交通官报》第 1 期，第 20—21 页。

[3] 参见《本部发札各路局预防水患电文（宣统元年六月十一日）》，《交通官报》第 1 期，第 21 页。

[4] 经元善：《上盛杏荪观察利国矿条陈（1890 年 3 月）》，虞和平编：《经元善集》，第 98 页。

最早架设电线以通矿区的是漠河金矿。1887 年黑龙江省拟开漠河金矿，是年 3 月 6 日，署黑龙江将军恭镗等奏设吉林至黑龙江大黑河屯电线，称筹办漠河金厂，雇募矿师、购办机器、招募股商等矿务工作，"均赖安设电线，始能呼吸灵通，较易为力"，故应极早开办。[1] 该线建成后，恭镗再指出，漠河金矿地处僻远，有黑河镇电线以通声气，于矿务裨益实多。[2] 可见，漠河金矿的开采与运营，受益于电报者十分显著。

此间恰逢总署修订《电信新法》，并作官方专用密本。书成后，总署咨送各将军、都统、副都统、总督、巡抚、出使大臣，以及各海关道，并在寄送之时一再重申：该书为发递官报起见，应当保密，勿令外间翻刻流传。[3] 但总署寄发此密本唯一例外的是，1889 年 4 月 24 日，李鸿章致函总署，拟送一本给督理黑龙江漠河等处矿务道员李金镛，并提出，漠河金厂，常有关系紧要事件，应发电报速递。获得允准。[4] 足见清政府对在该矿采办中应用电报的重视。

其后疆臣不断有为设厂采矿而请设电线者。1887 年贵州省派员出洋购办机器，准备开矿炼铁，以供海军之用。该省地处西南，山路崎岖，文报迟延。巡抚潘蔚认为，现既办理矿务，须声息灵通，遂于 5 月奏设毕节电线。[5] 翌年 1 月，两广总督张之洞与广西巡李秉衡奏设儋州至昌化线，以备矿务之用。[6] 1896 年 11 月，已调任湖广总督的张之洞拟设长沙至湖北蒲圻及长沙至湘潭线。[7] 盛宣怀认为，此线建成后，"采购湘煤自有把握"，遂派盛赓随勘随造，以期速成。[8] 1898 年 7 月，湖南巡抚陈宝箴拟建湘潭萍乡电线铁路，盛宣怀遂派员先建电线，并称："一俟电工告竣，即拟先办潭萍铁路，以冀萍煤畅运。"[9] 1903 年，汉冶萍公司在安

---

[1] 参见《光绪十三年二月二十二日署黑龙江将军恭镗等奏》，中国史学会主编：《洋务运动》第 6 册，第 383 页。

[2] 参见《光绪十五年四月二十二日黑龙江将军恭镗奏》，中国史学会主编：《洋务运动》第 6 册，第 416 页。

[3] "中研院"近史所编：《海防档·丁·电线》，第 977 号文，第 1487 页；第 978 号文，第 1488 页；第 979 号文，第 1488 页。

[4] 同上书，第 965 号文，第 1479 页。

[5] 同上书，第 886 号文，第 1385—1386 页；第 890 号文，第 1388 页。

[6] 张之洞：《添设各路电线片（光绪十三年十一月二十七日）》，苑书义等主编：《张之洞全集》第 1 册，第 625 页。

[7] 张之洞：《湖南安设电线折（光绪二十二年十月二十九日）》，苑书义等主编：《张之洞全集》第 2 册，第 1198—1199 页。

[8] 《盛宣怀上张之洞禀（九月十六日）》，王尔敏、吴伦霓霞编：《盛宣怀实业函电稿》上册，第 234 页。

[9] 《致湖南抚台函（光绪二十四年五月初八日）》，盛宣怀：《愚斋未刊信稿》，第 75 页。

源开采煤矿，又拟设电线经醴陵而达长沙。[1] 上述电线在获准后不久即相继竣工。

这其中，江苏省利国铁矿电线建设具典型意义。1888 年（光绪十四年）冬，经元善等赴利国驿勘矿。1890 年他在《上盛杏荪观察利国矿条陈》中，提出建炉厂、验煤层、疏水道、建铁路、造船只、浚运河、通电报、免税厘、开钱庄、买客煤等十项建议。其中就"通电报"问题，指出利国矿厂僻处山陬，如果督办官员远在他省，倘有要务，驻局总办函牍请示，往返需经旬累月，消息不便。更为关键的是，"运销各埠煤铁，市面亦有畅滞，何处宜增，何处宜减"，如无电报，"亦觉音问维艰，事机迟钝"。因津沪线沿运河经韩庄，距利国驿仅 8 里，遂提出由矿厂立杆架线至韩庄，并经台儿庄转报他处，如此"则数千里外信息可朝发夕至矣"。[2] 盛宣怀对此极表赞成。

1910 年，山东临城矿务局拟设报房，由于该矿务局每年所拍电报资费 1,000 多元，其中商务报费仅 300 多元，在此情况下，邮传部认为，请办报房，收支不敷，要求从缓议办。该局遂提出由该处绅商承办办法，即造线成本、开办经费，均由该处绅商认筹，仍作电局产业。每月局用薪工及修线等费，如有不敷，仍由该绅商承担。是年 9 月，邮传部表示同意。[3] 观此又可知晚清矿务与电报间的重要关联。

综上所述，电报已在晚清社会经济众多领域日渐广泛地使用起来。但据前论，至清末尽管中国基本上建立起自己的电报网，然此网却十分稀疏。换言之，在晚清时期，中国有着广大地区并未建有电报。故这些地区的社会经济事务，尤其是自然灾害情讯尚难快捷上闻，从而制约了对该地区灾害的有效防控与赈济，乃至社会经济的发展与进步，这又是我们需要看到与指出的。

第四节　电报与文化教育

新闻事业较早感知电报的功能，由此诞生的电讯，大大加速了国内外新闻

[1] 陈鲲修、刘谦等纂：《醴陵县志》卷二，交通志·电报，1948 年印。戴鞍钢、黄苇主编：《中国地方志经济资料汇编》，第 1022 页。

[2] 经元善：《上盛杏荪观察利国矿条陈（1890 年 3 月）》，虞和平编：《经元善集》，第 98 页。

[3]《本部咨直督临城设线应照宜昌成案办理文（宣统二年八月十二日）》，《交通官报》第 23 期，第 9—10 页。

的传播，让其日益为社会所关注，故而在中国近代新闻传播史上具有里程碑之意义。一系列电报学堂以及综合性学堂电学电报专业的置设，将西方先进的教学内容与教学手段引入中国，构成推动晚清教育由传统走向近代的重要生力军。这一切提示出电报的引入在晚清文化教育领域所产生的巨大影响。

一、电报与新闻事业

近代新闻媒体主要是报纸与期刊。在电报出现前，报刊较快获取新闻的途径通常是：各访员将其采得的新闻或由水路以轮船，或由陆路以新闻马，递至报馆。但即便如此，传递速度仍甚有限。以《申报》转录《京报》谕旨奏疏为例："每逢冬末春初，北洋封河，轮船停止，各信须由旱道寄来，未免稍稽时日，即使河冰开释，海道通行，而南北相去三千里，京报极快亦须六七日，方可接到。"[1]故新闻达于受众之速度难尽如人意。

电报开通后情形为之一变。1881年12月28日，津沪线正式通报。尽管这是中国所建的第一条电报大干线，但因其南接中国近代报业最发达城市，北近中国首都，故为中国境内的报刊、特别是上海的报刊使用电讯传播要闻，尤其是传播京津地区要闻创造了必要条件。

率先对此作出反应的是英国人美查（Ernest Major）于1872年4月30日在上海创办的《申报》。津沪电报线开通第19天后，即自1882年1月16日起，该报连续四天在头版头条刊登"本馆告白"，申明嗣后将电传谕旨：

> 本馆因念谕旨为中国最大最要之件，阅报诸君，均以先睹为快，现故不吝重赀，与津友订定请将每日《京报》上谕由中国新设电报局传示。从此，消息灵通，瞬息千里，谅诸君益当心许也。

可见，该报对于其所推出的此项措置，亦抱相当乐观之态度。就在告白第一次发布之日，该报还刊载一条电传上谕："（光绪七年）十一月二十三日奉上谕：杜瑞联奏，请将欠观铜本之按察使衔云南候补道张承颐承领江苏协滇铜本，辄敢欠解二千八百余两，迭催不缴，着先摘顶戴，并着江苏巡抚勒限催追缴，

---

[1] 本段及以下三段，《本馆告白》，《申报》1882年1月16、17、18、19日，第1页。

如再迟延，即行从严参办。钦此。"[1]

这一上谕是该报驻天津访员于两日前（1882 年 1 月 14 日）拍至上海，上海电报局随即于当晚十一时将之送至《申报》馆，由于次日报纸已排定交印，故当时未能取用，遂登诸 16 日报端。[2] 这是中国近代报刊第一次使用电讯传播国内新闻，[3] 意义重大。两日后，该报更辟出《本馆自己接到电音》栏目，[4] 此后基本成为该报的常设类项。《申报》的这些措置揭开了中国近代报刊电讯时代的序幕，故而在新闻传播史上具有十分重要的地位。

《申报》之所以如此，与其重视新闻的创办宗旨密切相关。该报创办后不久即郑重申明："本馆立志欲将中国境内各紧要消息，采录无遗。"[5] 但这并非易事，需有大量人力物力的投入。为此，该报一方面将"所有《京报》上奏疏必按日分排，谕旨则随到随录"，以便读者及时了解国家大事，受到官商好评；[6] 另一方面，还在天津、南京、苏州、扬州、杭州、宁波、武昌、汉口等 26 个重要城市聘请 40 余名访员，随时采录各地新闻。[7] 然该报并不满足于此，认为"数千百万人中独设数十人，心思耳目终有不及之处，岂能逐事访得？"仍感所采

---

[1]《申报》1882 年 1 月 16 日，第 1 页。此上谕在《清实录》中的表述为："（光绪七年十一月）辛亥，谕内阁，杜瑞联奏，请将欠解铜本之道员摘顶勒催一折，按察使衔云南候补道张承颐于承领江苏协滇铜本，辄敢欠解银二千八百余两，叠经催解，迄未完缴，实属玩延，张承颐著先行摘去顶戴，并著江苏巡抚勒限严催，照数追缴，如再迟延，即行从严参办，以重帑项，而儆玩泄。"（世续等纂：《清实录》第 53 册，第 997—998 页。）两相比对，稍有出入。

[2] 该报案称："二十五晚十一点钟本埠电报送到津友来电，内有恭录上谕一道，因本馆新闻已排定发印，未及照登兹用，敬谨照录如左。"（《申报》1882 年 1 月 16 日，第 1 页。）可见，该电讯是由该报驻天津访员拍发。方汉奇《中国近代报刊史》（山西人民出版社 1981 年版）、贾树枚《上海新闻志》（上海社会科学院 2000 年版）、刘磊《电报与中国近代报业》（载《传媒》2002 年第 4 期）皆称是《申报》驻北京访员从天津电报局拍发的。当为不确。

[3] 夏东元《盛宣怀年谱长编》称："1882 年 1 月 7 日（光绪八年十一月十八日）《京报》所载谕旨，第一次由天津电传至上海《申报》馆。"（见该书上册，第 145 页。）当为不确。其实，这天该报《京报全录》（见《申报》1882 年 1 月 7 日，第 4—5 页）中虽录有谕旨十一道（另外包括宫门抄及教职单），但未见有任何电传表示。其误可能是缘于是日《京报全录》之左以小字登出《镇江电局同人代收十月分江北风潮灾赈捐清单》所致。该《清单》与《京报全录》无关。

[4]《本馆自己接到电音》，《申报》1882 年 1 月 18 日，第 1—2 页。刘磊《电报与中国近代报业》称："自此之后，《申报》即通知京、津访员，今后利用电报传递重要消息。《申报》开始有了'本报电音'的专栏，用以传递京津要闻、朝廷谕旨等。"此有两处不确：一是该报与驻津访员约定，并不是京、津访员；二是所开栏目为"本馆自己接到电音"，不是"本报电音"。

[5]《搜访新闻告白》，《申报》1875 年 7 月 9 日，第 1 页。

[6]《本馆告白》，《申报》1882 年 1 月 16、17、18、19 日，第 1 页。

[7] 方汉奇：《中国近代报刊史》上册，第 51 页。

集的新闻有限，遂又提出"恳请远迩诸君，有目见要事，心抒说论，其能发于楮墨而惠寄刊示朋侪事，较便于各贵友，本馆亦踊跃奉命"。[1]足见其对新闻采集之高度重视。而重视新闻则势必关注信息传播手段之改进。由此可知，该报在津沪电报线开通后不久即率先提出"不吝重资"使用电讯，当在情理之中。

不过，初时《申报》电传对象主要是上谕。尽管上谕的内容基本关涉当时重大政治经济事件，但范围仍甚有限。1882年6月14日，该报又刊出一条关于津河道吴湘畹的离职新闻：

> 津郡官报：昨接津友发来电信，知津河道吴湘畹观察因病出缺，是何日时及委署者何人，电音简略，未曾详及云。[2]

这是该报所登出的第一则谕旨外电讯，虽极简略，但甚有意义，标志该报初时的规定已被打破，电传内容开始向谕旨外其他新闻拓展。这在斯时当属十分不易。盖电传谕旨本已耗资不菲，而将其对象拓展至其他新闻，数量势必大增，为此需大幅增加投入。故上则新闻的刊出可视作电讯初期发展的重要阶段。

传播科考情事是电讯的又一重要发展阶段。1882年10月24日，即在第一则谕旨外电传新闻刊出的四个月后，《申报》又在头版登出"壬午科浙江乡试题名录"，计600余字。[3]此举至少有两点可堪注意：其一是新闻内容为科举考试，因事关士子进阶之前程，故在当时极为朝野人士所关注；其二是新闻地点为京津外的杭州。由于是时杭州与上海、杭州与苏州之间皆未开通电报，上题名录乃是自杭州由马递至苏州，再由苏州电报局拍至上海，然后转递《申报》馆。其情形大致是：1882年壬午科浙江乡试拟于10月22日晨3时至5时（光绪八年九月十一日寅时）揭晓。前此，设于苏州电报局的济赈公所同仁特约杭州友人，一待题名录刊出，即"专足飞递"苏州。23日晨7时，该题名录送至

---

[1]《搜访新闻告白》，《申报》1875年7月9日，第1页。

[2]《津郡官报》，《申报》1882年6月14日，第2页。

[3]《壬午科浙江乡试题名录》，《申报》1882年10月24日，第1页。方汉奇《中国近代报刊史》、贾树枚《上海新闻志》、刘磊《电报与中国近代报业》皆称：1882年10月24日，顺天乡试发榜，《申报》驻京访员将江、浙、皖三省中榜名单送往天津，电传至上海，次日见报，距发榜时间仅24小时。此有三处不确：其一，是科为浙江乡试，并非顺天乡试；其二，1882年10月24日是该消息见报时间，发榜时间为10月22日；其三，此消息由苏州电报局人员从该局发出，并非《申报》驻京访员从天津发出。

苏州电报局，随即电传至沪。《申报》旋"照号码翻出登入报内，以供众览"。对此，该报特发编者按指出："此皆出电局诸君极尽心力，故得以如是迅速。"[1]《申报》此举产生重大反响，自此时人更加关注报刊新闻，报刊的社会影响力得到增强。

据上可知，《申报》在津沪电报线开通十个月的时间内，新闻电讯业务不断加强，并在社会上引起越来越大的反响。这一切为开启晚清报刊新闻电讯时代起到奠基与示范作用。

如果说，电报的出现为报刊新闻电讯时代的开启提供必要之条件，那么，电报线的展延及新闻电报半费规定的出台则奠定新闻电讯进一步拓展之重要基础与有利条件。据前已知，津沪线开启中国大规模建设电报活动，至 19 世纪 90 年代初，中国电报建设已初具规模："东北则达吉林、黑龙江俄界；西北则达甘肃、新疆；东南则达闽、粤、台湾；西南则达广西、云南；遍布二十二行省，并及朝鲜外藩"，其作用日益凸显："殊方万里，呼吸可通，洵称便捷。"[2] 此为新闻电讯的拓展奠定必要之技术基础。

此外，新闻电报半费规定的出台又为新闻电讯的拓展提供了有利条件。对于新闻电报，中国电报局初按普通商报收费。此就报刊访员频繁寄发稿件尤其是较长稿件而言，费用当是一笔不小的开支。只有《申报》等财力雄厚之报刊才敢"不吝重赀"以电传新闻，但数量甚是有限。这一情状至 19 世纪末发生变化。1899 年 8 月 6 日，上海电报局颁布《传递新闻电报减收半价章程》，自此，该地报刊访员所发新闻电报开始半价收费。

不过，上述《章程》的施用范围仅限上海，这引起其他地区报馆的不满。1907 年 9 月，《北京日报》、《北京女报》、《北京画报》、《京话实报》、《京华报》、《公益报》、《进化报》、《爱国报》、《星期画报》、《庄言旬报》、《京话广报》、《华字汇报》、《风雅报》、《迩报》等称，"上海各报馆皆在上海电局请领报馆访事人发电执照，减少半费，由上海电局总纳"，但北京新闻电报资费，较上海多收一倍。进而指出，上海与北京同系中国之区，故收费不应两歧，遂请求民政部允准北京各报援照上海报馆之例，享有电报费减半优待。[3]

---

[1] 《"壬午科浙江乡试题名录"编按》，《申报》1882 年 10 月 24 日，第 1 页。

[2] 《光绪十八年闰六月二十日直隶总督李鸿章奏》，中国史学会主编：《洋务运动》第 6 册，第 446 页。

[3] 中国第一历史档案馆编：《晚清创办报纸史料（一）》，《历史档案》2000 年第 2 期，第 70 页。

对于《北京日报》等报馆的请求，民政部认为"应由邮传部核办"。但邮传部未作答复。[1] 是年 12 月，北京又有 8 家日报联名要求邮电减费。在各报馆的一再请求下，清政府终让邮传部妥议办法。[2] 当月 28 日，该部将上海电局所订《传递新闻电报减收半价章程》刊于《政治官报》，以作为统一规章而通行全国，[3] 次年 1 月，《大清报律》施行，亦列出专条定明电讯减费问题，从而使之具备法律保障。[4] 随后，邮传部电政局又在前订《章程》基础上重新订出《各报馆电报减半费章程》，规定自 1908 年 7 月 4 日施行。该《章程》第三条订明：

各报馆所发新闻电报系指定访事所发应行登报之电，无论明码密码，准照电报明码电表价目一律减半收费，其余一切电报不得援以为例。[5]

---

[1] 中国第一历史档案馆编：《晚清创办报纸史料（一）》，《历史档案》2000 年第 2 期，第 71—72 页。

[2] 《督办电政候补道杨呈邮传部查核报界请减电费文》，载《北洋官报》1907 年 12 月 21 日。

[3] 《电报总局传递新闻电报减收半价章程十条》，载《政治官报》1907 年 12 月 26 日。

[4] 《大清报律》第 37 条规定："凡照本律呈报之报纸，由该管衙门知照者，所有邮费、电费，准其照章减收，即予数送递发。"（刘哲民编：《近现代出版新闻法规汇编》，学林出版社 1992 年版，第 34 页。）

[5] 《各报馆电报减收半费章程》，《交通官报》第 2 期，第 32 页。该章程第一条规定：各报馆须呈明地方官愿守报律，由各地方官咨明民政部备案，由民政部转咨邮传部核定，札知电政局给予执照，准照章办理。在现实中，这一规定得到较为严格的执行。如：1908 年 12 月 7 日，署汉阳府夏口厅同知金世和造报汪云章等开办《武汉商务日报》馆时，向湖广总督陈夔龙呈文：一、谨按报律第三十七条：凡照本律呈报之报纸，由该管衙门知照者，所有邮费、电费准其照章减收，即予邮送递发。窃生员等呈请《武汉商务日报》及《武汉杂志旬报》，恳恩知照邮局、电局，准其照章减收各费，即予邮送递发，实为德便。12 月 14 日，陈夔龙为汪云章等开办《武汉商务日报》馆请立案事咨文民政部：陆军部尚书、都察院都御史、湖广总督兼管湖北巡抚事陈为咨询明事：生员汪云章（安徽太平人）等开办《武汉商务日报》馆，七日后禀请江汉关道通知邮政司，并咨电报局照章减收邮费、电费，以资提倡。谨按报律第三十七条：凡照本律呈报之报纸，由该管衙门知照者，所有邮费、电费准其照章减收，即予邮送递发（中国第一历史档案馆编：《晚清创办报纸史料（一）》，《历史档案》2000 年第 2 期，第 77—78 页）。又如：外城巡警总厅为核发《京津时报》新闻电报半价执照事致民政部申文（宣统二年六月十七日）："据《京津时报》发行人许世钧禀称：在京创设《京津时报》，于五月初十日出版，业经呈缴保押费，禀蒙批准给予营业执照在案。惟日报以消息灵通为主，遇有要事，须由各地访员发电报告，随时登载，以期灵速。兹拟于奉天、长春、上海、南京、武昌五处地方，派定访员各一人采访新闻，电寄本馆……查该报业经遵律禀报立案，所请发给新闻电报半价执照之处合粘原单，备文申请，可否由宪部转咨邮传部查核办理，伏候鉴核施行。不久，民政部为请发给《京津时报》新闻电报半价执照事致文邮传部，让其查核见复。七月初六日，邮传部为已札电政局发给《京津时报》减价执照事致文民政部，称：查该报馆呈请发给新闻访事减费执照，核与定章相符，除札饬电政局遵照外，相应咨复贵部查照，转饬该报馆遵照可也。"（中国第一历史档案馆编：《晚清创办报纸史料（二）》，《历史档案》2000 年第 3 期，第 69—70 页。）

从而对减半收费的新闻电报作出更为明确的界定。上述各律章的出台使得新闻电报减半收费在全国范围内有了统一标准与法制基础。新闻电讯由此大增，个仅较有影响的报纸，即便是一般性的报刊亦纷纷将电报新闻作为其重要内容之一，而一些报纸则把专电作为其要闻版的组成部分：

清末各地一些报刊体例表

报名	地点	体例（按先后顺序）
《黑龙江官报》	黑龙江	目录、谕旨、章奏、论说、公牍辑要、紧要电报、国际交涉、政界新闻、中外近事、实业纪要、统计报告、调查报告、审判厅叛词、警务报告、咨议局议案、特别要件、杂录、附列刊或译件
《大公报》	天津	邸钞、谕旨、电报、言论、闲评、要闻、本埠新闻、各省新闻、杂俎、白话、要件
《天津日日新闻》	天津	宫门钞、谕旨、电报、言论、杂事短评、专件、译件、新闻录要、各省新闻、各国新闻、京外各衙门批示、白话、新益智社稷、世界丛谈、谐谈不上、花世界、小说
《北方日报》	天津	邸钞、谕旨、社说、专电、译电、要闻、京津新闻、琐闻、时评、文苑、本省各州府县新闻、各省新闻、白话、调查、晴窗漫录、专件、插画、小说
《经纬日报》	天津	谕旨类、电报类、论说类、时评类、演说类、图书类、新闻类、要件类、小说类、杂俎类及其他报纸应载各类
《官话日报》	山东	宫门钞及电谕、纶音、内政撮要、外省近闻、本省汇志、万国采新、本省辕钞藩牌、杂录
《简报》	山东	宫门钞及电谕、纶音、内政撮要、外省近闻、本省汇志、万国采新、本省辕钞藩牌、杂录
《中国公报》	上海	论说、专电、世界大事记、短评、国内大事记、小说
《中江日报》	芜湖	电闻、电传、官门抄、电抄谕旨、论说、要闻、短评、本省通信、本埠纪事、世界一斑、小说、杂文、报余、商情
《华商日报》	广东	上谕电传、上谕恭录、宫门阁钞、专员特电、各省通信、外埠通信、论说、短评、译件、小说、谐文、歌曲、本省要文、本省新闻、中国新闻、外国新闻、警务新闻、辕报牌批、告白、货价、船期、来书、文苑、杂俎
《桂林官话报》	广西	电传上谕，辕钞、讲演、评事、国内要闻、本省要闻、本城新闻、改良风俗小说，专件、杂录
《云南官报》	云南	电传谕旨、要电、章奏、文牍、专件、杂录、辕钞、广告
《云南日报》	云南	社说、特电、本省要闻、京师特别访函、外省要闻、时评、专件、谐薮、来稿、上谕、文苑、小说、谈丛、译述

资料来源：中国第一历史档案馆编：《晚清创办报纸史料（二）》，《历史档案》2000 年第 3 期，第 62、63、66、67、77 页；《晚清创办报纸史料（三）》，《历史档案》2000 年第 4 期，第 69、72 页；《晚清创办报纸史料（四）》，《历史档案》2001 年第 1 期，第 73 页；史和、姚福申、叶翠娣编：《中国近代报刊名录》，福建人民出版社 1991 年版，第 85 页。

可见，各报刊纷纷开辟电讯专栏，并将其放在重要版面，反映出报刊对此类新闻的重视。从更深层次言，报刊栏目的设置因电讯的大量使用而发生的变化，使得新闻在报纸上的"中心地位"日显突出，这是近代中国新闻事业进一步转型的重要标志之一。显然，电报是其转型的重要促动力。

综上可知，因电报具有快速传递信息的功能，故一经建设便向新闻传播领域潜进渗行。之所以如此，是由于新闻领域尤重时效性："时效性是新闻价值的首要因素。如果说，真实是新闻的生命，那么，新鲜就是新闻的命根，新鲜、鲜活才是本色的新闻、新闻的本色。时效性越强，新闻价值越高。"[1]中国新闻学的开山鼻祖徐宝璜曾称："明日黄花之消息，亦不能认为新闻。盖新闻有如鲜鱼，鱼过时稍久，则失其味。新闻逾时愈久，其价值不失亦损矣。"[2]

新闻学又认为，新闻必须通过传播才能成立。所谓新闻传播就是将新闻事实通过新闻媒介达之于受众。[3]故准确采得新闻并及时达诸受众当是各类新闻媒介的第一要义。正如清末《北京日报》等报馆所指出的："盖报馆志在捷足先登，以供阅报者先睹之快。"[4]恰是由于新闻传播领域对时效性的特别讲求，故对晚清电报架设活动的反应尤为敏捷。《申报》率先提出"不吝重资"，用电报传送谕旨，以满足广大读者之需求。其后更是向一般新闻拓展，从而全面揭开晚清报刊新闻电讯时代的序幕。中国近代新闻传播史由此掀开新的一页。

需补充的是，晚清电报局还为重要国际通讯社寄递新闻电报。1872年英国路透通讯社（Reuter News agency）在上海成立远东分社。该社自1899年1月12日（光绪二十四年十二月初一日）起，开始向北洋大臣递送国际政务新闻电报。其程序是：该社汇集世界各地所派访事收集的新闻电报，择要抄送上海中国电报局，由中国电报局拍发给驻津的北洋大臣。这其中，总署又让北洋大臣将路透电报中凡关涉中西交涉事宜者随时电知。[5]

---

[1] 彭菊华：《新闻学原理》，中国传媒大学出版社2006年版，第86—88页。

[2] 徐宝璜：《新闻学》，中国人民大学出版社1994年版，第4页。

[3] 彭菊华：《新闻学原理》，第105—108页。

[4] 中国第一历史档案馆编：《晚清创办报纸史料（一）》，《历史档案》2000年第2期，第71页。

[5] 1899年2月7日，北洋大臣裕禄咨文总署称：案准贵衙门函开，英路透电，嗣后遇有中西交涉事宜，随时电达，如系泛论西事，无甚紧要之件，每半月酌择抄录汇送等因。饬据水师营务处遵将十二月上半月路透电报，开折呈送（"中研院"近史所编：《海防档·丁·电线》，第1506号文，2023页）。1903年12月4日，外务部收到北洋大臣袁世凯函称，接奉钧函，聆悉一是。查路透电报到津，敝处向由洋务局译送。已饬该局每日加译一分，迅交电报局转递大部审阅（"中研院"近史所编：《海防

自 1899 年 5 月 25 日起，路透社一度与清政府合作半年，直接通过中国电报局向总署递发国际要闻，并将中国政府公文官报，布告英、俄、法、德、美及欧美其他各国。[1] 此外，因湖广总督张之洞欲看路透新闻电报，中国电报局也将此项电报照章发递。[2] 中国电报局的这些举作，便于疆臣及清政府即时了解国际时事，从而有利于他们对国际事务的判断及在中外交涉中相关事宜的处理。[3]

档·丁·电线》，第 1849 号文，第 2387 页）。

又，总署本有收集外国资料、了解外国情况的传统。1861 年 1 月 11 日，奕䜣、桂良、文祥奏《通筹夷务全局折》，酌拟了六条章程，最后一条是：各海口内外商情并各国新闻纸，请饬按月咨报总理处，以凭核办（中国史学会主编：《第二次鸦片战争》第 5 册，第 345 页）。

[1] 1898 年 12 月 30 日，英路透电报公司代理人顾文向总署递禀，请求允准代办报务事宜。该禀先是力释中国允准之必要性：1. 若将中国实情遍告天下，自能压倒各种妄传中国之语；2. 中国政府若能深知欧洲实情，则遇有试求格外利益者自可据实验之。接着提出合作方案：1. 惟有北京至英京一段，中国政府须给电报费；2. 本公司访查各处新闻，凡中国政府当知者，或用信件，或用电报，或密码，或官码，须视其事为准。其电报费，由中国政府发给，此外每年津贴本公司英金一千镑；凡欧洲递来每日政务电报，如系任人传递者，本公司必报知各省督抚，不收报费。为使中国政府了解该公司，禀文最后特附该公司事迹节略（"中研院"近史所编：《海防档·丁·电线》，第 1482 号文，第 1996—1998 页）。1899 年 5 月 19 日，路透电报局访事人顾文向总署递送《路透电报章程》七款（签字的还有路透北京经理人辉道尔），大体是将前引方案的细化，有所改动的是中国每年津贴一千镑降至五百镑，因试办六个月，故只交二百五十镑，开办之月第一日先付一百二十五镑，第四月之第一日再付另一百二十五镑（这其间，可能与总署就此有所交涉，从而有此降数。另，一百二十五镑合京平银八百六十二两五钱。"中研院"近史所编：《海防档·丁·电线》，第 1553 号文，第 2089 页），请求清政府批准（"中研院"近史所编：《海防档·丁·电线》，第 1551 号文，第 2087 页）。总署表示同意，并声称 1899 年 5 月 25 日为开办第一日（"中研院"近史所编：《海防档·丁·电线》，第 1553 号文，第 2089 页）。1899 年 12 月 18 日，总署致函路透电局经理辉道尔提出，前与路透电局暂订通电一节，试办六个月，现将期满，于期满时即行停止（"中研院"近史所编：《海防档·丁·电线》，第 1636 号文，第 2169 页）。

[2] "中研院"近史所编：《海防档·丁·电线》，第 2058 号文，第 2694 页。

[3] 1898 年 12 月 30 日顾文禀总署："各省督抚远离京师，事情每有隔膜，各大宪当知欧洲时事，其要处与政府同，外人每乘其昧于时局，或要求各事，或承办商务，倘各大宪周知情形，断不至滥予矣。"（"中研院"近史所编：《海防档·丁·电线》，第 1482 号文，第 1997 页。）此言虽为该公司为说服总署答应与之合作之语，有夸大之嫌，但不是没一点事实根据。

1906 年又有德使欲寄德京新闻电报给湖广总督者。是年 3 月 5 日，德使穆默函中国外务部称，上海除路透电报外，德文新报所办内德京发来之电报新闻，亦已设立有年。阅看此项德京电报，亦颇可扩充见闻，俾五大洲局面情形了如指掌。6 月 1 日，德使葛尔士向中国外务部递节略，认为德文新报所办德京电报，其紧要事件，洵堪补足路透电报不全之处，相宜甚多。请求外务部转饬中国电报局免费将德京电报转寄武昌湖广总督处，并将一抄单，递与汉口德文新报代表人，亦无须给费（"中研院"近史所编：《海防档·丁·电线》，第 2040 号文，第 2680 页）。电政大臣袁世凯据委办上海电报总局周晋镛查得，路透电报间有传递各省者，皆系督抚阅看，应给报资，照价核算。湖广总督张之洞欲看此项电报，故照章传递，嗣汉口路透经理人亦欲看此电报，因顺便抄送一份，由该经理人月给电局抄费洋五十元。德使所称，德京新闻电报，张之洞向不阅看，未便为之传递。惟查新闻电报，电局本有定章，凡华英文明码，均按半价收费。前项德京新闻电报，似可援照办理。8 月 23 日，外务部收到

二、电报与教育事业

电报对晚清教育的影响主要体现在一系列电报学堂的创办，以移植西方近代教学内容与教学手段上。据统计，晚清各类官员为培养洋务人才，自 19 世纪 60 年代初起至 1894 年，先后开设京师同文馆、上海广方言馆、广州同文馆、金陵同文馆、上海机器学堂、广东实学馆、福建船政学堂、天津水师学堂、江南水师学堂、湖北矿务学堂、天津军医学堂、湖北自强学堂、烟台海军学堂等 30 所洋务学堂，涉及外语、工程、机械、军事、医学等领域。

需要指出，这 30 所洋务学堂中，电报学堂共有 6 所，占总数的 1/5，足见那一时期电报教育在整个洋务教育中的地位。嗣后又有一批电报学堂设立。迄清亡，清政府至少创建过十余所电报专门学堂，还在一些邮电学堂以及其他综合性学堂内置设电学电报专业，从而构成推动晚清教育由传统走向近代的重要生力军。这其中，福州电报学堂为中国第一所电报专门教育机构，天津电报学堂为晚清第一所常设电报学堂，上海电报学堂为晚清规模最大之电报专门学堂，故三者更具代表性及示范意义。

（一）福州电报学堂

作为中国第一所电报专门教育机构，福州电报学堂的创办源于 19 世纪 70 年代福建电线建设期间的中丹交涉，它更是晚清疆臣在架设电报问题上的强烈的"权自我操"理念之产物。1870 年，沈葆桢第一次吁请中国自办电线时即提出："我自为之，予以辛工，责以教造，彼分其利，而我握其权。"[1]沈葆桢的方案虽语焉不详，却最早提及电报人才的培养问题。

1874 年，沈葆桢又因日本侵台而奏设福建电线，大北公司提出由其承造。为培养电报技术人才，福州通商局拟请该公司传授电报技术。[2]但嗣因大北的漫天要价而展开交涉。后闽省与大北拟出合同初稿，其中关于电报教学，谈妥"仍请该公司教习中国艺童一年，一年之后请与不请，听凭中国官做主"。[3]1876 年 3 月 20 日，双方正式签订《通商局延请丹国电线公司教习学生条款》（以下

电政大臣袁世凯以上复文（"中研院"近史所编：《海防档·丁·电线》，第 2058 号文，第 2694 页）。30 日，外务部将此节略函寄德使葛（"中研院"近史所编：《海防档·丁·电线》，第 2059 号文，第 2695 页）。

[1] "中研院"近史所编：《海防档·丁·电线》，第 81 号文，第 95 页。
[2] 同上书，第 161 号文，第 173—175 页。
[3] 同上书，第 194 号文，第 230 页。

简称《条款》），就电报教学有关问题做了较为细致的规定。[1]

教员、学员与设备　《条款》对教员数量、待遇及职责等作出如下规定：福建方面将延请大北电报教习3名，其中，总管教习1名，分帮教习2名，月薪共1,000元。这在其时当是较高之薪酬，一方面是因西人之要挟，另一方面也在一定程度上反映出国人对电报技术传授的重视。《条款》进而要求，教员倘不称职，由福州通商局函请大北查明更调。此关于教员考核任免之规定，对保证教学质量十分必要。关于学员，规定拟招学童40名，以满足闽台电报建设与运营的基本之需。

教学设备方面规定：除通商局已有少量器具可资利用外，由该局进一步采购所需设备，提示该学堂的教学坚持理论联系实际、教学与实践相结合的原则，从而有利于学生实际操作能力的培养。1876年5月，英国海军军官寿尔考察福州电报学堂后更直接指出，"教练是理论兼实际，把对电气原理的相当知识和操使所用机器的方法相结合，俾使学生们适合于电报员的职位"[2]。

教学内容、教学目标与学制　关于教学内容，《条款》的规定较为模糊，称："其应做工课，由总教习随时酌定。"[3]这与通商局委员对电报学习的认识水平不高有关，无法要求细致。但《条款》对教学目标的规定则甚是明确："务使学童精通电线理说，学习有成。"此从另一角度保证了教学质量，从而在一定程度上弥补了对教学内容的规定相对模糊的缺陷。学制方面订明：自1876年4月1日起算，以1年为限，期满后，教习或留或去，由通商局禀请闽省大宪批示。此规定是闽省当局为节省经费起见，只求暂时满足闽台电线之需，从而使得所培养出的学生只具备基础知识与基本技能，难以成为技术全面的专门人才。

但无论如何，《条款》的各项规定为电报学堂的开设提供了基本要件，且能保证一定的教学质量。1876年4月8日，学堂正式开学。40名学童由通商局选定。[4]其中一部分学生来自香港和广州，特点是英文基础较好；更多的是来

---

[1] "中研院"近史所编：《海防档·丁·电线》，第196号文，第233—236页。

[2] [英]寿尔：《记1876年福州电报学堂》，中国史学会主编：《洋务运动》第8册，第392页。

[3] 据福州《西字新报》云：福州新设学塾，专收生童学习电气并寄电信，如何寄法，又制造电线、电报各种机器。《万国公报》第393卷，《记福州新设电气学塾（光绪二年闰五月初三日）》。

[4] "中研院"近史所编：《海防档·丁·电线》，第196号文，第234页；197号文，第237页；199号文，第239页；第200号文，第240—241页。

自船政学堂，特点是已具备一定的数学基础。[1]

因是中国第一所电报专门学校，福州电报学堂的创办引起社会的关注。学校开学不久，《万国公报》即刊出《记福州新设电气学塾》，予以报道。[2] 前揭英国海军军官寿尔到该校访问，并指出："这样一个学校的建立，使中国有希望在将来采用电报设施。"[3] 足见其对该校的功用相当看好。

一年后，学堂学生已基本通晓竖桩、建线、报打、书记、制造电气等重要技能。通商局随即将 3 名教习解聘，未让学堂留存续招。[4] 故从长程看，该电报学堂属临时性质。恰因此故，郑观应在《〈万国电报通例〉序》中称："闽中始开学堂，延西人教习小试，而未及推行。"[5]

至于学生出路，早在他们学习期间，福建巡抚丁日昌即拟部分酌留福州，专司打报，其余拨往台湾遣用。[6] 另，丁日昌还欲拣选数名前往英、丹等国进修。[7] 这些计划后来基本实现，并取得较好效果。中国最早对外营业的电报线路——台南线，即这批学生所为。另有部分学生由李凤苞带往英国深造。[8] 回国后，对中国后来的电报事业作出一定贡献。

（二）天津电报学堂

天津电报学堂为晚清第一所常设电报专门学校，其创建与发展大抵经历三个阶段：

奠基 1877 年 6 月，李鸿章建成津衙线。此前他即让天津水雷学堂部分学生兼习电报，至学生学业"颇有进益"后，遂令置设该线。从电报的架设及使

---

[1] [英]寿尔：《记 1876 年福州电报学堂》，中国史学会主编：《洋务运动》第 8 册，第 392 页。另据《记福州新设电气学塾（光绪二年闰五月初三日）》（载《万国公报》第 393 卷）所转福州《西字新报》云：塾中现有肄业者 32 名，内有曾在香港读过英文之 28 名。

[2]《万国公报》即登出《记福州新设电气学塾（光绪二年闰五月初三日，1876 年 6 月 24 日）》，见第 393 卷。

[3] 见[英]寿尔：《记 1876 年福州电报学堂》，中国史学会主编：《洋务运动》第 8 册，第 392 页。

[4] "中研院"近史所编：《海防档·丁·电线》，第 202 号文，第 243 页。

[5] 郑观应：《〈万国电报通例〉序》，夏东元编：《郑观应集》下册，第 1001 页。

[6] "中研院"近史所编：《海防档·丁·电线》，第 202 号文，第 243 页。

[7]《万国公报》第 393 卷，《记福州新设电气学塾（光绪二年闰五月初三日）》。寿尔亦曾记有："少数最有希望的学生将要受更高的教育，他们将被送到英国大的电报学校、机关去完成学业；在这些英国的学校、机关里，他们将接受电线的安装与维护的教育，最后可以成为电报工程师。"（见寿尔：《记 1876 年福州电报学堂》，中国史学会主编：《洋务运动》第 8 册，第 392 页。）

[8] 李鸿章：《复丁雨生中丞（光绪三年五月二十一日）》，戴逸、顾廷龙主编：《李鸿章全集》第 32 册，第 69—70 页。

用情况看，学生应较称职。津衙线不仅顺利建成，且"司其事"的"闽粤学生"，"能用浅俗英语及翻出华文，立刻往复通信，洵属奇捷"[1]。反映出水雷学堂的兼项培训具有良好的教学效果。此奠定李鸿章后来为架设津沪线而倡办天津电报学堂之初步基础。1879 年 6 月，李鸿章再建津沽线。稍后，他又开设电学馆，主要传授电报技艺。对此，郑观应在《〈万国电报通例〉序》中称：

> 今合肥使相督办北洋筹海之暇，先于津沽创设一线，复开馆育材，延精于电学者勤为讲授，昕夕罔问，逾年而生徒皆明练其事，乃疏请创设旱线。[2]

观此可知，该馆已有专门性质，时限当在一年以上，教学效果较佳，所培养出的学生能"明练其事"。此奠定天津电报学堂创办之进一步基础，甚至可视为该学堂之前身。

开办 1880 年 9 月 16 日，李鸿章奏设津沪线。该线为中国拟办的第一条电报大干线，"约计正线、支线横亘须有三千余里，沿路分设局栈"。这使得对电报技术人员的需求已非较小规模的电学馆所能适应，故李鸿章在奏折中大谈中国架设该线的必要性与紧迫性、详陈经费与经营等问题解决方案的同时，另称："并由臣设立电报学堂，雇用洋人教习中国学生。"[3] 从而将创办电报学堂之事正式提出。两日后，清政府批准李奏。天津电报学堂遂于次月置设，朱格仁担任总办。[4] 当年 10 月 6 日正式开学。[5]

发展 学堂初设时因经费问题不仅招生数量有限，且拟为临时性质。此可从朱格仁于 1882 年初上李鸿章的一份禀文中析知："电报学堂现存学生三十二名，以后陆续派出，不再招添新生，裁减教习，则经费渐可节省。"[6] 但不久该计划与规模即被突破。1883 年 1 月，为抵制英、法、美、德等国另设香港至上海水线，李鸿章又奏设沪粤陆路电报大干线。该线全长 5,000 余里，沿途需置

---

[1] 李鸿章：《复丁雨生中丞（光绪三年五月二十一日）》，戴逸、顾廷龙主编：《李鸿章全集》第 32 册，第 70 页。

[2] 郑观应：《〈万国电报通例〉序》，夏东元编：《郑观应集》下册，第 1001 页。

[3] 《光绪六年八月十二日直隶总督李鸿章片》，中国史学会主编：《洋务运动》第 6 册，第 336 页。

[4] "中研院"近史所编：《海防档·丁·电线》，第 273 号文，第 344、348—349 页。

[5] [美] 毕乃德：《记天津电报学堂》，《中国近代教育史资料汇编——洋务运动时期教育》，上海教育出版社 1992 年版，第 547 页。

[6] "中研院"近史所编：《海防档·丁·电线》，第 273 号文，第 345 页。

多所电局报房，从而对电报技术人员有较大需求。

为此，天津电报局总办盛宣怀等拟订《华商公议接办苏浙闽粤陆路电线章程》，提出让天津电报学堂将"现有学生赶紧教习外，再招谙习英文学生四五十名，一体教习，约于来年年底，即可拨局派用"。[1] 招生随即展开。可见，天津电报学堂为适应形势发展的需要不仅实行了续招，而且还是扩招。嗣后，随着电报线的不断展延与电报局的广泛置设，对电报技术人员的需求日益增加。在此情形下，天津电报学堂虽未明文定为常设，但一直也未予裁撤，直至清终，成为晚清创办时间最久的电报专门学堂。[2]

经费 从经费的来源看，学堂的兴办经历了由商办到官办的转变。学堂开设之初，其经费"于淮军案内将动拨银两照数登除"，[3] 但此款由电局津贴，表明学堂的商办性质。至光绪十四年底止，因各商线巡费官府津贴五年的规定相继期满，其后巡费将由电局自行筹发。因此之故，电局要求其津贴天津电报学堂的经费亦应于光绪十五年正月起停给。李鸿章表示支持，并提出，电报学堂不能因之停办，因为"北洋官电各局每遇更调，学生需用之处甚多，未便遽行裁撤"，遂奏请改为官办，"俾该生等克底于成，足资器使"。而"此后经费仍照案由淮军饷内拨发，归天津海防支应局汇入官线项下造报"，获得允准，电报学堂遂改为官办。[4] 从学堂后来所培养的学生去向看，学堂的续办，并非仅为满足北洋官电各局之求，也同样是应各商办电局之需。故学堂由商办向官办的顺利过渡，在一定程度上反映出官商间的较好合作以及李鸿章对此类事业的大力支持。

学堂的具体经费数量，据统计，自开办至光绪八年二月底止，共支委员、教习、

---

[1] "中研院"近史所编：《海防档·丁·电线》，第333号文，第436页。翌年，署直隶总督张树声亦称："电报学堂因招商接办苏浙闽粤陆路电线，仍须再招学生教习，以资拨办用，已于上年十二月奏准在案。"（"中研院"近史所编：《海防档·丁·电线》，第478号文，第705页。）

[2] 毕乃德据1902年的《中国年鉴与名录》推称，该学堂可能于20世纪初年停办（[美]毕乃德：《记天津电报学堂》，高时良编：《中国近代教育史资料汇编——洋务运动时期教育》，第548页）。但笔者在中国第一历史档案馆查得邮传部于宣统二年十二月二十五日批准施行的《电政局重订学堂考核章程》一份，其第二章"任用章程"第七节"赡家"中有"无论津堂、沪堂"等语（《电政局重订学堂考核章程》，一史馆藏，邮传部全宗·电政类，胶片1卷，22-7-2），表明天津电报学堂直至此时仍在，故毕氏所推不确。

[3] 李鸿章：《电线津贴学堂用款折（光绪十三年二月初九日）》，戴逸、顾廷龙主编：《李鸿章全集》第12册，第39页。

[4] 李鸿章：《电线并学堂报销折（光绪十六年二月初六日）》，戴逸、顾廷龙主编：《李鸿章全集》第13册，第302页。

器材等费用湘平银 19,066 两，大抵是一年 12,700 余两。自光绪八年三月至是年底，十个月经费为 9,700 余两，[1] 按此，一年约为 11,600 余两。光绪九年至十三年情况如下表：

天津电报学堂光绪九年至十三年经费表　　　（单位：两）

年份	光绪九年	光绪十年	光绪十一年	光绪十二年	光绪十三年
经费	8,200	10,038	12,181	13,864	12,153

资料来源："中研院"近史所编：《海防档·丁·电线》，第 478 号文，第 702—705 页；第 710 号文，第 1062 页；《光绪九年五月十六日署直隶总督张树声奏》，中国史学会主编：《洋务运动》第 6 册，第 343—344 页；李鸿章：《各省电线报销折（光绪十年十一月二十一日 附清单）》、《电线津贴学堂用款折（光绪十三年二月初九日 附清单）》、《电线并学堂报销折（光绪十四年正月二十二日 附清单）》、《电报报销折（光绪十四年四月二十七日 附清单）》、《电线并学堂报销折（光绪十六年二月初六日 附清单）》，顾廷龙、戴逸主编：《李鸿章全集》，第 10 册，第 670 — 672 页；第 12 册，第 39 — 41、341—342、397—399 页；第 13 册，第 301—303 页。

据上表可知，学堂的各年经费并不相等，其中光绪九年最少，仅 8,200 两，光绪十二年最多，为 13,864 两。这种变化与波动主要发生在中法战争前后，故在一定程度上反映出中法战争之影响。但各年平均是在 12,000 两左右。此后渐趋平稳，并大抵维持这一水准。正因为如此，盛宣怀曾说："电报学堂经费每年一万二千余两。"[2] 朱其诏亦称："天津学堂月费千余两。"[3] 由此估之，晚清对天津电报学堂的总投入约 375,000 两，而政府投资约为 275,000 两左右，这在斯时财政甚是拮据的情形下，当是一笔不小的开支。此从一侧面反映出清政府的重视程度。

教学与招生　天津电报学堂为近代专业技术学校，其教学、招生等模式与中国传统学塾存在很大差异：就教学而言，学堂长期设汉、洋教习两类。[4] 其中，专业教学多延聘洋人担任。应该说，这些洋教习相当敬业，李鸿章曾于 1891 年

---

[1] "中研院"近史所编：《海防档·丁·电线》，第 478 号文，第 702—705 页。

[2] 同上书，第 942 号文，第 1454 页。

[3] 《朱其诏致盛宣怀函 二》，王尔敏、吴伦霓霞编：《盛宣怀实业朋僚函稿》上册，第 323 页。

[4] 张树声：《津沪电线并电报学堂报销折》，高时良编：《中国近代教育史资料汇编——洋务运动时期教育》，第 544 页。长期在该学堂担任洋教习的主要有丹麦人璞尔生（C. H. C. Poulsen）和库尔莫斯（V. Culmsee）、英国人蓝博德、安得禄等（李鸿章：《电报洋教习请奖片（光绪十七年七月二十二日）》，[美] 毕乃德：《记天津电报学堂》，高时良编：《中国近代教育史资料汇编——洋务运动时期教育》，第 546、547 页）。

为之请奖。[1] 为节省经费起见[2]，1900 年以后，学堂不再聘用洋教习，所有课程皆由中国人担任。[3] 初期主要教授打报技术。[4] 这一内容设置显然仅为满足最为迫切的电局之需。对此，上海电报分局总办郑观应与闻后提出应拓展教授范围："闻天津已设局教习打报，其测量、电气、修理机器等事，均宜考究。"[5]

尤其是测量技能，郑观应认为："今者电报既行，量电之法即为当务之急。"之所以如此，是由于该项技能为联系理论与实践的不可或缺之环节，且涉及多学科知识："电气之学，以测量为最后；电气之用，则又以测量为最先"，"盖此中实兼化学、气学、数学，无一不备而其说乃可得而通"，故应特别讲求。[6] 从郑观应的建言看，学堂不仅要培养打报人员，更要培育较高层次的技术人才。不久，学堂添设测量等项教学内容，[7] 从而增强了教学的专业技术性，但仍十分有限。随着电报在中国深入发展，教学内容又有较大拓展。1895 年，该学堂所开设的课程有：

> 电报实习、基础电信问题、仪器规章、国际电报规约、电磁学、电测试、各种电报制度与仪器、铁路电报设备、陆上电线与水下电线的建筑、电报线路测量、材料学、电报地理学、数学、制图、电力照明、英文和中文。[8]

观此课程清单可知，这时的学堂既有电报专业技术的教学，更有电学一般理论的培育。具体就电报专业技术课程而言，不仅有电线架设等应用型内容，

---

[1] 1891 年 8 月 25 日，李鸿章奏："天津电报学堂教习丹国人璞尔生、英国格林海军书院教习蓝博德、海晏轮船管驾英人安得禄，历办各项差务，均能实心襄助，著有劳绩。"（李鸿章：《电报洋教习请奖片（光绪十七年七月二十二日）》，《中国近代教育史资料汇编——洋务运动时期教育》，第 546 页。）

[2] 朱其诏曾致函盛宣怀称，电报学堂"想总要多教好学生出来，裁去洋人为第一省费之法"，盖"省一洋人洋三千余元"（《朱其诏致盛宣怀函 二》，王尔敏、吴伦霓霞编：《盛宣怀实业朋僚函稿》上册，第 323 页）。

[3] [美] 毕乃德：《记天津电报学堂》，高时良编：《中国近代教育史资料汇编——洋务运动时期教育》，第 548 页。

[4] "中研院"近史所编：《海防档·丁·电线》，第 273 号文，第 344、348—349 页。

[5] 郑观应：《禀北洋通商大臣李傅相为电报、织布两局现在办理情形》，夏东元编：《郑观应集》下册，第 1022 页。

[6] 郑观应：《量电浅说·序》，夏东元编：《郑观应集》下册，第 1001—1002 页。

[7] 郑观应在《致朱君静山谢君绥之书》中说："中国电线逐日推广，吾弟总理电报学堂事宜，招人学习打报测量。"（夏东元编：《郑观应集》下册，第 1012 页。）

[8] [美] 毕乃德：《记天津电报学堂》，高时良编：《中国近代教育史资料汇编——洋务运动时期教育》，第 547—548 页。

且有电磁学等相关理论型教学。另就电报基础知识课程而言，不仅开有制度管理等电报内部知识课程，且有国际电报公约等外部知识教学。此外，在开设理论课之余，又开设实习课，可见其教学是讲求理论联系实际的。这一切使得教学内容的设置已趋合理。至此，学堂已而具备近代专业技术学校的教学基本要件。

学堂招收的生源较为广泛，且在相当长时期内侧重英文基础。前引盛宣怀所拟《苏浙闽粤陆路电线章程》提出："再招谙习英文学生四五十名。"[1] 有此侧重，生源遂不限于天津，香港、上海等地外语学校的学生亦成为适宜的招生对象。1887 年，朱其诏致函盛宣怀称："中西书院学生已招得四名，香港学生招得十名，广方言报馆招得五名，共有十九名，皆四、五年。"[2] 甚至直接从留洋学生中选拔："至测量学生，前于出洋学生二十名内挑出八名，交洋总管教习有效。"[3]

学堂的招生之所以重视英文基础，是因为电报为引进的西方技术，故学生的英文基础好，有利于其对此类科技的究求，从而精深其技术水平。朱其诏曾对盛宣怀称："多招几个洋文精通学生到堂肄业，将来于贵局不无小补。"[4] 具体而言，英文不仅是将学生培养成电报技术工匠之基础，[5] 更是"学领班及电匠者，头班学生"之必需。[6]

1896 年以后，学堂在招录学生时稍有变化，汉、英文并重。盛宣怀在《寄直督王夔帅津关道李观察岷琛》电文中称："学堂上年丁家立等在津沪港挑选学生，专重洋文。原议今春添招四班三十名，应专重汉文。与花农约定沪取二十名，津取十名。宣怀现已亲自考选二十名，一文一论均清通。"[7] 反映出电报学堂已不仅要培养技术工匠，且有造就文理兼通的专业人才之趋势。[8]

---

[1] "中研院"近史所编：《海防档·丁·电线》，第 333 号文，第 436 页。

[2] 《朱其诏致盛宣怀函 二附》，王尔敏、吴伦霓霞编：《盛宣怀实业朋僚函稿》上册，第 324 页。

[3] "中研院"近史所编：《海防档·丁·电线》，第 333 号文，第 436 页。

[4] 《朱其诏致盛宣怀函 二十七》，王尔敏、吴伦霓霞编：《盛宣怀实业朋僚函稿》上册，第 346 页。

[5] 《朱其诏致盛宣怀函 二十六》，王尔敏、吴伦霓霞编：《盛宣怀实业朋僚函稿》上册，第 344 页。

[6] 《朱其诏致盛宣怀函 二附》，王尔敏、吴伦霓霞编：《盛宣怀实业朋僚函稿》上册，第 324 页。

[7] 《寄直督王夔帅津关道李观察岷琛（光绪二十二年二月二十六日）》，盛宣怀：《愚斋存稿》第 1 册，第 622 页。

[8] 当然，仅凭电报学堂难以造就此类人才，其重点仍是培养技术工匠，正由此故，盛宣怀感到："电学堂成就尚隘"，"博学深造"之才难成，遂有让轮船招商局、电报总局捐办"南北洋两公学"之举，"一则专教政学，一则兼教艺学"，以培养精通"商政之交际、机器制造之精微"之才，"上备国家之任使、下为两局所取资"（《遵查轮电两局款目酌定报效银数并陈办理艰难情形折（光绪二十五年七月）》，盛宣怀：《愚斋存稿》第 1 册，第 102 页）。但此恰恰反映出由专门技术学校向综合性大学梯进之趋势，电报学堂的基础性作用于此仍见。

就业 至 20 世纪初，天津电报学堂共有毕业生 300 名。[1] 这些学生被广泛聘用于各电线的架设与各电局的打报等工作中。津沪线即将竣工时，刘含芳致函盛宣怀称："早日将应用学生数目开单详请中堂饬行学堂上紧为要。"[2] 该线建成后，"津沪电局管报学生，皆由天津学堂随时拨往"。[3] 另，云南、四川等地拟办电报时，朱其诏致函盛宣怀称："闻吾弟又拟推广云南四川线，是否要调敝堂学生，何时用，均乞前数月赐示，以便预为地步。"而学生则相当称职敬业：黄开文等毕业生"造保（定）线快而省，且听指挥"。[4]

此外，电报局根据学生的学识与能力，将之分为四等。其中，头班为优报生，须各项技能皆备；二班必须掌握测量技术；三班报生须西文讲写熟练；四班报生只须掌握打报技术，"洋文不必有"[5]。这从另一角度反映出学堂培养出的学生知识与技能的层次性，以满足电报局的各类需求。

如同沈葆桢等一样，李鸿章亦强调电线的架设与使用必须"权自我操"。这是天津电报学堂得以创办的思想基础。在李鸿章看来，中国必须建设电报，但这一切当由中国人自己来完成。早在 1867 年，李鸿章为准备修约的讨论中，即提出："或待承平数十年以后，然与其任洋人在内地开设铁路、电线，又不若中国自行仿办，权自我操，彼亦无可置喙耳。"[6] 对此，1876 年曾亲到中国访问的英国海军军官寿尔有着深刻体认："他（李鸿章）赞成铁路、电报及许多外国的发明，并承认它们的用处，但是在把它们输入并应用到中国来的时候，他则完全坚决地要尽量不依赖外国人，并避开外国的势力。"[7]

正因为如此，1877 年，李鸿章在架设其督署至天津机器局电报线之前，即令天津水雷学堂的学生兼习电报知识，1879 年，在架设津沽线后不久又开设电学馆，而在 1880 年 9 月 16 日奏设津沪线时更是提出设立天津电报学堂，以便让国人掌握电报架设与使用的相关知识与技能，从而"自行经理"中国电报。

---

[1] [美] 毕乃德：《记天津电报学堂》，高时良编：《中国近代教育史资料汇编——洋务运动时期教育》，第 548 页。

[2]《刘含芳致盛宣怀函 九》，王尔敏、吴伦霓霞编：《盛宣怀实业朋僚函稿》中册，第 969 页。

[3]"中研院"近史所编：《海防档·丁·电线》，第 332 号文，第 436 页。

[4]《朱其诏致盛宣怀函 二十七》，王尔敏、吴伦霓霞编：《盛宣怀实业朋僚函稿》上册，第 346 页。

[5]《朱其诏致盛宣怀函 二》，王尔敏、吴伦霓霞编：《盛宣怀实业朋僚函稿》上册，第 323 页。

[6]《湖广总督李鸿章奏（同治六年十二月初六日）》，宝鋆等修：《筹办夷务始末（同治朝）》卷五十五，第 13—14 页。

[7] [英] 寿尔：《记 1876 年福州电报学堂》，中国史学会主编：《洋务运动》第 8 册，第 394 页。

李鸿章认为唯有如此，中国电报才能"权自我操，持久不敝"。[1] 可见，天津电报学堂的创办是李鸿章等建设电报"权自我操"理念的产物。此以一个案领域透视出部分晚清疆臣的主权意识。

（三）上海电报学堂

在晚清各电报专门学校中，上海电报学堂发展迅速，后来居上，并最终成为这类学堂之规模最大者。

随着中国大规模架设电报活动的兴起，天津电报学堂尽管实现续招，乃至扩招，但仍不能满足电报发展对于此类技术人员之需求。1883年，清政府在上海增设电报学堂，姚彦鸿担任总办，初招学生20名，由教习唐璧田教授打报技术。[2] 不久，该学堂规模扩展，共招50名学生，分成三班。其中，头班为测量班，计10名；二班为打报班，计16名；余24名编为三班。并聘有丹麦人博怡生、葛雷生等洋员任教。[3] 至1891年时，该学堂已开有四班，另有一预备班，学生人数骤增至350名以上。[4]

邮传部接管后，该学堂规模有所调整，其中最大时（1907年，光绪三十三年）有教员13名，学生160名，年经费为35,230.898元。[5] 兹将光绪三十三年该学堂各班具体情况列表如下：

上海电报学堂光绪三十三年份科目情况表

班次	程度	人数	肄业年限	卒业年月
洋文班	报考英文程度已有门径者	60	自一至二、三学期	随时考送按报预备班

---

[1]《光绪六年八月十二日直隶总督李鸿章片》，中国史学会主编：《洋务运动》第6册，第336页。

[2]《邮传部直辖学堂人数及经费表（宣统元年份）》，《邮传部第三次统计表宣统元年·总务》，一史馆藏，邮传部档案全宗，22-65-2；"中研院"近史所编：《海防档·丁·电线》，第710号文，第1062页；《交通部电信学校五十周年纪念特刊》（1932年），高时良编：《中国近代教育史资料汇编——洋务运动时期教育》，第550页。但《特刊》认为该学堂建立于光绪八年。

[3]《谢家福致盛宣怀函 六十一》，王尔敏、吴伦霓霞编：《盛宣怀实业朋僚函稿》上册，第556—557页；《交通部电信学校五十周年纪念特刊》（1932年），高时良编：《中国近代教育史资料汇编——洋务运动时期教育》，第550页。

[4]《万国公报》：《记上海电报学堂补行戊子汇考本堂学生全案（光绪十七年）》，高时良编：《中国近代教育史资料汇编——洋务运动时期教育》，第550—551页。

[5]《邮传部直辖学堂人数及经费表（光绪三十三年份）》，《邮传部第一次总务、船政统计表（光绪三十三年份）》，一史馆藏，邮传部档案全宗，22-47-1。另，《邮传部直辖各学堂人数及经费比较表（宣统元年份）》所列上海电报学堂学生为186名（《邮传部第三次统计表宣统元年·总务》，一史馆藏，邮传部档案全宗，22-65-2），当是教职员与学生总数，故误。

按报预备班	洋文班暨招考学生英文程度及格者	20	半学期	每学期考送按报班 36 名
按报班	按报预备班按报各科程度已有门径者	40	自一至二学期	每学期卒业 36 名入三班
测量班	三班电生历练满三年，英文各科程度较优者	20	自二至三学期	每学期卒业前数名入一、二班
高等班	一、二班电生历练有年，电学各科程度较优者	20	三学期	光绪三十四年六月

资料来源：据《邮传部直辖学堂教授科目表（光绪三十三年份）》整理，《邮传部第一次总务、船政统计表（光绪三十三年份）》，中国第一历史档案馆藏，邮传部档案全宗，22-47-1。

由上可知，该学堂门类较为齐全，学生较众，且经费较为宽裕，从而成为邮传部所辖各类学堂中较为重要的一所。[1]

（四）余论

晚清电报学堂除上述主要三所外，疆臣还先后创办过江宁同文电学馆（又称金陵同文电学馆，1881 年）[2]、广州电报学堂（1887 年）[3]、甘肃电报学堂

---

[1] 邮传部曾称："要部直接管辖之学校，铁路则唐山路矿学堂，电报则上海电政学堂，路电合办则上海高等实业学堂。"（《总务纪要》，《邮传部第三次统计表宣统元年·总务》，一史馆藏，邮传部档案全宗，22-65-2。）其中，光绪三十三年唐山路矿学堂教员 9 名，学生 116 名；上海高等实业学堂教员 29 名，学生 463 名（《邮传部直辖学堂人数及经费表（光绪三十三年份）》，《邮传部第一次总务、船政统计表（光绪三十三年份）》，一史馆藏，邮传部档案全宗，22-47-1）。

[2] 光绪七年十一月，即在宁镇线购办物料的同时，刘坤一在江宁设立同文电学馆（"中研院"近史所编：《海防档·丁·电线》，第 352 号文，第 456—458 页）。该馆设中学、西学教习各一名，其中，西学教授电学及打报等事宜（"中研院"近史所编：《海防档·丁·电线》，第 352 号文，第 456—458 页；第 1057 号文，第 1570—1574 页）。其招生初时"宽其人数"，经淘汰，至光绪八年正月，留下聪颖者二十名（"中研院"近史所编：《海防档·丁·电线》，第 543 号文，第 791 页）。后一直保持这一规模（光绪二十一年闰五月二十五日，户部奏片称："肄业幼童二十名，每名月支银三两。"（"中研院"近史所编：《海防档·丁·电线》，第 1057 号文，第 1572 页）经费方面亦可看出其规模的稳定。自光绪七年十一月至八年五月，该馆中西教习司事夫役肄业幼童薪粮膏火，并置中外各种书籍纸笔等件，共支湘平银 1328 余两（"中研院"近史所编：《海防档·丁·电线》，第 352 号文，第 456—458 页；第 543 号文，第 791 页）。自八年六月起，每月额定薪粮膏火公费银 176.5 两，在南洋海防项下动支，按两年报销一次。其中，西学教习月支银 70 两；中学教习月支银 12 两（"中研院"近史所编：《海防档·丁·电线》，第 352 号文，第 458 页）。光绪二十一年正月十六日，张之洞再奏销自光绪十八年六月起，至二十年五月止，二十五个月，同文馆用费情况，称："银四千四百两。"（"中研院"近史所编：《海防档·丁·电线》，第 1031 号文，第 1551 页；第 1037 号文，第 1555 页）这与十三年前所定月支额大抵一致，表明该馆的规模一直未变。

[3] 由于两广电线的迅速架设，增加了对电报业务人员的需求。光绪十三年五月初三日，两广总督张之

（1889 年）[1]、台湾电报学堂（1890 年）[2]、新疆电报学堂（1905 年）[3]、四川电报学堂（1905 年）[4]、东三省电报学堂（1909 年）[5]、广西电报学堂（1909年）[6]等电报专门学堂，此外还有一些邮电学堂以及综合性学堂内的电学电报门。从整体看，电报学堂不仅在数量上较其他学堂为多，且就工程技术学堂而言，开办也较早，从而有开风气之先的意义。

晚清电报学堂作为移植西式近代工程技术学校的重要类别，是中国近代教育转型进程中不容忽视的一个领域。就学堂授课内容言，中西合璧，但更侧重电学理论与电报技能的教育与培养。就教学手段言，学堂注重理论联系

洞奏仿天津电报学堂，拟令电报局委员、候选直隶州知州沈嵩龄在广东电报局旁租房一所，开办广东电报学堂。对于该学堂的课程，张要求中西合璧。一方面，延请电局明慎优仕，教习英、法各文，并选洋匠摩喇教以电学算学测量诸法；另一方面，兼聘老成儒士为中文教习，课以四书五经，俾知礼义。对于学堂经费，由电报官局常年款内开支。是年六月初六日奉朱批允准（"中研院"近史所编：《海防档·丁·电线》，第 897 号文，第 1397 页；第 898 号文，第 1398 页；第 899 号文，第 1399 页）。

[1] 内地第一所电报学堂为甘肃电报学堂。该学堂创设是应办理陕甘电报之需，为临时性质。据前知，光绪十五年正月，陕甘总督杨昌濬拟设陕甘线（《光绪十五年九月二十一日陕甘总督杨昌濬等奏》，中国史学会主编：《洋务运动》第 6 册，第 418 页）；《盛宣怀上李鸿章禀》，王尔敏、吴伦霓霞编：《盛宣怀实业函电稿》上册，第 229 页）。盛宣怀认为，该地设立报局，倘将沿海学生调往边际，川薪过于糜费。不若派教习赴兰州设立电报小学堂，招集学生教练拍报事务，以便将来就近拨用（《盛宣怀上李鸿章禀》，王尔敏、吴伦霓霞编：《盛宣怀实业函电稿》上册，第 233 页）。杨昌濬对此表示支持，遂于光绪十五年九月奏知清政府（《光绪十五年九月二十一日陕甘总督杨昌濬等奏》，中国史学会主编：《洋务运动》第 6 册，第 418 页）。该学堂仅办一年，经费银 4271 两（"中研院"近史所编：《海防档·丁·电线》，第 1136 号文，第 1633 页），但却开内地风气之先。

[2] 该学堂设于台北电报总局内，生源主要来自西学堂及福建船政、电信学生，但未及一年即撤（台北古亭书屋编《台湾三百年史》：《记台湾电报学堂（光绪十六年）》，高时良编：《中国近代教育史资料汇编——洋务运动时期教育》，第 556 页）。

[3] 《本部奏核复新疆电报收支各款折》，《交通官报》第 1 期，第 12 页。

[4] 光绪三十一年，四川创设电报学堂。教员以官局领班生兼充，另聘国文教员一人。该学堂后有拓展，至宣统元年，分内外两班，共招学生四十名（《电政纪要（宣统元年份）》，《邮传部第三次统计表（宣统元年）》电政上，第 392 页，一史馆藏，邮传部档案全宗·电政类，胶片 3 卷，22—23—1）。

[5] 东三省"各局房领班学生向由上海、天津两局调用"，但"南人远涉边地"，终觉不便，"且报房逐渐添设，调派亦觉不敷"，"遂拟就地取材办法，设立电报学堂"。该学堂于光绪三十四年十二月上课，招得学生四十二名（《电政纪要》（宣统元年份），《邮传部第三次统计表（宣统元年）》电政上，第 391 页，一史馆藏，邮传部档案全宗·电政类，胶片 3 卷，22—23—1）。开办常年经费，每年约需沈平银 1 万两，由东三省摊筹。对此，邮传部认为："查东三省设立电报学堂，就地培才，得人省费，自应先行立案"（《本部咨复奉天总督巡抚东省电局设立电政学堂应准立案并将筹定的款咨部备案文（宣统元年九月二十日）》，《交通官报》第 5 期，第 12—13 页），表示支持。

[6] 宣统元年，广西巡抚张鸣岐于广西官电总局（桂林）内附设电报学堂，以期电务无乏才之虑（世续等纂：《清实录》第 60 册，第 300 页）。

实际，学以致用。尽管学堂所培养出的人才还不能全面满足电报建设中所提出的各项需求，但它在晚清教育从传统走向近代过程中所起到的示范与推动作用不可低估。

恩格斯曾指出："社会一旦有技术上的需要，这种需要就会比十所大学更能把科学推向前进。"[1] 可见，社会的需求对科技发展有着巨大推动作用。而科技的发展反过来又促动社会的变迁与转型，故科技进步既是社会变迁与社会转型的显要表征，同时亦是其进一步变迁与转型的重要造因。

从历史的长时段看，人类社会每一次转型，包括从蛮荒社会向农耕文明的过渡，再向工业文明的演进，以及信息时代的出现，多是从科技革命开始的。科学技术也是生产力。人类社会的发展变迁当与科学技术的创新进步相时偕进。就工业文明而言，其兴起奠基于18世纪中叶以降欧美等主要资本主义国家相继发生的第一、二次科技革命。而就在这两次科技革命期间，近代重要通信工具——电报宣告诞生，人类彼此间的交流方式因之划出一个时代，由声物传播阶段进入光电阶段，信息的传播速度空前提高，天涯咫尺遂成现实，此为西方国度的经济繁荣与社会进步作出巨大贡献。

如果说中国因闭关锁国而无缘世界第一次科技革命的话，[2] 那么，第二次科技革命发生之时，中国已经国门洞开，因而有了触及的契机。事实亦如此，尚在电报研制之初，有关知识便不断传至中国。这既是来华西人竭力推介的结果，更有部分出洋国人努力探访的劳绩，此透视出的是那个时期一些国人对西方文明的向往与追求。然无论何种情况，在其时的朝野皆未引起多大反响，提示彼时的中国正处于由传统社会向近代转型的初期，就整体而言，风气未开，保守

---

[1] [德] 恩格斯：《致瓦·博尔吉乌斯》，中共中央编译局编译：《马克思恩格斯选集》第4卷，第732页.

[2] 这里的闭关锁国既指其时政策，又应包括国人心态。早在1792年马戛尔尼来华时即携大量礼品，这些"礼品的选择……英王陛下经过慎重考虑之后，只精选一些能够代表欧洲现代科学技术进展情况及确有实用价值的物品作为向中国皇帝呈献的礼物"（[美] 斯当东著，叶笃义译：《英使谒见乾隆纪实》，第227页）。可惜时人未能即时跟进。参见郭卫东：《转折——以早期中英关系和〈南京条约〉为考察中心》，第168—170页。

势力尤重，新知识遭遇旧思想严厉抵制的社会特征。恰职此故，电报知识的东传未能受到清政府的应有重视，从而将西方此项新兴文明及时引进，但仍在一定程度上增进了晚清朝野对电报的科学认知，并对开化其时中国的社会风气产生积极影响。

19世纪60年代后，随着电报洪流的滚滚东来，国内思想界于此认知始渐分野。部分人士在经历两次鸦片战争的惨痛失败之后，已深刻认识到，中国所面临的是"数千年来未有之变局"，所应对的是"数千年来未有之强敌"。[1] 于是，吁请自设电报，改变中国落后的通信手段，以缩小与西方国度之差距，进而让中国逐步强大起来的趋新认知从传统思想中分化出来，并在朝野间推展开去，渐成声势，此情状以一个案领域透视出晚清社会及观念的变迁。趋新认知渐与守旧思想展开论争，直至发生激烈的交锋，使得其时主导的"重义理轻技艺"、视科学技术为"奇技淫巧"的社会观念遭遇巨大挑战。从本质上讲，这种挑战当是近代意识向传统理念的发难，为日后中国自建电报奠定重要的思想及舆论基础，并作出必要的理论及智力准备。

但是，在中国出现的第一条电报线不是国人自建，却是西人不经清政府同意而强设，其最终结果是国人将之拆毁，并据条约驳阻了西人的多方诘难。这既在一定程度上反映出那时的中国所处的险恶国际环境，又在一定范围内提示晚清朝野日渐兴起的近代主权意识与条约观念。其时，世界资本主义开始向帝国主义过渡，列强欲通过一切手段让资本到达能够到达的一切地方，以实现最大限度的增值。作为具有快速传递信息功能的电报显然便成为满足这种需求的很好的乃至重要的手段。此应是电报出现后，在短短的20年内便由西方本土越洋过海展至东方境域的根本动力。然而，当西人极欲设线于中国之时，恰值中国近代主权意识的形成期，"权自我操"理念在朝野不断得到强调。尤为关键的是，信息系统直接关涉政府能否实施有效统治，故是政治控制的重要对象，历来备受重视，而小农则是封建统治的基础，因而民生问题亦是政府所关怀的重要内容之一。于是，东西方围绕着西人在华架设电报的问题展开广泛较量。

需要指出，因清朝君臣的领海观念一开始并不十分明确，加上国力有限、列强外交手段的狡黠，从而让西人攘夺了沿海设线权。与此相对，清政府在19

---

[1] 李鸿章：《筹议海防折（同治十三年十一月初二日）》，戴逸、顾廷龙主编：《李鸿章全集》第6册，第159—160页。

世纪六七十年代与列强围绕西人在中国内陆架建电报问题展开激烈的交锋，呈示出这一时期中外关系中非同"常态"的历史画面，最终基本抵制住列强的企图，嗣后又同列强所设的铁路电线、行军电线等擅收商报行为作了有效斗争。晚清电报大抵是在抵制列强长期觊觎中诞生，在抵抗列强不断侵渔中发展。故可以说，渐增的主权意识与维护国家利权及内陆信控系统完整性的决心，是中国电报得以建立与发展的重要内动力，它反过来又使得电报在晚清，较铁路、轮船等领域更好地维护了中国的主权地位。此正是时人所称许的"说者谓通商以来，能自保主权者，电事为最"关键因由之所在。

中国自设的第一条电报线是李鸿章于 1877 年 6 月 27 日在天津建成的津衙线，所谓的海衙线并不存在。尽管上海在近代开埠最早，又具有十分优越的地理位置，因而成为西人在中国活动最为频繁的场域，列强在中国架设的第一条电报线即在此地，但也不能因之而认为上海事事皆"开风气之先"。将李鸿章在天津的作为移植于上海，显是对近代上海特殊人文环境的一种想当然。不过，其说一旦形成，即一再为后人因袭，从而造成"历史的误会"，这种情状提示史学研究者，在对待史料的问题上，需持十分审慎的态度。此也在某种程度上说明，客观环境因素在历史发展及社会进步中的地位与作用固然重要，但人的主观因素同样不可忽视。这一切必然增强历史面相的复杂性及历史认知的难度。

津沪线的奏设开启晚清大规模自建电报活动，迄清亡，中国基本建立起覆盖全国的电报网。这一电报网的形成，从时间进程看，呈现出明显的阶段性发展特征，此与彼时的中国所处的国际环境密切关联。19 世纪 70 年代中后期，相继发生日本侵台、吞并琉球事件，中国海疆再度危机，以此为契机，早期台湾电报、直隶大沽电报得以创建；至 80 年代，因初年的中俄改约交涉及中期的中法越南战争，在此前后，电报在沿海的直隶、山东、江苏、闽浙、两广、奉天，以及京师、云南、吉林、黑龙江等地迅速建立起来；90 年代中叶的中日战争使得东部沿海区域尤其是山东、江苏等省电报更加密集；至 20 世纪初庚子事变及日俄战争前后，尽管北中国电线遭遇义和团及日俄的大批毁坏，但清政府又使直隶、陕西、河南、奉天、吉林、黑龙江等省电线向纵深发展。这一切进一步提示出近代中国所处国际环境的险恶。换言之，应对险恶的国际形势是中国电报业发展的重要促动力之一。此当是半殖民地的中国技术变革的重要特征。

从空间分布看，中国电报网又显示出板块性、稀疏性及不平衡性等特征。

以津沪线为母线，由其南端沿海向南而成沪粤线，沿江向西而成长江线，从而确立主体架构，在此基础上，逐步形成四大区域电报网：津沪线在华东、华北、东北地区延伸，沪粤线在东南、华南地区延伸，长江线在华中、西南地区延伸，以及由津沪线北端向西北地区延伸，渐成各该地区的区域电报网。这些电报网又相互联结贯通，共同构成规模初备的中国电报网。中国电报网的板块性特征无论是在其形成过程中、抑或是在其基本完成后皆表现明显。另就整体言，中国电报网是一张十分稀疏的网络。这不仅相对于欧美等发达资本主义国度而言，即便以近邻日本作比，疏密程度亦相去甚远。从局部看，中国电报网又显得疏密不均。沿海、沿江省份及商贸发达、军务频密地区，所建电报网稍密，其他区域则稀疏得多，一些省份如青海更是全无，反映出晚清电报在区域分布上的严重不平衡性。中国电报的板块性、稀疏性及不平衡性等特征，从深层次看当是中国经济与政治结构的区域差异性所致，并透视出晚清区域社会发展的不同步性，而后两特征更是晚清电报滞后性的重要表征。

造成晚清电报发展落后的因素甚多，除国力式微、经济衰败等政治经济因素外，还有更深层次的思想文化因素，尤其是保守乃至愚昧等思想的从中作祟。这些文化思想因素既有来自部分的官员，亦有源于甚广的民众，换言之，根植于朝野各个阶层。清政府内外的一些务实臣工在请设电报之时，也就不能不有所顾忌，从而导致当一大批先进人士开始吁请中国自设电报时，不能及时跟进，而当中国自设电报行为发轫之后，又只能缓慢推进，部分地区在庚子年间遭遇中阻，甚至大规模毁坏。上述情状透视出的是传统观念对近代因子勃发的遏抑。不过，在转型社会的初期，这一切似难避免。

在晚清电报的建设过程中，疆臣虽一再强调"权自我操"原则，但从技术层面看，中国既在电报电线的架设方面，更是在电报器材的研制方面，长期未能实现基本的自为自给。这是晚清电报发展滞后性的又一表征。而形成这种状况的主导因素，却是清政府的漠视态度，此最能提示，其时所谓的先进人士在推行洋务运动过程中急功近利的一面。不过，从管理层面看，作息及业务制度的订立、收费及财务制度的调适、保密及巡护制度的规范，等等，尽管皆经历较长过程，为此甚至付出惨痛代价，但晚清电报大抵还是逐步地形成了较为完善的内部管理机制与外部保护制度，从中既可窥见本土的传统成分，又可寻得一些国际化的近代因素，特别是清政府因此而制定《窃毁官商电报杆线治罪专条及失察地方文武官员处分律例》等法令法规，以渐次形成的制度章程乃至法律条文来保证电报的正常运营，这是晚清电报在阻力重重的情形下能够向纵深推进的重要条件之一。

电报建设后，中国或被动或主动地与丹、英、法、俄、美、德，以及朝鲜（韩国）等国电线，在上海、福州、厦门、九龙、镇南关、东兴、蒙自、思茅、蛮允、珲春、海兰泡、恰克图、塔城、义州等地相接，并基本按照国际标准及国际惯例制定出对这些接线打报的管理与收费规则，中国境域电报线得以从东部沿海，以及西南、东北、华北、西北边疆等地与日本、菲律宾、新加坡、槟榔屿、澳大利亚、越南、泰国、缅甸、印度、锡兰、朝鲜（韩国）、俄国以及欧洲、美洲、非洲等境外电线相连接，从而使得中国电报网成为其时世界电报网之一部分。这不仅是源自欧美的科技浪潮席卷世界的必然结果，也是中国电报深入发展的自然趋势，此恰提示出近代中国走向世界的双重促动力。透过这一过程中中国与列强控制与反控制的激烈斗争，可察见晚清朝野对近代国际关系的日渐认知与逐步调适。而此间清政府为在朝鲜架线及中朝接线所作的巨大努力，又反映出中国对日趋削弱的传统宗藩关系的竭力维护。晚清的中国既欲维护传统的"宗藩"，又不得不面对近代的"国际"，其抉择之艰难，要因即在此。

另需看到，清政府自建电报之初，即收到万国电报公会等国际组织的多次邀请，一直拒绝加入，直至覆亡。这种态度与方式在电报后起国家中较为普遍，尤其是国力式微的清朝，不能不更关注国际规则中于己不利或不公平的因素。拒绝加入国际电报组织，是清朝君臣在国力不昌、电报发展滞后的情形下所采取的一种自我保护方式。不过，清政府虽未加入任何电报组织，然晚清电报建设伊始即有意识地尽量按照国际准则行事，并在后来的发展中不断修正自己，以与国际接轨，故从晚清电报发展的总体态势看，其加入国际社会的趋势不仅是存在的，且是愈益明显的。中国的这种既不加入国际电报组织又尽量按国际规则运作的处置方式，使得晚清电报发展处于较为有利的位置。此从另一侧面反映出晚清的中国走向国际社会时的困境。在世界的大门面前，中国因"积贫积弱"的现实境遇，心态是何等矛盾！

电报的架设有一个从线到网、逐步展延的进程，电报的应用也有一个由官方到民间，渐次下移的历程，在晚清社会变迁与社会转型过程中起到显著效用。电旨电奏的出现及其操作规制的形成，不仅在制度层面上丰富了既有谕旨奏折制度的内涵，且尤为重要的是，在实践层面上极大方便了中央与地方间的联系，使清政府的行政理事效率大为提高。此以一个案标识晚清社会"在传统之外变"（change beyond the tradition）并未中断"在传统中变"（change within the tradition），而与之有互动关系，从而在一定范围内透视出晚清社会颇具特色的演进轨迹。至 20 世纪初叶，"通电"渐行其道，说明电报的使用正不断向民间拓延，且在大规模的民众运动中成为"运动"民众的有效手段，此势必扩充与增强国民的参政机会与参政意识，从而有助于民主观念的勃兴乃至政治的转型。这些情况提示出，电报在清季政治生活中的影响日益广泛、深入。

情报于军事意义重大，清政府一开始即用电报于内外战争，20 世纪初，部分兵队更是建立专门的军用电信，晚清军事由而进一步向近代转型。电报用诸社会经济领域，经济信息传播遂大为灵捷，此既有利于物流的增进和市场的培育，从而推动近代中国资本主义的发展，又有利于灾害赈防、矿山开采、铁路运营等事务的开展，增强其工作效能。电讯的使用与推广在新闻传播史上具有里程碑之意义，它进一步推动了新闻在近代报刊中向中心位置的移进，报刊的社会影响力由此大为增强。电报学堂的开设既众且早，不仅培育了大量技术人才以适应电报建设及发展之需，且从其教学内容与手段等方面看，初步具备近代专业学校的一般范式，与既往学塾形成强烈反差，从而对中国传统教育产生冲击，这在洋务运动时期中国新式学堂数量有限的情形下，电报学堂以其所占比重尤高而表现突出。电报的引入甚至改变时人对世界的认知，全球一体化观念自那个时期起，便在部分国人心中萌生，使得传统的夷夏之防等思想受到进一步冲击。

可见，电报这一新兴技术被引入中国后，悄悄向政治军事经济文化等各领域渗进，改变其原有的通信手段与模式，对社会变迁乃至社会转型所产生的巨大而又潜涵的促进作用不可低估。

清政府出于维护自身统治的需要而推展电报，但这种通信工具却是一把双刃剑。清末江苏巡抚陈夔龙曾奏称，学界、商界常通电议政，甚至对政府"意存恫吓，及事后查办，莫得主名"，而革命党人亦常利用电报开展活动："匪党编成暗号，透漏消息，屡有所闻，然此固电局所无从觉察也。"[1] 足见电报的使用在逐渐下移之时，清政府的社会控制力反而有所削弱。更为深刻的是，当

---

[1]　《江苏巡抚陈夔龙奏报纸电讯集会演说宜范围于法律之内折（光绪三十二年八月二十八日）》，故宫博物院明清档案部编：《清末筹备立宪档案史料》上册，第 150 页。

技术工具在深入发展之后，经营之商众因此而向清政府提出体制变革的诉求。这在晚清电报经办模式的演进过程中越来越明显地展现出来。晚清电报的建设，大抵经历由官办到官商分办，再到官商合办，最后又回归为官办四种模式的更替与演变。但这不是一种简单的回归，因为早期的官办表现为地方主办，而后期的官办则是由朝廷主持。可见，它有着由下到上、由商到官的演进趋势。

需要强调，上述过程并不是电报发展的自然结果，乃是中央集资与集权之主观产物。这便导致在此过程的前期，官商一度有着较为默契的合作，而在此过程的后期，尽管中央完成对商办、省办电报的接收，却不断累增了同商人、地方的矛盾。于是，对现实政体不满并要求保护商等利益的呼声便渐渐从下层推展开来。当清政府不能满足这些诉求时，社会危机便会加剧。事实上，清政府未能对此作出有效应对，从而不能缓和，甚至加剧了社会矛盾。从这个意义上讲，清政府在建设电报的同时，当积极推进经济乃至政治体制的变革，以顺应历史潮流，适应社会及时代发展之大势。然封建的清王朝无法从根本上做到一点，有时甚至反其道而行之，逆潮流而动，故它的崩解便成为历史的必然。这一切从深层次看，乃是封建制度无法适应新的生产力发展的必然结果。

但无论如何，我们应看到的是，晚清中国对电报这一西方新兴文明成果的引进，开启了中国通信近代化的艰难历程。此历程因艰难而缓慢，迄清亡，尽管与通信资讯近代化的实现有着相当长的距离，但还是取得重要成就，为后来中国通信事业的发展奠定必要的基础，并成为晚清乃至其后更长时段社会变迁与社会转型的显要表征与重要促动力。

征引文献及参考书目

一、中外未刊及已刊档案

1.（北京）中国第一历史档案馆藏：

军机处录副奏折：洋务运动类·邮电项（03\9436\1-69；03\9437\1-92）、光绪朝内政类·洋务运动项（03\5623\1-23）、光绪朝财政类（03\134-136）、光绪朝交通运输类·邮电项（03\7148\1-65）、宣统朝交通运输类·邮电项（03\155；7568\1-29）、光绪朝内政类·赈济（03\5591-5610）、水利河工·光绪朝（03\09\9593-9616）、水文灾情·光绪朝（03\10\9629-9640）、帝国主义侵略类·中法战争（03\02\9133-9170）、帝国主义侵略类·中日战争（03\01\9112-9132）、帝国主义侵略类·日俄战争租界割地教案及其他反洋斗争（03\05\9254-9279）

朱批奏折：交通运输类·邮电项（361\4\77）、财政类·经费货币金融项（1006\045、1007\037、051、1012\034）

邮传部全宗：电政项（22\1-27）、职官等项（22\47-65）

会议政务处案卷：邮传部（附电报总局）（35\5\2）

兵部、陆军部档案全宗：15\1\329、330、526；15\2\666、1021；15\3\247

2.（台北）故宫博物院藏：

军机处档折件：文献编号：154997

3. 陈霞飞主编：《中国海关密档——赫德、金登干函电汇编（1874-1907）》（第1、2、3卷），中华书局1990年版

4. 陈旭麓等主编：《盛宣怀档案资料选辑之七·义和团运动》，上海人民出版社2001年版

5. 陈旭麓等主编：《盛宣怀档案资料选辑之三·甲午中日战争》（上、下），上海人民出版社1980、1982年版

6. 陈旭麓等主编：《盛宣怀档案资料选辑之四·汉冶萍公司》（第1册），上海人民出版社1984年版

7. 冯用、吴幅员编：《刘铭传抚台前后档案》，台湾文海出版社1980年版

8. 故宫博物院明清档案部编：《清末筹备立宪档案史料》（上、下），中华书局1979年版

9. 故宫博物院明清档案部编：《义和团档案史料》（上、下），中华书局1959年版

10. "国立"故宫博物院故宫文献编辑委员会编：《宫中档光绪朝奏折》（第1、2、6辑），

台湾"国立"故宫博物院 1973 年版

    11. 刘家平主编：《国家图书馆藏清代孤本外交档案》（第 25 册），全国图书馆文献缩微复制中心 2003 年版

    12. 孙瑞芹译：《德国外交文件有关中国交涉史料选译》（第 3 卷），商务印书馆 1960 年版

    13. 天津市档案馆、天津海关编译：《津海关秘档解译——天津近代历史记录》，中国海关出版社 2006 年版

    14. 中国第一历史档案馆、北京大学、澳大利亚拉筹伯大学编：《清代外务部中外关系档案史料丛编——中英关系卷》，中华书局 2006 年版

    15. 中国第一历史档案馆、北京师范大学历史系编选：《辛亥革命前十年间民变档案史料》（上、下），中华书局 1985 年版

    16. 中国第一历史档案馆编：《光绪朝朱批奏折》（第 102 辑），中华书局 1995 年版

    17. 中国第一历史档案馆编：《光绪宣统两朝上谕档》，广西师范大学出版社 1996 年版

    18. 中国第一历史档案馆编：《清代军机处电报档汇编》（第 1、3、4 册），中国人民大学出版社 2005 年版

    19. 中国第一历史档案馆编：《晚清创办报纸史料》（1-4），《历史档案》2000 年第 2 期—2001 年第 1 期

    20. "中央研究院"近代史研究所编：《中法越南交涉档》（第 4 册），台湾"中央研究院"近代史研究所 1962 年版

    21. "中央研究院"近代史研究所编：《海防档·丁·电线》（第 7 册），台湾艺文印书馆 1957 年版

    22. [日] 外务省编：《日本外交文书》（第 15、16 卷），日本国际连和协会 1962 年版

    23.*British Documents on Foreign Affairs: reports and papers from the Foreign Office Confidential Print. Part I, From the mid-nineteenth century to the First World War. Series E, Asia, 1860-1914*. University Publication of America 1989-1994.（《英国外交文书·机密文件》第一部分：从十九世纪中叶到第一次世界大战，第五系列：亚洲，1860—1914，美国大学出版公司 1989—1994 年版）

    Vol. 20: *China's Rehabilitation and Treaty Revision, 1866-1869*

    Vol. 21: *Treaty Revision and the Sino-Japanese Dispute over Taiwan, 1868-1876*

    Vol. 22: *The Chefoo Convention and Its Aftermath, 1876-1885*

    Vol. 23: *Instability In and Beyond China, 1885-1892*

    Vol. 24: *The Boxer Disturbances and Siage of Peking, May 1900-August 1900*

    Vol. 25: *Suppression of the Boxes and Negotiations for China Settlement, August 1900-October 1900*

    24.*Irish University Press area studies series, British parliamentary paper*: China. Great Britain Parliament. House of Commons.（《英国议会文件·中国系列》，爱尔兰大学出版社 1971 年版）

    Vol. 6-21: *Diplomatic Affairs*

    25.Public Record office, *British Foreign Office Records*.（简称 F.O. 英国国家档案

局藏档：外交部档案）

　　F.O. 17\549、675；F.O. 233\79；F.O. G82\204G

　　26.*Papers relating to foreign affairs*.（《美国外交档案》，政府印制局）

　　　　1865，part 2，Washington：Government Printing office，1866

　　　　1866，part 1，Washington：Government Printing office，1867

　　　　1867，part 1，Washington：Government Printing office，1868

　　　　1874，Washington：Government Printing office，1874

　　　　1875，Volume 1，Washington：Government Printing office，1875

　　　　1876，Washington：Government Printing office，1876

　　　　1880，Washington：Government Printing office，1881

　　　　1881，Washington：Government Printing office，1882

　　　　1882，Washington：Government Printing office，1883

二、文献典籍及资料汇编

　　1. 宝鋆等修：《筹办夷务始末（同治朝）》，台湾文海出版社 1971 年版

　　2.（编者不详）：《电政交涉契约汇编》，出版者、出版时间不详

　　3. 蔡乃煌编：《约章分类辑要》，台湾文海出版社 1986 年版

　　4. 陈忠倚辑：《皇朝经世文三编》，台湾文海出版社 1972 年版

　　5. 戴鞍钢、黄苇主编：《中国地方志经济资料汇编》，汉语大词典出版社 1999 年版

　　6. 电信总局：《中国电信纪要》，出版社不详，1971 年版

　　7. 高时良编：《中国近代教育史资料汇编——洋务运动时期教育》，上海教育出版社 1992 年版

　　8. 故宫博物院编：《清光绪朝中法交涉史料》，故宫博物院 1932 年版

　　9. “国史馆”：《清史稿校注》（第 5 册），台湾“国史馆”1986 年版

　　10. 和作辑：《1905 年反美爱国运动》，中国科学院历史研究所第三所编辑：《近代史资料》1956 年第 1 期

　　11. 黄苇、夏林根编：《近代上海地方志经济史料选辑》，上海人民出版社 1984 年版

　　12. 会典馆编：《清会典事例》（第 11 册），中华书局 1991 年版

　　13. 贾桢等纂：《筹办夷务始末（咸丰朝）》，中华书局 1979 年版

　　14. 姜亚沙等编辑：《台湾史料汇编》（第 8 册），全国图书馆文献缩微复制中心 2004 年版

　　15. 蒋廷黻编：《筹办夷务始末补遗》，出版者不详，1935 年版

　　16. 交通史编纂委员会编：《交通史·电政编》（第 3 册），民智书局 1936 年版

　　17. 昆冈等修：《钦定大清会典图》卷 139—243·舆地 1—105，石印本，1899 年印

　　18. 昆冈纂：《钦定大清会典》卷 99—100，石印本，1899 年印

　　19. 李允俊主编：《晚清经济史事编年》（上、下），上海古籍出版社 2000 年版

20. 厉积良：《外商水线公司的入侵和我国电信职工的反帝斗争》，中国人民政治协商会议全国委员会文史资料研究委员会编：《文史资料选辑》第66辑，中国文史出版社1979年版

21. 刘锦藻撰：《清朝续文献通考》，浙江古籍出版社2000年重印

22. 刘哲民编：《近现代出版新闻法规汇编》，学林出版社1992年版

23. 南开大学历史系编：《清实录经济资料辑要》，中华书局1959年版

24. 戚其章主编：《中国近代史资料丛刊续编·中日战争》（第1、10册），中华书局1989、1995年版

25. 秦孝仪主编：《抗战前国家建设史料——交通建设》，《革命文献》第78辑，台湾"中央文物供应社"1979年版

26. 荣宝沣：《帝国主义与中国的对外电信交通》，中国人民政治协商会议全国委员会文史资料研究委员会编：《文史资料选辑》第19辑，中华书局1961年版

27. 上海广学会译：《中东战纪本末》（第1、2册），图书集成局1896年版

28. 沈桐生等辑：《光绪政要》，中国言实出版社2000年版

29. 沈云龙主编：《清光绪朝中日交涉史料》，台湾文海出版社1971年版

30. 沈云龙主编：《清宣统朝中日交涉史料》，台湾文海出版社1971年版

31. 世续等纂：《清实录》（第45—51册：《穆宗毅皇帝实录》；第52—59册：《德宗景皇帝实录》；第60册：《宣统政纪》），中华书局1987年版

32. 台湾银行经济研究室编：《台湾经济史六集》，台湾银行1957年版

33. 汤象龙编：《中国近代海关税收和分配统计（1861—1910年）》，中华书局1992年版

34. 王铁崖编：《中外旧约章汇编》（第1、2册），三联书店1957年版

35. 王彦威、王亮编：《清季外交史料》（第5册），台湾文海出版社1963年版

36. 王彦威辑：《清宣统朝外交史料》，故宫博物院1933年版

37. 王芸生编：《六十年来中国与日本》（第1—5卷），三联书店1980年版

38. 王钟翰点校：《清史列传》（第16册），中华书局1987年版

39. 吴丰培等编辑：《清同光间外交史料拾遗》（第9册），全国图书馆文献缩微复制中心1991年版

40. [日]小栗栖香顶著，陈继东、陈力卫整理：《北京纪事·北京纪游》，中华书局2008年版

41. 徐义生编：《中国近代外债史统计资料》（1853—1927年），中华书局1962年版

42. 许同莘等编：《光绪条约》，台湾文海出版社1974年版

43. 许同莘等编：《宣统条约》，台湾文海出版社1974年版

44. 许毅主编：《清代外债史资料》（下），中国财政科学研究所、中国第二历史档案馆1990年版

45. 《续修四库全书》编纂委员会编：《续修四库全书》（第796、797册），上海古籍出版社1995年版

46. 严中平等编：《中国近代经济史统计资料选辑》，科学出版社1955年版

47. 杨天石、王学庄编：《拒俄运动》，中国社会科学出版社1979年版

48. 伊桑阿等编：《清会典图》（下），中华书局1991年版

49. 宜今室主人编：《皇朝经济文新编》（第5册），台湾文海出版社1987年版

50. 邮传部编：《邮传部奏议类编·续编》，台湾文海出版社 1967 年版

51. 张寿镛等纂：《清朝掌故汇编外编》，台湾文海出版社 1986 年版

52. 张振鹍等编：《中国近代史资料丛刊续编·中法战争》，中华书局 1995 年版

53. 赵尔巽等撰：《清史稿》（第 16 册），中华书局 1976 年版

54. 中国近代经济史资料丛刊编辑委员会编：《帝国主义与中国海关》（第 12 编），科学出版社 1961 年版

55. 中国史学会主编：《中国近代史资料丛刊·第二次鸦片战争》（第 5 册），上海人民出版社 1978 年版

56. 中国史学会主编：《中国近代史资料丛刊·洋务运动》（第 1、2、6、8 册），上海人民出版社 1961 年版

57. 中国史学会主编：《中国近代史资料丛刊·中法战争》（第 3 册），中华书局 1995 年版

58. 中国史学会主编：《中国近代史资料丛刊·中日战争》（第 6 册），上海人民出版社、上海书店 2000 年版

59. 中华民国交通部编：《中国国际交通统计·电政》，出版社不详，1930 年版

60. "中央研究院"近代史研究所编：《清季中日韩关系史料》，台湾"中央研究院"近代史研究所 1972 年版

61. 朱寿朋编，张静庐等校点：《光绪朝东华录》（第 1、5 册），中华书局 1958 年版

62. [韩]国会图书馆、立法调查局编：《旧韩末条约汇纂》（下），东亚出版社工务部 1965 年版

63. [美]惠顿著，丁韪良译：《万国公法》，上海书店出版社 2002 年版

64. [英]斯当东著，叶笃义译：《英使谒见乾隆纪实》，上海书店出版社 2005 年版

三、文集、日记及年谱

1. 本社校点：《郭嵩焘日记》（第 3 卷），湖南人民出版社 1982 年版

2. 岑毓英：《岑襄勤公奏稿》，台湾成文出版社 1969 年版

3. 陈璧：《望岩堂奏稿》，台湾文海出版社 1967 年版

4. 陈义杰整理：《翁同龢日记》（第 3、5、6 册），中华书局 1993 年版

5. 丁凤麟、王欣之编：《薛福成选集》，上海人民出版社 1987 年版

6. 丁贤俊、喻作凤编：《伍廷芳集》（上），中华书局 1993 年版

7. 温廷敬编：《丁中丞（日昌）政书·抚闽奏稿》，台湾文海出版社 1980 年版

8. 窦宗一编：《李鸿章年（日）谱》，台湾文海出版社 1980 年版

9. 杜春和、耿来金、张秀清编：《荣禄存札》，齐鲁书社 1986 年版

10. 范书义编：《张之洞全集》（第 12 册），河北人民出版社 1998 年版

11. 顾廷龙、戴逸主编：《李鸿章全集》（第 9—33 册），安徽教育出版社 2008 年版

12. 顾廷龙、叶亚廉主编：《李鸿章全集·电稿》，上海人民出版社 1985—1987 年版

13. 郭嵩焘：《使西纪程》，辽宁人民出版社 1994 年版

14. 郭嵩焘：《玉池老人自叙》，上海古籍出版社藏清光绪十九年养知书屋镂版影印，周易书斋 2006 年版

15. 何嗣焜编：《张靖达公奏议》，台湾文海出版社 1968 年版

16. 经元善：《居易初集》（第 3 卷），上海同文社 1901 年版

17. 李凤苞等撰：《使德日记及其他二种：英轺私记·澳大利亚洲新志》，中华书局 1985 年版

18. 李书春编：《李文忠（鸿章）年谱》，台湾文海出版社 1980 年版

19. 李兴盛、马秀娟主编：《程德全守江奏稿（外十九种）》（上、下），黑龙江人民出版社 1999 年版

20. 欧阳辅之编：《刘忠诚公（坤一）遗集》，台湾文海出版社 1968 年版

21. 马昌华等校：《刘铭传文集》，黄山书社 1997 年版

22. 刘金库整理：《郭嵩焘未刊手札》，中国社会科学院近代史研究所近代史资料编辑组编：《近代史资料》（总第 88 号），中国社会科学出版社 1996 年版

23. 刘体仁：《异辞录》，上海书店 1984 年影印版

24. 刘志惠辑：《曾纪泽日记》（上、中、下），岳麓书社 1998 年版

25. 罗正钧著，朱悦、朱子南校点：《左宗棠年谱》，岳麓书社 1982 年版

26. 马建忠：《东行三录》，上海书店 1982 年版

27. 马建忠：《适可斋记言》，中华书局 1960 年版

28. 戚其章辑：《李秉衡集》，齐鲁书社 1993 年版

29. 上海图书馆编：《汪康年师友书札》（第 4 册），上海古籍出版社 1986—1989 年版

30. 沈葆桢：《福建台湾奏折》，台湾大通书局 1987 年版

31. 沈葆桢：《沈文肃公（葆桢）政书》（第 2 册），台湾文海出版社 1967 年版

32. 盛宣怀：《愚斋存稿》（第 1—4 册），台湾文海出版社 1975 年版

33. 盛宣怀：《愚斋未刊信稿》，台湾文海出版社 1975 年版

34. 陶葆廉辑，陆洪涛校：《陶勤肃公（模）奏议》，台湾文海出版社 1970 年版

35. 天津图书馆、天津社会科学院历史研究所编：《袁世凯奏议》，天津古籍出版社 1987 年版

36. 王尔敏、吴伦霓霞编：《清季外交因应函电资料》，香港中文大学出版社 1993 年版

37. 王尔敏、吴伦霓霞编：《盛宣怀实业函电稿》（上、下），香港中文大学出版社 1993 年版

38. 王尔敏、吴伦霓霞编：《盛宣怀实业朋僚函稿》（上、中、下），台湾"中央研究院"近代史研究所 1997 年版

39. 王韬：《弢园文录外编》，上海书店出版社 2002 年版

40. 王国桢编：《退圃老人宣南奏议》，台湾学生书局 1986 年版

41. 王先谦：《虚受堂文集》，台湾文海出版社 1971 年版

42. 王晓秋点，史鹏校：《早期日本游记五种》，湖南人民出版社 1983 年版

43. 王之春：《清朝柔远记》，中华书局 1989 年版

44. 汪叔子编：《文廷式集》（上、下），中华书局 1993 年版

45. 吴丰培主编：《联豫驻藏奏稿》，西藏人民出版社 1979 年版

46. 夏东元编：《郑观应集》（上、下），上海人民出版社1982、1988年版

47. 夏东元编：《郑观应文选》，澳门历史学会、澳门历史文物关注协会2002年版

48. 夏东元编：《盛宣怀年谱长编》（上、下），上海交通大学出版社2004年版

49. 徐世昌：《退耕堂政书》，台湾文海出版社1968年版

50. 许同莘：《张文襄公年谱》，商务印书馆1946年版

51. 薛福成：《筹洋刍议》，辽宁人民出版社1994年版

52. 薛福成：《浙东筹防录》，台湾文海出版社1973年版

53. 杨坚校：《郭嵩焘诗文集》，岳麓书社1984年版

54. 姚公鹤，吴德铎标点：《上海闲话》，上海古籍出版社1989年版

55. 叶恭绰：《交通救国论》，商务印书馆1926年版

56. 虞和平：《经元善集》，华中师范大学出版社1988年版

57. 萧荣爵编：《曾忠襄公全集》，台湾成文出版社1969年版

58. 喻岳衡点校：《曾纪泽集》，岳麓书社2005年版

59. 张德彝：《稿本航海述奇汇编》，北京图书馆出版社1997年版

60. 张德彝：《随使法国记（三述奇）》，湖南人民出版社1982年版

61. 张树声：《敦怀堂洋务丛钞》，台湾文海出版社1969年版

62. 中共中央编译局编译：《马克思恩格斯选集》（第1、4卷），人民出版社1995年版

63. 钟叔河主编：《漫游随录·环游地球新录·西洋杂志·欧游杂录》，岳麓书社1985年版

64. 钟叔河主编：《西海纪游草·乘槎笔记·诗二种·初使泰西记·航海述奇·欧美环游记》，岳麓书社1985年版

65. 钟叔河主编：《英轺私记·随使英俄记》，岳麓书社1986年版

66. 周馥：《秋浦周尚书（玉山）全集》，台湾文海出版社1967年版

67. 杨书霖编：《左文襄公（宗棠）全集》，台湾文海出版社1979年版

68. 岑生平等点校：《左宗棠全集》（第15册），岳麓书社1987—1996年版

69. ［法］A. 施阿兰著，袁传璋、郑永慧译：《使华记（1893—1897）》，商务印书馆1989年版

70. ［美］丁韪良著，沈弘等译：《花甲忆记》，广西师范大学出版社2004年版

71. ［美］司马富等编，陈绛译：《赫德与中国早期近代化·赫德日记：1863—1866年》，中国海关出版社2005年版

四、报刊及方志

1.《北洋官报》（1903—1910年，天津）

2.《东方杂志》（1904—1911年，上海）

3.《交通官报》（1909—1911年，北京）

4.《上海新报》（1862—1873 年，上海）

5.《申报》（1872—1895 年，上海）

6.《盛京时报》（1906—1912 年，沈阳）

7.《万国公报》（1874—1883 年；1889—1907 年，上海）

8.《政治官报》（1907 年，北京）

9. *The North China Herald*（《北华捷报》，1850—1864 年，上海）

10. *The Chinese Repository*（《中国丛报》，1851 年，广州）

11.（清）李鸿章等修，张之洞、缪荃孙纂：《顺天府志》，光绪十二年刻本

12.（清）刘盛堂纂修：《云南地志》建置 6，邮传，爱国小学堂光绪三十四年印

13.（清）潘文凤等修，林豪纂：《甲午新修台湾澎湖志》卷 7，武备略下·电报局，光绪二十年刻

14.（清）沈家本、荣铨修，徐宗亮、蔡启盛纂：《重修天津府志》，光绪二十五年印

15.（清）王学伊纂修：《新修固原直隶州志》卷 11，庶务志·电政，宣统元年印

16.（清）虚白主人：《台湾小志》，光绪十年菊月之吉管可寿斋刊印

17.（清）徐世昌：《东三省政略》，宣统三年印

18.（清）袁大化修，王树楠、王学曾纂：《新疆图志》，宣统三年印

19. 安徽省地方志编纂委员会：《安徽省·邮电志》，安徽人民出版社 1993 年版

20. 安徽通志馆纂修：《安徽通志稿》，交通考·电政，1934 年印

21. 北京市西城区志编纂委员会编：《北京市西城区志》，北京出版社 1999 年版

22. 陈鲲修，刘谦等纂：《醴陵县志》卷 2，交通志·电报，1948 年印

23. 方策等修：《安阳县志》，1933 年印

24. 葛延瑛修，孟昭章、卢衍庆纂：《重修泰安县志》卷 5，政教志·交通·电政，1929 年印

25. 胡祥翰编：《上海小志》卷 3，交通，1930 年印

26. 黄维翰纂修：《呼兰府志》卷 4，交通略·电政，1915 年印

27. 贾恩绂等纂修：《定县志》，1934 年印

28. 姜卿云编：《浙江新志》上卷·第 9 章，浙江省之建设·邮电，1936 年印

29. 廖飞鹏修，柯寅纂：《呼兰县志》卷 4，交通志·电报，1930 年印

30. 龙云、卢汉修，周钟岳纂：《新纂云南通志》，1949 年印

31. 宋蕴璞辑：《天津志略》第 11 编，交通·第四章·电政；第 12 编·公用及公有事业·第五章·电报，1931 年印

32. 田兴奎主修，吴恭亨纂：《慈利县志》卷 7，建置志·电报局，1923 年印

33. 万福麟等修：《黑龙江志稿》，1933 年印

34. 王守恂编：《天津政俗沿革记》，1938 年印

35. 吴馨等修，姚文楠等纂：《上海县志》卷 12，交通·电报，1936 年印

36. 杨虎城、邵力子修，吴廷锡等纂：《续修陕西通志稿》卷 56，交通 4·电报，1934 年印

37. 叶楚伧、柳诒徵修，王焕镳纂：《首都志》卷 9，交通·邮政，1935 年印

38. 翟文选等修，王树楠等纂：《奉天通志》卷 165，交通 5·电政，1934 年印

39. 张维翰修，董振藻纂：《昆明市志》，交通·电报及电话，1924 年印

40. 钟镛纂：《新疆志稿》卷 3，邮传志·电政，1930 年印

41. [日] 服部宇之吉编，张宗平等译：《清末北京志资料》，燕山出版社 1994 年版

五、论文与论著

1. 陈步峥：《近代中国的电气事业》，《科学中国人》1997 年第 1—2 期

2. 陈开科：《耆英与第二次鸦片战争中的中俄交涉》，《近代史研究》2009 年第 4 期

3. 陈九如：《刘铭传与近代台湾邮电》，《史学月刊》2001 年第 4 期

4. 丛曙光：《从近代中国电报局的创办看洋务派与外国资本主义的关系》，《济南大学学报》1998 年第 3 期

5. 高斗升：《东北电报与李鸿章》，《北方文物》1991 年第 1 期

6. 古伟瀛：《中国早期的电报经营》，载台湾"交通部"电信总局编印：《中国电信百周年纪念专辑》，1981 年 12 月

7. 郭海燕：《从朝鲜电信线问题看甲午战争前的中日关系》，《近代史研究》2008 年第 1 期

8. 黄嘉谟：《中国电线的创建》，《大陆杂志》第 36 卷，1968 年第 6、7 期合刊

9. 贾熟村：《李鸿章与中国电讯事业》，《安徽史学》1997 年第 2 期

10. 蒋宝林：《我国第一条向公众开放的电报电路——津沪电报线》，《上海档案工作》1993 年第 1 期

11. 李茂高、廖志豪：《略论洋务运动时期的电报事业》，《学术月刊》1982 年第 12 期

12. 刘磊：《电报与中国近代报业》，《传媒》2002 年第 4 期

13. 乔还田：《洋务派与中国早期的电信事业》，《求索》1984 年第 5 期

14. 王尔敏：《盛宣怀与中国电报事业之经营》，《清季自强运动研讨会论文集》（下），台湾"中央研究院"近代史研究所 1988 年版

15. 王尔敏：《刚毅南巡与轮电两局报效案》，《近代史研究》1997 年第 4 期

16. 吴福环：《清末新疆电报的创设》，《西域研究》1993 年第 3 期

17. 奚根林：《从清宫海防档中看百年前李鸿章创建我国第一条天津到上海电报线史实》，载台湾"交通部"电信总局编印：《中国电信百周年纪念专辑》，1981 年 12 月

18. 夏冬：《论洋务运动时期的电报局》，《史学月刊》1982 年第 2 期

19. 徐长春、叶如针：《试论中国近代电信外债》，《厦门大学学报》（哲学社会科学版）1993 年第 4 期

20. 徐元基：《外商侵占中国电报利权与洋务派的政策》，《中国社会经济史研究》1984 年第 2 期

21. 徐元基：《论晚清通讯业的近代化》，《上海社会科学院学术季刊》1987 年第 4 期

22. 雁旭：《清代军机处电报档案综述》，《历史档案》2005 年第 3 期

23. 张政：《郑观应与中国近代电报事业》，《襄樊职业技术学院学报》2005 年第 1 期

24．赵玉梅：《光绪十一年展设珲春电报电线工程浅述》，《历史档案》2006 年第 1 期

25．赵云田：《清末西藏新政述论》，《近代史研究》2002 年第 5 期

26．包羽：《洋务运动时期的电报技术——国际技术转移视角的研究》（博士学位论文），东北大学图书馆藏，2006 年

27．宝成关：《奕䜣与慈禧政争记》，吉林文史出版社 1990 年版

28．邓拓：《中国救荒史》，北京出版社 1998 年版

29．丁日初：《上海近代经济史》（第 1 卷），上海人民出版社 1994 年版

30．苑书义：《李鸿章传》（修订本），人民出版社 2004 年版

31．方汉奇：《中国近代报刊史》（上、下），山西人民出版社 1981 年版

32．方汉奇：《中国新闻事业编年史》（上），福建人民出版社 2000 年版

33．国际电信联盟：《从信号台到卫星》（英文节译本，易名为《电信发展 100 年》），人民邮电出版社 1983 年版

34．郭卫东：《转折——以早期中英关系和〈南京条约〉为考察中心》，河北人民出版社 2003 年版

35．郝雨、王艳：《新闻学概论》，上海大学出版社 2003 年版

36．侯厚培：《中国近代经济发展史》，大东书局 1929 年版

37．贾树枚主编：《上海新闻志》，上海社会科学院出版社 2000 年版

38．金家凤：《中国交通之发展及其趋向》，正中书局 1937 年版

39．康有为：《大同书》，中州古籍出版社 1998 年版

40．康有为：《论语注》，中华书局 1984 年版

41．孔祥吉：《清人日记研究》，广东人民出版社 2008 年版

42．李文海：《历史并不遥远》，中国人民大学出版社 2004 年版

43．李文海等：《近代中国灾荒纪年》，湖南教育出版社 1990 年版

44．李文海、周源：《灾荒与饥馑：1840—1919》，高等教育出版社 1991 年版

45．连横：《台湾通史》（下），商务印书馆 1996 年版

46．梁启超：《中国历史研究法》，上海古籍出版社 1998 年版

47．刘文鹏：《清代驿传及其与疆域形成关系之研究》，中国人民大学出版社 2004 年版

48．罗肇前：《晚清官督商办研究》，厦门大学出版社 2004 年版

49．罗志田：《权势转移——近代中国的思想、社会与学术》，湖北人民出版社 1999 年版

50．马静：《电报在近代中国的创办历程》（硕士学位论文），河北师范大学图书馆藏 2005 年版

51．茅海建：《戊戌变法史事考》，三联书店 2005 年版

52．牛贯杰：《原来李鸿章》，中华书局（香港）有限公司 2004 年版

53．彭菊华：《新闻学原理》，中国传媒大学出版社 2006 年版

54．戚其章：《甲午战争史》，人民出版社 1990 年版

55．邵津主编：《国际法》，北京大学出版社 2000 年版

56．申学锋：《晚清财政支出政策研究》，中国人民大学出版社 2006 年版

57．孙藜：《晚清电报及其传播观念（1860—1911）》，上海书店 2007 年版

58．苏全有：《清末邮传部研究》，中华书局 2005 年版

59. "交通部"电信总局编：《中国电信百周年纪念专辑》，台湾"交通部"电信总局1981年版

60. 汪敬虞：《中国资本主义的发展与不发展：中国近代经济史中心线索问题研究》，中国财政经济出版社2001年版

61. 王开节、修域、钱其琛编：《铁路·电信七十五周年纪念刊》，台湾文海出版社1982年版

62. 王晓秋：《近代中日文化交流史》，中华书局2000年版

63. 王晓秋：《近代中国与日本——互动与影响》，昆仑出版社2005年版

64. 隗瀛涛：《洋务之梦——李鸿章传》，四川人民出版社1995年版

65. 夏东元：《盛宣怀传》（修订本），南开大学出版社1998年版

66. 夏东元：《洋务运动史》，华东师范大学出版社1992年版

67. 夏东元：《郑观应》，广东人民出版社1995年版

68. 夏东元：《郑观应传》，华东师大出版社1985年版

69. 谢彬：《中国邮电航空史》，中华书局1928年版

70. 徐宝璜：《新闻学》，中国人民大学出版社1994年版

71. 徐万民：《中韩关系史·近代卷》，社会科学文献出版社1996年版

72. 徐万民、周兆利：《刘铭传与台湾建省》，福建人民出版社2000年版

73. 许涤新、吴承明主编：《中国资本主义发展史》（第2卷），人民出版社1990年版

74. 易惠莉：《郑观应评传》，南京大学出版社1998年版

75. 邮电史编辑室编：《中国近代邮电史》，人民邮电出版社1984年版

76. 于建胜、刘春蕊：《落日的挽歌——19世纪晚清对外关系简论》，商务印书馆2004年版

77. 张国辉：《洋务运动与中国近代企业》，中国社会科学出版社1979年版

78. 张心澄：《中国现代交通史》，良友图书印刷公司1931年版

79. 张星烺：《欧化东渐史》，商务印书馆2000年版

80. 张雨才：《中国铁道建设史略》，中国铁道出版社1997年版

81. 卓南生：《中国近代报业发展史：1815--1874》，中国社会科学出版社2002年版

82. 赵乐丞：《我国与大东大北两水线公司交涉之过去及其现在》，载《国闻周报》第10卷第20期。转载于台湾"交通部"电信总局编印：《中国电信百周年纪念专辑》，1981年12月，易题为《我国与大东大北两水线公司交涉之经过》

83. 赵曾珏：《中国之电信事业》，商务印书馆1946年版

84. 中国天学史整理研究小组编：《中国天文学史》，科学出版社1981年版

85. "中央研究院"近代史研究所：《清季自强运动研讨会论文集》（下），台湾"中央研究院"近代史研究所1988年版

86. [法]德·巴尔卡尼、伊·马丹著，刘福光等译：《世界发明百科全书》，海洋出版社1991年版

87. [美]丹涅特著，姚曾廙译：《美国人在东亚》，商务印书馆1959年版

88. [美]费惟恺著，虞和平译：《中国早期工业化——盛宣怀和官督商办企业》，中国社会科学出版社1990年版

89. [美]卫斐列著，顾钧、江莉译：《卫三畏生平及书信——一位美国来华传教士的心

路历程》，广西师范大学出版社 2004 年版

90. [美] 马士著，张汇文等译：《中华帝国对外关系史》（第 3 卷），上海书店出版社 2000 年版

91. [美] 庞百腾著，陈俱译：《沈葆桢评传——中国近代化的尝试》，上海古籍出版社 2000 年版

92. [美] 威罗贝著，王绍坊译：《外人在华特权和利益》，三联书店 1957 年版

93. [英] 佩雷菲特著，王国卿译：《停滞的帝国——两个世界的撞击》，三联书店 1995 年版

94. [美]Saundra Sturdevant, *A Question of Sovereignty: Railways and Telegraphs in China, 1861-1878*，Unpublished doctoral dissertation，University of Chicago，1975

95. [丹]Erik Baark, *Lightning Wires: the telegraph and China's technological Modernization, 1860-1890*，Greenwood Press，Westport，Connecticut，London，1997

96. [英]Ken Beauchamp, *History of Telegraph*，The Institution of Electrical Engineers，London，United Kingdom，2001

附录：中国电线地图

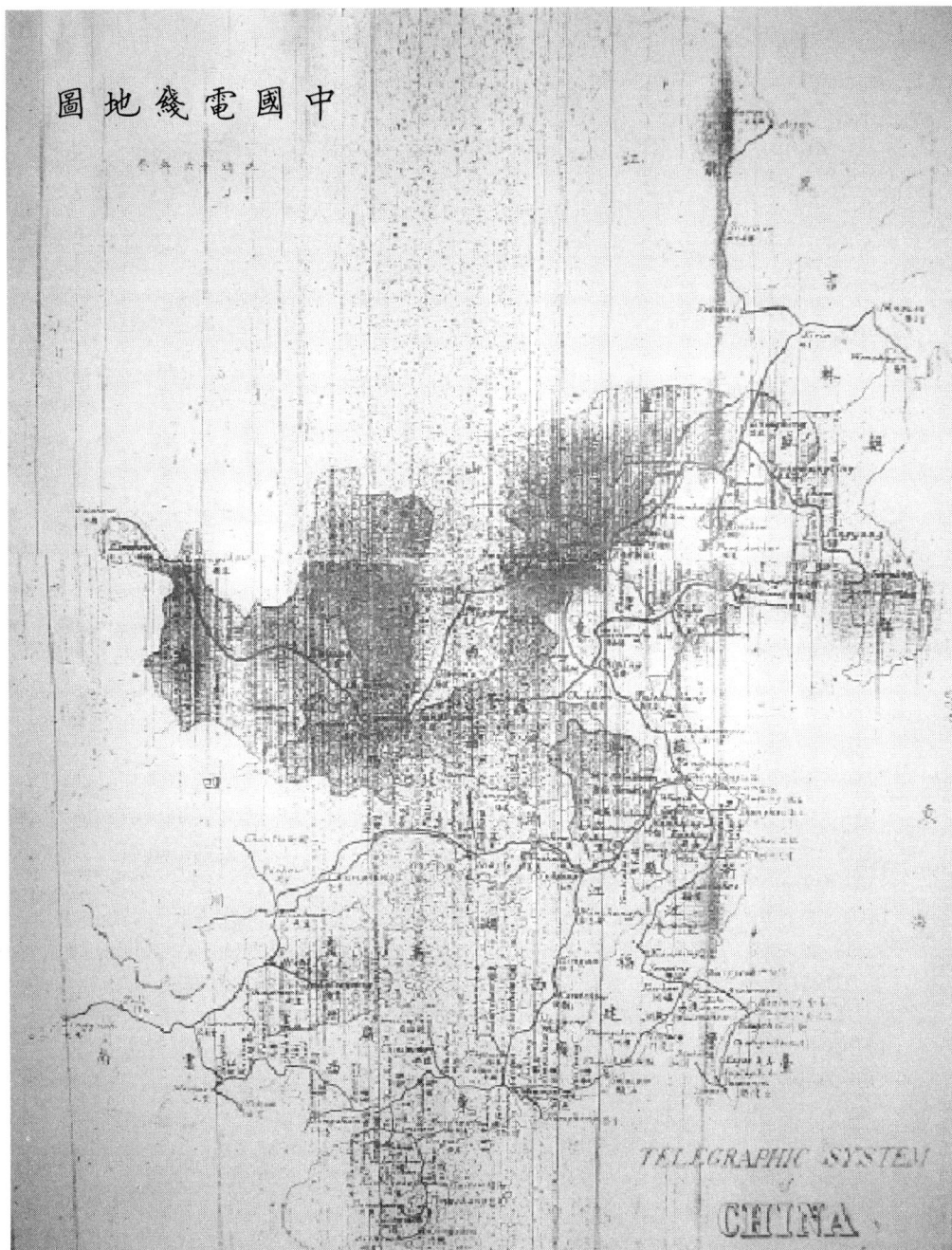

圖地綫電國中

TELEGRAPHIC SYSTEM of CHINA

说明：晚清编绘电报地图，主要有光绪十六年、光绪二十一年、光绪二十五年、光绪二十九年等四次。笔者未能寻得光绪二十一年电报图[1]，光绪二十九年电报图的编绘历程不详[2]。兹将光绪十六年、光绪二十五年电报图的编绘大致情形述如下：

至光绪十六年冬，中国共建电报线三万余里，主要分布在黑龙江、吉林、盛京、直隶、山西、山东、河南、安徽、江苏、浙江、江西、福建、台湾、广东、广西、云南、贵州、四川、湖北、陕西、甘肃等省，以及藩属国朝鲜。其时，湖南电线在建设中，新疆、西藏、青海三省区尚未起步。是图（见上附）仿西法而成（除省名外，各地名均为英中对照，且英大中小），共印十份。图成后盛宣怀送呈李鸿章。李鸿章于光绪十七年四月十八日咨军机处。该图现存于中国第一历史档案馆。[3]

光绪二十五年夏，清会典馆拟绘各省地图，提出"须加电线"，总署遂饬京城电报局转各地电局，"将线路取道某州某县，及上局至下局共若干里，限一月内查明，详细电复。至各局有驻扎处所不在府城县城者，须将某州某县管辖，及在某州某县之何方，离某州某县若干里，一并详复"。在此要求下，时

---

[1] 至光绪二十一年，中国电报又有较大拓展，除西藏、青海外，各行省皆已建设，总里程近五万里。此次编绘原委，总署曾在致北洋大臣王文韶函中称："盛道从先原有绘送本处之电线地图。现线路逐渐开拓，分局亦随时增设，情形与前不同，希饬盛道再绘新图两分，寄署为盼。"王文韶即饬盛宣怀，盛宣怀接谕后，"饬局承另绘新图两分，将开办情形，以及添展线路、增设分局，备细详载"，而呈王文韶，请其"咨送总理衙门，以备查考"。王文韶遂于是年八月二十二日，"将绘呈电线全图两分"，咨送总署（"中研院"近史所编：《海防档·丁·电线》，第1069号文，第1580页）。关于该图，日使曾向总署索求。大致情况是：光绪二十四年五月二十一日，日使矢野文雄致函总署："顷准外务大臣咨开，我两国电报日盛一日，现在清国内地电线，从何处至何处，又何处之线接外国何处，递信衙门甚愿得其全图"（"中研院"近史所编：《海防档·丁·电线》，第1402号文，第1910页）。总署随即行文盛宣怀，让其"饬绘全图二分，送来以便转给，并存查"（"中研院"近史所编：《海防档·丁·电线》，第1403号文，第1910页；1405号文，第1912页）。六月二十一日，盛宣怀将"石印线图检取二分，备文咨呈"总署（"中研院"近史所编：《海防档·丁·电线》，第1412号文，第1918页），总署立送日使一份（"中研院"近史所编：《海防档·丁·电线》，第1413号文，第1919页）。

[2] 光绪二十九年图称"中国电线图（Telegraph Lines of China），许光绘"。图中地名英中对照，以英为主。

[3]《中国电线地图（光绪十六年冬）》，一史馆藏，军机处录副，洋务运动类·邮电项，胶片674卷，03-168-9437-54。对于该图的形成，李鸿章咨文军机处略记："据总办电报事宜东海关道盛宣怀等详称，窃查中国电线自奉宪台奏设以来，第推广十年之间，南北东西纵横三万里，一气呵成，国计商情，均有裨助。现已仿照西法给印简明电线全图，兹特裱成十分，恭备分咨各宪鉴核。再，此图于十六年冬间印成，内唯湖南一省甫于本年春间展设尚未竣工，留待补列，合并声明等情至本阁爵大臣。据此，除分咨外，相应咨送贵处，谨请查核。须至咨呈者。计咨送中国电线图一份。"（《李鸿章咨》，一史馆藏，军机处录副，洋务运动类·邮电项，胶片674卷，03-168-9437-53。）

建有电线各省电局，遂将本省电报线路详作说明，并绘图分咨会典馆、总署。[1]
需补充说明的是，此次编绘地图电线只在各省图中标出，"皇舆全图"则无，
当然亦便没有了电报全图。[2]

---

[1] "中研院"近史所编：《海防档·丁·电线》，第 1572 号文，第 2103 页。各图见昆冈等修：《钦定大
清会典图》卷一三九至二七〇、舆地 1 至 132；伊桑阿等编：《清会典图》下册，舆地，中华书局 1991
年版，第 142—1269 页；本书编委会编：《续修四库全书》史部·政书类，上海古籍出版社 1995 年版，
第 796 册，第 662—918 页；第 797 册，第 1—871 页。

[2] 见伊桑阿等编：《清会典图》下册，舆地、皇舆全图。不过，《钦定大清会典图》卷一三九，舆地 1，
只有文字说明；《续修四库全书》同。

跋

历史的演进，"变"与"不变"同存，当是共识。然历史的研究，由"察变"、而"释变"，进而"知变"，应为主旨。盖"不变"乃相对概念，如哲学上之指谓"静止"。事实上，世人或世事并不会"一成不变"，仅存在"变"的大小、著微之异而已。正因此故，大史学家司马迁治史，即求"通古今之变，成一家之言"。此语之后半句，多为治史者所乐道，而前半句多少有点被忽略。

从"变"的角度看，中国近代的确是一个大变动的时代。此间之"变"，波及的领域之广、发生的幅度之烈和频度之急、产生的影响之深，实为数千年来所未有。换言之，"变"成为近代中国的最主要特征。这既离不开中国传统社会内部因子的异动，更脱不了自晚清以降外力（主要是西力）的冲击。就后者言，轮船、铁路、电报等西方新式交通通信工具的引入，初始的作用未必巨，但嗣后的影响着实大。

电报即显例。它不仅为近代中国增添一新的行业，更为关键的是，这种全新的通信方式，使得天涯咫尺成现实。此一带有根本性的通信大提速，引出系列新型社会行为，让过往一些无法完成的事，在斯时已有解决之可能，如河工中之洪讯预警。尤有甚者，"通电"这种新型社会行为的出现，削弱了国家的社会控制力，扩增了民众或团体的参政议政机会，极大地有利于国人政治参与的兴趣和意识的培育，从而对推进近代中国的民主建设乃至政治生态的发展多有裨益。

此尤类今日之互联网，都是人类信息技术发展史上的重要阶段。迄今，我们体感到互联网的卓著功用，它已不仅是经济领域中突起的一支异军，且成为当下经济、政治和文化发展的重要助力。但这尚为发端，应是毋庸置疑之论。随着互联网使用的日益深入，其意义及影响当更加凸显，甚至会影响时人的思想意识与行为模式，从而更加深刻地改造着当今社会，乃至可成为当下中国社会转型的重要促动力。

可见，研究电报史，无论是为识往，抑或是为知今，都十分必要。然遗憾的是，学界对这一领域的关注，较轮船、铁路等交通史其他领域要薄弱得多。窃以为，此当是暂时现象。随着中国近代史研究的不断深入，以及互联网等新型信息技术的加速发展，电报史的研究必将越来越受到学界的重视。本书即是这种趋势下的一次尝试，力争对推动该课题的研究有所助益。

本书的写作基础是笔者的博士论文。2004年9月，笔者进入北大历史系读博。不久，导师即让我阅读台湾"中央"研究院近代史研究所编印的《海防档》丁编《电线》（简装七册）。自那时起，笔者即拟作近代中国的电报史研究。这年期末，所交的两科作业（现已发表），便是初读时的一些体会，并开始了我对该课题的研究。2007年6月，我完成毕业论文初稿。嗣后反复修改，终在预答辩、匿名评审以及毕业答辩中，皆获好评。

2008年初，笔者对博士论文作一定延伸，以申请国家社科基金项目，幸蒙批准。随后，笔者进一步搜集资料，进行深度研究，终成此结项成果。结项前，一些章节已先期在报刊发表，或在一些学术会议上宣读，旨在求教方家，力争使立论完善些。结项时，各匿名评审专家皆评价较高，实有溢美之处，而所提出的意见与建议，让我获益匪浅，其中多数意见与建议已被吸纳于本成果中（两相抵牾之处，我亦尽量权衡之）。

本书在研究方法上，将经济史与社会史结合起来，置晚清电报建设于近代中国社会变迁的视域下加以考察，力争让研究的视野更开阔一些，同时亦十分强调实证性。此最能体现在本书第五章的相关考察之中。该章探讨的是，电报引入后，对中国社会究竟产生何种影响。这部分论述在全书中占据十分重要的地位，却又甚难处理，易浮于表面而落入空疏。为此，笔者分别从政治、军事、经济、文化等领域精选出几个代表性的点，力图通过细致的考察，再现一些社会行为及历史深处的微妙变化，以让读者感到中国社会因电报的引入而实实在在地变。

本书搜集到的资料有档案文献、资料汇编、报刊杂志、年鉴、回忆录、日记、文集、笔记、年谱、方志以及论文论著等类，一些资料当首次揭出。对台湾"中央"研究院近代史研究所编印的清代总理衙门清档《海防档》丁编《电线》

的系统征引与全面利用，当是本书一重要特色。这一切或可使本书的立论叙事，稍显充实与丰满一些。

在本书即将付梓之际，我要感谢众多师友。导师郭卫东教授的教诲在我读博期间自不必言，即便是在我毕业后，仍一如既往地予我悉心指导，近又拨冗为本书赐序。学生笔拙，不能表达心中感动于万一。与徐凯教授由相识而熟识，是因编著《历史杰出人物与澳门》。徐师是该书主编，在澳门考察时，我们一起访古问贤，在小汤山写作时，我们同住一屋。朝夕相处，交往甚密。毕业后，我还时常打扰请教，皆能得到令我振奋的回复，此又在百忙中欣然赐序，给我以热情鼓励。感激之情，无以言表。

此外，北京大学王晓秋教授、房德邻教授、徐万民教授、茅海建教授、欧阳哲生教授、尚小明教授、臧运祜教授、清华大学蔡乐苏教授、首都师范大学迟云飞教授、复旦大学吴景平教授、南京大学马俊亚教授、安徽大学吴春梅教授以及淮南师范学院陈宏对教授等，都以其深厚的学术造诣，为本书写作提出了良多极具启发性的意见与建议。

还应提及的是，北大历史系资料室、北大图书馆、中国国家图书馆、中国第一历史档案馆、上海市图书馆、澳门何东图书馆的诸位老师，以及林齐模、张运君、蒋刚苗、谢蔚、许东、于玲玲、张清芳、侯晓阁、兰日旭、孙加红等诸位学兄学姐，亦予我帮助与支持。人民出版社杨美艳女士的出色工作，为本书添彩！内子在资料誊录及书稿校对等方面，付出大量劳动。国家社科基金的支持，解决了本书出版的后顾之忧！

值此之机，谨向以上各位师友与单位，深表谢忱！我深知，没有他们的指导与帮助，本书不会是今天的样子。当然，书中的一切谬误，皆由笔者负责！

2012 年 4 月于复旦大学北苑博士后公寓

责任编辑:杨美艳
封面设计:肖　辉
版式设计:薛　磊
责任校对:张杰利

图书在版编目(CIP)数据

晚清电报建设与社会变迁:以有线电报为考察中心/夏维奇 著.
　-北京:人民出版社,2012.11
ISBN 978－7－01－010417－1

Ⅰ.①晚…　Ⅱ.①夏…　Ⅲ.①电报-邮电业-经济史-研究-中国-清后期
　②社会变迁-研究-中国-清后期　Ⅳ.①F632.9②K252.07

中国版本图书馆 CIP 数据核字(2011)第 235622 号

晚清电报建设与社会变迁
WANQING DIANBAO JIANSHE YU SHEHUI BIANQIAN
——以有线电报为考察中心

夏维奇　著

人民出版社 出版发行
(100706　北京市东城区隆福寺街 99 号)

北京市文林印务有限公司印刷　　新华书店经销

2012 年 11 月第 1 版　2012 年 11 月北京第 1 次印刷
开本:710 毫米×1000 毫米 1/16　印张:26.75
字数:435 千字　印数:0,001-2,000 册

ISBN 978－7－01－010417－1　定价:59.80 元

邮购地址 100706　北京市东城区隆福寺街 99 号
人民东方图书销售中心　电话 (010)65250042　65289539